《史记》是我国汉代伟大的历史学家、文学家司马迁所著，记载了上起黄帝、下至汉武帝太初年间，共三千多年的历史变迁。

品读国学知识　汲取无穷智慧

史记故事

青　宛　主编

中國華僑出版社

北京

图书在版编目（CIP）数据

史记故事 / 青宛主编 .—北京：中国华侨出版社，2013.5（2020.5 重印）
ISBN 978-7-5113-3570-8

Ⅰ.①史… Ⅱ.①青… Ⅲ.①中国历史—古代史—纪传体—通俗读物 Ⅳ.①K204.2-49

中国版本图书馆 CIP 数据核字（2013）第 094334 号

史记故事

主　　编：青　宛
责任编辑：吴英琦
封面设计：家　润
文字编辑：杨　君
美术编辑：刘欣梅
经　　销：新华书店
开　　本：720mm×1020mm　1/16　印张：27.5　字数：796 千字
印　　刷：三河市龙大印装有限公司
版　　次：2013 年 8 月第 1 版　2020 年 5 月第 8 次印刷
书　　号：ISBN 978-7-5113-3570-8
定　　价：75.00 元

中国华侨出版社　北京市朝阳区西坝河东里 77 号楼底商 5 号　邮编：100028
法律顾问：陈鹰律师事务所
发 行 部：（010）88893001　　传　　真：（010）62707370

《史记》是我国汉代伟大的历史学家、文学家司马迁所著，记载了上起黄帝下至汉武帝太初年间，共三千多年的历史变迁。它规模宏大、体系完备，涉及了哲学、政治、经济、文学、美学、天文、地理，甚至医学、占卜等方面，几乎囊括了各个历史时期社会活动的全部内容，堪称一部百科全书式的鸿篇巨制。

《史记》以酣畅淋漓的笔触，浓墨重彩地展现了波澜壮阔的历史画卷，用一系列故事塑造了无数性格鲜明的人物形象。司马迁将历史、人物和主题统一起来，以“不虚美、不隐恶”的客观态度记述历史，字里行间流露出一种积极进取的精神和一股浩荡于天地之间的凛然正气。《史记》既是对先秦文化的重要总结，也是后人了解西汉社会政治经济生活的第一手资料，无怪乎鲁迅先生感叹《史记》是“史家之绝唱，无韵之《离骚》”。

以史为鉴，可以知千秋兴衰交替，《史记》之所以为后人所重，不仅因为它是第一部纪传体通史，更因为它为后世留下了一部划时代的文学巨著。为了再现历史，《史记》中的很多传记是用故事构成的。如信陵君窃符救赵、蔺相如完璧归赵、孙膑教田忌赛马、荆轲刺秦王等，此外，对于《史记》中描写的人物，读者可以强烈地感受到他们神情显露，如当时之人亲睹其事、亲闻其语。通过大量对历史人物的描写反映和推究了人类的生存方式，使读者得以在阅读中思考人类在世界中的地位和人类生活中的各种矛盾与困境，对于生活在现代的人们同样有着无尽的启发。

然而，随着时光的流逝，《史记》原本精彩的语言给当代人造成了一定的阅读障碍，加之篇幅浩繁，影响了普通读者对这座巨大宝库的开掘。

有鉴于此，我们推出了这部彩图版的《史记故事》，遴选《史记》中最为人称道的精华篇章，基本按照时间顺序，对其进行精准的译白，用通俗而不失文采的现代语言诠释历史，精彩扼要地勾勒出历史演进的基本脉络和发展历程。“本纪”是《史记》全书的总纲，以编年为体，记载历代帝王的世系，年代久远的以朝代为主，年代稍近的以帝王或实际当权者为主。“本纪”实质上是全书编年大事记，起提纲挈领的作用。“世家”亦以编年为体，记述王侯封国、开国功臣和有特殊地位、特殊影响的人物。其事或许并非牵涉全国，然于某一封国或社会生活的某一方面有巨大影响，多数可视为国别史，诸如《晋世家》《楚世家》《孔子世家》《陈涉世家》等。而《史记》中以“列传”所占篇幅最多，可分为两大类：一类是人物传记，有一人一传的专传，有两人或数人的合传，按人物性质排列立传。所记人物范围极广，涉及贵族、官僚、政治家、经济家、军事家、哲学家、文学家、经学家、策士、隐士、说客、刺客、游侠、医士、占卜者、俳优等社会各个阶层。另一类是对外国或国内少数民族的记载，涉及中外关系史和国内民族关系史。前一类列传有《伯夷列传》《孙子吴起列传》《刺客列传》《儒林列传》等；后一类有《匈奴列传》《南越列传》《西南夷列传》《大宛列传》《朝鲜列传》等。“列传”对本纪起了充实和具体化的作用。

本书在精译《史记》的基础上，还设置了“中国大事记”“历史关注”“相关链接”等，试图通过科学的体例和创新的形式，全方位、新视角、多层面地诠释《史记》，力求在真实性、趣味性和启发性等方面达到一个全新的高度。

此外，本书还精选了数百幅内容涵盖面广、表现形式丰富的图片，包括出土文物、历史遗迹、战争示意图、名人画像等，与文字内容互为补充和解释。文图对应，将历史的丰富与精彩更直观、更真实、更立体地呈现在读者面前。

简洁精练的文字、多元的视觉元素、全新的视角、科学的体例和创新的版式设计有机结合，帮助读者从全新的角度和一个崭新的层面去考察历史、感受历史和思考历史。

本纪

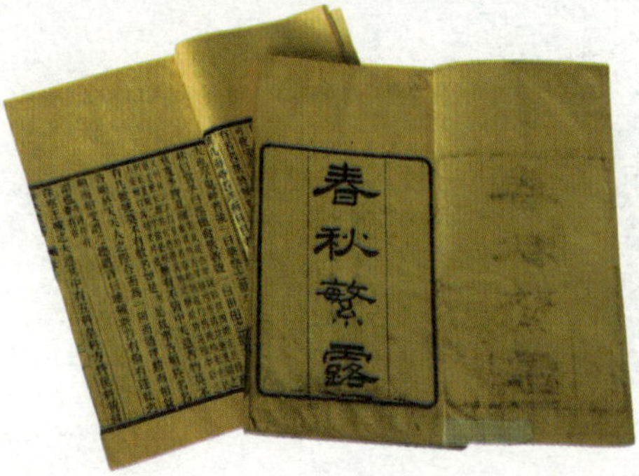

世家

列传

本纪

本纪是《史记》全书的总纲，以编年为体，记载历代帝王的世系，年代久远的以朝代为主，年代稍近的以帝王或实际当权者为主。本纪实质上是全书编年大事记，起提纲挈领的作用。

中国大事记 | 约 18 万年前，旧石器时代晚期的山顶洞人生活在中国华北地区。

五帝本纪第一

华夏始祖黄帝

黄帝，本姓公孙，是少典的儿子，名字叫轩辕。轩辕刚出生两个多月就会说话。小时候他就才思敏捷，口才出众，是远近闻名的神童。长大以后，轩辕更是做事果断，聪慧过人。20 岁的时候，他已经见多识广，能明辨是非了。

轩辕生活的时代，正是神农氏统治的衰落时期。当时，四方诸侯相互争斗，百姓饱受战争之苦，神农氏却没有能力征服他们。在这种情况下，轩辕不得不动用武力，讨伐那些不驯服的诸侯，而且每次都能打败他们。于是，诸侯们都跑来归服他。在危害百姓的诸侯中，蚩尤拥有十分强大的武力，短时间内还没有谁能降服他们。

当时，炎帝想利用自己的势力欺凌诸侯。四方诸侯便带着民众来投靠轩辕。轩辕实行宽厚仁爱的政策，一边给归附的诸侯和百姓规划土地，教导他们根据土地的情况，适时播种五谷，让人们安居乐业，一边整顿军队，习练武艺，去和炎帝作战。经过几番艰苦的战斗，终于打败了炎帝。

凶暴的蚩尤不服从轩辕的命令，兴兵作乱，轩辕下定决心整治他。轩辕命令各地诸侯各率军队，会合起来，组成联军，和蚩尤在涿鹿的荒野上展开大战。双方都集中了全部兵力，经过长时期的对峙和激烈的战斗，轩辕的军队最终擒获并杀死了蚩尤。

战争之后，天下平定。各方诸侯一致拥戴轩辕为盟主。他代替了神农氏，统治天下，这就是黄帝。黄帝登基后，天下只要有不顺从的势力作乱，他就亲自率兵前往征讨。他经常跋山涉水，披荆斩棘，开山造路，没有过上一天安逸的日子。

在来来往往的征战和巡视中，黄帝往东到达过海滨，登上过泰山和丸山；向西到达崆峒，登上了鸡头山；往南到了长江流域，登上过熊山和湘山；在北方击败并驱逐了少数民族獯鬻，到达釜山并在那里与几个部落的首领会盟订约。他常年东奔西走，南征北战，从来没有固定的住所，经常简单地搭起一个帐篷来歇息，四周安排军队守卫。

在治理国家方面，黄帝所设的官职都用云、瑞来命名，军队也称为“云师”。他设立左右大监，负责监察万国。各国之间都友好和睦，所以每逢封官晋爵、祭祀神灵的时候，各方诸侯都来参加，场面宏大，热闹非凡。黄帝得到了象征权力的宝鼎后，制定历法来预知节气日辰；选任风后、力牧、常先、大鸿四人来治理百姓；利用天地四时的规律，预测阴阳五行的变化；制定生老病死的礼仪制度，总结国家兴旺衰败的经验教训。他遵循时令节气，教导百姓适时地播种各种农作物，驯化各类鸟兽鱼虫；告诉民众要勤劳节俭，利用大自然的时候要有节制，懂得爱惜江湖山林和土地；狩猎也都要按季节进行，不允许过度捕杀。由于黄帝推行英明仁慈的政策，在他统治的多年中，大多是风调雨顺，天下太平的。

黄帝的正妃嫘祖，是西陵部落的女子。她为黄帝生了两个儿子，一个叫玄嚣，一个叫昌意。黄帝去世后，安葬在桥山，昌意的儿子高阳即位，这就是颛顼帝。

颛顼性格沉静而且很有智谋，心胸豁达又明白事理。他继承黄帝家族的优良传统，不辞辛劳地造福天下百姓。他让土地充分地发挥作用，多生产粮食谷物，一切行动都遵循自然的发展规

历史关注

发现于云南元谋约 170 万年前的人类化石，被称为元谋直立人，是世界上最早的古人类之一。

轩辕问道图卷 明 石锐 绢本

图绘黄帝轩辕氏到崆峒山向广成子问道的场景。图中山椎如障，苍松劲挺，殿宇于山坳丛林间隐约可见。黄帝、广成子二人相对而坐，倾心论道，周围侍从或近前侍立，或忙忙碌碌，准备饭菜，构图虽疏朗，而人物神情肃穆，气氛庄严而宏大。

律。他制定仪礼，规定贵贱尊卑，教化民众，并诚心诚意地举行祭祀活动。所以他在位的时候，统治的地区非常广大，凡是日月之光能够照得到的地方，百姓就都自愿地归顺他。

颛顼十分喜欢音乐。他曾命令大臣飞龙模仿风的声音，创作了一首叫《承云》的乐曲，奉献给祖父黄帝，受到黄帝的赞许。他还让飞龙铸造了一口声音洪亮的大钟，悠扬的钟声能够传到千里之外。因为颛顼热爱人民，推行德政，所以国家呈现一片欢乐祥和的景象。

颛顼逝世后，玄嚣的孙子高辛继位，他就是帝喾。帝喾有两个儿子，一个是挚，一个是放勋。帝喾死后，挚继位。挚发现自己没有管理国家的能力，就把王位让给了弟弟放勋，放勋就是唐尧。

圣明的唐尧

唐尧天资聪慧，拥有一颗仁爱之心，他像太阳一样照耀着每个人，也温暖了每个人的心。他是继炎帝、黄帝后的又一个很有威望的首领。

尧在位时，勤勤恳恳地为人们办事，认认真真地治理国家。他身为天下部落联盟的首领，却从不奢侈浪费，他住的是茅草屋，吃的是粗粮淡饭，穿的是粗布衣服，就是在寒冷的冬天也只是披一张鹿皮来抵御风寒。人们看在眼里，疼在心上，对他说："您是我们的首领，吃、穿、住都应是最好的，你现在这个样子，我们心里实在是过意不去啊！"尧笑着摇了摇头，回答说："我之所以这样，就是想让你们都吃饱穿暖，过上富裕的生活，在我的国家里，哪怕有一个人挨饿受冻，也是我尧的无能啊！你们是我心爱的臣民，我怎么忍心看着你们受苦，我自己去享乐呢？"听了这些话，人们都感动得流下眼泪，因此更加信任他，敬仰他。

尧善于招纳贤才，并给他们分配合适的职务，让他们充分发挥自己的特长。因此他的手下拥有很多有能力又负责任的名臣。他们为国家的发展都做出过很大的贡献。

他任命羲氏、和氏推算日月星辰的运行规律，并制定出相应的历法。羲氏、和氏把一年定为 366 天，分为春夏秋冬 4 个季节，还设置闰月来调整各年的四时，然后将每年的节气时令告诉人们，让人们了解大自然的循环规律，安排生产和生活。由于用人得当，措施得力，各项事业都兴旺发达起来，全国上下到处呈现出一派生机勃勃的景象。

尧出身尊贵，却从来不轻视别人。虽然身为

中国大事记

公元前3000年前，中国进入父系氏族社会，新石器时代开始。

至高无上的首领，做事从不独断专行。他经常召开部落会议，广泛征求大家的意见，共同商讨治理国家的最好办法。尧在位70年后，在一次部落会议上，他问众大臣："在你们的心目中，谁能统领百官，辅佐我治理国家呢？"大家讨论之后，一致认为舜既孝顺又有才干，是最合适的人选。舜的父亲是瞎子，品质十分恶劣，他娶后妻生子之后，就想除掉舜。舜不但不怨恨他，还特别孝顺老人，疼爱弟弟，劝说他们走正路。那时的舜虽说还没成家，却早已美名远扬了。尧为了全面深入地了解舜，就把自己的两个女儿嫁给他做妻子，以观察他内在的德行，随后又派了9名随行，观察他的外在表现和办事能力。

舜很有修养。结婚后，他没有因为妻子是帝王的女儿就百般骄纵，而是让她们赡养老人，照顾弟弟，讲究妇人之道。那9名随行也都很忠实地为他做事，对他毕恭毕敬。尧认为舜做得很好，就让他担任司徒的职务，来协调君臣、父子、夫妻、兄弟、邻里等关系，让天下人都遵从五常（指君臣、父子、夫妻、兄弟、邻里应当遵守的规矩）之教。在舜的引导下，很多家庭都和和美美，邻里之间也非常和睦。尧十分高兴，开始让他参与国家重要事务。他把各种事都处理得很合适，并且做事很有秩序；不但工作做得好，而且表现得很有威严，所有的人对他都很恭敬。尧还派舜到河流沼泽密布的深山老林里去，即便遇到狂风暴雨，舜也不会迷失道路，耽误事情。此时尧确信舜有非凡的智慧和才能，就打算有朝一日把王位交给他。

尧一天一天地老了，他按照惯例召开部落会议，确立自己的继承人。大家既不想深受爱戴的尧退位，又担心他的身体，不忍心让他继续为国事操劳，就极力推举他的儿子丹朱继承首领的位置。尧知道丹朱无才无德，没有管理国家的才干，不想把权力交给他，就对大臣们说："把权力交给一个有才能的人，那么天下人就都能得到好处，只有丹朱一个人受到损害；要是把大权交给丹朱，那么天下人就会受到损害。我怎能因为我个人的利益而损害天下人的利益呢？"于是他把首领之位交给了德才兼备的舜。这就是被后人传为佳话的"尧舜禅让"。

舜帝继位28年后，尧去世了，百姓们都特别伤心，就像是自己的亲生父母去世了一样，悲哀地给他守孝3年。在这3年中，全国各地都没有表演过歌舞、演奏过音乐，人们用这种方式来祭奠和怀念他们心中圣明的首领。

贤德的虞舜

虞舜本是颛顼帝的后代，但从颛顼的儿子一直到舜的父亲，几代人都没有做过什么显赫的官职，都是普通的平民。

舜的母亲在他很小的时候就去世了，他的父亲瞽叟是个盲人，而且品行不端。瞽叟续娶了后妻，又生了个儿子，取名叫象。象生来性情孤傲，盛气凌人，再加上有父母的娇纵，根本不把哥哥放在眼里，总欺侮他。舜一点也不生气，依然爱护着弟弟。瞽叟偏爱后妻和她所生的儿子，不但对舜不闻不问，还非打即骂。心肠狠毒的后

·氏族社会·

氏族公社是原始社会的基本单位，是以生产资料公有制为基础、以血缘纽带和血统世系相联结的社会组织形式，曾普遍存在于世界各地的原始社会中，是人类社会发展的必经阶段。氏族公社产生于旧石器时代晚期，基本贯穿于新石器时代始终。氏族社会初期，以母系血缘为纽带，即母权制，称母系氏族社会。大约在新石器时代末期，逐渐过渡到以父系血缘为纽带，即父权制，称父系氏族社会。氏族内部生产资料公有，实行集体生产，劳动果实平均分配。公共事务由选举产生的氏族首领管理，遇有氏族内外的重大问题，则由氏族成员会议决定。氏族社会时期实行族外婚制，内部禁止通婚。随着金属工具的使用，社会生产力得到较快的发展，劳动效率提高，又出现剩余的劳动产品，私有制随之产生，导致氏族内部贫富分化，进而演变为对立，阶级逐渐形成，氏族亦随之解体。

历史关注 | **以河南新郑裴李岗文化为代表的遗址，是目前已知的华北地区最早的新石器文化。**

母也总想找机会杀了他。憨厚的舜一点都不记恨他们，还心甘情愿地侍候他们，孝敬他们，一点都不怠慢。

后来，他实在坚持不下去了，就一个人来到历山脚下，盖了一间茅草屋，开垦了一片荒地，种起了田。因为他的勤劳能干，每年收获的粮食都吃不完，于是他就把自己多余的粮食拿出来接济那些没有饭吃的穷人们，人们都十分感激他。赶上了荒年，他听别人说，家里因为没人干活都断顿了，就趁着夜晚回家，把米悄悄地放在大门口，然后躲在旁边。看着家里人把米拿进去，他才笑着跑回茅草屋。时间长了，他的事情被人发现并传扬开来，人们被他真诚的孝心打动了。在他的感召下，那些曾经为地界而争斗的人们，都不再计较，都能和睦相处了。后来，舜又去雷池捕鱼，渔场的渔民也因为他的到来而变得彬彬有礼，互相谦让。舜走到哪里，哪里的人们都喜欢他，他所居住过的地方，一年之内，就会发展成为一个村落，两年之后，就会变成一个繁荣的小镇。刚刚20岁的舜，孝顺贤德的美名就传遍了四面八方。

舜30岁的时候，恰逢尧帝在天下寻找贤人志士做自己的接班人，四方诸侯都推荐舜。尧便把两个女儿嫁给他，又赏给他大批的粮食、琴、布匹和牛羊。父亲瞽叟听说了这件事，就想杀掉舜，霸占他的财产。瞽叟假装让舜回家帮他修粮仓，就在舜爬上粮仓顶的时候，瞽叟在下面点燃了粮仓。惊慌失措的舜手持两个斗笠，纵身从房上跳下来，逃出火海。瞽叟的毒计未能得逞，还是不罢休，他又让舜帮他挖井，当舜在井的深处挖掘的时候，瞽叟和象突然用力往井里填土，想把他埋在里面。幸亏在挖井的时候，舜多了个心眼，在旁边偷偷地挖了一条暗道，才得以死里逃生。

后来，孝顺又有才干的舜被选为首领。他在位时，时刻关心百姓的疾苦，深受百姓爱戴。他召集社会上有名望的人的后代，让他们担任重要的职位，发挥他们的特长。果然，这些人不但很好地完成了任务，而且成功地教化了民众，使中原的各个部族之间都相安无事，边远地区的部族也都向往中原，愿意遵从舜的领导。然后他又把缺乏道德、祸害民众的家族发配到偏僻边远的地区，让他们去治理那些更加邪恶的人，这样一来，全国几乎就没有恶人了。

尧舜禅位图

舜又召集四方诸侯，商量如何任用在尧时代曾为国效力的大臣，舜问："在他们这些人里面，谁能够统领百官，辅佐我把尧帝的事业发扬光大呢？"大家都说非禹不可，于是舜就派他去治理水患。随后，他把所有有才能的人都分配给合适的职位，并且，每3年考察一次政绩，根据3次考察的结果决定官位的升降。

舜任命皋陶做掌管监狱的官，执行各种刑罚，因为他执法严正公平，百姓们都很顺从；伯益主管天、地、人三事的礼仪，全国人民表现谦让，相互之间都很和睦；典乐官夔用诗歌舞蹈教导人们，陶冶人们的情操，使神与人达到和谐。禹的功劳最大，他开凿了九座大山，又修通了道路，疏通了九处湖泊，筑好了堤防，引导了九条河流，划定了九州方界，让九州的君长都按照相应的职分来向舜帝进贡物产。这样一来，广阔的国土乃至遥远的荒凉地区的人民，都能安居乐业。禹为了歌颂舜的英明，创作了一首名字叫《九韶》的乐曲。这首曲子十分悦耳，引来了四方的珍奇异鸟，人们也都被美妙的声音所陶醉。

后来，舜在去南方巡回视察的时候，在苍梧的郊野中去世。舜在生前就安排禹来做他的继承人，舜去世后，禹也像舜为尧守丧一样为舜守孝3年。后来他又让位给舜的儿子，可是诸侯们都来归附禹，于是禹又登上了天子之位。

中国大事记　约 7000~5000 年前，仰韶文化时期。仰韶文化首先发现于河南渑池仰韶村，文化遗址分布很广，多达千处。

夏本纪第二

大禹治水

夏禹，名叫文命，他是黄帝的玄孙，也是颛顼帝的孙子，他的曾祖父昌意和父亲鲧都没能做天子，只是普通的臣民。

尧在位的时候，黄河流域遭遇了很大的水灾。当时，洪水泛滥，浊浪滔天，大水淹没了山冈和丘陵。眼看着庄稼和房子被毁，老百姓们惶恐不安，四处逃避。

尧召开部落联盟会议，问各方首领：“百姓们现在正处于危急关头，谁能够担当治水的重任呢？”首领们都推荐鲧。尧不太信任鲧，但又不好违背大家的意愿，于是就派他去治理洪水。结果 9 年过去了，水灾不但没有平息，反而更加严重了。百姓们叫苦连天，怨声载道。就在这个时候，尧任用有才智的舜，代替天子处理国家大事。舜亲自前往遭受洪灾的地方去考察。他发现鲧治理洪水的方法没有一点成效，就把他流放到羽山，后来鲧就死在那里。舜又任用鲧的儿子禹，接替父亲，继续鲧的治水事业。

大禹治水像

禹遵从舜的旨意，带领大小官员，发动老百姓，组成一支治水的大军。因为父亲治水没有成功而受到了惩处，禹的心里很难过。他暗下决心，一定要把洪水治理好。他带领民众翻山越岭，长途跋涉，所经之处都做上标记，为治理山河做规划。在实地勘测基础上，他确定了治水新思路，抛弃了父亲以堵为主的治水方法，决定采用开渠排水、疏通河道的方式治理洪水。

当时的禹刚刚新婚不久，为了治水，到处奔波，整日不知疲倦地劳作，甚至几次经过自己的家门，都没有进去休息一下。有一次，禹从自家门外经过，当时，他妻子涂山氏刚生下儿子，婴儿正在屋里哇哇地哭，禹听见哭声，仍旧狠下心没进去探望。他把所有的精力、物力、财力都用在治理洪水上，从不讲究自己的衣食。他和老百姓一起劳动，戴着箬帽，拿着锹子，带头挖土、挑土。在陆地上行走的时候，他坐着车；在水路行进的时候，他驾着船；碰上泥泞的沙滩，他就用一根木橇支撑着前进；在山路上行走的时候，就穿上一双带铁齿的鞋子。

当时，黄河中游有一座大山，叫龙门山（在今山西省河津市西北）。奔腾而下的黄河水流到此处，受到龙门山的阻挡，溢出河道，闹起水灾，一次又一次地冲毁人们的房屋和财产。禹到了那里，决定劈开山口，让洪水下泄。他观察好地形，带领当地的人们开凿龙门，硬是把这座大山凿开了一个大口子。这样一来，河水就畅通无阻了，治水最大的难题得到解决。

禹的巡行治水从冀州开始，首先治理了壶口和梁山地区，然后从太原一直到太岳山一带。治理覃怀收到了明显的成效后，紧接着去治理漳水经过的地方。

兖州处于济水和黄河之间，境内的 9 条大的河流经过开挖疏通，水流畅通。雷夏泽修好堤防后，形成湖泊，雍水、沮水的水流进这里。湖边的土地适合种植桑树，可以养蚕。这样，山上的

历史关注 仰韶文化姜寨和半坡等遗址中出土的一部分陶器上有刻画符号，有人认为这是中国最早的文字。

居民都纷纷搬了下来，居住到平原上。

青州位于大海和泰山之间，水患较轻，没怎么费功夫就治理好了，潍水和淄水也畅通了。徐州位于大海、泰山和淮河之间，修治好淮河、沂水等河流后，蒙山和羽山周边的土地便可以种植了。大野泽经过整治开始蓄水，这样一来，东原一带的百姓，不用再担心洪水泛滥，可以安心地耕田种地了。

淮海以南、大海以西的大片地区是扬州。禹命人开挖彭蠡湖，拦洪蓄水。随后疏导当地河流，松江、钱塘江、浦阳江的水顺畅地流进大海。经过整治，扬州成为沃土，这里草木茂盛，竹林遍地。

荆山往南直到衡山地区，都属于荆州。江水和汉水流经这里，奔向大海。长江和它的支流如沱水和涔水等都有较为固定的河道，简单整修后又治理了当地重要的湖泊——云梦泽，这里的百姓就可以耕作生产了。

荆山以北，黄河以南的土地是豫州。禹带人把伊水、洛水、瀍水、涧水引入黄河，然后又相继治理荥泽、荷泽、孟潴泽，深挖湖底，修筑堤坝，大水流进湖泊，大地不再有水灾。

梁州地界东到华山之南，西到黑水之滨。疏通这里的沱江和涔水以后，又平整了岷山、潘冢山、蔡山、蒙山一带的土地。这里的民众种植庄稼，粮食大丰收，他们又重新建设起自己的家园。

黑水和冀州西界之间的地方是雍州，这里的弱水被引流到西方，泾水被导入渭河，漆水和沮水的水道也给疏通，都野泽也不再闹灾了。荆山、岐山、终南山、敦物山一直到鸟兽山的土地都可以种田了，三危山一带的百姓，都安居下来。

治水成功后，大禹开始着手治理九州：疏通了9条河流，深挖了九处湖泊，筑好了堤防；开凿了9座大山，铺平了国都通往各处的道路；把稻种分发给民众，让他们在这里耕种田地，哪里的粮食少，就从多的地方调一些过去。于是边远地区千千万万的民众安顿下来，各诸侯国也得到了有效的治理。

这些都做好后，大禹又把各个地方的土地按

禹王治水版画

肥沃程度分成几等，要求各地居民按照等级交纳赋税。规定天子国都外500里的范围之内称为甸服，根据距离国都远近要求各地交纳不同的贡品。此外，还明确规定了各地诸侯的权利，要他们服从天子的命令。

大禹治水足足用了13年的时间。在这13年的时间里，他未曾踏进过家门。因此，他不但得到了舜帝的信任，也得到了普天下黎民百姓的尊敬和爱戴。舜帝赏赐给禹一块黑色的宝玉，并向天下人发出布告，宣告治水获得成功，百姓们可以安心生活了。

舜帝禅位大禹

夏禹治水大功告成后，天下的百姓得以安居乐业，人们都很拥戴他。舜帝念禹治水有功，就把他留在朝廷辅佐朝政。

一次，舜帝上朝的时候，大禹和皋陶在舜的面前讨论治理国家的问题。皋陶说："按照道德的准则办事，就能团结有才能的人。"禹说："对啊，具体该怎么做呢？"皋陶说："要有长远打算，加强自身的修养，团结自己的亲属，吸引有见识的人来辅佐你，由近及远，先从自身做起。"皋陶又说："还有，了解所重用的人，安抚民众。"禹说："你说的很对，但是，即便是圣明的尧帝要做到这些也是很困难的，更何况我们。如果真能做到知人善任，安抚百姓，就不用提防驩兜这样的坏人，不怕苗人的反叛，更不用害怕花言巧语的小人了。"皋陶说："对，是这样。那就得认

中国大事记

在甘肃广河齐家坪首先发现的约4000年前的齐家文化，流行于甘肃中东部和青海北部、宁夏南部。

真观察准备任用的人的言行，了解他的品德。考察一个人应先从办事开始，人们做人办事，有九种美德，它们是：待人宽厚又有威严，性情温和又意志坚定，诚实守信又恭敬有礼，才能出众又严谨细致，心地善良又刚强坚毅，为人正直又和气，平易近人又能坚持原则，办事果断又讲求实效，力量强大又讲道理。治理国家就要重用那些具备九德的人！如果每天能修行其中的三种，做大夫的就能管理好自己的领地；要是每天能修行其中的六种，做诸侯的就能保住自己的封国；要是能认真地修行上面的九种美德，就能做到知人善任，所任用的人也会认真办理自己的政务。那样，一定是人心稳定，国家太平。如果用人不当，国家就会混乱。那样的话，就得用五种刑罚惩罚犯有不同罪行的人。”禹赞赏地说：“按你的话去做，一定会做出成绩的。”皋陶谦虚地说：“我没什么能力，只不过提出小小的建议，希望能对治理国家有用。”

舜帝对禹说：“谈谈你的看法吧！”禹行了个礼，说：“我没什么可说的，只想每天努力为老百姓办实事！”皋陶问：“怎样才算努力办事呢？”禹说：“当年天下发生洪灾，洪水淹没了百姓的庄稼和房屋，天下民众艰难困苦。为平息水患，我驾车在陆地上行进；乘船行使在水中；手

大禹陵

拿撬棍在泥沼中前进；穿着铁鞋走山路。实地考察，认真规划，引河入海，消除水患。我和伯益给民众送去新鲜的粮食和蔬菜，把多余的粮食运往缺粮的地区。就这样，经过长达十几年的艰苦努力，终于使百姓安定下来，各个诸侯国也得到治理。”皋陶赞叹说：“是啊，这些都是你的了不起的贡献啊。”

大禹对舜帝说：“身处帝位要小心谨慎，处理国家事务要认真负责啊！用人得当就会得到天下人拥护，也会得到上天的保佑。”舜帝说：“诸位，你们是我的臂膀和耳目，请尽心尽力地帮我治理国家，如果我有不恰当言行，你们要纠正我，千万不要当面奉承，背后指责。我很看重你们几位，至于那些搬弄是非的奸臣，我会清除他们的。”禹回答说：“对！如果好人坏人不分，那就不会有所成就。”

舜帝点着头，感慨说：“是啊！这样才行！千万不能像丹朱那样，好吃懒做，游手好闲。那样就好像在陆地上行船一样，根本无法前进。他也因此失去了继承帝位资格。”禹说：“不付出辛苦，是成不了大事的。想当年，我刚结完婚，就抛下妻子去治水，后来儿子启出生，也没有时间去抚养他，这才完成了治水大业，现在有资格帮您管理国家。我们的国土辽阔，一直开发到最边远的地区，达到了5千里。天下还算安宁，只是三苗人凶暴残酷，不肯顺服，恐怕对国家不利，您得多注意。”帝舜点点头，说：“宣传我的德政，教导民众，这些都是你们的功劳啊！”

皋陶十分敬重大禹，下令让民众向大禹学习，谁不按命令执行，就论罪惩处。这样一来，诸侯之间都互相礼让，民以官为榜样，也变得彬彬有礼，而且都能和睦相处。舜帝的德政美名传扬四方。

后来，舜帝选择禹做自己的继承人。17年后，舜帝去世，3年丧期完毕后，禹把天子的位置让给舜的儿子商均，自己搬到阳城居住。可是诸侯大臣们不理商均，都去朝见禹。于是禹又登上了天子之位，接受诸侯的朝拜，国号夏后，姓姒。

历史关注

黄帝被后世尊为华夏族的“人文初祖”。

夏朝兴衰

大禹晚年的时候，想按照传统的方式，推选皋陶为自己的继承人。可皋陶还没等到继位就去世了，于是禹就把皋陶的后代分封在英地、六城等地方，又任用伯益管理政事。

后来，禹在巡回视察时，在会稽去世。禹死后，天子之位就传给了伯益。3年后，伯益把王位让给了禹的儿子启，自己则回到箕山居住。禹的儿子启有德有才，天下人都归顺他，诸侯们也都去朝拜，于是启登上了天子之位，他就是夏后国的启帝。

启即位后，有个叫有扈氏的诸侯不顺服，启带兵前去讨伐他，双方军队在一个叫甘的地方会战。作战之前，启发表了精彩的誓词：“各位将领，我在此告诫你们！有扈氏蔑视治理国家的正当规范，不行天地和人间的正道，所以上天让我前来消灭它。如今我遵守上天的命令对他们进行惩罚。战车上的射手和驭手如果不按规定去英勇杀敌，就是不服从命令。听从命令的，我将在祖先的牌位前大大地奖赏你们（那时候的规矩，天子要在祖先的牌位前封赏有功人员）。谁要不服从我的命令，就要在社神的牌位面前被斩杀（那时候的规矩，天子要在社神的牌位前处罚有罪之人），还要罚他全家人去做奴隶，总之，必须受到严厉的惩罚。”于是将士们一鼓作气，消灭了有扈氏。天下的诸侯知道了，都来朝拜启。后来启去世了，他的儿子太康继位。

太康继位后，沉湎于游玩打猎中，不理朝政，后来被羿驱逐，丢了王位。他的5个弟弟，在洛水的北岸等他回国。可是等了好长时间，也没见回来，于是他们就写下了《五子之歌》。

太康去世后，弟弟仲康继位。仲康在位时，任命羲氏与和氏负责制定历法。羲氏、和氏每天只顾饮酒贪杯，搞乱了四时节令。于是仲康就派大臣胤前去讨伐他们。后来仲康去世了，儿子相继位。相帝去世，他的儿子少康继位。

好多代过去后，夏朝的王位传给了孔甲。当时，夏朝的统治失去了民众的拥护，不再有往日的威望，诸侯们纷纷背离夏朝。孔甲爱搞迷信活动，尤其喜欢祭祀鬼神，并且荒唐淫乱。据说，有一次孔甲在外游玩打猎，看到了一雌一雄两条龙，就命手下把龙捉住，想把它们饲养起来。但孔甲宫中和朝中没有会养龙的人，就四处找寻。后来打听到，衰落的陶唐氏的后代中有个叫刘累的人，曾经跟着豢龙氏（部族名）学过养龙的技术。于是，孔甲就派人把他找来，让他负责养龙，给他赐姓叫御龙氏，并赏给他一块封地。后来那条雌龙死掉了，刘累就偷偷地将死龙做成肉酱给孔甲吃。孔甲吃后，觉得味道鲜美，还想吃，就派人继续找刘累要。刘累这下觉得大事不好，再也不敢去见孔甲，赶紧逃到鲁县的地方去了。

孔甲死后，他的儿子皋登位。皋死后，儿子发继位。发死后，他的儿子履癸继位，履癸就是夏王桀。夏桀即位后，不但不想着发扬光大祖先爱护百姓、安抚天下的美德，反而变本加厉，残暴地对待百官和民众。贵族和百姓都难以忍受。后来，夏桀召来东方商部落的首领商汤，把他囚禁在监狱中，不久又把他放了。商汤回去后，暗中积蓄力量，推行德政，很多诸侯都前来投奔，于是汤就带兵起来讨伐夏桀。夏桀战败逃跑，被放逐后死去。夏桀临死的时候，对身旁的人说：“我真后悔啊！当初在夏台没把汤杀掉，致使我今天落得如此下场！”商汤赶走了夏桀之后，自己登上了王位，夏朝灭亡了。

·部落和部落联盟·

部落通常由若干个较小的地区村社（例如宗教、村落或邻里）组成，并且可以聚集成更高级的群集部落——由两个或多个血缘相近的氏族组成。他们有共同的语言、文化和意识形态。在一个典型的部落里，有共同的部落名称，各氏族领土相邻，共同从事贸易、农业、建筑房屋、军事行动以及举行各种宗教仪式活动。部落联盟是原始社会后期形成的部落联合组织，通常由若干近亲或近邻部落组成，结成联盟的主要目的在于共同合作出征或自卫等军事行动。

中国大事记

约公元前 4300 ～前 3000 年，马家浜文化遗址分布很广，纺织和制陶业已相当进步，发现了罗纹织物残片。

殷本纪第三

成汤灭夏

古时候，有一个娀氏部落的女子，名叫简狄。她嫁给了帝喾做次妃。一天，她和另外两个人一起去河里洗澡，看见飞翔的燕子身下掉下一个蛋，简狄捡起来就吃掉了，结果就怀了孕，生下个男孩，取名叫契。

契长大后，跟着禹治理洪水，立下了汗马功劳。舜帝召见他，对他说："如今，天下的百姓之间经常闹矛盾，君臣、父子、夫妻和朋友之间的关系也不是很好，我现在任命你去当司徒，向他们宣扬和睦共处的规矩和道理，教他们学会宽容和友善。"然后又把商这个地方封赏给他，赐姓为子。在尧、舜、禹统治的时代，契的家族兴盛起来。契在做官期间，为百姓做了不少好事，人们不再争斗，社会变得和谐安定。

商汤像

商汤（生卒年不详），姓子，原名履，又称武汤、成汤，商部落的杰出首领，在位 13 年，建立了中国历史上第二个奴隶制王朝——商朝，定都亳。他吸取夏桀亡国的教训，鼓励生产，减轻征赋，使商朝成为当时世界上强大的奴隶制王朝。

契去世之后，他的儿子昭明即位。又过了 14 代，成汤即位。成汤姓子，名履，他继位做了首领后，定居南亳。

古时候的人都很迷信，把祭祀天地祖宗看作是十分重要的事。一个叫葛伯的诸侯，不但废掉了祭祀的礼仪，还把祭祀用的牛羊杀掉吃了。汤出兵讨伐他，对他说："我曾经说过，人一照水，就能看见自己的容貌是美是丑；一看百姓生活的好坏，就知道你国家治理得怎么样。你不听从天命，胆敢违反规定，我要加倍惩罚你，决不能宽恕！"伊尹赞美说："英明啊！做君主的能体谅老百姓的疾苦，听得进忠言，一定会有品德高尚的人来辅佐他，国家也会进步，这种做法值得鼓励。"

汤是一个善良仁慈的人。有一次他外出巡查，在一个树木茂盛的林子里，看见猎人正在东南西北 4 个方向张挂捕捉飞鸟的网。网张开后，那个猎人跪在地上祈祷说："求老天保佑，网已经挂好了，愿天上飞的，地上跑的，四面八方的鸟兽们，都快快进入我的网中吧！"汤很惊讶，一边叫随从把挂好的网撤掉三面，留下一面，一边说："你这样做实在太残忍了，这不把鸟兽都赶尽杀绝了吗？"接着又教猎人祈祷说："你们想往左飞就往左飞，想往右飞就往右飞，想去哪里就去哪里，不听从命令的，就钻进我的网中！"然后对那个猎人和随从们说："对待禽兽也要有慈

历史关注

马家浜文化中发现了粳稻，距今约 6000 年，这是我国目前为止发现的最早的粳稻。

爱之心，我们要捕捉的只是那一小部分不听天命的，怎么能把它们全都杀了呢？”商汤“网开三面”的事很快在诸侯之间传扬开来，众诸侯都称赞说：“汤对禽兽都这样关爱，他的仁慈真是达到极点了！”

就在那个时候，夏桀荒淫无道，残害百姓，民众们怨声载道，诸侯昆吾氏趁机起来作乱。商汤指挥大军，先去讨伐昆吾，随后去进攻夏桀王。为激励士气，严明纪律，商汤手持大斧进行誓师：“你们众人都仔细听了：这次起兵，并非我个人胆敢兴兵作乱，是因为夏桀作恶多端。我听说有的人对出兵打仗心怀抱怨，这可以理解，但是，夏桀祸乱天下，是上天命令我去惩罚他的。我畏惧天命，不敢不去征讨。我听到有人说：国君不体谅我们，让我们抛下农事不管，去攻打夏桀。还有人问：‘攻打夏桀，他究竟犯了什么罪，罪行有多大？’我告诉你们，夏桀对百姓加重徭役，重加盘剥，耗尽了天下的民力，掠光了民众的钱财。夏国的民众对他深为痛恨。夏国有民谣唱道：‘这个太阳（夏王曾把自己比作太阳）什么时候灭亡，我宁愿与你同归于尽！’夏王已经堕落到这种地步，所以一定要去攻伐他！希望你们和我一起来奉行天命，对夏桀进行惩罚。听命立功的，我会重重有赏；违抗我的誓言，我就要严加惩罚！你们不要怀疑，我说话绝对算数！”誓师大会结束后，史官记下了商汤的誓词，这就是历史上有名的《汤誓》。商汤起兵反抗残暴的夏桀，非常勇武，古书上就称其为“武王”。

在娀族部落的废墟上，汤把夏桀的军队打得落花流水，夏桀吓得仓皇而逃，到了鸣条。汤乘胜追击，接连攻下了效忠夏国的 3 个诸侯国。汤命令伊尹向众诸侯通报了目前的政治军事情况，各方诸侯都争相归附汤。于是，汤登上天子之位。

成汤得胜班师，途经泰卷时，命大臣仲虺作文传令天下。回到亳都，宣布废除夏朝的政令，又作《汤诰》训诫诸侯。《汤诰》大致的内容是：三月，我讨伐夏桀回来，到达都城。召集各方诸侯和首领，对他们说：“你们要去建立对民众有益的事业，认真履行自己的职责，实实在在地为老百姓办事，不然的话，就会遭到严厉的惩罚。古时候，大禹和皋陶常年在外，不辞辛苦地为百姓治水，民众才能够得以平安地生活，他们也因此建功立业，并得到百姓的尊崇和爱戴。而蚩尤和他的大夫们鼓动作乱，又落下怎样的下场呢？你们之中，谁要是做了违背道德的事，就会被驱逐出去，不允许再做官，到时候你们可别埋怨我。”

汤即位后，改变了历法，更换了衣服的颜色，崇尚白色，并规定在白天举行朝会。汤逝世后，由于太子太丁早于汤去世，太丁弟弟外丙做了天子。3 年后外丙去世，王位又传给他的弟弟仲壬。仲壬在位 4 年后去世，伊尹立太丁的儿子太甲即位。

名相伊尹

伊尹，名阿衡。相传他是有莘氏在桑树林拾到的弃儿，因为他们生活在伊水边上，所以就以水为氏。伊尹的身材短小，面相丑陋，但他足智多谋，很有抱负。他盼望着有一天能到朝廷做官，为老百姓做事。

那时，正赶上商汤娶有莘氏为妻，于是伊尹就以一个陪嫁奴隶的身份进了汤家，刚开始去的时候做厨师。他借着跟商汤谈论饭菜的味道的机会，谈起国事，接着又引申到治理国家的方法上，劝汤实施德政。商汤渐渐发现伊尹跟一般的仆人不一样，觉得他是个人才，于是就派人去请他来宫内做事，帮助自己管理朝政。伊尹想试探商汤是否真的有诚意，在汤派人请了 5 次之后，他才肯出来。商汤和伊尹畅谈，伊尹讲了许多治国的方法，商汤都认为很有道理，于是便任命伊尹为宰相。

在伊尹的辅佐下，商汤的力量逐渐壮大起来。但此时的夏桀还没有觉察到自己已经面临着严重的威胁。他仍旧整天吃喝玩乐，胡作非为，滥用民力，建造宫殿，致使大片的田地都荒芜，民不聊生。

为了了解夏王朝的实情，伊尹便主动申请到夏王身边任职，昏庸糊涂的夏桀王根本不明白伊尹来这的目的。伊尹在夏王宫住了很长一段时

中国大事记

约公元前2070年，禹在涂山举行诸侯大会，有许多部落带礼物前来朝贺，行臣服礼。

间，对夏朝的内政外交、虚实强弱以及民众对夏桀的态度了解得一清二楚。随后，伊尹借机回到商的都城亳。他从北门进城时，遇见女鸠和女房，女鸠和女房都是商汤的贤臣。可能当时他们有一番对话，伊尹便记下这番对话，这就是《女鸠》《女房》。这两篇文章都已失传，据说记述的是伊尹在夏的感受和重回亳都时的心情。

伊尹归来后，商汤立即召见他。了解了夏王朝的情况后，商汤打算出兵攻打夏朝。伊尹说："我们现在还不能去攻打他，应该先试探一下，看他有什么反应。"商汤按照伊尹的计划，停止了对夏桀的进贡。夏桀大发雷霆，准备利用九夷的力量攻打商汤。伊尹见夏桀还能调动军队，就对商汤说："九夷的军队还在服从夏桀的指挥，说明灭夏的时机尚未成熟。你先派人向桀请罪，等待时机再动手。"于是商汤命人备下贡品，委派使臣到夏桀那里请罪。夏桀见商汤来进贡，觉得自己的威力还在，就自鸣得意，退了"九夷之师"。一年后，九夷中一些部族实在忍受不了夏朝的欺压勒索，纷纷叛离夏桀。这时，伊尹觉得时机已到，就建议汤再次停止向夏桀进贡。这时，夏桀再次发令调遣军队讨伐商汤，但诸侯再也不听夏桀的指挥了。商汤见时机成熟，便起兵讨伐夏桀王，伊尹随行。商军顺利击败夏军，推翻夏朝，创建了商朝。

商朝建立后，商汤又和伊尹密切合作，他们励精图治，广施恩惠，深受百姓的爱戴。商汤逝世后，伊尹又辅佐汤的后代。汤的孙子太甲即位，伊尹比较了解太甲，深怕他不守王道，坏了商汤开创的伟大事业，就作了《伊训》《肆命》《徂后》3篇文章，对太甲加以劝诫。但令人担心的事情还是发生了，太甲在做商王的前3年，不遵从汤的成法，无德无义，导致政治混乱，社会风气不正。于是伊尹把太甲帝流放到埋葬汤帝的桐宫，亲自执掌政权，接受四方诸侯的朝拜。太甲帝在桐宫居住了3年，终于醒悟，改过自新，弃恶从善。于是伊尹又把他接回来，重新把政权还给他，自己告老还乡。太甲复位后，发扬商汤的治国之道，以德服人，勤俭爱民，四方诸侯又都来归附，从此国泰民安。伊尹对太甲的作为十分赞赏，就作了《太甲训》，赞扬太甲。

太甲去世后，太甲的儿子沃丁即位。沃丁在位期间，伊尹去世。沃丁便在亳以太子之礼厚葬了伊尹，纪念他为国家立下的功勋。安葬伊尹之后，为了让伊尹的事迹流芳后世，沃丁命咎单作了《沃丁》一文。

盘庚迁殷与武丁中兴

盘庚，是商汤的第九代子孙，他是商王祖丁的儿子。盘庚的哥哥阳甲当了7年商王去世后，盘庚继承兄长的位置登上王位，成为商代的第20位国王。盘庚当政共28年，很有作为。

商朝从仲丁帝开始，废除了嫡长子继位的制度。商王之子、商王的弟兄及商王弟兄的儿子们，为夺王位而激烈斗争，造成了连续九代的混乱。这种情况导致了商朝国力衰退，以至诸侯都

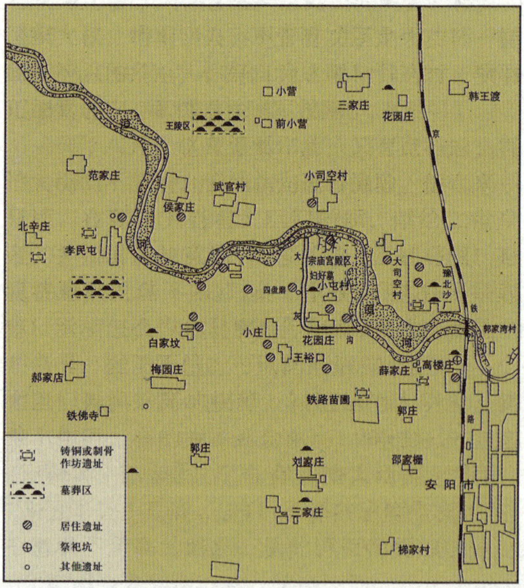

安阳殷墟遗址分布示意图

通过多年的调查与发掘，殷墟的范围和布局已大体清楚。洹河南岸的小屯村东北地为商代宫殿、宗庙区，周围分布有手工业作坊、居民区及平民墓地；北岸分布有大面积的王陵区。殷墟周围可能是贫民居所。

历史关注

《禹刑》是中国最早的一部刑法。

·人祭和人殉·

商朝的社会是由贵族、平民和奴隶构成。奴隶处在社会的最底层。据殷商甲骨文和金文记载，奴隶有隶、臣、妾、奚等分别，战俘和宗族灭亡者是奴隶的主要来源。贵族不仅无偿占有奴隶的劳动，而且可以随意地施以杀戮。最为典型的杀戮就是杀人祭祀和活人殉葬。商王和贵族在祭祀天帝、祖先、鬼神和山川河流的时候，除了屠宰猪、牛、羊等牲畜之外，还经常屠杀战俘和奴隶。此外，统治者死后，都要用活人殉葬，少则一两个人，多则数十人或数百人，他们企图在所谓的“阴间”继续奴役这些奴隶为其服务。人祭和人殉在整个商朝都非常普遍，数量之多、手段之残忍，令人发指。这也充分暴露了奴隶主阶级野蛮残暴的阶级本性和奴隶社会血淋淋的阶级关系。

不来朝拜。

由于内乱的不断发生，以及连年的水患，为了巩固政权，从商王仲丁开始到盘庚时代，商朝的都城多次迁徙。其中，仲丁迁都于隞（今河南省荥阳市），河亶甲定都于相（今河南省内黄县），祖乙又迁到邢（今山东省定陶市）。南庚迁都到奄（今山东省曲阜市）。盘庚即位时，商朝的都城奄在黄河以北。反复的迁都，让民众受尽迁移之苦，百姓们一个个怨声载道。

为了摆脱政治困境，缓解各种矛盾，盘庚决定把都城搬到黄河商汤曾经居住过的地方。盘庚先派人去寻找新都的地址，几经筛选，最后确定在殷。殷这个地方地势平坦宽广，土肥水美，山林有虎、熊兽等，水里还有鱼虾，而且远离经常泛滥的黄河，又有沬水可用来灌溉农田。

迁都是十分辛苦又麻烦的事情，盘庚把迁都的决定公布后，立刻遭到全国上下的一致反对。面对这重重的阻力，盘庚一次又一次地向人们做耐心的解释，并承诺迁都后每人都能分得新土地。平民百姓在旧都的土地都被贵族们掠光了，为了分到新土地，他们勉强答应了。贵族们一听说多数百姓都赞成迁都，就互相通话，到处煽风点火，造谣惑众。盘庚就把他们召集起来，耐心地开导说：“从前我英明的先辈成汤和你们的祖先共同创造了太平的天下，这种良好的君臣关系给我们开了一个好的先例，值得我们借鉴。先王任用你们的世家，对他们发布命令，他们谁也不敢违背，因此先王对他们特别尊重。他们也从来不随便散布流言飞语，民众也都很温顺。我们丢弃这样的先例，还怎能成就功德大业呢？从今天起，你们都必须恪尽职守，做好分内的事！”盘庚的话使贵族大臣们收敛了许多。

终于，在盘庚的强制和劝说下，所有的人都不再反对。于是盘庚带领着民众渡过黄河，在他即位的第14年，把国都迁到了殷。这就是历史上有名的“盘庚迁殷”。

迁都完成后，盘庚实施仁政，减轻赋税，提倡节俭，扭转了不良的社会风气，使政局稳定下来。他告诫大臣们要体恤民众，并重用那些能帮助群众致富、使人民安居乐业的人。在盘庚的领导下，殷家又重新兴盛起来。

盘庚逝世后，他的弟弟小辛即位。小辛在位的时候，因为治理无方，殷又衰落了。人们开始怀念盘庚，就做了3篇名叫《盘庚》的文章，表达他们的追思。小辛去世后，他的弟弟小乙即位。小乙帝去世，他的儿子武丁即位。

武丁年幼的时候，他的父亲不准他整天在王室里玩耍，而是把他送去民间，体验贫苦百姓的生活，接触社会，增长见识。武丁隐瞒了自己的身份，学会了各种劳作，也深切地体会到民间的疾苦。他就暗下决心，一定要改变现状，恢复大商王国的繁荣。

后来武丁即位，在他当政的前3年里，国家中的任何事情都由大臣们处理决定，武丁从不发表自己的意见。其实他是在一旁察言观色，考察大臣们的办事能力，寻觅能辅佐他的忠义之臣。有一天夜里，他做了一个梦，梦见自己得到了一个圣贤的人，名字叫“说”。醒来后，他很奇怪，就召集群臣百官，按照梦中人的相貌，仔细查看是不是有这样的一个人。他左看看，右看看，始终都在摇头，百官们都很奇怪，大王今天

中国大事记 | 公元前 16 世纪，成汤作《汤誓》，号召臣民同心协力，“致天之罚”，一举灭夏，建立商朝。

这是怎么了？等把文武大臣们从头到尾都看了一遍后，武丁还是紧皱着眉头，摇着头，冲大臣们说：“快去，把画师给我叫来！”画师来了，武丁就让画师按照他描述的样子画出头像来，然后命人拿着画像到各地去寻找。在一个叫傅险的修路工地上，找到一个面貌酷似画像的人，名叫说。把说带到武丁面前，武丁点着头说：“没错，就是他！”经过一番了解之后，武丁发现说果然是一个极有才德的人，便任命他为朝廷的辅相，拿傅险这个地方作了他的姓，叫傅说。

傅说不负众望，极力地发挥文韬武略的才华，使朝廷秩序井然。他让武丁在王室内部整治腐败，整顿朝纲，大力推行新政，同时减少祭祀用的贡品，这样一来，不但减轻了广大老百姓的负担，还给贵族大臣们树立了榜样。天下人都欢欣鼓舞。

有一次，武丁祭祀成汤，第二天，一只野鸡飞到祭祀用的大鼎的鼎耳上不停地鸣叫，武丁听了，非常害怕（商朝的统治者十分迷信神鬼）。祖己劝说道：“大王不必忧虑，先处理好国家政务再说。”武丁听了，还是不放心。祖己就开导他说：“上天赐福还是降罪，看的是下民是否遵行道义。人的寿命有长有短，寿命短的人也不是上天有意让他断送性命。为非作歹，没有道德又不承认自己罪恶的人，上天肯定会降下命令警示他。那时，他才想起来说‘怎么办，怎么办哪’，大王啊！您登基即位以来，尽自己的职责，努力为民众办事，一切作为都没有违背天意民心，有什么可怕的呢！请大王继续按老规矩祭祀，不要随意变更，更不要举行各种邪道的礼仪！”武丁听了，觉得很有道理，不再惊惧，而是专心修行德政。全国民众都十分高兴，商朝又繁荣兴盛起来。

武丁逝世后，他的儿子祖庚即位。祖庚命人写下了《高宗肜日》和《高宗之训》，赞美和歌颂武丁奉行德政，重振商朝的功绩与美德。

荒淫残暴的商纣王

商王乙有两个儿子，长子名叫启，因母亲生他时尚未为妃，身份卑微，故为庶子（启为帝乙长子而帝纣之庶兄），不能继承王位，于是立小儿子辛为太子，辛是商王与正妻所生。帝乙去世后，辛登上了王位，他就是帝辛，天下人称他为纣。

纣天生机敏，才智过人。长大后，身材魁伟，力大无比，不但能赤手空拳与猛兽搏斗，而且能言善辩，恃才傲物。纣做了帝王之后，更加目中无人，总在大臣们面前吹嘘自己的名声，炫耀自己的才能。

纣王不理朝政，整日饮酒作乐，尤其喜好女色。宫内有个妃子叫妲己，纣十分宠爱她，对她的话言听计从。妲己喜欢歌舞，让纣找来乐师为她弹奏舞曲，妲己就伴随着靡靡之音翩翩起舞，令纣王日夜流连，乐在其中。为满足自己骄奢淫逸的欲望，纣王大量增加赋税，把聚敛来的钱财堆满鹿台（纣王的宫殿名）的钱库，还命人大量搜集珍奇异物，安放在王宫内外。接着派人在沙丘上扩建豪华的宫殿，种植花草，抓来珍奇鸟兽，供他和妃子们游赏玩乐。纣让人把池子里盛满酒，悬挂肉形成林，又让人们光着身子在酒池肉林之间嬉戏追逐，不分昼夜地吃喝玩乐。

纣王的荒淫和残忍令百姓们怨气冲天，大臣们也都想背叛他。纣知道后，就将这些人统统抓起来严刑拷打，还命人用炭火烧烤铜柱，强迫他们在铜柱上行走。人不能忍受，就会掉进炭火里烧死，他和妲己则站在旁边仰天大笑。

西伯昌、九侯和鄂侯是当时担任重要职务的名臣（三公）。九侯有个美丽的女儿，送给了纣王做妃子。九侯的女儿厌恶纣的荒淫，做事常常违背纣的心意。纣王很愤怒，杀了她和九侯，还把九侯的尸体剁成肉酱分给各位诸侯。鄂侯十分不满，去找纣王说理，言辞激烈。纣连想都不想，一挥手，让人把鄂侯拖出去杀了，还把他熏成了肉干。西伯昌看着两位大臣都死了，而且都

历史关注

二里头文化属夏文化，对研究夏商断代有十分重要的意义。

鹿台赴宴，纣王妲己请仙年画

死得很惨，禁不住暗自摇头叹息。后来又有奸臣向纣禀报，说西伯昌暗地说纣王的坏话，于是纣把西伯也囚禁起来。幸亏西伯手下的人给纣送去了美女、珍宝和好马，纣王才赦免了西伯。

西伯被释放后，向纣王献出了洛水西岸的大片土地，并恳求纣王废除酷刑。纣王得到土地，十分高兴，不但答应了西伯，还赐予他弓箭斧钺（古代权力的象征），命令他去讨伐别的诸侯。于是西伯成了西部诸侯的首领。纣任用费中负责管理政事。费中是个善于阿谀奉承的小人，贪图私利，爱占小便宜，人们都很讨厌他。纣于是又派恶来替代费中。谁知恶来像个长舌妇，总爱搬弄是非，还制造谣言毁坏别人的声誉。朝中奸臣当道，各方诸侯就更加疏远纣王。

西伯回到周地，暗暗地修养自己的德行，到处做好事，一些诸侯偷偷叛离纣王而投奔西伯。西伯的势力很快就强大起来了，纣则逐渐失去了往日的权势和威严。这时，王子比干与众大臣求见纣王，劝他改邪归正。纣王不听。后来西伯讨伐饥国（商王朝的附属部落），并消灭了它。大臣祖伊知道后，惊恐万分，连忙跑去向纣王汇报说："上天不再保佑我们，想要断绝殷的国运了。上天已经降下凶兆，用大龟占卜国运也都不吉利。这并不是先王不保佑我们，而是大王您过分地荒唐残暴，自己要往死路上走啊！因此，上天才抛弃我们，让我们不得安宁。形势这么危险，可大王您既不揣度天意，也不遵守国家法度。现在，全国的民众无不希望殷国早早灭亡，他们说：'上天赶快显灵显威吧！赶快下达灭纣的命令吧！'大王您知不知道，赶快想想办法吧！"而纣王却若无其事地说："怕什么？我身为天子，是上天派我来的，上天会保佑我，你们不用担心！"众大臣对他毫无办法，都摇着头走开了。

西伯去世后，周武王姬发继位。此时纣王更加荒淫暴虐了，大臣微子几次进谏，纣王也不理会。于是微子和太师、少师等人告别后，离开了商都。这时比干再次面见纣王，说："我作为国家的臣子，效忠于你，冒死向你进谏，难道你还不知悔悟吗？"纣王哪里听得进这样的话，大怒道："我听说圣贤的人的心脏有7个孔，可是还没亲眼见过，不知道你是不是这样？"于是就命人剖开比干的胸膛，挖出心脏来观看。大臣箕子被吓坏了，装成疯子去当奴仆，纣又把他抓回来囚禁。太师和少师看纣王已无可救药了，就拿着国家的祭器与礼乐器投奔了周。在这种情势下，周武王率领四方诸侯讨伐纣王。纣王发动军队，在牧野拼力抵抗。怎奈纣王的军队军心涣散，士兵们无心作战，遭到了惨败。纣王逃回王宫，穿上用宝玉镶嵌缝制的衣服，登上鹿台，自焚而死，熊熊的大火结束了他罪恶的一生。

纣死后，周武王斩下他的头，悬挂在白色的旗杆上，又杀死妲己，把箕子释放出来，重新给比干立了坟墓。周武王封纣的儿子做武庚禄父，让他继续殷的祭祀，奉行盘庚时代的法度。殷的百姓非常高兴，拥立武王做天子。

中国大事记 | 公元前16世纪，太甲继承帝位后施政无道，伊尹将其放逐桐宫3年，待太甲修德后，复回朝执政。

周本纪第四

农师后稷

周朝的始祖后稷，名叫弃，是帝喾和原配夫人姜嫄所生的儿子。传说有一天，姜嫄到野外游玩，看见地上有一只巨人的脚印，觉得很奇怪，也很好玩，就把脚沿着印迹踏上去。谁知刚迈下去，她突然就感觉身子一震，像怀了孕一样。果然，10个月过后，姜嫄生下个男孩。这个孩子刚出生的时候，骨瘦如柴，每天晚上都哭闹不停。姜嫄觉得不吉利，很讨厌他，还没等过满月，就把他扔到一个狭窄的巷子里。说来也奇怪了，经过这个巷子的马啊、牛啊看见他后，凑上前闻闻，谁也不踩他，反而绕着过去了；没办法，姜嫄又派人把他丢到树林里，当时树林里有很多人，可是都像没看见一样，谁也不捡；姜嫄就把他扔到结冰的沟渠里，鸟在他身边飞来飞去，谁都不伤害他，还用翅膀给他铺盖，用羽毛为他取暖。姜嫄觉得很神奇，就迟疑着将他抱回家，继续抚养。因为一直想丢弃他，所以就给他取名弃。

弃小的时候，不像其他孩子那样整天就知道玩耍。他有十分远大的志向，也很懂事。他所做的游戏，就是在园子里挖土，浇水，种上麻和豆类植物的种子，然后一天到晚地蹲在园子里，仔细看这些植物发芽，长大，开花，结果。在他的精心呵护下，这些植物的长势都很好。弃成年后，开始喜欢在田地里劳作，耕种各种农作物。他仔细观察各块土地的性质，然后给它们分门别类，适合种谷物的就种谷物，适合种蔬菜的就种蔬菜。在他的调理下，原本寸草不生的土地，也长出了茂密的庄稼，并且收获了很多粮食。他不但掌握了农业生产中的许多方法，通过摸索，还积累了丰富的经验，因此，百姓们都争相来向他请教。尧帝听说后，把弃召进宫中做事，让他专门负责农业生产。在他的亲自指导下，全国年年都获得了大丰收。尧看见弃的工作有很大成效，十分器重他，后来让他担任部落联盟的农师，“教民稼穑”。

舜帝的时候，弃依旧担任农官。一次舜帝召见弃，说：“弃，天下又有闹饥荒的地方了，百姓们都没有粮食吃。你作为农官，快去帮帮他们吧！教他们如何播种百谷。”还把一个叫部的地方封给他。弃不辞劳苦，整日带领民众奔波于田地间，一边传播农业生产的方法和经验，一边大力发展生产，使那里的农业得到了很大的发展。于是，百姓们都尊他为“百谷之神”，号称“后稷”。

后稷的子孙们都很有德行，在帝尧、帝舜、夏王统治的时代，家族兴盛，有很好的名声。后

·木铎·

商周时期，政府组织比较简单，没有那么多的行政人员。政府需要传达政令时，便由一种叫作遒人的政府官员到民间走街串巷传达，同时官员也顺便采采民风，因此这种官员可谓是兼具上令下达和下情上达两个功能，是政府与社会的直接连接者。

木铎是遒人巡行各地随身所带的器具，是一种带木柄的金属铃铛，类似于走街串巷的小贩所拿的拨浪鼓。遒人正是用这个东西将大家召集起来发布政令。因此，木铎经常象征了王道。后来，孔子周游列国时来到卫国，一个小地方官因为被孔子的个人魅力所折服，说“天将以夫子为木铎”，意思是将孔子比作上天的代表。从此，木铎便也象征天道。

历史关注

夏商时期的货币为贝壳，计算单位为“朋”，每10贝为1朋。

稷去世后，他的儿子不窋代替他掌管农业，也受到天下百姓的爱戴。不窋晚年的时候，夏朝政治昏庸，根本不重视农业生产，还废除了农官。不窋丢了官职后，就投奔到戎狄的地方去了。不窋去世后，他的儿子鞠继位。鞠去世后，又让他的儿子公刘继位。

公刘虽然生活在戎狄地区，却始终不忘前人的教诲，大力发展农业，弘扬后稷的农耕事业。老百姓依靠他过上了富足的生活，都很感激他，称颂他。

周文王访贤 版画

周族的兴起

古公亶父的时候，他实施德政，推行仁义，想把祖上的事业发扬光大，国内的人民也很支持他。不料这时，北方戎狄族的头领薰育带兵前来进攻，想夺取周族创造的财富。古公亶父怕让人民遭受苦难，不想跟敌人作战，于是就分了一些财产给他们。可是薰育得寸进尺，没过多久，又领兵来抢掠古公亶父的土地和民众。众人十分愤怒，商量要和薰育开战。古公亶父制止他们说：“大家都消消气，听我说，你们的心情我能理解。自古以来，百姓拥立君主，就是因为君主能为他们带来福利，带来祥和安宁。薰育之所以前来进攻，是为了想得到我们的土地和民众。如果把这里的土地给他，你们由我领导与由他统领有什么不同吗？没有！所以说，你们为了让我当君主，去杀死别人家的父亲和儿子，不和我杀了他们是一个的道理吗？我怎能去做这样的事情呢？”于是，古公亶父带着族人，离开自己在豳地的家园，渡过漆水、沮水，翻过梁山，来到岐山脚下，岐下有一块肥沃宽阔的土地，古公亶父便带着族人，在这居住下来。

国内的人民被古公亶父的仁爱之心所打动，都互相招呼着，扶老携幼，跟随他来到岐山脚下，归顺古公亶父。甚至于其他国家的人民听说古公亶父仁爱，也前来归附。于是古公亶父就开始修建城府、宫室和民房，安排百姓定居下来。随后他又设置五种官府机构，并设置了相应的负责官员。他还废除戎狄部族野蛮的风俗习惯，提倡团结友善。人们过上了安定快乐的日子，兴高采烈地唱歌跳舞，吟诗作赋，来颂扬古公亶父高尚的品德。

古公亶父的长子叫太伯，次子叫虞仲。后来古公亶父的妃子太姜又生了季历，季历的妻子叫太任。太姜和太任都是很有才能而且贤惠的女人。太任生下儿子姬昌时天上出现祥瑞的征兆，人们预言姬昌能成就大业。古公亶父似信非信地说：“都说我们的后代会有使家族兴旺的人出现，难道这个人就是姬昌吗？”长子太伯和次子虞仲听后，知道父亲是想让弟弟季历继位，以便将来把位置传给姬昌。二人经过商量，决定离开族人。他们来到遥远的荆蛮地区，并且剪去头发，还把身上刻满了花纹，以此表示他们不会与季历争夺王位。

古公亶父去世后，季历即位，他就是公季。公季继承古公亶父遗留下来的制度，又重新加以修正，虔诚地推行仁义道德，四方诸侯都很佩服他，也都遵从他的领导。公季去世后，他的儿子姬昌即位，姬昌就是西伯。西伯当政大概有50年后去世，武王继位。武王改变了殷的政令制度，制定了周家的历法。他追尊古公亶父为太王，公季为王季。

中国大事记

约公元前1300年，盘庚将都城迁到殷，在殷墟出土的甲骨文是我国最早的文字体系。

西伯侯姬昌

西伯姬昌，也就是周文王。他继位后，继承了祖上后稷和公刘的事业，遵循古公亶父、公季的治国方法，尊敬老人，爱护晚辈，广施仁政。

西伯对大臣们从来都是以礼相待，还广招天下有才能的人。一天中午，西伯正在吃饭，有人来报，进屋看到他在吃饭，转身就要走。西伯叫住他问："你有什么事情吗？"那人支支吾吾地答道："外面有大臣求见。"西伯立刻放下碗筷说："还不早说，赶快请进来！"大臣们听说这件事后，都对他产生了由衷的敬意，更加爱戴他。伯夷和叔齐是两位隐士，居住在孤竹，他们听说西伯很慈爱，就一起前来归附。接着，太颠、闳夭、散宜生、鬻子、辛甲大夫等一些有贤德的人也都争相来归附西伯。

商朝的奸臣崇侯虎在纣王的跟前诋毁西伯说："如今西伯处处行善积德，很多诸侯都听他的话，这些人总是凑在一起小声地嘀咕，恐怕将来会对你不利呀！"纣听信了他的话，把西伯召到商都，随后囚禁到羑里（地名）。闳夭等人很担心，就商量如何救出西伯。因为知道纣王很荒淫奢侈，他们准备几十匹骏马和九辆驷车，还有几十个美女，又到处搜寻一些稀奇古怪的宝贝，全都送给了纣王。纣王非常高兴，哈哈大笑说："光有这几个美女就足以换回西伯，何况还有那么多的宝贝！"于是就派人放了西伯，又赐给他弓箭斧钺，让他讨伐不听命令的诸侯。西伯临走之时，纣王还趴在他的耳边说："崇侯虎跟我说了你的坏话，是他让我把你关起来的。"

西伯回去以后，献出洛水以西的大片土地，并请求纣王废除炮烙之刑，纣王答应了他。百姓们都说西伯做了一件大好事。

西伯推行仁政，诸侯之间一有纷争就来请他来解决。西伯每次都能作出公平的裁断，让他们满意而归。当时，虞和芮两地的居民因为地界不清，经常闹矛盾，长年争吵不休，谁也解决不了。他们听说西伯公正严明，就吵吵嚷嚷地来到周地。刚刚进入周的地界，那些人就都停下了，只见周地上耕作的百姓们，个个对人都彬彬有礼，种地时也都互相谦让地界，而且风俗习惯都很好，老人们爱护孩子，年轻人也很尊敬老人，一片其乐融融的景象。他们很惭愧，再也不争着吵着去见西伯了，互相对对方说："我们所争论的事情，周族的人都会感到可耻，咱们哪还有脸去见西伯呀？见了他也是白白招来羞辱，我们干脆别去自讨没趣了！"回去后，这些人也都互相谦让了，还把在周的所见所闻大大地宣扬了一番。于是西伯成了人们心目中理想的圣人。人们都说："这样的人可能是上天派来承受天命的君主啊！"

一年后，西伯征伐犬戎部族。又过了一年，征伐了密须部族，接着又打败了饥国。殷朝的祖伊听说了这些事，很恐惧，就跑来报告纣。纣若无其事地说："我生来就有天命在，他又能有多大的作为呢？"一年后，西伯又讨伐了邘国，再过一年，又征伐了崇侯虎。他建造了丰邑，并把国都从岐下迁到丰邑。后来，西伯去世，太子姬发继承王位，姬发就是周武王。

据说当年西伯被囚禁在羑里的时候，把《易》里的八卦推演成了六十四卦，后人对此都称道不已。西伯死后，谥号为文王。

盟津观兵

西伯去世，周武王即位。他任命太公望（又名吕尚，周武王尊为师尚父，民间传说中的姜太公）担任太师，周公旦为宰相，又召集召公、毕公等人辅佐他，效法文王来治理国家。

武王九年，武王来到文王的陵墓所在的毕地，祭祀文王。然后他又用车载着文王的牌位前往东部的盟津（今河南省孟津县西北），检阅军队。他对外宣称自己是文王的儿子姬发，奉行父亲的遗命准备讨伐暴君商纣，所作所为并不是自己个人的独断专行。武王把文王的牌位放置在军中的帐篷里，然后召集司马、司徒、司空等诸位军中首领，说："你们严肃恭敬地听着，要怀

历史关注 | **商朝开始以天子来称呼商王。**

着真心诚意，我叫你们来到这里，是和你们商议的。我本是一个无知的小辈，因为我的先人都是有德行的人，为国家立下了功勋，深受百姓的尊敬和爱戴，我是他们的后代，才如此幸运地继承了祖业。现在，我制定了赏罚分明的制度，以此保证我们共同完成先祖的遗命，建立不朽的功业！”然后下令发兵。出发前，师尚父发布号令：“各位首领都听着，赶紧集合你们的队伍，把好你们的船桨，准备出发！不许在那儿磨磨蹭蹭的，最后到达目的地的立即斩首！”士兵们听后个个精神振奋，摩拳擦掌。

于是，武王率领着勇猛的军队横渡黄河。船行到河流中间，一条白鱼突然跳进了武王所坐的船舱里，武王很奇怪，就低头弯下腰把它拾了起来，用来祭祀上天。队伍渡过黄河以后，刚要歇息，忽然一团火从天上窜下来，落在武王居住的屋顶上。正当大家惊慌失措的时候，那团火却慢慢变成了一只红色的乌鸦，一边叫唤着一边飞走了。大家都很诧异地说：“这只乌鸦的叫声真洪亮，一定是有所昭示的！”这时候，来到盟津和武王会合的诸侯已经有800多个了。当时，武王并没有约请他们，这些诸侯都是自愿前来的。众诸侯建议武王说：“我们势力已经很强大，可以讨伐纣王了！”武王想了想，摇了摇头说：“我还不知上天是什么意思，不能轻易出兵。”于是就下令各路人马撤回，班师回朝。

其实武王另有打算。他想：商的内部虽然腐败，但应该还是有一定实力的。真打起仗来，仅仅靠周军恐怕难以取胜。于是率兵来到盟津，举行一次渡河演习，查看一下军队备战能力和斗志。并借此机会，试探一下众诸侯国的态度，是否真的愿意与周联盟伐纣。他看到周军服从命令，进退有序，可前来助战的诸侯国首领们，有的想参战，有的只是来探探风头而已。武王认为伐纣的时机尚未成熟，就借口不知天意，退了军队。

回去后，武王一边扩充军队，积极备战，一边派出侦察人员，打探情报，看纣的反应。周武王发兵渡河的消息让纣王很吃惊。他正准备派军队迎战，却又听到报告说周军不战自退。纣王认为周武王害怕，不敢与他抗衡，于是放松了警惕，继续过着那荒淫糜烂的日子。

两年过后，纣的暴虐有增无减，而且在妲己的教唆下，变得更加残酷无情。他不但听信谗言，杀了前来进谏的王子比干，还把忠臣箕子关押了起来。商朝民心涣散，就连太师和少师也抱着祭器和礼乐器投奔到周。武王于是召集众诸侯，对他们说：“纣王的罪孽深重，人们实在难以忍受，我命令你们立即出兵，讨伐纣王。”武王率领由300辆战车、3000多名勇敢的武士和穿着盔甲的士兵4500人组成的诸侯联军，浩浩荡

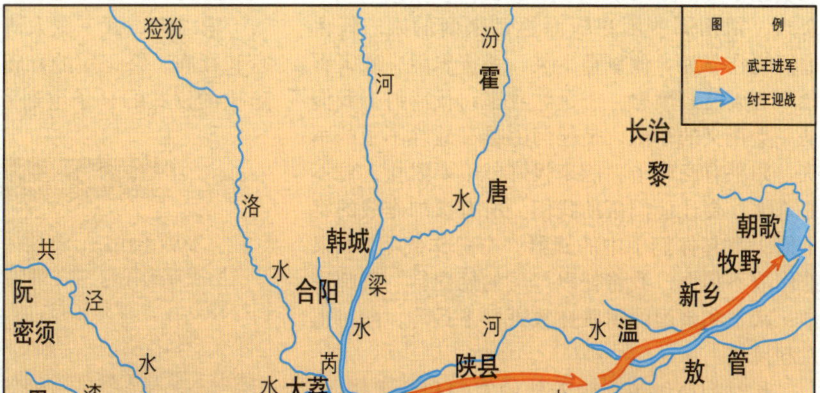

牧野之战示意图

中国大事记

公元前 1250 ~前 1192 年，武丁任已沦为奴隶的傅说为相，政治面貌大有改观。

荡地向东方进军，讨伐纣王。

武王十一年十二月，武王的军队全部到达盟津。前来的诸侯们互相激励："大家一定要奋勇杀敌，不用害怕！"武王于是写了《太誓》，向大家宣告："如今的纣王不理朝政，荒淫残酷，听信狠毒妇人的话，毁坏了上天要百姓安乐生活的本意，导致众叛亲离。为了讨好妃子，还把朝中优美的乐曲改成淫乱的声调，实在是罪大恶极！现在我就要执行上天对他的惩罚，所以大家一定要勇敢作战，争取一次取胜，我等你们的好消息！"

牧野之战

武王十二年二月甲子日，天刚亮，武王率大军来到商都郊外的牧野，立起讨纣大旗，进行誓师。武王左手拿着黄色大斧，右手拿着牛尾装饰的白色旗帜，站在高高的战车上，大声说道："尊敬的各方诸侯，众位大臣和即将远征的将士们！举起你们的戈，拿起你们的盾，竖起你们的矛，让我们共同起誓。古人曾有这样的说法，母鸡不能啼鸣报晓，如果母鸡打鸣报晓，那么国家就将会灭亡。现在暴君纣王只听信妇人的话，不但废弃了对祖宗的祭祀，败坏朝政，还抛弃他的亲族，留用那些因犯罪而逃亡来商的人，任由他们胡作非为。他荼毒生灵，杀害忠臣，残害百姓。上天已经愤怒，于是派我来讨伐商纣。我们是一支正义的军队，是任何困难都战胜不了的军队。如果有商朝士兵前来投降，不要阻止，更不要杀害，要让他们帮助我们。所有参加作战的将士们，拿起你们手中的武器，奋勇作战吧！如果谁作战不尽力，我将处以严厉的惩罚！"誓师完毕，武王和诸侯的军队在牧野摆下兵阵，向纣王发起挑战。

此时的商纣王正带着他的宠妃和一帮奸臣，在鹿台吃喝玩乐。这时手下的人慌忙来报："大王，武王的军队在牧野列阵，要攻打我们！"纣王听了，连忙召集大臣商量如何应战。商朝的大部分军队当时正在东南地区镇压少数民族，无法分身。纣没办法，只好下令把看守国都的军队调集起来，又将大批奴隶和俘虏编入军队，凑了足足 70 万人，仓促地向牧野进发，与周军对阵。

武王先派太公望率一队精兵杀入敌军的前沿阵地，作试探性进攻。这支先锋部队像猛虎下山一样冲向商军，大队人马在后面紧紧跟随，激烈的战斗即将开始。突然，商军前排的兵士们纷纷调转矛头，反为周军开路，朝后排冲去。原来，纣王的士兵虽然很多，但他们平日受尽纣王的欺压，早就恨透了纣王，根本不愿为他作战，倒是盼着周军快点打进来。商军的前排倒戈，队伍顿时大乱。武王借此机会，指挥主力军队猛烈冲杀，商军土崩瓦解。

纣王战败逃走，回到鹿台。他自知末日已到，就命人将皇宫里的珍宝全部搬到鹿台上。之后，他穿上绫罗绸缎，躺在珍宝中，点着火，把自己烧死了。

击败商军之后，武王在城外召集所有参战的诸侯议事。众诸侯都恭恭敬敬地向武王行礼参拜，武王也向众诸侯还礼。随后武王率领众诸侯进入商都朝歌，朝歌的百姓都在郊外夹道欢迎。武王派出群臣向百姓们宣告说："上天赐福给你们！"商都的百姓们向武王叩头拜谢，武王也恭敬地向他们行回拜礼。

第二天，武王派人清扫道路，修复纣王的王宫和社庙。祭祀用的社庙修复后，举办祭告天地隆重的仪式的日子也到了。100 名赳赳武士扛着

·商人起源·

商朝灭亡后，商族人成了周朝的奴隶。周武王把殷商遗民分给各诸侯国，由于商族原是贵族，养尊处优，身无长技，一下变为贱民，又被剥夺了土地和特权，无力赡养家眷，只好走南闯北劳碌奔波，以做买卖为主要职业。周族人重视农业，鄙视生意人，认为买卖只是借交易获取别人的劳动成果，是士农工商最后一等。在周人的心目中，做买卖的人就是商人。这就是中国人称生意人为"商人"的缘由。"商业""商品""商旅"等词汇都由此派生而来。

历史关注 商代青铜的主要成分是铜、铅、锡。

带飘带的云罕大旗在前面开道，武王的弟弟姬振铎守护着威严的仪仗车，周公姬旦手持象征国家权力的大斧，毕公拿着小斧，一左一右站在周王的旁边。散宜生、太颠、闳夭等众大臣手执长剑，在后面护卫着武王。进入商都，来到社庙前，按照事先的安排，大队人马布列在社庙南面，周武王站在社坛之前，部队的左侧，众大臣都跟在身后。卫康叔姬封在社庙前铺好叩头拜祭用的草席，随后，毛叔姬郑捧来在明月夜收集的露水，召公姬奭献上了彩帛，太公望牵来了供祭祀用的牛羊。巫师伊佚来到社庙之前，部队的右侧，大声朗读祭文："殷的末代君王纣，彻底败坏了历代商王的善政美德，不尊敬也不祭祀鬼神，欺压盘剥商朝的臣民。纣罪恶昭昭，人神共愤，天皇上帝已经知道了。"武王来到社庙前，拜了两拜，跪在草席上向上天叩头，说："奉上天的命令，革除殷商政权，接受神圣的上天对周的任命。"说完，武王又拜了两拜，叩头至地，然后退出。宣告商朝灭亡、周朝接受天命统治天下的仪式完成，周王朝开始了。

封邦建国，马放南山

宣告周朝灭商为天命所归之后，周武王采取了一系列安抚民心、稳定社会的重要措施。武王把殷朝统治的中心地带封给商纣王的儿子武庚，由于殷地刚刚平定，社会尚未完全安定下来，武王就命令他的弟弟管叔鲜和蔡叔度帮助武庚治理殷国。为争取原商朝大臣的支持，武王命令召公把商朝的贤臣箕子从牢狱里释放出来；派人到商朝贤臣商容的故里，去宣扬、表彰他的美德；让闳夭给王子比干修筑陵墓并进行祭祀。为争取民众的支持，武王让毕公把商纣王囚禁的百姓予以释放；命令南宫适拿出鹿台仓的钱财、钜桥仓的粮食，发放给缺衣少食的人们。为宣扬周朝统治天下的合法性，武王命南宫适、史佚等人向民众展示从商王朝获得的象征权力和祭祀用的九鼎宝器和镇国玉器；派人祭奠阵亡将士。在从商都撤兵回西方的路上，周武王巡视了沿途的诸侯国，并命人记下自己处理政务的情况，写下了《武成》一文。

周武王采取的第二项重要措施是分封诸侯，也即是把功臣及王族的重要成员封到全国各地做诸侯，协助天子统治国家。武王怀念古代的圣王，为表彰并弘扬他们的功绩及美德，便分封古代明君圣王的后代为诸侯。其中，神农氏的后人被封在焦地；黄帝的后代被封在祝地；尧的后裔被封在蓟地；把舜的后代封在陈地；又把禹的后代封在杞地。封完这些贤君的后代，又开始分封功臣谋士。第一个获封的是太公望，他的封地在营丘，国号叫齐；武王把曲阜一带封给弟弟周公旦，国号为鲁；把燕地分封给弟弟召公奭，国号为燕；把管地分封弟弟姬鲜，国号为管；把蔡地分封弟弟姬度，国号为蔡。其余众功臣和亲属也都各有封赏。其中，管叔姬鲜、蔡叔姬度、霍叔姬处的封国临近殷商旧地，担负着监视商君武庚，防他叛乱的重要职责。分封完毕，武王向各位诸侯赏赐了象征君权的宗庙祭器，命人写下《分殷之器物》，记录武王的命令和各诸侯得到的赏物。

武王召见管理九州的长官，商议治理天下的办法。这天，他登上豳地的一座山，眺望远处商朝的国都，不由感慨万千。回到镐京后，武王就再也睡不着觉了，整日唉声叹气，愁容满面。周公旦来到他的住所，看见他心情焦虑，辗转反侧的样子，很担忧，就问他原因。周武王回答说："你知道吗？上天拒绝享用商朝王室的祭祀，从我还没有出生时候到现在，已经有60多年了。在这60多年中，珍贵的麋鹿都跑到荒山野岭，而害人的蝗虫却爬到城市及郊外。这就像商王朝的朝廷，忠义的贤臣被疏远，奸佞小人却在得到重用。奸臣胡作非为，老百姓困苦不堪。所以，上天才不再保佑殷家，周家也因此成就大业。上天保佑殷家的时候，他们也曾经得到过360位贤人辅佐，虽然说不上国势昌盛，但也不至于灭亡。如今虽说殷的事业败落了，可毕竟还风光了一阵子，而我们现在还不知能不能得到上天的保佑，哪还有心思睡觉啊！"武王又接着说："要

中国大事记

公元前 1600 ~前 1000 年，中国黄河流域形成栽桑、养蚕、缫丝、织绸的完整的生产过程。

想得到上天的保佑，那就得让天下百姓都顺从；要想让百姓都顺从，就必须对他们实施德政，揪出那些作恶多端的坏人，为民除害。唉！我应该为我的国家招贤纳才，为我的民众日夜操劳，让人们过上幸福安定的日子，这才能显出我的英明和才德啊！从洛水河湾一直到伊水河湾，土地平整，没有险山恶水，那是古时候夏代居住过的地方。我登上山顶一看，南边最远能望到三涂，往北能望到太行山、恒山那边最遥远的边陲城邑，然后回过头就能看见汹涌的黄河水，看见洛水、伊水两岸，感觉这里离天帝的居所不远，是建立国都的好地方啊！”

武王派周公旦在洛邑修建了周家的陪都，又让百姓们把马匹纵放在华山的南面；在桃林塞一带的废墟上放牧牛群。让士兵们放下干戈兵器，回去和家人团聚，享受天伦之乐，把队伍经过整顿后解散，表明不再进行战争。武王的恩德让天下人都得到了好处。

武王攻灭商朝两年后，一次他问大臣箕子：“你能说说，殷朝为什么会灭亡吗？”箕子本为商人，他尴尬地站在那儿，使劲搓着手指头，不肯说话。过了一会儿，才支支吾吾地答道：“我实在不忍心说殷的坏话，来告诉您国家生死存亡的道理。”武王也感觉有点不太合适，连忙转移话题，问了一些关于天地之间自然规律的事。

后来，武王积劳成疾，天下还没有完全归顺，大臣们都很恐惧，就恭敬虔诚地为他占卜，为他祈祷。周公为武王举行消灾驱邪的仪式，甚至愿意拿自己的身躯作为抵押，代替武王承受疾病及死亡的威胁，祈求武王的病情能够好转。可是，这些终归是迷信的说法，只是人们心中的一种期望，并不能最终战胜病魔。后来，武王还是去世了，他的儿子姬诵继承了王位，这就是周成王。

周公摄政

周公旦，姓姬，名旦，他是周文王的儿子，武王的弟弟。文王在世的时候，姬旦就非常孝顺，忠厚仁爱，胜过其他兄弟。武王即位后，姬旦经常帮助武王处理政务。武王死后，成王姬诵继位。当时成王幼小，还不懂得治国的道理，再加上天下刚刚平定，百废待兴。周公怕天下人听说武王死了会背叛周朝，于是就代替成王行使国家权力，主持政事。

周公摄政后不久，管叔和蔡叔等人怀疑周公另有所图，到处造谣，说周公欺负年幼的成王，想篡夺王位。周公就对太公望、召公奭说：“我之所以这样不避嫌疑，代理国政，想必大家也能理解。我担心天下人背叛周室，没法向太王、王季、文王交待。三位先王为天下大业辛劳忧虑了那么久，现在好不容易有点起色，武王又去世了，成王还小，为了完成稳定周朝的大业，我不得不这样做。”于是继续辅佐成王。

此时商纣王的儿子武庚认为有机可乘，就与管叔、蔡叔等人互相勾结，起兵反叛。于是周公旦奉成王的命令，亲自率军东征，讨伐他们。经过三年的苦战，终于平定了叛乱。武庚、管叔等人被诛杀，蔡叔被流放到边远地区。周公封微子启代替武庚做国君祭祀历代商王，封国在宋；收集殷族剩余的民众，封给武王的小弟弟姬封，称他为卫康叔。后来，天上降下福瑞，晋国的国君姬虞得到两苗共生的一穗禾谷，就把它献给成王，成王命人把它送到东部周公的军队驻地，赠给周公。周公很感激，就写下诗歌颂扬天子的圣命。

周公东征，彻底平定武庚与管叔等人的叛乱后，命人写下了《大诰》一文，向众大臣和天下百姓说明东征讨伐叛逆的来龙去脉；写下了《微子之命》，记述了封微子为宋国国君，命他祭祀商王之事；写下《归禾》《嘉禾》二文，颂扬天子赠送嘉禾（两苗共生的禾谷）；写下《康诰》《酒诰》《梓材》，记载自己对卫康叔的分封、训诫和教导。成王长大后，能够独立处理国事了，周公就把政权还给成王。成王临朝听政，周公则面向北站在臣子之位上，谨慎恭敬如履薄冰。

武王在世时，曾决定在东部的伊水、洛水一带建个新都。成王即位后，便派召公再去洛邑测量，营建新都，去完成武王的遗愿。周公重新进行

历史关注 | **商王武丁的妃子妇好是中国历史上第一位女将军，祭祀她的后母戊鼎为现存最大的青铜器。**

占卜，反复察看地形，最后营建成功。于是就把洛邑作为周朝在东方的国都，并把象征国家政权的九鼎安放在那里。周公说："这才是天下的正中央，无论从哪里向朝廷进贡，路程都是相同的！"

在营建洛邑的过程中，周公写下了《诏诰》《洛诰》两文，记录这一史实。平定武庚叛乱后，成王下令迁徙殷朝遗民，周公则负责向他们宣布成王的命令，并作文告诫殷朝遗民。不久，东方的淮夷不服从周王的命令，举兵反叛，周王便命召公担任太保，周公担任太师，出兵征伐。周公和召公击败淮夷，攻灭奄国，并把奄国国君迁到薄姑一带居住。

周公归政后，担心成王年轻，恐怕他从政荒淫放荡，就写了《多士》《无佚》，用来告诫成王。《无佚》的意思是做父母的人，经历长久艰苦的时期才能创业成功，他的孩子骄奢淫逸，忘掉了祖先的困苦，毁败了家业。所以作为晚辈，必须要谨慎行事。

周公摄政期间，天下基本安定，但周朝还缺乏合理有效的官职制度。周公创设一系列的制度，划清百官的职责，制定周王、诸侯、官员、臣民应当享受的权利和应当遵守的礼仪。这样，百官各司其职，百姓和睦相处，上下都遵守相应的规矩，社会稳定下来，经济开始繁荣，天下太平的景象出现了。

周穆王制刑

成王死后，太子姬钊即位，这就是康王。康王去世后，儿子暇即位，也就是昭王。昭王在位时，文王和武王以来形成的治国方略已经不能适应新的形势，周王朝开始走下坡路了。周昭王去南方巡视，一去不回，最后淹死在江水中。大臣们隐瞒了他的丑行，没有将这个消息告诉四方诸侯。随后立他的儿子姬满即位，他就是周穆王。

周穆王登上王位的时候，已经是50岁了。他深知当时国势衰落，就任命贤能的伯冏担任太仆正，负责管理周王日常生活和传达命令，并告诫他要管理好国家政事。由于管理得当，国家又

穆王骏骑图轴 明 张龙章

重新获得了安宁。

后来，周穆王想率兵征伐犬戎，大臣祭公谋父进谏说："千万不能这么做！先王都是美德来感化民众的，而不是动用武力使天下人归顺。国家的武力平时都要隐藏起来，等到必要的时候再动用。一旦动用军队，就必须显示出它的威力。如果经常动用武力，人们习以为常，就不会再惧怕

中国大事记

约公元前11世纪，周武王在孟津观兵，与诸侯起兵伐商纣，商朝灭亡。

了，武力的作用也就大打折扣。所以歌颂周公的诗里说：'收好你的干戈，用锦囊包裹好你的弓箭，崇高的美德才是我的追求，推广我的美德到全天下，才能保证天下太平。'先王对于民众，总是尽力感化民众，教导他们端正品行，修养性情，增加他们的财产收入，丰富他们的生活，并教会他们分清利害，明辨是非，让他们心怀感激而畏惧惩罚，这样，才能够把先王的事业发扬光大。"

"从前先王们世代担任农官，在虞和夏两个朝代为国效劳。夏朝衰败，不致力于生产，放弃了农业，先祖不窋因此丢掉官职，逃到戎狄的部落去了。但他虽然人在蛮夷之地，却不敢荒废先王的事业，时刻不忘维护先王的德行。他每天早晚都要背诵先王的教训，认真地遵守祖宗留下的制度，时时刻刻奉行着，不敢有一丝懈怠。到了文王、武王时代，他们发扬前辈的优良品德，慈爱温和地对待百姓，敬事鬼神，维护他们的尊严，令所有人都非常满意。而商纣王凶残狠毒，不讲人道，鱼肉百姓，人们忍无可忍，才拥护武王，在牧野打败纣王。可是武王伐纣，也并不是他真的想打仗，而是他心疼百姓，不想让他们继续受折磨，才拿起刀枪，为民除害的。先王为了更好地治理天下，把国家统辖的地区按距离国都的远近分成五等，就是国都近郊五百里内的地区是甸服，甸服以外五百里为侯服，侯服以外的地区为宾服，夷蛮民族地区为要服，再外面的戎狄地区为荒服，然后要求各地区的诸侯按照等级来向朝廷进献贡品。如果哪里有不服从的，先王总是先问问自己，责备自己，是不是自己做错了，然后检查并改正自身的思想、言论、制度、名分等。如果该改正的都改正了，他们还不供奉，就要提出警告，严厉谴责，予以惩罚，而不是动不动就出兵征讨。这样一来，近处的诸侯都很听从命令，远处的荒远民族也都臣服。

"自从犬狄的两位君主去世后，犬狄的诸侯还和原来一样，按照规矩向大王供奉，而今您却要出兵攻打他们，向他们炫耀武力，这不是破坏我们祖上留下来的规矩吗？况且，我还听说，犬狄民族已经形成了淳厚质朴的社会风尚，遵守祖先遗留下来的传统道德，信守的意念始终都很坚定。再说，他们已经有抵御我们的条件和能力了。"

穆王不听劝告，一意孤行，出兵攻打犬戎。经过一番战斗，只抢到4只白狼和4只白鹿回来了，而这些东西，正是犬戎民族想奉献给穆王的。从这以后，荒远地区的民族再也不来朝拜进贡了。

诸侯之间时有争斗，甫侯向穆王汇报了情况。穆王命人制定刑法，他说："各位诸侯和大臣，我给你们制定了一种完善的刑法。你们安抚百姓，应该选择贤德的人才；你们怎样想把事务处理得当，应该正确使用刑罚。等原告和被告都到了，法官应当运用五辞（言语、脸色、气息、听话时的表情、看人时的表情）进行审讯。审讯的结果确凿无疑，就要依据审讯结果，判处五刑（墨、劓、膑、宫、大辟）。如果五刑不合适，就按判处五罚（5种不同数量的罚金）。如果用五罚不合适，就判处五过（与5种过失相应的处罚）。按照5种过失来判决会产生弊病，可能有依仗官势的，有乘机报恩报怨的，有行贿受贿的，也有受人请托的。胆敢这样做，不管是谁，都要查清罪状，并判处与犯人同样的刑罚。在定罪量刑过程中，发现判五刑之罪有疑问，就按五罚处理；发现判五罚之罪有疑问，就按五过处理。不管怎样审判，一定要把事实审核清楚。审判时调查事实的渠道要多，判罚要与事实相符。没有确凿的证据既不要因怀疑定案，更不要轻易判刑，否则会冒犯天威。判处墨刑（脸上刺字）有疑点的，罚黄铜六百两；判处劓刑（割掉鼻子）有疑点的，罚黄铜一千二百两；判处膑刑（挖掉膝盖骨）有疑点的，罚黄铜三千两；判处宫刑（阉割生殖器）有疑点的，罚黄铜三千六百两；判大辟（杀头）有疑点的，罚黄铜六千两。以上判处，都要认真核实，如果确证有罪，还应判处原刑……"这套刑法因为是甫侯提出来的，所以叫作《甫刑》。

穆王在位6年去世，儿子繄扈继位，他就是周共王。

历史关注

西周的爵制分公、侯、伯、子、男五等。

周厉王毁国

周夷王去世，夷王的儿子姬胡即位，他就是周厉王。

周厉王在位30年，十分喜欢并信任荣夷公。而荣夷公却是个贪图私利的小人。大夫芮良夫进谏说："难道说我们的国家就要衰败了吗？荣夷公整天只知道贪图财利，占小便宜，却不知国家即将面临灾难。财利是什么东西？财利是由天地万物衍生而来的，所有的人都有理由和权利来拥有和享用它，怎么能够独自占有呢？独占的结果，只能招来人们的怨恨，将来一定后患无穷。荣夷公贪财好利，怀用这种做法来影响您，国家怎能长治久安呢？您是天下人共同的国王，应当把财物分配给天下人。《诗经·大雅》上说：'因为让天下人都得到好处，才有了周家王朝。'先王们之所以能够创建周家辉煌的基业，并且一直延续到现在，依靠的就是这种思想啊！普通的百姓想要独霸财产，我们把他称为强盗，如今您也想独霸天下的财产，怎么能行得通呢？如果您这样做的话，那归顺您的人将越来越少；如果再重用荣夷公，周家也一定会衰败的。"厉王不听劝告，继续任命荣夷公做卿士，执掌大权。

因为周厉王出语傲慢，目中无人，又加上他的行为暴虐，百姓们到处议论他。召公进谏说："大王，您不能再这样下去了，百姓们受不了了，已经怨声载道了！"厉王闻听，勃然大怒，立即派人前往卫国，找来巫师，命令他监视那些民众，一旦发现有人私下谈论朝政，就格杀勿论。这样一来，议论的人是少了，前来朝拜的四方诸侯也渐渐少了。

后来，周厉王的统治愈加严酷苛刻。国内的百姓，谁都不敢发表意见，甚至都不敢在一起说话聊天。熟人在路相遇，不敢交谈，而是互相使个眼色走过去。周厉王很得意，笑着对召公说："你看，我的办法高明吧！他们再也不敢在背后说我的坏话了。"召公叹了口气，摇着头说："唉！你只是让老百姓不敢说真话而已，哪里算得上什么成就？不让百姓们讲话，就像堵塞了河流的水流一样，被堵塞的水流一旦崩溃，受伤害的人就会更多，阻止老百姓的言论也是一样的道理。治理水患的人总是先使水流畅通，管理百姓也一样，应该让他们畅所欲言。作为天子，处理朝政的时候，要广泛地听取大家的意见，鼓励大臣们献上讽刺的诗篇，让史官敬献史书；让盲人乐师献上乐曲；让低贱的民众向上传达自己的意见，说出心里想说的话。天子依据这些言论，有选择地推行政策，就不会出现大的失误。民众长个嘴巴，就像大地生有山川沃野，财富用品、衣服粮食都是从那里生产出来的。让民众把话从嘴里讲出来，国家管理得好不好就能从中看出来。好的就继续实行，坏的就预防或废除，这跟从山川沃野里获得财富衣食是一样的道理。应该让百姓心里怎么想就怎么说，你堵住他们的嘴，不让他们说话，看你能堵多久？"周厉王还是不听劝告。国内的大臣和百姓谁都不敢发表评论。3年后，国都的平民联合起来发动叛乱，一起袭击周厉王，周厉王仓皇逃跑到彘国。

厉王的太子姬静藏在召公的家中。百姓们听说了，就包围了召公的家。召公慨叹地说："过去我曾经多次劝诫国王，可是国王不听我的话，才有了这样的灾难。现在如果把太子杀了，国王一定会认为我是在报复他。作为一个侍奉君主的人，即使受到责备也不应当埋怨，身处危险也不应心存怨恨，更何况我是在侍奉天子呢？我不能这样做！"他让自己的儿子冒充太子被士兵们抓走，让太子逃出了重围。

后来，由召公、周公两位辅相负责管理朝中的政事，史称"共和"（共和元年为公元前841年）。14年后，厉王去世，这时太子姬静也在召公家中长大成人。于是召公、周公决定拥立姬静做天子，姬静就是周宣王。宣王即位后，仍然由两位辅相帮助管理国家大事，整顿朝纲，继承和发扬先王遗留下来的优良传统，各方诸侯又重新来朝拜周天子。

周宣王在位时，不重视农业。按规定天子应到千亩（地名）去行藉耕礼（天子亲自扶犁耕种的礼节），但周宣王废弃了，虢国的文公因此进谏，宣

中国大事记 | 公元前 1042 年，周武王去世，年幼的成王继位，武王弟周公旦代成王摄政，行使天子职权。

王不听。后来，周军与姜戎族在这个地方作战，周军大败。周军溃败之后，宣王打算清点太原人口，按数征兵。大臣仲山甫极力劝谏，说没有这个规矩，宣王不听，还是清点了民众的人数后征兵。

宣王逝世后，儿子姬宫湦登上王位，这就是幽王。

烽火戏诸侯

幽王即位后的第二年，都城附近的渭水、泾水、洛水这 3 条大河流域内都发生了地震。大夫伯阳甫说："恐怕是周家的天下灭亡的时候快到了。天地自然之气，自有它们运行规律。古人认为如果出现反常情况，一定是遭到人为的扰乱。古时候，伊水和洛水枯竭，夏朝紧跟着就灭亡了；黄河枯竭，商代也跟着灭亡。一个国家的命运依赖这里的山川河流，山陵崩塌，河流枯竭，是一个国家灭亡的预兆。上天的警示惩戒以 10 年为周期，上天想要抛弃哪个国家，10 年之内它肯定灭亡。"这一年，渭水、泾水、洛水都干涸，岐山也崩塌了。

幽王宠爱后妃褒姒，想废掉王后和太子，立褒姒的儿子为太子。伯阳甫读了有关史书，说："周家是真的要灭亡了！"原来史书上记载：当年夏王朝腐败衰落的时候，有两条神气无比的龙降落在夏王的宫廷内，自称是褒国的两位天子，夏王找人占卜，想知道怎么处理它们才好，占卜的人告诉夏帝：既不能杀掉它们，也不能赶走它们，更不能把它们留在宫廷内，只要将它们的唾液收集起来就行了。于是夏王派人摆上祭品，宣读策文，告知神龙，神龙吐下唾液就飞走了，人们赶紧用匣子把龙的唾液收藏起来。

夏朝灭亡后，这个匣子传给了商朝，商朝灭亡后，又把匣子传给了周朝。在这三代当中，谁也不敢打开这个匣子。周厉王末年，厉王禁不住诱惑，偷偷地打开匣子看了看，谁知这一看可不要紧，龙的唾液流了出来，撒在地面上，怎么擦也擦不掉。于是周厉王就让妇人们光着身子大声地吵嚷。撒在地上的龙唾液慢慢地变成一个黑色的蜥蜴一样的动物，爬进了周厉王的后宫，被后宫的一个小婢女撞见了。结果这个小婢女长大后，还没有丈夫就生下了一个小女孩。她担心别人会笑话她，就把孩子扔掉了。

宣王的时代，有童谣这样唱道："用桑木做的箭弓，用箕木做的箭口袋，他们会让周朝灭亡。"当时周的都城里，正好有一对夫妇卖这种箭弓箭袋。宣王听说后，就派出人去把这对夫妇杀掉。这对夫妇听说后，连忙逃命，碰巧遇见了被那个小婢女抛弃的孩子。他们见孩子哭得可怜，就带她逃到了褒国，并抚养她。女孩长大后出落得十分漂亮。后来，褒国人犯了罪，怕周王惩罚，就把女孩送到周王宫。这个女孩就是褒姒。

幽王三年（公元前 779 年），幽王在后宫见到了褒姒，就喜欢上了她。后来，褒姒给他生了个儿子叫伯服。幽王宠爱褒姒和伯服，便废弃了原来的王后和太子，改立褒姒为王后，伯服为太子。伯阳甫慨叹说："唉！大祸终于酿成了，国家没有希望喽！"

褒姒不喜欢笑，整日愁容满面，幽王千方百计地逗她开心。周朝边境上修建着高大的烽火台，要是有敌人来侵犯，守军就会点燃烽火报警。一天傍晚，周幽王带着褒姒登上烽火台，命令手下点起烽火。临近的诸侯看到了烽火台上浓烟滚滚，以为有敌寇进犯，急忙领兵赶到城下救援。当他们急急忙忙赶来，只见灯火辉煌，鼓乐喧天，十分纳闷，一打听才知是幽王为了取乐，并没有敌人进犯。大家都很狼狈，但却敢怒不敢言，只好气愤地收兵回营。褒姒见状，开怀大笑。幽王见这样做能使褒姒开口笑，非常高兴，就一次又一次地点燃烽火，戏弄众诸侯。

幽王废掉的申后是申侯的女儿，废太子为申后所生。申侯对此很气愤，又见幽王戏弄诸侯，任用奸人，便联合缯国、犬戎一起攻打镐京。这次真的有敌兵进犯，幽王命人点燃烽火向诸侯求救，诸侯以为幽王又在戏弄，谁都没来。申侯杀死幽王，俘虏了褒姒，把周王室的财宝抢劫一空，西周从此灭亡。

公元前 770 年，申侯与其他诸侯共同拥立原太子宜臼为王，这就是平王。平王即位后，为了避免外族的侵害，把都城迁到洛邑。

历史关注 《周礼》中有最完整的古代官制记录。

秦本纪第五

秦的传承与立国

秦国的始祖，是颛顼的后代孙女，名字叫女修。女修在织布的时候，一只燕子从头顶飞过，遗落下来一只蛋，女修把它捡起来吃了，没过多久，就生下了儿子大业。大业长大后，娶了少典部落的女子女华，女华又生下大费，大费曾经跟随禹一同治水。治水成功后，舜帝赐玄圭给大禹。大禹谦虚地说："单凭我个人的力量是不能把洪水平息的，治水之所以能够成功，多亏了大费这个助手。"于是舜帝赏赐给大费一面带黑色饰物的旌旗，还把一个姓姚的女子赐给他做妻子。舜帝让大费负责驯养鸟兽。大费的工作很出色，他养的鸟兽都很驯服。舜十分高兴，赐他姓氏为嬴。

大费有两个儿子，其中一个名叫若木，也称费氏。费氏的玄孙叫费昌，他生活在夏桀时代。由于夏桀的残暴无道，费昌就投奔到商，给商汤驾车。后来商汤征伐夏桀，在鸣条之战中，费昌立下战功。费昌的后代子孙，有的居住在中原，有的居住在西方少数民族地区。

大费的另一个儿子叫大廉，又称鸟俗氏。大廉有两位玄孙，一个叫孟戏，一个叫中衍。他俩身形长得特别像鸟，却照常说人话。商王太戊听说后，想让他俩给自己驾车，不知是否合适，就找巫师来占卜，结果是吉利。于是他就让中衍驾车，还帮他娶妻成家。商王太戊以后，中衍的子孙代代都有能人出现，辅佐商王，并建功立业。因此嬴姓的人大都十分显贵，逐渐成了诸侯。

秦公编钟　春秋前期

西周时期，音乐与礼制密不可分，称为"礼乐"。至春秋礼乐制度和体系走向衰落，形成"礼崩乐坏"的局面。编钟是礼制中的重要组成部分。此编钟通体优美，饰纹细腻，乳钉装饰排布均匀，铭文清晰，字体劲峭，是春秋时乐器的典范。

中衍的玄孙叫中潏，居住在西戎，负责保卫边疆。他的儿子叫蜚廉，蜚廉则擅长奔跑。蜚廉的儿子叫恶来，恶来力大如牛，父子两人靠自己的能力和才华受到纣王的重用。武王伐纣的时候，恶来被杀。此时蜚廉正作为纣王的使者出使北方，等他完成任务回国，商朝灭亡，纣王已死。他无处汇报出使情况，就在霍太山上修筑祭坛祭奠纣王，向死去的纣王汇报。在筑坛挖土的时候，他挖出一具石棺，石棺上刻着文字："上帝命令你蜚廉，不能参与殷人的叛乱，赐给你石棺，用来光耀你的家族。"

蜚廉去世后，埋葬在霍太山。蜚廉的另一个儿子叫季胜，季胜有个后代叫造父，造父和先人中衍一样，善于驾车，因此受到周穆王的宠爱。造父经常套上骥、温骊、骅骝、騄耳四匹好马，载着周穆王四处巡游，乐而忘返。那年，徐偃王作乱。造父驾着马车，从遥远的地方急驰而归，一天走了上千里。周穆王得以及时赶回，平息战乱。周穆王更加宠爱他，便把赵城封给他，赐姓为赵。

非子是恶来革（蜚廉另一个儿子）的后代，因为与造父同族而受到周王的宠信，他的家人也被安置在赵城，也姓赵。非子住在犬丘，他善于养马和各种牲畜，犬丘人告知了周孝王。于是周孝王任命非子养马。在他的精心养育下，马匹得

中国大事记 | 约公元前1000年，中原一带产生大型乐舞。有表现大禹治水的《大夏》舞，《大武》舞纪念武王伐纣。

到了很好的照顾，大量繁殖。周孝王很赏识非子，在秦地建造城邑，让非子接续嬴氏的祭祀，称号叫秦嬴。

周宣王在位时，任用秦仲（秦嬴的重孙）当大夫，讨伐西戎，被西戎人杀害。秦仲有5个儿子，年纪最大的是庄公。周宣王找来庄公他们弟兄5人，赐给他们7000名士兵，命令他们去讨伐西戎，西戎战败。回来后，宣王再次赏赐秦仲的后代，并任命他们做西陲大夫。

庄公居住在犬丘的旧居，他有3个儿子，长子名叫世父。世父说："西戎杀死了我的祖父，我不杀了戎王，决不回来。"带领军队去攻打西戎，把位置让给弟弟襄公，襄公成了太子。庄公去世后，襄公继位。

周幽王昏庸无道，诸侯们纷纷叛乱，于是犬族和申侯联合起来讨伐周王，在郦山脚下杀死了周幽王。这时秦襄公率领军队援救周王，多次立下战功。周王室为避开犬狄的侵袭，迁都洛邑，秦襄公派兵负责护送。周平王很感激，封秦襄公为诸侯，并且把岐山以西的大片土地赏赐给他。平王还对他说："西戎人很凶暴，掠走我岐山和沣水一带的土地，你要是能把戎人赶跑，这些土地就归你们了。"后来，秦国在襄公的统领下，逐渐强大起来，和其他诸侯国平起平坐。

秦穆公求贤

秦国地处偏僻的西方边境，最初只是周朝王室的一个附庸小国。后来因为秦襄公被平王封为侯，并赐给他岐山以西的大片土地，秦国才有了一定的势力，便定都在雍城。到了秦穆公的时候，秦国逐渐强大起来。

秦穆公，姓嬴，名任好。他即位的当年，就开始扩张疆土。秦穆公亲自带领军队讨伐茅津的戎人，并取得了胜利。秦穆公四年（公元前656年），秦穆公到晋国迎娶晋太子申生的姐姐穆姬为妻。秦穆公五年（公元前655年），晋献公消灭虞国，俘虏了虞国国君及大夫百里奚，把百里奚作为穆姬陪嫁的仆人送到秦国。百里奚不甘心忍受奴隶的生活，找了个机会出逃，不料被楚国人捉了去。

秦穆公胸怀大志，懂得重用人才的道理。听人说百里奚是个不可多得的人才，他连忙派人去请，却得知百里奚已经被楚国抓去了。秦穆公想用重金赎回百里奚，又担心楚人不答应。他就派出使者来到楚国，使者对楚王说："我家国君的陪嫁奴隶百里奚逃到了您的国家，请求您让我用5张黑色的羊皮将他赎回去。"楚国一看这个人如此不值钱，就很痛快地答应了秦国使者的要求。

70多岁的百里奚被押解回秦国。秦穆公亲自为他打开脚镣手铐，将他从牢房里放出来，和他商量国家大事。百里奚说："我是亡国之臣，哪里还有资格与您谈论这些。"穆公说："虞君正是因为不重用你，国家才会灭亡，亡国不是你的过错。"穆公坚持向百里奚请教，百里奚很感动，与秦穆公谈了起来。两个人连续谈了3天。穆公

该画取材于汉代刘向所著《神仙传》，相传春秋时秦穆公之女弄玉擅长吹箫，又与同样擅吹箫的仙人萧史喜结连理。秦穆公于都城外筑高台，弄玉夫妻吹箫，箫声婉转，引来凤凰，后二人乘龙凤升天而去。故后人称此地为凤城。本图即描绘秦穆公之女吹箫，凤凰起舞的场景。

历史关注 | “师”作为军队编制单位始于商代。

觉得很投缘，也看出百里奚是个不可多得的人才，就任命他为国相，负责管理国家大事。因为百里奚是用五张黑羊皮赎回来的，所以人们又称他为“五羖大夫”。

百里奚对秦穆公说：“您能够赏识我，我很荣幸。可我的才能还远远不如我的朋友蹇叔。蹇叔非常贤能，只是不为人知罢了。回想当年，我逃亡到齐国的时候，穷困潦倒，不得不向别人乞讨，是蹇叔收留了我。后来，我想到齐君无知那里去做事，被蹇叔阻止了，否则，我有可能会被卷进齐国的内乱遭遇不测；我来到周地，发现王子颓喜欢牛，就借着养牛的机会去接近他。可是蹇叔又阻止了我，让我离去。后来王子颓被杀，我却因听从蹇叔劝说保全了一条老命。我想去虞君的手下做事，蹇叔又阻止我。其实我也知道虞君不会赏识我、重用我，只是为了那一份爵位和俸禄，才暂时留了下来，想不到就做了俘虏。我两次听从蹇叔的意见，都能幸免于难，只有一次没听他的，就遭遇了虞国亡国的大难。从这三件事上，就能看出蹇叔有非凡的才能。”秦穆公听了，立刻派人将蹇叔请来，任命他为上大夫。

秦穆公九年（公元前651年），晋献公去世了，骊姬的儿子奚齐继位，没过多长时间，就被大臣里克杀死，荀息又立卓子为国君，结果又被杀掉了。这时晋国公子夷吾派人去秦国，请求秦穆公的帮助。秦穆公答应了，夷吾十分感激，向秦王许下诺言：“如果我能当上晋国的君主，一定把河西的八座城邑奉献给您，以表示我真诚的谢意。”于是秦穆公派百里奚等人带兵护送夷吾回国继位，夷吾就是晋惠公。

晋惠公即位后，并没有兑现自己的承诺，反倒派丕郑到秦国去推脱。同时，他还杀死了拥立他为国君的大臣里克。丕郑很担忧，就对秦穆公说：“晋国人本来就不想让夷吾当国君，而希望重耳回国当国君。现在，夷吾违背了他的诺言，不把那八座城邑献给您，还杀死了里克，这些都是吕甥和郤芮的主意，希望您能假意用重金把他们召来，然后扣留他们。您再派人护送重耳回晋国继位，这样就万无一失了。”于是秦穆公派人跟随丕郑前往晋国，召唤吕甥、郤芮。两人感觉事情不妙，就告诉了夷吾。夷吾杀了丕郑。

丕郑死后，他的儿子丕豹逃往秦国，对秦穆公说：“晋国的国君昏庸无道，百姓们都不服从他，您可以趁着这个机会攻打他。”穆公却说：“要是老百姓真的不服从晋王，那他怎么还能杀他的大臣呢？他能够杀大臣，就说明他还能控制局势。”其实秦穆公表面上虽然没有接受他的建议，暗地里却在重用他。

秦穆公在位的39年里，对内招才纳贤，改革政治，富国强兵，对外开疆拓土，扩大外交，形成了秦国独霸西方的局面。

秦晋战于韩地

秦穆公十二年（公元前648年），晋国遭到了百年不遇的大旱灾，晋惠公派人到秦国请求援助。丕豹对秦穆公说：“不要给他们粮食，应该趁着这个机会，率领军队去占领晋国。”秦穆公很犹豫，询问大夫公孙之。公孙之说：“天地万物变化无常，旱灾和丰收也是遵循这个规律，哪个国家都有可能遇到这种情况，不能不借啊！”穆公又去问百里奚，百里奚说：“公孙之说的有道理，夷吾得罪了您，可是晋国的百姓没有得罪您啊！现在挨饿受冻的是晋国的百姓，又不是夷吾一个人。”于是穆公采用了百里奚和公孙之的建议，把粮食借给了晋国，驶向晋国的运粮车船络绎不绝，帮助晋国解决了危机。

秦穆公十四年（公元前646年），秦国也发生了旱灾饥荒，秦穆公派人到晋国去请求借粮。晋国国君召来大臣，商量这件事。奸臣虢射说：“他们现在闹饥荒，军中缺乏粮草，借这个机会攻打他，一定会大获全胜。”晋惠公不但没有借粮，还听从了虢射的话。秦穆公十五年（公元前645年），晋惠公率领军队攻打秦国，秦穆公也发动军队迎战，双方在韩原上展开大战。晋惠公脱离了主力部队，与秦军争夺战利品，不料在回来的途中，马匹陷入了沼泽地，行动缓慢。秦穆公率军在后面紧追不舍，不但没有抓住晋惠公，反倒被晋军包围，穆公

中国大事记

公元前 841 年，周厉王暴政导致国人暴动，厉王逃至彘，召公与周公共同执政，西周王朝开始崩溃。

也受了伤。就在这危急的时候，300 多个岐下人冒着生命危险冲进了晋军的重重包围，奋力拼斗，救出秦穆公，活捉了晋惠公。当年，秦穆公的好马走失，被住在岐下的村民捉住后杀掉吃了，当地的官吏们知道后，想惩治他们。秦穆公却说："君子怎么能因为牲畜而伤害人呢？我听说，吃了好马的肉，要是不饮酒会伤害身体。"于是就派人拿来酒给他们喝，还赦免了他们的罪过。如今这些人听说秦军要反击晋军，就请求参加队伍，一见秦穆公形势危急，就奋不顾身地冲上去，以此来报答当初穆公对他们的恩德。

秦穆公带着晋惠公回到秦国，对众大臣说："请大家和我一样，斋戒独宿，我杀掉晋君祭祀上天。"周天子听说后，替晋惠公求情说："看在他和我同姓的面子上，您就饶恕他吧！"穆姬，也就是晋惠公的姐姐，光着脚，穿着孝服，跪在秦穆公的面前，请求说："我不能挽救自己弟弟的性命，又不愿听从您杀他命令，可怎么办才好啊？"穆公无可奈何，叹息着说："俘虏了晋君，本来是一件值得庆贺的事，却招来这么多的麻烦，天子为他求情，夫人也为这件事伤心难过，唉！真是没办法！好吧！我答应你们，放了他可以，但一定得有条件。"于是便和晋君立下盟约。

秦穆公二十二年（公元前 638 年），太子姬圉听说晋惠公生病了，就偷偷逃回晋国。一年后晋惠公去世，太子姬圉被立为国君，姬圉就是晋怀公。姬圉即位后，继续迫害重耳。本来秦穆公听说太子姬圉逃跑就心怀不满，又听说他还在迫害重耳，十分气愤，就派人到楚国把重耳请来，特别热情地接待他。穆公又把女儿文嬴及 4 位宗女嫁给重耳做妻子。重耳几番推辞之后，勉强接受了。秦国派人通知晋国的大臣，说秦国想让重耳重新入主晋国，晋国答应了。秦穆公派人护送重耳回国后没多久，重耳就被立为晋国国君，他就是晋文公。晋文公登基后，就立即派人杀了晋怀公姬圉。

崤之战

晋文公在位的时候，周襄王的弟弟姬带依靠翟国攻打襄王。周襄王被迫逃到了郑国，派人到晋国和秦国请求帮忙。秦穆公率领军队，协助晋文公护送周襄王回国，杀了姬带。秦穆公三十年（公元前 630 年），秦穆公协助晋文公围困郑国。郑国的老臣烛之武夜里从城中跑出来，求见秦穆公，对他说："消灭了郑国，对晋国有好处，可是您能得到什么？晋国要是一天比一天强大，难道说对你就没有威胁吗？"穆公觉得他说的有道理，就撤了军。晋国失去了秦国的支持，只好罢兵。

有个郑国人，向秦国出卖郑国说："我负责掌管郑国国都的城门，如果秦国想偷袭郑国，我愿意做内应。"秦穆公找来蹇叔和百里奚，想问问他们怎么办，两人回答说："郑国与我们相距千里之遥，途中要经过几个国家。再说千军万马，长途跋涉，军队的行动就不再隐蔽。郑国如果得到情报，作好准备，我们就很难成功，况且这个郑国人，根本不值得相信，他今天能够背叛郑国，也可能会背叛你。这件事做不得。"可秦穆公此时已打定主意，摆了摆手，说："算了！你们不了解其中的奥秘，我已经决定了。"于是任命孟明视为大将，西乞术、白乙丙为副将，调集兵车 300 辆，让他们择日从东门外秘密出发。

军队启程的这天，百里奚和蹇叔来到即将出发的部队面前，痛哭流涕。秦穆公很生气地说："我刚要出兵，你们就来哭丧，这不是在灭我军队的士气吗？你们不想活了吗？"两人回答说：

·分封制·

西周王室把土地分封给同姓宗族或异姓功臣、姻亲，建立诸侯国。诸侯在自己的封国内，把大部分土地分封给属下的卿大夫作为"采邑"，卿大夫再把"采邑"的土地分封给属下的士作为"食地"。这就是西周的分封制。大规模的分封是在武王克商以后进行，相传周初先后分封了 71 国，姬姓独占 53 个，其中鲁、卫、晋、齐、燕等诸侯国最为重要。经过分封，西周的疆域比商代大有拓展，各方诸侯都以周天子为天下共主，形成了"封建亲戚，以藩屏周"的统治格局。

历史关注

《列子·汤问》是中国最早的科幻小说，取材于周穆王驾八骏西游的故事。

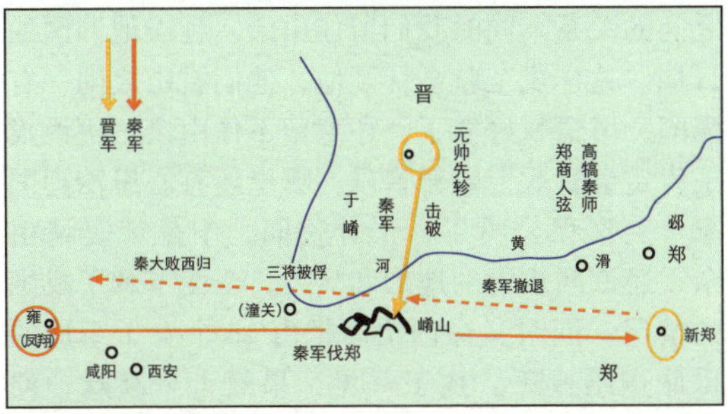

秦晋崤之战示意图

“大王不要生气，我们哪里想打击士兵的士气，只是我们的年纪大了，儿子将要出兵远征，恐怕他们回来晚了，就再也见不着我们了！”两人退下后，暗下里偷偷地对他们的儿子说：“你们这次出征，可怕的并不是郑国，而是晋国，崤山一带地区的地势险要，晋军要是在此地设伏袭击你们，那就必死无疑，你们一定要多加小心。”

秦穆公三十三年（公元前627年）春，秦国的军队向东前进，越过晋国的领土。穿过周的北门时，周室的王孙满看到秦军，说：“秦军的行动不合礼法，不可能打胜仗！”队伍行进到滑地，恰好遇到一个叫弦高的郑国商人，他带着12头牛，打算到周国去卖。弦高遭遇秦军，恐怕自己被俘或被杀，就主动把牛献给秦军，说：“国君听说你们要来攻打郑国，正在积极地准备迎战呢！还特意派我先送来12头牛来慰劳秦国的官兵。”秦国的3位将军闻听，忙凑在一起商量：“看来郑国已经知道我们要去偷袭了，而且有所准备，就算到了那里，也不可能成功！”于是，秦军顺道攻下滑城。实际上，滑城是晋国边界的一个小城。

当时，晋文公刚刚去世，还没有安葬。听说秦军攻下了滑城，太子襄公非常愤怒，气急败坏地说：“秦国简直是欺人太甚，趁着我的父亲刚刚去世，还没办完丧事就来进攻我，我一定要让他尝尝我的厉害。”于是就把孝服染成黑色，亲自带兵在崤山埋伏。崤山山脉，绵延几百里，主峰下的群山只裂开一条缝，到处是悬崖绝壁，只有一条仅能容纳一辆战车的小道可以通行。晋军在此布下了天罗地网，等待秦军。秦军刚进崤山，就中了晋军的埋伏。300多辆战车丝毫没有用武之地。3000多个士兵更是束手无策，死的死，降的降，全军覆没。3位将军也都成了俘虏。后来，晋文公的夫人文嬴，也就是秦穆公的女儿，前来为3位将军讲情，她对晋襄公说：“他们这3个人，挑拨两国国君之间的关系，秦穆公对他们都恨之入骨，你就放他们回去吧！秦穆公肯定会杀他们的，还用得着你动手？”晋襄公放回了秦国的3位将军。

3位将军返回秦国，秦穆公穿着一身丧服，亲自去郊外迎接他们，哭着对他们说：“因为我没有听从百里奚和蹇叔的话，让你们3位遭受失败和耻辱，都是我一个人的错。你们要记着报仇雪恨！”随后恢复了他们的官职，还增加了俸禄。

第二年，秦穆公又派孟明视等人再次攻打晋国，想报崤山之仇。不想晋国早有防备，秦军作战不利，撤兵回国。

崤山之战后几年来，秦穆公一直对孟明视信任、厚爱。秦穆公三十六年（公元前624年），秦穆公任命孟明视为统帅，进攻晋国，以报崤山之仇。秦军人马渡过黄河后，孟明视下令焚毁了船只，表示战斗到底的决心。他对将士们说：“我们这次出征，只能前进不许后退。”双方交战，秦军把晋军打得大败，夺取了晋国的王官和鄗地。晋国的其他军队都躲进城里防守，不敢出战。

秦穆公率军从茅津渡过黄河，来到当年崤山战役的战场，为战死的将士修坟发丧，全军举哀，痛哭3天。秦穆公召集军队，当众发表誓戒，说：“将士们！请你们安静下来，听我的誓言。我要告诉你们，办事能虚心向老人请教，多听取老人的意见，就不会出什么差错。”在讲话中，秦穆公多次强调崤山之败，是因为自己不听蹇叔和百里奚劝谏的结果。他发出这样的誓言，目的是让后代记住自己犯下的错误，从中吸取失败的教训。

由余归秦

秦国地处西部边陲，与狄、戎等部落边界交

中国大事记 | 公元前771年，申侯与缯、西夷犬戎攻周，杀周幽王于骊山，西周亡，平王迁都洛邑，东周开始。

错，人民杂居。在长期的战争和交往中，狄、戎等部落也逐渐加深了对秦国的了解。秦穆公在位期间，励精图治，国家富强，文化发展很快，狄、戎等部落十分羡慕。戎王便派由余出使秦国。

由余的祖先是晋国人，早年逃亡到戎地，他不但能讲戎人的语言，还能说晋、秦等中原国家的语言。戎王派遣使者由余前来秦国考察，秦穆公很高兴，便盛情款待。礼宴完毕，秦穆公向他展示了秦国豪华的宫殿和丰富的仓储。由余看后对穆公说："这些东西，好是好，只是如果要让鬼神去做，就太劳累鬼神；要用人力去做，又太苦老百姓了。"

秦穆公听了，莫名奇妙，就问道："中原的各个国家都有自己的制度和法令，即使这样，还会出现叛乱等不法的社会现象，你们没有这些政策，靠什么来治理国家呢？"

由余笑着回答说："唉！其实这些制度和法令，正是中原大地上经常发生战乱的原因。在远古时代，黄帝制定了礼乐法度，并且以身作则，但当时也只能是小治。而后来的君王们，一代比一代骄横奢侈、腐败糜烂。他们建立苛刻的法度，以此来监督和惩罚下面的民众。民众承受不了就会产生怨恨，指责君王不行仁义。这样一来，积怨就会越来越深，上下相争，最终导致互相残杀，两败俱伤。而我们戎国却不这样，我们的君王对待臣民百姓非常仁慈，国民对君王也十分忠诚守信，治理一个国家，就像管束自己个人一样，从来没有这么多的条款，这才真正是圣人的治国之道啊！"

秦穆公听了，暗自佩服，就私下找来内史廖对他说："邻国拥有圣人贤才，就是我们的忧患。这个由余贤德，又很有才能，以后可能会成为我们的祸害啊！你说应该怎样对待他呢？"内史廖说："戎王居住在偏僻荒远的地方，估计没听过我们的歌舞乐曲，您不妨送给他一支乐队和几个美女，诱使他改变心志。然后再派人请求戎王，让由余在秦国多呆几天，以此疏远他们君臣之间的关系。同时我们留住由余，延误他回国的日期。这样戎王就会怀疑他，他们君臣之间一有隔阂，事情就好办了，还愁留不住由余？再说戎王肯定会喜欢上歌舞音乐，哪里还有心思治理国家！"秦穆公听了，十分赞同，于是就宴请由余，还询问戎国的地形和兵力，全面了解了戎国的情况。同时又命内史廖把由16个女子组成的乐队送给戎王。戎王一见，果然十分喜欢，便整日沉湎于酒色声乐，整整一年都不曾带领民众去更换草地牧场。这时，秦穆公打发由余回国。由余看见戎王不理政事，国内牛马大批死亡，也不去过问，几次劝诫戎王，但都遭到了戎王的拒绝，由余很失望。就在这时，秦穆公暗中派人去见由余，劝他归顺秦国。于是由余投奔了秦国，秦穆公盛情款待了他，又询问该用什么方式攻打戎国。

后来，秦穆公在由余的帮助下，攻取了戎国。邻近12个小国见到这种情景，都前来归附，成了秦国的附属国。秦国拓展了千里领地，最终在西戎称霸，这就是史书上所说的"秦穆公霸西戎"。看到秦国势力如此之强，天子周襄王便派召公送去金鼓向秦穆公表示祝贺。

公元前621年，秦穆公去世，安葬在雍地。给他陪葬的有170多人，其中有秦国的良臣子舆氏的3个儿子。这3人都很勇猛，也很善良，人们都替他们惋惜，为他们创作了一首诗歌，名字叫《黄鸟》。

深明事理的人纷纷议论，说："秦穆公向东击败强大的晋国，向西灭掉戎国，扩展了千里领土，增加12个属国，称霸于西方，但是他没能成为天下诸侯的盟主，看来是有道理的！因为他死后不顾国家和百姓，杀掉治国的良臣为自己殉葬。古代明君圣王去世，都会留下美德和法度，他不但没有做到这些，还夺走百姓所拥护爱戴的重臣。由此可见，秦国再也不能像从前那样所向披靡了！"

后来，秦穆公的儿子罃继位，他就是秦康公。

历史关注

中国于公元前776年记载的“十月之交”，“日有食之”，是世界上最早的日蚀记录。

秦始皇本纪第六

清除权臣

秦始皇，是秦国庄襄王的儿子。庄襄王在赵国当人质的时候，遇见了吕不韦的妾姬，很是喜欢，后来就娶了她，生下了始皇帝，取名叫政，姓赵(归国后恢复嬴姓)。

嬴政13岁的时候，父亲秦庄襄王去世，他就接替王位。那时秦国的地域广阔，已经兼并了巴、蜀、汉中，越过了宛地而占有了楚国的都城郢，并在那里设置了南郡；在北方占领了河东、太原和上党；在东面占领荥阳，消灭了东周、西周两个封国，设置了三川郡。由于秦王年少，又刚刚登上王位，所以国家大事都由大臣们处理。吕不韦担任丞相，被封食邑十万户，又封号为文信侯；李斯担任舍人；蒙骜等人担任将军。吕不韦的野心很大，四处招揽门客，想依靠他们的力量吞并天下。

秦始皇像

秦王政即位以后，奉赵姬为王太后。太后长期与丞相吕不韦保持暧昧关系，随着秦王政年龄渐长，吕不韦害怕这种不正当的关系暴露，继而引来杀身之祸，便秘密推荐嫪毐去做太后的情夫，自己则从中抽身。太后见了嫪毐后，果然很喜欢。因为嫪毐受到太后宠爱，逐渐获得一些权力和封地。秦王政八年（公元前239年）秦国发生了一些不平常的事情，先是将军蒙骜去世，接着，秦王的弟弟长安君企图谋反，被处死在屯留城。这时，黄河水泛滥成灾，河里的鱼大量涌上岸边，众多百姓因为水灾被迫向东逃荒，另求生计。这一年，嫪毐被封为长信侯，并被赐予山阳一带的土地。所有的宫室、车马、服装、庭院、猎场等准许嫪毐随意使用。国中无论大事小事都由他处理决定。嫪毐十分得意，甚至把河西太原郡改为以自己的名字命名的毐国。

秦王政九年（公元前238年）四月，秦王来到雍城并在这里住下。己酉日，群臣为秦王政举行隆重的成年加冠庆典，从此后嬴政就可以佩戴长剑了。据说，嫪毐与太后当时也居住在这里，二人私通并生下两个儿子。当年，嫪毐是以太监的身份入宫侍候太后的，秦王的到来使这件丑事再也隐瞒不下去了。嫪毐担心丑事暴露后被杀，干脆起兵谋反。嫪毐盗用秦王的玉玺和太后玺印，调动县城里的官兵和士卒，准备攻进秦王政居住的蕲年宫。秦王得到报告后，立即命令相国吕不韦、昌平君、昌文君等人调集人马前来平叛。保卫秦王的军队与嫪毐的叛军在咸阳激烈交战，斩杀叛军几百名。后来，参加平叛的大臣和立了功的人都得到了封赏，连参加的宦官也不例外。嫪毐战败逃跑，秦王在全国下通缉令：活捉长信侯者，赏钱100万；杀死长信侯者，赏钱50万。结果嫪毐及其同党全被捕获，无一幸免。嫪毐被五马分尸，他家族里的人也全部被杀；追随嫪毐叛乱的卫尉竭、内史肆、佐弋竭、中大夫令齐等20多人被判杀头，斩下的头颅还要挂在木杆上示众；嫪毐的门客，罪轻的就被罚服劳役3

中国大事记

公元前745年，晋昭侯元年，封其叔成师于曲沃，称为曲沃桓叔。后曲沃武公吞并晋国。

年。此外，因牵连此事被剥夺爵位的还有4000多家，他们全被流放到四川，在房陵居住。在审查此案的过程中，相国吕不韦的所作所为暴露出来。秦王十分生气，便于秦王政十年（公元前237年）免除吕不韦的丞相职位。太后因为与嫪毐有关联，也被嬴政流放到雍城，送进冷宫。

这年，齐国和赵国都派使臣前来，秦王设下酒宴款待他们。齐人茅焦对秦王说："秦国正处于建立天下大业的时候，您却把太后流放，恐怕对您的名声影响不好吧！各国诸侯要是知道有这样的事情，谁还会信服您呢？"秦王觉得有道理，就把太后从雍城接回咸阳，让她居住在甘泉宫中。

有人告诉秦王，秦国之所以会出现这样的大乱，都是别国来的客卿（不是秦国人，但在秦国做官）捣乱的结果，要想避免这些事，干脆把这些客卿都赶走。秦王采纳了这个建议，命人在全国上下做彻底的清查，赶走那些在秦国任职的客卿。楚国人李斯也在被逐之列，他认为秦国的这项政策不合理，便向秦王上书，陈说利弊。秦王读罢李斯的上书，立即宣布废除逐客令。李斯受到秦王的重用，便向秦王献计说："您应该立刻攻打韩国，来震慑其他诸侯国，让他们都知道您的厉害！"秦王觉得很对，于是派李斯等人去攻打韩国。韩王非常担心，找来韩非商量，筹划削弱秦国的办法。

秦王政十二年（公元前235年），吕不韦死去，他生前的门客偷偷把他安葬在洛阳的北芒山。从此，秦王政彻底清除了吕不韦、嫪毐等人对朝政的影响。

兼并六国

大梁人尉缭来到秦国，对秦王说："秦国真的是非常强大，与您相比，其他诸侯国的君王就像您下面郡的首长一样。可是就怕他们联合起来，出其不意地进攻。以前智伯、吴王夫差和齐湣王他们就是这样失败的。所以我建议您不要吝啬，要舍得用财物去贿赂各国中有权势的人，让他们从中捣乱，破坏东方六国的联合计划。这样，您只不过拿出区区30万两黄金，就能吞并东方所有的诸侯国，还不值得吗？"秦王高兴地采纳了他的建议。为了表示对尉缭的尊重，秦王以平等的礼节接待他，就连饮食和服装也和自己同等。

尉缭见过秦王后，对人说："秦王相貌不善，高高的鼻子，又细又长的眼睛，胸脯像鸷鸟，说话的声音又像豺狼一样，这种人具有虎狼心肠。他不得志的时候，会对人表现得谦卑，一旦得志，就不会把别人看在眼里，甚至会残害他人。我不过是个普普通通的平民百姓，他却对我如此恭敬，我要是真帮他得到天下，那么全天下的人还不都成了他的俘虏？这种人是不能够长久共事的。"于是尉缭就想逃走，结果被秦王觉察。秦王执意挽留他，任命他为国尉，并且采用他的计策和治国之道。

秦王政十三年（公元前234年），秦国派桓齮攻打赵国平阳，杀死赵国的将领将扈辄，并斩杀赵国士卒10万人。这年，韩非奉韩王之命出使秦国，李斯建议秦始皇扣留他。后来，韩非就死在秦国的云阳。韩国无奈，归顺了秦，韩王于是成为秦国的藩臣。魏国迫于秦军强大的威力，主动向秦国奉献土地。

秦王政十七年（公元前230年），秦国派内史腾出兵攻打韩国，俘虏了韩王安，吞并了韩国的领土，在这里设置了颍川郡。当年，这些地区发生了强烈的地震，百姓们闹饥荒，生活异常艰难。

秦王政十八年（公元前229年），秦军大举进攻赵国，王翦率军攻占赵国军事要地井陉。杨端和率领河内的军队攻打赵国，包围了邯郸城。又过一年，王翦等人又夺取了赵国的大片土地，占领东阳城，俘获了赵王。紧接着王翦又率兵准备攻打燕国，在中山地区屯兵。赵国灭亡后，秦王政来到邯郸城，下令活埋了那些曾经和他的母亲结下仇怨的人，然后返回秦国。赵国的公子嘉率领宗族几百人逃往代地，自称代王。公子嘉联络东方的燕国，双方组成联军，驻扎在上谷，与秦军对抗。

历史关注 | **先秦时期我国居民五种主粮的泛称是五谷，即稻、黍、稷、麦、菽。**

秦王政二十年（公元前 227 年），燕国的太子丹唯恐秦军进攻边境，十分害怕，就派遣荆轲去刺杀秦王，不想计划被秦王觉察。秦王大怒，肢解了荆轲的身体，然后派遣王翦、辛胜率兵进攻燕国。燕、代两国的军队奋勇反击，最后敌不过秦军的强大，在易水的西边被击败。一年后，秦王增调了更多的士兵增援王翦，彻底打垮了燕太子的军队，攻下了燕国国都蓟城。秦王杀了太子丹。燕王向东逃去，到达辽东一带，在那里称王。王翦借口年老多病，辞去官职，回了老家。

秦王政二十二年（公元前 225 年），秦王派王贲攻打魏国，挖开堤坝，把黄河水引来，淹没了魏国的都城大梁，大梁城墙被冲毁。魏王请求投降，于是秦国占领了魏国的全部土地，魏国灭亡。

秦王政二十三年（公元前 224 年），秦王再次征召王翦，强行任命他为将军，命他率大军去攻打楚国。王翦攻占了楚国陈县以南平舆以北的大片土地，并俘获了楚王。楚国的大将项燕扶立昌平君为楚王，在淮南一带发起反攻。一年过后，楚军大败，昌平君战死，项燕自杀，楚国灭亡。

秦王政二十五年（公元前 222 年），秦王发动大批军队，派王贲统领，前往辽东地区攻打燕国残余势力，俘虏了燕王喜。回师途中，王贲又打下代国，俘获了代王嘉，燕、赵两国最终灭亡。这年，王翦所率大军平定了楚国的江南地区，降服了越君，在越地设立了会稽郡。同年五月，秦王命全天下的人都摆席设宴，举杯庆贺。

始皇诏版 秦
这块青铜的诏版，原置于宫廷重要的器具之上，文为“廿六年，皇帝尽并兼天下诸侯，黔首大安，立号为皇帝，乃诏丞相状、绾，法度量则不壹，歉疑者，皆明壹之”。

秦王政二十六年（公元前 221 年），齐王派兵保卫齐国的西部边界，与秦国断绝来往。秦国派兵攻打齐国，俘虏了齐王田建，齐国灭亡。

至此，秦王吞并了赵、韩、燕、魏、楚、齐六国，统一了天下。

统一天下

秦王政刚刚兼并六国，统一天下，就召见丞相和御史，对他们说：“前一段时间，韩王既献土地又献玉玺，主动要求做我的藩臣。可是没过几天他就变卦了，联合赵国、魏国反叛我。所以我派兵攻打韩国，俘虏了韩王。之后，赵王派丞相李牧来订立盟约，我放了他们的人质。可是没多久，赵国也背弃盟约，在太原反叛我，所以我兴兵讨伐他们，抓获了赵王。后来，赵国公子自立为王，我又消灭了他。魏国起初与我订立了盟约，表示归顺我秦国。然而不久它又与韩、赵合谋，袭击秦国。我们的将士齐心合力，打垮了他们。楚王答应把青阳以西的土地割让给我，可是不但不履行承诺，还派兵攻打我国的南部。于是我出兵攻占了楚国的土地，俘获了楚王。燕王的太子丹更是胆大包天，竟然派荆轲来刺杀我。于是我出兵讨伐，消灭了燕国。齐王采纳后胜的奸计，和秦国断交，想要作乱，我派兵去讨伐，平定了齐地，俘获了齐王。就这样，寡人我兴兵征战于天下，六国诸侯全都认罪称臣，如今天下总算安定下来。现在，我不能再称王称帝了，那样的话，我的功业就不能扬名天下，流芳百世。我想找你们来商量一下，把帝王名号改成什么好呢？”

丞相王绾、御史大夫冯劫、廷尉李斯仔细商量过后，对秦王政说：“从前五帝的领土幅员辽阔，纵横千里。侯服、夷服的诸侯们，有的来朝贡天子，有的不来，天子无法完全控制。如今您率领一支勇猛无比的军队，消灭叛逆之臣，平定了天下，在国内设立郡县，由中央统一发布指令，这是以前从未有过的。就连五帝也没建立过如此的功业啊！我们已经认真地与博士

中国大事记 | 公元前743年，郑庄公元年，将其弟段封于京，自此开始了兄弟之间争夺王位的激烈斗争。

们讨论了，一致认为：‘古代有天皇、地皇、泰皇，泰皇最尊贵。’臣等冒死呈上尊号，称您为‘泰皇’，把天子之命称为‘制’，天子之令称为‘诏’，天子的自称为‘朕’。您看怎么样？”秦王说：“要不这样，除去这个‘泰’字，只留‘皇’字，再加上原来的称呼‘帝’字，尊号为‘皇帝’，这就行了，其他的就按照你们说的办。”于是追加庄襄王为太上皇，又下达制书说：“朕听说，太古的时候，有号没有谥，中古的时候有号，帝王死后，后任帝王和大臣又根据他生前的行为，给他定个谥号，这不就是儿子在评论父亲，大臣在评论君主吗？朕觉得这样做不太合适，从今天开始，废除谥法。朕为始皇帝，后世按照数字顺序排列，称二世、三世直到万世，就这样一代一代地传承下去，无穷无尽。”

始皇帝根据金、木、水、火、土五德始终循环相生相克的道理，认为周得到火德，秦朝取代了周朝，就像水克制了火。所以秦朝开始就是水德的开始，改十月为新年的第一个月，十月初一为新年的开始；皇帝使用的服装、旌旗的颜色都以黑色为主；国家的兵符、印信都做成六寸高；马车的宽度定为六尺，每六尺为一步；每乘车的拉车马数定为六匹。另外，秦始皇不主张讲仁义道德，认为那样不符合水德，主张以苛刻的手段管理民众，所有事情都依照法律办理，施行残酷的刑罚（古人相信水和数字六、黑色、严厉有对应关系）。

丞相王绾等人启奏始皇帝说：“皇上，各诸侯国刚刚平定下来，燕、齐、楚等地的偏远地区恐怕很难镇守，应该在那些地方设置王国，封立各位皇子为王。”皇上让群臣讨论，一致认为这样做便于治理国家。可廷尉李斯却不赞成，他对皇上说：“周朝的文王、武王都分封了很多的同姓子弟和诸侯，后来亲属的关系逐渐疏远，甚至发展到互相仇视，互相攻击，周天子也制止不了。现在不同了，在陛下领导下，天下完全统一，并且各地都设立了郡县，利用税收重赏那些王子和大臣们，让他们有很高的收入。这样一来，局面就好控制了。天下人都忠心耿耿地对待您，这才是国家和社会的安定所在啊！所以我认为，设立诸侯不便于治理国家。”皇帝很赞同，说：“是这个道理！多少年了，天下无休无止的征战，老百姓饱经苦难，祸根就是那些诸侯。如今，刚刚平定了天下，又要设立诸侯，不是重蹈覆辙吗？那样的话，想要社会安宁就不容易了，我赞同李斯的意见。”

始皇把全国分成36个郡县，每个郡都设立郡守、郡尉、监御史，把百姓改名为“黔首”；他又派人搜集天下所有的兵器，运到咸阳，熔化后铸造成大钟和12个铜人，放置在宫廷中。始皇还统一度量衡；统一车辆的规格；统一文字。至此，秦朝的地域东到大海、朝鲜，西到临洮、羌中，南到北向户，北部以黄河为关塞，连接阴山山脉，直到辽东。秦始皇又清查全国，命12万富豪之家迁居咸阳，把各代的陵庙、章台宫和上林苑都设立在渭水南岸。秦国每消灭一个诸侯国，都要人仿照它原来的宫室画出图形，然后派人在咸阳的北坂地区仿建。他还让人在泾水、渭水的相接处建造天桥，在殿屋之间建造优美的环形长廊。并且把从各个诸侯国得到的美女、钟鼓等都安置在建成的宫殿中。秦始皇的治国大业就这样开始了。

秦始皇出巡

当年，秦始皇为了显示强大的威力，扩大自己的影响，防止叛乱，几次大规模巡游天下。从北国到江南，从泰山到钱塘江，他的足迹几乎踏遍全国。每到一个地方，他都要祭奠各地的名山大川，表示他受命于天，是山河的主人。他还要在石头上刻下碑文，四处宣传他统一中国的功业。

秦始皇二十七年（公元前220年），秦始皇巡行视察陇西、北地等地区。他翻越了鸡头山，经过回中宫，在渭水的南面修建了信宫。后来他又把信宫改名为极庙，象征着天极。秦始皇还派人修筑从极庙到郦山的道路，建造甘泉宫前殿，并且建甬道，一直通到咸阳。然后他又增修皇帝准备到各地巡行的道路。这一年里，各文武百

历史关注

春秋战国时期称为“役”的包括三种人：仆役、士卒和门人弟子。

天尽头

在山东省最东端的荣成。据传秦始皇巡游至此，见海中巨石凸立，令修桥至东海仙岛，求长生不老药，故又有“秦桥遗址”之称。

官，普遍加赐一级爵位。

秦始皇二十八年（公元前219年），秦始皇巡视东部地区的各个郡县，登上邹地的峄山。在那里他派人立了石碑，还找来鲁地的儒生讨论碑文，在石碑上刻下文字，歌颂秦国的丰功伟业。随后秦始皇又登上泰山，在泰山顶上积土筑坛，立下石碑，举行了封禅典礼，祭祀天神。秦始皇下山的时候，忽然来了一阵狂风暴雨，连忙跑到一棵树下躲避。这棵树因为给秦始皇遮挡风雨有功，被封为五大夫。然后他又来到梁父山，举行祭祀，立碑刻下诗文。

秦始皇沿着渤海向东行进，经过黄郡、腄郡，穿越成山顶峰，登上芝罘山。在那里他也派人立下石碑，刻下碑文，为自己歌功颂德。接着，他向南又登上了琅琊山。之后，他大设酒宴，举行丰富多彩的娱乐活动，在这个地方停留了足足三个月。同时，他还迁徙3000多户百姓来到琅琊台安家落户，免去他们12年的赋税和徭役。秦始皇让人重新修建了琅琊台，树立起石碑，刻下碑文，颂扬秦朝的功德，表明他志满意得心情。

秦始皇从东方巡游回来的时候，经过彭城，亲自斋戒，祭祀祈祷，想把当年掉落在泗水中的周朝传国宝九鼎打捞上来。结果他派了1000多人下去寻找，还是没找到，只好作罢。于是他继续向西南方向行进，渡过淮水，沿着长江来到洞庭湖。秦始皇乘船溯湘江而上，前往衡山、南郡等地。船行至湘山祠下，碰巧起了大风，江水汹涌，船只几乎不能前进。秦始皇认为这是神灵作怪，就问那些博士：“湘江的神灵是谁？”博士回答说：“传说是尧的女儿，也就是舜的妻子，她埋葬在这里。”始皇听了非常愤怒，于是就命令3000多个正在服刑的犯人把湘山上的树木全都砍光了，从此湘山变得光秃秃的，裸露着红色的土壤。然后，秦始皇巡视完南郡，从武关回到都城。

为了显示声威，秦始皇每次出巡的时间和路线都不保密。秦始皇二十九年（公元前218年），秦始皇向东巡游，原韩国贵族后裔张良看准了这个机会，想谋杀他。三四月份，春风送暖，阳光和煦，秦始皇出巡的队伍，浩浩荡荡地开到了河南阳武。几十辆车列成壮观的队伍，官兵将士们前呼后拥。阳武西南博浪沙的驰道两边杂草丛生，人烟稀少，张良和刺客们就在这设下了埋伏。但见远处尘土飞扬，秦始皇的车队慢慢驰近，刺客猛然间跃起，将百斤重的大铁锥用力地朝车队砸去。铁锥从秦始皇御车边擦过，落在副车上，将车前横木砸断。队伍一阵混乱，张良和刺客乘机而逃。险些丧命的秦始皇十分愤怒，立即下令在当地搜查，结果搜了10天，还是没有抓到刺客。这个案件只好不了了之。

秦始皇三十一年（公元前216年）十二月的一个夜晚，秦始皇身着便装，在咸阳城内巡视，4名武士跟随。在兰池宫附近，有人突然冲出，向秦始皇行刺。当时，情况十分危急，随行武士奋力护卫，杀死了盗贼。秦始皇回宫后，非常愤怒，下令搜捕。官兵在关中一带连续调查20天，一无所获。

中国大事记

公元前 741 年，楚国熊通杀侄自立，自号武王，开启春秋时期诸侯称王的序幕。

秦始皇三十二年（公元前 215 年），秦始皇前往竭石，派燕人卢生寻求仙人羡门和高誓，在竭石立碑刻上碑文，并派遣韩终、侯公、石生等人寻找长生不老的奇药。接着，始皇又开始巡游北方边地。这个时候，去海中寻求仙药的卢生返回，承奏他所抄录的书籍，上面说："最后消灭秦的是胡。"秦始皇看后，认为这个将来会灭亡秦朝的"胡"指的是北方的匈奴。为了让这个不祥的预言落空，秦始皇派大将蒙恬攻打匈奴人（胡人），夺取了河套地区。

秦始皇三十七年（公元前 210 年），始皇帝出游，十一月，巡行到云梦，在九嶷山祭奠虞舜。然后顺江而下，到达钱塘县，登上会稽山，祭祀大禹。遥望南海，立碑刻文。回程又经过吴县，渡过长江，沿海北上，到达琅玡。秦始皇到达平津的时候，身染重病，在沙丘平台死去，死后安葬在郦山。

入海求仙药

秦始皇二十八年（公元前 219 年），他第二次出巡，来到海边，在琅玡台勒石纪功之后，流连不肯归去，流露出对仙人的羡慕与渴望。手下人看出了他的心思，便四处物色能够为秦始皇寻找仙药方士。

原齐国所在地，有个方士叫徐福，他听说秦始皇想求仙药，就上书说："附近的渤海湾里有 3 座仙山，名字为蓬莱、方丈、瀛洲。据说这山很奇异，琼楼玉宇在云雾里忽隐忽现。山中还有仙人居住，仙人们驾云行路，飘飘洒洒，饮的是甘露水，吃的是长生不老药。皇上要想长命百岁，就请斋戒沐浴，表达尊敬与诚心。我愿率领童男、童女前往海中，为陛下寻求长生不老的仙药。"秦始皇十分高兴，就派徐福带上金银财宝、粮食和几千名童男童女，进入海中寻找仙人。随后，徐福便带领浩大的舰队出发了，他在海上漂流了很长时间，也没有找到他所说的仙山，更不用说长生不老药。

秦始皇为了能长命百岁，迫切地寻求仙药。秦始皇三十二年（公元前 215 年），他来到碣石山，见碣石山高耸入云，山前大海茫茫，就四处向人打听神仙的消息。人们告诉他，这里是有羡门、高誓这两位"神仙"，可这两位"神仙"究竟在哪里，谁也不知道。不知听谁说燕人卢生认识两位"神仙"，并和他们有过交往。李斯忙把卢生找来，带到秦始皇的行宫。秦始皇一见卢生，二话不说，就命令他去找两位"神仙"，去寻求长生不老之药。卢生走后，又有人说韩终、侯公、石生等人也能找到仙药，秦始皇很高兴，也派他们出海去寻神仙。

卢生带人在海上绕了好长时间，连个"蓬莱"岛的影子也没见着，就返了回来，劝秦始皇说："我们这些人去寻找神仙和仙药，可怎么找不到，好像是有什么东西侵犯了他们，他们故意躲藏起来了。按照方术的要求，人只有远离恶鬼，真人才能来临。真人进入水中也不会沾湿衣服，跳入火中也不会被烧伤，他是凌驾在祥云之上，和天地的寿命一样长。所以陛下想要见到神仙，就得隐藏自己的行踪，这样才能求到长生不老的仙药。"秦始皇说："我仰慕真人。"于是就不再称自己为"朕"，而称为"真人"。

虽然如此，秦始皇求药之心依旧不死。方士

·驰　道·

驰道是中国历史上最早的"国道"，始于秦朝。公元前 221 年，秦始皇统一六国，第二年（公元前 220 年），就下令修筑以咸阳为中心的、通往全国各地的驰道。著名的驰道有 9 条，有出今高陵通上郡（陕北）的上郡道，过黄河通山西的临晋道，出函谷关通河南、河北、山东的东方道，出今商洛通东南的武关道，出秦岭通四川的栈道，出今陇县通宁夏、甘肃的西方道，出今淳化通九原的直道等。秦驰道在平坦之处，道宽五十步（约今 69 米），隔三丈（约今 7 米）栽一棵树，道两旁用金属锥夯筑厚实，路中间为专供皇帝出巡车行的部分。可以说，这是中国历史上最早的正式"国道"。

历史关注 春秋会盟之地随季节而有变化，春季会于东门，夏季会于南门，秋季会于西门，冬季会于北门。

徐福等人寻找仙药，几年了也没找到，怕秦始皇惩罚他，就欺骗说："蓬莱仙药不是找不到，而是我们经常受到鲛鱼的袭击，所以我们没法到达仙山。我希望皇上能派几个善于射箭的勇士和我们一起去，让他们射死大鲛鱼。"后来，秦始皇做了一个梦，说自己与海神作战，海神的形状就和人一样。他找人去圆梦，人家告诉他："水神是看不见的，因为有大鱼和蛟龙在他身边守护着。如今您不管是去祭祀还是祈祷，都必须小心谨慎，发现这类恶神，就得除掉，这样善神才能到来。"秦始皇相信了这套谎话，下令入海求仙的人都要带捕捉大鱼用的工具，他自己出海的时候让弓箭手随行。为了寻到神仙，秦始皇从琅玡山向北航行一直到荣成山，结果却什么也没见着。后来到了芝罘山，才见到一条巨大的鱼，秦始皇命人射杀了它，继续沿海岸向西走。

后来，秦始皇在巡游的过程中，到达平津，不料身染重病，死在沙丘平台。秦始皇至死也没有见到仙人，求到长生不老药。

秦始皇焚书坑儒图
这幅帛画向我们展现了秦始皇当年焚书坑儒的情形，图中在朝堂之上秦始皇巍然高坐，儒士战战兢兢求命于下，朝堂之外已有许多儒士被系，或被埋入坑中，或被押在坑边。

焚书坑儒

秦始皇三十四年（公元前213年），皇帝在咸阳宫设下酒宴，有70位博士前来祝酒。

仆射周青臣端酒上前，对秦始皇说："皇上真是一个了不起的人啊！原来秦国的土地方圆还不到千里，如今平定了海内，对外驱逐了野蛮的邻邦。只要太阳和月亮能照到的地方，就全都归属我们秦国。您消灭六国诸侯，把原属于他们的土地改成郡县，让天下的人都能安居乐业，不再承受战争的痛苦，这都是您的圣明所在啊！您的丰功伟业一定会流芳百世的！古往今来，还没有人能和您相比呢！"秦始皇听了十分高兴。

这时，原齐国的博士淳于越走了过来，对皇上说："我听说，从前的商、周两个朝代得天下以后，都分封弟子和大臣为诸侯，作为天子统治的重要辅助力量，因此，这两个朝代的统治都长达1000多年。如今陛下您拥有海内所有的土地，你的儿子兄弟们却和普通的平民百姓没有区别。这样，要是国家出现了像齐国田常、晋国六卿那样企图谋杀君主、夺位篡权的乱臣贼子，皇上靠谁来救援呢？谁又肯来帮助您呢？我从来没有听说过，不遵循古代的制度能够统治长久。周青臣的话只是在奉承您，没有指出您的过错，由此可知，他不是一个为国效忠的良臣。"

秦始皇听后，拿不定主意，便召集众大臣们讨论这件事。丞相李斯说："五帝的治国政策从来不会相互重复，夏商周三代的政治制度都不是对前朝的沿袭，都是根据各代现实的情况来制定政策，决定取舍。他们不是故意地违背祖先，而是朝代更替，实际情况也就跟着改变了。如今陛下灭诸侯，定郡县，创下了千秋伟业，万世功勋，这些都不是他们那些愚昧的儒生们所能理解

中国大事记 | 公元前722年，由孔子编订的《春秋》记事自本年开始，为鲁隐公元年。

的。况且，淳于越所说的都是夏、商、周三代的事，哪里值得取法呢？从前诸侯并起，纷争不断，陛下为了平定天下，才大量招揽游说之士，出谋划策。如今天下太平，法令统一，作百姓的，就该安分守己，搞好生产；身为士人，就应该认真学习国家法令。那些儒生，不去了解和学习现今政策，偏偏要宣传什么古代制度，对陛下您的制度指手画脚，说三道四，这不是在搅老百姓的心吗？”

“为了国家的长治久安，臣李斯冒死向您提出建议：古时候天下四分五裂，无法统一，以此诸侯并起。人们谈论国家政策，也往往称赞过去贬低现在，用那些老空话来扰乱社会的安定。每个人都认为自己学的那一套好，认为自己意见正确，指责皇上所立的制度不合理。现在您统一了天下，已经证明了哪些做法对，哪些做法错，完全可以确定一个统一的思想。但是，各家学派一起指责国家法令和教化。士人们一听说朝廷有命令下达，就根据自己所学进行议论，上朝的时候在心里嘀咕，散朝后在街头巷尾乱说；在陛下面前往往夸耀自己的学识来求取名利，在百姓面前则发表奇谈怪论来博取名声，并带头制造不利于陛下的言论。这种现象要是不制止，对上势必削弱您的威力，在下面就会结成私党，所以我认为这种情况必须禁止。我请求您下令让史官把《秦记》以外的史书全部烧毁。不是博士官等职务需要的，如果有人隐藏《诗》《书》等百家典籍，就责令他把书籍交到地方的官府烧掉，并严惩藏书的人；聚众讨论《诗》《书》的，就要被当众处死；借用古事来谈论今天是非的，也要处死，并株连九族；官吏中知情不报者和犯法者同罪；接到命令后30天之内不执行的，要被处以刺面之刑并发配到边疆去修建长城；只保存那些关于医药、占卜和种植类的书籍；人们想要学习法令，就去讨教官吏。”

秦始皇听后十分赞同，就下达制书说：“可以，就这么办。”于是，全国大批的古代文献和典籍被大火焚毁。

被秦始皇寄予厚望的侯生和卢生，根本找不到仙药，两个人害怕受罚，便找理由为自己开脱说：“皇上的性格暴虐，手段狠毒。他从一个小小的诸侯发展到现在，心志得到了满足，觉得谁都不如他，还施行严酷的刑罚。天下人因为害怕刑罚，就不敢吐露真言，只好阿谀奉承。这样一来，皇上就会愈加骄横放纵，为所欲为，大事小情，都由他一人决定。他每天要批阅的文书，多得能用秤来量，贪恋权势到了这种地步，我们还替他找什么仙药啊！”随后，两个人逃跑了。

秦始皇听说卢生逃跑，非常愤怒：“前一段时间，我烧毁没有用的书籍，又招纳许多的文学、方术方面的人才，希望通过他们来求得太平。他们不仅不干事，还背地里讲我的坏话。调查中还发现咸阳的方士和儒生中，也有人制造谣言，蛊惑民众。”

于是，秦始皇就派遣御史审查方士和儒生。方士儒生因为害怕酷刑，就相互揭露告发，这样一个供一个，共牵连460多人，这些人全部被活埋在咸阳，以此警世天下人。

秦始皇的长子扶苏进谏说：“天下刚刚平定，边远地区还没有完全归附。儒生们诵读诗书，仿效孔子，都是有德行的人，可您却要重罚他们，我担心会影响天下的安定形势啊！希望您明察。”秦始皇听后大怒，立刻把扶苏遣送到北方的边疆上郡，去监督蒙恬的军队。

祖龙之死

秦始皇三十六年（公元前211年），天上有一颗流星划过，有块陨石坠落在东郡的地面上。不知谁在这块陨石上面刻了几个字：“秦始皇死后国土就会分裂”。秦始皇听说了这件事，十分生气，就命令御史四处查问。可是没有人敢承认，秦始皇气急败坏，派人把当地的居民统统抓起来杀掉，又把陨石烧掉。事后，秦始皇整天闷闷不乐，就让人帮他写作《仙真人诗》，外出巡游时，就让乐师们演奏唱这首歌。

这年秋天，秦朝的使者在夜晚赶路，被人拦住。那个人递给使者一块玉璧，对他说：“今年祖龙将会死去。”使者刚要询问缘由，那个人转身

历史关注

《左传》是中国第一部完整的编年体史书，传为春秋末年鲁国太史左丘明所作。

就消失了。使者把玉璧交给了秦始皇，并报告了这件事情。秦始皇听完，沉默了一会儿，说："也许是个山鬼，只能预测一年之中发生的事。"退朝后，秦始皇又说："祖龙，就是人类的祖先。"然后他命令有关官员察看这块玉璧。这帮人仔细一看，发现这块玉璧是8年前秦始皇外出巡游、渡长江时不慎落入江中的那块。秦始皇觉得不是好兆头，就找人占卜，卦辞上说：必须迁徙，才能够逃避灾难。于是，秦始皇把30000家民户迁往北河、榆中定居，并且每户赏赐一级爵位。

秦始皇三十七年（公元前210年），秦始皇出巡，左丞相李斯跟从，右丞相冯去疾在京都留守。秦始皇的小儿子胡亥爱玩，也要跟着去，皇上答应了，带上他一起走。当队伍到达平原津的时候，秦始皇染了重病。可他不愿意听别人提到死，大臣们谁也不敢提"死"字。后来病情越发严重了，秦始皇帝就写了一封书信，命人送给公子扶苏，上面写道："速来咸阳，办理我的后事。"书信封好后，加盖御印，还没等交给使者，秦始皇就死了。

秦始皇在沙丘去世，李斯担心各个公子和天下人知道后会发动动乱，就隐瞒了真相，没有公布。他们把皇帝的尸体装进棺材，用既通风又密闭的车辆运载着，由皇上宠信的宦官们亲自驾车。所到之处，在外人面前，假装和原来一样向皇帝进献食物。众地方官也和以往一样奏事，宦官坐在车里，审批所奏之事。

随同秦始皇出巡的胡亥、赵高等人知道这件事。赵高曾经教胡亥读过书，辅导他学习过刑法律令等，所以胡亥很宠信赵高。赵高和公子胡亥、李斯商量后，偷偷打开皇帝写给扶苏的信。获悉内容后，便篡改遗诏，对外宣称李斯在沙丘接受了皇帝的诏，立胡亥为太子。另外写了一封信，给公子扶苏和蒙恬，信中列举了他们的罪状，并赐他们自杀。李斯等人启程返回咸阳，从井陉抵达九原。途中正赶上天气暑热，秦始皇的

秦始皇陵兵马俑群

兵马俑制成后都用鲜艳的颜色彩绘过，由于出土时经验不足，导致这些彩绘很快风化褪色，从出土的兵马俑群可以想象，当年这样一个衣着鲜艳的庞大军阵下葬时是何等气势磅礴！

中国大事记 | 公元前 689 年，楚文王元年，迁都于郢（今湖北荆沙西北）。后楚成为江汉流域的强国。

尸体散发出臭气。于是李斯等又命人找来一些鲍鱼，放在车上，用来掩盖尸体的气味。

回到咸阳，朝廷这才发布秦始皇驾崩的消息。胡亥继承皇位，成为秦朝的第二代皇帝。九月，秦始皇被安葬在郦山。

早在秦始皇刚刚即位时，就已经派人在郦山为自己建造坟墓。天下统一后，秦始皇又从各地调集了 70 多万个工匠，深挖墓穴，用铜水浇铸墓穴内的地面，来堵塞缝隙，然后放入外棺。再令人把设好的百官位次的宫殿模型和大量的金银珠宝安放在里面。最后，命令工匠们制作带有机关的弩箭，一旦有人来盗墓，就会自动将其射杀。还用水银模拟制作成江河湖海，装上机关，使它们能够互相连通流动。在墓室的顶壁上，用天文图案进行装饰，墓室的下部根据中国地理形状来布置。用娃娃鱼的脂肪制成蜡烛，因为它能燃烧很长的时间。

皇帝胡亥说："先帝后宫中那些没有生过孩子的妃子必须给父皇陪葬。"这样又赐死了很多人。灵柩下葬后，有人说："工匠们制造了坟墓里的机关，肯定十分了解，恐怕会把地宫的秘密泄露出去。"胡亥说："放心吧！我自有办法。"安葬完毕，宝物也都埋藏好了，胡亥就命人封闭墓道的中门和外门。工匠们和填充宝物的人全都被封在坟墓里边，没有一个活着出来。最后，胡亥又下令在墓地的旁边栽满了草木，装扮得和普通山没什么两样。

二世胡亥

秦二世胡亥即位时，只有 21 岁。他任命赵高担任郎中令，负责处理朝政。

古代帝王死后，后世都要建庙祭祀。秦二世觉得传统的仪式配不上秦始皇的丰功伟绩，让官员们讨论把祭祀秦始皇的仪式搞得更隆重的办法。大臣们都说："古时天子祭祀以前的七代祖宗，保留七代君王的祭庙，七代以前的不予祭祀。始皇帝的庙则命名为始祖庙，至高无上，保留万世，永远祭祀；向天下百姓多收赋税，为祭祀始皇帝添加供品和牲畜；用最高的规格、最完备的礼仪进行祭祀；以后的天子必须亲自、单独捧着经反复酿造的好酒祭祀，所有的大臣都要按规定行礼，进献供品。皇帝仍旧称自己为'朕'，不再更改。"秦二世很满意。

秦二世对赵高说："朕很年轻，又刚刚临位，还没能获取民心。当年父皇在位的时候，四处巡游，显示自己的强大，以此来震慑天下。如今我不去巡回视察，会被天下人看成是懦夫，怎能统领天下呢？"于是，秦二世开始巡游，李斯跟从。他们首先来到碣石山，然后又沿海南下，到了会稽，并且在秦始皇曾经树立的石碑上，重新刻上了文字，在石碑的边上又刻下了随从大臣的名字，宣扬先帝的功业和盛德。最后从辽东回到咸阳。

二世皇帝采取阴谋手段得到皇位，自己心虚，就和赵高商量说："如今，大臣们不是很顺

阿房宫图轴 清 袁耀

图绘作者想象中的阿房宫之景。奇峰突立，山峦绵延而下，重重宫宇依山而建，山石长松间有楼宇亭台，江波怪石上拱桥长廊，山脚处殿銮重进，雕梁画栋，金碧辉煌。

历史关注 | **祭酒是古代最高学府太学的主持官。**

服，官宦们的势力也很强大。另外，几位公子也不服气，日后肯定要和我争夺皇位，你说该怎么办？”赵高说：“其实臣早想和您说这些事，可是没敢。始皇帝的那些大臣，都是曾经为国立下过汗马功劳的人，辛苦劳累了一辈子，他们的权势和财富也传给了后代。而我赵高生下来就低贱卑微，陛下您抬举我，让我位居高官，管理朝中的重大事务，那些大臣们嘴上不说，心里也都不服气。如今您应借外出巡游的机会，清除那些有罪过的官僚，这样既可以威震天下，又能除去您不满意的人。当今时代，不提倡效法文治，一切都取决于武力。我希望您当机立断，不要犹豫不决。圣明的君主，收揽重用前朝遗留下来的普通民众，把地位低贱的人变得高贵，把贫困的人变得富足，亲近那些被前朝疏远的人，这些人肯定会对您感激涕零。这样，就能上下团结，国家安定。”二世皇帝很满意，点头说：“嗯！这个办法不错。”于是找借口诛杀了一些大臣和六位皇子，还牵连诛杀职位较低的官员，接着把自己的兄弟嬴将闾等三人关进内宫。

二世皇帝命使者传令给嬴将闾说：“你们不服从我的命令，论罪就应该处死，现在官吏们就要执行法令了！”将闾说：“在宫中，我从来都没做不合礼节的事；在朝廷上，也从来不敢做错什么；皇上的问话，从来也没有失言错答。凭什么说我不服从命令？我只想知道我到底犯了什么罪，死也要死得清清楚楚、明明白白。”使者说：“我没有资格参加讨论，也不知道你究竟犯了什么罪，我只是奉诏书行事，负责通通话而已。”嬴将闾非常悲愤，无奈仰天大呼：“天啊！天啊！我没有罪！”于是兄弟三人都流着眼泪，拔剑自杀。宫廷里的人听说这件事后，都很恐惧。大臣只要有前来劝谏的，就会被认为是诽谤朝政。官吏们为了保住自己的位置，只好阿谀奉承，不再说真话。

秦二世元年（公元前209年）四月，皇帝回到咸阳，说：“先帝嫌咸阳的宫廷太狭小，就建造阿房宫，谁知还没建成，就崩逝了。工匠们停止了建筑，转去郦山修建陵墓。如今郦山陵已经修建完成，要是再不去建造阿房宫，不是说先帝修宫殿这件事做错吗？”于是，秦二世派人继续修建阿房宫，同时派兵安抚四夷，一切都按照秦始皇帝的方法办。他还派5万精壮的士兵守卫咸阳，教他们学习射箭，学习饲养供人玩赏的禽兽以备宫中之用。因此咸阳地区聚集的人口越来越多，粮食供应就跟不上了。于是秦二世又从各个郡县调集粮食和草料，还让那些运送粮草的人自备干粮，咸阳城三百里以内的地区不许吃这些粮食。这个时期，法令的施行也更加严厉苛刻。

不久，陈涉等人在原来的楚地举旗造反，命国号为“张楚”。陈涉自立为楚王，据守在陈县，然后派出选将去攻城略地。关东郡县里的年轻人，大都遭受过地方官吏的迫害，纷纷响应陈涉的军队，杀死地方官，起来造反。不少地方豪杰自立为侯王，他们相互承认，并联合起来，打着讨伐秦朝的旗号，向西进军。参加反叛队伍的人越来越多。

使者出使东方回来，向二世皇帝禀报了各地造反的情况。二世皇帝勃然大怒，立刻把使者关进大牢。后来二世皇帝又向别的使者打听东方的形势，使者回答：“没什么大碍，只是一小伙土匪强盗在惹是生非，当地的官员正在追捕他们，如今已经全部被抓了，您不用担心。”皇上听后，十分高兴。而实际上，当时武臣立自己为赵王，魏咎立自己为魏王，田儋自立为齐王，沛公在沛县组织领导起义，项梁也在会稽起兵反秦。国内形势越来越严峻。

秦二世二年（公元前208年）冬，陈涉命令周章率领几十万大军攻到戏水。二世皇帝惊慌失措，连忙召集群臣商量对策。少府章邯说：“如今盗贼已经兵临城下，而且人数众多，这种情况下，即使是立刻调发附近县城的军队也来不及了。我倒有个好办法，现在郦山的工匠和犯人人数众多，皇上赦免他们的罪过，然后发给他们武器，让他们去攻打盗贼。”于是，二世皇帝大赦囚犯和苦力，派章邯带领他们去与起义军作战。章邯打败了起义军，杀死了周章。随后二世又增派兵士去协助章邯，章邯领兵在城父杀死了陈

中国大事记 | 公元前 685 年，齐桓公即位，任用管仲为相，在齐国进行改革。四年后，齐国霸主地位确立。

胜，在定陶县打垮了项梁的军队，又去临济消灭了魏咎。之后，章邯的队伍又北渡黄河，前往巨鹿，攻打赵王歇等人。

指鹿为马

赵高对二世皇帝说："始皇帝统治天下的时间很长，英明果断，大臣们都不敢在朝廷上胡说八道，不敢用邪说相欺瞒。如今陛下您青春年少，又刚刚即位，没有经验，怎么能够在朝廷上与大臣们商讨决策国事呢？如果您的决策失误，那不就等于在群臣面前暴露了自己的缺点吗？天子原本就应当高高在上，不应该直接让下面的人听到陛下的声音。"皇帝听信他的话，就躲在宫中，与赵高暗中商讨国事，公卿大臣们也很少见到皇上。

这时，反叛朝廷的人越来越多，秦二世就不断地从关中地区调派士兵去征伐。右丞相冯去疾、左丞相李斯和将军冯劫进谏说："关东地区的叛贼越来越多，虽说派了军队去讨伐他们，也杀死了几个叛贼的首领，但是还是没有制止。为什么会出现这种情况呢？就是戍守、运输的差役太多太苦了，赋税也很繁重。因此我们建议您先停止修建阿房宫，减少四方的屯戍和来往物资的运转。"

二世皇帝反驳说："韩非子就曾经说过，'尧舜的时代，修建居室用原木作椽子，不用刮削；用茅草盖住屋顶，不用剪裁；用陶器喝水、煮饭。可是在我的统治下，就是看门的小卒也比他们的待遇好啊！大禹治水的时候，为了把河水引入大海，他亲自手拿铁锹，小腿上的汗毛都被磨光了，我们现在的奴隶，也不至于像他那样辛苦啊！'像他们虽贵为天子，却辛勤劳苦，我认为不值得学习。拥有天下而高高在上的人，就应该按照自己的想法办事。作为君主，就要明确威严地颁布法令，让下面的人不敢反抗，不敢胡作非为，这样就可以自由自在地驾驭天下了。朕贵为万乘君王，至今也没有多大的排场。所以我要建造成千乘车驾、万辆兵车，作真正的万乘之君。先帝以一个诸侯身份，平定了天下，对外讨伐夷狄。国家安宁后，他才修建宫室，来彰显丰功伟业，你们都看到了，这项事业才刚刚开始。如今，朕刚刚即位两年，就有盗贼兴起祸乱，你们不前去禁止他们，反倒跑来阻止我继续先帝的伟大事业，你们既不懂得报答先帝对你们的知遇之恩，又不为朕尽忠竭力，有什么资格身居高位？"

于是二世皇帝就将李斯三人抓了起来，关进监狱，立案审查他们的罪状。冯去疾和冯劫说："身为将相，怎能忍受这样的屈辱！"于是就都自杀了，而李斯不愿自杀。

秦二世三年（公元前 207 年），章邯等人包围了巨鹿，楚国的上将军项羽率领楚军前去救援。冬天，赵高担任丞相，处死了李斯。后来，章邯等人战事接连失利，受到皇帝的责备。章邯害怕了，就派长史司马欣回到朝廷中去汇报军情。赵高不信任他，没有接见。司马欣担心自己被杀，逃出咸阳。赵高派人追捕，没有抓到。司马欣见到章邯，对他说："赵高蛊惑皇上，独揽了国家大权，将军回去，不管有功还是无功都一样面临被杀的危险，你好自为之吧！"这时，项羽正加紧进攻，章邯索性率军投降了。

这年八月，赵高想要作乱，又有点心虚，害怕大臣们不服气，于是就先进行测验。他牵来一只鹿，在朝廷上当着大臣们的面，献给二世皇帝，并指着鹿故意说："这可是一匹好马啊！是我特意献给陛下的。"秦二世说："这分明是鹿嘛！丞相怎么说成马呢！"赵高说："这就是一匹良马，陛下不信，可以问问诸位大臣。"不少大臣们畏惧赵高的权势，知道他为人阴险，就默不作声；有的为了迎合赵高，就讨好说："这确实是匹宝马呀！"也有一些大臣明确指出："这明明是一只鹿。"事后，那些说鹿是鹿的人，都遭到了赵高的暗算，从此群臣都更加惧怕赵高了。

赵高总是说："关东地区的盗贼，是不可能有所作为的。"可是后来，项羽在巨鹿俘获了秦朝的大将王离，秦朝的军队屡次败退。被秦始皇灭掉的燕、赵、齐、楚、韩、魏等国都相继复国，

历史关注

公元前613年，中国《春秋》载“秋七月，有星孛（彗星）入于北斗”，为世界上对哈雷彗星的最早记录。

并拥立了自己的国王，反叛秦朝。各路诸侯带领军队，向西进攻，讨伐朝廷。

赵高被诛，秦朝灭亡

沛公刘邦率领反秦的起义军攻克了武关后，暗地里派人联系赵高。赵高怕二世皇帝迁怒于他，就假装生病，不参加朝见。二世皇帝梦见一只白虎咬断了自己车驾的左骖马，自己杀死了这只白虎。因为做了这个不吉利的梦，他很郁闷，就去问占卜的人。占卜的人告诉他是泾水的河神在作怪。于是二世就在望夷宫斋戒祭祀，将四匹白马投进水中。东方各路起义军势力越来越强，秦二世很担心，就又派人责问赵高。

赵高很害怕，找来女婿阎乐、弟弟赵成商量说：“皇上不听劝谏，结果弄成了现在这个样子，反倒把罪责全都推到我们的头上。我想另立天子，改立公子子婴为皇上，子婴为人仁厚谦卑，老百姓们肯定会拥护他。”于是，赵高命令郎中作内应，谎称望夷宫中有大盗。

秦二世无奈，只得退入内宫，只有一个宦官跟在身后，不肯离开。二世皇帝愤怒地向他吼叫：“你为什么不早点把国内这种严峻的形势告诉我？害得我今天落到如此地步？”宦官低着头说：“皇上，正因为不敢讲实话，我才能活到现在。我要是说实话，早就没命了！”这时，阎乐冲了进来，用手指着二世皇帝，数落着他的罪过：“你骄横跋扈，荼毒生灵，残害百官，不讲道理，致使全天下的人都背叛你，如今你自己说该怎么办吧？”二世皇帝说：我能不能见一下丞相呢？”“不行！”阎乐断然拒绝。二世皇帝说：“那能不能给我一个郡的地方，让我当个王？”阎乐还是没有应允。二世皇帝又接着问：“那我作一个万户侯总可以吧？”阎乐回答说：“那也不行！”二世皇帝又央求说：“那就让我作一个平民百姓，带着我的妻儿老小过普通人的日子，这下总该行了吧？”阎乐说：“我接受丞相的命令，代表全天下的黎民百姓来诛杀你，你就是说得再多也没用，还是快快了断自己的性命吧！”士兵们蜂拥前来，二世皇帝被迫无奈，拔剑自杀而死。

阎乐回去向赵高禀报了皇上自杀的消息，赵高马上召集所有的大臣和公子们，并通报了诛杀二世的情况，说：“秦朝过去只是个王国，因为秦始皇削平六国，君临天下，才称为帝。可是现在不一样了，6个诸侯国已经复国，还占据了原先的国土，秦国所能管辖的区域变小了，我们就不能再徒有虚名称为帝了，还是像从前一样称王比较合适一些。”于是就拥立子婴为秦王，按照普通百姓的礼节埋葬了二世皇帝，然后先让子婴斋戒，去寺庙里拜见祖先，接受玉玺。

子婴斋戒了5天后，找来自己的两个儿子，对他们说：“赵高杀了二世皇帝，害怕众大臣杀他，就假模假样地立我为王。我已经听说他与楚国签订了盟约，等消灭了秦的宗室后，他就在关中称王。如今他让我去朝拜宗庙，其实另有所图，是想找机会在那杀了我。我就说自己生病没法去，他就会亲自来请，他一来，我们就想办法干掉他。”于是赵高几次派人来请子婴，子婴都不肯去，最后赵高亲自来了，而且没有任何戒备。赵高见到子婴后，说：“朝见宗庙这么大的事情，你怎么能不去呢？”子婴起初默不作声，随后突然拔出宝剑，一下把赵高刺死在斋宫中，然后派人诛杀了赵高家的三族人。

子婴只做了46天的秦王，沛公的军队就打败秦军，攻进了武关，来到灞上。沛公派人去招降子婴。子婴拿丝带系着自己的脖颈，捧着玉玺，向沛公投降。沛公进入咸阳，封锁了宫室库府，回到灞上。

过了一个月左右的时间，诸侯盟主项羽带领各诸侯的军队赶到，诛杀了子婴以及秦朝宗室所有的成员。然后，项羽命人在咸阳城施行大屠杀，俘获宫女，瓜分了秦国大量的钱财和珍宝，烧毁了秦朝的宫室。秦朝灭亡后，关中地区被分割成3个王国，分别为雍王国、塞王国和翟王国，号称三秦。项羽自封为西楚霸王，主持天下大事，划分全国土地，分封诸侯王。秦朝最终灭亡，5年后，天下又被汉朝统一。

中国大事记 | 公元前 656 年，楚国修建了最早的长城，做防御之用。此后，各国相继兴建长城。

项羽本纪第七

少年项羽

项羽名籍，字羽，下相人。他的祖父是楚国的大将项燕，在秦国消灭楚国的战斗中被王翦所杀。项羽从小死了父亲，是在叔父项梁的照顾下长大的。因为项氏家族世代都在楚国做将军，并且立下过赫赫战功，被楚王封在项城县，赐姓项。

项羽年少的时候，家人曾经让他去读书，可他怎么也学不会，就放弃了。他后来改学剑术，结果还是没有学成。他的叔父项梁十分生气，骂他没出息。项羽说："读书认字只不过能记住自己的姓名，剑术练得再好，也只能是对付一个人，不值得学习，我要学，就学能够抵御千军万马的本领！"项梁听了，觉得他很有抱负，十分高兴，就教他学习用兵打仗。刚开始的时候，项羽还很愿意学，可刚刚明白一点皮毛，又不想学了。后来，项梁杀了人，带着项羽一起逃到江苏吴县躲避仇人。项梁善于结交朋友，碰到人家有什么大小事情，都前去帮忙。当地的百姓都很喜欢他，一来二去，他就成了吴县豪杰的领袖。项梁运用兵法，安排部署宾客和那些年轻人，不但把事情办得井井有条，还借此机会了解那些人的胆略才识。

项羽像

秦始皇巡行回到会稽，渡钱塘江的时候，有许多人围观，项梁和项羽也在其中，他们一同站在江边观望，项羽见秦始皇的仪仗队伍华美壮观，威风凛凛，不由脱口而出："有什么了不起的！总有一天，我要取代他！"项梁大吃一惊，慌忙捂住他的嘴，小声说："你这傻孩子，可不能胡说八道，这要是被人告发了，可是大罪啊！"从此项梁更认为侄子不是个普通的孩子，日后肯定能成就大事，就非常喜欢他。回去后，项羽责怪叔父说："平时您总是让我学习兵法，习练武艺，让我不要忘记国恨家仇，可是今天怎么这样胆小怕事呢？"项梁说："想要报仇，就得学会等待时机，我们要干的可不是一件普通的事，怎能心急气躁，毛手毛脚的呢？"项羽长到 20 岁的时候，身材高大，体格健壮，力气大得能把大鼎举起来，江苏吴县的年轻人都很畏惧他。

秦二世元年（公元前 209 年），陈胜、吴广在大泽乡起义。消息传来，项梁和项羽万分高兴，他们觉得为楚国报仇的时机来了。这时会稽的郡守殷通派人请来项梁，对他说："江西一带的郡县已经全部起来造反了，消灭秦朝的时机到了，俗语说得好，'先发制人，后发受制于人'。我们不能在这儿傻傻地等着啊！我打算带头行动，想派你和桓楚将军带领部队去攻打秦军。"当时，桓楚逃亡在外，项梁低头想了想，心生一计，对郡守说："桓楚逃亡在外，我好像听项羽说起过他的藏身之处，还是去问问他吧！"郡

历史关注 | **太学是我国古代的最高学府，其名始于西周。**

守欣然答应了，项梁出去找到项羽，向他说明了自己的打算。项羽拿着宝剑，跟着项梁来到郡守的府上。项梁让项羽先在门外等候，自己走进屋里，笑着对郡守说："我把他找来了，在门外候着。"郡守一摆手："快让他进来！"项梁大声招呼项羽进来，看他走到郡守的跟前，就使了个眼色。项羽心领神会，上前一步，拔出宝剑，还没等郡守醒过神来，就砍下了他的脑袋。项梁提着郡守的人头，佩戴上郡守的印符走出来。郡守的随从们都大惊失色，乱成一团。守卫的士兵们拿着兵器，跃跃欲试，他们虽然有几十个人，可哪里是项羽的对手。项羽一发威，没用几分钟的时间，就把那些人打得死的死，伤的伤。活着的人也都吓得趴在地上，没人再敢起来反抗。于是项梁召集平时比较熟悉的地方豪杰和官吏，告诉他们自己想要起兵反秦，众人欢呼响应。他又调集吴郡的士卒，并派人到下属的各县去征集壮丁，最后得到了精兵 8000 人。这 8000 人就是后来跟随项羽南征北战、所向披靡的吴中 8000 子弟兵。项梁任命地方豪杰去担任军队的将领，其中有一个人没有被任用。他找到项梁去问原因。项梁当着众人的面说："前些日子，我派你去主办过一家丧事，可你没把事情办好，说明你没有做事的能力。"众人听了，都很佩服项梁。于是推举项梁当会稽的郡守，推选项羽为副将，协助项梁统领军队。

这年冬天，陈胜率领的军队被秦将章邯击败，陈胜的手下将领召平假托陈王的命令，封项梁为楚王的上柱国，并说服他一起抗秦，援助张楚政权。此时的项梁正想率兵北上，就爽快地答应了。于是项梁率领江东的 8000 子弟兵，渡过长江，向西进发。渡江后，项梁听说陈婴已经起义，占领了东阳，就派使者前去跟他联合，共同西进。陈婴原本是东阳令史，因为他为人忠厚，做事严谨，所以很受人尊敬。陈胜吴广的起义失败后，东阳县令被杀，当地的年轻人一致推举陈婴为首领。陈婴推辞说自己没有能力，结果被强行推上首领的位子。陈婴的母亲告诉儿子说："自从我嫁到你们陈家以来，没听说过你的前辈们出现什么达官贵人，你突然之间就得到这么高的职位，我觉得不太吉利，还不如让给别人，你就做个小官，这样就算失败了，也无所谓。"陈婴听了母亲的话，对军官们说："项氏家族世世代代都是楚国的大将军，如今想要推翻秦朝的统治，就必须由他们来领导。"众人听从了陈婴的意见，就让项梁领导军队。项梁带领军队，渡过淮河，各路的义军纷纷赶来加入，士兵迅速增加到六七万人，驻军下邳。

陈王牺牲后，部将秦嘉立景驹做楚王，驻扎在彭城，阻挡项梁西进。当时，项梁不知陈王已死，就对将士们说："陈王最先起来反抗秦朝，现在战况不利，人也不知道在哪儿。秦嘉胆敢背叛陈王，立景驹为楚王，真是大逆不道，应当讨伐他。"于是项梁攻打秦嘉，秦嘉败逃到胡陵，不甘失败，又回过头迎击追上来的项梁军队，双方激战一天，秦嘉战死，景驹逃到梁地而死。项梁收编了秦嘉的部队，驻军胡陵，商议西进攻秦的策略。这时，章邯率秦军到达栗县，项梁派部将前去迎战，结果战败。此前，项梁派项羽去攻打襄城，襄城民众不肯投降。项羽很生气，破城之后把全城军民全部活埋。不久，项梁就得到陈胜被害的确切消息。当时，各路起义军群龙无首，四分五裂，反秦的气势开始下降。项梁感觉这样下去后果不堪设想，就召集楚地各路义军的首领，共议大事。在参加这次大会的首领中，还有一个杰出的人物，他就是沛公刘邦。

安阳夺帅

陈胜死后，楚国大将项梁召集各路义军首领召开会议，商量如何讨伐秦军。

当时有位能人名叫范增，已经 70 岁了，平时在家没事可做，就帮人出谋划策。他来到薛县劝项梁说："陈胜是必然要失败的，当初秦灭六国，楚国是最不幸的。楚怀王被骗到秦国，后来就死在那里，楚国人至今还怀念着他。所以楚南公说：'哪怕楚国只剩下 3 户人家，也一定要灭掉秦国！'如今陈胜领导起义，没有去扶立楚王的

中国大事记 | 公元前656年，齐桓公率齐、楚、郑、卫、陈联军讨伐秦国和楚国，楚王求和，双方盟于召陵。

后人，却自立为王，他的运势就不可能长久。您从江东起兵，有很多人前来投奔您，你知道这是为什么？就是因为你家世代都是楚国的大将，能够扶立楚王的后代啊！”项梁觉得范增的话很有道理，就派人到民间寻访楚怀王的后代。不久，大家找到楚怀王的一个孙子熊心，当时熊心才13岁，正在给人家当放羊娃，于是项梁就带领众人拥立熊心为楚王。为了顺应楚人怀念故国的心情，仍称熊心为楚怀王。消息传开后，又有很多人赶来参加项梁的队伍。

几个月后，项梁率军攻打亢父，又联合齐将田荣、龙且援救东阿，两战都获得了胜利。秦军败退后，田荣立即率兵返回齐国，赶走了齐王田假，改立田儋的儿子田市为齐王。齐王田假逃到楚国，齐相田角和弟弟田间跑到赵国避难。项梁追击败退的秦军，并多次派人催促田荣出兵相助进。田荣坚持要求楚、赵两国杀掉田假、田角和田间，才肯出兵，被项梁拒绝，田荣因此拒绝帮助楚军。项梁另派项羽和刘邦向西进军，二人相继取得了城阳、濮阳、雍丘之战的胜利，斩杀了李斯之子李由。楚军多次打败秦军，项梁开始产生了骄傲的情绪，将军宋义对项梁说：“战斗胜利了，将领们都感到很骄傲，士兵们也变得越来越懒惰，这样下去总有一天要失败。况且，秦朝的援军马上就要来到，我真替您担忧啊！”项梁没有理会他的意见，不以为然。

项梁派宋义去出使齐国，在路上遇见了齐国的高陵君，问他：“你是想去见项梁吗？”高陵君点点头。宋义又说：“我敢断定，项梁的军队就要被打败了。你要是慢慢走，兴许就会免于一死，要是走快了，说不定就会赶上灾难。”果然，秦国派了大量的士兵去增援章邯的军队，大举反攻，在定陶击败了楚军，项梁战死疆场。项梁死后，章邯不再担心楚国的军队，就挥师北上，去攻打赵国，打垮了赵军之后，把赵王和众大臣都包围在巨鹿。

定陶战败之后，楚怀王心里害怕，便从盱台赶到彭城，把所有的楚国军队加以整编，自己亲自统率。接着任命吕臣为司徒，吕青为令尹。加封沛公刘邦武安侯，担任砀郡长并统率砀郡的军队。赵军被围，实在顶不住了，赶紧派人四处求救。楚怀王得信，决定出兵援救。他听高陵君说宋义有先见之明，就派他为上将军，叫他带领次将项羽、末将范增北上救赵。

援军的队伍行进到安阳时，燕国和齐国的援赵大军早已赶到。他们见秦军势力强大，谁也不肯拿鸡蛋去碰石头，都缩头缩脑地远离秦军驻扎，按兵不动。宋义遂下令停止前进，驻足观望，这一停，就是46天。项羽找到宋义对他说：“救兵如救火，现在秦军把赵王围困在巨鹿，赵王已经十分危险了，我们应立即渡过黄河，和赵军来个两面夹击，秦军一定会大败。”而宋义端着酒杯，不慌不忙地说：“这你就不懂了！现在强大的秦军进攻赵军，秦军就算胜了，也一定会疲惫不堪。我以逸攻劳，必然会大获全胜。假如秦军不胜，我正好西征，一下子灭了秦国。这就叫做二虎相争，或一死一伤，或两败俱伤，杀伤虎总比杀猛虎容易得多呀！”宋义停了一下，又斜眼看了看项羽，笑着说：“嘿嘿！要说穿上盔甲，拿着兵器冲锋陷阵，我可能没有你的力气大，可要说到运筹帷幄，你可就差远喽！”项羽听后十分生气，走出军帐。随后，宋义发布命令：“将士们战斗起来要勇猛如虎，凶狠似狼，谁要是不听指挥，擅自行动，一律斩杀。”这显然是冲着项羽来的，叫他乖乖地服从命令。随后，宋义又把儿子送到齐国做国相，还大设酒宴招待宾客，救赵之事只字不提。

当时天气很冷，又加上阴雨连绵，粮草也不充足，士兵们露宿在野外，饥寒交迫，怨声四起。项羽对将士们说：“我们本应大举进攻秦军，却停留在这里，不许往前走。眼看粮食都快没了，可宋义还在大吃大喝，借口说什么等他们疲惫了再打。如果我们渡过黄河，打败秦军，粮食自然就会有，还至于这样挨饿受冻么？再说，赵国刚刚建立，怎能跟强大的秦军相比？赵国要是灭亡了，秦军就更加强大，还怎么利用秦国的疲惫？我们的军队刚刚在定陶打了败仗，怀王忧心忡忡，集结国家全部兵力，征调所有粮饷，交给

历史关注 | 我国最早的关税是由春秋时的宋国开始征收的。

上将军，国家的生死存亡，可以说在此一举。而上将军呢？不但不体恤士卒，还牟取私利，趁机派自己的儿子到齐国去做官，他不是真正的忠臣良将。”第二天早晨，项羽到统帅大帐去参拜上将军，因意见不合，在帐中斩杀了宋义。项羽提着宋义的人头走出帐篷，对将士们说：“宋义违背我王的命令，和齐人合谋，想要反叛楚国，我奉楚王的密旨，处死了他。”各位将军心里畏惧项羽，就一起说：“楚王本来就是项梁将军扶立的，再说，您只不过是杀了一个叛逆之臣而已。”于是共同推举项羽为大将军。

破釜沉舟

项羽派人追赶宋义的儿子，并杀死了他，然后又派人向楚王报告。楚王无奈，只好任命项羽为上将军，还把当阳君、蒲将军的军队也交给项羽指挥。

项羽上任后，立即整顿兵马，抚慰士兵，把军中的钱财全部拿来犒赏三军。几天前还疲惫不堪的将士们，如今个个精神抖擞，士气大振。项羽首先派遣当阳君、蒲将军率领2万人渡过漳河，去救援巨鹿城里被围困的赵王，两人的军队打了几个小胜仗，取得了一些战果，但解决不了关键问题，赵国将军陈馀又来请求增援。于是项羽决定率兵与秦军决战，他亲自带领全军人马，渡过漳河。上岸后，项羽下令士兵每人都带足3天的口粮，然后又命人砸碎行军做饭用的锅碗瓢盆等餐具。将士们一下子都愣了，项羽说：“将士们，没有了这些东西，我们就可以轻装上阵，去挽救危在旦夕的赵国！如果你们想吃饭，就到章邯的军营中取锅做饭吧！谁都不许后退！”接着，项羽又命令士兵把渡船全部用凿子凿穿，沉进水里，烧掉所有的行军帐篷。战士们一看，退路没了，粮食也不多了，知道这场战斗如果打不赢，就只有死路一条。于是，楚军的将士们互相勉励，激昂振奋，人人都抱着进则生、退则死的决心，拼命向前。

两军相逢勇者胜，秦军虽然人马众多，也抵不住抱着必死决心的楚军。楚军到了巨鹿就包围了王离的军队，同秦军展开了激烈的斗争。将士们个个如下山猛虎，奋勇拼杀，沙场上烟尘蔽日，喊声震天。楚国的军队越战越猛，把秦军打得死的死，伤的伤，最后杀死了秦将苏角，俘虏了名将王离。涉间不愿投降，被打得走投无路，放火自焚而死。

就在楚军与秦军激战的时候，前来救援赵国的各路诸侯军队都在旁边看热闹，无一出兵。楚军的战士勇猛善战，以一当十，呼声震天，各路将领都看得目瞪口呆、心惊胆战。楚军打败秦军后，项羽召见各位诸侯的将领。诸位将领一走入辕门，就全都跪在地上，用膝盖向前行走，谁也不敢抬头看一眼这个叱咤风云的将军。从此，项羽就成了各路联军的总指挥，掌管军权，主持灭秦大计。

秦将章邯带兵驻守在棘原，项羽的人马在漳河的南岸，双方对峙却没有交战。因为秦军屡战

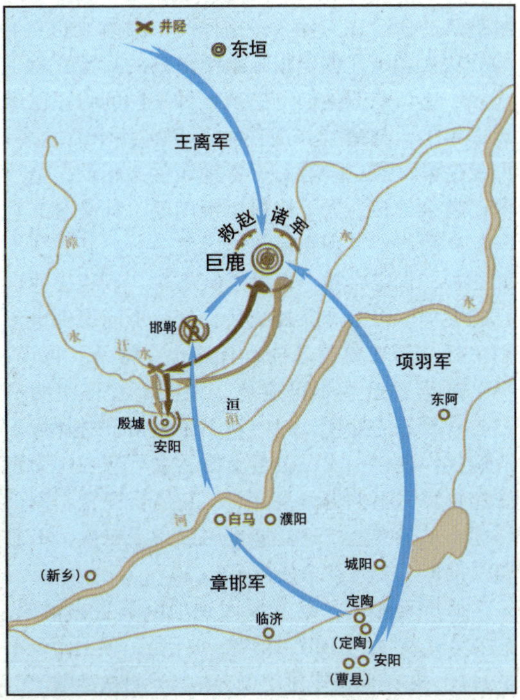

巨鹿之战示意图

中国大事记 | 公元前 643 年，春秋五霸之一齐桓公去世，自此齐国国势日渐衰落。

屡败，二世皇帝很生气，就派人责问章邯。章邯很害怕，便派司马欣回去向皇帝汇报前线战况并请求指示。司马欣回到咸阳，连续 3 天求见，都被赵高挡在门外，又听人说赵高为隐瞒军情打算杀了他。司马欣赶紧逃走，在赶回棘原军中的时候，他没敢走原路。赵高果然派人追杀，但没能追上。司马欣见到章邯，详细诉说自己的遭遇，并说："赵高独揽大权，朝廷中的其他人根本没有说话的机会和权利。如果我们打了胜仗，赵高肯定会嫉妒我们的战功，难免被杀；如果打了败仗，一切责任就会被推到我们身上，更免不了一死。您认真考虑考虑，看着办吧！"

这时，赵国将军陈馀给章邯写了一封信，信上说："想当年名将白起，为秦国南征北战，攻打楚国占领了楚都鄢郢，进攻赵国取得了长平之战的辉煌胜利。他打下的城池，夺取的土地，数也数不清，最后的结局怎么样？不还是惨遭杀害吗？再想想蒙恬，身为秦国大将，率兵击败匈奴，为秦国开拓了几千里的疆土，最终也没有逃脱被杀的命运。为什么会这样呢？因为他们立下的战功太多了，朝廷很难给予更高的封赏，就干脆找个借口杀了他们。您现在做秦国的将军已经有 3 年了，与诸侯作战伤亡士卒有几十万之多，即使这样，您也没能消灭各地诸侯，相反，造反的还越来越多。天下诸侯反叛朝廷，都是秦二世与赵高引起的，现在形势这么危急，赵高为了推卸罪责，肯定会找个借口杀害将军，以免去他自己的灾祸。将军您在外统兵打仗，不能得到皇帝的信任，无功要被杀掉，有功也是被杀。再说，秦朝的灭亡已经不可避免，大家都看得明明白白。看看您的处境，对内劝不了皇帝，对外战不胜诸侯，独自一人，苦苦支撑，太可悲啦！为将军您打算，不如也率兵反秦，与诸侯联合，消灭秦朝，瓜分秦地。这样您也可以封王封侯，不比身受刑诛、妻儿被杀强得多？"

章邯动心了，秘密派人到项羽那里去洽谈，想要订立和约，结果没能谈拢。于是，项羽命令军队日夜不停地向秦军发动攻击，秦军再次战败。

章邯见形势危急，再次又派人求见项羽。项羽因军中缺粮，答应章邯订约。双方约好日期在洹水南岸会晤。签约完毕，章邯见了项羽，忍不住热泪横流，向项羽讲述了赵高对自己的迫害。项羽也很感慨，便封章邯为雍王，留在军中。随后，项羽任命司马欣为上将军，统率秦军担当进攻咸阳的先头部队。

诸侯军的官兵都是秦朝的平民，以前被征发徭役，驻守边塞，路过关中时，现在这支降军中的官兵对他们很恶劣。秦军投降之后，诸侯军的官兵便借此机会，随意侮辱他们。部队开到新安。秦军官兵都为自己前途担忧，议论说："要是消灭了秦朝还好，要是不能的话，诸侯军把我们带到关东，没个好，朝廷还会把我们家人都杀掉。"诸侯军将领得知后，报告了项羽。项羽担心秦朝降军心中不服，一旦不听指挥，就会发生危险。就命令楚军趁夜把 20 万秦军活埋在新安城南，只留下章邯、司马欣、董翳 3 人。

鸿门宴

项羽带领军队继续向西行进。队伍来到函谷关，看见城门上有人把守，不准进关。项羽派人一打听，才知道刘邦早已先进关了，守城的正是刘邦的军队。他十分生气，就下令将士猛攻函谷关。项羽打进关去，大军到了新丰、鸿门一带，驻扎下来。当时沛公驻军在灞上，还没来得及去见项羽。

刘邦手下有个曹无伤，想投靠项羽，偷偷地派人对项羽说："这次沛公进入咸阳，是想在关中做王，让秦王子婴做丞相，并且已经把秦国的所有珍宝都占为己有。"项羽听了，气得瞪着眼睛说："去！准备点酒菜，好好犒劳犒劳将士们，明天一早，就去给我攻打沛公的军队，一定要打败他。"

这时，项羽有 40 万的军队，而沛公刘邦只拥有 10 万的军队，双方兵力差距悬殊，刘邦的处境十分危险。范增前来对项羽说："从前沛公在江苏老家的时候，贪恋财色，自打入关以后，就改邪归正了，这就说明他很有野心啊！我曾经派人去观望他头顶上的云气，发现总是呈现出龙

历史关注

春秋时用鸩鸟之毒制造出毒酒。

鸿门宴遗址

鸿门位于今陕西省西安市临潼区东。鸿门宴上，项羽的一念之仁，放掉了刘邦这个夺取天下最大的竞争对手，最后自己吞下了失败的苦果。

虎的气象，那可是象征天子的瑞气，要是不赶快除掉他，将来一定会后患无穷！”

项羽有个叔父叫项伯，是刘邦的谋士张良的老朋友，张良曾经救过他的命。项伯得知项羽要杀刘邦，恐怕打起仗来，张良会陪刘邦一同送死。他连夜赶到刘邦的军中，劝张良逃走。张良不愿离开刘邦，就把项伯说的话告诉了刘邦。刘邦大吃一惊，对张良说：“赶紧替我把项伯请进帐来，我要像对待兄长一样跟他说几句话。”张良带着项伯前来会见刘邦。刘邦举杯相敬，并趁机与项伯定下儿女婚约。刘邦说：“我虽然先行一步进入关中，但秦宫的财宝却是丝毫未动，我派人守卫关口，是怕盗贼乘虚而入。我日夜盼望项羽将军早日到来，哪里敢背叛他呢？”项伯相信了刘邦的话，再三叮嘱刘邦要亲自到项羽那边去赔礼道歉，刘邦答应了。

项伯连夜离去，回到军中，去见项羽。他把沛公所说的话一字不差地告诉了他，又劝项羽说：“要不是刘邦先进入关内，你能这么顺利就能进来吗？他已经立下了大功，你不但不奖赏他，却要杀他，不是太不讲仁义了吗？应该找个机会善待他。”项羽想想也有道理，于是点头答应了。

第二天一清早，刘邦带着张良、樊哙和100多个随从，到鸿门拜见项羽。刘邦说：“我与将军同心协力打败了秦军，我因为离得近就先来到关内，没想到有人在我们之间搬弄是非，惹您生了气。”项羽见刘邦低声下气对他说话，满肚子的怨气都烟消云散了。项羽说：“这都是你的左司马曹无伤说的，不然我怎么会怀疑你？”于是就留沛公一同饮酒。

酒宴上，项王和项伯面朝东而坐，沛公面北而坐，张良面向西侧陪侍，范增则面南而坐。席间，范增几次给项王使眼色，并且举起身上佩戴的玉玦，示意项羽下决心，找机会把刘邦杀掉。可是项羽就像没看见一样，一点反应都没有。范增见项羽不想动手，就找个理由走出营门，对项羽的堂兄弟项庄说：“大王心慈手软，下不了手。你快进去！先给他们敬酒，然后找机会杀了刘邦。不然的话，我们将来就会成为人家的俘虏。”项庄走进去，挨个敬了酒，说：“军中里没有什么好玩的，我就舞个剑给诸位助助兴吧！”说着，就拔出宝剑，舞了起来，不知不觉，就舞到刘邦的面前来了。项伯看出项庄舞剑，意在刺杀沛公，也跟着站起身来，说：“一个人舞有什么意思，我也来配合一下吧！”于是也抽出宝剑，舞起来，暗中却用身体保护刘邦，不给项庄下手的机会。

张良一看形势紧张，连忙起身离开酒席，来到营门外。樊哙连忙迎上前，问：“怎么样？”张良说：“情况十分危急，项庄正在舞剑，看来是想要对沛公下手了。”樊哙急了，一手拎着宝剑，一手拿着盾牌，闯进军门。守门的卫士们刚想拦住他，樊哙用盾牌用力一顶，就把卫士撞倒在地上。樊哙拉开帐幕，气冲冲地闯了进去，眼睛睁得圆圆的，瞪着项羽，怒发冲冠。项羽十分吃惊，忙按着剑问：“什么人？”张良从后面跟进来，替他回答：“这是替沛公驾车的樊哙。”项羽说：“好啊！真是壮士！快去拿杯酒来，再拿一个猪肘！”侍从送给樊哙一杯酒，一只猪肘。樊哙谢过之后，把酒一饮而尽，又把盾牌放在地上，把猪肘放在盾上，拔出宝剑边切边吃。项王又问：“还能再喝一杯吗？”樊哙一边吃，一边说：“我连死都不怕，何况一杯酒呢？秦王凶狠残暴，所以天下的百姓都背叛他。怀王和众将士有过约定：‘谁要是先打败秦军，攻入咸阳，就封为关中王’，如今沛公首先进了咸阳，封存了皇宫的财宝，还命人把

中国大事记

公元前632年，晋、宋、鲁、齐等盟于践土，周襄王赴盟，策尊晋文公为霸主。

守函谷关，防止发生意外，然后又退兵灞上，天天盼望您的到来。您不但不封赏他，还听从小人的话，想杀他，您这是在走秦王的后路啊！恕我直言，您这么做不妥！”项羽无言以对，只是说了声：“请坐吧！”樊哙挨着张良坐下。

过了一会儿，刘邦起身要去厕所，顺便把樊哙和张良叫了出来。刘邦对樊哙说：“我出来了，没告辞，这合适吗？”樊哙说：“做大事，用不着顾及小节；讲求大礼，也不用在乎小的责难。人家现在是快刀、砧板，我们是人家想宰割的鱼和肉，还辞什么别？”于是沛公离去，让张良留下致谢。张良问：“大王来时，带了什么礼物没有？”刘邦说：“我带来了一双白色的玉璧，送给项王，还有一对玉斗，送给亚父范增，你就替我转交给他们吧！”之后，沛公赶紧离去。

张良估计刘邦已经走出很远了，才转身回到帐中，向项王辞谢：“沛公刘邦饮酒过多，不能亲自前来道别，让我前来辞谢，并奉上白璧一双，玉斗一双，敬献给大王。”项王问：“沛公现在在哪儿？”张良回答说：“听说大王责难他的过错，只好一个人先回去，这时候差不多快到军中了！”项羽接过玉璧，什么也没说。范增十分生气，拿过玉斗就摔在地上，用剑给敲碎了，并叹息着说：“哎！这些没有用的人啊！不能和他们共谋大事，你等着吧！将来与你争夺天下的，一定是刘邦。我们这些人，都等着做他的俘虏吧！”

沛公逃过了这一劫，回到军中，立即处死了险些置他于死地的曹无伤。

西楚霸王

鸿门宴上刘邦走了之后没过几天，项羽就率领军队向西进发，命令士兵屠戮咸阳城。随后，杀死了已经投降的秦王子婴。项羽让军队抢掠了秦朝皇宫里所有的金银财宝，派人把秦皇宫里的所有宫女抓来，分给诸侯与官兵，又烧毁了秦国的王室宫殿，大火在秦国的宫殿上烧了3个多月都没有熄灭。这时有人前来劝说项羽：“关中一带土肥水美，四面又有高山环绕，您在这里建立

戏马台

在今江苏省徐州市，始建于公元前206年，据传西楚霸王项羽定都彭城后，在此建高台，作为指挥士兵操练、观赏士卒赛马的场所。

都城，将来就能称霸天下了！”项羽望着被大火烧毁的秦国宫室，只见一片狼藉，再加上怀念故土，只想东归。对那个人说：“富贵了，不回故乡，就像穿着华丽的衣衫在夜里行走一样，有谁能够看得见呢？”

项羽自己很想称王，但又有点不好意思，就先封手下的将相们为王。对他们说：“起义之初，拥立诸侯的后代为王乃是一种策略，为的是有利于讨伐秦朝。而真正消灭秦朝，靠的是各位将军和我项籍的力量啊。想当初，我们带头起事，身披铁甲，手持利剑，转战南北，打了多少恶仗。三年在外，风餐露宿，忍饥挨饿，受了多少辛苦，才灭掉秦朝，平定天下。因此，我决定分封各位为王，可好？”诸将齐声说：“好。”项羽接着说：“虽然说义帝没有什么战功，但分给他土地，让他做王也是应该的。”大家都表示赞同。

在项羽的主持下开始分封天下。项王和范增最担心的是沛公，怕他将来会据有天下，不愿封他为王。可是，不封也不好，一是鸿门之会上，已经与沛公和解，况且当初又有盟约。如果违背当初的约定，有可能引发诸侯背叛。项羽与范增反复商议处理沛公的办法，项羽说：“巴蜀地区的道路崎岖不平，况且被迁贬的秦国人都居住在那里，不好控制，就把这块地分给沛公好了。”

历史关注

周代要求学生掌握的六艺分别为：礼（礼节规范）、乐（音乐）、射（射箭）、御（驾车）、书（书写）、数（算术）。

·阿房宫·

秦始皇灭掉六国统一全国以后，在渭河南岸上林苑修建朝宫阿房宫，其规模“东西五百步，南北五十丈，上可坐万人，下可以建五丈旗”，周围还有四通八达的阁道通向离宫别馆。这些规模浩大的工程，消耗了大量的人力和物力，最终并未修成，但激起了人民的反抗，加速了秦的灭亡。

范增想了想，说：“也好，巴蜀也算得上是关中地区，封给沛公也不算违背当初的约定。”项羽就把巴蜀及汉中之地分封给沛公，立沛公为汉王，建都南郑。为防备汉王，项羽把关中地区一分为三，立章邯、司马欣、董翳为王，统治这一地区，以阻挡刘邦东进。

接下来，项王分封诸侯：立章邯为雍王，建都废丘，统辖咸阳以西的土地；当年司马欣在栎阳做官的时候，曾经帮助过项梁，因此，封司马欣为塞王，建都栎阳，管辖范围为咸阳以东、黄河以西的地区；因为董翳劝章邯投降楚军有功，封董翳为翟王，建都高奴，统治上郡地区；魏豹原为魏王，改立为西魏王，建都平阳，管辖河东地区；申阳不过是张耳手下的大臣，因为他攻下河南郡后主动迎接楚军，所以封申阳为河南王，建都洛阳，统治河南郡；韩成原为韩王，封号和辖地都不变，仍做韩王，建都阳翟；原赵国将军司马卬，因屡有战功而被封为殷王，建都朝歌，统管河内；赵歇原来是赵王，改立为代王，统治地为代郡；原赵国国相张耳曾追随项羽入关，又有好名声，因此被封为常山王，建都襄国，统治赵地；当阳君黥布战功在楚军中名列第一，因此被封为九江王，建都六县；吴芮在南方起兵，率领百越将士跟随项羽入关，因此被封为衡山王；共敖原为楚怀王的柱国，率兵攻伐，战功赫赫，因此被封为临江王；韩广原为燕王，改立为辽东王；臧荼原为燕国将军，曾跟随楚军救赵，又随军入关，因此被封为燕王；田市原为齐王，改立为胶东王；田都原为齐国将军，曾随楚军一起救赵，又随军入关，因此被封为齐王；田安是齐国亡国之君田建的孙子，在巨鹿之战时，率军攻打济水之北的城池，策应项羽有功，后又率军投降项羽，因此被封为济北王；田荣这个人，多次背叛项梁，又不听指挥，所以不封他为王；陈馀原为成安君，他与张耳闹矛盾，又没有随楚军入关，但他对赵国有功，又有贤能之名，就把南皮周围的3个县封给他。

项羽本人，则自立为西楚霸王，建都彭城。

项羽主持的这次分封，很不公正，成为引发以后动乱的根本原因。

楚汉相争

汉王元年（公元前206年）四月，众诸侯都离开戏下，前往各自的封国就位。

项王出关，前往封国。他借口自古以来帝王的位置都要在水流的上游，派人把义帝迁往长沙郴县。义帝的大臣们有点不情愿，想背叛项王。项王于是下达密令，把义帝和那些大臣们杀死在大江中。项王没有让韩王前往封国，而是把他带到彭城，先找了个借口废了韩王，后来又杀了他。燕王臧荼前往封国，驱逐了辽东王韩广，兼并了辽东的土地。

齐将田荣觉得很不公平，论战功，他们有资格封王，就是没有完全听从项羽的调遣，所以就没有被封。再说项羽刚封完王，就开始不履行诺言，田荣更加生气，于是纠集力量，起兵反叛项羽。他首先率兵击败齐王田都，又击杀胶东王田市，紧接着向西进攻，杀了济北王田安，兼并了三齐的土地，自立为齐王。

田荣以齐王的名义，任命彭越为将军，让他在梁地反击项王。这时，陈馀派人去见田荣，对他说：“项羽虽自称西楚霸王，主持分封，但处理事情一点都不公平。他把贫瘠的土地都分给以前的诸侯王，好的地方都留给自己的文臣武将，还把原来的诸侯王从封地上撵出去，这样做也太不应该了！听说您的军队正在反抗楚军，我也想贡献一点微薄的力量。希望您能给我一些军队，让我去进攻常山，讨回原来赵王的封地。我愿意把

中国大事记 | 约公元前627年，秦晋两国大军压境，郑国危在旦夕。烛之武智退秦师，救郑国于危难。

我的国土作为齐国的屏障。”田荣答应了陈馀的请求，立即派军队前往赵国，和陈馀的军队一起打败了常山的守军。常山王张耳逃往汉中，归附汉王。陈馀把赵王接回赵地，赵王不胜感激，封陈馀为代王。这个时候，刘邦的军队也已经平定了三秦。

项王听说汉王兼并了关中所有地区，而此时齐国和赵国又起兵反叛他，十分愤怒。他马上立郑昌为韩王，命令他去攻打汉军。汉王派张良去攻打韩国，张良带了封信给项王。信上写道：“您封给汉王的土地，不是他应该得到的那部分，汉王的封地应该是关中地区，如今您要是履行‘先入关就为关中王’的约定，我们就立即撤兵，否则，就别怪我不讲情面！”接着张良又把齐梁两国准备联合起来反叛的的书信也交给了项王。项羽看后，就放弃了西进攻打刘邦的计划，下令攻打齐国。项羽向九江王黥布征集兵马，黥布借口生病，拒绝前来，只派了几千人给项王。项王于是对他产生了怨恨。

汉王二年（公元前205年）冬，项羽向北进攻到城阳，打败了前来抵抗的田荣的军队。田荣被迫逃到平原，结果被平原人杀死。楚军继续向北进军，把齐国的城池夷为平地，放火焚烧居民的房屋，在齐国的境内烧杀抢掠。田荣的弟弟田横听说后，非常气愤，就聚集人马，在城阳抵抗楚军。项王的军队在此与田横的军队交战了数日，还是攻不下来。

没过多久，汉王率领五路诸侯的军队共有五六十万人，讨伐楚国。项王得到消息后，就命令手下大将继续攻打齐国，自己亲率精锐部队3万多人反击汉军。四月，汉军攻进彭城，夺取了大量的财宝和美女，于是每天饮酒作乐，不思战事。这时项王带领军队赶回，汉军溃败而逃，死伤10多万人。楚军继续追杀，汉军被迫后退，直到睢水河岸。楚军强攻，汉军许多士兵被杀，又有10多万人落水而死。士兵们的尸体堵塞了河水，睢水一度无法流通。楚军把汉王紧紧包围。

正在这时，一阵狂风吹来，树枝被刮断，房屋的顶子也被掀起来，飞沙走石，天昏地暗。大风朝楚军迎面扑来，楚军大乱。汉王乘机带领几十名骑兵逃出包围圈。汉王原打算回沛县带上家人逃跑。可项羽早已派人赶到沛县，刘邦家人们四散逃亡。汉王在路上遇见了正在拼命逃跑的儿子和女儿，就把他们拉上车。楚军的骑兵在后面紧紧追赶，汉王很着急，几次把两个孩子推下车去，汉王的部下滕公又把他们拉上来。滕公说：“就是再着急，也不能把他们扔下不管啊！”因为滕公的仁慈，姐弟俩才得以保住性命。汉王又派人寻找太公和吕后，结果没有找到，原来他们被楚军抓住，交给了项王。

后来，汉王渐渐会合散落的将士们，把各路败军都集中在荥阳。汉丞相萧何动员关中地区的民众参加战斗，连老人和小孩都来了。于是汉军重振威风，一举打败了前来追击的楚军。楚军再也无法越过荥阳向西进攻。项王追击汉王，来到荥阳，大大减轻了齐国田横的负担。于是田横收复了齐国的土地，立田荣的儿子田广为王。各诸侯听说汉王在彭城败给项王，就全都背叛汉王，归顺项王。汉军驻扎在荥阳，修通了连接黄河的甬道，通过黄河来获得军用物资和粮食。

汉王三年（公元前204年），项王屡次进攻汉王的甬道，抢夺他们的粮食。汉王无奈，请求与项王和解，并表示愿意割让土地给项王。项王准备接受汉王的请求。这时，范增说：“汉军现在已经疲惫不堪，我们不费吹灰之力就能打败他，你现在不去攻下荥阳，恐怕将来后悔莫及啊！”项王觉得有道理，就立刻包围了荥阳。

项王攻破荥阳，汉王用计在城破前逃出荥阳，来到宛城、叶县。在此他得到九江王黥布的支持，收集散兵游勇，回到成皋防守。

鸿沟划界

汉王四年（公元前203年），项王发兵攻打成皋。汉王、滕公弃城逃跑，来到张耳、韩信的军中。这时，只有一小部分将领跟着汉王突出重围，逃出成皋。

项王攻下成皋，继续向西进攻。汉王派军队

历史关注

先秦时期对少数民族的称谓有东夷、南蛮、西戎、北狄等。

在巩县占据有利地形阻击楚军，楚军无法行进。这时彭越带领军队，渡过黄河，攻下了楚国的东阿，杀死了楚将薛公。于是项王带领军队转去攻打彭越。

汉王得到韩信的军队后，想渡过黄河向南进攻，郑忠阻止了他。汉王就在黄河的北岸修筑壁垒据守，派刘贾率军去援助彭越，火烧了楚军的军需物资。项王带领军队向东进军，击破了刘贾的军队，赶跑了彭越。此时，汉王趁机渡过黄河，重新取得了成皋，并在广武驻军，就近取得敖仓的粮草。项王打败了彭越和刘贾，安定了东方，又回过头向西进军，攻下东广武，扎下军营来与汉军隔着广武涧对峙，持续了好几个月。

这期间，韩信已经打败了齐国和赵国，并准备进攻楚国，项王听到消息，派龙且前去迎战。韩信与龙且大战，楚军大败。韩信杀死了龙且，自立为齐王。项王知道龙且被杀后，十分恐慌，就派人去劝说韩信投降楚国，被韩信拒绝。这时彭越的军队又来扰乱，攻占了梁地，断绝了楚军的粮道。项王便带领军队去攻打彭越的军队，临行前，项王告诫留守成皋的大将曹咎："你们一定要严加防范，汉军要是前来向你挑战，千万不能与他交战，只要不让他们向东进攻就行了，我用15天的时间杀掉彭越，随后就来与你们会合。"安排完毕，项王就带领人马向东进军，攻打陈留和外黄。

刚开始的时候，外黄城还坚守着，没过几天，就守不住了，前来投降项王。项王很生气，就下令集合城中所有15岁以上的男子，想把他们活埋。这时，外黄县令的舍人有个13岁的孩子，来到项王的面前说："彭越逼迫我们，我们这里的人都害怕他，所以才不得不先假装向他投降，等待您的到来。好不容易把您盼来了，您却要杀了他们，这样百姓怎能真心实意地归附您呢？您要是这样做，那么其他城邑的民众就不会归顺您了！"项王听后觉得很有道理，就听从了这个孩子的建议，赦免了那些外黄人。后来，项王继续向东进发，听说这件事的人们都争相前来归附他。

再说大将曹咎，项王离开后，汉军果然向曹咎挑战。开始的时候，曹咎不予理睬。后来，汉王改变了策略。他知道曹咎性情暴躁，有勇无谋，就一天里几次命士兵向他发起挑战，大骂曹咎像女人一样胆小，躲在城内做缩头乌龟。士兵一连骂了五六天。这下可激怒了曹咎，他不顾项羽的训令，率领军队，渡河前去迎战。可楚军刚渡过一半的时候，养精蓄锐了几个月的汉军就向他们发起了猛烈的进攻，楚军大败。汉军攻进城去，夺取楚军所有的金银财宝。楚国的大将曹咎、董翳和司马欣自知违犯了军令，在河岸上自杀而死。曹咎和司马欣原来都是狱吏，后来因为有恩于项梁，所以项王十分信任他们。这时项王听说军队失败的消息，就立即率兵往回赶。汉王的军队惧怕楚军，听说他们来了，就退到险要的地区据守。

彭越的部队在梁地的往来转战，不停地骚扰。楚军往返奔波，十分疲惫，粮食供应也出现了困难。相反汉军人数众多，粮食充足，占据了绝对的优势。汉王于是派人前去说服项王，请求归还太公和吕后，项王不同意，汉王又派侯公前去劝说，要求和他签订和约，中分天下，把鸿沟以东的地区划归楚国，鸿沟以西的地区划归汉国。项王答应了这个条件，放回了太公和吕后。双方的官兵们听说了这个消息，都高呼万岁。

汉王夸赞侯公说："他真是一个名副其实的辩士，他在哪里，就会影响哪个国家的大政。"他打算封侯公为平国君，可是侯公却躲了起来，不肯再见。

张良吹萧（箫）破楚兵

这是杨柳青年画中关于楚汉战争的描绘，生动再现了楚霸王兵败乌江的悲怆。

中国大事记 | 公元前628年，晋文公去世，他是继齐桓公之后中原诸国的又一代盟主。

四面楚歌

项羽和刘邦约定以鸿沟东为界，互不侵犯。之后，项羽就率兵回到东方去了，汉王刘邦也准备罢兵西归。这时，张良和陈平前来劝刘邦说："如今您已经拥有了大半天下，那些诸侯们也都归附汉国，形势是一片大好啊！而楚军呢？粮草已尽，疲惫不堪，这可是上天安排给您消灭楚国的大好机会啊！您现在要是放了他，就是'养虎为患'啊！"刘邦想想也是这个道理，就听取了他们的意见。

汉王五年（公元前202年），汉王追击项王，军队到达阳夏南边。汉王命令部队驻扎下来，派人和韩信、彭越约定日期，会师固陵，攻打楚军。汉军如期到达约定地固陵，韩信与彭越的军队却迟迟不见。楚军见状，返身攻击汉军。汉军孤军奋战，抵挡不住，被楚军打得落花流水。汉王无奈逃回营垒，深挖壕沟，自行坚守。汉王找来张良问他："韩信和彭越这些诸侯不守信用，说好和我一起攻打楚军，怎么说变就变了？"张良说："楚军眼看着就要被消灭了，可是你还没有给他们地盘，他们得不到好处，当然不愿意来了。你说要是仗打赢了就和他们共分天下，他们肯定就会立即出兵。不然，事情就很难预测了！我建议你把陈县以东一直到海滨的地区划给韩信，把睢水以北一直到谷城的土地划归给彭越，让他们在为各自的利益，出兵同楚军作战。他们肯定会愿意，这样一来，楚军很快就会被打败！"汉王同意了，派使者前去通告韩信和彭越说："汉王许诺，你们跟汉王齐心协力，共同攻击项王，消灭楚军之后，陈县往东至海滨一带的地方划归齐王，睢阳以北到谷城一带的地方划归彭相国。"二人一听，十分高兴，马上回报："我们请求立即出兵围攻楚军。"于是韩信从齐地出兵。刘贾的军队也一同前往，来到垓下。楚国的大司马周殷也背叛楚国，跟从刘贾、彭越的部队到垓下会合。韩信率领30多万士兵独当一面，诸侯的军队兵分左右，汉王领兵在后面，把项羽紧紧围住。

此时，项王在垓下修筑壁垒，驻扎军队，手下的兵士已经不多，粮食也不充足。汉军和诸侯的军队把他们包围得一层又一层。这天夜里，从汉军营地中，传来阵阵楚地的民歌声。项王侧耳一听，不由得大吃一惊，说："怎么会这样！难道汉军已经全部占领了楚国？不然的话，汉军营中怎么会有这么多的楚人呢？"楚军将士们听到这歌声，也都以为楚地已经被占领了。他们有的为乡音所动，产生共鸣，一下接一下地抹着眼泪，有的思念家乡的父母妻儿，也禁不住跟着哼了起来。

这时的楚军已经被围困了几天，早已心无斗志，再加上四面楚歌，更是人心涣散。很多人趁着黑夜溜出军营，开了小差，还有的干脆就投降了汉军。项王焦虑万分，自知军心一溃，就很难再收拾。他难以入睡，召来自己的心腹，在中军营帐里喝起酒来。

项王的妃子虞姬，深受项王的宠爱，项王走到哪里都要带上她。项王还有一匹十分喜爱的乌骓马，项王曾经骑着它南征北战，取得过一次又一次的胜利。此时，项王割舍不下他钟情的女人和那匹善解人意的骏马。项王回想起以往的赫赫声威，不禁慷慨悲歌："力拔山兮气盖世，时不利兮骓不逝。骓不逝兮可奈何，虞兮虞兮奈若何！"项王悲愤得一连唱了好几遍，虞姬伴着项王悲凄的歌声拿起宝剑，翩然起舞。她边舞边唱："汉兵已略地，四面楚歌声，大王意气尽，贱妾何聊生。"虞姬连唱几遍之后，挥剑自刎。听着这令人肝肠寸断的歌声，项王不禁潸然泪下。周围的人也都忍不住跟着一把鼻涕一把眼泪。整个大帐一片哭泣之声，谁都不忍心抬头看一眼项王。

乌江自刎

楚霸王项羽告别虞姬之后，临时决定突围。当夜，项羽跨上乌骓马，带了800名壮士组成的骑兵队伍冲出重围，趁着夜色向东南方飞奔而去。天亮的时候，汉军发现项羽已经逃走，连忙报告汉王。汉王命令将领灌婴带领5000骑兵紧

历史关注 | 春秋时，人们已经命名了二十四节气中的立春、春分、立夏、夏至、秋分、冬至。

紧追赶。项羽一路狂奔，等渡过淮河的时候，能跟得上项羽的骑兵，只剩下百余人了。

项羽来到了阴陵，在一个三岔路口，迷了路，就问一个在田间耕作的老翁，哪条路可以通往江东。老翁认出他是楚霸王项羽，骗他说："往左边走。"于是项羽带着这些人往左边的方向跑过去，越跑越感觉不对，再往前就是一片沼泽地带，连道儿都没有了。项羽这才知道受了骗，赶紧调转马头，绕出沼泽地。而此时汉兵已经追上来了，项羽又向东南方向逃去。一路上，跟随的士兵死的死，伤的伤。到了东城，项王清点人马，只剩下28个骑兵。而此时汉军的追兵，密密麻麻地围了上来，足足有几千名。

项羽估计自己这回是逃不掉了，就对手下骑兵说："我从起兵打仗到如今已经八年了，亲身经历70多次战斗，从来没有打过败仗，所以才能称霸天下。如今却被困在这里，这是上天要灭我，不是我不会用兵啊！今天虽说难逃一死，但我还是希望你们大家能痛痛快快地打一场硬仗，一定要连胜三阵。我将率诸位突破敌军的重围，斩杀汉军将领，砍断汉军的战旗，让各位知道这是上天要亡我项羽，并非我打不过他们啊！"说完，他把仅有的28人分成四队，对他们说："我先斩掉他们一员大将。"命令四队骑兵分四路冲出去，约定冲到山的东边，在3个不同的地点，陆续集合。安排完毕，项羽呼啸着奔驰而下，向汉军冲过去。汉兵抵挡不住，吓得纷纷散开。项羽左冲右突，当场杀死了一名汉将，还杀了近百名汉军兵士，然后重新聚集他的骑士，楚军骑士只损失了两名。项羽得意地对他们说："怎么样？我说得没错吧？"将士们都由衷地赞叹说："果真像大王所说的那样！"

项羽杀出汉兵的包围，带着这些人一直往南跑去，来到了乌江。刚好乌江亭长有一条小船停在岸边，亭长对项羽说："您马上渡江吧！现在只有我这里有渡船。您过了江，就是汉军追来，也没有船只渡江。江东的地方虽说是小了点儿，但毕竟还有千里的土地，百姓也有几十万，也能算得上是个王国了，您还可以在那边称王。"项羽听罢，慨叹一声，笑了笑道："既然是老天要灭我项羽，我何苦还要渡过江去？想当年我在会稽郡起兵，带了8000子弟兵，渡江北上，到今天他们没有一个能活着回去，只有我一个人回江东。即便是江东父老可怜我，让我为王，可我还有什么脸面再见他们呢？难道我项籍心里就没有惭愧吗？"

项羽牵上乌骓马，把缰绳放在亭长的手里，说："我知道您是一个忠厚善良的长者，这是匹好马，跟随我已经5年多了，它能日行千里，我骑着它作战所向无敌。我也不忍心杀掉它，就把它送给您吧！"说完，项羽叫士兵们全都跳下马，拿着短刀，徒步跟追上来的汉兵肉搏起来。项羽一连杀了几百名汉兵，自己也受了十几处伤，楚兵一个个倒下去。激战中，项王回头看见一员汉军战将，正是当年旧相识吕马童，便高声对他说："你不是我的老相识吗？"吕马童也认出了项羽，就指着项羽对众人说："项王在那儿！"项羽大笑说："我听说汉王出千金悬赏我的人头，并封为万户侯，这个好处就留给你们吧！"说完，就在乌江岸边拔剑自刎。

王翳冲上前去，割下项羽的人头，其他的汉军就争相抢夺项羽的尸身，相互践踏，死伤几十人。最后郎中骑将杨喜、骑司马吕马童、郎中吕胜、杨武各争得一段肢体。5人把所得肢体拼合，正好是项王全身。刘邦履行诺言，把原先许诺的封地分成5块，封吕马童为中水侯，封王翳为杜衍侯，封杨喜为赤泉侯，封杨武为吴防侯，封吕胜为涅阳侯。

项王已死，楚地相继平复，只有鲁地不降服。汉王很生气，想占领鲁地后把该地的人都杀掉。后来又想他们恪守礼义，为君主守节不惜一死，值得赞许，就改变了主意。派人拿着项王的头给鲁地人看，鲁地父老确信项王已死，这才投降。当初，楚怀王曾封项羽为鲁公，鲁地人感激怀念项羽，最后才投降。于是，汉王以鲁公的名义和相应礼仪把项王安葬，哭祭一通，然后才离去。

中国大事记 | 公元前623年，秦穆公率兵伐西戎，消灭12国，辟地千余里，称霸西戎。

高祖本纪第八

刘邦娶妻

汉高祖刘邦，沛县丰邑人，姓刘字季。他的父亲名叫太公，母亲叫刘媪。

刘邦的相貌英俊，高高的鼻梁，有帝王之相，还有很漂亮的胡须，左腿上有72颗痣。他性情温和，心胸宽广，乐善好施，不愿做平常人。刘邦在咸阳服徭役的时候，见到了秦始皇，看到那奢侈豪华的场面，大开眼界，赞叹说："大丈夫就应该这样！"

刘邦喜欢饮酒，爱好女色，还经常在小酒馆里赊账，惹得父亲刘太公经常责骂他。由于他的朋友多，人缘好，后来当上了泗水的亭长。做了亭长的刘邦特别喜欢作弄人，官府里的不少人都被他取笑过。刘邦名声不好，当地做父母的都不愿意把女儿嫁给他，他30多岁还没有娶妻生子。

单父县有位家境阔绰的吕公，和沛县县令是好朋友。吕公在外面结下了仇怨，为躲避追杀，就来投奔县令，把家搬到沛县。沛县地区的官吏和富豪们听说县令有贵客来临，都纷纷前往拜会。刘邦也跟着前来凑热闹。当时县令的属官萧何负责接收贺礼，他见来赴宴拜会的人数太多，就对宾客说："贺礼不足千钱的，就在堂下坐着！"刘邦作为亭长，平时就很藐视县中的官吏，顺手写了一张"贺礼一万钱"的帖子。

刘邦像

帖子一送进去，众人都很吃惊。吕公连忙站起身，亲自出来迎接刘邦。吕公平时就爱给人相面，这时拉着刘邦的胳膊前后左右仔细打量，感觉刘邦不同凡人，就引他落座。刘邦面不改色地端坐上位，谈笑风生，旁若无人。那些官吏富豪们跟他一比，大为逊色。萧何不以为然地说："刘邦没什么能耐，就是爱吹牛，没做过啥大事！"但是吕公很欣赏他。在整个酒宴中，吕公的目光始终都在刘邦身上，没有离开过。将要散席时，吕公就给刘邦使了个眼色，示意他留下来。于是刘邦故意拖延到最后喝完酒。客人走后，吕公笑着对刘邦说："我一向喜欢给人看相算命，见过的人不计其数，可是还从来没有看到过像你这样有如此尊贵相貌的人，我希望你能自尊自爱，好好珍惜。我有一个女儿，相貌品质都还不错，我想把她嫁给你，帮你料理家务。"刘邦欣喜异常，连忙鞠躬致谢。

吕夫人知道这件事后，十分生气，就埋怨吕公说："你可真荒唐！整天说要把女儿嫁给有钱的贵人，就连沛县县令来向你求亲，你都不答应。我还以为你要找一个什么样的女婿，原来就是这样一个人！我多好的女儿啊！你怎能随随便便就答应嫁给那种人呢？"吕公笑着摇摇头，说："你个女人家懂什么？我自有道理，你就不用管了！"吕公认定刘邦将来一定会有所作为，就执意要将女儿嫁给刘邦。吕夫人拗不过他，只好应允了。这位屈尊下嫁的富家小姐，就是后来的高祖皇后吕雉。

吕雉虽然出身富贵，却有吃苦耐劳的良好品德。刘邦做亭长时，家中的事情全靠吕雉一人支撑。她还要养育儿女，十分辛苦劳累，人变得苍老多了。一次，吕雉带着两个孩子在田里除草，一位过路的老人前来讨水喝，吕雉将瓦罐中的水倒给老人，又给了他一些饭吃。老人接过饭碗，

历史关注

世界上关于陨石的最早记录见于《春秋·僖公十六年》。

·亭长·

乡官名号。战国时始在邻接他国处设亭，置亭长，任防御之责。秦、汉时在乡村每十里设一亭。亭有亭长，掌治安警卫，兼管停留旅客，治理民事，多以服兵役已满期之人充任。此外设于城内或城厢的称为“都亭”，设于城门的称为“门亭”，均置亭长，其职掌与乡间亭长同。东汉后逐渐废除。汉高祖刘邦在秦时曾担任亭长。

仔细打量吕雉的相貌，很吃惊地说：“夫人，您可是天下最高贵的人啊！”然后他又低头打量吕雉的一双儿女，看了男孩后便说：“夫人之所以能够成为大贵人，正是因为你这个儿子！”再看看女孩儿，也是一脸的富贵相。

老人吃完，刚刚上路，刘邦就来到田间。吕雉把刚才的事原原本本向刘邦说了一遍。刘邦挺高兴，连忙跑着追上老人，请他也为自己看看相。老人看后说：“我刚才看过您的妻子和儿女，面相都和你一样大富大贵，您的面相简直太高贵了，我都不知怎么形容了！”刘邦大喜过望，连连对着老人作了几个揖，说：“如果真有那么一天，我一定不会忘记你老的恩德！”老人笑笑离开了，刘邦从此心存大志。

许多年后，刘邦做了皇帝，再去寻找老人，却无论如何也找不到了。

挥剑斩白蛇

秦朝末年，刘邦担任亭长的小官。那时，他喜欢用竹皮做成帽子戴在头上，人们把这种帽子称作“刘氏冠”。

有一次，刘邦奉命押送本县城的工匠们去郦山修建陵墓。在路上，每天都有几个工匠逃跑。刘邦心想，这样下去，还没等到郦山，人就得跑光了，到了地方也没法交差。刘邦很担忧，也很无奈，决定把他们都放了。到了丰西的大泽，他们便停下来喝酒。晚上，刘邦把众人召集在一起，说：“你们到了郦山，不是累死，也得被打死，就算命大死不了，也不知何年何月才能回家，还不如逃跑，自己找活路去吧！”工匠们感激得直掉眼泪，说：“那您怎么办呢？”刘邦说：“反正我也不能回去，逃到哪儿是哪儿吧！”当时有十多个人都说愿意跟刘邦一起走。

刘邦喝了酒，夜晚带着这几个人在泥泞的路上行走，其中一个人在前面带路。前面的人忽然停下脚步，跑过来对刘邦说：“前面有一条大蛇挡路，我们过不去，退回去吧！”刘邦醉醺醺地说：“继续走！有什么可怕的？”于是自己跑到最前面，抽出宝剑，把大蛇砍成两段，然后沿着小路继续向前走。又走了一会儿，刘邦醉得实在厉害，就卧倒在地上。后面的人路过刘邦斩蛇的地方，看见有个老妇人在伤心地痛哭，觉得很奇怪，走上前去问她原因。老妇人回答说：“有人把我的儿子杀了，我来哭我的儿子！”有人又问：“你的儿子为什么被杀啊？”老妇人说：“我的儿子，也就是白帝的儿子，变成一条蛇，躺在这里，结果被赤帝的儿子给杀掉了！我太伤心难过了，所以才哭泣！”这些人觉得老妇人在胡说八道，想要打她，老妇人却忽然不见了。于是这些人来到刘邦的身边，这时刘邦稍稍有点清醒，大家就把刚才的事向他说了一遍，刘邦听后心中欢喜，自认为就是赤帝的儿子，那些跟从的人就更加敬重他了。

当时秦始皇听占卜的人说，东南方有象征天子的云气，就向东巡视，想压住这团云气。刘邦觉得皇上就是冲着他来的，忙跑到芒山、砀山一带的深山里藏了起来。后来，吕雉每次带人寻找刘邦，不管他藏在哪儿，都能找得着。刘邦很奇怪，就问她，吕雉说：“你所在的地方，天空中总是有一团云气环绕，我们跟着这团云气，就一定能找到你。”刘邦听后，更加自信了。沛县的年轻人听说之后，都十分愿意跟从刘邦。

公元前 209 年，陈胜吴广起义之后，县吏萧何、曹参也劝县令造反，并说逃亡在外的刘邦已经聚集起了一支人马。县令派吕雉的妹夫樊哙前去招纳刘邦。谁知刘邦来了，县令又反悔了，关上城门不让刘邦进去，还想杀掉萧何和曹参。萧

中国大事记 | 公元前606年，楚庄王攻伐陆浑戎，兵抵周朝郊野，问鼎中原。

何和曹参知道后逃了出来。刘邦非常愤怒，写了一封信，用箭射进城里，又对着沛县的百姓说："秦朝统治了这么长的时间，百姓们却没有过上舒服的日子，相反却经受了太多的苦难，你们为什么还要替县令守城呢？如果现在把县令杀了，再重新选一个，积极响应各诸侯的反秦斗争，就能保证我们全县的安全。否则恐怕各位都免不了惨遭杀戮！"

城内的士兵一哄而起，斩杀了县令，然后打开城门迎接刘邦，并一致推举刘邦为沛县县令，刘邦推辞说："如今天下正处于混乱时期，首领选得合适与否，直接影响大局的稳定，这件事情马虎不得。我不是谦虚，实在是觉得自己的能力不够，不能保全全县父老兄弟们的利益，希望你们重新选举，找出一个真正能够担当重任的人！"

萧何、曹参等人都是文官，而且胆小怕事，担心一旦反秦失败就会灭门斩首，就把位置推给刘邦。百姓们也说："您就接受吧！平时我们都听说过在您身上发生的那些奇迹，相信您一定会成功。况且我们也找人为您占卜过，没有谁比您更合适了！"刘邦无奈，只好担任沛公。

沛县起兵

刘邦担任沛公后，先祭祀黄帝，又在沛县的公庭中祭祀蚩尤。因为自认为是赤帝的儿子，所以以红色为贵，把所有的旗帜都染成红色。然后，召集了萧何、曹参、樊哙等人率领沛县的士兵3000多人攻打胡陵、方与等地，随后退守丰邑。

秦二世二年（公元前208年），项梁与项羽在吴地起兵反秦。一位叫平的郡监率领秦军包围了丰邑，刘邦率兵出城，与平的军队展开战斗，结果秦军大败。刘邦命令雍齿据守丰邑，他则带了一部分队伍攻打别的县城。雍齿本来就不愿意归附刘邦，魏国一来招降，他立刻背叛刘邦，把丰邑拱手送给了魏国，又接着为魏国守卫丰邑。刘邦听到消息，率兵前来攻打，没能打下来，又回到沛县。

雍齿和丰邑士兵们的背叛，令刘邦非常痛

泗水亭

此亭在今江苏省沛县，据《沛县志》记载，汉高祖刘邦曾做过泗水亭长。

恨，于是联合东阳宁君去攻打丰邑。这时，秦将章邯率军追击陈胜的军队，派自己的部将带兵向北攻打起义军。这位秦将攻占相县后，又来进攻砀县。东阳宁君、刘邦领兵抵抗，战势不利，就退到留县。收集兵卒再去攻打，激战3天，攻下砀县，并在此地收编了五六千人马。随后，刘邦退兵，部队驻扎在丰邑境内。此时，听说项梁正在薛地，刘邦就带上百余名骑兵前往，去见项梁。项梁见刘邦也是一个人才，就给了他10员大将，5000名士兵。刘邦回来后，带领所有的人马，击败雍齿，收复丰邑。

当时陈胜已死，项梁扶立楚王的后代熊心为楚怀王，项梁为武信君。之后，项梁率军击秦、救齐都获得胜利。另外派出的项羽和刘邦也获得了一连串的胜利，项梁产生了轻敌的情绪。这时宋义提醒他骄兵必败，项梁没有放在心上。没多久，秦国大将章邯率领军队偷袭项梁，楚军大败，项梁战死。此时的刘邦、项羽，正在攻打陈留，听到消息，就立即撤军。吕臣驻军彭城东边，项羽驻守彭城西边，刘邦驻守砀县。

楚怀王听说楚军战败，大将项梁已死，十分害怕，就把都城迁到彭城，合并吕臣、项羽的军队，并亲自统领他们。

赵国被秦军围困在巨鹿，几次请求楚怀王派人前去救驾，楚怀王于是派宋义为上将军，项羽为次将军，范增为末将军带领部队去援救赵国。

历史关注

春秋时期的官府中已有土工、木工、金工、石工、兽工、草工六种不同专业的分工。

同时命令刘邦攻打关中地区，并与各位将军立下盟约，谁先进入关中，就封谁为关中王。

当时秦军十分强大，大家都知道，想打败秦军、进入关中是极为困难的，因此，没人认为进军关中是好事。唯独项羽，痛恨秦国的军队，为叔父复仇心切，坚持要与刘邦一同西进，前往关中。有人对怀王说："项羽这个人凶悍暴躁，好惹是生非。他以前攻取襄城的时候，全城的人都被他活埋了，没人能够活下来，他经过的地方，也被毁灭得一干二净。再说，先前陈王、项梁率大军进攻关中，结果都失败了，不如改变策略，一边向西推进，一边宣讲仁义，给秦朝的百姓讲明道理。百姓们忍受秦朝的暴政已经很多年了，也都十分痛恨秦二世，如果派一个诚实忠厚的人前去，兴许不用兴兵打仗就能占领秦地。所以应该派老实厚道的刘邦前去。"楚王听从了他们的建议，没有让项羽去，只派了刘邦前往。刘邦收集被打散的起义军，西进到成阳，遭遇两支秦军，刘邦率军击败了他们。

刘邦西进到中昌邑，遇见了彭越。他们联合起来一起攻打秦军，结果失败了，就把军队撤到栗县。他们在这里打败了刚武侯，就把他的军队夺了过来。这样，刘邦的军队增加了四五千人。军队壮大之后，刘邦联合魏国将军皇欣和武蒲，合力攻打昌邑，还是没能攻下来。刘邦干脆不再攻打，绕过昌邑城，向西前进。不久，军队来到高阳。

有个高阳人名叫郦食其，看了刘邦的军容，对守卫城门的官吏说："这里曾经来来往往过无数的将领，只有刘邦真正算得上是个心胸宽阔的忠厚长者。"郦食其求见刘邦。他来到刘邦的住所，刘邦正叉开两腿坐在床边，两个侍女在给他洗脚。郦食其走进来，也没有给刘邦行礼，只是浅浅地作了一个揖，对着刘邦说："你要真想消灭秦国那个无道的昏君，就不应该这样没有礼貌，坐着接见比你年长的人！"刘邦一听，连忙起身，穿上鞋袜，向他表示歉意，然后把他安排在上座。郦食其说："你应该尽快去攻打陈留，得到储存在那里的粮食，以准备军需之用。"刘邦听取了他的意见，攻下了陈留，于是把郦食其封为广野君，任命他的弟弟郦商为将军，统领陈留的军队。随后，刘邦进攻开封，命郦商率将随同作战。进攻开封不利，然后刘邦继续率领军队向西进攻，与秦国的将领杨熊在白马交战，彻底地打垮了秦军。杨熊失败后逃往荥阳，结果被秦二世派人给杀了。

此后，刘邦几次打败了秦军，占领了南阳郡。南阳的太守被迫逃进了宛城，坚守不战。刘邦想放弃宛城，继续前行。这时张良劝他说："我知道您急着进攻关中，可是现在的情况还不允许。秦军的力量很大，而且又在宛城凭借险要的地形防守，攻打他们会有很大的难度。我们如果不攻下宛城，继续西行，那宛城的军队就有可能在后面包抄我们，而我们的前面，又是更为强大的秦军主力，那样的话，处境就非常危险了！"刘邦觉得有道理，就变换了旗帜，连夜返回，在天快亮的时候，包围了宛城。

看着被刘邦层层包围的宛城，南阳的郡守心灰意冷，想拔剑自杀。舍人陈恢说："别那么悲观，我们还没被逼到绝路上！"陈恢出城来见刘邦，说："我听说您与众将领立下盟约，谁能最先进入咸阳，就可在关中称王。现在，宛城内的人口众多，积蓄的粮草物品等也很充足，与宛城相连的城池众多。守城的官兵都认为投降后一定会被杀害，所以就拼命抵抗。如果您在此继续进攻，那么士兵们就会伤亡惨重。您要是离开这里，守卫宛城的军队定会从后面追击。我想您不如招降宛城，封赏郡守，让他替您留下来守住南阳，那样您就可以率领军队西进。沿途的城邑，只要您一招降，他们一定会大开城门，迎接您的到来。这样一来，您进攻咸阳的道路就会畅通无阻了！"刘邦觉得他的话很有道理，就封南阳郡守为殷侯，封陈恢为千户侯。

约法三章

降服南阳以后，刘邦领兵西进。由于南阳郡的示范作用，沿途所有的城邑都主动归附了沛公。

中国大事记 | 公元前602年，黄河大改道，由今天的天津地区流入渤海。

军队开到丹水，高武侯戚鳃、襄阳侯王陵在西陵投降刘邦，这两人后来都成为刘邦的得力大将。沛公回军攻打胡阳，遇到了鄱君派来的援军。兵合一处，随即降服了析县和郦县。为了解关中情况，沛公刘邦派宁昌出使秦地。还没等到宁昌回来，东方传来消息：秦朝大将章邯率领军队投降了项羽。

项羽和宋义接受楚怀王的命令前去援救赵国。之后，项羽杀了不执行命令的宋义，成为上将军。于是各位将领都开始服从项羽的指挥。项羽率军打垮了秦将王离，又降服了章邯，众诸侯都跟从了项羽。没多久，赵高就杀了秦二世，派人来跟沛公订立盟约，想分割关中的土地，各自称王。沛公觉得这是个阴谋，就采取了张良的计策，派郦其食和陆贾去说服秦国的将领，并用丰厚的待遇引诱他们，同时又派人前去偷袭，占领了武关。为了迷惑秦军，沛公摆设了很多旗帜，显示他的军队众多。沛公交代手下的将士，要善待秦地的无辜平民。汉军经过的地方，从未出现过烧杀抢掠的现象，秦朝统治区的民众都对沛公产生了好感。后来，沛公在蓝田城南和城北，接连与秦军打了两仗，彻底打败了秦军。

汉王元年（公元前206年）十月，沛公的军队首先来到灞上地区。秦王子婴坐着白马拉着的素车，脖子上系着丝带，封存了皇上的玉玺符节，出城来向沛公投降，秦朝正式灭亡。

将领中有人提议要杀掉子婴，沛公说："那怎么行呢？当初怀王派我入关，就是因为我忠厚老实，能宽容待人。现在他前来向我归降，我要是再杀他，既不仁义，也不吉祥！"就让官吏们看着秦王，接着率军进入咸阳城。

沛公入城后，看到秦国的宫室富丽堂皇，还堆满了金银财宝，就想进去休息。张良和樊哙阻止了他，还让沛公封存所有东西，从城内撤出大军，驻扎城外灞上。然后沛公又召集秦地各县有名望的父老豪杰们，对他们说："父老乡亲们！你们遭受秦朝暴政苛法的迫害已经很久了，还说不得一句对朝廷不满的话，不然就被诛灭三族。哪怕是在街头巷尾聚众谈论事情，都得被斩头示众。我曾与各位将领有过约定，谁先进关就可在关中为王，所以我理应在这里称王。现在，我与诸位父老订立盟约，也就是这三条法律：杀人者要处死；伤害人或偷盗抢夺他人财物的人，也要论罪惩办；废除秦朝的苛捐杂税，各级官吏和地方政府都各自按原职务坚守岗位，执行公务。你们不必担心害怕！我消灭秦朝，不是为了祸害你们，而是为你们除掉祸害，将你们从水深火热之中解救出来。另外，我在灞上驻兵，是为了等待其他诸侯的到来，让大家一起来制定章法，没有别的意思。"

随后，刘邦派人跟着秦朝官吏们到各县乡城邑巡行，张贴告示，让约法三章家喻户晓。秦地的民众十分高兴，争抢着送来牛羊酒食慰问沛公的军队将士。沛公再三推辞，不肯收下，并对他们说："现在仓库里还有很多粮食，战士们也没有挨饿，我不想给父老乡亲们添麻烦，请大家不要破费了！"民众听后，觉得沛公真能体恤百姓，更加欣喜，唯恐他不在秦地称王。

有人给沛公出主意说："秦国非常富有，地理条件又好。我听说秦将章邯已经投降了项羽。项羽把他封为雍王，而且想让他在关中称王。他们要是来关中，恐怕情况就会对您不利了！您应该赶紧派人守住函谷关，不让诸侯们的军队进来，然后再在此地征集一些士兵，增强军队的实力，准备将来抗击他们！"沛公听从了他的建议，立即行事。

项羽率领军队来到函谷关，发现咸阳城门已经被沛公关闭了。此时他又听说沛公已经平定了关中，并且想在关中称王。项羽非常愤怒，就立即派黥布率军攻破了函谷关。

还定三秦

鸿门宴上，沛公在张良、樊哙、项伯等人的帮助下，成功地摆脱了危机。

项羽带领军队继续向西进攻，他命人放火焚毁了秦宫室，四处烧杀抢掠，走到哪里，哪里就是一片狼藉。关中的民众对项羽大失所望，但因为害怕，又不得不服从。项羽派人回去向楚怀王

历史关注

石鼓文是先秦时期的石刻，唐朝初年出土于今陕西凤翔。

请示灭秦以后怎么办，怀王回答说："按照原来的约定办。"项羽尊奉楚怀王为义帝，主持秦朝灭亡后的政局，分封18个诸侯。他自立为西楚霸王，把彭城作为都城，统治梁、楚地区的9个郡。项羽违背了原来的约定，封沛公刘邦为汉王，以南郑为都城，统治汉中、巴蜀地区。然后他又把关中地区分成三块，封秦国降将章邯、司马欣、董翳为雍王、塞王、翟王，称为三秦，统治关中，用来监视、防备沛公刘邦。

众诸侯前往封国各就各位。汉王也前往汉中。项羽只让他带走3万士兵，楚军和诸侯的军队中有几万人仰慕沛公的德行，也自愿跟随沛公。汉军经过蚀地的栈道，该栈道由秦岭古道、褒斜道、连云栈道组成，长有250公里，架于悬崖绝壁和泥沼地之间，是汉中、巴蜀连接关中地区的交通要道。大军过去后，张良建议汉王烧毁栈道，断了后路，防备其他诸侯从后面袭击上来。同时，这样做还可以暗示项羽，汉王不会再向东进攻，让他放松警惕。汉王的队伍都来自东方，不愿到偏远巴蜀地区。部队没到南郑，就有许多官兵逃亡回家了，留下来的士兵们也都唱起了思乡的歌曲。韩信见此情形，对汉王说："项羽按照军功封王，却把您分在南郑，这根本就是没把您放在眼里。我们的官兵大都是太行山以东地区的人，他们时刻都想回到故乡。我们不如利用他们这种急切的思乡之情，向东进攻，去争夺天下！如果等到天下都平定的时候，百姓也都安定下来，事情就不好办了。"

项羽东归以后，背信弃义，谋杀了义帝。他以古代帝王都居住在江河的上游为借口。派使者把义帝迁徙到长沙郡的郴县，秘密派人把义帝杀死在迁往郴县的路上。起义军首领田荣、彭越、陈馀因不满项羽的分封，相继起兵叛乱。项羽东征西杀，疲于应对。刘邦见有机可乘，便于汉王元年（公元前206年）八月出兵关中。汉王采用韩信的计策，先派樊哙、周勃率领士兵一万多人假装修建已被沛公进汉中时烧毁的栈道，摆出要从这条路进攻关中地区的架势。章邯等人果然上当，得到这个消息后赶紧加强斜谷方面的防御，时刻注意汉军的动向和进程。此时，韩信率领大队人马向西出了勉县转折北上，顺着陈仓的小路进入秦川，之后渡过渭河来到陈仓古渡口。

·暗度陈仓·

项羽自封为西楚霸王后，把巴、蜀、汉中三郡分封给刘邦，立为汉王。刘邦在去领地途中令部下烧毁了栈道，向项羽表白没有向东扩张的意图。待具备了一定的实力后，刘邦便抓住时机迅速挥师东进。陈仓（今陕西省宝鸡市东）是刘邦进入关中的必经之地，两地之间有险山峻岭阻隔，又有雍王章邯的重兵把守。刘邦按韩信的计策派大将樊哙带领一万人去修五百里栈道，并以军令限一月内修好。当然，这样浩大的工程即使三年也不可能完成。正是这一点，迷惑麻痹了陈仓的守将，章邯万万没想到刘邦的精锐部队摸着无人知晓的小道翻山越岭偷袭了陈仓。刘邦通过"明修栈道，暗度陈仓"，顺利挺进关中，站稳了脚跟，从此拉开了他开创汉王朝事业的大幕。

章邯急忙率军赶到陈仓城，去迎战汉王的队伍，双方在这里展开了激烈的战斗。这时，修建栈道的樊哙、周勃也从斜谷出兵，来与韩信会师，一同进攻章邯。章邯失利逃走，汉王平定了雍地，向东进军，来到咸阳，围困壅王。同时向关中各地派遣将领，相继平定了陇西、北地、上郡等地。司马欣、董翳、申阳抵挡不住汉王的军队，先后投降。汉王另派将军薛欧、王吸带兵南下，会合驻扎在南阳的王陵部队，到沛县去接太公、吕后。项羽听到消息，立即派兵前往阳夏阻击汉军，汉军不能前进。

为防止汉军兵出函谷关，项羽封郑昌为韩王，命他率兵抵挡汉军。汉王派韩信出兵征讨，击败了郑昌。至此，刘邦控制了三秦（关中），并在这些地区设置了县郡。为瓦解楚军，刘邦下令凡楚国的将领，率一万个士兵或者带领一个郡的人口投降的，都被封为万户侯。同时还规定秦国原来的田园耕地，也允许百姓们耕种，还大赦天下。

中国大事记 | 公元前 597 年，楚庄王与晋军作战，大败晋军，报了 35 年前城濮之战的耻辱。

接着，汉王出武关来到陕县，安抚关外的父老乡亲。回来后，张耳求见，得到了汉王的盛情款待。汉王下令摒弃秦国的社稷，改为汉朝社稷。楚汉相争的局面由此开始，关中地区也成了刘邦打败项羽、统一天下的基地。

汉王斗智

汉王三年（公元前 204 年），项王包围了荥阳，又占领了成皋。汉王刘邦整日忧心忡忡，绞尽脑汁对付项王。他听说项王什么事都听老臣范增的，就采用陈平的计策，离间项王和范增的关系。项王的使者来了，刘邦置办了美酒佳肴。上菜的人抬头见了使者，就假装吃惊地说："我还以为是亚父（范增）的使者呢！原来是项王的使者呀！"说完，就把饭菜端了下去，又端上粗劣的饭菜，给项王的使者吃。使者愤愤不平，回去后就跟项王说了此事。项王不知其中有诈，就怀疑范增私下和刘邦交往，背叛自己。之后他再也不听范增的意见了，还逐渐削减他的权力。范增得知了内情后，勃然大怒，就去找项王说："现在天下局势已定，大王您自己多保重，赏我一条老命，让我回家做个平民吧！"范增负气离开了项羽，还没到彭城，就病死在路上。

四月，被围困在荥阳的汉王刘邦求和不得，脱围不能，十万火急。五月，楚军攻势更加猛烈，城内已经没有余粮，城外也无救兵，刘邦的处境很危险。这时，大将纪信自告奋勇，对刘邦说："如今情况危急，请让我假扮成您，骗过楚军。您就借机逃出去。"这天深夜，汉王在荥阳东门放出了 2000 多名披着盔甲的女子，让他们冒充士兵。纪信则坐在汉王的车内，慢慢悠悠地走出城门，兵士们边走边喊："城中没有粮草，汉王请降喽！"楚军不知是计，停止进攻，高呼万岁，纷纷跑到东城观看。此时真正的汉王刘邦，在几十名骑兵的掩护下，从荥阳的西门偷偷逃了出去。项王兴高采烈地跑上前来问道："汉王在哪里？"纪信下车，从容对项王说："汉王现在已经出城了，你抓不到他了！"项王气急败坏，下令烧死了纪信。

刘邦逃脱后，渡过黄河，来到修武。第二天一大早，他自称是使者，冲入韩信等人的军营，夺了他们的军权。汉王率领这支军队，南进黄河岸边，犒劳部队，打算与项羽决战。郎中郑忠出面劝阻，汉王听从了他的建议，深挖壕沟，加高壁垒，不跟楚军作战。同时派卢绾、刘贾率兵 2 万人，支援彭越。联军在燕县击败楚军，占领梁地的十多座城池。为解除后顾之忧，项王率军征讨彭越，汉王乘机夺回成皋，然后攻打荥阳的楚军。项羽打败彭越后回来和刘邦在荥阳的广武山一带对峙，几个月也没有进展。项羽屡次发起猛攻，刘邦凭借着深沟高垒固守，避而不战。项羽很着急，因为持久战对他十分不利。刘邦的粮草供应顺畅，而楚军的运粮道路，常常遭到彭越的袭击。为了尽快结束战斗，迫使刘邦尽早投降，项羽把刘邦的父亲太公和妻子吕氏押解到了两军的阵前，对刘邦说："你要是再不投降，我就把太公给煮了！"刘邦知道项羽是在要挟他，干脆耍起了无赖："我和你曾经结拜为兄弟，所以说我的父亲也就是你的父亲了。你非要煮了你的父亲，那就请便吧。不过，别忘了分给我一碗肉汤喝。"项羽气得七窍生烟，立即下令要将太公杀死，项伯劝道："现在天下局势尚未稳定，想争夺天下的人是不会顾忌家人生死的。再说，杀了他也起不了什么作用，只会加深祸患和仇恨。"项王无奈，只好将太公带回去。项羽又对刘邦说："这么多年来，天下人饱受战争之苦，究其原因就是你我二人在互相争斗。我希望咱俩能单独挑战，别再让百姓白白受苦了！"汉王笑着推辞说："我宁愿跟你斗智，也不跟你比力气！"

项王很生气，就命令壮士前去挑战。汉军中有个擅长射箭的人叫楼烦，楚军的几次挑战都被他射杀。项王大怒，亲自披挂上阵。楼烦见来人瞪圆了眼睛向他怒吼，吓得眼不敢正视，手脚也不听使唤，逃回营中不敢出来。汉王觉得很奇怪，就派人去打听，才知道是项王。

汉王大吃一惊，走出来，隔着很远的距离对项王说话，一条一条地数落项王的罪状："狂妄

历史关注 | 公元前486年吴国开挖的邗沟，是中国第一条沟通长江和淮河的人工运河。

的贼子，你听好！当初，我俩一同接受怀王的命令，说谁要是先平定关中就封谁为王，可是你违背约定，让我管制蜀汉地区，这是你犯的第一条罪状；你假传圣旨，杀害宋义，自封为上将军，这是第二条罪状；你解救了赵国后，本该回去禀告楚王，却私自强迫诸侯入关，这是你的第三条罪状；你烧毁秦国的宫室，挖开始皇帝的坟墓，把秦国的珍宝据为己有，这是第四条罪状；杀害已经投降的秦王子婴，这是第五条罪状；你用欺诈的手段在新安活埋了秦军20万人，却封他们的将领为王，这是第六条罪状；你把自己的部下都安排在条件好的地区为王，却迁徙原来的君主，使得他的臣子为了争夺王位而反叛，这是你的第七条罪状；你把义帝赶出彭城，自己留下，又抢占了韩的国土，还兼并了梁楚两地，这是你的第八条罪状；你派人暗杀义帝，这是你的第九条罪状；总而言之，你身为臣子，却杀害了君主，杀害已经投降的人，订立盟约也不讲信用，如此的大逆不道，是所有天下人都不能容忍的，这是你的第十条罪状。我发动正义的军队，来讨杀你这个残暴的逆贼，凭什么还非要与你单打独斗？”项王恼羞成怒，命令射手放箭，射中了汉王。汉王胸部受伤，却假装用手捂着脚，大声说：“逆贼射中了我的脚趾！”后逃回军营。

汉王受伤，只好卧床休息。张良请求汉王起床去慰问汉军，以此来稳定军心。汉王于是强忍剧痛，巡视军队。项羽不知是计，也不敢轻易动兵。

刘邦称帝

公元前202年，刘邦与韩信等诸侯的军队会师垓下，彻底消灭了楚军主力，楚霸王项羽自刎而死，刘邦最终获胜。众大臣联合起来，推举刘邦做皇帝。刘邦推辞说：“我听说皇帝的称号，只有那些具有贤德的人才能够拥有，没有才德、说空话的人是不配拥有的，我哪里敢担当！”大臣们说：“大王您虽然出身贫寒，但能率领众人推翻残暴的秦朝，诛杀不义之臣，除暴安良，平定了天下，并分封有功之臣。您如果不接受这个尊号，功臣们就会怀疑您的封赏，我们都想过了，誓死也要您接受这个尊号！”汉王再三推让，最后实在没办法，就对大臣们说：“既然你们大家都认为我当皇帝能给普天下的老百姓带来好处，那就按你们说的办吧！”汉王在山东定陶汜水岸边举行登基大典，定国号为汉，定都洛阳。同时，封妻子吕氏为皇后，儿子刘盈为太子。

高祖登基后，有一次在洛阳的南宫开庆功宴，席间他和众人讨论总结楚汉战争胜败的经验。他对大家说：“请各位说实话，谁也别隐瞒。在你们看来，我得到天下的原因是什么？项羽失去了天下，原因又是什么呢？”大臣中有人答道：“陛下，您平日待人虽说有点粗暴无礼，看起来好像没有项王宽厚仁爱。但您派人攻城略地，能把降服的地区封赏给他们，这就说明您能与天下人共享利益。而项王嫉贤妒能，取得战功，得到土地后，不但不封赏，还想方设法加以陷害这些人，所以将士才不肯为他效力，项王因此失掉了天下。”刘邦听后，笑着说：“你们啊！只知其一，不知其二。你们听我说，要说运筹策划，预知将来的事情，我比不上张良；要说镇守国家，安抚民众，主持政务，保证供应，我也不如萧何；要说领兵打仗，战取攻守，每战必胜，我更不如韩信。他们这3个人都是人中豪杰，我能够重用他们，凭借他们的力量，得到天下，这才是最重要的原因啊！而项羽呢？他只有一个范增，还被他抛弃了，所以他必然会失败，失去天下的信任。”群臣听了，都纷纷点头表示敬服。

有个士人娄敬特意从山东赶来求见刘邦，劝他不应该像周朝那样以洛阳为都城，应该到关中定都，这样就能在秦地固守险要地势，国家才能长治久安。刘邦让大臣们讨论这件事，遭到许多人的反对，认为还是洛阳好，只有张良同意娄敬的建议。他说关中是“金城千里，天府之国”，进可攻，退可守，是个有利地势。刘邦同意，立即迁都长安。

刘邦和父亲太公在一起住，每隔五天就去拜见一次父亲，就像普通人家的儿子去见父亲一

中国大事记 公元前594年，鲁国实行“初税亩”，按地征税，成为井田制崩溃的开始。

汉殿论功图轴 明 刘俊 绢本

此画取材于“汉殿论功”的典故。汉室江山新立，众功臣于殿上争功邀赏，以致拔剑砍殿柱。儒士叔孙通遂劝刘邦召集鲁地儒生，规定朝仪，进退有节，高祖方知皇帝于众人之上的尊贵。

样。太公觉得没什么，也习惯了。可太公的仆人觉得这样不太合适，就对太公说：“俗话说，天上没有两个太阳，地上也不可能同时存在两个君王。皇上虽说是您的儿子，但他毕竟是一国之君，您虽说是他的父亲，但毕竟是个臣子。让他这个君王来拜见您这个大臣，不仅不合礼仪，也显示不出皇上的尊贵和威严。”于是刘邦再来拜见父亲的时候，太公就提前拿着扫帚，跑到大门口去迎接，然后倒退着进屋，不给刘邦行礼的机会。刘邦见状，大吃一惊，连忙走下车来搀扶太公。太公赶忙说：“皇上是天下所有人的君主，怎能因为我一个人而乱了天下的礼法呢？”刘邦便下诏书，尊太公为太上皇，不但显出了皇帝的尊严，还能顺理成章地拜见父亲。高祖觉得太公的仆人说话很有道理，就赏他五百斤黄金。

几年后，有人上书举报楚王韩信想要谋反，刘邦问怎么办，大家说发兵讨伐。陈平却反对，他说楚国兵精粮足，韩信又善于用兵，发兵恐怕难于取胜。他建议刘邦以巡游为借口，假称到云梦湖游玩，在陈地集聚众诸侯。到那时韩信一定会来，就借此机会抓他问罪，将其拘捕。刘邦按照计策行事，果然将韩信抓住了，韩信听到对他的指控，大声为自己喊冤：“古人说的话一点也不错啊！‘兔子死了，忠诚的狗就要被烹杀；飞鸟没了，就要把好的弓箭收藏起来；国家确立了，参与谋划的臣子也就没有用了！’现在天下已经平定，像我这样的人也就该烹杀了。”刘邦将韩信押到了洛阳，但找不到他谋反的证据，便释放了他，降他为淮阴侯，把他原来统治的地方一分为二。由屡立战功的刘贾统治淮东地区，封为荆王；命刘交统治淮西地区，封为楚王；皇子刘肥为齐王，统治齐地的70多个郡县。韩信因此怀恨在心。

公元前195年，刘邦去世，死后葬于长陵，谥号为高皇帝，庙号是高祖，一般都尊他为汉高祖。刘邦是汉王朝的开国皇帝，也是中国历史上第一位布衣皇帝。

亲征平叛乱

刘邦做了皇帝后，分封韩信、黥布、彭越、吴芮等7人为诸侯王。后来这些异姓诸侯王占据了原来的东方六国所统治的大部分地域，享有很大的权力。高祖感觉到自己的统治受到了严重的威胁，就想着削夺这些诸侯的封地和权力。他听说韩信要谋反，就设下计谋诱捕了韩信，并把他贬为淮阴侯。

高祖七年（公元前200年），匈奴人领兵进攻韩王信统治的马邑城。韩王信就和他们勾结在一起，共同谋划反叛。高祖亲自带领军队前去攻打他们。当时天气非常寒冷，士兵中有很多人的手指都被冻掉了。高祖的军队到达平城，就被匈

历史关注　后人把春秋时期齐国晏子的言行编成一本书，即《晏子》，又叫《晏子春秋》。

奴兵包围了。被困七天七夜后，高祖才突围撤离。高祖命令樊哙留在代地负责平叛，之后又立自己的哥哥刘仲为代王。

高祖八年（公元前199年），高祖亲自率军到东垣去讨伐韩王信的余党。此时，丞相萧何正在主持修建未央宫，已经建完了东阙、西阙、前殿、武库和太仓。高祖从外地平定叛乱回来，看到宫殿壮丽非凡，很生气，批评萧何说："这么多年来，天下战火纷飞，将来还不一定是什么样子，你修建如此豪华的宫室有什么用？"萧何说："就是趁着天下还没完全稳定的机会，修建华丽的宫室，您君临天下，本来就四海为家，宫殿再不修得豪华一点，就更显示不出您的尊贵和威严了。不但如此，我还要把您的宫室修建得让后人永远都无法超过我们！"高祖听了，不再生气，喜笑颜开了。

高祖到东垣平叛，经过柏人县。赵国国相贯高等人因痛恨高祖藐视赵王，就在此设下埋伏，打算刺杀高祖。当天晚上，高祖本来准备住在柏人县城，不知何故心里一动。突然想到"柏人"的读音与"迫人"相同，认为不吉利，就离开那里。代地发生叛乱，代王刘仲不知所措，就弃国逃亡。刘仲逃回洛阳，高祖废掉了他的王位，把他贬为合阳侯。

高祖九年（公元前198年），贯高等人企图谋杀高祖的事败露，高祖下令诛灭了他们的三族。因为这事牵连到赵王，高祖就废掉了赵王张敖的王位，贬为宣平侯。

高祖十年（公元前197年）八月，陈豨在代地反叛，高祖说："陈豨曾经是个很守信用的人。我也很器重他，所以封他为列侯，让他镇守代地。谁知他如今又要联合逆贼一起来背叛我，看我怎么收拾他！谋反是陈豨个人的事，与代地的官吏和百姓无关，赦他们无罪。"高祖亲自前去征伐。到了邯郸后，高祖长长地舒了一口气，说："我以为他能怎样呢！也不过如此，他不向南来进攻，占领邯郸，而是凭借漳水来阻挡我，一看就知道没有什么大的作为，根本不足以对我构成威胁！"后来又听说陈豨军中的将士很多都是商人出身，就拿出金银财宝来诱惑他们，陈豨的部将纷纷投降。

陈豨与高祖在邯郸对峙，为了打乱高祖的部署，陈豨派部将侯敞率兵一万多人到各地打游击。侯敞派王黄驻扎曲逆，命张春渡过黄河去攻打聊城。高祖见状，另调两支军队加入战斗，派将军郭蒙等率兵攻打侯敞游击部队，把他们打得大败。调太尉周勃从太原发兵，从背后收拾叛军。周勃平定代地，进军马邑。马邑叛军负隅顽抗，周勃就摧毁了马邑。当时，陈豨的部将赵利固守东垣，高祖派兵去攻打他，一时之间没攻下来。过了一个多月，陈豨的士卒辱骂高祖。高祖愤怒，加派军队攻打东垣。东垣投降后，高祖立即下令，找出那些曾经辱骂过自己的的人，把他们全部杀掉，没骂的就不治罪。随后，立儿子刘恒为代王，定都晋阳。

后来，淮阴侯韩信在关中造反，被灭了三族；梁王彭越举旗反叛，被废除了官爵贬到蜀地，不久再次谋反，又被镇压下去。然后高祖把皇子刘恢、刘友分别立为梁王和淮阳王，统辖韩信、彭越原先的封地。

高祖十一年（公元前196年）秋，淮南王黥布反叛，向东方进攻，吞并了荆王刘贾的国土，又向北渡过了淮河，楚王刘交被迫逃到薛城。高祖亲自出征讨伐，黥布兵败仓惶逃走。高祖命人在后面紧紧追赶，在洮水的岸边双方发生激战。黥布大败，并在鄱阳被斩杀。樊哙率军平定代地后，另派将军带兵在当城杀了陈豨。高祖赦免了那些被陈豨挟持而跟着他参与谋反的官兵民众，不再追究他们的罪责。

这些人投降后对高祖说："起初陈豨企图谋反的时候，燕王卢绾曾经派人前来一同谋划过。"高祖派人去找卢绾，卢绾心虚，借口生病不肯前来。高祖就派人前去攻打他，卢绾逃跑，高祖下令赦免了燕国参与叛乱的官民，并立皇子刘建为燕王。

高祖之死

刘邦做了皇帝后，为了巩固皇室的政权，费

中国大事记

公元前589年，晋国、鲁国、卫国联军讨伐齐国，在鞍地会战之后，齐国大败而归。

尽了心机。本来他的年龄就大，在平定黥布叛乱时又被暗箭射伤，之后行军的途中伤口感染，疼痛得十分厉害。回到长安后，病情就更加严重了。吕后找了当时一位很有名气的医生，来给皇上治病。检查完伤口的情况后，高祖问医生："我的病情怎么样啊？"医生含含糊糊回答说："嗯……皇上，没什么大碍，不过得按时服药，就会治好的，皇上不必忧虑！"高祖一听医生的口气，就知道不会好了，大声辱骂医生说："我本来是个普普通通的平民百姓，手提三尺宝剑，反抗残暴的秦朝，最后赢得了天下，这难道不是上天注定的吗？我的命既然是上天注定的，不用说你，就是扁鹊来了，也是无济于事！还不快点给我滚出去？"说完，不再让他治病，而命人拿来五十斤的黄金赏给他，打发他走了。

吕后见高祖病情一天比一天严重，又不让请医生，知道不会好了，就问："陛下，我真是很担心，要是有一天您不在了，萧相国也不在了，我可怎么办哪？谁能接替相国，管理这个国家呢？"皇上说："曹参这个人很有计谋，他就能胜任。"吕后又接着问："曹参要是不在了，以后的事情怎么办？"皇上说："王陵也行，不过他这个人太耿直，可以让陈平协助他做事。陈平这个人足智多谋，但一个人难以胜任。他们两个人合作，还行。周勃虽说不擅言谈，文化水平低，没有修养，但他为人老实厚道，要想刘家的天下安定太平，非他莫属，让他担任太尉吧！"吕后刚想再继续问下去，高祖摆摆手，有气无力地说："再以后的事情，就不用问，也不用去想了！"

高祖病危时，卢绾带了几千骑兵，驻扎在塞下，想等高祖病愈后，找机会前来谢罪。

高祖十二年（公元前195年）四月甲辰日，高祖在长乐宫逝世。过了4天，还没有发丧。吕后这时正在四处活动。她偷偷地找来自己的亲信审食其，跟他商量说："朝廷中的那些大将们，当年和高祖一样，都是平民百姓。可是后来高祖称帝，他们背面称臣，已经满肚子不高兴了。现在高祖死了，又要他们来辅助年少的君王，他们怎么会甘心呢？一定会组织起来叛乱，我看还不如把他们一个个除掉，也免得以后生麻烦！"有人听到这个消息以后，立即跑去告诉了将军郦商。郦商随即前去拜见审食其，对他说："我听说皇上已经崩逝了，都过了4天还没办丧事，是不是真有此事啊？如果是真的，那可就天下大乱了！如今，陈平和灌婴率领10万军队守卫荥阳；樊哙和周勃率领军队平定了燕、代。如果他们知道了皇上驾崩，朝廷又想杀害他们，他们肯定会联合起来，掉过头来进攻关中。这样的话，大臣们在朝中叛乱，将军们在外面造反，那汉家的天下很快就会灭亡了！"审食其听了，赶紧回到后宫，找到吕后，向她转述了郦商将军的话。吕后也觉得不能轻举妄动，这才为高祖发丧，并大赦天下。此时，卢绾听说高祖已经去世，就带着人马逃亡到匈奴去了。

安葬了高祖后，太子刘盈登上了皇位。大臣们聚集在一起说："高祖虽然出身贫寒，却能拨乱反正，为民除害，让天下安定太平，从而成为汉朝的太祖，功不可没啊！"于是尊高祖为高皇帝，太子刘盈沿袭皇帝的称号，这就是汉惠帝。惠帝登基后，下令在全国各地修建高祖庙，逢年过节，按时祭祀。

高祖这一生，共有8个儿子：长子是齐悼惠王刘肥；次子就是吕后的儿子刘盈，也就是继承皇位的惠帝；三子是赵隐王刘如意；四子是代王刘恒，后来被立为文帝；五子是梁王刘恢，就是后来的赵共王；第六子是淮阳王刘友，后来被贬为赵幽王；第七子是淮南王刘长；最小的儿子是燕王刘建。

·《大风歌》·

汉高祖十二年，平定了黥布之乱后，在得胜还军途中，刘邦顺路回了一次自己的故乡——沛县，把昔日的朋友、尊长、晚辈都召来，共同欢饮十数日。一天酒酣，他在快乐当中，想起过去自己怎样战胜了项羽，又想到以后要治理好国家，在哪儿去找勇士帮他守卫呢？想到这里，十分感慨，刘邦一面击筑，一面唱自己即兴创作的《大风歌》："大风起兮云飞扬，威加海内兮归故乡，安得猛士兮守四方！"而且还慷慨起舞，伤怀泣下。

历史关注 | 相传春秋时代越国大夫范蠡曾著有《养鱼经》，为中国最早的养鱼专著。

吕太后本纪第九

残害戚姬

吕太后，是汉高祖刘邦身为平民时娶的妻子，她生了惠帝刘盈和鲁元公主。儿子惠帝为人忠厚老实，但是性格柔弱，刘邦总觉得他的脾气秉性不像自己。刘邦做了汉王后，又娶了戚姬。他特别宠戚姬，经常带她去关中。后来戚姬生下儿子刘如意，戚姬不分昼夜地在刘邦面前啼哭，劝他让儿子刘如意取代刘盈的太子之位。当时，吕后的年纪已大，又一直留守关中，跟刘邦见面的机会越来越少，关系自然就疏远了。刘邦很喜欢刘如意，几次想让他取代刘盈做太子，总被大臣们阻拦，但刘邦并不死心。后来，吕后采用张良的计谋，最终打消了他的念头，刘盈的太子之位才算保住。

吕后的性格刚毅，她辅佐刘邦平定了天下后，又帮忙筹划诛杀大臣等一些重要的事情。吕后的两个哥哥都是将军，大哥吕泽战死疆场，刘邦把他的两个儿子吕台和吕产分别封为郦侯和交侯，二哥吕释之被封为建成侯。

汉高祖刘邦逝世后，太子刘盈即位。当时刘盈年纪还小，再加上天生性情柔弱，不能独立处理政事，大权就落在吕后手中。吕后平常最恨的就是戚姬，她不但使自己失去了高祖的宠爱，还搞得自己儿子几乎丢了太子之位。高祖死后，吕后命人剃光戚姬的头发，用铁链锁住她的双脚。她还令人脱去戚姬身上穿的宫装，换上囚服，让她一天到晚舂米，舂不够数量，就不给饭吃。然后，吕后派人前去召见赵王刘如意。使者一连去了几次，赵王的丞相周昌对使者说："赵王年纪还小，高祖把他托付给了我。我听说太后怨恨戚夫人，想把她和赵王一同杀掉，我很担心，所以就不敢让赵王前去见太后。况且，赵王最近身体不好，还在生病，实在是不能奉命前往。"使者回来向吕后禀报了情况。吕后很生气，就立即派人召回周昌。周昌来到长安后，吕后又派人去召见赵王刘如意。赵王无奈，只得赶往长安。惠帝心地善良，他听说吕后把弟弟如意召来，知道母亲想要对弟弟下毒手，就亲自前去迎接如意。惠帝把赵王接进皇宫，和他一起吃饭睡觉，尽自己最大的力量保护他。吕后一心想把赵王杀掉，看到惠帝护着他，虽然生气，但也无可奈何。

惠帝元年（公元前 194 年）十二月的一天，惠帝清晨起来出去打猎。如意还小，没有睡醒，惠帝不忍心叫起他，就没有带他一起去。太后听说如意一个人在家，就派人拿了毒酒给他喝。惠帝打猎回来一看，赵王如意已经被毒死。惠帝十分悲痛，抱着弟弟的尸体，痛哭流涕，最后只好让人给埋掉了。于是，便把淮阳王刘友改封为赵王。吕后杀了赵王如意后，还没有就此罢休，又命人砍断戚姬的双腿，挖去双眼，熏聋了她的耳朵，还给戚姬灌下毒药，使她变成了哑巴，把她扔进猪圈里，称为"人彘"。几天后，吕后欢天

皇后之玺　西汉

玺面阴刻篆文"皇后之玺"四字，四侧阴刻云纹，顶雕螭虎为钮，在汉高祖长陵附近发现，应是吕后生前的御用之宝。

中国大事记 | 公元前579年，经宋国大夫华元协调，厌于战乱的晋、楚在宋结盟，相约罢兵，互遣聘使。

喜地地来叫惠帝，陪她一起去观看“人彘”。惠帝从来没听说过“人彘”是什么东西，还很纳闷，就跟着母亲来到后院，谁知走到近前一看，吓了一大跳，一个看似人身的东西蜷坐在角落里，没有手，也没有脚，两只眼睛就是两个窟窿，张着大嘴，却发不出声音。惠帝不知是什么怪物，哆哆嗦嗦地问吕后，吕后仰天哈哈大笑，说：“这就是当年风风光光的戚夫人啊！她也有今天！”惠帝听后，大声痛哭起来，接着就病倒了，整整一年多没能起床。

后来，惠帝的病情稍有好转之后，派人对吕后说：“太后太残酷了，把人折磨成这个样子，这哪里是人做的事情？我是太后生的儿子，再也没有脸面君临天下，治理国家了！”从此以后，惠帝每天都饮酒享乐，不理朝政，小小年纪，就染上了一身疾病。在即位的第七年，也就是23岁的时候，惠帝忧伤地死去。

汉惠帝去世后，他的母亲吕后装模作样地扯着嗓子哭，眼里没有一滴眼泪。这时候，留侯张良的儿子张辟强刚15岁，担任侍中。他看出了吕后虚情假意的样子，就问丞相陈平说：“太后就只有惠帝这一个儿子，如今他死了，太后虽然哭了，可是我看见她并没有流眼泪，你知道这其中的秘密吗？”丞相说：“是啊！我也看出来了！你说这是为什么？”张辟强回答说：“皇上的儿子们还没成年，她怕你们这些功臣大将们叛乱。您现在应该建议太后，让吕台、吕产、吕禄为将军，统领军队，并且让吕氏家族的人进宫掌权，太后就会放心了，而你们这些人也就不会有危险了。”陈平听从了他的意见，就向吕后提出建议。吕后听了，果然很高兴，于是就放下心来，哭她的惠帝，这下也有眼泪了。从此以后，吕家人开始在朝中执掌政权。

诸吕封王

少帝元年（公元前187年），朝廷中所有的号令都出自吕太后。她行使皇帝的职权（古代叫作“称制”）处理国事，同时准备封吕氏家族的

·白马之盟·

汉初的政治体制基本沿袭秦制，但在中央集权制度下，又恢复了秦代已废除的分封制，采用郡县与封国并行的体制。早在楚汉战争时期，刘邦为了网罗各股力量，曾分封了一批异姓王。他们在汉军大旗之下，使刘邦终成帝业。刘邦称帝以后，先后以种种借口除掉异姓王，之后发现汉朝的控制力还只能停留在关中地区，在边疆地区却显得鞭长莫及，因此大封同姓诸侯王，实行郡国制，以保刘氏江山稳固。同时又分封刘氏子侄为同姓王，并在晚年与群臣杀白马盟誓，定下白马之盟，立下“非刘氏不王”的誓约，作为巩固西汉中央政权的辅助手段。

人为王。她害怕大臣们反对，就召见右丞相王陵，征求一下他的意见。王陵心直口快，当即就表示反对，对吕后说：“那恐怕不行！高祖在世的时候，曾经杀白马订立盟约，盟约中规定：‘不是刘家的后人不能封为王，没有立下功劳的人也不许封为侯，谁要是违背了这个约定，天下人就可以联合起来共同讨伐他！’如今您要封吕家的子弟为王，就是违背了高祖的盟约，我不同意！”吕后听了，很不高兴，冷冷地瞟了一眼王陵。左丞相陈平和绛侯周勃见状，就偷偷地交换了一下眼色，然后互相微微地点了点头。这时吕后转过头来问陈平和周勃：“你们两个说说看？”二人齐声回答说：“当年高祖皇帝刘邦平定了天下，就封刘家子弟为王。如今太后您掌管朝政，自然是要分封吕氏子弟为王，我们觉得没什么不合适的！”吕后听了，立即转怒为喜，脸上有了笑容。

退朝后，王陵埋怨陈平和周勃说：“你们两个人是怎么回事？当初我们一起和高祖皇帝歃血为盟，难道你们忘了吗？现在高祖不在了，你们不但

吕雉像

历史关注　春秋晚期，孔子率先打破“学在官府”的陈规，提出“有教无类”，实行开门授徒。

不为高祖看管好江山，还纵容吕后的私欲，迎合她的意愿，同意立吕氏的子弟为王。你们违背了诺言，到时还有什么颜面到地下去见高祖？”陈平和周勃反驳说：“敢说敢做，在朝廷上当面抗拒太后，我们不如您！不过要说保全高祖留下的江山社稷，稳定刘氏基业，您未必能赶得上我们！”王陵听后，无话可说。

这件事过了没多久，吕后就免掉了王陵右丞相的职务，安排他去做少帝的老师。王陵很气愤，就谎称自己有病，告假回老家去了。王陵走后，吕后立即把左丞相陈平升为右丞相，又把亲信审食其提升为左丞相。但审食其并不去行使左丞相的职权，而是钻到皇宫里，管理宫中事务。审食其早年在太后身边供职，太后落到项羽手里时，审食其曾一同被俘，跟随在太后左右，因此很得宠信。审食其升为左丞相后，常常参与决断国家大事，朝中政务大多也由他决定。

吕太后想封吕氏子弟为侯，但还是不敢贸然行事，为了试探朝臣的态度，吕后先追封战死的长兄吕泽为悼武王，朝廷诸大臣很平静。这年四月，太后先封高祖的功臣冯无择为博城侯；封鲁元公主的儿子张偃为鲁王；封刘肥的儿子刘章为朱虚侯，并把吕禄的女儿许配给他；封齐寿为平定侯；封阳成延为梧侯。做好这些铺垫后，吕后就把吕种封为沛侯，吕平封为扶柳侯。

看到朝中并没人站出来反对，太后胆子大起来，打算要封吕氏子弟为王。为了减少阻力，她先封惠帝的儿子刘强为淮阳王，刘不疑为常山王，刘山为襄城侯，刘朝为轵侯，刘武为壶关侯。接着吕后又向大臣们放出口风，极力地吹嘘侄子吕台如何如何能干，暗示大臣们出来保封吕台为王。众大臣明白吕后的意思，便顺从她的意见，共同请求封吕台为吕王。吕后立刻答应了大臣们的请求，并把济南郡作为吕王的封国。后来，吕台死了，他的儿子吕嘉继承王位。由于朝中一直没有人站出来公开反对，吕后更加肆无忌惮，少帝四年（公元前184年），接连封吕氏家族的几个人为侯。

宣平侯张敖的女儿在做惠帝皇后的时候，一直没有生儿子，就假装怀孕，然后把宫中其他嫔妃生的儿子抢过来，冒充她的儿子，并把这个孩子的母亲给杀了。后来，这个孩子就被立为太子，惠帝死后，他就成了皇帝，历史上称为少帝。少帝渐渐地长大了，开始懂事。有人告诉他皇后不是他的亲生母亲，吕后也不是他的祖母，亲生母亲早就被害死了。少帝愤愤不平地说：“太后怎么这么残忍，不但把我抢走，还要杀了我的母亲。我长大了，一定要为我母亲报仇！”这话很快传到吕后的耳朵里。吕后担心少帝长大后会作乱，就把他囚禁起来，对外面宣称皇帝得了重病，不能出来见大臣。

后来，太后召见大臣们，说：“凡是能够拥有天下，治理国家的人，就应该像上天一样覆盖万民，像大地一样包容百姓。君主能使天下人安居乐业，天下人自然也就拥护君主，这样才能长治久安，天下太平。当今的皇上已经病了很长时间了，一直没有好转，此时的他已经没有能力担当皇帝的重任，要不就找人取代他吧！”大臣们闻听，都跪下来磕头，说：“太后为民着想，实在可喜可贺，我们都愿意遵从您的旨意，您说怎么办就怎么办吧！”于是废除了少帝。没过多久，吕后就把少帝杀了。

紧接着，吕后又立常山王刘义为皇帝，改名刘弘，也称为少帝。可怜刘弘连个年号都没有得到，他不过又是吕后手上的一个玩偶，真正的大权还是由吕后掌握。这年，朝廷设置太尉的官职，周勃担任了这一职务。少帝六年（公元前182年）十月，吕后对吕嘉不满意，就废掉了他，改封吕台的弟弟吕产为吕王。

连杀三赵王

高帝刘邦去世后，吕后迫不及待地杀掉了她最怨恨的戚夫人和她的儿子赵王。因为此事的刺激，惠帝羞愤而死，专横跋扈的吕后掌握了国家最高权力。赵王刘如意死后，刘友被封为赵王。

吕后封吕氏的子弟为王，唯恐高祖子孙不服气，两姓之间发生争斗，于是想了一个两全其美的办法。她把吕禄的女儿嫁给朱虚侯刘章为妻，又让赵王刘友、梁王刘恢娶了吕氏的女子做王后，以为这样就能让刘吕两姓之间相安无事了。可赵王刘友偏偏不喜欢吕姓的王后，而喜欢别的姬妾。这令吕氏的女子十分嫉妒，愤怒之下离开了家，跑到吕后面前说刘友的坏话，诬告刘友说“姓吕的人怎么能够封王呢？太后去世后，我一定好好收拾他们”！太后听后大怒，立即把赵王刘友召到京城。赵王来到长安后，太后把他安置在官邸里，也不接见他，还派了护卫围守着，不给他饭吃。赵王的臣下有人偷偷地给他送饭，结果被抓起来问了罪。赵王饥饿难耐，就作了一首歌，歌中唱道：“诸吕在朝中执掌大权啊，刘氏的江山岌岌可危！凭借权势胁迫诸王侯啊，强行嫁吕氏女子为妃！我的妃子由嫉生恨啊，竟然诬告我有罪！进谗言的女人祸国殃民啊，皇上也被蒙在鼓里！我身为国王却要被饿死啊，悲悲戚戚谁为我流泪！吕氏家族灭绝天理啊，我祈望苍天为我报仇冤！”

少帝七年（公元前181年）正月丁丑日，赵王刘友在囚禁中被饿死，吕后按照平民的丧礼，把他埋在长安普通百姓坟墓的旁边。己丑日，天上有日食现象发生，白天变得跟黑夜一样。吕后心中闷闷不乐，对身边的人说：“这都是因为我啊！”

二月，梁王刘恢被改封为赵王，吕王吕产被改封为梁王。吕后封皇帝之子平昌侯刘太为吕王，把梁国改为吕国，原来的吕国改为济川国。吕后的妹妹有个女儿嫁给刘泽，而刘泽在朝中担任大将军之职。太后也知道自己封诸吕为王不合法度，怕自己死后刘泽作乱，于是就封刘泽为琅玡王，来安抚他。

梁王刘恢被改封为赵王后，心里很不满意。太后就把吕产的女儿嫁给赵王做王后，并把王后的随从官员都换成吕家的人，让这些人暗中监视赵王，赵王不能任意行动。赵王很喜欢一个姬妾，王后知道后，就派人用毒酒毒死了她。赵王内心万分悲痛，抑郁成疾，没多久也自杀了。吕后觉得赵王为了一个女人，不但舍弃了祭祀宗庙的礼法，连命都不要。于是就废除了他后代的王位继承权。

这年秋天，太后派人前去通知代王刘恒，说要改封他为赵王。刘恒辞谢了，并且表示愿意守卫偏僻边远的代国。后来陈平等人向太后进言说，武信侯吕禄在列侯中排在第一位，请求立他为赵王，太后同意了，就封吕禄为赵王。二月，燕灵王刘建去世。刘建只有一个儿子，还被太后派人给杀了。燕灵王断绝了后代，封国也就被废除了。少帝八年（公元前180年）十月，吕后借机封东平侯吕通为燕王，封吕庄为东平侯。

后来，吕后举行消灾求福的祭礼，在回来的路上，看到一个像黑狗一样的怪物，钻到她的腋下，忽然又不见了。吕后就找人占卜，占卜的人说是赵王刘如意的鬼魂在作祟。从此太后的腋下就患了病，经常疼痛。

吕后的病一天比一天严重，就把赵王吕禄封为上将军，统领北军，让吕王吕产统领南军。吕后告诫他们说：“高帝平定了天下之后，曾经和大臣们立过誓约：‘不是刘氏的子弟却被封为王的，天下人可以联合起来讨伐他。’如今吕家的人都被封为王，大臣们的心里都不平衡。如果我死了，皇帝又年幼无知，大臣们恐怕就要叛乱。所以你们一定要牢牢把握住军权，守卫好皇宫。无论做什么事都要小心谨慎，千万不要为我送丧，更不能被人所控制。”

不久，吕后去世。她生前曾留下诏书，赏赐给诸侯王每人黄金一千斤，其他的官吏也都按级别赏赐黄金，并大赦天下，又任命吕王吕产为相国，封吕禄的女儿为皇后。

诛灭诸吕

吕后去世后，吕姓的人独揽大权，阴谋废掉皇帝改朝换代，可是又有点惧怕周勃、灌婴等几位老臣，一直不敢轻举妄动。齐王刘襄的弟弟朱虚侯刘章长得十分强壮，英勇而有气概。他和另一个弟弟东牟侯刘兴居都在长安居住。刘章的妻子是吕禄的女儿，所以得知了诸吕的阴谋。他生怕自己受到牵连，就偷偷派人把这件事告诉了自己的哥哥刘襄，鼓动他发起军队，杀了吕氏的

历史关注

《论语》是研究孔子思想的主要资料，最初的文本有《古论》《鲁论》《齐论》三种。

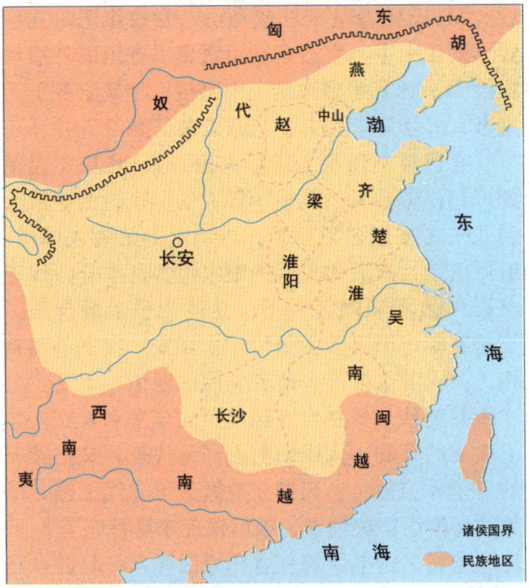

西汉初同姓诸侯分封示意图
还在楚汉相争时，刘邦为抗拒项羽，已开始分封诸侯，为夺取天下起到了重要作用，但同时也为汉王朝留下了隐患。

人，夺取皇位。朱虚侯自己留在朝中，联合其他大臣们作内应。齐王闻讯，决定起事，先派人杀了不服从命令的丞相，接着率军向东进攻，施计夺取了琅玡王刘泽的军队。然后他又把两支军队合并起来，一起向西进发。

齐王对诸侯王颁布诏书说："当初汉高祖平定天下后，封悼惠王在齐国。悼惠王去世后，孝惠帝又派张良封我为齐王。孝惠帝逝世后，吕后执掌朝中的大权，吕后年事已高，免不了有些糊涂，就听任诸吕胡乱发号施令，私自废除和改立皇帝，又接连杀了刘如意、刘友、刘恢3个赵王，把梁、赵、燕三国从刘氏的手上夺走，封给吕氏家族的人，还把齐国分为4块。虽然也有忠臣好言相劝，可是吕后一点也听不进去。现在吕后去世了，皇帝又太幼小，不能统治天下，本来应该依靠各位诸侯和大臣辅佐，可是诸吕凭借着自己掌握庞大的军队，强迫各位屈服，还假传皇帝的诰命，向天下发号施令，刘氏宗庙危在旦夕。我因此要率领军队到朝中，诛杀那些不应该封王的人。"

相国吕产等人得到消息后，赶紧派灌婴前去攻打齐王。灌婴暗想："如今吕氏的人掌握着关中的军权，企图颠覆刘氏政权，自立为帝。我要是打败了齐国，也就是无形中增强了吕氏的实力，这样岂不是便宜他们了，我可不能干这样的蠢事！"于是派人通知齐王及各国诸侯，表明要和他们联合起来，静待吕氏发动叛乱，然后诛灭他们。吕禄、吕产几次想发动叛乱，又害怕齐、楚两国的军队，还担心灌婴背叛，打算等灌婴与齐王的军队打起来后再动手。

当时，周勃虽身为太尉，手里却没有军权。曲周侯郦商的儿子郦寄和吕禄的关系很要好。周勃就跟丞相陈平谋划，派人挟持了郦商，强迫郦寄诓骗吕禄说："当初，高皇帝和吕后共同平定天下，在刘姓子弟中立9个人为王，在吕氏子弟中立3个人为王，这些都是大臣们商量通过的，而且诸侯王都一致认为这样做很合适。如今太后逝世了，皇帝还年幼，您佩带着赵王的印玺，却没有去守卫封国，仍然当着上将军，驻留在这里，难道不令大臣诸侯们怀疑吗？您怎么不把将印还给朝廷，把兵权交给太尉呢？也让梁王归还相国印，跟大臣们订立盟约，前往封国。这样的话，齐国就会撤回军队，大臣们也就安心了。您也可以在自己的封国无忧无虑地做您的国王了，这可是对谁都有利的天大好事啊！"吕禄觉得这个主意不错，就相信了。他准备交出将军印信，把军队还给太尉，又派人把这件事告诉了吕家的长辈们。长辈们中有人认为可以，有人认为不行，意见不一致，所以迟疑着，没有决定。

郎中令贾寿从齐国回来，责怪吕产说："我让您早点到封国去，您不去，现在可好，想走也走不了了！"接着就把灌婴如何与齐楚结盟，想诛灭诸吕的事情详详细细地告诉了他，催促他赶紧进宫。平阳侯曹窋听到了他们的谈话，立即跑去告诉丞相陈平和太尉周勃，周勃想闯入北军，结果被拦下了。于是周勃就让纪通拿着皇上的符节，假传圣旨，说要让太尉周勃进入北军。同时，又派郦寄前去劝说吕禄，说："皇帝命令太

中国大事记

公元前546年 晋、楚、齐、鲁等十四国在宋国会盟，举行弭兵大会。

尉周勃统领北军，让您回到封国去，您还不赶快交出将军印，早点离开，不然就要大祸临头了。”吕禄觉得郦寄肯定不会欺骗自己，就解下将军印交给典客，把兵权交还给周勃，离开了军营。周勃手中拿着将印进入军门，对军中将士说：“将士们，你们都听好了！想效忠吕氏的，就袒露出你们的右胸，效忠刘氏的，就袒露你们的左胸。”将士们全都露出左胸，表示拥护刘氏。这样，周勃成功地控制了北军。

此时吕产不知道吕禄已经离开了，就想按原计划进入未央宫，发动叛乱，但殿门早已被周勃派朱虚侯带兵把守了。朱虚侯下令攻击吕产，当时正赶上狂风大作，吕产的随从人员一片混乱，没人敢出来抵抗。吕产吓得赶紧逃跑，朱虚侯在后面紧追不舍，最后在郎中令官府的厕所里杀死了吕产。

朱虚侯刘章杀掉吕产后，还想向前来慰问的谒者索要皇帝的符节，谒者不肯给他。刘章就把谒者拉上车，借着谒者手中的符节在宫中驱马奔跑，杀死了长乐宫的卫尉吕更始。然后他急忙赶到北军驻地，来向周勃报告情况。周勃连忙起身，拱手向刘章祝贺说：“我最担心的就是这个吕产，他是相国，又掌握军队，现在他死了，刘氏天下总算是安定下来了。”随后，周勃又派人把吕氏家族的男男女女全部抓起来，不分老少，一律处死。随后，大臣们对朝中政务做出一系列安排，朱虚侯也把长安的变故通知齐王，齐王收兵回国。灌婴得知消息，从荥阳撤兵回京。

后来，朝廷中的大臣聚在一起，商量说：“少帝以及吕王刘太、淮阳王刘武、常山王刘朝，都不是孝惠皇帝真正的儿子。吕后为了专权，把别人的儿子抱来养在后宫，杀掉他们的生母，对外宣称这些孩子是惠帝的儿子，强迫惠帝把他们认做自己的儿子，或立为继承人，或封为诸侯王。如今吕氏子弟全部被消灭，要是还保留着吕后所立的那些人，那么他们长大后掌握了政权，我们这些人恐怕就要遭殃了，不如现在挑选一位贤明的诸侯王，立为皇帝。”有人说：“从根儿上说，齐悼惠王刘肥是高帝的长子，齐王刘襄是高帝的亲孙子，可立他为皇帝。”但是又有大臣反驳说：“吕氏凭着皇家外戚身份，专权作恶，几乎毁了刘氏天下，害苦了功臣贤良。齐王的外祖母家姓驷，驷家的驷钧是个大恶棍，如果立齐王为皇帝，那就等于赶走了老虎又来了狼。”

通过反复讨论，最后大家一致决定：“代王刘恒是高帝在世的儿子中最大的一个，拥立最大的儿子本来就名正言顺，再加上刘恒为人厚道，值得信赖，太后薄夫人的娘家也善良本分，代王又以仁爱孝顺闻名天下，立他为皇帝最合适。”于是就暗中派人前去请代王来长安。代王不明真相，派人前来推辞，使者又前去迎请。于是代王才带着随从人员乘坐6匹马拉的车来到长安，住进代王的官邸。大臣们前去拜见代王，又把天子的玉玺献给他，一起拥立他做天子。代王再三推辞，但群臣坚决请求，最后代王才算答应了。

随后，东牟侯刘兴居和滕公等人一起进入宫中，来到到少帝面前，说：“您不是刘氏的后人，不应当坐这个皇位。”于是挥手示意少帝左右的卫士，放下兵器离去。之后，他们把少帝送出皇宫，安置在少府居住。接着安排人整理天子乘坐的法驾，去迎接代王。当天晚上，代王就住进未央宫，开始执掌朝政。就在这时，朝中官员分头行动，杀掉了梁王、淮阳王、常山王和少帝。

代王刘恒正式即位后，他就是孝文皇帝。

·汉初休养生息·

汉朝初年，刘邦和吕后采取了一系列旨在恢复经济的“休养生息”的政策，在思想上形成汉初“黄老无为”的政治思想，以解决政权建立之初濒临崩溃的经济状况。如：下令解散大量军队，让士兵回乡务农；入关灭秦的关东人，愿留关中的免徭役12年，回关东的免徭役6年；让在战乱中流亡山泽的百姓各自返回故乡，恢复原来的爵号和田地住宅；因饥饿而卖身为奴婢的一律免为庶人；减轻田租为十五税一等。在对外关系上，对匈奴采取“和亲”政策，力求边境地区暂时的缓和与安宁。刘邦采取的这一系列休养生息的政策和措施，其后的吕后继续执行，取得了良好的社会效果和经济效益，为汉朝初年经济的恢复发展奠定了良好的基础。

历史关注　上海地区曾是楚国公子春申君的封地，所以上海又称“申城”。

孝文本纪第十

汉文帝即位

汉文帝，名叫刘恒，是汉高祖刘邦的第四个儿子。刘恒的母亲薄姬原是项羽所封的魏国王宫的宫女。刘邦打败魏国后，把众多宫女选进后宫，薄姬就是其中的一个。后来，薄姬生下一子，取名刘恒。刘恒出生后，薄姬一直遭到刘邦的冷落，所以刘恒从小做事就十分谨慎，从不惹是生非，大臣们都很喜欢他。刘恒7岁时，30多位大臣共同保举他做代王。代王虽说没有其他王子那样声势显赫，但他却因此躲过了吕后对刘氏后人的迫害，后来又幸运地登上了皇位。

吕后死后，高祖的老臣陈平和周勃携手诛灭了诸吕的势力。众臣都觉得吕后所立的刘弘不是惠帝的后代，不符合皇位继承的礼法，就想另选皇帝。选来选去，就相中了宽厚仁慈、名声较好的代王刘恒，想让他代替小皇帝刘弘做皇帝，就派出使者去迎请刘恒。

使者见到代王刘恒，向他说明了来意。刘恒很吃惊，因为不了解朝中真相，就找来郎中令张武等人商量。张武等人猜测说：“现如今，朝廷中的大臣，都是高帝时的文臣武将，各个精通兵法，善于谋略，怕是都不甘心做大臣。以前他们不敢有什么想法，也许是害怕高帝和吕太后，现在他们刚刚杀了吕氏的族人，血洗京城，就来召见您，实在有点让人琢磨不透啊！这恐怕不是什么好兆头。您先借口生病不能前去，看看他们是什么反应吧！反正是不能轻易相信。”中尉宋昌反驳他说：“我看未必，想当初在秦朝的暴虐统治下，众诸侯纷纷揭竿而起，谁都认为自己能够得到天下，可最终成为天子的，却是高祖，其他人则俯首称臣，断绝了争夺天下的念头。再者，高皇帝通过分封刘氏子弟为诸侯王，逐渐建立了稳如磐石的宗族根基，天下人不得不服从刘氏的强大势力。此外，汉朝兴起后，废除了苛捐杂税，让天下民众都得到好处，感受到和平、安宁与快乐，自愿地服从皇帝的命令。刘氏江山乃民心所向，不可动摇。吕后掌权数年，有很高的权威，还封了3位吕氏子弟为王，力量可以说很强大了吧。但太尉周勃仅仅靠一支符节，进入吕氏掌握的北军，振臂一呼，将士无不听命，都愿意保刘氏而背弃吕氏。这些都不是偶然的，是天意啊！如今，高帝的儿子只剩下您和淮南王两个人。况且大王您身为兄长，为人谦和，仁爱孝顺，美名传遍了天下。所以那些老臣们才迎合民意，请您回去做皇帝，没有什么值得怀疑的！”刘恒见众臣意见不一，一时间也没了主意，就想用龟甲占卜来决定凶吉。结果兆象是一条长长的横向裂纹，卦辞显示：代王不久就将即位天王，像夏启一样继承父位，并将父亲的基业发扬光大。代王很疑惑：“我已经是王了，还要做什么王？”占卜的人解释说：“天王就是天子。”

汉文帝像

代王还是有点不放心，为防备万一，又派舅舅薄昭去长安去见太尉周勃。周勃等人详细地向薄昭说明了朝中大臣决定迎请代王的原因和经过。薄昭回来后，向代王报告：“他们是真心实意地想要立你为皇帝，别再犹豫，赶快启程

中国大事记 公元前536年，楚国出兵进攻徐国，吴国救援，楚军大败。

吧！”代王十分高兴，笑着对宋昌说：“嗯！不错，还真像你说的那样！”就让宋昌陪他同乘一辆车，张武等其他6个人乘车跟随，前往长安。在离长安城还有五十里的时候，代王命令停下来休息，派宋昌先进城了解情况。宋昌来到长安城西北的渭桥，看见丞相以下的大臣们都站在那里等候迎接代王。宋昌连忙回去禀报，代王于是快马加鞭来到渭桥，接见众臣，并下车答礼。太尉周勃说：“我想请求单独跟代王说几句话。”宋昌说：“你要是谈公事，就在这公开说吧！要是私事，就请原谅，我王不谈私事！”太尉跪倒参拜，呈上天子的玺印符节。代王推辞说：“还是到了代王府，再谈这件事吧！”驱车进入代王府，其他人也都在后面跟从。

进了王府，安排就座，众位老臣再次参拜代王，说：“皇子刘弘等人都不是惠帝的亲生儿子，按道理没有资格做皇帝。而您是高皇帝的长子，理所应当登上皇位，希望您即天子之位！”代王说：“继承父皇的江山社稷，不是一件小事情。我才疏学浅，恐怕难当重任，你们还是商议一下，另选贤明吧！”

大臣们全都跪在地上，丞相陈平说：“大王，这件事情我们早就仔细地研究过了，都认为您是最合适的人选，诸侯们和天下百姓也都拥戴您，希望您答应我们的请求，否则我们这些人将长跪不起！”代王辞让了几次，最终答应下来，说：“那好吧，既然你们找不到更合适的人，那我就不敢再推辞了！”

代王登上了天子之位，宣布大赦天下，赐民户家长每人一级爵位。每百户赏赐给一头牛和十石酒，全国的百姓们可以举行聚会，欢庆5天。

节俭的孝文帝

文帝在位的时候，有一年，天空中出现了两次日食的现象，文帝说：“我听说君王要是缺乏仁义，没做到公平公正地处理事务，上天就会显示出奇怪的现象，警告他没能治理好民众。如今两次出现这种现象，一定是上天在警告我，没能

露台惜费 明 木刻版画

此图选自明代大学士张居正编撰的《帝鉴图说》，表现汉文帝反对浪费的故事。

养育好芸芸众生，我实在是有愧于苍天啊！你们快都帮我想想，我哪些地方做得不好，坦诚地告诉我，我好重新改过。告诉各个地方的官吏们，减少徭役的费用，减轻百姓的负担。还有，虽然不能撤除屯驻边疆的军队，但可以撤掉保卫我的军队，宫中的马匹留够用就可以了，其余的马全都送到驿站去。”

有一年，天下大旱，还遭遇了蝗灾，百姓的生活十分困苦。文帝下令，各诸侯不用再向朝廷进贡；撤销山川大河的禁令，允许民众进山打柴打猎，下河捕鱼；还减少官员的数额，减省服饰、车驾等，并散发粮仓中储备的粮食赈济灾民，允许平民百姓用粮食换取爵位。

文帝十分勤俭，在统治的23年当中，宫室、苑囿、车驾、衣服等一点都没有增加。他曾经想

历史关注

最早的宰相称为丞相、相国、相邦。

要建筑一座露台，找来工匠们做预算，工匠说得需要一百斤黄金。文帝听后，连忙摇头说：“算了！算了！一百斤黄金，就相当于10家中等平民的家产，建露台有什么用？”

文帝的衣着朴素，总是穿粗布衣服。就是他所宠爱的妃子，也不能穿拖到地面的衣服，帷帐上也不能用带有绣花的图案。文帝这样做是为了表示国家政策是提倡俭朴，并以自己的作为给天下人做个样子。文帝即位后，按照规定，开始为自己修建陵墓，为了避免劳民伤财，文帝不要求为自己修建高大的坟墓。相关的官员负责准备随葬品，文帝告诫他们，不能用黄金、白银、铜等装饰陵墓，或制作随葬品，只允许用瓦器、陶瓷器陪葬。南越王尉佗想造反，自立为南越国武帝。文帝知道，一旦开战，出钱出力，受苦受累的还是老百姓。因此，他不但不去讨伐他们，还找来尉佗的兄弟，并善待他们。尉佗得知消息，十分感动，于是取消了帝号，俯首称臣。大臣中有人收受贿赂，皇上知道后，不但不惩罚他，还拿钱财奖赏他，让他自惭形秽，主动悔改。文帝一心致力于用仁义来教化民众，所以他的国家盛行礼仪，而且人民富裕，他的恩惠遍及了天下。

汉文帝后元七年（公元前157年），文帝在未央宫去世。他留下遗诏说：“天下万物，有出生就会有死亡，这是大自然的基本规律，没有什么值得悲哀的！当今时代，人们都愿意生而讨厌死，人死之后子孙还要为死者修建坟墓，购置很多贵重的随葬品，因治办丧事而导致活着的人家业败亡的不在少数，我一点也不赞成这种做法。我没有什么用来造福百姓，如今我死了，反倒让百姓为我守丧而耽误了劳作，让他们为我悲哀，为我难过，耽误他们自己的生活，从而加重了我的过失，这不是我所希望的。我本人和普通人一样渺小，但当皇帝已经20多年了，在神灵的保佑和众位大臣、诸侯的辅佐下，国泰民安。我并不聪明，经常害怕自己犯错误，担心自己辱没了祖先的美德，不能看守好祖先留下的基业。如今有幸享尽了天年，去世后还能被供在帝庙中，这是一件多么令人欣慰的美好的事情啊，有什么值得悲哀的？现在传下命令，大臣们只准用3天给我办丧事，其余的规定全部废除。不要禁止民间娶妻嫁女，不要斋戒和举行各种悼念活动；不要人们光着脚来参加我的葬礼；孝带不要超过三寸长，不要仪仗队，不要动员男女来宫殿哭丧；7天过后，就把丧服脱掉。其他如果有漏洞的地方，都参照前面的规定行事。以此布告天下，让天下的百姓都明白我的心意。灞陵一带的山水，不要改变原貌，把后宫中夫人以下的全部遣送回家。”

缇萦救父

汉文帝初期，朝廷的刑罚还十分严厉。犯了罪的人除了要判死刑之外，还有肉刑，不是在脸上刺字就是削掉鼻子，要么就砍去双脚等酷刑，非常可怕。汉文帝觉得这样过于严厉了，于是即位不久，就下令废除了“连坐”的法令。所谓“连坐”就是一个人犯了罪，不但犯人本身要按法律的规定接受刑罚，他的父母、妻子儿女和兄弟姐妹也跟着一起受刑罚。老百姓们对废除“连坐”十分拥护，再也不担心因受别人牵连而受到刑罚了。

据说当时有一位很有名的医生，叫淳于意。他曾做过太仓令，后来因为不愿意巴结官场上的人，就辞职当了医生，专门给老百姓治病拿药。老百姓都非常尊敬他。有一次，有个富人的老婆得了重病，就去请淳于意给她医治。病人吃了药，情况也没见好转，没过几天就死了。富人于是贿赂官府，诬陷淳于意害死了他的老婆。当地的官吏得了好处，就不问青红皂白，一口咬定淳于意有罪，把他抓了起来，并判以“肉刑”。之后，他被押解到长安去接受刑罚。

缇萦像

淳于意有五个女儿，没有儿子。临走

中国大事记 | 公元前 522 年，郑国“庶民”举行武装起义，被郑国执政卿子太叔率兵镇压。

汉文帝灞陵

灞陵是依山开掘墓室，平地无冢，为我国历史上第一个依山开凿墓穴的帝陵，对以后各朝特别是唐朝依山为陵的影响极大。

时，他望着女儿们一边叹气，一边伤心地说：“唉！只可惜我没有儿子，遇到急难时也没个人帮帮我。”几个女儿都低着头哭，只有最小的女儿缇萦又是悲伤，又是气愤，心想：“为什么女孩就不能替父亲排忧解难呢？”于是缇萦不顾家人的劝阻，偷偷地跟随押送父亲的解差，来到长安。

缇萦到了长安，就托人代写了一封信，向朝廷上书，有关部门的官员得到书信后，转交给汉文帝。汉文帝收到书信，听说上书的人是一个乡下小姑娘，就很诧异，连忙叫人打开，只见信中写道：“我叫缇萦，是原来的太仓令淳于意的小女儿，我的父亲做官的时候，廉洁公正，而且还是个好医生，为老百姓做了许多好事。可是如今他却被人诬陷，要对他实施肉刑。我不但为自己的父亲难过，也为所有遭受肉刑的人伤心。肉刑实在太残酷了，把人健全的身体弄成残疾，而且永远都不能复原。用刑是为了让犯人能够悔过自新，可是遭受肉刑以后，就是犯人想改悔也晚了。皇上为什么要用这种可怕的刑罚呢？我愿意进入宫中，为皇上当牛做马，替我的父亲赎罪。”汉文帝看完信，不禁感慨万千，心想这样一个娇弱幼小的孩子，竟有如此的胆量和孝心，为了救自己的父亲，冒着性命危险前来上书，真令人钦佩啊！于是立即传下命令，赦免了她的父亲。

第二天，皇上就下了一道诏书：“我听说舜帝的时候，让犯了罪的人穿上有特殊颜色和花纹的服饰，借此来羞辱他们，百姓就不再触犯法令，为什么会这样呢？就是因为当时的社会秩序稳定。如今我们有非常严厉的刑罚，却不能制止犯罪，这又是什么原因呢？归根结底，就是我的德行浅薄，统治无方，我真的很惭愧啊！所以说，管理方法不正确，不但使国民变得愚昧无知，还容易犯错。《诗经》中曾经说过，‘平易近人的君主，是哺育人民的父母’。可如今人犯了错，我们还没教育他们，就先惩罚，并残害了他们的身体，就算他们想改邪归正，也没有机会了！实在太可怜了！我觉得我们的刑罚过于严重，身体一旦被毁坏，就终生不能复原，这似乎太不讲道德了。我们这样做怎能当好人民的衣食父母呢？我看应当废除肉刑！”经过大臣们仔细商量后，汉文帝正式下令用打板子的方式来代替肉刑。这样一来，天下人就免受肉刑之苦了。

缇萦救父来京上书得到了皇帝的重视，皇帝还因此废除了肉刑。这件事很快就传遍了长安城。很多志士前来向缇萦求婚，缇萦没答应。她和父亲留在长安行医，半年后，淳于意就已经名满京城。缇萦怕倔强的父亲再惹麻烦，就劝父亲和她一起回了老家。回到家乡后，淳于意继续行医，救济民众，直到死去。

如今在济南，还有个地方名叫孝女里，传说就是为了纪念缇萦。

·肉刑的沿革·

肉刑起源于“杀人者死，伤人者创”的原始同态复仇论，夏、商、周时成为国家常刑，秦及汉初相沿不改。汉文帝时对肉刑进行了改革，废除肉刑制，取消黥、劓、刖刑，代之以笞刑（打竹板）等。由于对罪罚较重的犯人施行几百下的笞刑（打竹板），容易造成罪犯的死亡，于是公元前 156 年和前 144 年汉景帝继续减轻笞刑。不过由于废除了国家刑罚体系的中间部分，只留下最上的死刑和底部的笞刑，对于中等程度的犯罪，归于死刑则太重，归于笞刑又太轻，因此汉代乃至其后的魏晋都有人提议恢复肉刑。但由于恢复肉刑会有残暴的恶名，因此始终没能恢复。到隋文帝时，宫刑亦被废止于刑律之外，直至明朝。

历史关注 | 公元前536年，郑国铸刑书于鼎，迈出了中国制作成文法典的第一步。

孝武本纪第十一

少君与少翁

武帝，是景帝的儿子。当时，汉朝的基业已经建立60多年了，天下太平，百姓和睦。武帝深受儒家思想的影响，广泛招贤纳士。

一次，武帝在祭祀的时候，求到了神君，就把她供奉在上林苑的蹄氏观。神君，原本是长陵的一个女子，儿子死后，万分悲痛，也在哀伤中死去了。后来神君在妯娌宛若的面前显灵，宛若就在家中供奉她。人们听说后，纷纷前来祭祀。据说武帝的姥姥也来拜见了神君。从这之后，她的子孙后代就开始地位尊贵，声名显赫起来。武帝继位后，就用隆重的礼仪将神君安置在宫里，并供奉丰厚的祭物。

李少君原本是被深泽侯请来专门管理方术和医药事务的，后来因为他懂得祭祀求神和长生不老等方术，所以就受到了武帝的器重。李少君故意隐瞒了自己的年龄、籍贯和经历，说自己已经70多岁了，之所以容貌还很年轻，就因为自己能驱使神鬼，吃了能令人返老还童、长生不老的仙药。

李少君这个人本来就喜欢研究方术，要点小聪明，再加上自己的胡乱分析和判断，有许多事情都被他奇迹般地言中了。有一次，他陪武安侯喝酒，在座的有一位90多岁的老人，李少君就跟他天南海北地聊了起来。他说曾经陪同老人的祖父去过很多地方打猎。这个老人小的时候也曾随祖父一起去过这些地方，和李少君说得差不多，在座的人都吃惊地张大了嘴。后来皇上召见李少君，拿出一个古老破旧的铜器问他："你知道这个东西的来由吗？"李少君回答说："这件铜器是齐桓公时候的器具，齐桓公十年的时候，曾经摆设在柏寝台。"皇上立即派人去考证上面的刻字，果然一点也不错，朝廷的上上下下都惊呆了。

李少君私下里对皇上说："只有祭祀灶神，才能召来神灵。神灵来了以后，就能把丹砂炼成黄金。用丹砂炼成的黄金打造成吃饭用的器皿，使用后就能长命百岁。寿命长了就能看见大海中蓬莱仙岛上的神仙。见到了神仙后，再进行封禅活动，这样就能长生不老了，远古的黄帝就是这样的，你相信吗？我以前在海上游玩的时候，遇见了安期生。他是个神仙，能和住在仙岛上的神仙交往。如果你和他投缘，他就接见你；你要是和他没缘分，他就会藏起来，不让你看见。他还给过我一颗像瓜那么大的枣子呢！"武帝听信了他的话，就亲自参加灶神的祭祀仪式，还派方士到海中去寻找神仙，并专门派人去把丹砂和药剂混合在一起炼制黄金。

李少君生病而死，武帝认为他并不是死了，而是变成了神仙。后来武帝又派宽舒去学习他的方术，到处寻找蓬莱仙岛和安期生，结果一无所获。但这个说法却被人们传得沸沸扬扬，神乎其神，致使沿海地区一些愚昧腐朽的方士们争相仿效。

汉武帝刘彻像

武帝原来有个非常宠爱的李夫人，早已经过世了，可汉武帝一直对她念念不忘，有时在梦里都能看见到她。武

中国大事记 | 公元前517年，鲁昭公讨伐大臣季孙氏，却被季孙氏打败，被迫逃亡。

帝想把李夫人的魂魄招来跟自己相会。为此，他召见了一个自称能招神引鬼的方士，名字叫少翁。这个少翁，从外表上看年纪不大，却说自己已经200多岁了，所以叫“少年老翁”，简称少翁。少翁向汉武帝索要了李夫人曾经穿过的衣服，又找了一间清静的屋子，在屋子的中央挂上轻纱做的帷帐，里面点上蜡烛，又偷偷让人按照李夫人的模样在羊皮上画了一张肖像。一切都准备好了以后，就把汉武帝一个人叫来，坐在屋子的帷帐前，看他实施法术。屋子本来就暗，烛光半昏半明，汉武帝看见轻纱后面出现了李夫人的半张脸，加上他的心理作用，越看越觉得就是李夫人。他刚想撩开帷帐，仔细看个清楚，李夫人的影子一晃就不见了。这时，少翁从帷帐的后面走了出来，说汉武帝身上的阳气太重，把李夫人的魂魄都吓跑了。汉武帝相信少翁真有法力，封他做文成将军。这个文成将军又对皇上说：“皇上如果真想见到神仙，就要把住的地方重新装饰一下，身上穿的衣服也仿照神仙的去做，否则神仙就不愿意来见您。”皇上就下令制作车子，在车身上画上云气图案，还按照方士的要求，在不同的日子里驾着不同颜色的车子来驱赶恶鬼。之后，武帝又派人营建甘泉宫，建起高台宫室，室内画着天、地和太一等各种神仙，并摆下精美的祭祀器具用来招引神灵。

一年多过去了，少翁的方术并没有显灵，怎么招也招不来神仙。武帝很生气，但没有说什么。这时，少翁有点沉不住气了，为了糊弄皇帝，就偷偷找来一块玉帛，在上面写了几行字，把它放在喂牛的草料里，让牛吞下去。接着就骗人说：“这头牛有些怪异，它的肚子里一定有什么东西！”武帝派人把牛杀了一看，牛胃里有一张帛书，上面写着奇怪的文字。皇上开始怀疑这里面有问题，就命人察看，结果有人认出是少翁的笔迹，一审问，果然是少翁假造的文书。皇上大怒，立即派人把少翁拉出去，砍了那颗“已经好几百年”的脑袋，不许任何人张扬这件事。

据说当年少翁为哄骗汉武帝，玩的那些鬼把戏，就是后来的皮影戏。

栾大显贵

少翁被杀的第二年，武帝住在鼎湖宫，得了病，而且病得很严重。巫医们想尽了办法，病情也不见好转。于是又有人向武帝推荐了一个巫师，这个巫师对武帝说：“皇上不用担心，您的病很快就会好了，到时您再来甘泉宫找我。”不久，武帝果然好点儿，就亲自前往甘泉宫。到甘泉宫时间不长，武帝就痊愈了，于是大赦天下，把巫师安置在寿宫。

公元前112年的春天，乐成侯上书推荐栾大。栾大本是胶东王刘寄的宫人，和少翁同是一个师傅的徒弟，后来做了掌管配制药品的尚方令。乐成侯的姐姐是胶东王的王后。她听说少翁死了，就想讨好皇上，便让乐成侯把栾大推荐给皇上。这时，天子正在为杀死少翁而追悔莫及，一见栾大，非常高兴。

栾大这个人长得高大英俊，还很会说话，言谈显得很有策略，而且很张狂。他吹嘘说：“我经常在海上来来往往，无数次见到过安期生和其他的仙人，不过他们都说我地位低下，不理我。还说胶东王也只是一个小小的诸侯，不配接受神仙方术，我向胶东王说过多少遍，胶东王都不相信我。师傅曾经对我说：‘黄金可以炼成，黄河的决口也可以堵塞，长生不老的药也可以求得到，神仙也可以招来。’只是我有点担心，将来会像少翁那样招来杀身之祸。唉！要是这样下去，那方士们就都得把嘴巴闭上，哪里还敢再谈论方术呢！”

武帝说：“少翁是误食了马肝而死的。你如果真能修炼出你师傅那样的法术，我怎么会舍不得那些金银财宝和高官厚禄呢！”栾大说：“我的师傅无求于人，而是人们有求于他。如果您真想招来神仙，就先要善待神仙的使者，让他受到宾客一样的款待，给他佩带各种印信，拥有自己的家眷，这样才能变得尊贵。即使这样，神仙来不来还很难说。总而言之，只有尽可能地尊崇神仙的使者，才能招来神仙。”武帝请栾大演示一个小法术。他表演斗棋，让那些棋子在棋盘上自由移

历史关注

战国时期男子服徭役的年限从 15 岁到 60 岁。

·泰山封禅·

最早有历史记载的封禅活动是从秦始皇开始的。封禅是一种祭祀性的礼仪活动，“封”是在泰山上堆土为坛，祭祀天神；“禅”是在泰山下扫去一片净土，祭祀土神。帝王登封泰山是国家鼎盛和天下太平的象征，皇帝本人也因此声威卓著，成为“奉天承运”的真龙天子。秦始皇以后，秦二世、汉武帝、汉光武帝、汉章帝、汉安帝、隋文帝、唐高宗、唐玄宗、宋真宗、清圣祖、清高宗等帝王都曾到泰山登封告祭，刻石记功。

动，互相撞击，看得武帝眼花缭乱，心悦诚服。

当时黄河决口，泛滥成灾，武帝整日忧心忡忡。炼黄金的事也屡遭失败，武帝十分烦恼，就封栾大为五利将军。一个月后，他又把栾大封为天士将军、地士将军、大通将军和天道将军，还赐给他四颗金印，另外加封为乐通侯，赐给他上等的宅第和1000个奴仆。武帝还把自己的女儿卫长公主嫁给他，并拿万斤黄金作为陪嫁，改封女儿为当利公主。

皇帝亲自登门拜访五利将军，皇亲国戚和朝廷的文武百官也纷纷前往祝贺。五利将军就在家里置备酒宴款待，赠送礼物的人们走在路上络绎不绝。皇帝觉得这还不够，又派人穿上鸟羽毛制成的衣服，拿着刻有“天道将军”的玉印，赐给五利将军。五利将军也身着羽毛制成的衣服，站在白茅草上，接受玉印。

从这以后，五利将军时常夜间躲在家中祭祀，求神仙下界。后来，他打点行装，说是东行海上，去寻找他的神仙老师。皇上派人暗中监视他，发现他并没有去海里，而是到泰山去祭祀。五利将军回来后，却对皇上撒谎说见到了仙人。皇帝认为五利将军所有的招数一次都没应验过，觉得自己被他欺骗了，龙颜大怒，下令斩了栾大。

武帝求仙

武帝被方士们骗了一次又一次，仍没有吸取教训，还是痴心不改，继续派人到海上寻找神仙、求取仙药，梦想着能够长生不老。

这年夏天，汾阴一位名叫锦的巫师在祭祀时，看见地面隆起了一个大包，扒开土一看，原来是一只鼎。这个鼎非常大，上面刻有花纹，却没有刻写文字。巫师觉得很奇怪，就告诉了当地的官吏，官吏又报告给河东太守，太守又上书禀告了皇上。皇上派使者前来查问巫师得鼎的详细情况，确认他们没有骗人后，就按照礼法举行仪式，把大鼎请到甘泉宫。

经过中山时，天气温暖晴和，天空被一小块黄色的云彩覆盖着。这时，有一头野兽跑过来，皇上拿起箭，一下就射中了它，叫人取回来做了祭品。到了长安，皇上说：“近年来黄河泛滥成灾，连续几年了，收成都不好，所以我才四处巡游，祭祀求福，祈求上天保佑百姓，让庄稼丰收。如今还没到收成的时候，这鼎怎么就出现了呢？”官员们说：“听说古时候的太帝伏羲氏造了一只神鼎，表示天下一统。黄帝又接着制造了三座宝鼎，象征天、地、人三者和谐。后来夏禹收集了九州的铜，浇铸成九座宝鼎，用来烹煮牲畜，祭祀上帝和鬼神。从此，每遇到圣明的君主大鼎就会出现。到了周朝末期德行衰败，大鼎也就跟着消失不见了。如今，大鼎已迎到甘泉宫，它光彩夺目，变化莫测，这就意味着我们将获得无穷无尽的吉祥。这和在中山时遇见的黄白祥云相合一样，是个吉祥的征兆啊！只有受天命做皇帝的人才能得到上天的佑护，上天才降下这些吉祥的预兆。我们应该把宝鼎进献给高祖庙，珍藏起来，这样才能顺应天意。”皇上满意地点点头说：“有道理，就这么办吧！”

秋天，皇上来到雍县，准备举行祭祀，祭奠五帝。齐人公孙卿说：“今年皇上得到宝鼎，而且得到的时辰和黄帝时代正好相同，而黄帝成为神仙，已经升天了！”皇上听后挺高兴，就把公孙卿找来，问他是怎么知道的。公孙卿说：“我是从申功那听到的，不过他已经死了！”皇上接着问：“申功是什么人？”公孙卿说：“申功是个齐人，他曾与仙人安期生有过交往，听过黄帝说话，于是就写在那个鼎上。黄帝还说：‘汉家要

中国大事记

公元前 516 年，楚平王去世，太子即位，是为楚昭王。

汉武仙台遗址

位于陕西省黄陵县城北桥山上的黄帝陵内，据说是汉武帝祈仙所用。

是兴盛了，就能得到这个鼎！’申功还说过，汉家英明的君主也能成为神仙，登临仙境。黄帝经过百年修道，才得以与神仙交流。后来，他在明廷接待神仙，明廷就是现在的甘泉山。黄帝当年开采首山的铜矿，在荆山脚下铸造大鼎，铸成后，一条长胡须的龙从天上飞落下来，迎接黄帝，于是黄帝上了龙背，群臣和后宫嫔妃也都跟了上去，总共带走有 70 多人呢！小臣们没法上去，就都抓住龙须不放，龙须被拉断了，黄帝的一把弓也掉落下来。百姓们眼睁睁看着黄帝被带上天，也没办法，就抱着他的弓和龙须大声哭喊。后来世人就把黄帝升天的地方称为鼎湖，把那张弓叫乌号。”皇上说：“啊！真是太奇妙了，我要真能像黄帝那样，那么丢弃人间的妻子儿女，就会像脱掉鞋子一样容易了！”皇上郊祭完后，就去了甘泉宫，又封公孙卿为郎官，派他去东方的太室山恭候神灵。后来，公孙卿在河南恭候神灵的时候，说是找到了仙人的踪迹。汉武帝亲自来查看，问他：“你不是又像文成将军和五利将军那样欺骗我吧？”公孙卿说：“如今是咱们在求各位神仙，不是神仙在求咱们，怎能这样没有耐心呢？只有长年累月虔诚等候，神仙才会来呢！”汉武帝似信非信地点了点头。

后来，汉武帝东巡海上，行礼祭祀各路神灵。由于自称有奇异方术的人不计其数，但没有一个灵验的，于是他派出更多的船只，让那些说海里有神山的人去寻找蓬莱仙人。公孙卿说自己夜晚看见一个人，身高有几丈，等走到近前，又不见了，留下了像禽兽一样巨大的脚印。汉武帝亲自去察看脚印，于是相信了，就留宿海上，结果什么也没见到。后来，公孙卿又说在东莱山见到了神仙，还说神仙好像对他说要见见天子。于是汉武帝就封公孙卿为中大夫，让他陪同来到东莱。武帝在这里住了几天后，还是没有见到神仙。公孙卿解释说：“仙人是可以见到的，可是您每次都是匆匆地来了，又匆匆地离去，太仓促了，所以没见着。仙人们都喜欢住楼阁，陛下可以在京城修建一座台阁，准备一些上好的干肉枣果之类的祭品，神仙一定会来的！”汉武帝命令在长安建造蜚廉观和桂观，在甘泉宫建造益延寿观，派公孙卿手拿符节，等候仙人。这样持续了很长的时间，依然没有召来仙人。

汉武帝还是不甘心，继续加派人寻找神仙。他自己也四处巡游，祭祀鬼神，走遍了天下所有的名山大川，可还是一无所获。公孙卿等人信口雌黄的借口越来越难说服汉武帝了，受到太多欺骗的汉武帝，在晚年的时候终于有所醒悟。公元前 89 年，汉武帝最后一次出巡，在山东的海边等了 10 多天，也没有见到神仙的影子，就失望地往回走。这时，他看到农民在地里忙着春耕，十分感动，就亲自走到地里和农民一块耕田播种。后来，汉武帝来到泰山，向大臣们检讨自己的过错。回宫后没多久，汉武帝就应大臣们的请求，赶走了所有的方士，还下了罪己诏，检讨自己的过失。

公元前 87 年，汉武帝病重，立刘弗陵为太子，任命霍光等人辅佐幼主，不久去世。汉武帝的陵墓叫茂陵，在现在的西安附近。

世家

《史记》一书中，世家亦以编年为体，记述王侯封国、开国功臣和有特殊地位、特殊影响的人物。其事或许并非牵涉全国，然于某一封国或全国社会生活的某一方面有巨大影响，多数可视为国别史，如《晋世家》《楚世家》《孔子世家》《陈涉世家》等。

中国大事记 | 公元前515年，专诸刺王僚，公子光即位，是为吴王阖闾。他在位期间使吴国国力大盛。

吴太伯世家第一

延陵季札

吴太伯和弟弟仲雍，都是周太王的儿子，季历的哥哥。季历很有才识，他的儿子姬昌也很有德行，所以周太王就想让季历继承首领之位，以便将来把王位传给姬昌。太伯和仲雍知道后，就逃到偏僻落后的东南地区（荆蛮），剪断了头发，把身上刺满了花纹，以此表示他们不会与弟弟争夺继承权。后来季历继位，儿子姬昌也得以继位，成为周文王。太伯自称句吴，居住在荆蛮地区，因为他很有德行，荆蛮地区的人们很敬重他，都主动归附他，拥立他为吴太伯。

太伯去世后，他的弟弟仲雍接替他的位置。又过了好多代，吴王寿梦继位。吴王寿梦在位的时期，吴国开始强大，于是他就自称吴王。吴王有四个儿子，大儿子诸樊，二儿子馀祭，三儿子馀昧，最小的儿子叫季札。季札小时候就聪明伶俐，惹人喜爱，长大后博学多才，豁达贤能。父亲想让季札继承王位，却被季札谦让推辞了。吴王只好立长子诸樊为王，行使国家权力。

后来，吴王去世，诸樊脱去丧服后，就把王位让给季札。季札推辞说：“当年曹宣公死的时候，曹国人和各方诸侯们都认为是曹君杀害了太子，夺得了君位，都说他不讲仁义，没有道德。于是就想拥立子臧为王，子臧却离开了曹国，让曹君继续当政。曹国的君子们都称赞子臧‘严守节操’，父王本是让你继承王位的，我怎能不守信用，跟你争王位呢？再说，当国君也不是我的志向，我虽说没有什么能耐，可宁愿学子臧那样严守节操，也不想像曹君那样留下骂名。”吴国人都非常仰慕季札的人品学问，一致要求拥立他。季札没办法，就偷偷地离开王宫，到乡下种田去了。吴国人见季札如此坚决，也就不好再勉强他。

诸樊生前曾经交代过，要把王位传给弟弟馀祭，然后依次传下去，一直传到季札，从而了却父亲生前的愿望。诸樊还赞扬了季札让贤的情操，嘱咐弟弟们要向季札学习。后来，季札被封在延陵，号称延陵季子。

季札出使鲁国，倾听了鲁国许多优美的音乐，颇有感触。接着他又出使齐国，劝导晏婴说：“权力是万祸的根源，齐国的政权最终会属于一个人，在还没确定之前，肯定会你争我夺，斗争不断。你应该早点把权力和封地交出来，不然的话，恐怕就会有灾难降临。”晏子听了他的话，交出封地和政权，避免了后来政治斗争中的灾难。季札来到郑国，见到了子产，就像见到久别重逢的老朋友一样，十分亲切。他对子产说：“如今郑国的君王荒淫奢侈，挥霍无度，一定会灭家毁国，最后的政权可能会落在你的手上，到时候你千万要严谨治国，以礼服人，不然的话，郑国就会面临亡国的危险！”

季札又要前往晋国。这天他准备休息的时候，外面传来了钟声。季札站起身来说：“真是奇怪了，我只听说不修德行，背叛别人的人会遭到报应，可是这个孙文子呢？得罪了国君，居然还敢住在这里，若无其事地敲钟奏乐，真是琢磨不透。孙文子住在这里，就像燕子在幕布上筑巢一样地危险啊！再说，如今国君的尸体还没有下葬完毕，怎么能敲钟奏乐呢？”说完，就立即起身离开了。孙文子听了他的话，十分震惊，从此再也不听音乐，弹奏琴瑟了。

季札到了晋国之后，对赵文子、韩宣子和魏献子说：“晋国的政权，恐怕将来会集中到你们三家。”季札离开之前，又对叔向说：“你好好努

历史关注

湖南长沙杨家山春秋晚期墓中出土一把钢剑，为我国目前发现最早的块炼铁渗碳钢实物。

·苏州古城·

苏州古城面积 14.2 平方千米，于公元前 514 年，吴王阖闾令伍子胥建城至今，2500 多年城址未变，是中国最早的城市之一。先后为春秋吴国、三国东吴前期、元代农民政权周等政权都城。苏州在春秋时期是吴国的政治中心；西汉武帝时为江南政治、经济中心，司马迁称之为“江东一都会”（《史记·货殖列传》）；唐代是江南唯一的雄州；宋时，全国经济重心南移，陆游称“苏常（州）熟，天下足”（陆游《奔牛水闸记》），宋人进而美誉为“上有天堂，下有苏杭”，而苏州则“风物雄丽为东南冠”；明清时期又成为“衣被天下”的全国经济文化中心之一。

力吧！虽说晋国的国君荒淫奢侈，但朝中还有不少良臣，大夫们也都很富有，最后的权力会归于韩赵魏三家。你为人坦率正直，要多加小心，保全自己，千万别惹上灾祸！”

季札刚开始出访的时候，有一次经过徐国。徐君对着季札的宝剑啧啧称赞，爱不释手，不好意思开口要。季札看出了他的心思，因为还要带着宝剑继续出使其他国家，就没有送给他。季札归来时，徐君已经死了。季札很无奈，祭奠完徐君，就解下自己的宝剑，挂在徐君陵墓旁边的树上，离开了。身边的人迷惑不解，问季札说：“徐君已经去世了，你把剑放在那里，也不会知道！何必呢？”季札摇着头说：“你不懂，当初我知道他很喜欢这个宝剑，就在心里暗自许愿，等我出使回来，就赠给他。如今他虽说死了，我也要履行自己的诺言！”

后来，不管季札出使到哪个国家，都会给人留下十分美好的印象，他不同寻常的外交才能，无形中扩大了吴国的影响。后来，吴王馀祭去世，弟弟馀眛继位。馀眛临死之前，让人把季札叫到床边，想让他接替王位，季札再三推辞，然后离开了。吴国人只好让馀眛的儿子僚继承王位。

公子光弑王僚

公子光，是吴王诸樊的儿子，吴王僚的堂兄。僚登上王位后的第二年，派公子光去攻打楚国，结果被楚军打败，还丢了先王的座船。公子光害怕回来受到惩罚，又去偷袭楚军，夺回先王的座船，这才敢收兵回国。

吴王僚五年（公元前 522 年），楚国大将伍子胥的父亲和哥哥被楚王杀害，就投奔吴国，想说服吴王僚去攻打楚国。公子光私下里对吴王说：“伍子胥的父亲和哥哥被楚王杀了，他是想利用你报自己的私仇。再说，攻打楚国，对我们有什么好处呢？”其实，公子光知道伍子胥性情刚烈，文武双全，想把他拉拢过来为自己做事。伍子胥也看出了公子光的心事，心中暗想：“公子光有野心，我现在还不能劝吴王出兵，应该先助公子光一臂之力，让他继承王位。”就把勇士专诸推荐给公子光。公子光看伍子胥与自己不谋而合，于是就像招待宾客一样接见了他。公子光一直认为：“父亲他们兄弟四人，王位本来应该由季子接替。季子不愿意做王，自己的父亲最先继位。如果季子还是继续坚持不称王，那继承王位的就应当是我。”他就打算夺取王位，暗中召集贤能人士，还让伍子胥隐退到偏僻的郊野去耕作，等待时机对吴王僚下手。

吴王僚八年（公元前 519 年），吴王派公子光讨伐楚国。公子光打败了楚军，从居巢迎回楚国前太子建的母亲。紧接着他又带兵乘胜北伐，打败了陈、蔡两国的军队。一年后，公子光又攻占了楚国的居巢、钟离两地。先前，楚国边境的妇女与吴国边境的妇女因为采桑叶而发生了争执，逐渐产生了怨恨，最后发展到互相攻杀。两国边境的官吏知道后，都很生气，就互相攻打起来。最后，楚国攻占了吴国的边境城邑。吴王非常愤怒，就加派军队反击，占领了楚国的两个城市，这才心满意足地收了兵。

吴王僚十三年（公元前 514 年）春，楚平王去世，吴国趁着楚国办丧事的机会，又派公子烛

中国大事记

公元前 510 年，吴王阖闾率军伐越，吴越两国由此展开了数十年的战争过程。

庸和盖馀带兵攻打楚国。还派季札前往晋国，去侦看其他诸侯国有什么反应。吴军被楚军切断后路，退不回来。公子光心想：这可是个大好的机会。于是就找来专诸，对他说："不能再这样等下去了！机不可失，时不再来。我才是真正的王位继承人，我要夺回属于我的王位！就算是季札回来了，他也无话可说。赶快行动吧！"专诸说："国内只有吴王僚年迈的母亲和幼小的孩子，其他两个公子正在领兵打仗，短时间内也回不来，朝中又没有忠实吴王的大臣，杀了他应该不是什么难事。"公子光说："不用说了！从现在开始，我的命就是你的命，你的事就是我的事了！"

四月丙子，公子光在地下室埋伏身穿铠甲的士兵，然后摆下酒席，宴请吴王僚。吴王僚对公子光心存戒备，又不好拒绝，便从王宫到公子光家道路两侧，布置上负责保卫的士兵；甚至在公子光家的大门、台阶、屋门、坐席旁，都排满亲兵。这些亲兵卫士，人人手执利剑。吴王僚就座之后，和公子光二人推杯换盏，高声谈笑。公子光见吴王僚有了几分醉意，就假装脚疼，站起身躲进地下室，命令早已准备在那里的专诸把匕首藏在烤全鱼的肚子里，然后端上去。专诸假装上菜，走到吴王僚的近前，从鱼肚子中抽出匕首，对准吴王僚用力地刺去。吴王的侍卫大惊失色，拿起短刀刺向专诸的胸膛，但此时已经晚了，吴王僚"扑通"一声栽倒在地，当场毙命。受伤的专诸强摇晃了几下，倒地而死。接着，公子光命令事先埋伏好的士兵，趁着吴王僚手下一片混乱之际，消灭了他们。

公子光杀死吴王僚后，自立为国君。为了报答专诸为他所做的一切，他特封专诸的儿子为上卿，又把伍子胥封为王佐，还把刺杀吴王所用的匕首封存起来，永远不再使用。

季札出使归来，得知朝中变故，长叹一声，说："只要能祭祀祖先和社稷之神，抚慰人民，那就是我的国君。"

公子光政变成功，他就是历史上有名的吴王阖闾。

夫差亡国

吴王阖闾十九年（公元前 496 年），吴国攻打越国，越王勾践亲自带领军队，在姑苏抗击吴军。越王选派了一些勇士，冲向吴军。将士们大声呼喊，冲到吴军阵前，然后拔出宝剑，自杀而死。越军连续这么做了好几次，吴王的军队见此情形，个个目瞪口呆。越国的大队人马趁此机会袭击吴军，把吴军打得大败。吴王阖闾的脚拇指也受伤了，军队被迫撤退七里。

不久，吴王阖闾的伤口被感染，病情严重。临终前，阖闾命人找来太子夫差，立他为王，并对他说："你是我的儿子，别忘了，是越王勾践杀了你的父亲！"夫差望着弥留之中的父亲，含泪点头。

夫差即位后第一年，就任命大夫伯嚭为太宰。吴国训练军队，演习作战，时刻准备报仇雪恨。吴王夫差二年（公元前 494 年），吴国就发动所有的精兵强将，攻打越国，把越军打得落花流水，四散逃跑，洗雪了姑苏战败的耻辱。兵败之后，越王勾践带领着 5000 个士兵退到会稽据守。越王勾践自知打不过强大的吴国，就派大夫文种找到吴国的太宰伯嚭。文种对伯嚭说，越国愿意把土地交给吴国管理，越王也甘做吴国的奴仆，从此归顺吴国。

吴王夫差知道后，心里十分高兴，准备答应越王的要求。这时伍子胥前来劝吴王说："古时候，有过氏消灭了夏的君王相。当时相的妃子怀有身孕，于是就逃到有仍国，在那里生下了帝相的儿子少康。少康长大后，成了有仍国的牧正官。有过氏一心想杀了少康，斩草除根，无奈少康又逃往有虞国。有虞氏因为曾经受过夏朝的恩惠，所以善待了少康，还把自己的两个女儿嫁给了他，把纶邑的土地送给他。当时，少康统治的地盘不过方圆十里，拥有的人口不过 500 部众。后来，少康不断聚集夏朝遗留下来的民众，逐渐恢复夏朝的官制。他又派人引诱有过氏，最终消灭了有过氏。由此少康重振夏禹的业绩，恢复了夏朝的统治。如今我们的实力，和有过氏相比，

历史关注

春秋时期传统中医开始脱离巫医成为一门独立的学科，已有内科、外科、儿科、妇科、五官科的分别。

差得太远了；而勾践的力量比少康强大无数倍，所以千万不能心慈手软。您现在不消灭他，恐怕将来后患无穷！何况勾践这个人，不同寻常，他最能忍辱负重，你要是留下他，肯定会有后悔的那一天。”吴王贪图一时的虚荣，不顾伍子胥的劝阻，采纳了伯嚭的意见，与越国签订了盟约，然后得意地撤兵离去。

吴王夫差七年（公元前489年），齐景公去世，朝中的大臣们争权夺利，斗争不断。刚刚登上王位的国君年幼，不知如何是好，齐国陷入一片混乱状态之中。吴王夫差听说后，就想借机攻打齐国。伍子胥又前来劝阻说：“越王勾践（此时吴王已经把勾践放回国）现在不讲究穿衣吃饭，整天祭奠先人，接济老弱病残。他有他的目的，就是想笼络民心，成就大业。勾践不除掉，我们吴国就永无安宁之日。君王不先除去这个心腹大患，反倒要兴兵去攻打齐国，真是太荒唐了！”吴王还是不听劝告，兴兵前去攻打齐国。吴王在艾陵打败齐军之后，又率兵来到缯邑，召见鲁哀公，向他索要猪牛羊等祭品。后来季康子派子贡用周朝的礼节劝说太宰伯嚭，吴王这才不再向鲁国索要财物。此后，吴王夫差停留在齐鲁两国南边的边境地带，依仗着强大的兵力，不断掠夺土地。后来鲁国实在难以承受，就答应吴国签订盟约，吴王这才善罢甘休。

越王勾践带领大臣们前来朝拜吴王，并献上了丰厚的礼物，吴王十分欢喜。此时伍子胥却忧心忡忡，考虑到处理吴越关系事关国家安危，再次前来劝诫吴王说：“越国是我们的心腹之患，如今就算我们得到了齐国又有什么用？商朝之所以能够兴盛起来，就是因为把叛逆之臣全都斩草除根，绝了后患。”吴王原本心情不错，听了伍子胥的几句话，就像被人迎面浇了一瓢冷水。他十分生气，立即派伍子胥去出使齐国，免得他再来说三道四。伍子胥来到齐国，把儿子托付给齐国的大夫鲍氏，然后返回吴国。吴王知道这件事后，勃然大怒，赐给他宝剑命令他自杀。伍子胥心中无限悲愤，慨叹说：“我死不足惜，只可叹我的一片忠心啊！我死之前，有一个小小的要求，希望大王能够答应。我死后，请在我的坟墓两边种上梓树，以后自然会派上用场；再挖出我的一双眼睛，放在吴国的东门上，让我亲眼看着越国是怎样灭掉吴国的！”说完，挥剑自刎。

西施与郑旦

传说越王勾践曾向吴王夫差进献西施与郑旦两个美女，以此来迷惑吴王。

吴王夫差十四年（公元前482年）春，吴王北上和众诸侯会盟，想在中原地区称霸。这年六月，越王勾践经过几年的精心谋划，养精蓄锐，开始率兵进攻吴国。越军5000人同吴国的军队交战，攻进了吴国的都城，俘虏了吴国的太子。吴王的部下把军队战败的消息报告给吴王。吴王十分恐慌，不想让诸侯们知道，就隐瞒了这件事。后来，不知是谁走漏了风声，吴王气急败坏，立刻拔剑杀了站在帐前的几个人。

后来，吴王和晋定公争做霸主，吴王向晋定公炫耀自己祖先辈分大。这下可不要紧，惹恼了晋国大臣赵鞅，赵鞅要出兵攻打吴国。吴王被逼无奈，只好把霸主之位让给了晋定公。吴王回到吴国，当时太子被俘，吴王又长时间外出，吴国内部力量空虚，士兵们疲惫不堪，无心作战。吴王无奈，只好派使者带上重金去跟越国讲和。

后来，越国一天比一天强大起来，不断侵犯吴国，二十一年（公元前475年），越国的军队围攻了吴国的都城。二十三年（公元前473年），越国彻底打败了吴国。越王勾践把吴王安置在甬东，让他在那养老。吴王后悔莫及，叹气说：“哎！我老了，不能再侍候您了。当初伍子胥几次劝我，我怎么就听不进去呢？如今落得这样的下场，我没脸去见伍子胥啊！”说完用袖子遮着脸，自杀而死。

消灭吴国后，越王认为吴国的大夫伯嚭不忠于自己的国家，就杀了他，然后返回越国。

中国大事记 | 公元前506年，楚大夫申包胥"哭庭借兵"，秦派兵救楚。吴国腹背受敌，不得不退兵，楚昭王复国。

齐太公世家第二

姜太公封齐

姜太公，本姓姜，名尚，字子牙。他的祖先曾在尧、舜时代做过大官，后来又因为和大禹一同治水，立了大功，被舜封在吕地（今河南南阳），此后家族便以封地为姓。到吕尚这一辈的时候，吕家家势已经败落，沦为平民。为了维持生计，吕尚曾经卖过酒、肉，做一些小生意。但他始终胸怀大志，经常研究治国安邦的道理，希望有朝一日能大展宏图，为国家效力。

吕尚70多岁的时候，正值强大的商王朝走向衰亡之时。当时的商纣王昏庸残暴，荒淫奢侈，老百姓们怨声载道，社会秩序极其混乱。这时，周国的国君西伯姬昌广施仁义，大力发展经济，国势渐渐强大，百姓们开始倾心于周的统治。壮志未酬的吕尚听说周西伯仁义爱民，正在招贤纳士，就离开商朝，投奔周国。吕尚来到岐山脚下，四处打听，听人说周西伯经常到渭河北岸打猎。他天天来渭河边钓鱼，希望有一天能见到周西伯。

这天，周西伯游玩打猎路过渭河，遇见了正在钓鱼的吕尚。二人随即交谈起来，而且谈得十分投机，大有相见恨晚之意。周西伯见吕尚知识渊博，通晓国事，就向他讨教治国安邦的良策。吕尚说："要想成就大业，首先要以贤为本，要学会用人。"文王听了高兴地说："我说呢！来这之前有人给我算卦，说有圣人要来周国。周国会因此而兴盛起来。你大概就是那个圣人吧！我已经等你好久了！"周西伯就把吕尚扶上自己的马车，带他一起回宫。回宫后，立即封吕尚为太公望，让他做军师。这下，怀才不遇的吕尚有了用武之地。

商纣王听说民众很崇拜周西伯，担心西伯会跟自己争天下，就派人把他抓来，关进监狱。太公找了几个人商量对策，又派人去寻找天下的奇珍异宝和美女，一并献给纣王。纣王龙心大悦，就放了周西伯。西伯回来后，就暗中和太公谋划讨伐纣王、推翻商朝的事情，还让太公教他一些用兵方面的策略。因此，后人都称太公为兵家始祖，并称姬昌为文王。

后来，周的势力越来越强，天下三分之二的诸侯国都诚心依附。这些成就的取得，多半来自太公谋划。

文王死后，武王姬发继承文王的事业，太公继续掌管着周国的朝政。武王想讨伐商纣王，就先试探一下其他诸侯的意思，于是召集各路兵马，在盟津集合。队伍临行前，吕尚左手持黄钺，右手持着白旄，庄严誓师。队伍到达盟津后，诸侯们的军队也纷纷前来会合。武王认真察看形势后，觉得讨伐商纣时机还不成熟，就命令各路军队撤回。

两年后，商纣王的统治更加残暴，不但囚禁了大臣箕子，还杀死了王叔比干，武王决心去讨伐

渔樵问答图
山中樵夫看到姜太公用直钩钓鱼，上前询问。

历史关注

春秋时代，在作战过程中以鼓进兵，以金收兵。

纣王。临行前，武王找人算了一卦，卦辞说暴风雨即将来临，不太吉利。众大臣有些迟疑，只有太公坚决支持武王立即出兵。于是武王听从了太公的意见，率领军队前进。武王十一年（公元前 1046 年）正月，纣王的军队和武王的军队在牧野展开大战，纣王的军队大败。纣王被逼无奈，登上鹿台，自焚而死。第二天，武王举行隆重的祭祀活动，太公牵着牛羊等祭品，史官朗诵诗文，向上天讲述伐纣的原因和经过。随后，武王散发了鹿台的存钱，把储存的粮食发放给民众；重新修缮了比干的坟墓；又把被囚禁的箕子放了出来。武王还把象征天子权力的九鼎迁到别处，重新整顿周朝的政治。所有这些，都是由太公主持策划的。

武王平定了商朝，称王于天下，把太公封在齐国的营丘。吕尚前往自己的封国，一路上走走停停，行进缓慢。这时旅馆里有人对他说："我听说机不可失，时不再来。您这样不紧不慢，宛如一个悠闲的过客，一点都不像前去就封的官员。"太公听了这话，连忙起身整理行装，招呼人马，连夜启程。天刚刚亮，就赶到了封国。太公还没有坐稳，探军来报，说莱侯带兵来攻打营丘。太公立即出兵，击退莱侯。莱侯是东夷人的首领，趁着西周灭商的混乱时机，前来抢夺太公的国土。

太公就任后，开始整顿政治。按照当地的风俗习惯，减少礼节，大力发展农工商业，积极倡导渔业发展，很快就安抚了当地的百姓。很多人都前来投奔齐国。没多久，齐国就成为一个强大的国家。

太公活了 100 多岁后才去世，死后他的儿子丁公继位。

昏君齐襄公

齐襄公，姓姜名诸儿，是齐釐公的儿子，齐桓公的哥哥。他是春秋时代齐国第 14 位国君。齐襄公还是太子的时候，就和宗室的后代公孙无知之间产生了矛盾。襄公继位后，公报私仇，降低了公孙无知的职位，公孙无知更加仇视他。

齐襄公四年（公元前 694 年），鲁桓公带着夫人来齐国拜访齐襄公。鲁夫人文姜是齐襄公同父异母的妹妹，年轻时她和齐襄公就交往甚密，关系暧昧。这次来到齐国，两个人刚一见面，又旧情复燃，结果被鲁桓公知晓。鲁桓公十分生气，大骂夫人不知羞耻，鲁夫人就向齐襄公哭诉了这件事，齐襄公顿生歹意。

第二天，鲁桓公就派人前去向齐襄公辞行，想要回鲁国。齐襄公执意挽留，并宴请鲁桓公，说是为他们饯行。鲁桓公憋了一肚子的火，却不好发作，只好客随主便，让夫人文姜留在驿站等候，自己应邀前往。酒席上，鲁桓公心里有事，闷闷不乐。而齐襄公却很有兴致，殷勤地端着酒杯，一再劝鲁桓公多喝几杯，大臣们也轮流前来敬酒。鲁桓公本来心情就不好，再加上他们人多，没多会儿，就被灌得酩酊大醉，不省人事。齐襄公让武士彭生把鲁桓公抱上车，送回驿站。临走前，齐襄公给彭生使了个眼色，低声说道："就按我原来说的办！一定要把鲁君送到家，路上不得有丝毫的差错，明白吗？"彭生会意地点了点头，上路了。走到一个偏僻的小路上，彭生看看前后左右无人，就下了车，遵照齐襄公的密令，杀死了鲁桓公。等到了住处下车的时候，鲁桓公的尸体早都僵硬了。

齐襄公一边派人把鲁桓公的尸体厚殓入棺，一边派人去鲁国报丧，说鲁桓公得了急病突然死去，通知他们来人迎回灵柩。鲁国的使臣来到齐国，请求齐襄公处死彭生。此时齐襄公正想杀人灭口，就处死了彭生。

齐襄公十二年（公元前 686 年），齐襄公派连称等人去守卫边疆地区葵丘，说好瓜熟蒂落时节就派人去接替他们。可是期限已经到了，齐襄公也没派人来去替换。于是朝中有人提醒齐襄公应派人前去接替连称等人，齐襄公不肯。连称等人见齐襄公不守信用，也没有个说法，就找到公孙无知，想和他一起图谋叛乱。当时连称有个堂妹，是齐襄公的妃子，不太得宠。连称就让她在宫中偷偷地打探消息，物色合适的时机杀掉齐襄公，还向妹妹许诺说："事成之后，你就会成为公孙无知的夫人。"

中国大事记　公元前504年，吴王阖闾再次出兵攻打楚国，楚国大败，被迫迁都以避吴国。

这年冬天，齐襄公出去游玩，来到沛丘打猎。在荒野上碰到了一只野猪，随从的人说这只野猪是“彭生”。齐襄公听了非常愤怒，刚想拔箭射杀，野猪突然站起来嚎叫。齐襄公惊恐万分，吓得从车上摔了下来，扭伤了脚，鞋子也丢了，弄得狼狈不堪。回到王宫后，他立刻就把管鞋的官员叫来，狠狠地打了他三百鞭子。这位官员很委屈，强忍着疼痛，愤愤不平地走出王宫。公孙无知和连称等人得知消息，就带人趁机袭击齐襄公的宫廷。一行人刚到宫门口，就见到管鞋的官气呼呼地走出来。管鞋的官一看他们的架势，知道要谋反，就对他们说：“千万别惊动了宫中卫队，否则想进去就很困难了！”无知对他的话半信半疑，管鞋的官员撩起衣服，让他们看自己的身上还带着血渍的鞭痕，无知这才相信了。于是就让他先进去探路，自己的人则在门外把守。管鞋的官员进去后，立即凑到齐襄公的耳边说了几句话。襄公听后大惊失色，哆哆嗦嗦地躲到门后面藏了起来。无知等人在门外等了好长时间，也没见里面有什么动静，担心有什么变故，就带人直接闯了进去。管鞋的官员和襄公的亲信前来阻挡，结果全都被杀掉了。无知到处找襄公，也没见着个人影，这时有人看到门后面露出一只脚，把门推开一看，正是齐襄公，于是就把他杀了。

公孙无知自立为齐君。继位后没多久，齐君无知去雍林游玩，结果被和他有旧仇的雍林人给杀了。这些雍林人事后通知齐国的大臣们说：“无知杀害襄公，自立为国君，实属大逆不道。如今他已经被我们杀掉了，请你们在公子们中间另选君主，我们一定会服从。”

当初，齐襄公和鲁夫人通奸，又杀死醉酒后的鲁桓公，道德沦丧，受到人们的强烈的谴责。后来他又诛杀无辜的民众，沉湎于女色，还凌辱朝廷的重臣。他的两个弟弟一看苗头不对，怕有一天自己也会招灾，就逃亡到国外去了。二弟公子姜纠的母亲是鲁国的公主，他就逃到鲁国，管仲、召忽辅佐他。三弟姜小白逃到莒国，鲍叔牙辅佐他。后来听说公孙无知死了，两个人都想回国即位，于是两人之间展开了激烈的争夺。

管仲相齐

管仲，春秋时期颍上（今安徽省颍上南）人，名夷吾，字仲。管仲本是名门之后，只是到了他这辈，家道已经衰落了。管仲小时候家里很穷，做过马夫，做过小商贩。后来，认识了鲍叔牙，两个人结拜为兄弟，共同经商。管仲成人后，曾经显赫的家族遗留给他的另一面开始逐渐显露出来，他超凡脱俗，胸怀大志，总想干一番轰轰烈烈的大事业。为了实现抱负，他追随公子纠，并跟他流亡鲁国。

自立为齐君的公孙无知被杀后，君位空缺，齐国处于群龙无首的状态，齐国的大臣们商量着拥立新君。这时，有人暗中来到公子小白所在的莒国，让小白回国继位。此时，公子纠所在的鲁国探听到这一切，也派兵护送纠回国，还让管仲另外带一批人马埋伏在小白回国的道路上。管仲看见小白的人马走近，就下令放箭，箭矢射中了小白腰带上的小钩子。小白假装中箭落马，骗过管仲，快马加鞭，赶回齐国。

管仲以为小白真的死了，连忙派人回去向鲁国人报喜。鲁国人这下松了口气，觉得没有人再和公子纠争夺王位了。公子纠也不再着急赶路，不慌不忙，6天后才到齐国境内。此时的小白早就抢先一步，登上了王位，紧接着就发兵前去阻

齐桓公与管仲画像砖

出土于山东省嘉祥县，反映了法家思想在春秋战国时期受到当政者的推崇与重视。

历史关注 | **《黄帝内经》是我国现今发现的最古老的医书。**

击鲁国护送公子纠的队伍。

这年秋天，齐国和鲁国交战。鲁国败退，又被齐军堵住了后退的道路。齐桓公派人给鲁君送去一封信，说："家无二主，国无二君。公子纠是我的亲兄弟，他想与我争夺王位，可我不忍心杀害他，请你们代我把他杀了吧！管仲、召忽等人和我势不两立，是我的仇人。请把他们交还给我，让我处置，我要把他们剁成肉酱，以解我的心头大恨。你们要是不答应，我就继续出兵围攻你们。"鲁君很害怕，就杀了公子纠，召忽自杀而死，管仲则甘心坐囚车回到齐国。

齐桓公被管仲射中衣带钩后，装死才得以逃命，因此对管仲恨之入骨，发誓要报一箭之仇。鲍叔牙劝他说："这件事您可要三思而后行啊！我能跟随您，实乃三生有幸。您虽说贵为君王，威严无比，却依然尊崇我。如果您只想把齐国治理好，那有我和高傒也就够了；若是想成就霸业，我们这些人就微不足道了，只有管仲才能帮您实现。管仲这个人非同小可，他在哪个国家，哪个国家就会因为他的存在而兴盛起来。所以我希望您能以大局为重，把他留下来辅佐您！"桓公也是个豁达大度的人，听鲍叔牙的话说得句句在理，就按照他的建议，假意说报仇雪恨，实则召管仲来齐国。

鲍叔牙亲自前去迎接管仲，一见面就卸去了他的手铐和脚镣，洗完澡换好衣服后，就带他去拜见齐桓公。齐桓公非但没有治管仲的罪，还用非常隆重的礼仪热情地接待了管仲，任命他为大夫，让他管理国政。

后来，管仲、鲍叔牙等人一起辅佐齐桓公。管仲担任国相，整顿政治，发展商业，提高鱼盐生产，接济贫苦民众，选举任命了大批的贤能人士。在他的治理下，齐国上下呈现出一片欣欣向荣的景象。

齐桓公二年（公元前684年），齐国消灭了郯国，郯国的君王逃亡。当初桓公逃亡的时候，经过郯国，郯君对他十分傲慢无礼，所以桓公现在讨伐他。

齐桓公五年（公元前681年），齐国又攻打鲁国，鲁军战败，鲁庄公请求讲和，并答应把遂邑割让给齐国。齐桓公答应了他的条件，双方决定在柯地订立盟约。谁知鲁君刚要签约，鲁国大夫曹沫就把匕首驾在桓公的脖子上，威胁说："赶紧把你们侵占鲁国的土地交出来，不然我就杀了你。"桓公见形势危急，连忙答应了他，曹沫扔掉匕首，脸朝北站在臣子的位置上。桓公说完就后悔了，不想退还鲁国的土地，就想杀了曹沫。管仲看出桓公的意思，上前劝说："您已经答应人家了，就不要再违背诺言。只为暂时出一口恶气，就要以在众诸侯面前失去诚信为代价，哪个轻，哪个重？千万不能这样做！"齐桓公听了他的话，就归还了先前占领的鲁国土地。四方诸侯听说了这件事，都夸齐桓公守信用，重名誉，都愿意前来归附他。齐桓公七年（公元前679年），众诸侯和齐桓公在甄地会盟。从这时起，齐桓公就开始称霸天下了。

管仲辅佐齐桓公差不多有40年，把齐国治理得井井有条。当时齐国国富民强，齐桓公成为春秋时代的第一霸主，百姓们都争相称颂管仲的德行。

公元前645年，管仲逝世，齐国的朝野上下万分悲痛。人们把管仲安葬在都城临淄南面的牛山上，又为他树立了高大的石碑，来纪念他的丰功伟绩。后来，孔子曾赞叹说："管仲辅佐齐桓公，称霸诸侯，挽救了周室家族，使国家日渐兴旺，让百姓享受恩惠直到现在。要是没有管仲，我们这些人大概都得左开衣襟，披头散发，如今早就沦为蛮夷统治下的老百姓了。"

齐桓公称霸

齐桓公七年（公元前679年），众诸侯和齐桓公在甄地会盟，齐桓公做了天下霸主。齐桓公二十三年（公元前663年），北方的山戎进攻燕国，燕国向齐国求救。齐桓公派出援军，与燕军一起击败山戎。接着乘胜追击，前锋到达孤竹，山戎军逃遁，齐军班师。燕庄公十分感激，率众臣送桓公回国，依依不舍，不觉进入齐国境内。

中国大事记 公元前502年，鲁国发生阳虎之变。季桓子的家臣阳虎势力庞大，欲取代三桓，但被三桓打败。

宁戚贩牛图轴 明 周臣 纸本
宁戚，春秋时卫国人，满腹韬略，且胸怀大志，但家境贫困，便为商旅赶车来到齐国，夜晚睡于城门外，待齐桓公夜出送客之时，击牛角，发悲歌。桓公闻听甚觉奇怪，于是召见他，宁戚便将胸中治天下之道说与齐桓公。桓公大悦，便任命宁戚为大夫。此图即绘宁戚为商旅赶车前往齐国途中，歇息喂牛的情景。

按周礼规定：诸侯之间相送不能出自己国境。齐桓公为表示对燕君及礼法的尊重，就把燕君所至的齐国领土划归燕国，并劝说燕君重新臣服于周朝。诸侯听说这件事，对齐桓公敬佩之至。

齐桓公二十九年（公元前657年），齐桓公和夫人蔡姬乘船游玩。蔡姬熟悉水性，就故意摇晃船只吓唬桓公。桓公十分害怕，就央求夫人停下，夫人正有兴致，不理桓公的话，继续摇晃。下船后，桓公一怒之下就将她赶回了娘家。蔡君见女儿被赶回来，十分生气，就把蔡姬嫁给了别人。桓公知道后，大怒，立即发兵攻打蔡国。

齐桓公三十年（公元前656年）春，桓公带领诸侯的联军又去攻打蔡国，蔡军溃败。桓公又乘胜攻打楚国。楚国在南方地区，向来和中原诸侯不相来往，中原诸侯也把楚国当“蛮子”看待。楚国人开垦疆土，收服了附近的一些部落，变成了较大的国家，自称楚王。楚成王集合人马准备抵抗齐国的联军，并派去使者责问齐桓公：“齐楚两国素不往来，彼此无怨无仇，为什么要侵犯楚国的国土？”管仲回答说：“我们两国虽然是相隔遥远，但是从前召康公曾经授权给齐太公，说：‘天下要是有谁不肯服从天子，齐国就有权力去征讨他们。’你们楚国本来每年都要按期向周王交纳贡品，为什么现在不进贡呢？如今影响了周王的祭祀，因此来拿你们问罪的！”楚王说：“贡品没有献上去，是我们的错，以后一定按期进贡。”可是齐军仍然进兵楚国。后来，楚王派大将屈完去抵抗齐军，齐军撤退到召陵。楚成王派屈完见齐桓公，齐桓公为了显示自己的军威，请屈完观看自己的军队，并趾高气扬地说：“你看看，如此强大的兵马，还担心打不了胜仗？”屈完看军队整齐，兵强马壮，淡淡一笑说：“真是不错！可是就算如此，你也得讲道义，扶助弱小的国家，这样才更令人佩服。要是光凭武力，我们可能打不过你，要是用方城山作城墙，把长江和汉水作为壕沟来阻挡你，你就是有千军万马，也未必能打得胜。”齐桓公见他态度强硬，说的话也有点道理，就跟屈完签订了盟约，然后带兵离去。队伍经过陈国的时候，有个陈国人欺骗齐军，让他们从东边绕道走，结果被齐军发觉，禀告了齐桓公。齐桓公很生气，这年秋天就进兵陈国。

齐桓公三十五年（公元前651年）夏，齐桓公和众诸侯在葵丘会盟。周襄王派宰孔把祭祀用的肉、红色的弓和箭还有天子使用的车驾赐给桓公，还说不让他跪在地上接拜了。桓公刚想答应，管仲凑到他耳边小声说：“这样不合适！”桓公跪在地上，接受赏赐。秋天，诸侯们再次在葵丘会盟，桓公越发显得傲慢无礼。周国的宰孔也来参加会盟，这时诸侯中间有人开始叛离桓公。晋国的君王生病了，来得稍微晚一些，路上正好碰见了宰孔。宰孔一边摇头，一边摆手对

历史关注

春秋时期，我国已经掌握了铸铁技术，出土的实物有铁鼎、铁剑、铁锛等。

·《管子》·

《管子》虽名为管仲所撰，其实是管仲学派的一部学术论文汇编，非一人之笔，也非一时之作，既有管仲治国思想的记录和发挥，又有不同历史时期的发展和运用。《管子》为齐文化最重要的经典作品，集中反映了齐文化务实、变革、开放、兼容的特色和精神风貌。此书内容丰富，体系完整，大凡经济、哲学、政治、法学、伦理、教育、人才、管理等社会科学方面的理论几乎无所不包，对自然科学和思维科学的某些内容也多有论述，直到今天仍有鲜明的借鉴意义。

晋君说："哎！齐侯简直太傲慢了，不用去了！"听了这话，晋君就返回去了。当年，晋献公去世，秦穆公送晋国的公子夷吾回国继位。桓公借口平定晋国内乱，出兵晋国，到了高梁后，派人去扶立晋君，然后率军回国。

这时，周王室力量微弱，齐、楚、秦、晋这四个诸侯国实力强盛。晋献公刚刚去世，国内无君主，秩序混乱。秦穆公身处偏僻边远的西部地区，没来参见会盟。而楚王又刚刚征服荆蛮地区，自认是个夷狄国家，也没去参加盟约。所以当时只有强大的齐国能主持中原诸侯的会盟，而且桓公广施德政，诸侯们都愿意服从他。桓公很自豪地发表演说："我向南讨伐到召陵地区，曾经远望熊山；向北打到山戎、离枝和孤竹一带；向西到了大夏，涉足流沙；还栓牢车马，登上了太行山，又到了卑耳山才返回来。诸侯们谁也不敢违抗我的命令！我无数次地主持诸侯之间的军事会盟、和平会盟。哪个国家有事，都得我亲自前去主持公道，就是以前的夏、商、周承奉天命时，也没法跟我比啊！我要封泰山祭天，禅梁父祭地。一切都按天子的规格办！"管仲极力劝阻，桓公就是不听。没办法，管仲只好想了一个主意，欺骗桓公说要祭祀天地，就必须拥有远方的奇珍异宝，否则天地就会怪罪下来。桓公这才善罢甘休。

管仲年迈病重，齐桓公问他："众大臣中，谁有能力接替您的职位？"管仲说："没有谁比您更加了解自己的手下！"齐桓公说："你说易牙怎么样？"管仲说："易牙为了讨好国君，不惜杀害自己的亲生儿子，不符合人之常情，不能胜任！"齐桓公问："那开方呢？他怎么样？"管仲说："开方为了迎合国君，背叛自己的亲人，这种人很难接近，人们不会服从他！"齐桓公接着问："竖刁怎么样？"管仲说："竖刁为了迎合国君，阉割自己的身体，更是不在情理之中，这种人难以亲信。"管仲去世后，齐桓公就把管仲的告诫忘得干干净净，不但重用了这3个人，还让他们包揽了齐国的所有大权。后来齐桓公生病了，在易牙和竖刁等人的挑唆下，他的5个儿子拉帮结派争做太子。

齐桓公去世后，几个公子相互攻击。宫中一片混乱，谁也不敢来装殓桓公的尸体。桓公的尸体一直在床上放了67天，腐烂不堪，上面的蛆虫都爬到了门外。后来，公子无诡在易牙和竖刁的全力帮助下，登上君位。无诡继位后，才收殓父亲的尸体，告示天下，并举行了简单的葬礼。齐桓公去世后，齐国的霸权衰落。

崔杼、庆封之乱

齐顷公死后，儿子姜环继位，也就是齐灵公。齐灵公的夫人生下公子姜光；妃子仲姬生下公子姜牙，公子姜牙由另一个妃子戎姬抚养。

公子光被立为太子后，由高厚辅佐。这时，戎姬依仗自己深受齐灵公宠爱，就提出要立公子牙为太子。仲姬认为这样不太合适，可是灵公已经下定决心，就把公子光发配到遥远的东部边疆地，之后公子牙被立为太子，仍让高厚辅佐。

后来，齐灵公病了，大臣崔杼就把太子光接回来，拥立他为国君，太子光就是齐庄公。太子光回到国都，先杀了曾主张废他太子之位的戎姬。接着又杀死了太子牙。后来，崔杼又杀了辅佐太子牙的高厚。晋国乘齐国发生内乱之机，出兵讨伐，大军到了高唐。

崔杼的妻子曾经是棠公的妻子，长得十分漂

中国大事记

公元前500年，孔子在鲁国被任命为司寇，掌管刑罚，四方敬服。

亮。棠公死后，崔杼就娶了她。后来，齐庄公和她私通。齐庄公不但明目张胆地到崔家，还把崔杼的帽子偷偷地拿去送人。崔杼敢怒不敢言，就想趁着晋、齐两军交战的时候，和晋国合谋，偷袭齐国，但始终没有找到机会。齐庄公曾经用鞭子毒打过宦官贾举，打完后又让他侍奉自己。贾举因此怀恨在心，表面上恭恭敬敬，暗地里却在寻找机会报仇。

齐庄公六年（公元前548年）五月，莒君来朝见齐庄公，齐庄公设宴款待他，让崔杼来陪客人。崔杼假装生病，没来赴宴。事后，齐庄公亲自登门，探望崔杼的病情，实际上是想借机见见崔杼的妻子。庄公看望了崔杼后，便去追嬉崔杼妻子。崔杼的妻子跑进内室，与崔杼关上屋门。齐庄公进不去，就倚靠在门柱上哼起歌来。崔杼的属官贾举把齐庄公的随从拦在大门外，紧闭大门，随后，率领家丁仆人们拿着兵器家伙朝着齐庄公蜂拥而上。齐庄公吓得四处逃窜，他爬到高台上，对着下面的人说："有话好说，有话好说，别动刀枪，我请求和解。"众人们都不答应。庄公又说："我跟你们签订盟约还不行吗？"众人还是不答应。庄公又说："那我只好到祖庙里自杀了！"众人还是不允许。家丁们说："你的手下崔杼生病，不能前来听从你的命令。我们是崔杼的家人，只知道奉命捉拿淫贼，别人的命令我们一概不听！"齐庄公心知不妙，想翻墙逃跑。谁知刚爬上墙，就被下面的人用箭射中了大腿。齐庄公重重地摔在地上，被崔杼的家兵们杀死了。

当时，有个叫晏婴的大臣就站在崔杼家的大门外，慨叹说："唉！你说国君要是为了国家的江山社稷而死，那么臣子也应该跟着一起死；国君为了国家而四处流亡，那么臣子也应该跟着一起流亡；可国君要是为了一些不能见人的私事或者死或者逃亡，除了他的死党，谁还愿意跟着去送死呢？"大门打开后，晏婴走进去，伏在齐庄公的尸体上痛哭起来。后来他又慢慢站起身，使劲地跺了三下脚，然后走出崔家。有人走到崔杼的跟前，小声说："把他也除掉算了！"崔杼摇摇头说："晏婴是个很有名望的人，杀了他就会失掉民心。"

后来，崔杼又立齐庄公同父异母的弟弟杵臼为君。杵臼就是齐景公。齐景公登上王位后，任命崔杼为右丞相，任命庆封为左丞相。两位丞相就位后，怕国内的大臣不服，就警告说："凡是不与崔氏和庆氏合作的人，一律处死！"晏婴不肯合作，仰天长叹道："我晏婴立誓效忠于英明的君主和对国家有利的人，这个愿望恐怕今生都难以实现了！"庆封听后建议杀了他。崔杼则说："如此侠肝义胆的忠臣，还是放了吧！"晏婴又免于一死。

齐国太史记载国家的变故，这样写道："崔杼杀了国君齐庄公。"崔杼很生气，就杀了太史。太史的弟弟还是接着这样写，崔杼又把他杀了。太史的小弟弟继续这样写，崔杼无奈，只好放了他。

崔杼的长子崔成和次子崔强是一母所生。崔成的母亲去世后，继母东郭女又生了崔明。东郭女让她和前夫所生的儿子无咎和自己的弟弟东郭偃去辅佐崔氏。后来崔成犯了罪，无咎和东郭偃借手中的权力，狠狠地惩治了崔成，然后立崔明为太子。崔成请求回崔邑的老家养老，崔杼答应了他。可是无咎和东郭偃一致反对，说："崔邑是祖先起家的地方，不能让他去那里！"崔成、崔强两兄弟十分愤怒，就找庆封来告状。庆封本来和崔杼就明合暗不合，恨不得崔杼家败人亡。于是就唆使崔成和崔强杀了无咎和东郭偃。崔杼知道后，非常愤怒，就让宦官驾车，气势汹汹地来找庆封算账。庆封狡辩说："崔成和崔强真是太不像话了，来央求我替你杀了无咎和东郭偃。你现在又来找我，弄得我两头不是人！"崔杼无言以对，只好作罢。可是庆封为了达到自己的目的，到处寻找和崔杼结仇的人，暗中指使这些人去攻击崔家，杀了崔成和崔强，几乎灭掉了崔氏所有的人。崔杼的妻子东郭女伤心欲绝，自杀而死。崔杼看家破人亡，无家可归，自知庆封也不会放过自己，含恨自杀。

把崔杼一家斩尽杀绝后，庆封做了相国。他独揽大权，日益专横跋扈。他整天四处游山玩

历史关注

著于春秋末期的《孙子兵法》是我国古代最伟大的军事学著作之一。

水，吃喝享乐，不理政事。为了应付差事，庆封让儿子庆舍替他管理政务。时间长了，父子之间就有了隔阂。这时有人谈论说："看来齐国就要大乱了！"果然时间不长，田氏、鲍氏、高氏、栾氏四家联合起来攻击庆封。庆舍派甲兵保护庆封的宫室，田氏、鲍氏、高氏、栾氏又前来围攻，打下了庆封的宫邸。庆封回来，进不了家，就逃往鲁国。齐人纷纷谴责鲁国，不应该收留庆封。庆封无奈，又逃往吴国。吴国分给庆封一块地方，并把庆封的宗族后代迁过来居住。此时的庆封比在齐国的时候还富有。

后来，齐国人迁葬了齐庄公。齐人为了祭奠齐庄公的亡灵，又把崔杼的尸体挖了出来，摆在大街上，供人们嘲笑取乐。

田氏代齐

春秋之初，陈国发生了内乱，陈厉公的儿子陈完投奔齐国。齐桓公任命他为工正，掌管百工和官营手工业。陈完又称田完，是田成子田常的祖先。从那时起，田氏开始在齐国扎根，并得到齐国几代国君的宠信。

齐景公三十二年（公元前516年），天上有彗星出现。于是，齐景公坐在柏寝台上，唉声叹气地说："唉！宫殿再富丽堂皇，也是身外之物，有谁能够长久享用它呢？"大臣们见君王很郁闷，就都假惺惺地陪着掉眼泪。晏子在旁边见状，忍不住笑出声来。景公很生气地看着晏子，晏子解释说："我没笑您，我是笑这些大臣们，他们可真会奉承您！"齐景公稍稍消了点气，问晏子："彗星在齐国的地域上空出现，可不是什么好兆头啊！我正在为这件事情发愁呢！你还有心笑！"晏子说："您是君王，住在深宫豪宅中，不去体察民情，只知道加重赋税。这样下去，比这还可怕的现象都会发生，彗星算得了什么？"齐景公说："你说我要是虔诚地祈祷，能不能免去灾祸呢？"晏子说："要是祈祷能够召来神灵，那一定也能将神灵赶走。数以万计的百姓心存怨恨，你一个人祈祷，怎能抵得过他们的诅咒呢？"当时的齐景公十分奢侈，各种珍奇异宝应有尽有。百姓的赋税繁重，刑法也十分苛刻。晏子这样劝诫他，是想让他勤俭持政。

齐景公四十八年（公元前500年），齐景公与鲁定公举行友好会盟。随从梨钼劝齐景公说："孔丘精通礼法，就是太胆小。您可以借此机会，让莱人演奏乐曲，趁机抓住鲁君，逼他满足我们的要求。"齐景公怕孔丘受到鲁国的重用，鲁国因此称霸于天下，采纳了这个建议。可是后来，莱人演奏乐曲的时候，还没等齐景公的人动手，孔丘就命人把莱人杀掉了，还用礼法狠狠地教训了齐景公。齐景公很惭愧，就归还了从前侵占鲁国的土地，以此表示道歉。这一年，忠臣晏婴去世。

齐景公五十五年（公元前493年），晋国的范氏和中行氏发动叛乱，急缺粮草，就来向齐国求救。此时的田乞也准备在齐国叛乱，为了能联合各国的叛逆臣子，增加自身的力量，田乞就前来对齐景公说："范氏和中行氏曾经对齐国有恩，我们不能见死不救啊！"齐景公就派田乞前去救援，还带上许多粮草。

齐景公年老时，特别忌讳别人说继承人的事。他想让宠妾芮姬的儿子姜荼当太子，可芮姬出身贫贱，姜荼品行不端。所以齐景公虽有想法，始终无法说出口。大臣们一问起此事，齐景公就不耐烦地说："管这么多的事干什么？你们尽情地去享乐吧！国家还愁没有君主吗？"这年秋天，齐景公病了，他把别的儿子都赶出都城，立最小的儿子姜荼为太子，让重臣国惠子、高昭子辅佐。姜荼就是晏孺子。齐景公死后，还没等下葬，众位公子都因为怕被杀害，纷纷逃亡到其他国家去了。

晏孺子继位后，田乞表面上十分敬重齐国的重臣高氏和国氏。上朝的时候，田乞为他们驾车，趁机说："你们得到国君的重用，大夫们都感觉处境危险，正要阴谋叛乱呢！"然后回头又对大夫们说："高昭子太可怕了，打算除掉我们，趁他还没动手，我们应先下手为强。"众大夫听信了田乞的话，就和他一起谋划叛乱，同时带领

中国大事记

公元前500年，齐与鲁议和，孔子作为礼仪官随鲁定公与齐侯相会。

士兵闯入宫中。高昭子得知消息后，就和国惠子联合起来，派兵营救晏孺子，结果被打败了。

后来，田乞又派人去鲁国，召回逃亡的齐国公子姜阳生，把他藏匿在自己的家中。田乞向大夫们请求说："我想为儿子田常的母亲举行一个菲薄的祭礼，希望各位能够赏光，来舍下小坐，共饮几杯。"宴席上，田乞把早已装着姜阳生的袋子，放在座位的中央，然后解开袋口，对着大家说："这才是齐国真正的君主！"众人面面相觑，愣了一会儿后，都很识相，纷纷跪倒拜见。田乞想让大夫们和他一起盟誓，立姜阳生为国君。他看着鲍牧喝得醉醺醺的样子，对众人说："我和鲍牧早就商量过，都想立阳生为国君。"此时鲍牧倒还有点清醒，结结巴巴地说："你忘了景公说过的话了？"大夫们都你看看我，我看看你，有点后悔。这时，姜阳生连忙上前叩头说："你们觉得我行就立我，不行就算了，别难为大家！"其实，鲍牧刚说完前面的话，就已经后悔了。他怕给自己惹来麻烦，连忙改口说："都是景公的儿子，有什么行不行的？"众人就一起盟誓，拥立姜阳生为太子。姜阳生就是齐悼公。齐悼公进入宫中后，命人把晏孺子迁往骀城。随后，又派人将他杀死在帐幕中，还驱逐了晏孺子的母亲芮姬。

后来，吴国和鲁国攻打齐国，和齐悼公有仇的鲍子趁着战乱，杀了悼公。齐国人拥立悼公的儿子姜壬为国君，姜壬就是齐简公。

齐简公和父亲阳生在鲁国逃难时，监止一直跟随在身边。齐简公继位后，就让监止主持国政。田成子担心监止对自己不利，每次上朝都小心翼翼地察言观色。后来，田鞅看出点苗头，就对齐简公说："君王，田常子和监止不能并用，您认真考虑一下，必须在他俩之间作出选择！"齐简公不予理会。后来，田逆杀了人，恰好被处理政务的监止撞见。监止令人逮捕了田逆，并关进监狱。田氏家族十分和睦，家族的人就一起想办法救田逆。于是田逆便装作有病，让家人前来探视。家人拿来酒菜，把狱卒灌醉后杀了，田逆借机逃跑了。监止知道后，来到田家，和他们盟誓和解。

田豹曾经给监止做过家臣，很受监止器重。监止对田豹说："我想把田氏的其他人都赶走，让你当族长，怎么样？"田豹说："我是田氏的远房子孙，没有资格当族长。何况，违背你的只是田氏家族中的几个人，何必都给赶走呢？"田豹把这些话告诉了家族中的人。田逆说："国君宠爱监止，我们要是不治他，他就会害我们！"田逆设法进入宫中居住，伺机杀监止。

简公四年（公元前481年）夏，田成子和兄弟们乘坐马车，来到宫中。监止出来迎接，结果兄弟几个走进去后，便关上了宫门。宦官发觉情况不对，便拿起武器抵抗，田逆杀死了宫中宦官。此时的齐简公正在和妃子们饮酒作乐，田成子将他们通通赶到寝宫。齐简公刚想拿起兵器攻击田成子。太史子余制止说："不能那样做，他们是来为你除害的！"田成子听了这话，就迈步走出宫外，住进了兵器库。听说齐简公还在发怒，田成子准备逃走，说："哪里还没有国君？"田逆抽出宝剑，阻止他说："迟疑，是成功的大敌。你难道不是田家的子孙吗？你敢不顾全家逃走，我要是不杀你，我就对不起祖宗！"田成子只好留下来。

监止离开宫室回家，召集军队家兵来攻打宫中大大小小的门，结果哪个也没攻进去，只好往后退。田氏族人紧追不舍，最后杀死了监止。后来，田常抓住了逃到徐州的齐简公。齐简公十分后悔，说："当初我要是听了田鞅的话，就不至于落到这个下场了！"田常杀了齐简公，又拥立简公的弟弟姜骜。姜骜就是齐平公。

齐平公继位后，由田常辅佐。事实上田常已经包揽了国家大权，还分割大片的土地给田氏作封地。齐平公去世后，他的儿子宣公继位。齐宣公当政51年后，儿子康公继位。

齐康公十九年（公元前386年），田常的曾孙田和成为诸侯，他把齐康公放逐到海滨。齐康公二十六年（公元前379年），齐康公去世，田和自立为国君，姜氏齐国的历史就此结束。

田氏取代姜氏的政权后，仍然保留"齐"作为国号，史称"田齐"。

历史关注

春秋时期，秦国有以人殉葬的习俗。秦穆公死后，有 170 多人殉葬。

鲁周公世家第三

周公姬旦

周公姬旦，是周武王的弟弟。周文王在世的时候，在众多兄弟里面，只有姬旦品质最好，忠厚仁慈，对待父亲也最恭敬孝顺。周武王即位后，他担负起辅佐和保护武王的重任，朝廷的大多数政事都由他来料理。武王十一年（公元前 1046 年），周公辅佐武王到牧野讨伐殷纣，他发布了《牧誓》来动员战斗，鼓舞士兵的斗志。周军攻破殷都，杀死殷纣王之后，周公手持大钺，召公手持小钺，左右拥护着武王，宰杀牲畜祭祀社神，向上天和殷朝遗民宣告纣王的罪状，告诉人们周朝代替商朝是顺应上天意旨的。周军取得彻底胜利后，武王释放了被纣王监禁的箕子。他还让纣王的儿子武庚治理殷朝遗民，任命管叔、蔡叔辅助他，允许他祭祀商朝的历代先王，让殷商的香火延续下去。武王还普遍封赏了功臣、同姓和亲戚。他封赏周公到少昊的旧址曲阜，这就是鲁公。但周公并没有去自己的封国，而是继续留在京师辅佐武王。

武王灭掉商朝的第二年，天下还没有安定，此时武王又患上了重病，群臣为此恐慌。古时候，人们遇到困难时，往往要通过占卜的方式判断吉凶。因此太公和召公准备去文王庙占卜。周公对他们说："不能让我们的先王忧虑悲伤。"他设立了 3 个祭坛，向太王、王季、文王的灵位祈祷说："你们的长孙周武王姬发因为国事操劳染上疾病。如果 3 位先王欠上天一个儿子的话，就让我来代替武王去死吧，我灵巧能干，能够服侍好鬼神。武王不如我多才多艺，并且他肩负着拯救天下百姓的重任。他能够让你们的子孙在人世安定地生活，四方人民无不敬畏他，有了他，先王就能长久地获得后世子孙的祭祀。现在我通过占卜的大龟听命于先王，你们如果答应我的要求，我就把圭璧献上，听从你们的命令。如果不答应，我就把圭璧收起来。"祝祷后，周公到 3 位先王的祭坛前面占卜，卜到的是吉卦。周公立即进宫祝贺武王说："您的身体没有妨碍，我刚刚接受到先王的旨意，让您只管考虑周室天下的长远之计，不要有其他的顾虑。"第二天，武王的病果然痊愈了。

武王去世后，成王即位，他还很年幼。周公担心天下人会因此背叛朝廷，就坐上王位替代成王主持国家大政。管叔知道以后，就在国内散布流言说："周公想废掉成王，自己做王。"周公听到后对太公望、召公奭说："我之所以不避嫌疑代理国政，是担心天下人背叛周王朝，无法向历代先王交代。先王历尽艰辛创下的事业刚刚起步，武王却在此时早逝，成王还年幼，我是为了稳定周朝的大业才这样做的。"他不顾流言飞语，继续尽心辅佐成王，并且命令儿子伯禽代替自己到鲁国担任国君。伯禽临行前，周公告诫他说："我是文王的儿子、武王的弟弟、成王的叔父，在全天下人当中我的地位不算低了。但我为了接待贤士，洗头时要 3 次握起头发，吃饭时 3 次吐出正在咀嚼的食物，即使这样还怕失掉贤能的人才。你到鲁国之后，千万不能依仗着国君的地位而骄傲轻慢。"

管叔、蔡叔、武庚等人率军反叛周王室。周公奉成王的命令率领大军东征，途中写成了《大诰》。大军长驱直入，杀掉了武庚和管叔，流放了蔡叔。收服了殷商的遗民，封康叔到卫地。封微子到宋地，让他做国君，祭祀历代商王。周公用两年时间平定了淮夷和东部其他地区，诸侯全

中国大事记

公元前 498 年，孔子在鲁国担任司寇期间，秉公执法，被鲁国三桓所嫉恨。

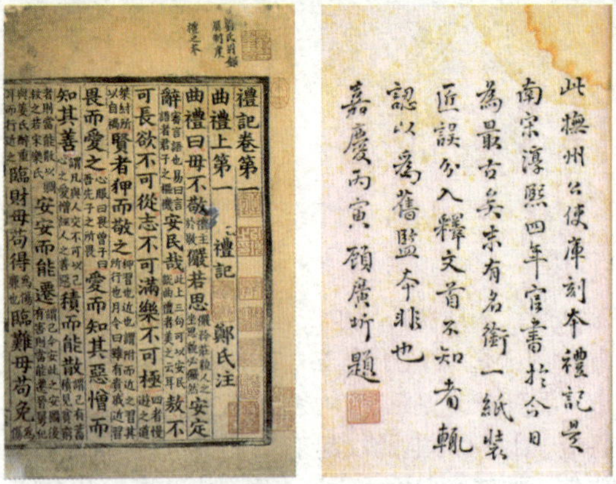

《周礼》书影

所谓周礼，一是指周代的礼法、政法制度，其中包括分封制、宗法制及与其相对的政法、礼法制度，它们有力地维护了周的统治。另一层意思是礼俗，包括周代的各种文化制度、风俗，后代各种礼法制度的制定多参照周礼。

部归顺周王朝。

成王七年（公元前 1035 年），周公去洛邑建造城池，通过占卜得到大吉之象，就把洛邑作为周朝的东都。这时，成王已经长大，能够处理国事。周公就把国政归还给成王。过去周公代替成王临朝听政时，面朝南方，背靠屏风，接受诸侯的朝拜。还政给成王后，周公回到臣子的位置上，面向北恭恭敬敬地站立，严格遵守君臣之道。

成王幼小的时候，有一次生了重病，周公就剪下自己的指甲沉到河里，向神灵祝告说："成王年龄太小还没有主见，冒犯神灵旨意的是我周公姬旦，如果要惩罚就惩罚我吧！"随后把祝告册书藏在内府，此后成王的病很快痊愈。等到成王临朝后，有人向成王诬陷周公，周公因此逃亡到楚国。成王搜查周公内府档案的时候，发现周公当年的祈祷册文，感动得泪流满面，立即把周公迎回。

周公归国后，担心成王因为年轻而荒淫骄奢，就写了《多士》《毋逸》来告诫他。《毋逸》篇中说："父母要经历长久时期的创业才能成功，而子孙骄奢荒淫忘记了祖先的困苦，毁败了家业，所以做儿子的一定要谨慎。"《多士》篇中说："从汤到帝乙，殷朝的历代先王没有不遵循礼制祭祀，修明政德的。到了殷纣的时候，开始荒淫逸乐，不顾天意民心，百姓疾苦，所以人民都认为他死有余辜。"

成王居住丰京时，天下虽然已经安定，但周朝的官职制度尚未安排得当，为此，周公写了《周官》，划定了百官职责。写了《立政》，便利了百姓，百姓为此欢欣鼓舞。周公临终时叮嘱后人一定要把他埋葬在成周（洛邑），表明他不敢离开成王。周公死后，成王把他安葬在毕邑，让他伴随文王，表示自己不敢把周公作为臣子看待。并且特准鲁国可以举行郊祭上天和立庙祭祀文王的礼仪。鲁国之所以获得如此高规格的待遇，全是因为周公的缘故。

襄仲杀嫡立庶

鲁文公在位 18 年后去世。他有两个妃子，长妃是齐国人，叫哀姜，生下了两个儿子，长子叫姬恶，次子叫姬视。次妃叫敬嬴，生下了一个儿子叫姬俀。鲁文公非常宠幸敬嬴，也因此宠爱公子姬俀。鲁国的一些大臣为了赢得君王的欢心，想尽方法去讨好敬嬴母子。鲁文公去世以后，按照《周礼》上规定的立嫡立长宗法制度，国君之位应该由太子姬恶来继承。但是，公子姬俀一直以来就想谋夺国君之位，而且当时鲁国的政权已经被一些重臣所掌握，谁能即位还要看这些重臣的意见。公子姬俀在平时就刻意拉拢一些重臣，为篡夺君位做了充分的准备。当时执掌鲁国大权的两位重臣是襄仲和叔仲。公子姬俀平时在私下里刻意接近襄仲，赢得了襄仲的支持。在选立新君的关键时刻，公子姬俀求助于襄仲。襄仲也希望公子姬俀即位，那样的话他本人就可以掌控朝中大权，但又担心遭到大臣们和百姓的反对。他去找叔仲商议，坦白地说出了自己的想法。正直的叔仲毫不犹豫地拒绝了他的要求，叔仲说："自古以来，都是由长子来继承父亲的爵位。只有遇到极为特殊的情况才可以变通。如今国君的长子已经长大成人，根本就没有必要废长立幼。如果这样做，将会引起国人的不满，并且

历史关注

春秋时期的楚国多铜矿，以铜绿山（今湖北大冶西）最为有名。铜广泛用于工具、兵器、礼器等制作。

也不符合伦理，还有可能引起大的混乱。”襄仲被叔仲反驳得哑口无言，只好愤愤而归。

然而，襄仲却没有因为叔仲的劝阻而放弃他的计划，他已经下定决心不惜手段来拥立公子姬倭为国君。鲁国和齐国相邻，一直都有很密切的往来，并且齐国是当时的强国，如果能够得到齐国的支持的话，他的计划就成功一半了。于是，襄仲秘密地派遣心腹到达齐国，向齐国国君游说，希望能够得到他的支持。当时齐国的国君是齐惠公，他刚刚即位。他明白齐国和鲁国是邻国，如果能够和鲁国亲近的话，有利于成就他的霸业。他欣然接受了襄仲的请求，支持他废长立幼的做法。有了强国的支持，襄仲更加为所欲为了。他想如果立姬倭为国君，他的两个哥哥又该怎样处置呢？如果有他们存在，鲁国人一定会拥立他们的，这样就会为自己留下无穷的后患的。一不做，二不休，干脆来一个斩草除根！他率领自己的亲信杀死了毫无防备的公子姬恶和公子姬视，随后拥立公子姬倭为鲁君，这就是鲁宣公。

襄仲杀嫡立庶、废长立幼的做法违背了传统的礼法，遭到了人们的谴责。而鲁国经过这一场动乱之后，公室的力量也开始渐渐地衰弱下去，朝政和实权进一步落入孟孙氏、叔孙氏、季孙氏三族之手。

·鲁国“初税亩”·

春秋时期，鲁国在宣公十五年（公元前594年）实行的按亩征税的田赋制度，是承认私有土地合法化的开始。春秋时期，由于牛耕和铁农具的普及和应用，农业生产力提高，大量的荒地被开垦后，隐瞒在私人手中，成为私有财产；同时贵族之间通过转让、互相劫夺、赏赐等途径转化的私有土地也急剧增加。实行“初税亩”田赋制度之前，鲁国实行按井田征收田赋的制度，私田不向国家纳税，因此国家财政收入占全部农业产量的比重不断下降。鲁国实行初税亩，即履亩而税，按田亩征税，不分公田、私田，凡占有土地者均按土地面积纳税，税率为产量的10%。初税亩的实行增加了财政收入，适应和促进了新生的封建土地所有关系。

三桓攻伐公室

鲁国的季孙氏、孟孙氏、叔孙氏是三个显赫的大家族，他们都是鲁桓公的后代，所以被称为“三桓”。在政治上他们有时互相支持，联合执掌着鲁国的政权；有时争权夺利，大权为实力最强家族独揽。鲁襄公在位时，朝政落在季孙氏的手中。公元前542年，鲁襄公去世。当时执掌鲁国政权的季武子把刚刚从齐国回来的公子稠立为国君，称为鲁昭公。当时鲁昭公只有19岁，还非常幼稚，没有能力处理国政。大臣穆叔对拥立昭公为国君表示反对，他认为：“太子死了，就应该让他同母的兄弟来继承君位，如果他没有同母的兄弟，就应该让庶子之中年龄最大的来即位，如果遇到年龄相同的情况，就应该选择其中最具有才干的，假如很难判断谁最有才干的话，就只好通过占卜的方式来抉择了。公子稠并不是先王的嫡子，并且他在为先王守灵的时候，不仅没有表现出哀伤的样子，反而表现出欢喜的样子，假如让他做国君的话，一定会给鲁国带来很大的祸患。”季武子一意孤行，不听从穆叔的良言相劝，坚持立公子稠为国君。鲁昭公继位不久，在为鲁襄公送葬的时候，态度非常随便，居然多次更换丧服。当时的士人见到这种情况后，都感慨地说：“看来他肯定不会得到善终。”

鲁昭公二年（公元前540年），昭公渡过黄河去朝拜晋平公，晋平公看不起他，拒绝与他见面，昭公只好败兴而回，鲁国百姓觉得蒙受了耻辱。鲁昭公八年（公元前534年），楚灵王为了庆贺章华台的建成，召见了鲁昭公，并且送给他很多珍宝，后来楚灵王又反悔了，想了一条诡计把珍宝骗了回去。鲁昭公十二年（公元前530年），鲁昭公再次朝见晋平公，再次遭到了强硬的拒绝。昭公十五年（公元前527年），鲁昭公再次朝见晋君，这次虽然没有被拒绝，但却被晋君留下和晋国百姓一起为晋昭公送葬，鲁国的百姓对国君的软弱无能深感耻辱。

季氏和郈氏进行斗鸡游戏。为了赢得游戏的

中国大事记 | 公元前494年，吴王夫差率军在夫椒大败越军，越王勾践与大夫范蠡到吴国为仆。

胜利，两个人都做了弊。季氏在鸡毛上涂抹了芥末，郈氏则在鸡爪子上面裹了金属制成的利爪。季平子发现以后勃然大怒，为此而出兵攻占了属于郈氏的土地。郈氏家族的昭伯对季平子恨之入骨，恨不得把季氏家族的人杀光。就在此时，鲁国大臣臧昭伯的弟弟臧会诋毁污蔑自己的哥哥，然后暗中躲藏在季平子的家里。臧昭伯为此抓了几个季氏家族的人。季平子知道后十分不满，也抓了几个臧氏家族的人进行报复。郈氏和臧氏去鲁昭公那里状告季氏，鲁昭公被两人说服，亲自带兵讨伐季氏，攻进了季氏的私人府邸，想置季平子于死地。季平子向鲁昭公申辩说："国君您是听从了奸佞小人的谗言才来讨伐我的，不应该在还没有查清楚我的罪状的情况下就杀死我，如果真的要治我的罪，请允许我迁居到沂水的边上去吧。"鲁昭公没有同意。季平子又请求国君把自己囚禁起来，还是没有得到允许。季平子甚至要求自己只带五辆车子去外国逃亡还是没有得到允许。这时，鲁昭公的臣子劝诫他说："您应该允许季平子的要求，季氏掌管国家的政权已经很久了，他的党羽遍布全国。您如果真的杀了他，他们肯定会联合起来为季平子报仇的。"然而鲁昭公却不听从他的忠告。郈氏也趁机添油加醋，强烈要求昭公杀掉季平子。

叔孙氏的家臣戾听到了鲁昭公讨伐季氏的消息之后，马上召集自己的手下商议，他征求大家的意见说："从我们自己的利益考虑，是季氏被消灭好？还是不被消灭好呢？"大家异口同声地说："当然是季氏不被消灭好！"于是戾率领叔孙氏的家兵前去救助季氏，击退了鲁昭公的军队。孟懿子听说叔孙氏救援季氏之后，也起兵响应，杀死了郈氏家族的昭伯。于是，三家的兵马联合起来共同讨伐鲁昭公。鲁昭公抵挡不住三桓的联军，慌忙逃到了齐国。齐景公对他说："我可以送给你25000户的封地，这样你应该满意了吧。"鲁昭公觉得有利可图，正准备答应下来时。大臣子家劝告他说："您是鲁国的国君，是周天子的臣子，怎么可以放弃周朝的臣子不做，而去做和您地位相同的诸侯国国君的臣子呢？"鲁昭公认为他说的有道理，没有接受齐景公的要求。子家发现齐景公不讲究仁义，齐国不是久留之地，劝鲁昭公去晋国避难，执迷不悟的鲁昭公没有听从他的建议。

鲁昭公二十六年（公元前516年）春，齐国攻打鲁国，占领了鲁国的郓邑，顺便把鲁昭公安置在那里。夏天的时候，齐景公打算把鲁昭公送回鲁国。他知道鲁国百姓不希望昏君回国，他们可能贿赂齐国大臣阻止自己把鲁昭公送回去，他叮嘱大臣不能接受鲁国的礼物。但是，齐国大臣子将出于贪心，仍然接受了鲁国大夫申丰、汝贾的贿赂。为了完成鲁国大夫的嘱托，子将对齐景公说："鲁国的大臣们现在根本就没有能力去侍奉国君，况且鲁昭公是个不吉祥的人，以前宋元公准备送鲁君回国，结果自己却死在路上。鲁国大臣叔孙昭子准备迎接他回国，结果自己没有什么疾病就奇怪地死了。可能是因为鲁国国君太昏庸了，连鬼神都得罪了。希望您还是不要送他回去了，免得受到他的连累。"齐景公认为他说的有道理，没有送鲁昭公回国。

鲁昭公二十八年（公元前514年），鲁昭公又来到了晋国，请求晋君送他回国。鲁国的季平子不希望昭公回来，便悄悄买通了晋国的六卿。六卿劝说晋君不要送鲁昭公回国，晋君也只好作罢，就把鲁昭公安排在晋国的乾侯居住。鲁昭公二十九年（公元前513年），鲁昭公又回到了被齐国占领的郓邑。齐景公派人给他送了一封书信，称呼自己为主公，俨然把他当成了齐国的臣子，鲁昭公感到万分耻辱，一怒之下离开了郓邑，又回到乾侯。鲁昭公三十一年（公元前511年），晋国国君准备送鲁昭公回国，他想了解一下鲁国百姓对这件事情的看法，于是召见了季平子。季平子身穿粗布缝制的衣服，光着脚来进见晋君。晋君感到十分诧异，这时候，晋国的六卿替季平子谢罪说："即使我们愿意，鲁国的百姓也不希望鲁昭公回国。"晋国国君碍于舆论，只好放弃了这个打算。鲁昭公三十二年（公元前510年），这个昏庸的国君在乾侯结束了他的一生。鲁国百姓拥立他的弟弟即位，这就是鲁定公。

历史关注　春秋时称水军为舟师。

燕召公世家第四

燕王哙即位

公元前333年，燕文公去世，燕易王即位。燕易王在位的时候，苏秦和燕文公的夫人私通，害怕被杀，便想出一计。他向燕易王提出，自己愿意到燕国的敌对国——齐国去搞间谍活动，扰乱齐国。燕易王答应了，派他出使齐国。

燕易王十二年（公元前321年），易王去世，他的儿子姬哙继承了王位。燕王哙刚刚登上王位，苏秦的阴谋被齐国人识破，被刺死在齐国。燕国大臣子之和苏秦关系非常好，苏秦的弟弟苏代也和子之有来往。苏秦死后，齐宣王开始重用苏代。子之和苏代一直保持着密切的关系。

子之作为燕国的丞相，独断专行，尽管如此，子之的权力欲望还是没有得到满足，他渴望拥有更大的权势，甚至想自己做燕王。有一次，齐宣王派遣苏代出使燕国，子之把自己的想法告诉苏代，并请他帮忙，苏代答应了。当苏代朝见燕王哙时，燕王哙问苏代："齐宣王这个人怎么样？"苏代回答说："齐宣王肯定不能成为霸主。"燕王哙好奇地追问原因。苏代回答说："齐宣王不信任自己的臣子，许多贤能的大臣都被埋没了，凭这一点就知道他不可能成就霸业。"苏代这样回答燕王哙的目的是通过旁敲侧击的方式增强燕王哙对子之的信任。这条妙计果然达到了预想中的效果，燕王哙觉得如果要成就霸业就一定要信任自己的大臣，而燕国头号重臣就是丞相子之。从此以后，燕王哙更加尊重信任子之。

子之的野心依旧没有得到满足，他派遣亲信大臣鹿毛寿去游说燕王哙。鹿毛寿对燕王哙进言说："您应该把王位让给国相子之，尧帝之所以被称为贤人，是因为他把天下禅让给了许由，而许由却没有接受，尧帝因此享有了禅让天下的美名，但是他实际上并没有失去天下。现在您如果把天下禅让给子之，子之也一定不敢接受，这样您不就是拥有了和尧帝一样的美名了吗？"燕王哙同意他的说法，真的把王位让给了子之。子之经过一番假意的推脱后，替代燕王哙登上了君位。他再次派亲信游说燕王哙说："夏禹本来打算把王位禅让给益，但任用太子启的亲信作为臣子，夏禹年老的时候，启和他的亲信们联合起来推翻了益，夺得了王位。您现在也是一样，把王位禅让给了子之，但朝廷任用的官吏都是太子的亲信，实际上不还是等于太子在当权吗？"燕王哙一听，就把俸禄在三百石以上的高等官吏的印信文书全部收上来交给子之，并且授予子之任免官吏的权力。从这时开始，子之正式行使了国君的权力，国事一概由他来治理。真正的国君燕王哙却不理朝政，反而沦为臣子。

在子之治国的3年内，燕国国内大乱，百姓一直处于恐慌之中。这时候，燕国太子姬平和将军市被联合起来，准备发兵讨伐子之，夺回王位。齐国得知了燕国内乱的消息后，决定趁着这个时机攻破燕国。齐湣王派人对姬平说："我听说您要驱除奸佞，发动义举。我的国家虽然力量薄弱，但愿意听从您的派遣。"太子姬平得信，马上聚集自己的亲信兵马，任命市被为将军，讨伐子之。市被包围子之居住的王宫，奋力攻打。但子之的防守很严密，连续两个月也没有攻下来。子之派人离间太子和市被的关系，市被动摇，反而与百官联手回过头来攻打太子。市被在战斗中身亡，太子把他的尸体陈列在闹市，让百姓参观。燕国这一乱就是好几个月，死去的人有好几万。燕国的百姓非常恐慌，民心离散。当时，孟

中国大事记 | 公元前491年，越王勾践在吴国三年，回国后开始了卧薪尝胆，准备对吴复仇的历程。

子正在齐国，就建议齐王抓住这个良好的时机进攻燕国。于是齐王派匡章为主帅，以帮助燕国的名义大举进攻。燕国的百姓对子之恨之入骨，因此热烈欢迎齐国军队，根本不做抵抗，齐军没有遇到任何阻碍就到达燕国首都。燕国军队军心涣散，连城门都没有关闭，齐国军队轻松攻克了燕国都城。子之在做了徒劳的抵抗之后被杀，燕王哙也在混战中被乱刀砍死。一个妄想成为尧、舜那样贤明君主的国君落下了这样一个结局。

昭王纳贤

燕王子之死后的第二年，燕国百姓拥立太子姬平即位，称为燕昭王。

燕昭王在国家处于极度动荡的时候登上王位，意识到自己肩上的巨大压力，他礼贤下士，以优厚的待遇招揽贤能的人才。他对先朝老臣郭隗说："齐国是趁着我们国家发生内乱的时候攻破燕国的，我非常清楚燕国现在的形势，人口少，力量弱，还不具备报仇雪恨的能力。只有得到贤能的人才来治理国家，才能一雪先王蒙受的耻辱！先生您如果发现贤才的话，请推荐给我，我一定要重用优待他。"郭隗被燕昭王的决心所感动。他说："大王您如果一定要招纳贤才的话，就请从我开始吧。如果连像我这样平庸的人都能受到尊敬，那么，比我更加贤能的人即使在千里之外也会赶来归附的。"燕昭王采纳了郭隗的建议，拜他为相，替他改建了住宿的房屋，像对待自己的老师一样尊重他。果然，各国品行高尚和有才能的人听到这个消息后纷纷赶到燕国，投奔燕昭王，其中包括来自魏国的乐毅、来自齐国的邹衍、来自赵国的剧辛等。在重用人才的同时，燕昭王还非常关心百姓的生活，和燕国的百姓同甘共苦，百姓们非常尊敬、爱戴他。

燕昭王招纳的贤才中，来自魏国的乐毅是其中的佼佼者。他是战国初年名将乐羊的孙子，熟知兵法，具有雄才大略。他原本在魏国做官，但一直得不到魏王的重用。当他听到燕昭王向天下广招贤才的消息后，感觉到施展自己平生抱负的机会终于来了，于是收拾好行装赶往燕国。燕昭王以最高礼节欢迎他的到来，乐毅深受感动。昭王向他请教兵法，乐毅一一回答，燕昭王非常满意，马上任命他全权主持燕国的军事和国防。

为了报答燕昭王的知遇之恩，乐毅开始对燕国的军事进行了大幅整顿。他先从整顿燕军编制着手，组建了燕国的第一支骑兵部队，然后把单项的兵种从主力部队中分离出来，各自开展专业化的训练。他还组建了一支专门用于对付骑兵冲锋的重装步兵，并且配备有攻击骑兵用的长枪和专砍马腿的马刀。等到各兵种组建齐全后，他又改良燕军的装备，针对青铜武器不够坚利的缺点，选用坚韧锐利的铁制兵器替代；针对原有盔甲非常笨重的弊端，选用片甲来替代；针对原有木制盾牌不够坚固的缺点，用金属盾牌来替代。军队的装备更新后，乐毅开始运用全新的方法练兵，使用当时诸侯国中最先进的战术来训练部队，燕国的军事实力日益强大。

燕昭王二十八年（公元前284年），燕国国力大大增强，百姓生活殷实富足。在乐毅的统领下，兵士身体强壮、精神饱满，不畏惧作战，士气高昂。燕昭公觉得报仇雪恨的时机已经成熟了。于是，他任命乐毅为上将军。联合赵国、韩国、魏国、秦国、楚国共同讨伐齐国。六国联军浩浩荡荡杀奔齐国，一路上势如破竹，齐军大败。燕国军队追击败逃的齐军，攻入齐国都城临淄，齐滑王逃到了外地。燕国军队焚烧了齐国的王宫以及齐国先王的祭庙，把齐国国库中的财宝，包括28年前齐军从燕国抢来的财宝全部运回了燕国。燕昭王亲自来到济上犒赏三军，乐毅凭借着巨大的功勋被封为昌国君。当时的燕国成为国力仅次于秦国的一等强国。齐国只有聊、莒和即墨三处城池没有被攻下，其余的72座城池都为燕国所占领，并且隶属于燕国达6年之久。燕昭王重用人才的战略终于得到了丰厚和完美的回报。

历史关注 | 出土于湖北江陵的越王勾践剑和出土于湖北襄阳的吴王夫差剑，是春秋时期高超铸剑技术的代表。

管蔡世家第五

管叔鲜和蔡叔度

周文王的正妻叫作太姒，她一共生了10个儿子，长子是伯邑考，次子是武王姬发，三子是管叔姬鲜，四子是周公姬旦，五子是蔡叔姬度，六子是曹叔姬振铎，七子是成叔姬武，八子是霍叔姬处，九子是康叔姬封，最小的是冉季载。10个兄弟里面武王姬发和周公姬旦的品行最为高尚，才能最为出众。他们两个人堪称周文王的左膀右臂，辅佐文王建立了巨大的功勋，因此文王没有立长子伯邑考为太子，而是选择了次子姬发继承自己的王位，太子姬发即位后就是周武王。在他即位以前，他的长兄伯邑考就已经死了。

周文王去世之后，周武王继承了他的遗志，灭掉了殷商王朝，建立了西周王朝。天下平定之后，周武王封赏自己的兄弟以及在战斗中立下功劳的大臣们。他把鲁地分封给了姬旦，并且任命姬旦为丞相，因此人们称姬旦为周公或是周公旦；又把管地分封给了姬鲜；把蔡地分封给了姬度；把曹地分封给了姬振铎；把成地分封给了姬武；把霍地分封给了姬处；当时康叔和冉季载年龄还非常小，没有管辖地域的能力，所以没有获得封地。为了安抚商朝的遗民，周武王又把纣王的儿子武庚封到朝歌做国君，他担心武庚以后叛乱周朝，便把管叔姬鲜和蔡叔姬度分封到靠近朝歌的管地和蔡地，以便他们就近监视武庚，防止武庚作乱，同时还可以辅助武庚治理商朝的遗民。管叔姬鲜、蔡叔姬度和同样肩负监视武庚职责的霍叔姬处被称为“三监”。

周武王即位4年之后就因病去世了。这个时候，他的儿子姬诵年纪非常小，无法料理国政。武王在临终前，托付周公旦帮助姬诵料理国政。武王去世后，姬诵继承了王位，称为周成王，周公旦代理主持朝政。周公旦非常贤能，把朝政治理得井井有条，引起了一部分臣子的猜忌，他们认为周公旦代理国政是怀有私心的篡权行为，并且制造流言说：“周公旦阴谋篡夺周王朝的政权，将会做出不利于周成王的举动。”周公旦听到人们对自己的诽谤后，处理国家大事时更加勤勉。他对老臣太公望、召公奭等人说：“先王消灭商朝就是希望国家能够安定和美，现在国家刚刚平定，武王却又过早地去世，成王年纪还小，我是怕毁坏了先王的基业，辜负了武王的嘱托，才代理起国政的。我从来没有一点的私心。希望你们相信我！”

周公的一片诚心感动了太公望和召公奭，他们不再怀疑周公了。而管叔姬鲜和蔡叔姬度却仍然认为周公有篡权的想法，他们联合武庚以及东夷部落发动叛乱，并胁迫霍叔姬处一同参加。其他诸侯国家也乘机起兵反叛，这就是历史上著名的“三监之乱”。周公旦经过3年艰苦的战争，终于取得胜利。武庚被周朝士兵杀死，管叔、蔡叔和霍叔都成了俘虏，周公处死了管叔，流放了蔡叔，把霍叔贬为普通百姓。这场战争巩固了周朝的统治，战争结束后，周公旦将原来由管叔、蔡叔和武庚管辖的商朝遗民一分为二：其中一部分封给了商纣王的哥哥微子启，封地在商丘，国号为宋；另一部分封给周成王的叔父康叔，封地在商朝的故墟，国号为卫。蔡叔姬度在流放过程中死去，他的儿子名字叫作姬胡，姬胡与其父不同，具有善良仁德的性情，周公旦了解到这个情况以后，就把姬胡分封到了蔡国，使蔡不致灭绝。

中国大事记 | 公元前 487 年，吴王夫差伐鲁，被孔子的弟子等死士 300 人所阻，只得结盟而还。

陈杞世家第六

征舒雪耻

陈国是周代诸侯国之一，陈国的第一位国君胡公妫满是舜帝的后代。东周初年，陈国和蔡国、郑国、宋国同时成为中原大国。然而，后来众多大国兴起，再加上陈国国君和大臣大多荒淫无道，导致陈国面临内忧外患。公元前 598 年的夏征舒之乱是陈国一次有名的内乱。

那时陈国的国君是陈灵公，他是一个懦弱无能、荒淫无道的国君。当时陈国有一个风流的美妇人叫作夏姬。她的丈夫是陈国大夫御叔。夏姬嫁过来不久，御叔就去世了。夏姬的儿子征舒长大成人，在陈国做官。陈灵公和他的大夫孔宁、仪行父都和夏姬有奸情，君臣三人不以为耻，反以为荣，甚至还穿着夏姬的内衣在朝廷上互相炫耀取乐。他们肆无忌惮的放荡行为引起了忠臣良将的不满，大夫泄治忍无可忍，直言劝诫陈灵公说："一个国家的君主是百姓的榜样，您这样淫乱好色，那么陈国的大臣和百姓都去效仿谁呢?如果百姓都效仿您的话，陈国就大乱了，您还是自重一点，不要再这样淫乱下去了。"陈灵公被说得面红耳赤，无言以对。泄治走后，他马上召见了孔宁和仪行父，把泄治的话告诉给这两个奸臣。他们对泄治恨之入骨，建议陈灵公杀死他。陈灵公对此犹豫不决，两个人见状自告奋勇，要亲自去杀泄治，陈灵公默许了。

陈灵公和孔宁、仪行父经常到夏姬家里饮酒作乐。征舒看在眼里，气在心头。但自己作为陈国的一名大夫，对方是自己的君主，也只好敢怒而不敢言。陈灵公十五年（公元前 599 年）的一天，陈灵公和孔宁、仪行父又来到夏姬的家里饮酒作乐，恰好征舒也在家中。君臣三人喝过酒后开始互相开玩笑，陈灵公指着征舒对孔宁和仪行父说："你们看，征舒长得多像你们啊！"两个人也回敬陈灵公说："也像大王您啊！"征舒此时感觉受到莫大的耻辱，实在忍无可忍了。他出门安排了杀手，携带好弓箭，埋伏在马房的门口，等待陈灵公出门的时候伏击他。陈灵公酒气熏天地走出夏姬家门，征舒命射手开弓放箭，射死了陈灵公。孔宁和仪行父吓得赶快逃跑，才捡了一条性命。他们知道无法在陈国呆下去了，慌忙逃到了楚国避难。陈灵公的太子妫午知道父亲被杀之后也逃到了晋国。于是，征舒自立为陈国国君，总算洗雪了自己蒙受多年的耻辱。

楚庄王听到陈国发生内乱之后，认为这是一个吞并陈国的好机会，他借口征舒杀死国君，以帮助陈国铲除奸臣的名义，率领军队前来攻打陈国。楚庄王宽慰陈国的百姓说："请大家不要害怕。我们是来帮助你们国家铲除奸臣的，我们只要杀死征舒，不会惊扰百姓的。"陈国在陈灵公的荒淫统治下，国力已经变得非常衰弱，刚刚又经历了一场内乱，自然抵挡不住强大的楚国。楚国军队很快攻进了陈国的首都，占领了陈国，杀死了征舒。

楚国占领陈国之后，把陈国改为县，纳入楚国的版图之中。楚国的文武大臣都为取得这样大的胜利来祝贺楚庄王，楚庄王也感觉十分得意，唯独只有刚刚出使齐国回来的大夫申叔没有表示祝贺。楚庄王感觉很奇怪，询问他原因，申叔回答说："如果一户农家的牛践踏了另一户农家的土地，这当然是牛的主人的过错。但是如果田地的主人为此就要把牛夺到自己家的话，那他的过错反而更大了。现在您是打着为陈国铲除奸臣的名义，联合诸侯的军队攻占陈国的，但是您贪图

历史关注 | 春秋后期，吴越等地为宝剑之乡。著名匠人有干将、莫邪、欧冶子等。

陈国的土地和财产，强行占有了它。您这样出尔反尔，以后还怎么向天下人发号施令呢？所以我认为没有什么值得庆贺的。”楚庄王听了申叔的话后如梦初醒，赞叹地说：“您说的太有道理了！我怎么就没有想到这一点呢？”他从晋国接回了陈国的太子妫午，立他为国君，这就是陈成公。后来，孔子在阅读史书时看到关于这段史实的记载，也不禁感慨地说：“楚庄公真是贤明啊！因为大臣的良言，宁可失掉一个拥有上千辆战车的大国。”

陈国衰落

成公八年，楚庄王去世。成公二十九年，陈国背叛了与楚国的盟约。成公三十年，楚共王出兵讨伐陈国。这一年，成公去世，他的儿子哀公继位，楚国因陈国举办国丧而撤兵退回去了。

哀公三十四年时，陈国发生了内乱。当初，哀公娶了郑国女子，大妃生悼太子师，次妃生公子偃。另有两个宠爱的侍妾，大的生子留，小的生子胜。公子留很受哀公的宠爱，哀公把他嘱托给自己的弟弟司徒招。这一年三月，哀公正在生病，司徒招杀了悼太子，立公子留为太子。哀公知道后很生气，想诛杀司徒招，司徒招派兵把哀公包围监守起来。哀公遂自缢而死，于是司徒招立公子留为陈国的国君。这一年的四月，陈国派使者去楚国报告陈国的君丧。楚灵王听说了陈国的动乱，于是杀掉陈国的使者，并派遣公子弃疾发兵讨伐陈国。陈君留逃奔郑国。九月，楚国军队包围了陈国。十一月，灭了陈国。楚国派公子弃疾做了陈公。

司徒招杀死悼太子时，名叫吴的太子的儿子出奔到了晋国。晋平公问太史赵说：“陈国从此就要亡了吧？”太史赵回答说：“陈国是颛顼的后代，陈氏在齐国获得政权后，陈国才会灭亡。陈国的先人，没有哪一个违背天命。及到胡公时，周王朝赐给他姓，让他祭奉虞舜。况且，有大功德的后代，必能百世享祭其祖。有虞氏的后代还没有完结，恐怕将在齐国获得发展吧？”

·杞人忧天·

杞国有个人担心天会塌、地会陷，自己无处存身，便寝食不安。一个人去开导他，说：“天不过是积聚的气体罢了，没有哪个地方没有空气的。你一举一动都在天空里活动，怎么还担心天会塌下来呢？”那人说：“那日、月、星、辰不就会掉下来吗？”开导他的人说：“日、月、星、辰也是空气中发光的东西，即使掉下来，也不会伤害什么。”那人又说：“如果地陷下去怎么办？”开导他的人说：“地不过是堆积的土块罢了，填满了四处，你行走跳跃，都在地上活动，怎么还担心地会陷下去呢？”这则寓言写了忧天者与忧人者两种人。后来，人们常用“杞人忧天”这个成语来形容不必要的忧虑。

楚灵王灭陈五年后，楚国的公子弃疾杀灵王，取代了他的王位，这就是平王。楚平王刚继位时，想得到各诸侯国的和睦相助，于是找到从前陈国悼太子师的儿子吴，立他为陈侯，这就是陈惠公。惠公继位后，把自己的元年接续到哀公去世的那一年，实际上其间空置了五年。

惠公十五年，吴王僚派公子光攻打陈国，掳走了胡、沈两国的国君。惠公二十八年，吴王阖闾与伍子胥击败了楚国，攻入郢都。这一年，惠公去世，他的儿子怀公继位。

怀公元年，吴国攻破了楚国，在郢都召见陈侯。陈侯打算前往，陈国大夫说：“吴国最近刚得意，楚平王虽然亡了，但是一向与陈国有旧交，不可背弃。”怀公于是推说有病，婉言谢绝了吴国的要求。怀公四年，吴国又召见怀公，怀公胆怯了，去了吴国。吴王怨恨他前次不来，扣留了他，怀公因而死在吴国。陈国于是拥立怀公的儿子越继位，这就是闵公。

闵公十六年，吴王夫差攻打齐国，在艾陵打败了齐军，派人召见陈侯，陈侯畏惧，只得前往吴国。楚国因为陈侯去吴国的事，派兵攻打陈国。闵公二十四年，楚惠王率兵北伐，杀了陈闵公，灭亡了陈国。

中国大事记 | 公元前 482 年，越王勾践攻打吴国，吴王夫差与其在黄池会盟。

卫康叔世家第七

康叔封卫，州吁乱国

周武王同母的兄弟共有 10 人。周武王灭掉商纣王朝之后，他分封了自己的众多弟弟。当时九弟康叔和十弟冉季载年龄很小，所以没能像哥哥们那样拥有自己的封地。周武王去世后，周成王继承了王位，因为他年龄幼小，国政由周武王的四弟周公旦来代理，分封在管地的管叔鲜和分封在蔡地的蔡叔度对此极为不满，发动叛乱，史称“三监之乱”。周公亲自率领军队东征，历经 3 年的艰苦奋战终于平定了叛乱，杀死了武庚，处死了管叔鲜，流放了蔡叔度。武庚被杀死后，周公旦就把殷朝的遗民及所在地划出一块，分封给了康叔，所辖之地为黄河、淇水一带的殷朝故土，国号为卫。

这个时候，康叔的年龄还不大，周公旦担心他难以承担如此重要的责任。在康叔临行前告诫他说：“你这次去封国，一定要把它治理好，你年龄还小，没有太多的经历，经验不足，你需要寻访当地的贤能的有品德的人，以及德高望重的老年人，虚心地向他们了解殷朝兴起的原因以及灭亡的缘由，把它当作前车之鉴。最为重要的是，你一定要爱护当地的百姓，只有赢得了百姓的尊敬，你才能够治理好国家。”

然后周公旦又向康叔讲了殷朝灭亡的原因：“商纣王之所以灭亡，是因为他沉溺于酒，贪杯之后，又宠信妇人，疏远贤臣，残害忠良，使商朝一步一步地走向灭亡。从这种角度上可以说商朝的灭亡是因为饮酒造成的。”所以周公旦劝诫康叔一定不能沉溺于酒色之中。康叔对哥哥的教诲一一牢记在心。为了时刻提醒康叔，周公旦写成了《康诰》《酒诰》《梓材》3 篇文章，交给康叔，希望他能记住自己的嘱托。康叔来到卫国以后，根据周公旦的教诲，推行仁政，百姓生活美满，纷纷赞美康叔的美德。

康叔去世之后，他的后代一直继承他的基业，做卫国的国君。十几代后，卫国国君之位传给了卫庄公。卫庄公娶了一个美貌的齐国女子作为夫人，但是这位夫人却没有生育。后来他又娶了一个陈国的女子，她生了一个儿子，但是孩子不久就夭折了。陈国女子的妹妹也被卫庄公宠幸，她生了一个儿子叫作卫完，孩子生下不久她就死了。于是卫庄公让齐国夫人来抚养孩子，并把卫完立为太子。卫庄公还有一个非常宠爱的小妾，生有一个儿子，叫作卫州吁。

卫庄公十八年（公元前 740 年），卫州吁已经长大成人，他身体强壮，喜欢动用武力，对行军作战有浓厚的兴趣，庄公因此任命他为将军。大臣石碏反对卫庄公的做法，他劝诫庄公说：“您的小儿子州吁喜欢动用武力，而您却任命他为将领，恐怕卫国的祸患从此就要开始了。”庄公不听。石碏预料到卫国以后不会有安宁的日子，便主动告老还乡了。

卫庄公二十三年（公元前 735 年），庄公去世。太子卫完即位，称为卫桓公。卫桓公二年（公元前 733 年），身为将军的卫州吁蛮横霸道，生活极度奢侈，不把卫国的国君和臣子放在眼里。百姓对他极度不满，卫桓公也无法容忍弟弟的放肆行为，罢免了他的职位，还准备惩罚他。卫州吁非常害怕，马上逃亡到外国。卫桓公十三年（公元前 722 年），郑国国君的弟弟公子段企图刺杀自己的哥哥，没有取得成功，也逃亡在外国，和卫州吁相识，两个人同病相怜，又臭味相投，结成了好朋友。卫州吁对卫桓公恨之入骨，

历史关注 | **公元前479年，孔子去世。孔子是儒家学派创始人，为春秋时期伟大的思想家、教育家。**

一直想伺机报复，他联合公子段，又网罗了一些卫国的逃犯。卫桓公十六年（公元前719年），卫州吁率领这些亡命之徒回到卫国，杀死了卫桓公。卫州吁自立为卫国国君。卫州吁即位后，好勇斗狠的老毛病越发严重了。为了帮助公子段杀掉郑国国君，卫州吁决定发兵攻打郑国。他请求宋国、陈国和蔡国配合他的行动，3个国家都答应了他，准备联合发兵讨伐郑国。

卫州吁杀死自己的哥哥篡夺了王位，本来就引起卫国人的不满，如今他刚刚即位后就打算发动战争，卫国百姓更是心怀怨恨。石碏足智多谋，对卫国忠心耿耿，想除掉霸道的卫州吁。为了达到目的，石碏派人去见卫州吁，向他表示友善。石碏在卫国百姓中很有威望，并且他的儿子石厚也参与了刺杀卫桓公的行动，卫州吁就相信了他。卫桓公的母亲是陈国人，陈国人对州吁杀死卫桓公的做法一直很不满，而石碏与陈桓公关系很要好，于是，石碏说服了陈桓公支持自己。卫、陈、宋、蔡联军征讨郑国，进攻到郑国国都的近郊。石碏与陈桓公派右宰丑去向卫州吁进献食品，乘机杀死卫州吁，除掉了这个暴君。卫国臣民从邢国把卫桓公的弟弟公子卫晋接回来，立为国君，这就是卫宣公。

惠公与懿公

卫宣公去世以后，卫朔继位当了国君，这就是卫惠公。当时卫国的左公子和右公子在朝廷中拥有很大的权势。他们对卫惠公采用阴谋杀死两个哥哥、篡夺政权的事情非常清楚，对他的即位感觉愤愤不平。卫惠公四年，左公子和右公子起兵攻打卫惠公。一直受到卫国百姓鄙夷的卫惠公自然无法战胜仁义之师，兵败后逃亡到齐国。一直不忘重返卫国，他请求齐襄公帮助他讨伐卫国。齐襄公出于自己的利益答应了他。于是在卫黔牟即位8年后，齐襄公率领各路诸侯，假借周天子的命令，大举讨伐卫国，卫国战败，左公子和右公子被杀死，国君卫黔牟逃亡到了周王那里。卫惠公终于如愿以偿地回到卫国，再次坐上了国君的位置。

卫惠公二十五年（公元前675年），卫惠公对周王收留安置卫黔牟非常不满，联合燕国共同讨伐周王。此时的周王室实力已经非常衰弱，抵挡不住两个诸侯国的联军，周惠王逃亡到温地，卫国和燕国共同拥立周惠王的弟弟公子颓为周王。直到卫惠公二十九年（公元前771年），郑国才护送周惠王回到周朝。卫惠公三十一年（公元前669年），卫惠公去世，他的儿子太子赤继承了国君的位置，也就是卫懿公。

卫懿公是一个昏庸而又荒唐的君主，他即位后，荒淫无道。他非常喜欢鹤，整天以鹤为伴，丧失了进取之心，荒废了朝政，也不体察民情。他封给鹤不同的爵位，让鹤乘坐比国家大臣所乘的车辆还要高级豪华的车辆。为了饲养鹤，耗费了大量的人力、财力，大臣们对此相当不满，百姓也怨声载道。

卫国大夫石祁子是名臣石碏的后人，他为人忠厚正直，当时他和宁庄子都是朝廷的重臣。两个人都很贤明，曾经多次劝诫卫懿公不要玩物丧志，然而卫懿公却把他们的忠言当作耳边风，依旧不思悔改。卫懿公九年，北方少数民族狄进攻卫国，卫懿公命令卫国军队前去抵抗。将士们气愤地回应他说："既然鹤享有如此高的地位和待遇，现在就让它去打仗吧！"卫懿公没有办法，只好亲自带兵出征，和狄的军队在荥泽进行了交锋，由于军心不齐，卫军惨败，卫懿公死在乱军之中。

卫灵公选立太子

卫灵公三十九年（公元前495年），太子蒯聩和卫灵公的夫人南子之间产生矛盾，他打算杀死南子。蒯聩设下一计，让家臣戏阳在朝会时杀死夫人。事到临头，戏阳后悔了，迟迟不动手。蒯聩看到后非常着急，不停地向他使眼色。蒯聩的反常行为被南子察觉到了，她意识到蒯聩是要指使人杀死自己。南子夫人非常恐惧，大声叫喊："太子要杀我！"卫灵公听到之后勃然大怒。

中国大事记

公元前478年，吴、越两国在笠泽展开大战，吴国被越国打败。

卫灵公与夫人 东晋 顾恺之

太子蒯聩知道自己闯下大祸，为了逃避卫灵公的惩罚，赶忙逃到宋国。不久他又从宋国跑到晋国投靠了赵氏。

卫灵公四十二年（公元前492年）春季里的一天，卫灵公怨恨太子蒯聩背叛自己，对小儿子公子卫郢说："你哥哥蒯聩背叛了卫国，太子的位置空缺三年了，我准备把你立为太子，我死以后由你来继承君位。"公子卫郢回答父亲说："我既没有治理国家的才能，也没有让百姓敬服的德行。如果您让我治理卫国的话，恐怕会把这样一个大国耽误了。您还是另外挑选合适的人吧！"卫灵公没再勉强。就在这一年的夏天，卫灵公去世，夫人南子准备立公子卫郢为国君，遭到拒绝。南子对公子卫郢说："这是你父亲的命令。"公子卫郢依然不为所动，他说："太子蒯聩虽然逃亡在外，但是他的儿子公子卫辄还在卫国，我怎么敢当国君呢？"卫国拥立公子卫辄即位，这就是卫出公。

蒯聩逃亡到晋国后，一直依附赵简子。他听到卫灵公去世、新君即位的消息后，恳求赵简子护送他回国即位，赵简子答应了他的请求。为了让蒯聩名正言顺地回国，赵简子让家臣阳虎找来了十几个人装扮成卫国人的样子，身穿孝服装作给卫灵公服丧，让他们来迎接蒯聩回国。随后，赵简子护送蒯聩返回卫国。卫国百姓听到了这个消息以后，都不愿意让蒯聩即位。卫国发兵阻击蒯聩，蒯聩无法进入卫国的境内，只好撤退到宿邑以求自保，卫国军队没有乘胜追击，收兵回朝。

卫国孔文子娶了蒯聩的姐姐，生下孔悝。孔文子家里的仆人浑良夫相貌非常英俊，在孔文子死后，孔悝的母亲就一直和浑良夫通奸。蒯聩退守宿邑之后，孔悝的母亲派遣浑良夫去看望他，蒯聩觉得自己复位的机会来了。他向浑良夫承诺说："如果你能想办法让我回国即位的话，我一定会重重报答你，让你享受大夫的待遇，免除你三项死罪，再把孔悝的母亲许配给你为妻。"浑良夫答应了他的请求，把蒯聩带回卫国，先把他藏在孔家外面的园子里。天黑以后，两个人装扮成女人，乘车赶奔孔家。孔家的家臣栾宁盘问他们，赶车人谎称他们是孔氏亲戚家里的侍妾，得以蒙混过关。二人进入孔悝母亲的房间，与她一起谋划如何夺取卫国政权。吃过晚饭后，孔悝的母亲手持长矛走在前面，蒯聩则带了5名身穿铠甲、手拿兵器的士兵进入孔悝的房间。孔悝母亲把孔悝逼到墙角里，蒯聩强迫孔悝配合自己的行动，劫持他登上高台，让他召集卫国的大臣们。这时孔家的家臣栾宁正准备喝酒，下酒的肉还没有烤熟，当他听到蒯聩叛乱的消息之后，害怕蒯聩会对卫出公不利，赶忙准备车辆赶到宫廷里通知卫出公，并把他送到了鲁国避难。在孔悝等人的拥护下，蒯聩如愿以偿地当上了卫国的国君，这就是卫庄公。即位后，他责怪卫国大臣在他流亡在外的时候，没有人迎接他回卫国，于是想把大臣全部杀光，以发泄心中的怨恨。他怒气冲冲地质问大臣们："我在国外居住了这么多年，难道你们不知道吗？"大臣们听到后，察觉到卫庄公会对他们下毒手，与其坐以待毙，还不如先下手为强，于是他们联合起来，准备作乱。卫庄公得知消息后，害怕引起众怒，只好改变了对群臣的态度，群臣才作罢。

卫庄公三年（公元前478年），卫庄公登上城墙，向远方的戎州望去，询问身边的大臣说："戎虏为什么要建造这座城池呢？"戎州的人们听到这件事之后，害怕卫庄公会攻打自己，赶忙向晋国的赵简子求援。赵简子发兵讨伐卫国。卫国战败，卫庄公再次逃亡。卫国的公子斑师即位。

历史关注

吴王夫差在位时开凿的邗沟和胥溪是世界上最早的运河。

宋微子世家第八

微子的逃亡

微子名字叫启，是商王乙的大儿子，商朝末代暴君纣王的庶兄。商纣王即位以后，终日沉溺在酒色之中，荒淫奢侈，不理国政，实行黑暗残暴的统治。百姓生活在痛苦之中，怨声载道。贤德的微子因此多次进谏，劝诫商纣王改恶从善，做一个贤明的君主。可是纣王却把他的忠言当作耳边风，依然我行我素。商朝大臣祖伊看到周西伯姬昌在封地内推行仁政之后，觉得商纣王如果再这样下去的话，商朝的江山必然会被周代替。他把自己的忧虑告诉了商纣王。谁知道，商纣王不仅没有丝毫的警惕，还大言不惭地说："自从我降生到这个世界上以来，上天就赋予我做国君的命运。一个小小的西伯又能够把我怎么样呢！"

微子看到了这种情况以后，觉得纣王一直到死也不会听从忠臣的劝告，商朝的江山就要断送在纣王的手里了。虽然作为一个忠臣，应该以死来报效朝廷，可是为纣王这样一个暴君而死又值不值得呢？既然他不听忠告，还不如就此离开朝廷。选择死还是选择离开呢？他感到迷惘。他对商朝的太师、少师说："现在殷朝的政治已经不再清明，而是走向黑暗，朝廷没有能力治理好国家，先王费尽力气创下的大好基业眼看就要败坏了。可是纣王竟然只顾沉浸在酒色之中，把我们先祖成汤所制定的仁德的政策都丢弃了。商朝的百姓和臣子有很多都做了强盗，甚至犯上作乱。朝廷里的大臣们不仅不加以管制，反而也学着他们的样子干坏事，甚至违法乱纪。朝廷混乱到这个程度，于是百姓们纷纷起来反抗，对待官吏像对待仇敌一样，天下失去了和谐安定的局面。商朝丧失了优良传统，就好像乘坐船只渡河却找不到渡口一样，商朝灭亡的日子很快就要来临了。"太师和少师赞同他的观点。

微子问太师说："我应该何去何从呢？我们的殷朝还有保全的希望吗？你们如果不指点我的话，我就会陷入到不仁不义的境地，我该怎么办呢？"太师回答微子说："王子啊，这是上天降临的灾祸，是要让我们商朝灭亡啊！人力是改变不了的！你看纣王上不怕天德惩罚、下不怕百姓反叛，还不听取长者们的劝诫。现在，殷朝的百姓都敢违背和亵渎神灵的意旨。假使您真的能够救治殷朝的话，能把国家治理好，即使自己死了，也是值得的。如果您没有能力治理好国家的话，那就不如离开这个是非之地，远走他乡。"微子听从了太师的建议，准备离开殷都。

宋公栾戈 春秋

大臣比干是商纣王的叔父，他对商纣王的倒行逆施感到极度不满，担心商朝的基业会毁在他的手中。他感慨地说："如果君主犯下了过失的话，作为臣子却视而不见，不拚着性命去劝诫他的话，最终遭殃的还是商朝的百姓啊！"于是他进宫向商纣王直言进谏。商纣王勃然大怒，对他说："你是圣人。听说圣人的心上面有7个孔，真的有这么多吗？今天我要看一看。"随后，吩咐手下人把比干杀死，并且用利器剖开了他的胸

中国大事记

公元前 476 年，齐国田氏大于公室，田氏一族不但掌握国政，其封邑也大于齐平公。

膛，挖出了他的心脏来验证是否有 7 个孔。

微子听到比干被杀之后，愤慨地说："父亲和儿子之间有着骨肉的亲情，君主和臣子之间是凭借着道义结合在一起的。所以，父亲如果犯下过错的话，儿子多次劝告他还不听的话，就只能随着他号啕大哭了。臣子如果多次劝诫君主，而君主还是不听从的话，那么从道义上讲，臣子就可以远远地离开君主了。"微子远离了商朝的国都。

果然不出微子所料，不久，周武王姬发兴起仁义之兵讨伐暴虐的商纣王朝，商纣王被杀死，殷朝覆灭。这个时候，微子手中拿着商朝祭祀先王所用的礼器参见周武王。他袒露着臂膀，把两手绑捆在背后，让左边的随从牵着羊，右边的随从拿着茅草，跪在地上，用膝盖代替双脚向前行走，恳求周武王不要断了商朝历代先王的香火。武王久闻微子的贤明，又感慨于他的忠诚，亲自替他解开了绑在身上的绳子，还恢复了他原来的爵位。

为了让祭祀历代商王礼仪继续下去，周武王分封了商纣王的儿子武庚，让他治理殷地的遗民。武王死后，年幼的成王即位，周公旦代替他主持朝廷政务。管叔鲜、蔡叔度联合武庚反叛，周公旦亲自率军平定叛乱，杀死了武庚。随后，周公任命微子代替武庚供奉商朝的祖先，并且让他在宋地建立国家，治理殷朝遗民。微子本来就贤明有为，很快就得到宋国百姓的信任和爱戴。

·宗法制度的形式·

宗法制依靠自然形成的血缘亲疏关系划定贵族的等级地位，从而防止贵族间对于权位和财产的争夺，稳固贵族阶级的内部秩序。宗法制度下，嫡长子，即正妻所生长子，称为宗主，为族人共尊，是为大宗；众庶子为小宗。爵位、封土均由嫡长子继承，余子另行分封。宗法制在商朝只是开端，到西周才发展完备。

箕子的宏论

箕子是纣王的叔父，商朝的重臣。商纣王刚刚用象牙制作筷子的时候，箕子悲哀地叹息着说："他现在用象牙制作筷子，以后一定会用玉制作杯子，玉杯制作成功后，就一定想把远方的稀世珍宝掠夺过来占为已有，他的衣食住行也要奢侈豪华起来。如果国君只知道追求享乐的话，国家肯定无法振兴了。"果然不出箕子所料，商纣王越来越荒淫无道，只贪图自已的享乐，不顾百姓的疾苦。箕子直言劝诫商纣王，纣王丝毫不理会他的忠言。有人劝箕子说："您现在应该离开商朝了。纣王如此为所欲为，商朝的祸患很快就要来临了，您留在这里也帮不了他什么忙，还不如赶快离开这里呢！"箕子无奈地说："作为臣子理应向君主进谏，因为君主不听取他的意见，就离开他远走高飞，这样的行为只能彰显君主的过失，而使自己取悦于百姓。我实在不忍心这样做。"箕子披头散发、假装疯癫，不再过问商朝的国政。有时候，他借助弹琴的方式来宣泄心中的悲愤之情，人们听到后竞相传颂，把他的曲子命名为《箕子操》。尽管如此，商纣王还是没有放过箕子，把他囚禁在监狱里。

不久，周武王发兵讨伐商纣王，灭掉了商朝。周武王知道箕子是一个德才兼备的贤才，就把他从监狱里面释放出来。周武王对箕子十分尊敬，曾经就如何治理天下请教箕子，周武王说："上天安抚百姓，使他们和睦相处。但是，上天是不会说话的，我一直不清楚上天是依靠什么法则来安定百姓的。您能够告诉我吗？"

箕子毫无保留地回答周武王说："很久以前鲧奉命治理水患，扰乱了五行的规律，天帝非常生气，治理国家的法规与基本道理因此遭到破坏。鲧死后，他的儿子禹接替他治理水患。上天欣赏大禹的美德，把九种基本法则（九天大法）传授给他，自此法治伦理又有了顺序。

"这九种大法分别叫作五行、五事、八政、五纪、皇极、三德、稽疑、庶征、向用五福畏用六级。

"五行分别是水、火、木、金、土。水的性能是滋润万物而向下沉；火的性能是炎热旺盛而往上升；木的性能是可以弯曲，可以变直；金的

历史关注 | **《春秋》记事结束于公元前479年，以鲁国的十二位君主纪年。**

性能是能够熔化，改变形状；土的性能是可以耕种、收获。水味道咸；火味道苦；木味道酸；金味道辣；土味道甜。

“五事分别是仪容、言语、观察、听闻、思维。仪表神态应该严肃恭敬，这样内心就会谦恭；言语要正确守信，使人心悦诚服，这样国家就可以得到治理；观察事物要明晰透彻，这样就可以辨别出真假；听取意见要明辨是非，这样处理事物就会妥当；思考问题要全面周密，这样事情就会通达。

“八政分别是抓好农业生产、抓好商业贸易、祭祀好鬼神、掌管好土木建筑、抓好文化教育、搞好社会治安、制定好诸侯朝见的礼仪、治理好军队。

“五纪分别是年、月、日、星辰、历法。

“皇极是指君主应该遵循的最高原则：君主应该从百姓的利益出发制定制度，这样才能得到百姓的拥护，君主才能要求臣民遵守这些准则。君主要善于任用有才能的人，并且给予足够爵位和俸禄。君主对待臣子不能偏颇不公，臣子应遵循先王的法则办事，不要结党营私。君主应该像父母对子女一样关爱百姓。

“三德分别是端正人的思想、运用刚强的手段取胜、运用柔弱的手段取胜。只有端正好人的思想，天下才能安定；对那些强硬不友好的人，就应该运用刚强的手段战胜他们；对那些友好的人就应该以柔和的态度对待他们。

“稽疑就是解决疑难的问题，方法是选择擅长占卜的人通过占卜推测吉凶。占卜后出现的征兆有很多种，不容易通过它判断结果。这时可以同时找多个人占卜，听从多数人的判断。一旦遇到重大的疑难问题时，自己首先应该深思熟虑，再和臣子、百姓探讨商议，最后再通过占卜的方法来决断。自己、占卜、臣子、百姓都赞同就叫大同；自己、占卜赞同，臣子、百姓反对就叫做吉；臣子、占卜赞同，自己、百姓反对也算做吉；百姓、占卜赞同，自己和臣子反对还算勉强可行；只有自己赞同，占卜、臣子、百姓都反对的话，在国内办事吉利，在境外办事就会有凶险。如果所有方面都表示反对，那么就不要行动，否则就会有凶险。

“庶征是指天气上的各种征兆。如阴雨、晴朗、温暖、寒冷、刮风，假如这5种气象都具备，并按一定规律出现，庄稼就会茂盛。某种天气总是出现或总不出现都不是好事，如久雨不停或长期干旱都会引起灾难。如果君主谦虚恭敬，天就会按时下雨；君主政务廉明，阳光就会充足；君主英明，天气会温暖适度；君主深谋远虑，天气会寒冷适度；君主通达圣明，就会风调雨顺。这都是好的征兆。君主狂妄无知，降水就会过多；君主胡作非为，天气就会干旱；君主贪图享乐，天就会过分炎热；君主暴虐急躁，天就会过分寒冷；君主昏庸不明，大风就会持续不止。这都是不好的征兆。君主有了过失，会影响一年的天气，重臣有了过失，会影响一月天气，官吏有了过失，会影响一天的天气。天气正常，庄稼才会丰收，政治才会清明；贤人得到提拔，国家才会稳定。”

“仁义”的宋襄公

宋桓公三十年（公元前652年），桓公身患重病，感觉将要不久于人世。此时，宋国的太子是兹甫，但兹甫却不愿继承君位，他认为自己的哥哥目夷才是合适的继承人。宋桓公虽然觉得太子兹甫的建议并不违背道义，但没有答应他的要求。宋桓公三十一年（公元前651年）春，桓公去世，按照他的意愿，太子兹甫即位，这就是宋襄公。宋襄公刚刚即位不久就任命他的哥哥目夷担任相国。当时，霸主齐桓公在葵丘会合诸侯，宋襄公还没有安葬父亲，便匆匆地赶去赴会。

宋襄公八年（公元前643年），诸侯国的霸主齐桓公去世。这时齐国发生内乱，宋襄公通知各国诸侯，请他们和自己一同护送公子昭到齐国去接替君位。但是宋国比较弱小，宋襄公的号召力不大，多数诸侯都没有理会，只有3个小国带了很少的人马前来配合。宋襄公率领四国的兵马攻打齐国。齐国战败，把公子昭迎接回齐国，拥

中国大事记

公元前 474 年，越国为了称霸诸侯，派使者出使鲁国，开始了与中原诸侯的交往。

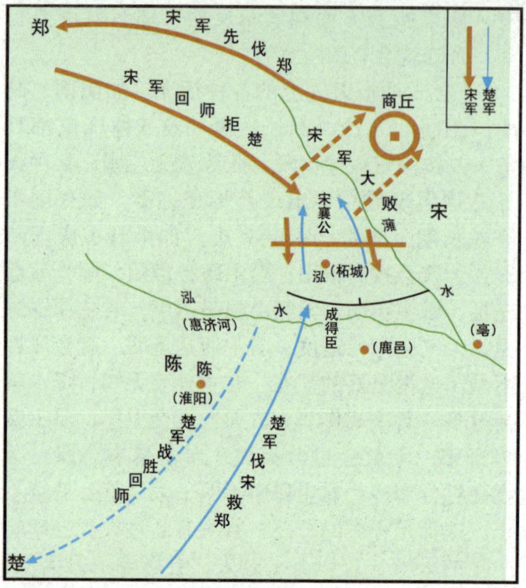

宋楚之战示意图

立他即位，这就是齐孝公。齐国是诸侯的盟主国，宋襄公帮助齐孝公继承了君位，宋国的地位因此大大提高。宋襄公雄心勃勃，准备像齐桓公一样成就霸业，幻想让宋国成为诸侯国家的盟主国。他计划召集诸侯国家会盟。但是，上次他召集诸侯攻打齐国时，只有 3 个小国听从了他，而中原的大国们都置之不理。这一次宋襄公准备借助大国的声势来召集小国。宋襄公十二年（公元前 639 年）春，宋襄公在鹿上和齐国、楚国的国君会盟。他请求楚国出面，召集更多的诸侯来参与会盟，楚王满口应承。正当宋襄公感觉满意的时候，国相目夷劝诫他说："我们国家从幅员和实力上来说，都是一个小国，现在的好多大国要强出我们很多，我们和他们争做诸侯国霸主肯定不会占到便宜的，您如果还坚持这样做下去的话，以后宋国将会面临很大的危险！"然而，宋襄公好大喜功，没有听从目夷的建议。

到了秋天，诸侯邀请宋襄公参加会盟，宋襄公兴致勃勃地准备动身前往。目夷再次劝诫他说："君王你就要大祸临头了，您的欲望大得过分了，有那么多实力强大的国家存在，他们怎么会容许您成为霸主呢？"然而此时的宋襄公哪里听得进他的金玉良言。果然不出目夷所料，诸侯会盟的时候，楚成王和宋襄公都想当盟主，两个人为此争执起来。楚国的势力强大，诸侯国家大多数依附于楚国。楚国强行扣押了宋襄公，还派兵攻打宋国。这一年的冬天，诸侯们在亳地会盟。楚成王被推为盟主，经过鲁国和齐国的调解，楚国才把宋襄公放回宋国。

宋国老臣子鱼在宋襄公回国后感慨地说："看来宋国的大祸现在可以告一段落了，但是祸患还没有结束。"宋襄公十三年（公元前 638 年）夏，宋国进攻郑国，子鱼预测说："宋国的祸患又要开始了。"郑国向楚国求援。楚国派兵攻打宋国，借此来援救郑国。宋襄公一直记恨楚成王夺走了自己朝思暮想的霸主宝座，因此准备和楚国交战。子鱼极力反对，他劝诫宋襄公说："楚国是大国，宋国没有能力战胜它，停战是最好的办法。"宋襄公没有采纳他的建议。

这一年的冬天，宋国和楚国在泓水两岸拉开阵势，准备交战。楚国军队开始渡河，准备在渡河后进攻宋军。目夷看到楚军忙着过河，便对宋襄公说："楚国倚仗着他们人多兵强，白天渡河，不把宋国放在眼里。我们可以趁着他们过到一半的时候，打他个措手不及，肯定能够战胜他。"谁知宋襄公却说："宋国是讲究仁义的国家。敌人渡河还没有结束，我们去攻打他，不符合仁义的原则。"不久楚军已经全部渡河上岸，正在安排阵势。目夷建议宋襄公说："现在应该进攻了吧，我们趁楚军还没有摆好阵势的时候攻打他，还有战胜的可能。再不发兵就没有机会了。"宋襄公责备他说："你太不讲究仁义了！敌人的阵势还没有排列好，我们怎么可以去攻打他呢？"很快楚军就摆好了阵势，这时宋襄公才命令军队发动进攻。宋军抵挡不住强大的楚军，结果一败涂地。混战中，宋襄公的大腿被弓箭射中，受了重伤。宋军保护他逃回国都商丘。

宋国百姓都埋怨宋襄公不应该和楚国开战，更不应该采用如此愚蠢的战术。宋襄公却理直气壮地说："讲究仁义的人是不应该乘人之危的，不能攻打没有准备的敌人。"子鱼知道了这件事

历史关注 | 春秋末年齐人所著的《考工记》，为我国最早的手工业技术合集。

之后，暗地里说："打仗的目的就是为了取得胜利，为什么要遵守那些迂腐的话语呢？如果真要像国君说的那样去做的话，还和楚国打什么仗啊？干脆直接到楚国去做奴隶算了！"宋襄公由于在战争中受了重伤，一年后就去世了。

名臣华元

自从宋襄公和楚国军队交战受伤而死以来，宋国和楚国关系逐步趋于恶化。宋文公四年（公元前 607 年），楚国以大国的身份唆使一直和宋国不合的郑国出兵攻打宋国。宋国派遣大夫华元统率军队迎战敌人。在两国交战之前，华元为了鼓舞将士们的斗志，下令宰杀牛羊，做成羊肉汤，犒赏军士们。谁知忙乱之中，华元一时大意，忘了分给他的车夫一份。车夫心想："每次我为你驾驶车辆都竭尽全力，任劳任怨，付出的辛苦并不比任何人少，为什么大家都有羊肉汤喝，唯独没有我的呢？很明显，你是没有把我放在眼里啊！"他越想越不是滋味，于是怀恨在心，准备寻找机会报复华元。在两国军队正式交战的时候，车夫故意把华元乘坐的战车驾驶到郑国军队阵地中去，郑军非常轻松地活捉了华元。宋国军队失去主帅，阵脚大乱，郑军没费什么事，就击败了宋军。

华元是宋国的名臣，是国君的左膀右臂，他做了郑国的俘虏，宋文公自然不能坐视不管，准备用贿赂郑国的方法把华元赎回来。他和郑国国君交涉后达成协议，宋国用一百辆战车和八百匹健壮的战马来交换华元。就在宋国的战车和战马还没有交付完毕的时候，华元却已经摆脱了郑国的监禁，偷偷逃回了宋国，而剩下还没有交付郑国的战车和战马，宋国当然不必再送了。

宋文公十六年（公元前 599 年），楚国派遣使者出使齐国，途经宋国。因和楚国一直结有很深的冤仇，宋国索性抓住楚国使者，把他扣押起来。楚庄王知道后，非常生气，同时也找到了讨伐宋国的理由。他发动大军攻打宋国，弱小的宋国在强大的楚国面前根本不堪一击，楚国军队很快进攻到宋国的首都商丘，把商丘城紧紧地包围起来。宋国派出使者到晋国，请求晋国派兵援救。晋国就在上一年刚刚被楚国打败，所以不敢冒着和楚国发生全面冲突的危险发兵援救，只是派遣使者鼓励宋国坚持守城，不要向楚国投降。

楚军围困商丘 5 个月后，商丘城内无粮草，外无救兵，情况极度危急。华元出于无奈，在深夜偷偷出城，来到楚国的军营，偷偷地进入楚国的将军子反的卧室，向他描述了商丘城中危急的情景，并且恳求子反劝说楚庄王退兵，子反答应了他的请求。（还有一说：华元摸进楚国的将军子反的大帐，把刀架到他的脖子上，逼迫他退兵。）楚庄王询问子反说："商丘城里的情况真的很危难吗？"子反回答说："是的。商丘城的百姓已经没有粮食吃了，他们用死人的骨头做柴禾煮饭吃，互相交换自己的孩子当作食物充饥。"楚庄王听到这种悲惨的描述后，也觉得于心不忍，所以下令撤退，商丘城的百姓才重获生机。

宋文公二十二年（公元前 593 年），文公去世，他的儿子即位，也就是宋共公。这时华元在宋国执政已经 30 年，他明白宋国在当时的诸侯国中实力相对弱小，长期的战争只能给宋国带来更大的灾难，要想治理好宋国就要和平。华元和楚国的执政大臣子重、晋国的执政大臣栾书私下里有很深的交情。宋文公九年（公元前 580 年），华元和楚国、晋国商讨协调，最终和两国签署了停战约定，宋国同时向楚晋两国进贡，三国之间不再开仗，这是春秋时期的第一个关于诸侯国之间消除战争的协议。

宋共公十三年（公元前 574 年），共公去世。当时华元的职位是右师，担任左师的是老臣鱼石，唐山担任司马的职位。司马唐山企图篡夺宋国国君的位置，他发动叛乱，杀死了即将继承王位的太子肥。德高望重的老臣华元自然也是他篡位的绊脚石，因此他准备杀死华元。华元知道后，不想蹚这摊浑水，马上向晋国逃亡，当他走到黄河边上时，左师鱼石派人阻止他，请他回国。于是华元返回宋国，杀死司马唐山，平定了叛乱。随后，他和鱼石拥立宋共公的小儿子公子成即位，这就是宋平公。

中国大事记 | 公元前473年，越王勾践大破吴军，吴王夫差自杀，越灭吴。

晋世家第九

曲沃代晋

叔虞是周成王的弟弟，成王即位以后把他分封到了黄河和汾河东边的唐地。叔虞去世后，他的儿子燮父继承了他的爵位。燮父因为尧帝旧都的南面有一条名为晋水的河流，于是改称自己为晋侯，他的子孙一直继承着晋侯的爵位。

到了晋穆侯的时候，穆侯迎娶了一个齐国女子作为夫人。齐国女子为他生下两个孩子，长子取名叫作仇，小儿子起名叫作成师，晋穆侯把公子仇立为太子。晋国人师服评价他们的名字说："国君给孩子取的名字真的很奇怪啊！太子名字叫仇，仇代表仇恨的意思。小儿子却叫作成师，成师表示成就他的意思。名字虽然是人们自己起的，事物却有着自己内在的规律。现在国君的长子和小儿子所起的名字刚好相反，以后晋国能不发生叛乱吗？"

晋穆侯二十七年（公元前785年），穆侯去世，他的弟弟殇叔发动叛乱，篡取了晋侯的爵位，太子仇被迫逃亡到外国。殇叔在位第四年的时候，太子仇回到晋国，率领自己的亲信杀死了殇叔，自己做了国君，这就是晋文侯。

晋文侯三十五年（公元前746年），文侯去世，他的儿子即位，这就是晋昭侯。晋昭侯即位不久，就把晋文侯的弟弟、自己的叔叔成师分封到曲沃，称为桓叔。桓叔当时已经58岁了，他德才兼备，很受百姓的爱戴，又任用贤能的臣子栾宾为相，把曲沃治理得井井有条，晋国的百姓们都愿意归附他。而晋昭侯治理国政却非常一般，在百姓中的威望不如桓叔。当时晋国有见识的人感慨地说："晋国以后的动乱一定会出现在曲沃。现在曲沃和整个晋国就像是一棵大树旁生得树枝比主干还要粗大一样，而桓叔又这样地深受百姓的爱戴，怎么可能不发生动乱呢？"

果然不出所料，没过几年，晋国的大臣潘父杀死了晋昭侯，迎接曲沃桓叔到晋国做国君。晋国百姓不能接受自己的君主被杀，而另外选立别人做君主的做法。正当曲沃桓叔准备进驻晋国国都的时候，遭到了晋国军队的抵抗。桓叔和晋国军队交战失败，退兵回到曲沃。于是晋国百姓拥立晋昭侯的儿子公子平继承国君的位子，这就是晋孝侯。晋孝侯不能容忍潘父杀死自己父亲、拥护外人即位的行为，即位不久就杀了他。

晋孝侯八年（公元前732年），年老的桓叔去世，他到死也没能成为晋国国君。他的儿子庄伯继承了他的爵位，当然，他也希望曲沃能够取代晋侯。在晋孝侯十五年（公元前725年）的时候，庄伯找到了机会，在翼城杀死了晋孝侯。晋国军队攻打庄伯，庄伯抵挡不住，只好退回曲沃。于是，晋国百姓拥立晋孝侯的儿子公子郄即位，这就是晋鄂侯。晋鄂侯是一个短命的国君，在位仅仅六年就去世了。曲沃庄伯知道这个消息之后，认为这是曲沃取代晋国的大好时机，于是发动军队攻打晋国。周平王认为庄伯这种行为是大逆不道的，于是派兵来攻打他。曲沃庄伯只好再次退回曲沃。晋国百姓拥立晋鄂侯的儿子公子光即位，这就是晋哀侯。

晋哀侯二年（公元前716年），没能实现取代晋国愿望的曲沃庄伯去世了。他的儿子公子姬称继承他的爵位，这就是曲沃武公。晋哀侯八年时，晋国军队攻打陉廷。陉廷请求曲沃武公帮助，曲沃武公和陉廷人共同谋划反抗晋国。晋哀侯九年时，曲沃武公在汾河的河畔攻打晋军，晋哀侯做了俘虏。朝廷不能一天没有君主，晋国百姓拥立晋哀侯的儿子小子即位，这就是晋小子

历史关注　春秋战国之时，有名医秦越人，医术高超，对妇科、五官科、小儿科都有建树，被后世尊为扁鹊。

侯。就在晋小子侯元年，曲沃武公指使韩万杀死了被俘的晋哀侯。曲沃武公的势力越来越强大，晋国对此毫无办法。

晋小子侯在位四年后，曲沃武公通过诱骗的方式杀死了他。此时，周天子桓王充当主持正义的角色，他派遣兵马攻打曲沃武公。武公的实力还不足以和周王室抗衡，只好又退回到曲沃。于是，晋国的百姓拥立晋哀侯的弟弟公子姬缗即位。

晋侯缗执政二十八年后，曲沃武公再次发动了对晋国的战争。实力微弱的晋国抵挡不住强大的曲沃军队，曲沃终于实现了取代晋国的夙愿。曲沃武公把晋国的珍宝全都据为己有，为了避免周王室的干涉，他把珍宝拿去贿赂周天子，周天子收到礼物后非常高兴，任命曲沃武公为晋国的国君，封他为诸侯。从这时开始，曲沃完全代替了晋国。

骊姬下毒

曲沃武公去世后，他的儿子公子诡诸即位，这就是晋献公。晋献公五年，晋国出兵攻打骊戎。灭了骊戎之后，晋军俘虏了骊戎国君的女儿骊姬姐妹。晋献公贪图于她们的美貌，娶她们为夫人，骊姬姐妹都得到了晋献公的宠爱。

晋献公一共有 8 个儿子，太子申生的母亲齐姜是齐桓公的女儿。齐姜还生了一个女儿，后来嫁到秦国做了秦穆公的夫人，不过，齐姜很早就去世了。晋献公还娶了翟族狐氏姐妹俩人作为夫人，她们分别生下一个孩子，姐姐的孩子叫作重耳，妹妹的孩子叫作夷吾。晋献公的 8 个儿子中太子申生及重耳、夷吾都非常贤能，受到献公的赏识。但是，在娶了骊姬为夫人之后，献公就逐渐疏远了这 3 个儿子。晋献公十二年（公元前 665 年），骊姬生下一个儿子，叫作奚齐。献公非常宠爱骊姬，随之对奚齐的宠爱也远远超出了其他儿子，他甚至打算废掉太子申生，改立奚齐为太子。为了疏远申生，他强词夺理地说：“曲沃是我们祖先的宗庙所在地，蒲邑靠近秦国，屈邑靠近翟族，如果不派遣我的几个儿子去，那里会出现动乱的。”随后，晋献公派遣太子申生去驻守曲沃，公子重耳去驻守蒲邑，公子夷吾去驻守屈邑，而把骊姬的儿子奚齐留在晋国的都城绛。晋国的百姓看到这种情况，很多人都察觉到太子申生恐怕不能继位了。

晋献公十七年（公元前 660 年），献公派遣太子申生讨伐东山国。大臣里克劝诫献公说：“太子是供奉祭祀、早晚侍奉国君饮食的人。国君要出行，太子就应该留守在朝中，如果有人替代他留守，太子就应该跟随国君一起出行，这些都是古时候留传下来的制度。而统率军队、向将士发布号令，是国君与正卿的职责，这不适合太子去做。作为军队的统帅一定要有决定权，如果太子还要向国君请示，就显得缺乏威严。如果独断专行的话，又是对父亲的不孝，所以太子是不能够统帅军队的。”听了里克的劝诫后，献公转移话题说：“我有好几个儿子，还没有决定立谁为太子。”里克没有回答就退了出来，然后去见太子申生。申生询问他：“我是不是快要被废掉了？”里克无奈地说：“太子你只管努力吧，作为军队统帅，您考虑的应该是能不能完成任务。作为国君的儿子，您考虑的应该是对父亲够不够孝顺，而不是能否继承君位，况且，国君为什么要废掉您呢？只要您注意个人修养，不去责难别人，就能免除灾难。”太子申生统率军队出征，本应随军出征的里克推说自己有病没有跟从太子。

晋献公私下里把废掉太子申生、立奚齐为太子的想法告诉了骊姬。狡猾的骊姬虽然希望自己的儿子即位，但又担心这样会招致晋国百姓的反对，为自己带来祸患。因此，骊姬表面上假装赞扬太子，但暗中却让人对太子恶意中伤。

晋献公二十一年（公元前 656 年），骊姬诱骗太子申生说：“君主梦见了齐姜夫人，你赶快到曲沃的齐姜的祭庙祭祀吧，并且把祭祀用的肉带回来，敬献给君主。”太子申生听从了她的安排。当太子把祭祀用的肉带回送给献公的时候，献公正在外面打猎，他把肉放在了宫中，骊姬趁机在肉里下毒。献公打猎归来后，厨师把肉献给献公吃。献公正准备吃下，骊姬阻止说：“肉

中国大事记 | 公元前473年，越王称霸。勾践灭吴后，与齐、晋等国在徐州会盟，称霸诸侯。

是从很远的地方送过来的，应该先试一试再吃。”于是把肉放在地上，肉里面的毒药药性发作使地面隆起，把它喂给狗吃，狗当时就死了，给小宦官吃，小宦官马上身亡。骊姬哭泣着说：“太子竟然这样残忍啊！为了君位居然连自己的父亲都想杀死，更何况别人呢？您年纪已经老了，在世的日子也不多了，太子竟然迫不及待！他这样做无非是因为我和奚齐的缘故。我们母子宁愿到别的国家避难，或者早早地自杀，也不能让太子残害。当初您想废掉他，我还反对，现在我才知道我错了。”太子听到这个消息后，马上逃到了新城。献公非常生气，杀死了太子的老师杜原款。有人问太子：“是骊姬在肉里下了毒药，您为什么不去向国君解释清楚呢？”太子回答说：“我父亲年纪大了，如果没有骊姬照顾他就会睡不好觉，吃不好饭。即使我能和他解释清楚，他也会和骊姬生气，我不能这样做。”还有人建议太子逃亡到别的国家，太子回答说：“带着谋杀父亲的罪名逃跑，哪个国家会接纳我啊？干脆我自杀算了。”这年十二月，太子申生在新城自杀。

假途伐虢

晋献公八年（公元前669年），有人劝诫献公说：“曲沃代替原来的晋国国君职掌晋国政权的时间还不算很长，原来晋国的那一大群公子还留在朝廷里面，并且人数很多，如果不尽早除掉他们的话，恐怕以后他们会给晋国带来很大的祸患。”晋献公觉得很有道理，于是派人去杀死晋国的各位公子。但是，有的公子已经逃亡到了虢国，在他们的请求下，虢国好几次派兵来讨伐晋国，但都没有取得胜利。早在曲沃和晋国争夺政权的时候，虢国就帮助晋国和曲沃作对。曲沃武公掌握了晋国的大权后，一直对虢国耿耿于怀。晋献公十年，献公打算发兵讨伐虢国。有位大臣劝诫他说：“现在还不必急于攻打虢国，我们可以以静制动，先耐心地等待，等到虢国发生内乱的时候再去进攻它，就容易把它消灭掉。”晋献公听从了他的建议，暂时没有发兵讨伐虢国。

·礼崩乐坏·

春秋时期，随着宗族政治的日趋解体，传统的礼乐制度也难以继续维持，出现了“礼崩乐坏”的局面。在各国的政治斗争中，以下犯上的夺权事件层出不穷，不遵循旧有礼制的现象也经常发生。一些从诸侯手中夺取了政权的卿大夫，不仅僭用诸侯之礼，甚至也僭用天子的礼制。有鉴于此，孔子继周公之后对于礼乐制度进行了再次加工和改造，努力要将社会重新纳入礼乐的规范，但是他的理想并没有实现。历史进入战国时代后，社会变革的加速使传统的礼乐制度被彻底破坏。各国纷纷进行变法运动，法律制度普遍建立，从而取代了礼乐的地位，成为维护新的政治秩序的工具。此时残存的礼乐，已经流于形式，名存实亡了。

晋献公十九年（公元前658年），晋献公对臣子们说：“以前我的先人庄伯和武公平定晋国叛乱的时候，虢国一直帮助晋国和我们作对，现在还收留了晋国流亡的公子，很明显要对我们不利。如果不消灭掉虢国的话，它肯定会给晋国的子孙后代带来祸患。”大臣们赞同献公的看法。但是如果要进攻虢国就必须要通过虞国的领地，献公派遣大夫荀息为使者，用晋国屈地出产名马来贿赂虞国国君，向他借路行军以攻打虢国。虞国国君答应了晋国的要求，晋国借路虞国进攻虢国，占领了虢国的下阳以后就收兵回国了。

晋献公二十二年（公元前655年），献公准备灭掉虢国，又涉及到向虞国借路的问题。晋国大夫荀息建议晋献公用屈地所产的名马和垂棘出产的美玉贿赂虞国国君。晋献公不以为然地说：“屈地的名马和垂棘的美玉都是我们晋国的珍宝！怎么可以随便送给不相干的人呢？”荀息回答说：“国君您可以放心。如果能够从虞国借到进兵的道路的话，这些珍宝就相当于暂时存放在别人那里一样，早晚还都是我们自己的。”献公担心虞国不会借给晋国道路行军。他说：“虞国有个忠臣叫作宫之奇，他一定会阻拦虞国国君，不让他借给我们道路。”荀息却有自己的看法，他说：“宫之奇的确会阻止虞国国君的，他

历史关注

道家是春秋时期最重要的学派之一，它以老子关于“道”的学说为理论基础。

确实是个忠臣，但是他为人比较怯弱，如果虞国国君不听从他的劝诫的话，他也就不会坚持下去。而且，宫之奇和虞国国君是从小在一起长大的，两人之间的关系非常亲昵，国君并不敬重宫之奇。所以即使宫之奇劝阻，虞国国君也不会听从的。”献公再次派遣荀息到虞国去借道。

果然，虞国大夫宫之奇劝谏虞国国君说：“我们不能把道路借给晋国，否则晋国灭掉了虢国之后马上就会回来灭掉我们的虞国。”虞国国君说：“你太小心了吧！晋国的国君和我同姓，看在一个祖先的情分上，他是不会攻打我国的。”宫之奇回答说：“太伯和虞仲都是太王的儿子，因为太伯逃走，所以没能够继承王位。虢仲、虢叔都是王季的儿子，又是文王的卿士，他们的功勋都很显赫，朝廷的府库中都有明确的记载。然而晋国却一定要把虢国消灭掉，他又怎么可能会爱惜虞国呢？况且，晋国和虞国的关系，能够比桓叔、庄伯家族与晋侯的关系更亲密吗？桓叔、庄伯家族犯了什么罪过，晋国国君竟然想全部杀死了他们？而虞国和虢国之间的关系，就如同嘴唇和牙齿的关系，嘴唇如果不存在了，牙齿也会感到寒冷。”但虞国国君贪图于晋国的财物，不听从宫之奇的良言，答应了晋国的请求。宫之奇知道后，意识到虞国马上就会面临亡国的大难，于是带着整个家族的人离开了虞国。就在这年冬天，晋国借道虞国前去攻打虢国。虢国抵挡不住，被晋国灭掉了，虢国国君逃到周朝的都城。晋国军队从虢国返回晋国，途径虞国的时候，发动突然袭击，毫无准备的虞国被晋国灭掉，虞国国君和一些重臣都做了晋国的俘虏。刚好，晋献公的女儿出嫁，晋献公把俘虏到的虞国国君和虞国大夫井伯、百里奚作为女儿的陪嫁人送给了秦穆公。荀息在虞国找到了献公过去送给虞君的名马，又把它献给了献公。献公笑着说：“马还是我的那匹马，只是变老了！”

晋秦之争

晋献公夫人骊姬害死太子申生之后，又把毒手伸向晋国的公子重耳和夷吾。他污蔑重耳和夷吾是申生的同谋，希望献公能够杀死他们。两位公子听到消息后，赶忙逃亡到别的国家。晋献公二十六年（公元前651年），献公的病情开始加重，他知道自己将不久于人世，于是召见了荀息，对他说：“我准备让奚齐继承我的王位，可是现在他的年龄还很小，大臣们很可能不服从他，弄不好还会发生内乱，你愿意拥立奚齐吗？”荀息回答献公说：“国君您放心，我一定会尽最大的努力拥立奚齐。”这一年的秋天，晋献公去世。果然不出他所料，朝廷中的很多大臣都不同意奚齐继位。大臣里克、邳郑想迎接公子重耳回国即位，警告全力扶持奚齐的荀息说：“流亡在外的三个公子在国外有秦国做后盾，在国内有晋国百姓的支持，你是应付不了的，干脆你就别再支持奚齐了。”荀息不为所动，他说：“我答应过献公，无论如何也不能辜负他的嘱托。”几天后，在奚齐为献公守丧的时候，里克趁机杀死了他。荀息知道后非常悲愤，准备自杀一死了之。有人劝告他奚齐虽然死了，还可以扶持他的弟弟悼子，悼子是骊姬的妹妹为晋献公生的儿子。荀息觉得很有道理，埋葬了晋献公，拥立悼子即位。一个月后，悼子也被里克杀死，荀息没办法，只好自杀了。

里克准备迎接公子重耳回国继承王位，但是遭到了重耳的拒绝。他派使者去往梁国，迎接公子夷吾回国即位。夷吾很高兴，正准备回晋国，他的亲信劝诫他说：“晋国国内还有好多可以即位的公子，但是里克为什么还要到国外寻找您呢？这非常可疑，您应该借助秦国的力量回国，否则将会很危险。”夷吾听取了他的意见，派人贿赂了秦国，并对秦国承诺，如果自己真的能够即位，就把晋国黄河西岸的土地送给秦国。又对里克承诺，如果能够帮助自己即位，就把汾阳城赏赐给他做封地。在里克的帮助和秦军的护送下，夷吾回到晋国即位。这就是晋惠公。

晋惠公即位以后，却没有兑现他的诺言。他派邳郑代表自己向秦穆公道歉说：“当初我答应过把黄河西岸的土地送给您，现在我有幸回到晋

中国大事记

公元前 458 年，晋国四卿合谋灭范氏、中行氏。晋国六卿由此变为四卿，斗争更加激烈。

国做了国君，正准备把土地给您，可是大臣们都说土地是先王留下来的，我没有资格擅自把它送给秦国。我再三解释也说服不了他们，只有向您道歉了。”另外，惠公不但没有把曾经许诺的汾阳城赏赐给里克，反而削弱了他的权势。惠公因为重耳还流亡在外，害怕里克拥立重耳发动政变，因此，赐里克自杀。邳郑因为出使秦国逃过了一死。晋惠公这种言而无信的做法引起了晋国百姓的反感，百姓们都不信服他。

晋惠公四年（公元前 647 年），晋国发生了严重的饥荒。于是向邻国秦国请求购买粮食。秦国君臣一直对晋惠公的言而无信耿耿于怀。当秦穆公询问大臣百里奚是否卖给晋国粮食时，百里奚说：“天灾是每个国家都难免要面临的，诸侯国之间应该互相救济，这才是应该遵循的正道，我们还是卖给晋国吧！”秦穆公同意百里奚的观点。他说：“是啊，晋国的国君虽然有错误，但是晋国的百姓没有错误啊。”秦国卖给了晋国很多粮食，帮晋国解除了危难。凑巧的是，就在第二年，秦国发生了严重的饥荒，就向晋国求购粮食。晋惠公和大臣们商量对策。大臣庆郑建议说：“君主您是依靠秦国的力量才登上君位的。可是刚刚即位，您就违背了诺言。去年我们国家闹饥荒的时候，秦国救助了我们，现在人家闹饥荒的时候，请求购买我们的粮食，我们当然应该卖给他们了，这样的事情难道还需要商议吗？”但是大臣虢射的观点却恰恰相反。他说：“去年是上天把我们晋国赠给了秦国，可是秦国却不知道趁我们闹饥荒的大好时机进攻我们。现在上天又把秦国赏赐给我们晋国了，我们怎么可以放弃这个大好的机会呢？马上出兵攻打他们吧。”晋惠公采纳了后者的意见，不仅不卖给秦国粮食，还出兵攻打秦国。秦国上下，对晋国这种恩将仇报的举动都表示无比愤怒。秦穆公亲自率领军队抵抗晋军，一路打到了晋国境内。晋惠公非常惊恐，无奈之下只好亲自出战。他想找一个为自己驾驶战车同时负责保卫自己的人，占卜的结果是庆郑最为合适。因为庆郑对晋惠公的做法一直不满，晋惠公担心他不听指挥，所以没有使用他。于是让步阳驾驶战车，家仆做护卫。九月，秦晋在韩原交战，晋军战败，晋惠公做了俘虏。庆郑生气地说：“这都是他不听良言相劝的结果啊！”

重耳流亡

晋国公子重耳，是晋献公的儿子。从小他就喜爱结交朋友，17 岁的时候，他就拥有了五位贤能的助手，他们分别是赵衰、狐偃咎犯、贾佗、先轸和魏武子。在晋献公还是太子的时候，重耳就已经长大成人。晋献公即位时，重耳已经 21 岁了。晋献公的夫人骊姬为了让自己的儿子奚齐即位，陷害了太子申生。随后，骊姬向晋献公诋毁重耳和夷吾。重耳害怕献公听信谗言加害自己，所以没有征得父亲的允许就逃到晋国的蒲城。晋献公知道后非常生气，派遣宦官履鞮前往蒲城刺杀重耳。重耳发现之后慌忙跳墙逃跑，履鞮紧紧追赶，砍断了重耳的衣袖，但重耳还是侥幸逃脱了。他知道自己在晋国无法再待下去了，就带着他的五位贤士和几十个随从逃亡到了狄国。

狄国出兵讨伐咎如，俘虏了两个咎如的美女，把姐姐嫁给了公子重耳，生下了伯鯈、叔刘两个儿子。妹妹嫁给了赵衰，生下了赵盾。重耳在狄国居住 5 年之后，晋献公去世，晋国大臣里克杀死了奚齐和悼子，准备迎接重耳回国即位。重耳意识到当时晋国的局势还很动荡，自己回国后很容易招来杀身大祸，所以婉言谢绝。不久，里克拥立夷吾即位，就是晋惠公。晋惠公七

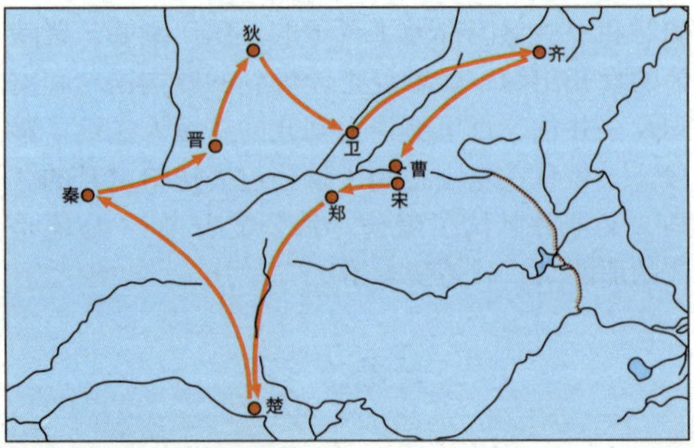

重耳流亡路线示意图

历史关注

公输般约为春秋战国之际的鲁国人，又被称为鲁班，他因发明木工工具，工艺精巧，被尊为木匠祖师。

年，惠公觉得重耳的存在对自己的政权有很大影响，为了除掉这个祸患，他派遣宦官履鞮和刺客来狄国刺杀重耳。重耳得知后和随从的贤臣商议说："我逃亡到狄国，并不是因为狄国有能力帮助我继承晋国的君位。只是因为它距离晋国最近，所以暂时居住在这里以观察晋国的变化。现在已经待了很长时间了，应该去往大国。听说齐桓公有称霸的决心，正在推行王道，收留各国逃亡的诸侯。并且管仲和隰朋都已经去世了，他刚好需要贤能的人才，我们为什么不去投奔他呢？"大家一致同意他的观点。临行前，重耳告别妻子说："我走后你要等着我啊！如果25年后我还不会来，你就可以改嫁了。"夫人说："25年以后，恐怕我坟墓上的柏树都长大成材了，但是我还是愿意等你回来。"于是重耳离开了居住了12年的狄国。

重耳一行途经卫国的时候，卫文公对他们非常无礼。重耳愤怒地离去，经过五鹿时，携带的食物已经吃光了，众人只好向乡下百姓讨要食物。乡民把土块放在盘里面给他们吃，重耳见状非常愤怒，赵衰劝他说："土块代表土地，这预示着将来你会拥有晋国的土地。你不仅不应该发怒，还应该下跪感谢上天给你的恩赐才对！"重耳恍然大悟，立刻下跪拜谢。

到了齐国后，齐桓公对待重耳非常友善。把齐国宗室的女儿嫁给他做妻子，还送给他20匹好马。重耳在齐国居住了5年，因为宠爱妻子，贪图安逸享乐，不准备再回晋国。随他来齐国的赵衰和狐偃对他很失望，就在桑树下面谋划如何回晋国。刚好服侍重耳夫人的侍者在树上采摘桑叶，听到了他们的话，回去告诉了重耳夫人。为了防止侍者走漏风声，夫人杀了她。为了重耳的前途，夫人劝告他回国。重耳说："人活一辈子就是为了平安快乐，没有什么比这更重要的了。我决定到死一直留在齐国。"夫人劝告他说："你的身份是大国的公子，因为国家政变，没有办法才来到这里的，许多贤能的人把身家性命都寄托在你的身上，而你却贪图享乐，不赶快回国，辜负了他们的希望，连我都为你感到羞愧啊！"可是重耳还是听不进她的劝告。出于无奈，夫人和狐偃、赵衰谋划，用酒灌醉了重耳，强行把他放到车上，随从们驾驶车辆离开齐国。重耳酒醒之后，明白了一切，他把怒气发放在狐偃身上，想要杀了他。狐偃说："如果你想杀我，我就心满意足了。"重耳怒气冲冲地说："如果这次回国仍然不能成就大业的话，我就吃了你的肉。"狐偃说："如果大业成就不了，我的肉就会有腥膻的味道，怎么可以吃啊？"重耳没有办法，只好带领随从继续向前走。

重耳一行经过曹国的时候，曹共公对他们非常无礼。他听说重耳的肋骨和一般人不一样，是连在一起的，于是想看一个究竟。曹国的大夫负羁劝告共公说："重耳德才兼备，又和您姓氏相同，他是走投无路才来到我们国家的，您怎么可以对他无礼呢？"共公却不听从他的话。于是，负羁偷偷地给重耳送去了食物，还在食物里面放了一块宝玉。重耳收下了食物，把宝玉退还给负羁，随后离开曹国来到了宋国，受到宋襄公的礼遇。但是和狐偃私交很深的宋国司马公孙固告诉他宋国是小国，又刚刚被楚国击败，没有力量帮助重耳即位。重耳一行又来到郑国。郑文公对重耳也非常无礼，大臣叔瞻劝告他说："重耳很贤能，他的随从也都很有才干，况且他和您都是文王的子孙。我们应该善待他才对。假如您不能善待他，那就杀掉他，免得以后他成就大业报复我们国家。"郑文公没有听取他的意见。重耳又来到楚国，受到楚成王的厚待。

重耳返都

晋国公子重耳流亡楚国的时候，在秦国做人质的晋国太子姬圉偷偷逃回晋国。秦穆公非常生气，想把重耳召到秦国去。楚成王同意重耳去秦国，他说："楚国和晋国之间距离很远，而秦国和晋国是邻国，秦穆公也很贤明，为了成就大业，你应该去。"随后，楚成王赠送了重耳许多财物。重耳一行来到了秦国。

中国大事记

公元前453年，晋国赵氏、韩氏、魏氏联手灭掉智氏，三分其地。至此，韩、赵、魏三家分晋格局形成。

秦穆公对重耳非常好，把自己的5个女儿全都嫁给了重耳，其中包括公子姬圉的妻子。重耳原本不想接受她，司空季子劝告他说："以后公子姬圉的国家都要归你拥有了，何况他的妻子呢？况且娶了她之后，您就能和秦国攀上亲属关系。为了洗雪您受过的耻辱，您也不必拘泥这些小节。"重耳接受下来，秦穆公非常高兴，请重耳饮酒。酒宴之中，作陪的赵衰朗诵起了《黍苗》一诗。秦穆公从诗句中体会到重耳等人对晋国的思念，说："不要唱下去了，我知道你们盼望着赶快回到晋国。"重耳和赵衰马上拜谢秦穆公说："我们希望得到您的帮助，就像是庄稼盼望及时的雨水一样。"晋惠公十四年（公元前637年），惠公去世后，太子姬圉即位。晋国大夫栾枝听说重耳在秦国，便暗中劝说重耳回国即位，并告诉他晋国有很多支持重耳的人愿意做内应。得知这些消息，重耳决定回国，秦穆公出兵护送。晋国只有惠公的旧臣吕甥、郤芮等少数几个人不希望重耳回国，而将士和百姓们大多希望重耳回来。因此，重耳顺利地回到晋国，结束了19年的流亡生涯，继承了晋国国君的位子，这就是晋文公。

重耳即位后，晋怀公姬圉逃到了高梁。不久，晋文公派人杀死了他。怀公的旧臣吕省等人一直反对晋文公，担心晋文公杀死他们。他们计划焚烧宫廷，杀死晋文公。从前刺杀过文公的宦官履鞮得到消息后为了将功折罪，把吕省等人的阴谋告诉晋文公。晋文公本来计划直接抓住吕省等人，但是担心他们人数众多，便换上衣服，悄悄来到王城会见秦穆公。吕省等人按计划发动叛乱，焚烧了宫廷，却找不到晋文公，感觉到事情不妙，准备逃跑。此时，晋文公已经求得秦国的帮助，秦穆公派遣军队在黄河岸边杀死了他们。晋国恢复平静之后，晋文公回国。晋文公贤德有才，在他的治理下，晋国的国力大大增强，百姓对他非常尊敬和爱戴。

早在秦国护送晋文公回国，一行人走到黄河岸边的时候，狐偃就对晋文公说："这么多年我和您一直在外奔走，我知道自己犯了很多错误，这些您一定也知道，所以现在我要离开您了。"晋文公听了马上回答说："我回国以后，如果有什么不和你同心同德的地方，就请黄河的神灵来惩罚我吧！"说完之后把手里的宝玉扔到了河水里，表示了自己和大臣们同甘共苦的决心。

一直跟随重耳流亡的大臣介子推很鄙夷狐偃的做法，他心中暗想："是天意让公子重耳兴盛起来的，可是狐偃却把公子重耳的兴盛当作是自己的功劳，还和君主讨价还价，真是可耻啊！我不能和这样的人同居官位共事了。"于是介子推悄悄地离开了。

公子重耳回国即位后，不忘那些跟随自己流亡的臣子们对自己的忠心，重重地犒劳了他们，功劳大的可以拥有封地，功劳小的也封赐了爵位。恰在这时，周王室发生了

晋文公复国图卷　南宋　李唐

此图描绘春秋时晋公子重耳出亡后经宋、郑、楚、秦诸国，最后终于回到晋国，做了晋侯的故事。

历史关注

“坐怀不乱”成语源自春秋时鲁国人柳下惠，因他的食邑在柳下，死后谥惠，故后人称他为“柳下惠”。

骚乱，文公忙于此事，忘记了封赏隐居起来的介子推。介子推不求俸禄，回到家里对母亲说：“晋献公有9个儿子，现在只剩下了国君一人了。惠公和怀公得不到百姓的爱戴和拥护，上天不让晋国灭亡，所以让君王实现愿望。可是跟随他流亡的几个人却认为君王的即位是他们的功劳，想贪天功为自己所有，真是太可笑了！我不愿意和他们为伍。”介子推的母亲劝他去向文公讨要封赏。介子推说：“如果明知道他们是错误的，我还去效仿他们，那么我的错误不是更大了吗？”于是，他带着母亲隐居起来，直到死也没有出现过。介子推的随从为他抱不平，在晋文公的宫门上悬挂了一张条幅，上面写着：“龙如果要飞到天上，需要5条蛇的辅佐。龙已经飞上了天，4条蛇受到奖赏，一条蛇受到冷落，这不是它的过错啊。”其中5条蛇比喻跟随晋文公一路逃亡的5位大臣，被冷落的一条就是介子推。晋文公看到后，叹着气说：“这一定是在说介子推啊。我这些天忙于政事，还没来得及封赏他呢！”随后派人去寻找介子推，但他已经走得很远了，百般寻找也没有结果，后来有人说他隐居在绵山上。于是，晋文公把绵山周围的土地作为封地赏赐给介子推，并把绵山取名为介山，以表示对介子推的怀念。

文公称霸

晋文公二年（公元前635年）春，秦国把军队驻扎在黄河边，准备护送周襄王返回周朝国都。赵衰建议晋文公说：“您如果想成为霸主的话，就应该护送周襄王返回国都。尊敬周天子是诸侯国称霸的资本，况且晋国是周武王的后代。晋国如果不抢先护送周天子，而落在秦国的后面的话，就无法向天下诸侯发号施令了。”晋文公采纳了建议，马上派兵护送周襄王回到周朝国都。周襄王的弟弟公子姬带反叛，晋文公派遣军队杀死了他。周襄王很满意晋国的帮助，把河内、阳樊两个城市赏给了晋国。

晋文公四年（公元前633年），楚国攻打宋国，宋国向晋国求救。晋国将军先轸对晋文公说：“现在就是您报答当年宋襄公赠马之恩，也是建立您的霸业的时候了。”狐偃建议说：“楚国最近和卫国结为婚姻之国，又和曹国结盟。如果我们攻打这两个国家的话，楚国一定会发兵援救，宋国的危险自然得到解救。”晋文公采纳了他的建议。为了顺利地完成军事任务，晋国开始整编军队，把所有军队编为三军。任命郤縠担任中军统帅，郤臻协助；派狐偃为上军统帅，狐毛协助，赵衰为卿；任命栾枝为下军统帅，先轸协助。三军编制完成以后，又经过认真操练，军威颇盛。于是，晋文公亲统三军，讨伐曹国和卫国。在讨伐曹国之前，晋国向卫国借道，卫国没有同意。晋文公在流亡时也曾受到过卫侯的冷遇，于是在攻打曹国后又进攻卫国。卫国国君请求与晋国讲和，晋国不同意。卫侯又准备和楚国结盟，求得楚国的帮助，但是遭到了卫国百姓的反对，他们把卫侯驱逐到襄牛。楚国出兵来援救，也没有成功。

晋文公五年（公元前632年），晋国发兵进攻曹国，攻进了都城。晋文公数落曹侯当初对自己的冷遇，并且下令晋国军队不许骚扰当年对自己有恩的曹国大夫负羁的住地，借此来报恩。这时候，楚军再次攻打宋国，宋国向晋国求援。晋文公非常为难，当初逃亡的时候，楚国和宋国都待自己不薄，现在宋国有难，不能不救，但营救宋国又免不了和楚国开战。先轸想出一个好主意，建议晋文公把曹侯抓起来，再把曹国和卫国的土地送给宋国。这样楚国为了救援曹、卫两国，就会从宋国撤军。文公依照他的计策去做。果然，楚国解除了对宋国的包围。

楚国大将子玉很不满意晋文公的行为，认为他是恩将仇报，建议攻打晋国。楚王说：“晋文公在外流亡19年，吃尽了苦头，现在兴盛起来，这是天意啊！他是不可以抵挡的。”子玉却一再坚持发兵讨伐晋国，楚王无奈，拨给他少量的军队。子玉派使者通知晋文公说：“如果你恢复卫侯的君位，不消灭曹国，楚国就不再攻打宋国了。”晋文公和臣子们商议对策，狐偃生气地

中国大事记 | 公元前 444 年，秦厉共公三十三年，秦国进攻义渠，俘虏了义渠王。

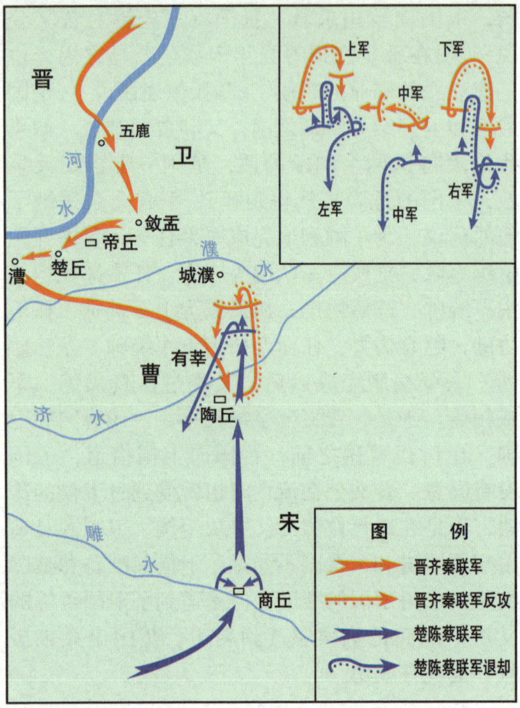

晋楚城濮之战示意图

说：“子玉作为臣子，向您提出这样的条件，太没有礼貌了，不能答应他的请求。”先轸说：“百姓平安是符合情理的，楚国现在的观点是同时安定 3 个国家，我们没有理由拒绝他。但为了惩罚他的无礼，我们可以暂时先同意他的要求，但派人到曹国和卫国去，私下里答应不再攻打他们。再把楚国使者扣留下来，以此激怒楚军，等到他发兵和我国交战的时候再说。”文公于是答应楚国的要求，但把使者扣留在晋军军中。晋国使者一到，曹国和卫国立刻和楚国断绝了关系。子玉知道以后，非常生气，率领楚国军队攻打晋军。晋文公命令晋军后退，有的臣子很奇怪，询问文公原因。晋文公说：“当年我流亡楚国的时候，楚成王对我有恩。他曾经问我怎样报答他，我答应过他，以后如果晋国和楚国交战，晋国要先退让九十里的路程，作为对楚王的报答，现在要遵守诺言。”楚国将士见到晋军退后，也想撤军，但是子玉不同意，一直追击晋军。晋君退到城濮，宋国、齐国和秦国的援军队也相继赶到，联军反击，楚军大败，子玉带领残余的人马逃回了楚国。楚国与晋国相争，郑国站在楚国一边。楚国在城濮大败的消息传到郑国，郑国君臣很害怕，立即派人前来，请求与晋国结盟。

这场战争中，晋国缴纳了许多楚国的战利品。这一年的五月，晋文公把楚国的战俘进献给周天子，包括 100 辆战马上披着铠甲的战车和 1000 名步兵。周天子宣布晋文公为诸侯霸主，赏赐给他一辆用黄金装饰的大车；一副红色的弓，100 支红色的箭；10 副黑色的弓，1000 支黑色的箭；一坛子味道香甜的酒，还有玉制的勺子和 300 名勇士。晋文公多次推辞，行过大礼才接受了天子的馈赠。周天子还特意写了《晋文侯命》一诗送给晋文公。

晋文公成为当时诸侯国的霸主。

晋灵公害赵盾

晋文公去世后，他的儿子晋襄公即位，这时赵衰等老臣相继去世，赵衰的儿子赵盾执掌晋国大权。晋襄公在位 7 年后去世了，当时太子夷皋年龄很小，晋国百姓害怕因为国君年幼，国家再次出现叛乱，都希望立年长一点的公子为国君。赵盾和大臣们商议国君的选立，他说：“应该立襄公的弟弟公子雍，他年纪合适，晋文公又很喜欢他，他性情善良，和秦国的关系也很好。善良的人做国君，国家就会安稳；百姓侍奉年纪大的国君，国家就会和平；拥立先朝国君欣赏的人做国君，是一种孝顺；和以前友好的邻国结交，国家就会安定。”贾季却不同意赵盾的观点，他说：“公子雍不如他的弟弟公子乐。公子乐的母亲辰嬴曾经受到过两位国君的宠爱，立她的儿子为国君，百姓一定会同意的。”赵盾反驳他说：“辰嬴的地位很卑贱，按照先君的妃妾顺序排列，只能排到第十。她的儿子缺乏威望。况且她被两位国君宠爱，这属于淫乱的行为。公子乐远离强大的晋国，却出居弱小的陈国，这是孤立的情况，您想一想，

历史关注 | 在今湖北随县擂鼓墩发现的曾侯乙墓，出土各类青铜器件总量十吨左右，为历来出土青铜器群总量最大。

母亲淫乱，儿子孤立，怎么可以拥立公子乐为国君呢？”赵盾没有听从贾季的建议，派人到秦国迎接公子雍回国，贾季也同时派人到陈国召公子乐回国。为了防止贾季叛乱，赵盾削夺了他的职位，贾季逃亡到翟国。

秦康公得知晋国迎接公子雍回国即位的消息后说：“当年晋文公回国即位的时候，由于没有人护卫，所以才会发生吕省等人的叛乱。”于是他准备派遣军队护送公子雍回国。这时太子夷皋的母亲缪嬴抱着幼小的太子，整天来到朝廷上放声大哭，质问大臣们：“襄公有什么过错？他的儿子又有什么过错？为什么不让太子即位，反而要到外国去找别人呢？难道是想害死太子吗？”随后，她又抱着太子跑到赵盾家里哭着说：“襄公临死的时候，把太子托付给你，叮嘱你把他培养成材。现在襄公刚刚去世，难道你就忘记他的嘱托了吗？”赵盾无言以对，大臣们对缪嬴也有所顾忌，他们商议之后，决定拥立太子夷皋为君。赵盾派兵阻挡秦国护送公子雍的军队，拥立太子夷皋即位，这就是晋灵公。

晋灵公十四年（公元前 607 年），灵公已经长大成人，他生活极度奢侈，性格骄傲蛮横。他极力搜刮百姓的财产，供自己享乐。他还建筑了一个高台，站在上面用弹弓弹射路上的行人，把观赏人们躲避弹丸作为一种乐趣。一次，晋灵公的厨师烹调时没有把熊掌煮烂，灵公就非常生气，竟然杀掉厨师，还让妇女抬着厨师的尸体扔到外面去。当他们经过朝廷时，赵盾、随会等都看见了，就一起去劝告晋灵公。晋灵公根本不听他们的忠告，但因为他们都是老臣，掌握朝政大权，灵公对他们有所顾忌。为了不再受人管制，灵公决定除掉赵盾，他让勇士暗中刺杀赵盾。勇士偷偷来到赵盾家里，发现赵盾卧室的门敞开着，正是杀死赵盾的好机会。进屋后，他环顾四周，发现赵盾的住处极其简朴，深受感动，于是他退出赵盾的房间，叹息着说：“无论我杀死忠臣，还是违背君王的命令，都一样是有罪啊！”说完之后，以头撞树，自杀而死。

很多年以前，赵盾到首山打猎的时候，看到桑树下面有一个饥饿的男子，饿汉名叫亓眯明。赵盾可怜他，赏给他食物吃，但是饿汉只吃了一半就停下来。赵盾很奇怪，问他为什么不吃完，他对赵盾说：“我给别人做奴隶已经 3 年了，不知道母亲是否还活着，我要把剩下的一半食物留给母亲。”赵盾钦佩他的孝敬，又赏给他很多食物，让他带给母亲。不久，亓眯明做了晋灵公的厨师，赵盾不知道这件事。

晋灵公准备借宴请赵盾的机会，埋伏好士兵杀死他，亓眯明得到消息。他害怕没有防备的赵盾喝醉酒遇害，在酒宴上提醒赵盾说：“君王赏赐您的酒，您只喝 3 杯就可以了。”赵盾离开宴席后，晋灵公先命人放出一条叫敖的恶狗去咬杀赵盾，亓眯明冲上前，徒手杀死了恶狗。埋伏的士兵又来追杀赵盾，亓眯明阻挡住他们，赵盾终于逃脱。赵盾询问亓眯明救自己的原因时，亓眯明说：“我就是以前桑树下那个饥饿的男子。”赵盾再问他的姓名，亓眯明没有告诉他。

赵盾知道灵公决定杀死自己，于是逃亡到外地。他的同族弟弟将军赵穿杀死了晋灵公，迎接赵盾回朝。赵盾官复原职后，从周朝国都迎接晋襄公的弟弟黑臀回国即位，这就是晋成公。晋国记载历史事件的官员董狐在史书上写道：赵盾杀死了自己的国君。赵盾向他解释说：“灵公是赵穿杀死的，不是我杀的。”董狐严肃地说：“您是晋国的重臣，逃亡期间也没有离开晋国的国境。您官复原职之后，也不惩罚杀死国君的叛臣。您怎么能推卸杀掉国君的责任呢？”孔子听到这件事情后赞叹董狐是一个好的史官。

晋厉公朝政

晋景公十九年（公元前 581 年）夏，景公去世，太子寿曼继承王位，他就是晋厉公。晋厉公刚刚即位的时候，很想和其他诸侯国和平共处，首先和强大的秦国订立了友好相处的盟约。但不久秦国就背叛了盟约，失望的晋厉公便派大臣吕相出使秦国宣布和秦国绝交。吕相凭借他良好的口才把秦国国君谴责得哑口无言。厉公又和其他

中国大事记

公元前 433 年，晋幽公时，晋国公室衰微，国君反朝拜于韩、赵、魏三家。

诸侯相约，联合起来讨伐秦国，在麻隧打败秦军，俘虏了秦国大将成差。

晋国大夫伯宗能够直言进谏，因此得罪了许多大臣，郤锜、郤犨、郤至就在晋厉公面前诬告伯宗。厉公听信了谗言，没有经过明确的调查，就杀死了伯宗。厉公杀死忠臣的做法引起了晋国百姓的不满，他们不再爱戴拥护厉公了，大臣们也不再轻易直言进谏了。

晋厉公六年（公元前 575 年）春，晋国盟友郑国背叛了晋国，和晋国的仇敌楚国结盟。厉公非常生气，亲自率领军队讨伐郑国。楚国听到消息后，发兵救援郑国。厉公害怕强大的楚国，准备撤退。郤至劝告厉公说：“您是来讨伐叛逆的，我们的立场是正义的。现在有强敌来帮助叛逆攻打我们，我们如果逃跑的话，那么以后您就没有资格对诸侯发号施令了。”厉公认为他说的有道理，只好和楚国交战。战争中，晋君的弓箭射中了楚共王的眼睛，国君负伤后，楚军失去领导，所以失败了。楚国主帅子反整顿残余的兵力，准备再和晋国交战。就在这个时候，楚共王要召见子反，但是子反喝得大醉，不能去拜见国君，楚共王非常生气，严厉地斥责了子反，子反因此自杀而死。失去了主帅的楚军只好撤退回国了。晋国通过这场战争在诸侯国中树立了很高的威信，厉公也树立起称霸的信心。

厉公生活非常奢侈，拥有很多宠爱的妻妾。他战胜回国后，生活更加奢靡。为了讨小妾的欢心，他准备罢免所有大臣的职务，让宠妾的兄弟们取代他们。厉公一个宠妾的哥哥叫作胥童，他和郤至有仇，想趁着这个机会害死郤至。刚好大臣栾书也对郤至不满，抱怨说郤至没有采用他的计策居然打败了楚国军队，这纯属是侥幸。胥童听到后，就悄悄来到楚国，请求楚王帮助他陷害郤至。楚王也希望除掉晋国的重臣，于是派人来欺骗厉公说：“郤至想迎接公子周回国即位，所以请求楚国发兵和晋国交战。因为与楚国结盟的诸侯国还没有来得及发兵帮助楚国，所以晋国才打败了楚国。”厉公听到之后半信半疑，他就把这些传言告诉栾书，询问栾书的看法。栾书刚好想通过这次机会报复郤至，回答说：“事实很有可能就是这样的。你可以派人到周朝国都暗中调查一下。”厉公听从了他的建议。栾书又特意安排了郤至和公子周单独会面的机会。调查的人把所见报告给厉公，厉公认为郤至果然要背叛自己，准备杀死他。

晋厉公八年（公元前 573 年），厉公到外面打猎时，和他的妻妾饮酒作乐。郤至杀了一头猪，准备把猪肉献给厉公吃，谁知道宦官孟张抢走了猪肉。郤至非常生气，就杀死了孟张。厉公知道后也非常生气，下定决心要杀死郤锜、郤犨、郤至兄弟三人。郤犨得知消息后，准备先下手为强，杀死厉公，他说：“也许我们会被厉公杀死，但是他也好受不了，至少也要受重伤。”郤至却不同意他的计划。他说：“忠诚的人就不应该反对君主；智慧的人就不应该伤害百姓；勇猛的人就不应该发动叛乱。如果失去了这三种美德，还有谁愿意跟从我呢？那还不如死了算了。”他们没有反叛。

这一年的二月，厉公派遣胥童率领士兵偷袭三郤。胥童想借这个机会除掉晋国更多的重臣，以后自己就可以执掌晋国的大权了。他趁机在朝廷上劫持了栾书和中行偃，然后对厉公说：“请君主下令杀死他们吧，如果留下他们的话，以后您就会有无穷的祸患。”厉公不忍心杀掉他们，说：“我不忍心一天早上就杀掉我的 3 个大臣。”胥童劝告他说：“您不忍心杀害别人，可是别人会忍心谋害你啊！”厉公没有听从他的话，释放了栾书和中行偃。他还向他们道歉，说明自己这次只是为了惩罚三郤，和他们两个人没有关系，把他们官复原职。两个人谢过了厉公的不杀之恩，但是，从此他们开始记恨厉公，同时也害怕厉公再听信别人的谗言杀死自己。后来厉公到骊氏家游玩的时候，栾书、中行偃派遣他们的亲信把厉公逮捕，囚禁起来，又杀死了胥童，并派人把公子周从周朝国都迎接回国。厉公被囚禁了 6 天后，栾书、中行偃杀死了他，只用一辆车为他陪葬。厉公死后 10 天，公子周回到晋国，继承了王位，这就是晋悼公。

历史关注 | 曾侯乙墓出土的木质漆箱盖上绘有二十八宿全部名称，是迄今为止发现的完整二十八宿名字的最早记载。

楚世家第十

一鸣惊人

楚庄王即位3年以来，不问国事，从来没有下达过一道政令，他只是夜以继日地寻欢作乐。为了防止别人的干涉，他下达命令说："有敢于向我进谏的人，一律杀掉。"楚国大臣伍举不顾忌楚庄王的禁令，冒死进入王宫。当时庄王左手抱着郑姬，右手抱着越女，乐队在四周为他演奏乐曲。伍举请楚王猜一个谜语，他说："山上有一只大鸟，整整3年了，既不起飞也不鸣叫。您说这是什么鸟啊？"庄王回答说："虽然这只鸟3年都没有飞，但是它一旦飞起来就会冲到天上；虽然它3年都没有鸣叫，但是它一旦鸣叫就会使人们震惊。伍举你请回吧，我明白你的意思。"然而几个月过后，楚庄王不但没有收敛自己的行为，反而更加放纵了。这时大夫苏从入宫直言进谏。庄公问他："难道你不知道我颁布的杀死进谏者的命令吗？"苏从回答说："如果能够让国君您改过自新的话，我就算是死了，也是值得的。"庄公非常感动。从此，他停止了荒淫的享乐，大力整顿朝政，杀了数百名不称职的官员，同时也提拔了数百名贤能的人才，任命贤臣伍举和苏从处理朝廷的政事。楚国百姓看到君主的转变后，非常高兴，楚国实力逐渐增强。

楚庄王三年（公元前611年），楚国灭了庸国。楚庄王六年（公元前608年），打败了宋国。楚庄王八年（公元前606年），楚国讨伐陆浑戎族，路过洛阳的时候，在周朝国都的郊外阅兵示威。周定王派王孙满出城犒劳楚庄王。楚庄王向王孙满询问周朝的九鼎（周朝权力的象征）的大小和轻重，王孙满回答说："统治国家重要的是道德，而不是宝鼎。"庄王说："你不要认为拥有九鼎就很了不起！楚国只要把兵器上的刃尖折断，放在一起熔炼，就足够铸成9只大鼎。"王孙满叹息着说："唉！您真是糊涂啊！以前虞夏昌盛的时候，边远的国家都来朝拜他，并且进献贡品。九州的长官纷纷进献了当地的金属，用这些金属铸成了九鼎，然后在上面描绘各种事物的图像。夏朝的国君桀道德败坏，九鼎便被殷朝拥有；殷朝占有宝鼎600年后，纣王残暴无道，九鼎被周朝占有。如果天子有道，鼎虽然很小，却重得挪不动；如果天子道德败坏，鼎即使再重也很容易被挪走。过去，周成王把九鼎安置在郏鄏，占卜的人说可以下传30代的国君，在周朝存放700年，这是上天的安排。现在周王室虽然很衰微了，可是上天的安排是难以改变的，所以你还没有资格询问九鼎的重量！"楚庄王无言以

一鸣惊人的另一个故事

齐国有一个名叫淳于髡的人，常用一些有趣的隐语，来规劝君主，使君王乐于接受。当时的君主齐威王沉迷于酒色，不管国家大事，于是淳于髡对威王说："我们国家有一只大鸟，羽毛色彩艳丽，美丽极了，它栖在大王的宫廷里，几年不飞也不鸣，不知是何道理？"齐威王不愧是政治家，他立刻领悟到这是在用大鸟比喻自己毫无作为。威王笑了笑，说："这个我知道。那大鸟是不想飞，如果它要飞，就能展翅飞翔，鹏程万里。那大鸟不鸣则已，一鸣一定会惊人。"从此齐威王不再沉迷于饮酒作乐，而开始整顿国事。结果全国上下，很快就振作起来，到处充满蓬勃的朝气。后来，人们常用"一鸣惊人"比喻平时不声不响的人，突然做出惊人之举。

中国大事记 | 公元前 408 年，魏国派兵夺取秦国河西地，秦国退守洛水。

对，只好撤军回国。

楚庄王十七年（公元前 597 年）春，楚国进攻郑国，仅仅用了 3 个月的时间就占领了它。楚庄王原本想吞并郑国，郑国国君赤裸着上身，手里牵着一只羊来见楚庄王，他哀求说：“上天不能够保佑我，不能让我很好地侍奉您，所以您一怒之下占领了我的国家，这都是我犯下的罪过。即使您把我流放到南海，甚至把我当作奴隶赏赐给诸侯，我也愿意服从。假若您不忘记周厉王、宣王和郑国的先王桓公、武公，看在他们的面子上，不断绝郑国的祭祀，让我像从前那样侍奉您，这是我最大的愿望。我也不敢有这样的奢望，但还是大胆地向您表白一下。”楚国的大臣们都建议楚庄王拒绝郑君的要求。楚庄王说：“郑国君既然能够这样谦虚恭敬，那么他一定能够好好对待自己的百姓，我又怎么能够灭掉人家的国家，把事做绝呢？”随后，楚庄王答应与郑国讲和。他亲自举起军旗，率领楚军后退 30 里驻扎下来。郑国大夫潘尫同楚国订立了盟约，郑国国君的弟弟公子良被送到楚国做人质。这年六月，晋国来救郑国。晋军与楚军在黄河岸边大战，晋军溃败，楚国称霸中原。

楚庄王二十一年（公元前 593 年），宋国杀死了楚国出使齐国的使臣。楚庄王一怒之下，进攻宋国。楚军把宋国的都城连续围困了 5 个月，城里面粮草用光了，宋国面临着严重的危难。宋国大臣华元冒着生命的危险出城把城内的情况讲给楚国，楚庄王听说城中的百姓用死人的骨头做柴烧、交换自己的孩子做食物的惨状后，下令撤兵回国。庄王二十三年（公元前 591 年），楚庄王去世。他的儿子即位，也就是楚共王。

孤独的楚灵王

楚灵王三年（公元前 538 年），楚国派遣使者通知晋国，准备和诸侯会盟。诸侯国君们都来到楚国的申邑聚会。伍举问楚灵王：“从前夏启在钧台来举办宴会，商汤有景亳的诰命，周武王在盟津誓师，周成王在岐阳狩猎，周康王在丰宫朝见诸侯，周穆王在涂山会盟，齐桓公在召陵会师，晋文公有践土的盟约，您打算使用哪种礼仪会见诸侯呢？”灵王回答说：“使用齐桓公的。”楚灵王和诸侯订立盟约以后，感到很得意。伍举提醒他说：“夏朝的桀举行会盟，缗人背叛了他；商朝的纣举行会盟，东夷背叛他；周朝的幽王举行会盟，戎族和翟族背叛了他。您要慎重考虑一下结局啊！”这一年的八月，齐国大臣庆封杀死国君。楚国出兵平定了齐国的叛乱，俘虏了庆封。楚国拿庆封向齐国百姓示众说：“大家不要仿效庆封杀死自己的国君，欺凌幼小的君主，要挟大臣们和自己结盟。”庆封反驳说：“大家也不要学习楚共王的儿子公子围杀死自己的侄子篡夺王位！”楚灵王马上派人杀死了庆封。

楚灵王十一年（公元前 530 年），楚国讨伐徐国，借此恐吓吴国。楚灵王询问大臣析父说：“齐国、晋国、鲁国、卫国受周天子封赐的时候都接受了宝器，只有我国没有。现在我打算派使者请求周天子把宝鼎赏赐给我作为分封的宝器，周天子会给我吗？”析父回答说：“会给的！从前我们的先王熊绎住在遥远偏僻的荆山，乘坐简陋的车子，穿着破旧的衣服，居住在荒凉的地方，还是不顾道路的艰险，把桃木弓、棘枝箭进贡给周朝。齐国国君是周天子的舅舅，晋国、鲁国、卫国国君都是周天子的兄弟。所以他们都被赏赐了宝器，唯独楚国没有。现在周朝和那四个国家都在听从您的号令，他怎么还敢吝惜宝器呢？”灵王又问：“从前我的远祖昆吾住在原来的许国，今天郑国人占据了那块田地，现在我

·楚成王之死·

宋、楚泓之战后，楚成王建立起霸业。楚成王的长子商臣和大臣潘崇，一个为逆子，一个为叛臣。公元前 626 年，两人率亲兵卫士深夜围攻王宫，持剑要杀楚成王。楚成王说：“我已命人在烧制熊掌，俟其熟而食之，虽死不恨。”潘崇厉声说：“熊掌难熟，你休想拖延时间以待外救。”说罢用束带将楚成王勒死。一代霸主惨死在逆子叛臣手中。

历史关注 | 魏文侯时，任命李悝为相，进行改革，废除“世卿世禄”，常备“武卒”，魏国由此富强。

能要得回来吗？”析父回答说：“周天子连宝器都舍得给您，郑国还敢吝惜田地吗？”灵王又问他说：“过去诸侯们都认为我国地处偏远，而害怕强大的晋国。现在我国大力修建城池，在陈、蔡、不羹等地都部署上1000辆战车以上的兵力，诸侯们害怕我吗？”析父回答说：“他们当然很害怕啊！”灵王对析父的回答很满意，说他能够谈古论今。

楚灵王十二年（公元前529年），为了享乐，楚灵王不惜加重百姓的赋税和兵役，给百姓带来很大痛苦。百姓怨声载道，痛恨楚灵王。从前，楚灵王会合诸侯的时候，羞辱了越国大夫常寿过，还杀了蔡国大夫观起。观起的儿子观从联合常寿过唆使吴国、越国联合攻打楚国。他同时假传公子弃疾的命令，把公子比接到楚国。趁楚灵王在乾溪享乐的时候，观从率兵进入楚国都城郢，杀死了太子禄，立公子比为楚王。然后，观从又来到乾溪，向楚国将士宣布：“楚国已经有新的国君了。你们先返回国都的可以恢复你们的职位和财产，后返回国都的全部流放。”楚国的将士们听到后纷纷离开灵王返回国都。

灵王听到太子被杀的消息后，心中震惊，失足跌落车下，他问侍奉他的人说：“别人也都像我这样爱自己的儿子吗？”侍者回答说：“别人比您更爱自己的儿子。”灵王说：“我杀死太多别人的儿子，所以才有现在的结局啊！”右尹建议他说：“您还是到郢都的郊外听候百姓的处置吧。”灵王说：“我犯了众怒，他们不会放过我的。”右尹说：“那您就暂且到大城市躲避一下，再请求曾经和您结盟的诸侯发兵帮助您。”灵王说：“这些诸侯都要背叛我，怎么会帮我呢？”右尹又建议说：“那您就暂时到别的诸侯国，征求大国国君的意见吧。”灵王无奈地说：“算了吧，我的好运到头了，不要自取其辱了。”灵王准备乘船进入鄢城。右尹担心自己再追随楚灵王，可能招来杀身之祸，就扔下楚灵王，自己逃跑了。

灵王众叛亲离，独自在山中徘徊，村民们没有敢收容他的。在路上，饿了3天的灵王遇见自己过去的仆人，楚灵王向他索求食物。仆人说：“新的国君刚刚下达命令，楚国敢给您送饭的人和跟您一起逃亡的人都要判处杀光三族的重罪。我不敢给您食物，何况我自己还没有吃的呢！”又饿又累的楚灵王把头枕在仆人的大腿上睡觉。仆人抽出自己的腿，用土块放在灵王的头下面，赶忙逃走了。楚灵王醒来后找不到仆人，人也饿得坐不起来了。芋地地方官申无宇曾经两次触犯王法，楚灵王都赦免了他。他的儿子申亥为了报答灵王的恩情一直在到处寻找他，终于在厘泽找到饿昏了的灵王，就把他接到自己的家中悉心照顾。后来楚灵王就在申亥的家里去世。申亥让自己的两个女儿为灵王殉葬，厚葬了灵王。

叔向论楚难

楚国的公子比虽然已经继承王位，却还没有听到灵王死去的消息，楚国上至国君、大臣，下至百姓都害怕灵王再次回来。观从建议公子比说：“如果不杀死公子弃疾，您虽然拥有了整个楚国，但总有一天会要遭受灾难的。”公子比说：“公子弃疾是我的亲弟弟，我不忍心杀死他。”观从说：“你不忍心杀他，他可忍心杀你啊。”公子比没有听从他的建议。观从见他不听劝，就离开了他。公子弃疾回到郢都以后，郢都的百姓每天夜里都感觉好像是楚灵王又回来了，人心惶恐不安。一天夜里，公子弃疾安排一个撑船的人在长江岸边一边奔跑一边大哭着说：“灵王回来了！”郢都的百姓们听到后更加害怕。公子弃疾又派遣亲信曼成然告诉公子比和令尹公子皙说：“灵王回来了！都城的人打算要杀死你们。百姓的怒气就像洪水与大火，是无法抵抗的。您还是尽快想个解决的办法吧，不要自取侮辱。”公子比和公子皙信以为真，自杀而死。于是，公子弃疾继承了君位，他就是楚平王。

楚平王用欺诈的手段杀死了前任国君，即位后害怕楚国的百姓不服从自己，担心诸侯国不拥护，就给楚国的百姓施加恩惠，整顿政务，任命有才能的观从为卜尹。他归还了被楚国吞并的陈国和蔡国的土地，让两国原来国君的后代继位，

中国大事记 | 公元前404年，田氏内乱，导致三晋与齐大战，齐国战败。齐宣公去逝，子康公继位。

又归还了楚国侵占郑国的土地。他的做法赢得了楚国百姓和诸侯国的拥护。

先前，楚共王选立太子的时候，因为没有嫡长子，而另5个儿子都差不多，很难做出选择。楚共王决定请求神灵帮助决断，他偷偷地在楚国先王的祭庙里面埋了一块美玉，然后让5位公子先后进入祭庙。楚康王首先跨过埋藏美玉的地方向前走去。楚共王用手臂暗示埋藏美玉的地方，但公子比、公子皙进入祭庙后都远远地离开埋玉的地方。当时楚平王年纪还小，由人抱着进入祭庙。他给共王行礼的时候就压在美玉上面。后来，楚康王因为年纪最大继承王位，但是王位传到他的儿子手里时就失去了；公子围做了楚灵王，结果很糟糕；公子比只做了十几天的国君，公子皙没能即位，但都遭到杀害。他们的后代都断绝了，只有公子弃疾最后做了楚平王，继续了楚国的祭祀，这些事情和神灵的预示完全吻合。

当年，公子比从晋国回来准备即位的时候，韩宣子曾经询问叔向说："您看公子比能成功吗？"叔向肯定地说："不能成功。"宣子说："楚国百姓和公子比都非常厌恶楚灵王，强烈要求拥立新的国君，这就像是商人合伙做生意一样，怎么会不成功呢？"叔向回答说："可是又有谁和公子比相好，又有谁能够帮他对付仇敌，患难与共呢？夺取王位有五大困难：一是具有高贵的地位却得不到贤能的人辅佐；二是有贤能人才辅佐，但缺乏强大的支持；三是有强大的支持力量，却没有长远的谋划；四是具有长远的谋划，却缺乏百姓的拥护；五是拥有百姓的拥护，而自己却缺乏德行。公子比在晋国住了13年，从来没听说晋国和楚国跟随他的人里面有学识渊博的，所以说他没有贤才了；楚国王室家族成员，要么死了，要么背叛了，所以说没有支持他的力量；还没等到合适的机会却又轻举妄动，所以说他没有长远的谋划；他一直生活在国外，所以说他没有人民的拥护；楚国百姓一点也不爱戴他，所以说他没有德行。虽然楚灵王昏庸残暴，是自取灭亡，但公子比即位要面对的五大难题一个都没有解决，竟然还想做国君，谁能帮助他啊！据我看来应该是公子弃疾得到楚国。公子弃疾统治下的陈地、蔡地和平安定。他决不因为个人的欲望去违背百姓的意愿，百姓都很爱戴他。而且每当楚国芈氏发生内乱时，历来都是年纪最小的继位。况且公子比的官职只不过是个右尹，从地位上说也不过是先王的庶子。再加上百姓不拥护他，他凭什么即位呢？"宣子继续询问说："齐桓公、晋文公和公子比不也是很类似吗？为什么他们就能即位呢？"叔向回答说："齐桓公是卫姬的儿子，被釐公所宠爱；有鲍叔牙、宾须无、隰朋这样的贤臣的辅佐；有莒国、卫国作为外来的援助；有高氏、国氏在国内接应；他愿意接受正确意见，一如既往地爱护关怀百姓，所以他能成为国君。晋文公是狐季姬的儿子，得到晋献公的宠爱；他勤奋好学，17岁时就结交了5位贤才，作为他的左膀右臂；还有齐国、宋国、秦国、楚国作为外援力量；又有栾氏、郤氏、狐氏、先氏在国内接应；他凡事都从百姓的利益出发，当惠公、怀公丧失民心时，百姓都开始拥护文公，所以文公应该享有君位。而公子比外面没有强国的帮助，里面没有百姓的拥护。他离开晋国的时候，晋国百姓不去护送他；返回楚国的时候，楚国百姓也不来迎接他。他怎么可能享有君位呢！"果然，公子比即位不久就被迫自杀，叔向的预言得到证实。

费无忌乱楚

楚平王二年（公元前527年），平王派遣大夫费无忌到秦国为楚国太子建迎娶秦国女子作为妻子。这个秦国女子非常美丽，费无忌为了讨好平王，抢先赶回楚国都城，建议平王说："秦国女子有倾国倾城的美貌，您最好自己娶他为夫人，再给太子建另外娶妻吧。"平王贪图秦国女子的美貌。自己娶了秦女，生下了儿子熊珍，又给太子建娶了另外一位女子。当时伍奢做太子的太傅，费无忌做少傅。太子建讨厌费无忌的奸佞。费无忌得不到太子建的信任，对他记恨在心，于是常常在平王面前诽谤他。太子建母亲也不被平王宠

历史关注 战国时期，魏国李悝编的《法经》是我国最早的一部成文法。

爱，因此，平王逐渐地疏远了太子建。

楚平王六年（公元前523年），平王派遣太子建到城父守卫边疆。费无忌仍然不忘时刻在平王面前中伤太子建，他说："因为我把本应嫁给他的秦国女子推荐给您做了夫人，太子非常怨恨我，同时他肯定也很怨恨您。并且现在太子驻守在边疆，掌握着兵权，又和诸侯国家结交，很有可能随时带兵发动叛乱，您可要小心防备他啊！"平王听信了他的谗言。他怨恨太傅伍奢没有教导好太子，于是把伍奢叫过来责备了一顿。伍奢明白是费无忌在陷害太子，就劝告平王说："您不能因为一个小人的离间，就怀疑疏远自己亲生的儿子啊！"为了拔掉伍奢这个眼中钉，费无忌对平王说："您如果现在不制服伍奢，将来后悔可就来不及了。"于是，平王把伍奢囚禁起来，并派遣司马奋扬召太子建回国都，准备杀死太子。太子建得知消息后，逃亡到宋国。

为了斩草除根，费无忌再次建议平王说："伍奢有两个儿子都不在国都，他们知道父亲被杀，以后一定会报仇的。不杀死他们的话，恐怕会给楚国留下很大的祸患。我们现在可以假意赦免伍奢，让他把自己的儿子召回来。"平王听从了他的建议。派人通知伍奢说："如果你能把你的两个儿子召回国都的话，就可以不杀你，否则的话你就死定了。"伍奢很清楚平王准备杀死自己的全家，也了解两个儿子的性情，他回答说："我可以召他们回来，长子伍尚会回来，但次子伍子胥肯定不会回来。"平王询问原因。伍奢回答说："伍尚正直憨厚，仁爱孝顺，敢于为节义而牺牲，他听说回到国都能够免除父亲的死罪，即使牺牲自己也必定要回来。伍子胥机智聪颖，勇敢又有谋略，他知道回来肯定是死路一条，所以不会回来。以后楚国的忧患一定会出在他的身上啊。"

平王派遣使者通知伍尚和伍子胥说："你们如果回到国都，君主就赦免你们父亲的死罪。"兄弟两个回到房间商议对策，伍尚对伍子胥说："这是个阴谋，但是，有解救父亲的可能却不去做，这是不孝顺；如果父亲被杀害，儿子却不能想办法为父亲报仇雪恨，那是没智谋。根据自己的能力去成就大事才是明智的选择。我已经准备好回国都和父亲一起去死，为我们报仇的重担就由你来承担。你赶快逃走吧。"。伍子胥知道哥哥已经下定决心回去了。他拿着弓箭，出去对使者说："我父亲犯了罪，为什么叫我们回去呢？"说完，他拉弓搭箭，瞄准使者，使者吓得赶忙逃跑了。随后，伍子胥便逃亡去吴国。伍尚回到了楚国国都。伍奢听到伍子胥逃亡的消息后说："伍子胥逃跑了，楚国以后可要危险了。"楚平王下令杀死了伍奢和伍尚。

楚国太子建的母亲居住在居巢。对太子被迫逃亡一事，她心存怨恨，暗中请求吴国讨伐楚国。就在楚平王十年，吴国国君派遣公子光讨伐楚国，打败了楚国的盟国陈国、蔡国的军队，并把太子建的母亲带回了吴国。楚国人非常害怕，加强了都城郢的防守。从前，吴国和楚国的交界处的吴国卑梁和楚国钟离，有两个小孩子为了争夺桑树，引起了这两户人家的争斗。争斗过程中钟离人杀死了卑梁人。卑梁大夫非常气愤，派遣城里的守军攻打钟离。楚王听到后派遣楚国军队占领了卑梁。吴王不甘示弱，以太子建的母亲家在楚国为理由，派遣公子光率领军队攻打楚国，一鼓作气占领了钟离和居巢。楚国更加害怕吴国，再次加强了对郢都的防守。

楚平王十三年（公元前516年），平王去世。将军子常认为："太子熊珍年纪还小，况且他的母亲原本应该嫁给太子建，所以不适合立他为国君。"他准备拥立平王的弟弟令尹子西为楚王。令尹子西为人仁义慈善，他说："国家有固定的法则，如果随便改立其他人做君王的话，国家就要发生动乱，我害怕即位以后会招来杀身之祸。"楚国拥立太子熊珍即位，他就是楚昭王。

费无忌迫使太子建逃亡，还杀死了伍奢父子和郤宛，给楚国种下祸根。伍奢的儿子伍子胥和郤宛的同宗伯嚭都逃到吴国后，鼓动吴军多次侵伐楚国，给楚国百姓带来灾难。楚国百姓对费无忌恨之入骨。楚昭王元年（公元前515年），楚国令尹子常杀死了费无忌，百姓们都非常高兴。

中国大事记 | 公元前403年，周威烈王册命韩、赵、魏三家为诸侯，战国七雄局面正式形成。

倒霉的楚昭王

楚昭王五年（公元前511年），吴国出兵攻占了楚国的六邑和潜邑。楚昭王七年（公元前509年），楚国派遣子常率领军队讨伐吴国，结果在豫章被吴国军队挫败。

楚昭王十年（公元前506年）冬，吴王阖闾亲自率领大军，伍子胥和伯嚭担任将领，联合唐国、蔡国共同讨伐楚国。楚国派子常率领军队迎击吴军，两国军队隔着汉水摆下阵势。吴国军队打败子常率领的楚国军队，子常逃亡到了郑国，楚军四散逃走，吴军乘胜追击，一口气杀到楚国的国都郢都。楚昭王意识到郢都已经防守不住，急忙逃跑，吴国军队顺利占领郢都。伍子胥按捺不住心中的仇恨，挖开楚平王的坟墓，鞭打平王的尸体，发泄出心中的怨恨。

楚昭王逃到了云梦。云梦的百姓不知道他就是国君，用弓箭把他射伤。随后，昭王又逃亡到郧国。郧公的弟弟对郧公说："楚平王杀死了我们的父亲，今天他的儿子来到我们这里，应该杀死他，为父报仇。这样做是天经地义的。"郧公不同意，阻止了他，但又担心弟弟私下里杀死楚昭王，就陪着楚昭王逃到随国。吴王阖闾听说昭王在随国，马上发兵攻打，他告诉随国百姓说："从前被封到长江、汉水之间的周王室的子孙们，全都被楚国消灭了。你们为什么还包庇楚昭王呢？"随国国君迫于压力，打算把昭王献给吴军。楚昭王的随从子綦听到这个消息以后，就让楚昭王躲藏在非常隐蔽的地方，然后自己假扮成昭王，对随国人说："请你们把我送给吴王吧。"随国国君不知道该不该把昭王献给吴军，就决定占卜，请神灵做决断，得出的结果是把昭王送给吴军对随国很不吉利。于是，随国国君向吴王推辞说："昭王已经逃跑了，现在不在随国。"吴王不相信他的话，打算派遣军队进入随国搜查昭王，随国国君没有同意，吴军也只好停止进攻，从随国撤军。

楚昭王逃离郢都的时候，曾派遣申包胥到秦国请求救援。秦国国君本来不想救援楚国。申包胥在朝廷上哭了七天七夜，秦哀公被他的爱国精神所感动，于是派了500辆战车来救助楚国，联合楚国残余的将士共同反击吴国。楚昭王十一年六月，在稷打败了吴军。这个时候，恰好吴王阖闾的弟弟夫概在国内发动叛乱，自立为王。所以吴王阖闾从楚国撤军，回国去平定内乱。昭王这才重新回到郢都。

楚昭王十二年（公元前504年），吴国再次攻打楚国，攻占了番邑，楚国上下都害怕重演被吴国占领的悲剧。为了躲避吴军，楚昭王把国都向北方迁移。楚昭王二十一年（公元前494年），吴国和越国交战，越王勾践射伤了阖闾，不久，阖闾去世，吴国和越国因此成了死对头。吴国把主要精力放在对付越国上，没有再征伐楚国。

楚昭王二十七年（公元前489年），吴国攻打楚国的盟国陈国，楚昭王率领楚军前往援救。在边疆的城父驻扎军队。十月，昭王在军队中生了病。这时候，天空出现了奇怪的现象，红色的云霞好像鸟一样，围绕着太阳飞翔。昭王觉得很奇怪，于是向周太史询问吉凶。太史回答他说："天象预示的是国君您将要有大的灾祸，但是可以把灾祸转移到大臣身上去。"大臣们听到后，纷纷请求太史向神祷告，自己愿意代替昭王承担灾祸。昭王却说："大臣们相当于我的手和脚，现在我把灾祸转移到自己的手和脚上去，难道就能治好我的病吗？"他没有让大臣们替代自己。

镈钟铭文

"隹王五十又六祀，返自西阳，楚王酓章乍曾侯乙宗彝，奠之于西阳，其永时用享。"这段铭文记载的内容与其他甬钟不同，与乐律无关，讲述了楚昭王逃到随国，受到随王保护的故事，显示了随、楚两国不同寻常的亲密关系。

历史关注 | **麟、龟、凤、龙是古代崇拜的四灵。**

太史又占卜，寻找楚昭王生病的原因，结果表明是黄河的河神在作怪。臣子们请求昭王祭祀黄河河神。昭王回答说："自从我们的先王受封到楚地以来，只祭祀长江和汉水，我们从来没有得罪过黄河河神，为什么要祭祀他呢？"楚昭王的病越来越重，他把各位公子和大夫召来说："我没有才干，致使楚国接连受到侮辱，现在我竟然能够平静地死去。我已经感到非常幸运了。"随后，他让长弟公子申做楚王，公子申没有答应。再推让二弟公子结，公子结也不答应。于是又推让三弟公子闾，公子闾连续推辞了五次，最后才答应做楚王。不久，楚昭王在军队里去世。公子闾对大家说："昭王病情沉重的时候，不考虑自己的儿子，却推让兄弟们继承王位，我当时之所以答应他，目的是宽慰他，现在昭王去世，我怎么能继承王位呢？"他和公子西、公子綦商议，拥立昭王的儿子公子章即位，也就是楚惠王。然后停止进军，把楚昭王的尸体运回国内安葬。

怀王蒙羞

楚怀王二十四年（公元前 305 年），秦昭王即位，他准备采取贿赂楚王的方法和楚国结盟。秦昭王拿出许多财宝贿赂楚怀王，还送给他一个美丽的女子。楚怀王贪图财色，在怀王二十五年（公元前 304 年），亲自到秦国和秦昭王订立盟约。秦王把侵占的楚国上庸归还给了楚国。怀王二十六年（公元前 303 年），齐国、韩国、魏国对于楚国违背合纵亲善的盟约而和共同的敌人秦国联合，感到非常不满，于是三个国家联合讨伐楚国。楚国为了得到秦国的援助，把太子送到秦国做人质。随后秦国派遣客卿通率领军队救助楚国，齐国、韩国、魏国的联军这才撤退。

在秦国作人质的楚国太子和秦国一位大夫私下里争斗。楚国太子杀死了秦国大夫，逃回楚国，秦国于是有了讨伐楚国的理由。楚怀王二十八年（公元前 301 年），秦国联合齐国、韩国、魏国共同攻打楚国，杀死了楚国的大将唐昧，占领了楚国的重丘才撤兵而去。楚怀王二十九年（公元前 300 年），秦国再次攻打楚国，楚国军队大败，楚国将军景缺战死，两万楚兵被杀。怀王非常害怕，派太子到齐国做人质，取得了与齐国的和解。楚怀王三十年（公元前 299 年），秦国又出兵攻打楚国，占领了楚国的 8 座城池。秦昭王给楚怀王写了一封书信，信上说："当初我和您结拜为弟兄，订立了盟约，您让太子到我国做人质，我们的关系一直非常融洽。然而楚国太子杀死了我的重臣，没有道歉就逃回了楚国，我确实愤怒到了极点，所以才派兵侵占楚国的土地。可是现在您把太子送到齐国做人质寻求讲和。秦国和楚国是邻国，又有婚姻关系，友好相处很长时间了。如果秦国和楚国关系搞不好的话，就没有能力号令诸侯了。现在我希望和您在武关相会，再次立下盟约，并且以后要始终遵守盟约，这就是我的愿望。"楚怀王读过信后非常为难：去赴会，又害怕受骗；不去赴会，又害怕秦王发怒。大臣昭睢说："君王您不能去赴会，那样很危险，应该派遣军队加强边境的防守。秦国有吞并诸侯的野心，不能轻易相信他。"怀王的儿子子兰却极力主张怀王前去赴会，他说："我们不能断绝和秦国的友好关系，您如果不去，秦国会不满意的。"怀王最后还是决定赴会。他进入武关后，就被秦国拘禁起来，劫持到了秦国都城咸阳。秦昭王在章台会见楚怀王时，不采用诸侯间应当使用的平等礼节，而是把怀王当作附属国的臣子一样对待。受到侮辱的楚怀王非常愤怒，后悔没有听从昭睢的劝告。秦昭王利用怀王，要挟楚国割让巫和黔中的土地给秦国。怀王打算先和秦国订立盟约，然后再割地，秦昭王却想先得到土地。楚怀王愤怒地说："秦国欺骗了我，还要挟我割让土地，我是不会答应的。"秦昭王因此把楚怀王扣留下来。

楚怀王被扣留在秦国之后，楚国大臣商议对策，有人担心地说："国君被扣留在秦国不能回来，秦昭王又要挟我国割地，太子又在齐国做人质，假如齐国、秦国联合对付我们，楚国就很危险了。还是拥立国君在国内的儿子即位吧。"昭睢表示反对，他说："君王和太子都被困在诸侯

中国大事记 | 公元前 396 年，魏文侯以吴起善于用兵，能得军心，任命其为西河守，以对抗秦、韩。

国，而我们现在却要违背君王的意愿拥立他的小儿子。这是不合适的。还是把太子从齐国接回来即位是上策。”于是，楚国派使者到齐国谎称怀王去世，请求太子回国。齐湣王征求国相的意见说：“不如把太子扣留下来，用他来换取楚国的淮北地区。”国相说：“这样不行，楚国如果另立他人为楚王，我们就白白扣留了一个没用的人质，而且在诸侯国中还留下一个不仁义的名声。”也有的臣子建议齐国继续扣留楚国太子。但齐湣王最终还是采纳国相的建议，把太子送回楚国。于是，楚国人拥立太子横即位，他就是楚顷襄王。随后，楚国通知秦国说：“依靠神灵的保佑，楚国又有君王了。”表示不顺从秦国的要挟。秦昭王听到后非常生气，派军攻打楚国，把楚军打得大败，杀死了 5 万楚国士兵，攻占了 15 座楚国城池，才满意而回。楚顷襄王二年（公元前 297 年），楚怀王从秦国逃跑，秦国发觉以后，马上封锁了通往楚国的道路。楚怀王无奈，就走小路到赵国借路回楚国。赵国国君胆子小，不敢收容怀王。楚怀王又向魏国逃跑，这时，秦兵追上了他，又把他带回秦国。不久怀王一病不起。楚顷襄王三年（公元前 296 年），楚怀王在秦国去世，灵柩被送回楚国。楚国百姓都哀怜他，像父母兄弟死去一样悲伤。楚国和秦国断交。

奇妙的比喻

楚顷襄王即位以后，秦国写给他一封书信，上面说：“楚国背叛了秦国，秦国非常愤怒，决定要率领诸侯的联军讨伐楚国。希望您有所准备，重整军队，让我们痛痛快快地打一场。”顷襄王知道楚国打不过强大的秦国，所以打算和秦国讲和。顷襄王七年（公元前 292 年），楚王迎娶了秦国女子，两国又订立了盟约。楚顷襄王十四年（公元前 285 年），顷襄王和秦昭王在宛地聚会，结成了友好的关系。顷襄王十五年（公元前 284 年），楚国和秦国、韩国、赵国、魏国共同攻打齐国，夺取了齐国的淮北地区。

楚国有一位奇人，能用很小很细的弓箭射中天上大雁。楚顷襄王听说后，出于好奇召见了他，并向他询问射箭的经验。他回答说：“我只是用小弓、小箭射一些小雁、小鸟而已，不值得向大王讲述。况且凭着楚国广阔的土地和大王您的贤明，所要射取的东西要比我大得多。过去三王射取到的是道德的尊贵美名，五霸射取到的是当时的诸侯国。现在对您来说，秦国、魏国、燕国、赵国是小雁；齐国、鲁国、韩国、卫国是小野鸭；邹国、费国、郯国、邳国是小鸟。剩下的国家就不值得去射了。您为什么不用圣人之道作弓，用勇士作箭，看准时机射取他们呢？那样的话您就可以把他们装在口袋里满载而归了，这种乐趣绝对不是一时的快乐，获取的也绝不是野鸭和小雁之类的猎物。

“您可以早上射魏国都城大梁南部，射伤它的右臂，这样就直接牵动到韩国，那么中原地区的通路就断绝了，上蔡也就不攻自破了。转过身来再射击魏的东面，砍断了魏国的左臂，再向外射击定陶，那么魏国东部就可以获得了。况且魏国被砍断了左膀右臂，就站立不稳了。您再从正面攻击郯国，就能攻占大梁。这就是您第一次射箭，所能取得的快乐。

“如果您对射箭确实非常爱好的话，那就抛弃小弓小箭，使用有力的弓和石头制成的箭，去东海射击尖嘴的大鸟，早晨射击东莒，晚上射击泪丘，夜里攻占即墨，转身夺取午道，这样的话，就占有了长城以东和泰山以北的地区。西边和赵国接壤，北边直通燕国，楚国、赵国和燕国就像鸟张开的翅膀，不用订立盟约就联合起来了。这时候，您就可以向北游赏燕国的辽东，向南遥望越国的会稽，这就是第二次射箭取得的乐趣。

“至于泗水流域的 12 个诸侯国家，就不值得您顾虑了。您一个早上就可以射取他们。现在秦国打败了韩国，但不能长期驻守攻占得来的韩国城池；讨伐魏国也没有取得实际的成效；攻打赵国时还吃了亏，这导致秦国和魏国的实力大大消耗了。您可以趁这个机会拿出宝弓，射出利箭，收回楚国被夺取的汉中、析、郦等城池。等到秦国疲倦的时

历史关注 | 中国第一部诗歌总集《诗经》成于春秋时期。

侯，您还可以夺取崤山以东及河内地区。然后，您就准备安抚百姓，面向南方称王吧！

“而现在的情况是：秦国是一只大鸟，背靠着大陆，面朝着东方，左臂控制赵国的西南，右臂控制楚国的鄢郢，正面对着韩国、魏国，占据了地理上的优势。如果它一旦飞翔，就会纵横三千里，可不是您轻易能够射死的。”

顷襄王听完他的精彩比喻之后深有感触，于是放弃了和秦国结盟的想法，派遣使者出使诸侯国，重新订立盟约，以便联合对付秦国。

昭子理屈

楚顷襄王非常清楚仅仅凭借自己的力量是无法抵挡秦国的。他准备和齐国、韩国联合起来，共同讨伐秦国，同时他还想利用这个机会，谋取周朝王室。周王室得到这个消息以后，马上采取了对策，周赧王派遣大臣武公去往楚国劝说楚国的国相昭子。

武公对昭子说：“楚国准备联合齐国、韩国通过武力的方式夺取周王室的土地，还想把周朝的宝物运送回自己的国家，我认为这种做法是不可取的。周天子是全天下的诸侯国家共同尊奉的君王，如果你杀了他，或者是让世代相传的君王作为你的臣民的话，大的诸侯国家一定不会再去和你亲近。如果你凭借国力强大，军事力量雄厚来威胁现在已经力量微弱的周王室的话，小的诸侯国家一定不会对你归附顺从。大国不亲近你，小国不顺从归附你，那么，你既不能在诸侯国家之中获得威望，也不会获得实际的利益。如果威望和利益都不能够获得的话，你就不应该再去动用武力了，这样只会使百姓受到伤害。如果你承担了图谋夺取周王室的名声的话，你就没有资格再向诸侯国家发布号令了。”

昭子回答他说：“楚国图谋夺取周王室的消息只是谣传而已，您不要担心了。但是我还要问一句，即使像您所说的那样，周王室难道就不能图谋夺取了吗？”武公回答他说：“在军事上，如果你不拥有超过敌人五倍的兵力的话，就不适合对他发动攻击。如果你不拥有超过敌人10倍的兵力的话，你就不适合通过围攻的方式企图占领敌人的城池。你应该知道一个周朝就相当于20个晋国。韩国过去曾经动用过20万的兵力围攻过晋国的城池，但是最后还是以失败告终，韩国精锐的将士战死，普通的士兵受伤，晋国城池也没能被攻占。现在您没有拥有超出当时的韩国100倍的兵力却还想图谋夺取周朝，怎么可能成功呢？况且你和周王室结下了怨仇，就会伤害到有礼仪之邦的称号的邹国和鲁国百姓的感情，他们就会和齐国绝交。这样的话，你们就要承担罪恶的名声了，所以你们这样做是很危险的。而且实际上归属周王室掌管的土地也不过只有几百里，即使你得到了这些土地，你的国家也不会因此而富强起来。即使你全部占有周王室的百姓，你的军队也不会因此而强大起来。道理已经很清楚了，可是那些好大喜功的君主和喜好战争的臣子们，每次动用武力的时候，都把夺取周王室作为目标。这又是为什么呢？因为他们想得到周王室祭祀先王的器具。所以他们丧失了理智，不害怕承担杀害君王的罪名。现在，韩国想要把周朝祭祀的宝器夺去，献给楚国，我非常担心天下的百姓会因此而仇恨楚国。我还是给你打个比方吧。老虎的肉有腥臊的味道，它还有锋利的爪牙用来防身，但是人们还是会竭尽全力去逮捕它。这是因为老虎的皮很珍贵，人们想要得到它。假如让生活在草丛中的麋鹿披上老虎的皮的话，人们就不会冒着危险去捕捉老虎，而去直接捕捉弱小的麋鹿了。同样道理，假如你占有了周朝祭祀的宝器，别的诸侯国家一定会想：‘如果占有楚国的土地，完全可以使自己的国家强大；攻打拥有杀害君主的罪名的楚国，完全可以增加自己国家正义的名声。’于是他们就会借着这个机会讨伐楚国了。《周书》上说得好：‘如果想在政治上有所作为的话，就不要率先领导叛乱。’楚国如果真的攻取周王室的话，各个诸侯国的军队一定会源源不断地来讨伐你了。”昭子被武公说得哑口无言，同时他也认为武公的话很有道理，于是劝顷襄王放弃了夺取周王室的计划。

中国大事记 | 公元前 384 年，秦国废除了国君死后用人殉葬的野蛮制度。

越王勾践世家第十一

勾践入吴

越王允常在位的时候，就和邻国吴国国君阖闾多次发生冲突，两国结下很深的怨仇，相互之间经常发生战争。越王允常去世以后，他的儿子勾践继承了王位。越国和吴国间的怨仇还是没有得到缓解。

就在越王勾践元年（公元前 496 年），吴王阖闾听到越王允常去世的消息后，认为越国忙着办理丧事，新君又刚刚即位，国内不稳定，是攻打它的良好机会，亲自率领吴国军队攻击越国。当时越国的兵力不如吴国强大，为了打败吴军，越王勾践选拔出一批不怕牺牲的勇士，派遣他们向吴军挑战。勇士们冲到了吴国军队的阵地前面，一边大声呐喊，一边拔出武器砍向自己的脖子自杀而死，越军这样做，连续 3 次。吴国将士从来没有见过这阵势，都非常惊讶地注目凝视，看得心惊肉跳。就在这个时候，早就准备好的越国军队突然发动了袭击。没有防备的吴军被杀得大败，吴王阖闾也在战斗中被射伤脚趾。阖闾回到吴国之后，因为箭伤发作，不久就去世了。在临死前，他告诫儿子夫差说："你一定不能忽视越国，要灭掉它为我报仇。"夫差含泪答应了父亲。夫差继承了吴国的王位。

越王勾践三年（公元前 494 年），勾践听说吴王夫差夜以继日地操练军队，准备攻打越国，就想先发制人，抢在吴国发兵之前先去攻打他。大臣范蠡进谏说："您不能先去攻打吴国。据我所知，兵器属于凶器，发动战争是违背道德的行为，与人争夺是处事最下等的做法。暗中谋划违背道德的事情，喜欢使用凶器，亲自参与最下等的事，一定会遭到上天的惩罚，您这样做是绝对没有好处的。"越王勾践固执地坚持己见，终于还是发兵攻打吴国。吴王夫差派出吴国全部精锐部队迎击越军，在夫椒把越军杀得大败。越王带领了 5000 名残兵败将退守会稽。吴王夫差乘胜追击，把会稽包围起来。

被围困的越王勾践悔恨地对范蠡说："我不听您的劝告，以致落到这个地步，现在我该怎么办呢？"范蠡冷静地回答说："现在，只有忍辱负重，等待时机。大王应该派人给吴王送去丰厚的礼物，请求讲和。如果他还不答应的话，您就只有把自身作为抵押，亲自去侍奉吴王。"这次，勾践听从了范蠡的建议，派遣大夫文种去向吴王求和。文种跪在地上，一边用膝盖向前走，一边给吴王磕头说："君王，您的亡国臣民勾践托我请求您允许他做您的奴仆，允许他的妻子做您的侍妾。"吴王心中不忍，准备答应文种。伍子胥对吴王说："上天把越国赏赐给了吴国，现在是吞并越国的最好的时机，千万不要答应他的请求。"文种回到越国后，将详情告诉了勾践。勾践觉得走投无路，准备杀死自己的妻子和儿女，然后烧掉财物，亲自上战场和吴军决一死战。文种赶忙阻止他说："吴国的太宰伯嚭非常贪婪，我们可以用丰厚的财物去贿赂他，请求他劝说吴王答应我们。我可以暗中去吴国贿赂他。"勾践派文种送给伯嚭珠宝玉器和美女。伯嚭同意为越国通融，他带文种去见吴王夫差。文种给夫差下跪磕头说："如果大王您能够饶恕勾践的罪过，越国就会把世代相传的宝物全部送给您。假如您不能饶恕的话，勾践只有杀死妻子和儿女，烧毁全部宝物，率领他的 5000 名将士和您决一死战了。如果这样的话，您也要付出相当大的代价的。"伯嚭也趁机劝说吴王夫差说："越王已经甘

历史关注

“庄周梦蝶”语出《庄子·齐物论》，后多以“庄周梦蝶”比喻梦幻迷离。往事追忆，或梦中佳趣。

心情愿地做了您的臣子，您如果答应了他，对吴国是非常有利的。”吴王听罢，又准备答应文种的要求。伍子胥强烈反对，他说：“如果现在您不灭亡越国的话，以后您连后悔都来不及了。越王勾践是贤君，文种、范蠡都是良臣，如果让勾践返回越国，以后一定会成为吴国的心腹大患。”然而，吴王夫差不听从伍子胥的良言相劝，终于还是赦免越王，放他回了越国。

勾践被困在会稽时，曾经叹息着说：“难道我就要在这里结束我的生命了吗？”文种劝慰他说：“当初商汤被囚禁在夏台，周文王被围困在羑里，晋国的重耳逃亡到翟族，齐国的小白逃到莒国，最终他们要么成为天下共主，要么成为诸侯霸主，都成就了伟大的事业。从这点来看，我们现在面临的祸患很有可能会转变成未来的好运！”而后来的结局最终证实了他的话。

卧薪尝胆

自从吴王夫差饶恕了越王勾践，放他回到越国以后，勾践始终不忘自己在吴国蒙受的耻辱。他在座位旁边悬挂了一颗苦胆，无论是坐着的时候还是躺着的时候都能够看到它，借此来时刻提醒自己。每次饮食之前，他都要先品尝一下胆汁，胆汁的苦味就会使他想起自己在会稽所受的侮辱。他还亲自耕种庄稼，他的夫人亲手纺织布匹。饮食上他也非常俭朴，从来不吃荤菜。在着装上他也十分朴素，不穿华丽的衣服。他对待贤能的人彬彬有礼，招待宾客热情诚恳，热心救济贫穷的百姓，真心哀悼去世的老人，安慰他们的亲属，和百姓们同甘共苦。越王准备任命范蠡管理国家政务，范蠡推辞了，他说：“如果用兵打仗的话，文种不如我。如果治理国家，安抚百姓的话，我不如文种。”勾践任命文种管理国家政务。为了使吴国相信越国真的甘愿臣服于他，勾践让范蠡和大夫柘稽到吴国作了人质，直到两年以后，吴国才允许范蠡回到越国。

越王勾践从会稽回到越国已经7年了，这段时间里他一直都在安抚越国的百姓和士兵。同时

勾践卧薪尝胆图

也不忘自己在会稽受到的耻辱，准备寻找机会向吴国报仇。越国大夫逢同了解勾践的心思，便向他进谏说：“越国刚刚经历过灾难，现在国家才开始富裕起来，假如我们马上开始整顿军事装备的话，吴国知道后一定会担心我们攻打他们。这样的话，他们一定会先对我们下手，以我们现在的实力还不能战胜吴国。假如真的打起仗来的话，越国的灾难又要来临了。您看凶猛的大鸟袭击目标之前，一定会先把自己隐藏起来，乘目标不注意的时候突然制服它。现在，吴国的军队驻扎在齐国、晋国的边境上，吴与楚国、越国结下很深的仇恨。吴国虽然在诸侯国家中拥有显赫的名声，但实际上已经危害到了周王室。吴王虽然建立了很大的功业，但是却缺乏道德，所以他一定会骄傲、狂妄、蛮横起来。现在，从越国的利益出发，您可以和齐国结交，和楚国亲近，归附于晋国，对吴国在表面上也要表现得非常亲近。吴国极为贪婪，以后肯定会主动攻击别的国家。这样的话我们就可以借助这3个国家的势力消耗吴国，趁着吴国疲惫的时候就可以一举打败它了。”勾践觉得他的话非常有道理，毫不犹豫地接受了。

两年后，吴王夫差准备讨伐齐国，伍子胥阻止他说：“您不能讨伐齐国，齐国对于吴国的危害，只相当于身上一块癣而已，而越国却是我们的心腹之患，您应该先讨伐越国。”吴王不听。

中国大事记 | 公元前382年，吴起在楚国变法，楚国日益强大，但贵族对其深恨之。

吴军攻打齐国，获得了胜利。伍子胥又提醒正在得意的夫差说："您不要高兴得太早，大祸在后面呢！"吴王非常生气。文种为了探测吴王对越国的态度，建议勾践向吴国借粮食。伍子胥坚决反对吴王借粮给越国，但吴王还是没听。伍子胥愤怒地说："吴王如果一直不听从我的劝诫的话，再过3年吴国就会成为一片废墟！"和伍子胥一直不合的太宰伯嚭听到这些话后，觉得这是在吴王面前诋毁他的好机会，他对吴王说："伍子胥虽然表面忠厚，实际上内心极度残忍，他连自己的父亲和哥哥的生命都不顾惜，怎么可能顾惜您呢？他已经有怨恨您的情绪了，如果不严加防备，他一定会策划叛乱的！"吴王起初并不相信伯嚭的谗言。然而伍子胥预感到吴国不久后将有大的灾祸，在一次出使齐国时，他把儿子委托给了齐国的鲍氏。吴王听说后，认为伍子胥真的有谋反的打算。于是在伍子胥从齐国回来后，吴王就派人送给伍子胥一把叫作"属镂"的剑让他自杀。伍子胥大笑着说："夫差啊夫差！我辅佐你父亲雄霸天下，又拥立你做国君，当初你还想和我平分吴国，我都不接受，谁知道没过多久你就听信谗言要杀死我。可惜啊！可惜！你一个人绝对没有能力支撑起吴国！"说完后，他又告诉使者说："我死后，一定要挖出我的眼睛挂在吴国都城的东门上，我要亲眼看着越国的军队攻进吴国都城。"说完后拔剑自杀而死。

3年之后，勾践询问范蠡说："吴王杀死了伍子胥，吴国缺乏忠臣，小人当道，现在我们可以攻打他吗？"范蠡认为时机还不成熟。直到第二年春天，吴王带领吴国的精锐部队到北部去会合诸侯，只留下老弱残兵和太子驻守都城，这时范蠡提醒勾践攻打吴国的时机到了。越国派遣精锐的部队全力进攻吴国。吴军大败，吴国的太子被杀。这时候吴王正在黄池与诸侯会盟，他担心诸侯国家知道自己惨败的消息，严防泄密，私下却派使者带上丰厚的礼物向越国求和。越王意识到此时自己还没有能力灭掉吴国，便和吴国讲和。

以后4年中，越国不断地攻打吴国。吴国的精锐部队都在和齐国、晋国的战争中消耗殆尽，因此吴军大败。越军包围吴国都城达3年之久，后来把吴王围困在姑苏山上。吴王派遣大臣公孙雄裸露上身，跪在地上用膝盖向前爬行，请求与越王讲和。勾践准备答应吴王的要求，范蠡说："当初您被困在会稽，是上天把越国赏赐给吴国，但吴国不要。现在是上天把吴国赏赐给了越国，越国难道还要违背上天的旨意吗？再说君王你谋划讨伐吴国已经整整22年了，到了最后的时刻怎么可以放弃呢？那样做是要被上天惩罚的。您难道忘了您在会稽受到的耻辱了吗？"勾践回答说："我很想像您说的那样做，但我怜悯吴国的使者。"范蠡见状，便让士兵击鼓进军，下达命令说："越王已经把权力交付给我了，吴国使者赶快离开吧，不然就要对你不客气了。"公孙雄大哭着离开了。走投无路的吴王夫差只好自杀而死，临死前他用衣袖遮住自己的脸说："我实在是没有脸面去见伍子胥啊！"吴国就这样灭亡了。

越国灭吴国示意图

无疆败国

勾践去世以后，越国又历经五代君王，后王位传到了无疆手中。无疆好大喜功，特别想做诸

历史关注 | **墨子是墨家学派创始人。其弟子称为墨者，讲究艰苦实践、服从纪律，在战国时期思想界影响很大。**

侯的霸主。当时强大的诸侯国家有越国北面的齐国和西面的楚国。在楚威王的时候，越国准备发兵攻打齐国。齐威王派遣使者劝告越王无疆说："现在楚国是强国，越国如果不去攻打楚国的话，从大处来讲不能称王，从小处来讲不能称霸。我推测您不去攻打楚国的原因，是因为没得到韩国和魏国的支持。可是，韩国和魏国是永远不会帮您攻打楚国的。韩国与楚国开战，不仅军队会遭到失败，而且叶、阳翟也难以保住；魏国如攻打楚国也必将战败，魏国的陈和上蔡也会受到楚国的攻击。韩国和魏国追随越国，是因为他们想靠越国来牵制楚国，这样他们才有安全感。他们是不会攻打楚国的，可您为什么还要指望得到韩国和魏国的支持呢！"

越王无疆回答说："我并没有指望韩国和魏国出兵攻打楚国。我对他们的要求只不过是希望他们能够坚守自己的国土，这样就可以对楚国有所牵制。楚国也就不会轻易地攻打越国了。越国和韩国、魏国搞好关系，也是为了不让他们被齐国和秦国利用。这样的话，韩国、魏国不需要作战就能扩大自己的国土，不需要耕种就能得到收获。可是现在，韩国和魏国不但不像我说的那样做，反而还在黄河和华山之间的地方相互攻打，被齐国和秦国所利用。我有所期待的韩国和魏国竟然这样不长进。我怎么可能依靠他们的帮助来称王呢！"

齐国使者感慨地说："越国没有灭亡实在是太侥幸了！我并不看重人们使用的智谋，因为智谋就像眼睛一样，眼睛可以看清楚细小的毫毛，却看不到自己眼里的睫毛。现在君王您已经看到韩国和魏国失误的地方，但是却不知道自己犯下的过错，这就如同刚才我所比喻的那样。君王您期望韩国和魏国所做的，并不是要他们率领军队出征，也不是要和韩国、魏国的军队联合，只是想让他们分散楚军的兵力。而现在楚军的兵力已分散了，韩国和魏国对您还有什么用处呢？"

越王无疆要齐国使者具体讲一下他的话的含义。齐国使者说："楚国的3个大夫已经分别率领所有的军队，向北包围了曲沃、於中。从那里到无假关，楚军的战线长达三千七百里，楚国兵力分散的程度简直令人难以想象。况且君王您希望的是晋国和楚国相互战争。晋国和楚国不争斗的话，越国还不出兵。这就相当于只知道有10，却不知道5加5等于10了。您如果不趁着现在这个机会攻打楚国。从大处来讲您就没有称王的机会了，从小处来讲您也没有称霸的机会了。并且雠、庞、长沙都是楚国盛产粮食的地区，竟泽陵是楚国盛产木材的地区。越国如果出兵占领无假关的话，这4个地方就可能归您所有了，楚国都城就可能缺乏供应。我听说过，做好了称王的准备但没能够称王的话，还是可以退一步称霸的。但是连称霸都不能的，也就远离了王道。所以我希望您能够转过头去攻打楚国。"

越王无疆认为齐国使者的话很有道理，于是就撤回了攻打齐国的军队，转过头去攻打楚国。楚威王亲自率领军队迎战，结果越国军队大败，越王无疆也被杀死了。楚国攻占了越国的全部领土。从此，越国开始分裂，越王室的子弟们互相争夺权位，有的称王，有的称君，他们零零散散地居住在东南沿海地区，全都臣服于楚国。

陶朱公范蠡

范蠡辅佐越王勾践灭亡了吴国，他意识到盛名高位很难长久保持，而且他也看透了勾践的为人，只能共患难，很难共享乐，于是写信向勾践辞行："我听说君王有忧愁，臣子就应该为他分忧，君主受到耻辱，臣子就应该去死。从前您在会稽蒙受耻辱，我之所以没有死，是为了帮助您报仇雪恨。现在您的仇恨已经洗雪了。我该向您辞行了。"范蠡悄悄地收拾好财物，带着他的随从，乘船从海上离开越国，再也没有回来。勾践为表彰范蠡的功绩把会稽山作为他的封邑。

范蠡乘船来到齐国，更改了自己的姓名，自称为"鸱夷子皮"，他和儿子共同治理产业。没过不久，财产就积累到了几十万。齐国国君听说他很贤能，请求他做齐国国相。范蠡叹息着说："住在家里就能积累到千金的财产，做官就

中国大事记

公元前 367 年，赵国与韩国助周公子争位，始分东周、西周。

能达到国相那样高的地位，这是平民百姓能够达到的极点啊，长期享受荣华富贵是不吉利的。”他把自己的家产分发给了朋友和邻居，自己携带着贵重的财宝来到陶地居住。他看准这里地理位置好，交通便利，非常适合做生意。他在这里从事贸易经营，没过多久，就积累了上亿的财产。因为居住在陶地，所以范蠡自称为陶朱公。当时天下的人都知道有一位善于经营、极度富有的陶朱公。

陶朱公来到陶地后又生了一个小儿子。小儿子成人的时候，陶朱公的二儿子在楚国杀了人，被关在牢里。陶朱公说：“杀人偿命是很简单的道理，但是，我家有千金，不应该让儿子在闹市中被砍头啊。”他打算派小儿子到楚国打点关系营救二儿子，并为他准备了一千镒黄金用来贿赂。这时他的长子主动要求去楚国营救弟弟，陶朱公只好同意他去，写了一封信，要长子交给以前的好友庄生，并对长子说：“到楚国后，一定要送给他一千镒黄金，一切都要听从他，千万不能和他发生争执。”长子答应了，并且还多带了几百镒黄金以防万一。到楚国后，他先来到庄生的家中，发现他的住宅非常简陋，不像有势力的人。但他还是把信和金子交给了庄生。庄生接受后说：“你赶快离开这吧！等你弟弟释放以后，也不要打听释放他的原因。”陶朱公的长子离开庄生的住处后不放心弟弟的安全，私自留在楚国，并且用自己携带的黄金贿赂楚国有势力的官员。

西施像

传说范蠡离开越国后，携美女西施归隐，两人曾泛舟无锡的五里湖，快乐逍遥似神仙。

庄生廉洁正直，在楚国受到人们的广泛尊敬。其实他并没想收下陶朱公献上的黄金，只是想事成之后再归还给陶朱公，来表示自己的信用。他留下黄金后，叮嘱妻子说：“这是陶朱公的钱财，以后还要全部归还给他，不过哪一天归还就说不好了，这就像不知道自己哪一天会生病一样。你千万不能动用这些金子。”庄生入宫拜见楚王说：“某个星宿移动到了某个位置，这预示着楚国要有祸乱发生。”楚王一直对庄生非常信任，赶忙问道：“那我现在应该怎么办呢？”庄生回答说：“只有施行恩德才能免除灾害。”楚王听取了他的建议，派遣使者把国库封起来。受到陶朱公长子贿赂的楚国大臣知道消息后赶忙告诉他说：“楚王把国库封起来了，说明他将要实行大赦了，你弟弟有救了！”陶朱公的长子惊喜之余又想，一千镒黄金白白送给庄生了，很不甘心。于是又来到庄生家里，对庄生说：“现在楚国正准备大赦，我弟弟自然可以得到释放，所以我来向您告辞。”庄生明白他想要回黄金，就把黄金归还给他。陶朱公的长子非常高兴。

庄生为自己被小辈欺骗而感到羞耻，再次进宫拜见楚王说：“您想通过大赦的方式驱除楚国的灾难，然而，我听到流言说陶朱公的儿子杀人后被我国囚禁，他家里人贿赂了君主您身边的人，所以君王这次大赦不是施恩给百姓，而是为了释放陶朱公的儿子。”楚王听说后生气地说：“我虽然没有大的德行，但也不会为了一个富人的儿子进行大赦！”下令先杀死了陶朱公的二儿子，第二天再下达大赦的命令。陶朱公的长子携带着弟弟的尸体回家了。

他回到家后，母亲和乡邻们都非常悲痛，只有陶朱公苦笑着说：“我早就知道长子一定救不了弟弟！这不是说他不爱弟弟。他年幼时和我一起奋斗，经受过各种辛苦，所以把钱财看得非常重，不会轻易花钱。而小儿子一出生就享受富贵，所以把钱财看得非常轻，舍得花钱，所以我才想让小儿子去救他哥哥。这样的结局早就在我意料之中了。”

历史关注 | 相传甘德著有《天文星占》、石申著有《天文》，合称《甘石星经》，是世界上最早的恒星表。

郑世家第十二

桓公立国，庄公小霸

郑桓公名叫友，是周厉王的小儿子，周宣王的弟弟。周宣王即位22年后，友被封到郑地，那里的百姓都非常拥护他。周幽王的时候友被任命为司徒。当时，幽王宠爱褒姒，不过问朝廷的政事，很多诸侯都背叛了幽王。郑桓公预感到将会发生危险，便询问太史伯说："周王室将要面临重大灾难，我怎么样才能躲避开呢？"太史伯回答说："现在只有洛水以东、黄河以南可以安居乐业，你还是到那里去吧。"郑桓公询问原因，太史伯回答说："那一带靠近虢国、郐国，这两个国家的国君非常贪婪，百姓不拥护他们。您现在是司徒，百姓都爱戴您。您如果住在那一带，虢国、郐国国君因仰慕您的名望，会分土地送给您，虢国、郐国的百姓也会归附您。"郑桓公又问："我如果到南边的长江流域去怎么样呢？"太史伯回答说："楚国是祝融的后代。从前，祝融做高辛氏的火正，功劳很大。然而他的子孙在周朝却一直没有兴盛起来。如今，周王室衰弱，楚国就一定兴盛。楚国如果兴盛，对郑国绝对不利。"桓公再问："那么西方怎么样呢？"太史伯回答说："西方的百姓非常贪婪，很难在那里长久居住。"郑桓公又问："周王室衰弱，哪个诸侯国会兴盛起来呢？"太史伯回答说："应该是齐国、秦国、晋国、楚国吧，齐国是吕尚的后代，秦国是伯翳的后代，楚国是祝融的后代，晋国是叔虞的后代，他们的祖先都立下了很大的功劳，周王室衰败了，他们就会兴盛起来。"郑桓公听取了太史伯的建议，马上请求幽王，得到允许后把他的百姓迁移到了洛水东部。虢国和郐国果然向他贡献出10座城池，他建立了郑国。

郑桓公三十六年（公元前771年），犬戎杀死了幽王和郑桓公。郑国百姓拥立桓公的儿子掘突即位，也就是郑武公。武公娶武姜为夫人，生下了寤生和叔段。武姜不喜欢寤生。郑武公病重时，她主张让叔段继位，但武公不同意。武公去世后，寤生即位，他就是郑庄公。

郑庄公元年（公元前743年），在武姜的建议下，庄公把弟弟叔段封到京城，号称太叔。大臣祭仲进谏说："京城比郑国国都还要大，不能把它封给叔段。"庄公说："是母亲要我这样做的，我不敢反对。"果然，叔段到了京都后就操练军队，和武姜阴谋策划叛乱。庄公二十二年（公元前722年），叔段率军袭击郑国国都，武姜做内应。但是叔段兵败，他们的计划没有成功。叔段后来逃亡到了共国。庄公怨恨母亲背叛自己，把她迁徙到城颍，发誓说："不到黄泉，就不和她见面。"意思是不到死不相见。一年以后，郑庄公想念母亲，后悔自己的誓言。恰好颍谷的考叔拜见庄公，庄公赏赐给他食物。考叔说："我还有老母亲，请您允许我把食物带给我母亲吧。"庄公无奈地说："我也很思念我的母亲，但又不能违背自己发下的誓言，这该怎么办呢？"考叔建议说："您可以派人挖地，挖到有泉水的地方就能见到母亲了。"郑庄公按照他的办法，见到了母亲，母子二人和好。

郑庄公二十四年（公元前720年），郑国攻占周王室的田地，夺取了田地里的庄稼。庄公二十七年（公元前717年），郑庄公朝拜周桓王。周桓王对郑国夺取周王室庄稼的行为记恨在心，没有按照正常的礼仪对待郑庄公。郑庄公对此十分气愤，就派人用郑国的一个城市交换了鲁国靠近许国的田地，让郑国百姓播种庄稼，这是不

中国大事记 | 公元前358年，魏国在魏的西陲修筑长城，以防范秦军进攻。

经天子允许私自换田的违法行为。庄公三十七年（公元前707年），郑庄公不去朝拜周桓王。周桓王于是率领陈国、蔡国、虢国和卫国共同讨伐郑国。郑庄公和大臣祭仲、高渠弥率领郑国军队迎击，一举打败了周王的军队。大臣祝聸用箭射伤了周桓王的手臂。祝聸请求庄公继续追击桓王，郑庄公阻止他说："冒犯年长的人尚且还要受到人们的指责，更何况冒犯天子呢？"下令停止追击周朝军队。郑庄公还在深夜派遣祭仲慰问周桓王，探视了他的伤情。

变乱迭起

郑庄公让大臣祭仲为自己迎娶了邓国的美女，生下了太子忽。他后来又娶了雍氏女子，生下公子突。庄公去世以后，他一向很宠信的上卿祭仲拥立太子忽即位，也就是郑昭公。

郑庄公的宠妾雍氏是宋国人，她与宋国国君的关系很好，宋庄公很想帮助她的儿子公子突做郑国国君。他听说祭仲拥立公子忽即位后，就派人把祭仲骗来，并且逮捕了他，威胁祭仲说："如果你不拥立公子突继承郑国的君位的话，我就杀死你。"同时，宋庄公也派人逮捕了郑昭公，向他索要财物。祭仲为了保住自己的性命，不得已答应了宋国的要求。郑昭公听说祭仲因为宋国的要挟而准备拥立自己的弟弟公子突为国君的消息后，害怕自己受到伤害，赶忙逃亡到卫国。于是祭仲把公子突带回郑国国都即位，这就是郑厉公。

郑厉公执政的时候，祭仲掌握了朝廷中的大权。厉公担心祭仲会威胁到自己的统治，准备除掉他，暗中派遣祭仲的女婿雍纠去刺杀祭仲。雍纠把这件事告诉了妻子，祭仲的女儿知道后，马上去问她的母亲说："父亲和丈夫哪一个更亲？"母亲回答说："父亲只有一个，丈夫却可以自由选择！当然是父亲更亲了。"祭仲的女儿听后，就把丈夫的阴谋告诉了父亲。祭仲抢先杀死了雍纠，并把他的尸体扔在喧闹的街市上示众。郑厉公对祭仲无可奈何，他恼恨地说："做大事还要和女人商量，雍纠这种人死了活该。"就在这一年的夏天，祭仲把郑厉公赶到郑国边界的栎邑居住。然后他把郑昭公迎接回来，郑昭公又重新即位。

郑昭公还在做太子的时候，他的父亲郑庄公就准备拜高渠弥为上卿，太子忽非常讨厌高渠弥，不同意父亲拜他为上卿。但是庄公没有听取太子忽的意见，终于还是让高渠弥做了上卿。郑昭公二次即位以后，高渠弥担心郑昭公会杀害自己，决定抢先动手。一次，高渠弥陪同郑昭公出外打猎，在荒郊野外，高渠弥伺机用弓箭射死了郑昭公。国君去世后，祭仲和高渠弥都不敢迎接厉公回来复位。于是他们拥立郑昭公的弟弟公子子亹即位，后人就把他称为子亹，没有谥号。

子亹刚刚继承君位，齐襄公就在首止会合诸侯，邀请子亹前去赴会。祭仲不让子亹去赴会，因为在齐襄公做公子的时候，子亹曾经和他进行过争斗，双方结下很深的怨仇。但子亹却没有听从祭仲的建议，他说："齐国是强大的国家，郑厉公又住在栎地，如果我不到齐国赴会的话，齐国就会以此为理由率领诸侯攻打郑国，还会护送厉公回来即位。我还是应该去赴会，再说，也不一定会发生你说的危险。"

于是由高渠弥随行，子亹去齐国赴会。祭仲担心会出现危险，借口自己有病没有随子亹前去。子亹到了首止之后，没有主动地就以往的冲突向齐襄公道歉。齐襄公非常生气，于是埋伏下士兵杀死了子亹，高渠弥侥幸逃回了郑国。他和祭仲商议，把子亹的弟弟公子婴从陈国接回来，拥立他为国君，这就是郑子。

郑子十四年（公元前680年），逃亡到栎邑的郑厉公与大夫甫瑕密谋，甫瑕杀死了郑子和他的两个儿子，迎接郑厉公回来复位。郑厉公回到国都后就责备自己的伯父姬原说："我被夺走了国君的位子，流亡到了外国，而你却不知道把我接回来，这简直太过分了。"

姬原说："事奉国君不能存有二心，这是作为臣子的本分。我知道我的罪过。"说完就自杀而死。

历史关注

战国初年秦国使用的颛顼历，采用十九年七闰，为当时世界上最精确的历法之一。

郑厉公又对甫瑕说："你事奉国君有二心，我不能容留你做我的臣子。"于是派人杀死了甫瑕。

朝秦暮楚

郑文公做郑国国君的时候，晋国的公子重耳流亡到了郑国。郑文公对待他很无礼。郑文公的弟弟叔詹劝告他说："重耳是贤能的人，并且和我们同姓，如今遭受苦难来到我们国家，您不能对他无礼。假如您不能对他以礼相待，那就尽快杀了他。如果不杀他的话，等有一天他回到晋国做国君，郑国就有无穷的祸患了。"郑文公没有听从叔詹的意见。

郑文公有一个名叫燕姞的姬妾，生下了一个儿子，取名为公子兰。郑文公本来有5个宠爱的儿子，都因为犯罪而早死了。郑文公很失望，于是赶走了其他各位公子。公子兰逃到晋国，对晋文公很恭敬。郑文公四十三年（公元前630年），晋文公因为郑国帮助楚国攻打晋国，又因为流亡时郑文公对自己的无礼，便联合秦穆公攻打郑国。

郑国人很担心，派人私下劝秦穆公说："打败了郑国对晋国有好处，对秦国没什么利益。"秦国听到后撤军了。晋文公派使者到郑国，要求公子兰做太子，郑国答应，晋军这才撤离。

郑文公去世以后，公子兰即位，这就是郑穆公。郑穆公去世后，他的儿子公子夷即位，这就是郑灵公。郑灵公元年，楚国献给他一只鼋。恰好子家、子公将要朝拜郑灵公，子公的食指颤动了一下，对子家说："我的手指只要一动，就一定能吃到珍异的食物。"两个人入宫后，看到郑灵公正在食用鼋汤，子公笑着说："真的是这样啊！"可郑灵公偏偏不给他汤喝。子公非常生气，用手指蘸了一下汤尝了尝就出宫了。郑灵公也非常生气，准备杀死子公。子公与子家抢先动手，杀死了郑灵公。郑国百姓拥立灵公的弟弟公子坚即位，这就是郑襄公。

郑襄公八年（公元前597年），楚庄王因为郑国和晋国结盟，亲自率领楚军讨伐郑国，包围郑国都城长达3个月之久，郑国坚持不住，只好献出国都，投降了楚国。郑襄公赤裸着上身，手牵着一只羊迎接楚庄王说："我不能在您的边上侍奉您，使您一怒之下攻占郑国，这些都是我的罪过。我不敢不遵守您的命令。即使您把我流放到江南地区，把郑国土地赏赐给诸侯，我也会听从的。但是如果您没有忘记周厉王、周宣王、郑桓公、郑武公，不忍心断绝他们的香火的话，您就让我继续在这里侍奉您，这就是我的心愿。"

楚庄王把军队撤出了郑国都城。楚国大臣们质问楚庄王为什么要放弃郑国。庄王回答说："我们讨伐郑国就是因为他的国君不驯服，现在他对楚国已经很恭顺了，我们还能怎样要求他呢？"楚军撤出了郑国。晋国听说楚国攻打郑国，派军救援。晋军出发时，到了黄河的时候，楚军已经撤退了。晋国军队渡过黄河追击楚军，楚庄王听说后，转过身来攻击晋军。郑国为了讨好楚国，反而帮助楚国攻打晋国，在黄河沿岸把晋军打得大败。过后，晋国因为郑国亲近楚国又来攻打郑国，郑国无奈，又去与晋国结盟。郑国就是这样不停地在两国之间周旋的。

子产安邦

郑釐公五年（公元前566年），郑国国相子驷拜见釐公，釐公对待他很无礼。子驷十分气愤，暗中命令釐公的厨师用毒药害死了釐公，谎称釐公得急性病而死。然后，他拥立郑釐公的儿子公子嘉即位，这就是郑简公。简公元年，众公子合谋，准备杀死子驷，但是走漏了风声，被子驷事先知道，于是他抢先杀死了各位公子。随后，子驷准备自立为国君，公子子孔派遣亲信尉止杀死了子驷，并且替代他担任宰相。子孔也想自立为国君。子产劝告他说："子驷自立为国君是非法的，所以你才杀死了他，而今天你却要仿效他的做法，这样下去，郑国的内乱就没有平息的时候了。"子孔认为子产的话很有道理，便放弃了自立为国君的想法，仍然只担任郑国的国相。

中国大事记

公元前 356 年，秦孝公任命卫鞅为左庶长，开始第一次变法。主要内容为奖励军功、鼓励耕织。

郑简公在位的时候，国相子孔独揽了郑国的大权，简公对此非常不满。简公十二年（公元前 554 年），简公派人杀死子孔。随后，简公任命子产担任郑国的上卿。

郑简公二十二年（公元前 544 年），吴国派遣使者延陵季子出使郑国。季子一见子产，便非常投机，就像多年不见的老朋友一样。延陵季子推心置腹地对子产说："郑国的国君行为不端，如果一直这样下去的话，不用多久，郑国就要面临灾难了，那个时候，郑国的大权就会掌握在你的手里。你如果职掌政权的话，一定要按照礼法治理国家，如果不这样的话，郑国肯定会灭亡。"子产非常感激延陵季子的直言，诚恳地接受了他的建议，用高规格的礼仪接待了延陵季子。

郑简公二十三年（公元前 543 年），郑国的各位公子为了在简公面前争宠，不惜互相残杀，还打算杀死职掌重权的子产。有的公子说："子产是仁义友爱的人，郑国能够存在下去都是靠他来支撑，我们无论如何也不能杀死他！"准备杀死子产的公子也觉得确实如此，没有对子产下手。

·郑国的商业·

农业维持了郑国的基本经济，但因郑国国土资源贫乏，"国小而逼"，商业在这时也较发达，成为郑国经济支柱之一。"肇牵车牛远服贾，用孝养厥父母。"这是西周王室勉励商国遗民的话。"如贾三倍，君子是识"（像做生意，有三倍利益，贵人们也懂得），也是西周末年的情形。郑国在东迁开国的时候，政府曾与商人立有盟誓：商人不能背叛国君，国君也不强买强夺商人的货物；商人有利市宝货，国君也不得预闻。商人有了这种特定的保障，事业自然更容易发展。他们在那时已能守不二价的道德，所谓"民易资者，不求丰焉，明徵其辞"，便是说百姓用货物交换资财的，不求过丰，明定出价格来。郑国是春秋时商业顶兴盛的国家。郑国因为处在当时"天下"的中心，西到周，北到晋，东到齐，南到楚，都有郑国商人的足迹。他们在开国的时候，已与郑君订有维护商业的条约，所以事业更容易发展。关于郑国商人的有名故事，就是鲁僖公时，秦穆公起兵袭郑之役，由商人弦高解救了郑国的危机。

晋平公生了病，郑国派遣子产到晋国去探望病情。平公询问他说："我生病后让人进行占卜，原来是实沈、台骀害我生病，晋国的史官都不知道他们是谁，您知道他们是什么样的神灵吗？"

子产回答说："上古时候高辛氏有两个儿子，长子叫作阏伯，次子叫作实沈。他们住在大森林里，都不能容忍对方，每天都打个没完。尧帝很讨厌他们，于是就让阏伯迁居到商丘，掌管祭祀辰星，后来的商族人因此继承了这个职务，所以辰星也叫商星。尧帝让实沈迁居大夏，掌管祭祀参星，唐族人因此继承了这个职务，唐族的末代君主叫作唐叔虞。后来周武王的夫人邑姜在怀太叔的时候，梦见天帝对他说：'我给你的儿子起名叫作虞，把唐地封赐给他，让他在那里祭祀参星，繁育后代子孙。'太叔出生以后，手掌心的纹路果然像'虞'字，于是就命名为虞。后来太叔果然被封到唐地。晋国是叔虞的后代，参星是晋国的星宿。由此可知，实沈就是参星的神灵。上古时候金天氏有个叫作昧的后代，负责管理水渠，他有允格和台骀两个儿子。台骀继承了他的官职，很好地疏通了汾水和洮水。帝王颛顼因此嘉奖了他，把汾水分封给他。现在，晋国统治了汾水流域。由此可见，台骀是汾水的神灵。这两位神灵都不会危害您的身体，在发生水灾和旱灾的时候应该祭祀山河的神灵。风霜雨雪如果不按时令来临，就应该祭祀辰星的神灵。您的病是因为饮食不调、情绪不佳、迷恋女色等生活原因造成的，和神灵没有关系。"晋平公赞叹子产说："您真不愧是知识渊博的君子啊！"于是，赠给子产丰厚的礼物。

郑声公五年（公元前 496 年），一直担任国相的子产去世，郑国的百姓听到这个噩耗，全都痛哭流涕，像是自己的亲人去世一样。孔子过去曾经路过郑国，和子产亲近得如同兄弟一样。他听到子产的死讯后，痛哭着说："子产的仁德慈爱，真的接近上古的贤人啊！"

历史关注 | 颛顼历、黄帝历、夏历、殷历、周历、鲁历合称古六历，因皆取一回归年为 365 又 1/4，又称四分历。

赵世家第十三

赵氏孤儿

晋灵公在位的时候荒淫无道，奢侈残暴，屡次想杀掉忠臣赵盾。赵盾被迫逃到外地。后来他的弟弟赵穿杀死灵公，拥立成公即位，赵盾重新回到朝廷执掌大权。到了晋景公的时候，赵盾去世。他的儿子赵朔继承了他的爵位，和他共事的大夫屠岸贾是晋灵公的宠臣。晋景公三年（公元前 597 年），屠岸贾当上了司寇，开始报复当年杀死晋灵公的人，赵朔自然是他第一个想杀掉的。他和众位大臣商议这件事情，大臣韩厥反对屠岸贾杀害赵朔，他认为灵公被杀的时候，赵盾还在外地，没有参与杀害灵公的行动，因此不应该杀害赵盾的后人。屠岸贾却认为赵盾虽然没有亲手杀死灵公，但他却是谋害灵公的主谋，一定要杀赵朔。韩厥劝说无效，赶忙暗中通知赵朔，建议他逃跑。赵朔担心背上叛国的罪名，不愿意逃亡在外；他也不想断绝赵家的香火，于是托付韩厥，一旦出现不测，请他帮助保护赵氏后人。韩厥答应了。赵朔谎称自己有病在家中休养，不去上朝，但是屠岸贾还是没有放过他。在没有请示晋景公的情况下，他擅自带领士兵袭击了赵朔的家，杀死了赵朔，灭绝了整个赵氏家族。

赵朔的妻子是晋成公的姐姐，赵朔被杀的时候，她怀了身孕，逃到晋景公的宫里躲了起来。赵朔的一位门客叫作公孙杵臼，对赵朔非常忠心，他找到赵朔的朋友程婴问他为什么没有一起去死。程婴回答说："赵朔的妻子怀孕了，如果是男孩，我就把他抚养成人；如果是女孩，我再去死。"过了不久，赵朔的妻子生下一个男孩，取名叫作赵武。屠岸贾知道消息后，马上进宫搜查。赵朔夫人把赵武藏在衣服里，对天祷告说："如果赵氏宗族真的要灭绝的话，你就大声地哭；如果不该灭绝的话，你就不要出声。"屠岸贾前来搜查的时候，赵武竟然没有发出声音，躲过了这场灾难。程婴和公孙杵臼商议如何营救婴儿，公孙杵臼说："营救婴儿和死哪件事更难？"程婴说："死很容易，营救婴儿非常难。"公孙杵臼说："赵氏家族对你很好，您就承担起难当的重任，让我去死吧！"于是两人把别人家的婴儿藏到深山里。程婴从山里出来，对屠岸贾说："如果你能赏赐我千金，我就告诉你赵朔的孤儿藏在什么地方。"屠岸贾非常高兴，答应了他，派兵跟随程婴抓到了公孙杵臼和假冒的赵氏孤儿。公孙杵臼大骂程婴见利忘义，屠岸贾派人杀死了公孙杵臼和婴儿。屠岸贾以为赵氏孤儿确实已经死了，总算放下心来。程婴寻找机会把真正的赵武接出来，悉心地抚养。

15 年后，晋景公身患重病，通过占卜的方式预测吉凶。占卜的结果说一个大家族断绝了香火，他家的神灵在作怪。景公便询问韩厥，韩厥知道赵武还活在人间，于是回答说："大的家族现在在晋国断绝香火的只有赵氏，赵氏家族世世代代都建立了非凡的功勋，从来没有断绝过香火。而君主您却诛灭了赵氏宗族，晋国的百姓都在为他们不平和悲哀，希望您能够认真地反思一下这件事情。"晋景公询问韩厥："赵家还有后代吗？"韩厥把程婴营救赵氏孤儿的事情完全告诉了景公。晋景公准备让赵武继承赵氏的爵位，暗中把他召进宫中。晋景公命令韩厥带领士兵埋伏在宫中，晋国大臣们进宫探望景公病情的时候，景公让大臣们和赵武见面，要他们同意让赵武继承赵氏爵位。由于韩厥带兵把守，大臣们迫于压力，只好同意，并说："当初那场事变，是屠岸

中国大事记 | 公元前 350 年，卫鞅在秦国进行第二次变法，主要内容为废井田，开阡陌，实行郡县制等，由此秦国日强。

京剧《赵氏孤儿》剧照

马连良饰程婴，谭元寿饰孤儿赵武。《赵氏孤儿》叙述春秋时晋灵公与奸臣屠岸贾杀害了忠臣赵盾全家，并搜捕赵家孤儿。赵家老友程婴与门客杵臼救出孤儿，程婴将孤儿抚养成人，最后终为赵家雪冤报仇。

贾一手制造的，是他假传君命胁迫我们的。要不是国君您身体不好，不便烦扰，我们早就想请求您扶立赵氏的后代。如今国君有此意，正是贤明之举。”晋景公当即命令赵武、程婴和各位大臣攻打屠岸贾，灭掉他的家族。随后，晋景公把原本属于赵氏的封地重新赏赐给赵武。

到了赵武成人行加冠礼的时候，程婴和晋国的各位大臣告别，然后对赵武说：“当初赵家被灭门的时候，和赵家有牵连的人几乎无一幸免。我和你父亲是生死之交，当时并不是不想去死，而是准备抚养赵家的后代，让他为赵家报仇，建立自己的功业。现在你已经长大成人，并且恢复了赵家原来的爵位，我要去地下把这个好消息报告给你父亲和公孙杵臼了。”赵武放声痛哭，坚持阻拦程婴说：“您对我恩重如山，我宁愿自己受苦也要报答您的大恩，我要一直供养您到死。难道您现在就忍心离开我吗？”程婴回答说：“不行。公孙杵臼认为我能够完成大事，所以先于我死去，如今我不去向他复命的话，他就会以为我没有完成任务。”程婴说完，自杀而死。伤心欲绝的赵武为程婴守孝整整 3 年，每年的春季和秋季都要祭祀程婴。

赵简子当权

赵武去世以后，谥号是赵文子。他的儿子景叔，景叔生了赵鞅，也就是赵简子。当时，晋国的政权已经落在赵简子等几位大夫的手中了。赵简子曾经组织诸侯联军，在周朝境内驻守，并且把因为躲避弟弟子朝而流亡在外的周敬王护送回周朝，树立了巨大的威望。

晋定公十四年（公元前 498 年），晋国大夫范氏和中行氏发动叛乱。第二年春天，赵简子见到邯郸大夫赵午，对他说：“把我从卫国划过的 500 户士民还给我，我准备把他们安置到我的封地晋阳去。”赵午当时答应了他的请求，但是他回去和父兄商议后，却遭到了反对。他违背了对赵简子的承诺。赵简子非常生气，把赵午逮捕起来，囚禁在晋阳。并且通告邯郸的百姓说：“我准备杀死赵午，你们打算拥立谁继承他的爵位呢？”随后他真的杀了赵午。赵午的儿子赵稷和他的家臣涉宾为了给赵午报仇，在邯郸发动叛乱。晋定公派遣籍秦率领军队讨伐赵午，包围了邯郸。晋国大夫荀寅和范吉射平时和赵午关系非常好，不愿意帮助籍秦攻打赵午，反而策划作乱。晋国大臣董安于事先了解了他们的计划，但没有制止他们。这年十月，范氏和中行氏发动军队讨伐赵简子。赵简子抵挡不住，逃到晋阳。晋定公派军队包围了晋阳。大臣荀栎向晋定公进谏说：“晋国以往的君主曾经颁布法令，如果大臣发生叛乱，领头的要被处死。现在三位大臣全部带头作乱，可是您只是讨伐了赵简子一个人，这样做是不公平的，希望您能把他们全部驱逐出晋国。”晋定公采纳了他的建议。一个月后，他派遣荀栎、韩不佞和魏哆率领军队讨伐范氏和中行氏，但是他们的军队没有战胜对方。范氏和中行氏率军回头攻打晋定公。晋定公奋力还击，经过

历史关注 屈原主要著作有《离骚》《九歌》《天问》《九章》等，被后人编入《楚辞》。

鏖战，终于击败了范氏和中行氏的军队。范氏和中行氏失败后逃到朝歌。晋国大臣韩不佞和魏哆平时和赵简子关系很亲密，于是在晋定公面前为他求情，晋定公同意赵简子返回朝廷。这年十二月，赵简子返回绛城，和定公等在宫中盟誓。

第二年，晋国大臣知伯文子（简称知伯）对赵简子说："范氏和中行氏虽然发动了叛乱，但这全是董安于挑起的，他也参与了策划。晋国的法令规定带头作乱的人要处死，现在范氏和中行氏已经受到了惩罚，唯独董安于却没有得到处治。"赵简子对于这件事情感到难以处理。董安于知道以后对赵简子说："我死了以后，赵氏就可以安定了，这样晋国也就能安宁了，看来我死得是太晚了。"随后自杀身亡。赵简子把董安于自杀的消息告诉了知伯。从此以后，赵氏才得到安宁。

赵简子有个家臣名字叫作周舍，非常喜欢直言进谏，赵简子很赏识他，但是他很早就死了。周舍死后，赵简子每次上朝处理政事的时候，都表现得很不高兴，大夫们以为得罪了赵简子，一起向赵简子请罪。赵简子说："你们没有罪过。我听别人说1000张羊皮加在一起的价值也赶不上一只狐裘。现在我每次上朝的时候，只能听到恭敬顺从的声音，却听不到周舍那样和我争辩的声音了，我对此感到十分忧虑。"赵地的臣子和百姓听到他的这些话以后，才知道赵简子是一个乐于接受意见的好领袖，因此都顺从爱戴他。晋国的百姓知道以后也都愿意归附他。

晋定公十八年（公元前494年），赵简子发兵讨伐潜逃在外的范氏和中行氏，包围了朝歌。中行文子又逃到邯郸。3年以后，赵简子再次发兵攻打邯郸，中行文子抵挡不住，又逃到柏人。赵简子紧追不放，派兵包围了柏人，中行文子和范昭子无法在晋国立足了，只好逃亡到齐国。于是赵氏占有邯郸和柏人，原本属于范氏和中行氏的其他领地归晋国公室所有。此时的赵简子名义上是晋国的上卿，实际上已经单独包揽了晋国的政权，他的封地已经和诸侯的封地相当了。

三家分晋

晋出公十一年（公元前464年），出公派遣智伯率军讨伐郑国。此时赵简子刚好生病，于是就派遣儿子——太子赵毋恤率领军队协助智伯包围郑国。智伯喝醉了酒，丧失了理智，强行用酒灌赵毋恤，还动手打他。跟随赵毋恤的大臣们非常生气，要求杀死智伯。赵毋恤劝阻他们说："我父亲之所以让我做太子就是因为我能够忍辱负重，现在不能因为一时的冲动耽误了大事。"虽然他嘴里这样说，心里却非常怨恨智伯。智伯酒醒后意识到赵毋恤可能会报复自己，于是在回到晋国之后建议赵简子废掉赵毋恤，另立太子，赵简子没有听从他的建议。赵毋恤得知后更加怨恨智伯。

赵简子去世以后，赵毋恤继承他的爵位，这就是赵襄子。赵襄子的姐姐原来是代王夫人。赵简子刚刚安葬，赵襄子还没有脱掉孝服，就赶往北方登上了夏屋山，邀请代王赴宴。酒宴当中，赵襄子安排厨师拿着铜制的烹饪器皿在一边侍奉，他命令厨师趁着倒酒的机会，用铜制的器皿打死了代王和他的随从。随后，赵襄子就发兵占领了代地。他的姐姐听到这件事情后，哭叫得呼天抢地，之后自杀身亡。代地的百姓同情她的遭遇又钦佩她的忠贞，把她自杀的地方叫作摩笄山。赵襄子把代地封赐给哥哥伯鲁的儿子赵周，让他做代地的君主。

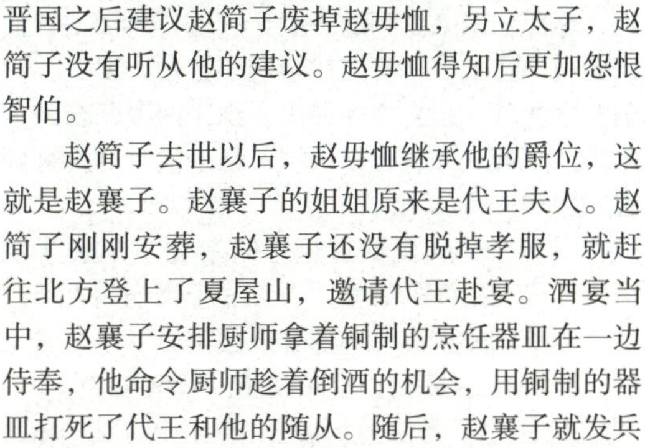

三家分晋示意图

中国大事记 | 公元前343年 齐国田忌在军师孙膑的指导下，在马陵大战中大败魏军。魏国大将庞涓自杀。

赵襄子即位4年以后，智伯联合赵氏、韩氏、魏氏3家把原来范氏、中行氏的领地全部瓜分了。晋出公非常生气，但是又没有能力制服这4家大臣，于是他就准备联合齐国和鲁国，想依靠他们的力量来讨伐4家大臣。4家大臣知道这个消息以后，便先下手为强，联合起来攻打晋出公。出公无奈，只好向齐国逃亡而去，还没有到齐国，就死在了半路上。智伯让晋昭公的曾孙公子骄继承晋国的君位，也就是晋懿公。此时，智伯的权势和实力在4家大臣中是最大的，他越来越骄傲蛮横，不把其他3家大臣放在眼里。他要求韩氏、魏氏两家割让领地给他，韩氏、魏氏迫于压力答应了他的要求。智伯又要求赵氏割地给他，赵襄子本来就不准备割让领地，再加上智伯以前侮辱过他，于是断然拒绝了智伯的要求。智伯非常生气，亲自率领韩氏、魏氏两家联合进攻赵氏。赵襄子知道自己抵挡不住他们，赶忙逃到晋阳驻守。

赵襄子的大臣原过退守时落在了赵襄子后面，他走到王泽的时候，看见3个奇怪的人，只能看见他们腰带以上的部分，腰带以下部分看不见。3个人交给原过两节竹子，叮嘱他说："替我们把这竹子送给赵毋恤。"原过到了晋阳后，把自己的奇遇如实告诉了赵襄子。赵襄子斋戒了3天，亲手剖开竹子，只见里边用朱红的字写道："赵毋恤，我们是霍泰山山阳侯的神灵。三月丙戌日，我们将要帮助你灭掉智氏。你也要在百邑建造庙宇祭祀我们，我们还会把林胡的土地赏赐给你。"赵襄子再次拜谢神灵对他的指引，接受了3位神灵的命令。

智伯联合韩氏、魏氏围攻晋阳，一年多还是没有攻克。他们把汾河的水引来，水淹晋阳城，晋阳城内一片汪洋，大水离城墙墙顶只差三版的高度。城里的百姓只好把锅挂起来做饭，因为缺乏粮食，忍痛互相交换子女当作食物吃。赵襄子的大臣们也都有了外心，对待赵襄子的礼节也越来越轻慢，只有高共从来没有过分的举动。面对这个局面，赵襄子非常害怕，于是在半夜派遣丞相张孟同暗中劝说韩氏和魏氏。3家终于达成了共识，由韩氏和魏氏做内应，3家联合起来灭掉了智氏，共同瓜分了智伯的土地。成功之后，赵襄子对大臣进行封赏，高共受到上等的封赏。张孟同疑惑地问赵襄子："我们被围困在晋阳的时候，只有高共没有立下功劳。"赵襄子回答说："当晋阳城处于非常危急局势时，大家都对我很怠慢，只有高共没有丧失臣子对君主的礼节，所以他要受到上等的封赏。"

从这时起，赵氏、魏氏、韩氏三家包揽了晋国的大权，晋国国君形同虚设。后来到了晋烈公的时候，周天子赏赐赵氏、魏氏、韩氏，封他们为诸侯。到了晋静公的时候，魏武侯、韩哀侯、赵敬侯把晋国的土地彻底瓜分，晋国的香火从此断绝了。

赵武灵王胡服骑射

赵武灵王是一位目光远大、很有魄力的国君。他发现赵国百姓穿着长袍大褂，无论是干活还是打仗，都十分不方便。而北方的胡人穿着短衣窄袖的服装行动灵活，并且胡人骑马打仗，比赵国的步兵和战车要先进得多。赵武灵王立志要对赵国进行改革。赵武灵王十九年（公元前308年）的春天，武灵王召见赵国老臣肥义共同议论天下大事，一连谈了5天才结束。随后，他又召见大臣楼缓商议说："赵国虽然取得卓越的功绩，但大业还没有完成。我们周围还有很多敌对的国家，如果我们不拥有强大的军事力量，很容易被他们灭掉。所以我们必须要进行大幅度的改革，但是，要取得高于一般人的功名，就不会被世俗的人所理解。我准备让赵国人穿着胡人的服装。你们看怎么样？"楼缓支持赵武灵王的想法，而别的大臣全都不同意。

赵武灵王对肥义说："当年简子、襄子二位先主就是汲取了胡族和翟族的有益经验，取得了很大成就，我决心要学习他们的做法。现在我就准备改穿胡人的服装，学习骑马和射箭，不仅我自己这样，我还要带领赵国百姓改穿胡服，学习骑射。但是我这样做的话，人们一定不会接受，

历史关注

战国时出现了九九乘法口诀。

身穿胡服、头戴胡帽的匈奴骑士

大臣和百姓都会议论我。您说我该怎么办呢？”肥义回答说：“我听说做事情如果犹豫不决的话，就不会取得成功。您既然已经决定承受背弃风俗的名声，那么就没必要在乎人们对您的议论了。再说您这样做对赵国是有好处的，您就放心贯彻下去吧！”赵武灵王听完之后坚定了信心，毅然穿着起胡人的服装。

赵武灵王派人劝说朝中重臣、自己的叔父公子成说：“我已经穿上了胡人的服装，还准备穿着它上朝，希望叔父您也能穿上了胡人的服装上朝。在家您是长辈，我听您的；在朝我是国君，请您听我的。要是我穿着胡人的服装上朝，而您却不穿，恐怕会遭天下人议论。再者，从国家推行政令的原则上说，政策应当从朝廷大臣和国君的家族开始执行，这有利于在全国推行。况且，我下令改穿胡服，有利于富国强兵，并不是为了个人享乐。您是我的叔父，朝廷的重臣，希望您能支持我，成就伟大的功业。”公子成认为赵武灵王的做法不符合礼仪，不同意。赵武灵王亲自来到公子成家中，请求他说：“衣服本来就是为了方便人穿着的，礼仪也是用来方便人行事的。圣明的人观察百姓的风俗习惯，根据实际情况制定了礼仪，目的是使国家和百姓得到好处。每个国家都有不同的习俗，也有不同的礼仪，并且会随着实际情况的变化做适当的调整。现在我改穿胡人的衣服，学习骑马射箭是为了增强赵国的军事力量，使赵国强大富裕起来，希望你不要被死的风俗所束缚，能够支持我！”公子成被说服了。第二天，他们就穿上胡人的服装上朝。赵武灵王正式发布诏令，命全体赵国人改穿胡人服装。

赵国的大臣赵文、赵造、周袑、赵俊都接受不了赵武灵王的命令，共同前来劝阻赵武灵王。武灵王教导他们说：“每个先王都有自己的习俗，我们又应该去效法哪一种呢？习俗和礼仪不能拘泥于一种形式，要清楚制订它的目的是为了给人们带来好处。用古代留传下来的方法来约束现在的人是行不通的，是不能通晓事物变化的表现。我命令赵国改穿胡人的衣服是适合现在的实际情况的。这一点你们理解不到啊！”说完，赵武灵王不顾大臣的反对，继续推行胡服，并且教练士兵骑马射箭。

赵国推行了“胡服骑射”制度以后，军事实力和综合国力在短期内大大增强。在赵武灵王二十一年（公元前 305 年），武灵王亲自率领赵国军队进攻中山国。中山国根本无法抵挡强大的赵军，只好贡献出四座城池来求和。武灵王同意了他的请求，把军队撤回赵国。两年后，赵国再次攻打中山国，中山国再次割地求和。又过了 3 年，赵国第三次出兵，攻占了中山国。随后，赵军向北打到燕、代一带，向西攻取了云中、九原的土地。

主父之死

赵武灵王在位 27 年后，把王位传给了儿子赵何，这就是赵惠文王。老臣肥义担任相国，同时担任赵惠文王的师傅。武灵王则自称为主父。

主父打算让儿子赵惠文王独立自主地治理国家，自己就穿上胡人的衣服，率领士大夫们到西北地区巡视。他准备从云中、九原直接向南方袭击秦国，为了探听秦国的虚实，他亲自乔装成使者进入秦国王宫。秦昭王起初没有发觉出异常，直到主父走后，他才感觉到此人相貌雄伟，不像是普通的臣子，于是马上派人前去追赶。而这时候，主父早就出了秦国的关口。秦昭王通过仔细调查后，才知道冒充使者的就是主父。秦国上到国君，下到百姓都感到非常害怕。

中国大事记 | 公元前338年 支持商鞅变法的秦孝公去世，商鞅因谋反罪而遭五马分尸、灭族之祸，但秦法未废。

赵惠文王即位3年来，在主父的帮助下，灭掉了中山国，并且使北方的少数民族臣服于赵国，建立了卓越的功勋。为了庆祝胜利，主父摆设酒宴，和大臣们聚会欢饮达5天之久。主父对大臣们按照功劳的大小进行赏赐，封长子赵章为代地的安阳君。赵章一向都很放肆霸道，一直对弟弟被立为国君表示不满。主父派大臣田不礼辅佐赵章。

肥义德才兼备，主父让他辅佐赵惠文王。当时，大臣李兑劝告肥义说："公子章现在正值壮年而且心高气傲，野心相当大，他的亲信和随从非常多，辅佐他的田不礼非常残忍而且傲慢。这两个人如果联合起来，互相怂恿，恐怕不久就会发动叛乱。"

肥义也意识到公子章有叛乱的可能，为了保护赵惠文王，他对信期说："公子章和田不礼非常让人担心。他们外表善良，内心阴毒。在王宫里得到君主的宠爱，然后就跑到外面去胡作非为。我非常担心他们会叛乱，甚至到了寝食不安的地步了。为了保证君主的安全，从现在开始，如果有人想觐见君主，一定让他先和我见面，我确定他不会伤害君主以后，才能允许他见君主。"信期十分赞赏肥义的做法，按照他说的去施行。

赵惠文王四年（公元前295年），赵国大臣都来朝拜国君。主父从旁边暗中观察，发现公子章朝拜弟弟赵惠文王时精神非常颓废。他想到公子章作为哥哥，反而要朝拜弟弟，做弟弟的臣子，心中涌起对他的怜悯之情。于是主父准备把赵国分成两个部分，让公子章做代国的国君。但是这个想法一直都没有实施。

主父和赵惠文王到沙丘游览，分别在两处宫室里居住。公子章趁着这个机会联合田不礼发动叛乱，他假传主父的命令，要召见赵惠文王。肥义不放心，首先前去查看，结果被公子章杀死。赵惠文王知道后，派遣随行的卫队讨伐公子章。公子成和李兑听到消息后率兵从都城赶来，平息了叛乱，杀死了公子章和田不礼，王室得以安定。赵惠文王任命公子成为宰相，李兑为司寇。当初，公子章被打败的时候，逃到主父那里，主父不忍心亲生儿子被杀害，收留了他。公子成和李兑因此包围了主父的宫室。公子章被杀死后，公子成和李兑商量说："无论出于什么原因，包围国君的宫室都是灭门大罪。我们现在就算撤兵，也要被诛灭九族啊！"于是他们继续包围主父的宫室，通告宫中的人"后出来的人灭族"。这样，主父宫里的人全都出来了。主父也想出宫，但被兵士阻拦，只得退回宫中。宫中的存粮吃完后，找不到别的食物，主父只好掏鸟窝，吃幼小的麻雀充饥。3个月后，主父在宫中饿死。公子成确定他已经死了，才向诸侯发出讣告。

·骑兵的出现·

春秋时期的军队车步并重，只有少量的骑兵，且处于无足轻重的地位。到了战国时代，骑兵才作为一种独立的兵种正式出现。最先建立骑兵部队的是赵国。赵国饱受北边的楼烦、林胡、匈奴等游牧民族扰边之苦，赵国传统的车步兵，在与灵活、快捷的胡人骑兵作战时屡遭失败。于是赵武灵王"胡服骑射"，进行改革，削减车兵，增加骑兵；改传统宽袍大袖为胡人式的紧身束服，征边民和胡人组成骑兵部队，击败了楼烦、林胡等的侵扰，攻灭了中山国，使赵国一跃成为军事强国。于是各国纷纷效仿，秦、赵等国均号称"车千乘，骑万匹"，军队也由步车为主渐渐转变为车骑并重。

触詟说赵太后

赵孝成王元年（公元前265年），秦国派兵攻打赵国，攻占了赵国的三座城池。这时候，赵孝成王刚刚即位，赵国的大权由太后执掌。秦国加紧了对赵国的攻势，赵国形势非常危险。于是赵国派遣使者出使齐国，希望得到齐国的救援。但是齐王坚持要求赵国的长安君到齐国做人质，然后才肯发兵救援。长安君是太后的小儿子，太后非常宠爱他，不忍心让他冒着危险到外国做人质，拒绝了齐国的要求。但是这个时候，赵国如果得不到齐国的救援的话，就面临着亡国的危险，因此，赵国的大臣们极力进谏，劝太后同意

历史关注 《孙膑兵法》强调对士卒严格挑选和组织训练，灵活实施战法，为我国古代兵家代表作。

齐国的要求。然而太后却固执己见，并且明确地告诉大臣们：“如果有人再来和我谈论让长安君去做人质的事情，我一定会把唾沫吐到他脸上。”

赵国大臣害怕了，不敢再向太后进谏。这个时候，左师触詟却主动求见太后，太后已经料到他是为了长安君的事情来的，准备一口回绝他，于是在宫中怒气冲冲地等着触詟。触詟进入王宫之后，踏着碎步，小跑到太后跟前，坐下后向太后告罪说：“老臣我腿脚不灵活了，所以很长时间没有来看您。我总是原谅自己的怠慢，但是又害怕太后的身体不舒服，所以非常想来看望您。”太后说：“我也老了，走不动了，来往都得乘坐车辆。”触詟又询问说：“您的饭量还行吧？”太后说：“现在每顿只能喝一点粥。”触詟说：“老臣我最近也没有食欲，就经常散散步，每天走上三四里，这样才勉强增加了一点饭量，身体也感觉到舒适一些。”太后说：“可我没有时间散步啊。”几句家常的寒暄过后，太后布满怒气的脸上才稍微平和了一点。这时候，触詟请求太后说：“我的小儿子舒祺没有什么出息，我已经老了，非常疼爱他，希望他能够做一名黑衣卫士，保卫王宫。我今天特意来，冒着死罪来请求您。”太后很感动，答应了触詟的要求。随后，她好奇地问：“你们男人也疼爱小儿子吗？”触詟回答说：“男人比妇人更疼爱小儿子。”太后笑着说：“不是的，妇人疼爱小儿子的程度要远远超过男人。”触詟反驳她说：“不是这样吧！我觉得您对女儿燕后的疼爱程度要超过长安君。”太后说：“您错了，没有疼长安君疼得很。”触詟说：“父母疼爱子女，就应该为他们的将来考虑，为他们做长远打算，不能只顾眼前的利益。当初您把燕后嫁到远方的时候，因为舍不得离开她而伤心哭泣。她走了以后，您同样想念她，但是却不希望她回来，因为您希望她的子孙都能够继承王位。”太后说：“是啊！”触詟说：“赵国三代以来，每位君主的子孙都有被封侯的，可是现在他们的后人还有在位的吗？”太后回答：“没有。”触詟又说：“这种情况不仅仅只发生在赵国，其他国家有君王的子孙封侯的，三代后还有在位的吗？”太后回答：“也没有听说过。”触詟接着说：“为什么会出现这种现象？难道说国君的儿子封侯后变坏了吗？这是因为他们没有取得功勋却拥有尊贵的地位，没有付出劳动却获得了丰厚的俸禄。所以灾祸就自然降临到他们头上了。而今，您赐予了长安君尊贵的地位、肥沃的土地和贵重的宝物，现在国难当头，却不让他为国立功，等到您离开人世以后，长安君又能凭借什么在赵国安身立命呢？我是看到您为长安君的打算非常短浅，所以才认为您更加疼爱燕后。”太后完全被触詟说服了，同意了让长安君到齐国充当人质。太后毕竟心疼自己的小儿子，为他准备了一百辆车和其他用品，这才送他上路。

长安君到齐国做人质，齐国履行诺言，派遣军队来解救赵国的危难。秦国知道齐国出兵后，立即把军队撤回，赵国的危难解除了。赵国的贤人子义听到这件事以后，评论说：“即使是君主的儿子，尚且不能平白无故地享用荣华富贵，更何况是我们这样普通的人呢？”

赵孝成王贪利招祸

赵孝成王四年（公元前262年），赵孝成王做了一个奇怪的梦。他梦见自己穿着左右不同颜色的衣服，骑着龙在天上飞舞。但是还没有飞到天庭，掉到了地上，地上则堆满了许许多多的金银财宝。第二天，赵孝成王就召见占卜的人为他破解梦的吉凶。占卜的人告诉他说：“左右颜色不同的衣服表示残缺不全；骑着龙飞天没有到达天庭就掉下来，表示虽然有气势但是却缺乏实力；堆积如山的金银财宝表示存在着隐患。”

就在赵孝成王做梦后的第三天，韩国上党太守冯亭派遣使者前来拜见他。原来秦国发兵讨伐韩国，大军已经到达上党。上党远在韩国的西北边陲，只有狭隘的道路与韩国本土相联系。秦军切断这条道路后，上党就孤悬在外，韩国要救上党，必须通过魏国或赵国。可此时，韩国本土还正遭受着秦国的攻击，自救不暇，根本无力救援上党。太守冯亭知道，凭借上党的兵力，无法抵

中国大事记

公元前 337 年，韩相申不害卒。申不害相韩十五年，主张法治，讲究权术，为战国法家代表人物之一。

赵国长城遗址

挡强大的秦国，但是又不甘心投降秦军。他想与其投降秦国，还不如投降赵国。至少在对抗强大的秦国这一点上，韩国和赵国还是站在相同立场上的。于是，他就派遣使者携带上党地图求见赵王，愿意把上党的 17 座城池全部割让给赵国。

赵孝成王听到以后非常高兴，认为这是一个不劳而获的好机会。于是他召见平阳君赵豹，把这个消息告诉他说："冯亭要把上党 17 座城池全部送给赵国，我们接受下来，怎么样？"赵豹听后，提醒赵孝成王说："我们不能平白无故地拣这样一个大便宜，这里面一定隐藏着祸患。"赵孝成王说："冯亭说了，上党的百姓是感念我的恩德，自愿归附的。可不是平白无故呀！"赵豹进一步为他分析事情的得失，他说："秦国准备吞并韩国，现在上党和韩国其他地区的通道已经被秦国断绝了，它已经相当于一座孤城了，基本上掌握在秦国的手里了。冯亭把上党送给赵国实际上是想嫁祸给赵国。您可以想一想，秦国费了那么大的力气才控制了上党，怎么可能轻易地让赵国坐享其成呢？况且秦国是强大的国家，赵国相对来说是弱小的，强大的国家想要占弱小的国家的便宜还很困难呢，弱小的国家又怎么能够占到强大的国家的便宜呢！况且这次秦国出动了精锐的部队进攻上党，可见它对上党是志在必得，又怎么会让给我们白白得到呢！"

赵孝成王却利令智昏，不甘心放弃到手的城池。他说："即使发动百万大军，不停地战斗一年，也不一定能够攻占一座城池，现在我们不费一兵一将就能拿到 17 座城池，这样的机会我们怎么能够白白错过呢？"赵豹走后，赵孝成王又召见了平原君和赵禹，询问他们的意见，二人说："不用作战坐收 17 座城池，这可是个大便宜，不能失去这个机会。"于是，赵孝成王下定决心接受上党的土地。

赵孝成王派遣平原君赵胜到上党接收城市。平原君对冯亭宣布了赵孝成王的旨意：封赏太守冯亭 3 万户的封地，封赏各位县令 3000 户，许诺他们世世代代为侯，当地军民也各有封赏。冯亭流着眼泪拒绝了封赏，他不愿意会见平原君，派遣使者转告他说："我不愿意陷入 3 种不义的境地。我为韩国国君驻守城池，却不能和城市共存亡，这是第一个不义；没有经过国君的允许就私自把上党割让给了赵国，这是第二个不义；通过出卖国君的土地的方式来换取自己的封地，这是第三个不义。所以，无论如何我也不能接受封地。"赵孝成王也没再勉强他。

赵国接受了上党的 17 座城池之后，担心秦国会采取行动，于是派遣能征善战的老将廉颇率领军队驻扎在长平。秦国对赵国接受上党非常不满，但因为畏忌廉颇，一直也没有进攻赵国。后来，赵孝成王听信了谗言，罢免了廉颇大将的职位，派遣只会纸上谈兵、缺乏实际作战经验的赵括接替廉颇。不久秦国大将白起就率领秦军进攻赵国。赵国军队大败，赵括在战争中被杀死，40 万赵国将士全部投降秦国，随后被白起全部活埋，赵国元气大伤。赵孝成王这个时候才想起赵豹当初对自己的良言相劝，但是后悔也已晚了。

历史关注

鸿沟位于魏国大梁附近，为魏国引黄河水开凿的人工运河。

魏世家第十四

魏文侯选相

魏文侯是一个贤明的国君。他遵从圣贤之道，对待贤人非常恭敬，曾跟随孔子的弟子子夏学习经书。他对待贤人段干木如同上宾，每次经过段干木的住处，都要用手扶着车的栏杆，对段干木的房屋行注目礼，表示敬佩之情。秦国曾经有攻打魏国的打算，有人劝诫秦国国君说："魏国国君非常敬重贤能的人，魏国百姓都称赞他的仁厚，魏国君臣同心协力，不是轻易就能够攻打的，您还是不要对他有什么企图了。"由此，魏文侯得到了诸侯的赞誉。他任命贤能的西门豹为邺郡郡守，把魏国最难管辖的邺郡治理得井井有条。魏国百姓生活安宁，国力日益强盛。

魏文侯没有满足现有的成就，仍然求贤若渴。一天，他询问李克说："您曾经教导我说：'家庭贫穷了就需要贤惠的妻子来料理，国家不安定了就需要贤能的宰相来治理。'现在我就要安排宰相了，目前有魏成子和翟璜两个人选符合条件，您看任命谁最为合适呢？"李克回答说："据我所知，身份卑贱的人不应该替身份尊贵的人谋划事情，关系疏远的人不应该替关系亲近的人谋划事情。您问的问题不在我的职责范围之内，所以我不敢表达自己的观点。"魏文侯再三地要求李克发表意见。李克无法推辞，于是说："其实选用谁做宰相并不难。您对此感到困难是因为您平时不注意考察的缘故。您品评一位大臣，可以观察他平时都和什么人亲近；观察他富有的时候和哪些人结交；观察他身居高位的时候向您推举哪些人；观察他不得志的时候不做哪些事情；观察他贫困的时候不要哪些东西，通过观察这五点就完全可以决定选用谁担任宰相了，还有什么必要询问我呢！"魏文侯听到之后恍然大悟，他如释重负地说："先生您回家去吧，我已经决定任命谁做宰相了。"

与魏文侯结束谈话，李克急忙出宫。他没有直接回家，而是来到翟璜的家里。翟璜知道魏文侯召见李克商议选择宰相的事情，询问李克结果，李克告诉他魏文侯已经决定选用魏成子做宰相了。翟璜听到以后，气得脸色都变了。他质问李克说："凭你对我的了解，你说说，我哪一点比不上魏成子？国君一直为邺郡难于治理而担忧，我向他推荐了西门豹，把邺郡治理得非常好；国君准备攻打中山国，我向他推荐了乐羊，一举灭掉了中山国；国君找不到镇守中山国的合适人选，我向他推荐了你，结果你把中山国治理得非常安定；国君的儿子没有合适的老师，我向他推荐了屈侯鲋，国君非常满意。我为国家做了这么多好事，为什么你不向国君推荐我而去推荐魏成子呢？"李克说："您向国君推荐我的目的，难道就是为了结党营私，让我在国君面前夸奖你，以便升官发财吗？君主认为宰相只能在你和魏成子之间挑选，并征求我的意见，我向君主提出了5点考察大臣的原则。君主听完之后，稍加思考就决定任命魏成子为宰相了。再说，您怎么能够和魏成子相比呢？魏成子虽然享有非常丰厚的俸禄，但是他把其中的9/10都用在了别人的身上，只把剩下的1/10用在自己和家人的身上。他还从东方聘请来了卜子夏、田子方和段干木3个贤人，让他们作为君主的老师，而不是让他们做魏国的臣子占据重要职位。而您所推荐的那5个人现在都成为魏国的大臣，个个手握重权，可见您推举他们有私人目的。就凭这一点您就不能和魏成子相比啊！"

中国大事记

公元前329年 魏国张仪入秦，公孙衍离秦赴魏。秦国攻打魏国，夺取河东汾阴、皮氏、焦、曲沃等地。

翟璜听完李克的话，思考了一会儿，觉得非常有道理。此时，他不仅不再怨恨李克没有推荐自己，反而加深了对李克的尊敬。他向李克拜了两拜，诚恳地说："我是一个非常浅薄的人，缺乏真知灼见，说话很不得当，希望您能够原谅我，从现在开始，我有做得不妥当的地方希望您能及时为我指正。我希望终生做您的学生。"魏成子担任了魏国的宰相，他果然不负众望，把魏国治理得井井有条。

哀王受欺

魏哀王八年（公元前311年），魏国军队进攻卫国，占领了两座城池。卫国国君非常害怕，却又想不出让魏国撤军的办法。就在这个危急时刻，大夫如耳来见卫国国君，他说："我有办法让魏国撤军，还能够让魏国免除成陵君的职务，您能给我个机会，让我去做吗？"卫国国君激动地说："先生您如果真的能做到这些的话，卫国愿意世世代代侍奉您。"

如耳接受了卫国国君的使命后，马上去魏国拜见成陵君，说："以前魏国攻打赵国的时候，准备把赵国分成两个部分。最后赵国并没有灭亡，那是因为赵国和魏国为了共同抵抗强大的秦国而结盟，魏国看在赵国是盟国的情面上没有灭掉它。现在魏国马上就要灭掉卫国了，卫国没办法，决定依附秦国，以此来请求秦国的帮助，来保存自己。您与其让秦国发兵来解救卫国，还不如直接饶恕卫国，这样的话，卫国还会感激魏国的恩德。"成陵君认为他说的非常有道理，打算按照他说的去做。

如耳又去拜见魏哀王说："我曾经觐见过卫国国君。卫国是周王室的分支，它虽然是一个小国，但是财宝非常多。现在卫国已经面临着亡国的危机，但还是没有把财宝进献给您，这是因为他们认为灭不灭掉卫国不是国君您说了算，即使进献财宝贿赂魏国，也不一定要献给您，而是献给他们认为能够决定卫国命运的人。据我推测，最先向您建议饶恕卫国的人，一定就是接受了卫国贿赂的人。"魏哀王对如耳的话半信半疑。这时候，成陵君前来觐见，要求魏哀王饶恕卫国。魏哀王当真认定成陵君收受了卫国的贿赂，但又感觉他饶恕卫国的建议很有道理，所以命令魏军撤退，同时也罢免了成陵君的职位，并且终身不再和他见面。

魏哀王九年（公元前310年），魏王与秦王在临晋相会。魏国国相田需去世，当时，张仪、魏章都在魏国，除二人外，有能力出任国相的还有犀首、薛公等人。楚国害怕张仪、犀首或薛公担任魏国国相，因为如果这些贤臣当权的话，魏国就会强大起来，对楚国就是一种威胁。楚国国相昭鱼召见苏代说："田需死了，我担心张仪、犀首和薛公3个人中的一个人做魏国的国相，您看我应该怎样阻止呢。"苏代询问说："那么谁做魏国的宰相对您有利呢？"昭鱼说："我希望魏国太子来做国相。"苏代说："那好吧，我请求出使魏国，说服魏王，一定让魏国太子来做国相。"昭鱼不太相信苏代能够做到这点，就询问他具体的方法。为了说服他，苏代让昭鱼假扮魏哀王，自己则向他进行游说。苏代假装对魏哀王说："我是刚刚从楚国来拜见您的，楚国的国相昭鱼听到田需去世的消息后非常担忧，他担心张仪、犀首和薛公3人里面要有一个人做魏国国相。我劝解他说：'魏哀王是一位贤明的君主，肯定不会让张仪做国相，如果张仪做了国相的话，一定会偏向于他以前效力过的秦国，这对魏国来说是一种损害；犀首如果做了国相的话，就会偏向他于以前效力过的韩国，这也对魏国不利；薛公要是做了国相的话，则会偏向于他以前效力过的齐国，这样都会损害魏国的利益。大王您这么贤明，一定不会这样去做的。'这时候魏哀王就会问我谁最适合做国相。我将要回答他说：'还是让太子做国相最为合适。因为太子亲自做国相的话，那3个人都会以为太子不会长期做下去，因为太子将来要做国君。这3个人为了能做国相，就会尽力辅佐您，会说服他们曾经效力过的国家来侍奉魏国。魏国本来就十分强大，再得到另外3个强国的帮助，一定会更加强大的。'"昭鱼听了苏代

历史关注

《东周列国志》是一部章回体历史小说，叙写了春秋战国时期 500 多年的历史。

的计划之后，非常满意，放心大胆地派遣他去魏国见魏哀王。

苏代见了魏哀王，把对昭鱼所说的话原封不动地又对魏哀王说了一遍。魏哀王果然上当，没有任命张仪等贤能的大臣为国相。后来，魏国在和秦国的对抗中一直都处于下风。魏哀王在位 23 年后去世，他的儿子昭王继承了君位。

昏庸的安釐王

魏昭王去世以后，他的儿子安釐王继承了君位。他即位的前两年，秦国就攻占了魏国的 4 座城池，并且围攻都城大梁，当时，韩国已经派兵前来援救，但魏国却把温邑割让给秦国讲和。魏安釐王三年（公元前 274 年），秦军又攻占了魏国的 4 座城池，杀死了 4 万多魏国将士。又过了一年，秦军打败魏国、韩国和赵国的联军，杀死了 15 万人，魏国大将芒卯被迫逃跑，魏国十分危急。这时候，魏国大将段干子请求安釐王把南阳割让给秦国，以此请和。

秦昭王准备吞并魏国，他询问大臣们："现在的韩国、魏国和他们以前相比，哪个阶段更强大呢？"大臣们都认为以前的强大。秦昭王继续问："现在的如耳、魏齐和从前的孟尝君、芒卯相比，谁更加贤能呢？"大臣们都认为远远比不上孟尝君和芒卯。秦昭王得意地说："以前贤能的孟尝君和芒卯率领韩国、魏国的强大兵力进攻秦国，还不能把我怎么样。现在无能的如耳和魏齐率领衰弱的韩国和魏国的军队来攻打秦国，他们就更不值一提了。"大臣们都赞同秦昭王的观点。只有大夫中旗表现出不同的看法，他对秦昭王说："大王您对天下形势的估计有不正确的地方。您看当初晋国六卿掌权的时候，智氏是最强大的，但是因为他过于自负，疏于防范，结果被赵、魏、韩三家联合起来灭掉，瓜分了他的土地，智伯也被杀死了，还遭到天下人的嘲笑。现在秦国虽然很强大，但还是赶不上当时的智伯，韩国和魏国虽然弱小，但还是要胜过当初臣服于智伯的时候。希望您不要对他们掉以轻心！"

·《甘石星经》·

战国时齐国的天文学家甘德写了一本《天文星占》，魏国的天文学家石申写了一本《天文》，后人将他们的著作合二为一，称作《甘石星经》。这是中国历史上最早的一部天文学著作。这部书中记载了许多重要的天文学成就：天文学家已经掌握了月亮和月食的关系，日食肯定发生在每月初一或每月的最后一天；书中还记载了木星有卫星，这比意大利人用望远镜观察到木星有卫星早将近 2000 年；书中保留了中国历史上最早的星表，把测量出来的许多恒星的位置坐标和其他都汇集起来。星表中记载了二十八星宿和一些恒星，一共有 120 多颗星的赤道坐标，这个星表比欧洲最早的星表要早 200 年左右。

不久，齐国和楚国联合起来攻打魏国，魏国多次派遣使者到秦国求救，但秦国却始终不发兵。魏国有个叫唐雎的人，已经 90 多岁了，他请求安釐王派他去游说秦王，并且保证秦国的军队能在他离开秦国之前出发。魏安釐王非常感动，给他准备了丰厚的礼物，派车辆送他出使秦国。唐雎来到秦国，拜见秦昭王说："大王知道魏国现在形势非常危急，然而却不发兵救援，这是因为为您出谋划策的大臣没有见识。魏国是一个拥有万辆战车的大国，之所以甘心侍奉秦国，就是由于秦国更加强大。魏国也确实把秦国作为可以信赖的盟国。现在齐国和楚国的军队已经包围了魏国的都城，秦国迟迟不发兵救援，可能是觉得魏国还可以支撑下去。但是，假如魏国到了支撑不下去的时候，为了保全自身，就只能向齐国和楚国割让土地，并且加入合纵的集团，共同来对付秦国。大王您如果还不及时救助魏国的话，您可能会失去一个侍奉您的盟国，而增强了和您敌对的齐国和楚国的力量。这样的话对您又有什么利益呢？"秦昭王被唐雎说服，马上发兵救魏。

魏国刚刚安定后，赵国国君派人对魏王说："如果你替我杀了范痤，赵国就愿意割让 70 里的土地给魏国。"魏安釐王贪图赵国的土地，答应了赵国的要求，派遣士兵去杀范痤。士兵们

中国大事记 | 公元前 328 年，秦国攻取魏国蒲阳，魏不敌，割地求和，将上郡十五县给予秦。

包围了范痤的家，范痤逃到了屋顶，骑在屋脊上，对奉命来杀他的使臣说："与其说拿死的范痤和赵国交易，还不如拿活的范痤和赵国交易。如果你们杀死了我，赵国却不割让土地，国君又该怎么办呢？所以不如让赵国先把土地割让给魏国，然后再杀死我。"魏安釐王同意了，暂时没有杀死范痤。于是，范痤给魏国重臣信陵君写信说："我过去是魏国的国相，地位已经不低了，然而赵国用割地作为条件要求国君杀死我，魏王竟然答应了。假如强大的秦国也效仿赵国的做法，来这样对付您的话，您会怎么办呢？"信陵君看过书信之后，很有感触，请求安釐王放了范痤。魏安釐王终于同意了，范痤才保住生命。

魏无忌的高论

魏国被齐国和楚国联军围攻的时候，秦国曾经派兵救援过魏国。魏安釐王希望秦国能支持他攻打韩国，夺回被韩国占有的土地。信陵君魏无忌知道魏安釐王的想法后，赶忙进谏说："秦人和野蛮的外族人习俗相同，贪婪而且凶狠，只知道占便宜，不会讲信用，不懂得仁义德行。如果有利可图的话，连亲兄弟也不会放过，就如同禽兽一样，这是天下人都知道的事情。宣太后本来是秦王的母亲，因秦王不孝而忧伤地死去；穰侯是秦王的舅父，立下了巨大的功劳，可是秦王还是把他驱逐；秦王的两个弟弟没有罪过，秦王却屡次削夺他们的封地。他对待亲属都如此狠毒，何况是对待敌对的国家呢？现在您如果联合秦国攻打韩国，可能会迅速招致来自秦国祸害。您如果不明白这个道理就说明您不明智，大臣们不来劝诫您就说明他们对您不忠心。

"现在韩国国君还很年幼，由太后掌握政权，国内又发生了叛乱。这种情况下，再和强大的秦魏联军交战，一定会灭亡。韩国灭亡以后，秦国就会占据郑地，那里和魏国国都相邻，这样的话，魏国可就没有一天安宁的日子了。

"秦国是个不会安分的国家，有很大的野心，灭掉韩国以后，一定会选择下一个吞并的目标。这个目标一定是与它位置邻近而又容易攻打的国家，分析当前的形势和各个诸侯国的情况，这个目标肯定是魏国。秦国如果占据了郑地，挖开荥泽，引水来淹大梁城的话，大梁一定保守不住。您派遣使者出使秦国已经是个错误了，又在秦王面前诋毁韩国就更加错误了。秦国早就准备吞并韩国，一旦实现了这个愿望，秦军就可以从四面攻击魏国。那时，既没有险关要塞阻挡秦军，也失去了邻国援助，魏国可就更加危险了。

"从前，秦国位于河西地区，离魏国国都大梁有上千里的距离，中间有黄河和高山的阻挡，又有周朝和韩国做屏障。可是自从林乡一战到现在，秦国 7 次打败魏国，攻占了魏国的边境城市，魏国割让给秦国的大县有几十个，名城有几百座。这些都还是在秦国距离大梁一千里的时候发生的事。如果秦国灭了韩国，离大梁只有一百里，魏国的大祸就要来临了。

"以前诸侯国合纵抗秦没有成功的原因是楚国和魏国互相猜疑，而韩国又不愿意加盟。现在韩国一直遭受战乱，秦国攻韩，韩国面临亡国的危险也不屈服，反而送人质到赵国，表示愿意和秦国死战到底。楚国和赵国一定会联合起来发兵救援韩国，因为他们知道秦国的贪欲是不会填满的，除非他吞并了所有的诸侯国，全天下的老百姓都臣服于秦国。所以我建议您现在尽快接受楚国和赵国的盟约，让韩国派遣人质到魏国，出兵保全韩国，然后再向它索取土地。这样的话，功效要远远超过联合秦国进攻韩国，并且这样做也不会出现和秦国为邻的祸患。

"保存韩国、安定魏国是一件对天下有利的事情，这也是上天赏赐给您的好机会。您可以开通共城、宁邑到韩国上党的道路，然后收缴过往商人的赋税，这样魏国就变相地控制了韩国的上党，并且这些税收还能够使国家富裕。韩国一定会既感激又敬畏魏国，一定不敢背叛魏国，这样的话，韩国就相当于魏国的郡县了，魏国也就安宁了。"

魏安釐王觉得信陵君的话非常有道理，权衡利弊之后，听从了信陵君的建议，放弃了联合秦国进攻韩国的想法。

历史关注 | 战国后期出现的《墨经》是我国最早讲述几何学的著作。

韩世家第十五

弱韩伐谋伐交

韩景侯六年（公元前403年），周天子派人封韩、赵、魏三家为诸侯。此时，各大诸侯国群起争雄，相互攻伐。诸国之中，最先强大起来的是魏国，接下来是秦国。韩昭侯八年（公元前355年），申不害任韩相，他在韩国推行改革，韩国实力有所增强，各诸侯国不敢侵犯。申不害死后，韩国走上下坡路，因地处中原，为兵家必争之地，可又无险可守，成为强国攻伐争夺的对象。

韩宣惠王十六年（公元前317年），秦国发动军队进攻韩国，韩宣惠王非常焦急，公仲侈建议说："我们的盟国是靠不住的。他们不会来救援我们的。秦国一直以来就准备进攻楚国，您可以通过秦国的宰相张仪向秦王求和，再割让给秦国一座大的城池，然后派兵和秦国共同向南攻打楚国，这是通过失去小的利益来换取大的利益的做法。"韩宣惠王同意了他的建议。

尽管公仲侈的行动非常秘密，还是被楚王知道了。楚王非常害怕，赶忙召见大臣陈轸，向他询问对策。陈轸说："秦国很久以来就打算进攻楚国，如果韩国这么做的话，正合秦王的心意，他一定会答应的。凭楚国现在的实力，和秦韩联军交战肯定要吃亏，所以我们一定要制止他们联盟。我认为您现在应该马上对外声称要发兵救援韩国，然后派使臣去韩国，给韩国造成我们要去救援的感觉。这样一来，即使韩国国君还是不肯和楚国搞好关系，也会感谢楚国对他的恩德。这样的话，秦国和韩国之间就会产生矛盾，即使联合进攻楚国，也不会为楚国带来太大的祸患。如果韩国听从我们的意见，停止向秦国求和的话，秦国一定会非常愤怒，而且韩国一旦决定结交楚国，对秦国的态度就会变得轻慢起来，这时候我们就可以利用秦国和韩国之间的矛盾让他们相互攻击，从而免除楚国的祸患。"

楚国的使者带着丰厚的礼物来到韩国，对韩宣惠王说："我们楚国虽然弱小，但是已经把全部的军队都派出来准备救援韩国。希望韩国能够放心地和秦国作战！"韩王听完之后非常高兴，命令公仲侈停止到秦国议和的行动。公仲侈说："您不能改变计划，秦国攻击我们，给我们国家造成了很大的威胁。而楚国却只是用虚假的行动来救援我们，您如果想凭借着虚假的援助轻易地和强大的秦国绝交的话，肯定会遭到天下人的耻笑。并且楚国和韩国并不是友好亲密的国家，也没有订立盟约。楚国一定是发现了我们准备联合秦国攻打他们，才声称要救援的。况且您已经把我们的打算通知了秦王，现在出尔反尔，这是欺骗秦国，秦国一定不会放过我们的。"韩宣惠王不听，决定和秦国断交。秦王知道后，便增添军队加紧攻打韩国，而楚国一直没有发兵援救。就在韩宣惠王十九年（公元前314年），秦国军队在岸门打败了韩国军队。韩宣惠王只好派遣太子仓到秦国做人质，和秦国订立和约，才保全了韩国。

韩襄王十二年（公元前300年），楚国攻打韩国，楚军包围雍氏，韩国向秦国求救。秦国的如意算盘是：空喊救援韩国而不发兵，暗中同楚国交好，以静观韩楚交战。如果韩国胜了楚国，秦国和韩国分享战果；如果楚国战胜，秦国乘机攻韩。为避免这一后果，韩相公仲侈与楚国讲和，并提出与齐楚两国结盟，于是楚国解除了对雍氏的包围。

中国大事记 | 公元前323年，魏将公孙衍行合纵之策，使韩、魏、赵、燕、中山五国联合抗秦。

田敬仲完世家第十六

陈完奔齐

陈完是陈厉公的儿子。他刚刚降生的时候，周朝的太史刚好从陈国经过，陈厉公顺便请求太史为陈完占卜。太史说："卦象表明您这个儿子以后一定会成为君王的上宾。要么他会成为陈国的国君，要么他就会在别的国家掌权，如果他不能够做一个国家的国君的话，他后世的子孙也会完成这个任务的。"

陈厉公是陈文公的小儿子，陈文公去世以后，陈厉公的哥哥陈鲍继承了君位，这就是陈桓公。陈桓公和陈厉公不是一个母亲生的，陈厉公的母亲是蔡国的女子，蔡国非常希望陈厉公能够继承陈国的王位。陈厉公也想取代哥哥陈桓公，自己做国君。于是，在陈桓公生病的时候，陈厉公联合蔡国人杀死了陈桓公和太子，如愿以偿地登上了君位。他即位以后，迎娶了一个蔡国女子作为夫人。这个蔡国女子生活非常放荡，嫁到陈国后还寻找机会和蔡国的人通奸。为此，她常常要回到蔡国。陈厉公的生活也十分不检点，经常去蔡国淫乱。陈桓公的小儿子陈林对陈厉公的杀父之仇一直怀恨在心，他趁机收买了蔡国人，指使他们把陈厉公哄骗诱惑到蔡国，在那里杀死了他。除掉陈厉公后，陈林自立为陈国国君，这就是陈庄公。陈完没有机会做国君，只是陈国大夫。

陈庄公去世以后，他的弟弟杵臼继承了君位，这就是陈宣公。陈宣公在位21年的时候，杀死了太子御寇。陈完和御寇平时关系非常亲密，为了防止灾祸牵连到自己，陈完逃亡到了齐国。齐桓公早就听说陈完很贤能，于是打算任命陈完担任齐国的上卿，但是陈完却推辞了。齐桓公也没有勉强他，只是让他担任管理百工的工正。齐懿仲很看重陈完的才能，于是就把女儿嫁给陈完做妻子。

陈完来到齐国之后，就把自己的陈姓改为田姓。他去世以后，谥号是敬仲。他的后代在齐国繁衍生息，不断发展。五代过去了，田家的爵位传给了田乞。田乞在齐景公手下做臣子，官居大夫。他借给百姓粮食时用大斗，百姓还粮的时候用小斗收进，暗中向百姓施以恩德，收买民心。齐景公虽然知道，也不加禁止。因此，田氏家族得到齐国百姓的拥护，越来越强大。晏子多次提醒齐景公，让他防范田氏，齐景公根本不听。晏子在出使晋国的时候见到叔向，对他说："齐国的政权将来肯定要落到田氏家族的手中。"

此后，田乞用手段消灭了齐国的另外两家权臣高氏和国氏，担任了齐国的相国，掌握了齐国的大权。田乞的儿子是田成子田常，他身为齐国相国。为了控制齐国政权，他对齐平公说："人们都希望得到好处，就由您来施行恩德；人们都厌恶惩罚，请让臣去执行。"齐平公同意了。5年后，田常把齐国较强盛的鲍氏、晏氏、监止家族和公族强大者全部杀掉。他的封地比齐平公的领地还要多。到了第八代的时候，田氏家族的太公田和担任齐国的相国。当时在位的齐康公荒淫无道，不理朝政。太公田和便把他迁居到了海边，给了他一个城市的食邑。随后，太公田和请求周天子提升自己为诸侯，周天子批准了他的请求。于是从齐康公十九年（公元前386年）开始，田和代替了姜氏做了齐国的国君。而这个时候田氏的祖国——陈国已经衰败下去了。

历史关注

《周易》是周代占卜用书，但反映了中国先民对天地宇宙、人类社会发展规律的普遍认识。

齐威王治国

齐威王刚刚即位的时候，不理朝政，把国事全部交给齐国的大夫们办理，他即位9年以来，各个诸侯国家都来攻打齐国，齐国百姓一直生活在动荡之中。终于有一天齐威王决定奋发图强，重新振兴齐国。他召见即墨大夫，对他说："自从你治理即墨以来，我每天都能听到诋毁你的言论。可是我派人到即墨观察，发现那里治理得井井有条，百姓生活非常富足，齐国的东部地区非常安宁。我想人们之所以说你的坏话，是因为你不会巴结讨好我身边的人，没人替你说好话呀！"随后，齐威王赏赐给即墨大夫1万户的封邑，算作对他的表彰。

随后，齐威王又召见阿城大夫，对他说："自从你治理阿城以来，我每天都能够听到赞扬你的话。可是我派人到阿城观察，发现那里的田野荒芜，百姓生活贫苦。赵国军队进攻甄城的时候，你没有发兵援救。卫国夺取薛陵的时候，你竟然都不知道。作为一个臣子，你是如此失职。我平时总听到对你的赞扬，一定是你用财物贿赂我身边的人，他们收了你的财物，当然称赞你啦！"随后，齐威王下令杀死了阿城大夫，并把自己身边曾经吹捧过阿城大夫的人也一起杀掉。

接着，齐威王发动军队向西方进攻赵国和卫国，赵国被迫归还了先前占领的齐国长城。又在浊泽打败了魏国的军队，并且围困了魏惠王，魏惠王把魏国的观城割让给齐国。齐国百姓看到原本不理朝政的国君，突然之间立下如此巨大的功勋，非常震惊，齐国从上到下都不敢再弄虚作假，齐国因此也得到很好的治理。此后20多年间，其他的诸侯国家都不敢对齐国动用武力。

驺忌子善于弹琴，齐威王很喜欢他，召见了他并让他住在王宫中。当齐威王正在弹琴的时候，驺忌子冒失地推开门走进来说："您的琴弹得太好了！"威王对他的举动很不满意，质问他说："您没有认真观察我弹琴的样子，怎么知道我弹得好坏呢？"驺忌子说："大弦的音调缓慢而且温和，象征着国君；小弦的音调高亢而且清亮，象征着国相；手指勾弦的时候有力，放开的时候舒缓，象征着国家政令；发出的琴声和谐，音调配合美妙，没有不纯正的杂音干扰，象征着四时。所以我知道您弹得非常好。"威王又问："我知道你很善于谈论音乐，这一点我比不上你，但是怎么能够用弹琴与治理国家和安抚人民相比呢？这也太牵强了吧！"驺忌子说："您的琴声回环往复却不混乱，是因为国家的政治昌明；节奏连贯而又轻快，是因为救助了将要灭亡的国家。所以说，琴声和谐，国家就安定平稳。治理国家和安抚人民的道理和弹琴的道理十分接近。"齐威王听后心悦诚服，赞叹驺忌子的贤能，3个月后就任命他为齐国的国相。

齐国大臣淳于髡对驺忌子这么快就做了国相感到不服气，他见到驺忌子说："您真的很会说话呀！我有些浅薄的问题，想向您讨教一下。"驺忌子谦虚地说："我愿意恭听您的教诲。"淳于髡说："侍奉国君能够周到，不犯差错的话，就能名利双收；如果稍微有一点差错，就会身败名裂。"驺忌子说："多谢您的指教，我会牢记您的话。"淳于髡说："用猪油涂抹车轴，目的是让车轴润滑，但如果轴孔是方的，即使涂抹猪油车轴还是无法转动。"驺忌子说："我侍奉在国君左右，会小心谨慎的。"淳于髡说："用胶粘破旧的弓，是为了

进谏图

此图形象地再现了战国时期士大夫向诸侯国君献治国之策的情景。

中国大事记 | 公元前316年，秦惠文王派兵攻打四川，灭亡巴、蜀，秦国日益富强。

把裂开的地方粘起来，但胶不可能把所有的缝隙都黏合起来。”驺忌子说：“我会恭敬地依附百姓。”淳于髡又说：“狐狸皮制成的大衣，即使破了，也不能用黄狗的皮去缝补它。”驺忌子说：“我一定会认真地挑选正人君子作为大臣，不让小人混杂在里面。”淳于髡又说：“大车如果不校正，就不能承载重物；琴瑟如果不把弦调好，就不能弹奏出和谐的声音。”驺忌子说：“我一定会认真地制定法律并严格执行。”淳于髡听完，飞快地跑了出去，来到门外对他的仆人说：“驺忌子真的有才能啊！我对他说了5条谜语，他很快给予我准确的回答，用不了多久，君王还会封赏他的！”果然一年后，齐威王就把下邳封赐给了驺忌子。

齐威王二十四年（公元前333年），齐威王和魏王一起到郊外打猎。魏王问齐威王：“齐国有宝物吗？魏国虽然很小，也还拥有许多直径一寸的夜明珠，把它们镶在车上，能够照亮车前车后。每辆镶嵌10颗的话，可以装饰12辆车。”齐威王说：“我对宝物的理解和您不一样。我有个叫檀子的大臣，他驻守南城，楚国就不敢进犯，泗水一带的12个诸侯国家都来朝拜齐国；我有个叫盼子的大臣，他驻守高唐，赵国人就不敢到东边的黄河里捕鱼；我有个叫黔夫的臣子，他驻守徐州，燕国人和赵国人就举行祭祀，以求神灵保佑不受到齐国的攻打，追随黔夫迁居到齐国的就有7000多家；我有个叫种首的大臣，他负责防范盗贼，结果齐国百姓就能路不拾遗，夜不闭户。我的这些大臣的光芒能够照耀千里远，可不是您的夜明珠可比的！”魏惠王听到后，非常羞愧。

东帝齐湣王

齐湣王十三年（公元前288年），秦昭王自称为西帝，齐湣王自称为东帝。刚好这时苏代从燕国来到齐国拜见齐王，齐王问他说：“先生您来得正好，秦国派遣魏冉给我送来了帝号，您认为我该不该接受呢？”

苏代回答说：“您的问题太仓促了，我还没来得及仔细思考。但是祸患的产生常常是不明显的，所以我建议您先接受帝号，但不要马上称帝。您可以等秦国称帝以后，观察天下能否容忍，如果可以的话，那时候您再称帝，也为时不晚。况且在称帝的时候表示出谦让，对您只有好处没有损失。如果秦国称帝以后，天下人都憎恶他，大王也就不要称帝了，这样就可以收拢到民心，这对您来说是很大的资本。再说，天下同时出现您和秦王两个帝，您认为天下人是尊崇齐国呢，还是尊崇秦国呢？”齐湣王认为天下人尊崇秦国。苏代继续问：“如果您放弃帝号的话，天下是敬爱齐国还是敬爱秦国呢？”湣王认为天下人会敬爱齐国而憎恨秦国。苏代又问：“齐国和秦国联合进攻赵国有利还是齐国单独讨伐宋国有利？”齐湣王认为后者有利。

苏代继续说：“您如果称帝的话，名义上和秦国处于同等的地位，但是事实上齐国和秦国一起称帝的话，天下人只会尊崇秦国而轻视齐国；如果您放弃帝号的话，天下人就会敬爱齐国而去憎恨秦国。齐国称帝后，您就不得不和秦国共同进攻赵国，然而这却不如齐国单独讨伐宋国有利。因此我希望您放弃帝号，收拢天下的民心，解除和秦国的盟约，不和他争夺地位的高低，利用这个时机攻占宋国。占有宋国，就可以威胁卫国；占领济西，就可以威胁赵国；占领淮北，就可以威胁楚国；占领陶地和平陆，就可以威胁韩国。您放弃帝号的同时讨伐宋国暴君，既可以得到好名声，又能增强国家的实力。燕国、楚国也会为形势所迫而臣服于齐国，这样一来，各个诸侯国家都不敢不听从齐国了。”

齐湣王十七年（公元前284年），燕国、秦国、楚国和三晋联合攻打齐国，在济水的西面打败齐国军队。燕国大将乐毅攻占了齐国都城临淄。齐湣王逃到卫国。卫国国君让他居住自己的王宫，还以臣子的身份侍奉他。落难的齐湣王仍旧十分傲慢，引起卫国人的不满。齐湣王只好离开卫国，逃亡到邹国和鲁国，邹国、鲁国的国君都没有收留他。这个时候，楚国派遣大将淖齿率领军队救援齐国，但是淖齿却杀掉了齐湣王，并且和燕国一起瓜分了齐国的土地和掠夺到的财宝。

历史关注 | 孟子名轲，字子舆，为孔子之后的儒家代表人物。

孔子世家第十七

名显诸侯

鲁襄公二十二年（公元前551年），孔子出生于鲁国昌平乡的陬邑。因为他刚出生的时候头顶是凹下去的，所以取名为丘，字仲尼。从小的时候开始，他就刻苦学习，遵守礼仪。孔子17岁那年，鲁国大夫孟釐子身患重病，临终前他告诫儿子孟懿子说："孔丘是圣人的后代，他的祖先在宋国有很高的地位，受到人们的赞扬。虽然后来他们的家族衰败了，但是我听说圣人的后代即使不执掌国政，也一定会出现贤德的人。现在孔丘年纪这么轻，就有高深的学问，还能遵循礼仪，他应该就是那个贤德的人。我死了以后，你一定要拜他为师啊！"孟釐子死后，孟懿子遵从他的遗愿拜孔丘为师。

孔庙杏坛

位于孔庙大成门与大成殿之间甬道正中，原为孔子旧宅教授堂遗址，宋时将此堂旧址"除地为坛，环植以杏，名曰杏坛"。整个建筑玲珑典雅，为孔子从事教育活动的重要标志。

孔子年轻的时候家境贫穷，社会地位低下。长大之后，他曾经给季氏做过管理仓库的小官，把钱财和粮食的出纳计算得非常公平准确。他还曾经做过管理牧场的小官，把牧场管理得井井有条。因此，他被提升为主管建造的司空。

南宫敬叔请求鲁昭公，让他和孔子一起去周朝学习礼仪，鲁昭公准许了，为他们提供了一辆车子、两匹马和一名童仆。孔子在周朝都城，曾经向老子求教，受益匪浅。他告辞老子的时候，老子对他说："我听说富贵的人送给别人财物，品德高尚的人送给别人言辞。我不是富贵的人，只好充当一次品德高尚的人，用言辞为您送行吧！我送你这几句话：聪明敏锐的人会经常受到死亡的威胁，因为他喜欢议论别人；博学善辩、见识远大的人会经常遭遇危及到生命的困境，因为他喜欢揭发别人的罪恶。作为子女，应该忘掉自己，一心为父母着想；作为臣子，应该忘掉自己，一心为君主着想。"孔子把老子的教诲牢记在心。他从周朝返回鲁国以后，拜他为师的弟子渐渐增多了。

鲁昭公二十年（公元前522年），齐景公和国相晏婴访问鲁国。齐景公对孔子的贤能有所耳闻，因此特意召见了他。他询问孔子："当初秦国非常小，并且位于偏僻的地方，可是秦穆公为什么能够称霸呢？"孔子回答说："秦国虽然很小，但是秦穆公有远大的志向；虽然位于偏僻的地方，但秦国的政策非常得当。从前秦穆公亲自

中国大事记

公元前311年，燕昭王求贤，得乐毅、邹衍、剧辛等名臣，日益富强。

用五张羊皮赎回了百里奚，和他讨论国政，一口气谈了3天。发现百里奚贤能之后，马上就让他掌管国政。一个国君如果用这种精神来治理国家，别说当霸主，就是统治整个天下也是很正常的！”齐景公听后，非常钦佩。

孔子35岁的时候，鲁国发生了内乱。孔子逃亡到齐国，做高昭子的家臣，准备靠高昭子的关系接近齐景公。他和齐国的乐官探讨音乐，当他听到了上古舜帝时候的《韶》乐之后，就专心地学习演奏，一连3个月都顾不上品尝肉的味道，齐国人都赞赏他的德行。

齐景公请教孔子如何治理国家，孔子回答说：“国君要有国君的样子，大臣要有大臣的样子，父亲要有父亲的样子，儿子要有儿子的样子。”景公深表赞同。过了几天，齐景公再次向孔子请教同样的问题，孔子回答说：“治理国家首先要节俭，严格杜绝浪费。”景公非常欣赏孔子，给予孔子很高的待遇。有的齐国大夫准备谋害孔子，孔子得知后赶忙离开齐国，回到鲁国。

孔子42岁那年，鲁国上卿季桓子在挖掘水井的时候，挖到了一个腹大口小的陶制器皿，里面有一个类似羊的东西，季桓子对孔子撒谎说他挖到了一只狗。孔子说：“据我猜测，你挖到的应该是羊。我听说山林中的怪物是夔和罔阆，水中的怪物是神龙和罔象，泥土中的怪物是坟羊。”季桓子只好承认挖到的是坟羊。

吴国攻占了越国的国都会稽，得到一节足有一辆车长的骨头，不清楚是什么，于是派使者来询问孔子什么东西的骨头最大。孔子回答说：“上古时候大禹召来众多神人到会稽山，防风氏迟到，大禹就杀死了他，他的骨头一节就有一辆车长，这就是最大的骨头。”吴国使者由衷地敬佩孔子的博学多才。

当时鲁国的季氏掌握了国家的大权，根本不把国君放在眼里。鲁国的臣子们也都不遵循礼仪，违背了正道。因此，孔子辞掉了官职，在家中钻研学问，教授弟子。

孔夫子用事

鲁定公十年（公元前500年），鲁国和齐国订立了和平盟约。齐国大夫对齐景公说：“鲁国任命孔丘为大司寇，这样的话对齐国是一种威胁，我们还是先下手，制服鲁国吧。”齐景公听后，决定邀请鲁定公在夹谷进行会谈，借机杀死他。鲁定公毫无戒备，准备去赴约。孔子对定公说：“据我所知，办理文事离不开武功，办理武功也离不开文事。诸侯国君离开自己的国界，一定要带足够的武装力量，以免发生危险。”鲁定公听从了孔子的劝告，带了左、右司马一同去赴约。鲁定公和齐景公在夹谷相会，履行了必要的礼仪之后，齐景公请鲁定公观赏齐国乐队演奏的四方各族的乐舞。齐国的乐队拿着武器准备上台表演，实际上想借机杀死鲁定公。孔子看到后，赶忙跑上来对齐景公说：“我们两国国君在这里友好会谈，为什么要演奏外族的舞乐呢！请您命令他们下去！”主管仪式的官员只好叫乐队退下，但乐队并没有下去，而是观察齐景公和晏婴的眼色。齐景公觉得很尴尬，命令他们下台。不久，一些歌舞杂技艺人和侏儒上台表演齐国的乐曲。孔子踏着台阶走上台来，大声说：“小人用这种猥亵的表演来迷惑诸侯，按照法令应该处死，请司法官动手！”司法官命人执行法令，武士把艺人腰斩。齐景公非常害怕，他知道齐国理

·孔门四科·

“孔门四科”，意为孔子所传授的四门学术，指的是德行、言语、政事和文学，相关的记述见于《论语·先进第十一》：“子曰：‘从我于陈、蔡者，皆不及门也。德行：颜渊、闵子骞、冉伯牛、仲弓；言语：宰我、子贡；政事：冉有、季路；文学：子游、子夏。’”孔子在此分别举出了4个学科门类之下最为优秀的学生。自唐代开始，“孔门四科”的提法逐渐受到学者的重视。明清时期，“孔门四科”演变为“儒学四门”——义理、辞章、经济和考据。

历史关注

战国四公子是齐国孟尝君田文、赵国平原君赵胜、魏国信陵君魏无忌、楚国春申君黄歇。

亏，只好放弃了杀死鲁定公的计划。会谈结束，回到国都后，齐景公对大臣们说："孔子用君子之道来辅佐国君，而你们却教给我外族的办法，使我得罪了鲁定公，这该怎么办啊？"大臣回答说："君子犯下了过错，会用实际行动向对方道歉；小人犯下了过错，会用花言巧语来为自己掩饰。您如果真的觉得对不起鲁国，就用具体行动道歉吧！"于是，齐景公把从前侵占的鲁国的郓、汶阳和龟阴退还给鲁国，以此来表示对鲁国的歉意。

鲁定公十三年（公元前497年），孔子对鲁定公说："为了保证国家的安全稳定，大臣的家里不能收藏武器，大夫的封邑的城墙高度不能超过一丈，长度不能超过三百丈。"鲁定公同意了。当时掌握鲁国大权的是季氏，他的封邑城墙已经超过了孔子所说的标准。鲁定公派遣子路担任季氏的管家，去拆毁季孙、孟孙和叔孙3家封邑的城墙。叔孙氏响应国君的号召，首先把城墙拆除了，季孙氏也准备拆除围墙。这时候，公山不狃和叔孙辄发动叛乱，鲁定公和季孙、孟孙、叔孙3人躲藏在季孙的封邑里，登上了季武子的高坛。公山不狃没能攻破季孙氏的城邑。孔子命令申句须、乐颀攻打公山不狃，公山不狃、叔孙辄被打败，逃亡到齐国。乱后，季孙氏的城墙被拆毁，又准备去拆除孟孙氏的城墙。孟孙氏的家臣公敛处父劝告主人说："如果拆除您封邑的城墙的话，我们就没有了屏障，齐国就会发兵攻打我们。所以我建议您不要拆毁。"孟孙氏采纳了，没有拆毁城墙。鲁定公对此非常不满，亲自率领军队包围了城邑，但没有攻下来，最后只好收兵。

鲁定公十四年（公元前496年），孔子已经56岁了，官职升到代理国相，为此，他感到高兴，脸上露出喜悦的表情。他的弟子问他说："有一句名言说，君子面临危险的时候也不能恐惧，面临幸福的时候也不能露出喜悦的表情。可是您升官以后怎么就喜形于色了呢？"孔子回答说："你说得很对。但是还有一句名言说，君子为自己身处很高的职位而感到高兴，但是他仍旧能够礼贤下士。"他的弟子恍然大悟。

孔夫子周游列国　年画

孔子为了推行他的治理国家学说和社会道德主张，周游列国，希望说服诸侯实现其治平之道。

孔子参与国政3个月，杀死了扰乱国政的大夫少正卯，把鲁国治理得井井有条。齐国知道后，害怕鲁国会在孔子的治理下成为霸主，鲁国一旦称霸的话，距离最近的齐国就危险了。为了避免这种危险，齐景公准备割让土地贿赂鲁国。大臣对他说："我们应该先阻止鲁国称霸，不行的话再贿赂也不晚。"齐景公挑选了80个能歌善舞的美貌女子和120匹身上有花纹的马送到鲁国，鲁国国君把他们安置在城南。重臣季桓子知道后，偷偷地去观看好多次，后来干脆向国君告假，整天去看，也不去过问政务。孔子的弟子子路看到这种情形后，认为鲁国成不了大事业，建议孔子离开鲁国。孔子说："鲁国马上要举行郊祭礼了，如果季桓子能够按照礼仪把祭祀后的肉分给大臣的话，我还可以留下来，否则的话我就要走。"季桓子最后终于把美女和骏马搞到手，祭祀之后也没有分给大臣们祭肉。孔子无奈，离开了鲁国。

丧家之犬

孔子离开鲁国以后来到了卫国，先寄住在弟子子路的亲戚颜浊邹的家里。卫国国君卫灵公对孔子的贤能早就有所耳闻，就召见了孔子，询问他说："你在鲁国能够获得多少俸禄？"孔子回答自己在鲁国能够获得6万小斗的粟米。卫灵公也照例给孔子同样多的俸禄，让他参与卫国的朝政。可是没过多久，卫国的大臣嫉妒孔子，在卫

中国大事记 | 公元前 307 年，赵武灵王实施胡服骑射，使赵国军事实力明显增强。

灵公面前诽谤他。卫灵公对孔子产生了怀疑，于是派遣公孙余假带领兵将监视孔子的行动。孔子害怕在卫国受到陷害，仅仅居住了 10 个月就离开了卫国。

孔子准备到陈国去，当他率领弟子经过匡城的时候，弟子颜刻为他赶车。颜刻用马鞭子指着匡城城墙的一个缺口说："以前我来这座城，就是从这个缺口进去的。"鲁国阳虎曾经残害过匡城的百姓，当年他也是从城墙的这处缺口进城的。匡城的百姓听到了颜刻的话，又发现孔子的相貌非常接近阳虎，把他误认为是阳虎，他们把孔子和弟子们围困起来，一行人整整被困了 5 天，孔子的弟子颜渊才赶来相救。孔子嫌他来得太晚，生气地质问他说："我还以为你已经死了呢！"颜渊回答说："老师您还活着，我怎么敢先去死呢！"匡地百姓加强了对孔子等人的围攻，孔子的弟子们都非常害怕。孔子安慰他们说："周文王已经去世很长时间了，只有我们还真正懂得周代的礼乐制度，能把它传承下去。上天如果真的要毁灭这些礼乐制度的话，就不会让我们了解并学会它。既然上天要保留这些礼乐制度，匡地的百姓又能把我们怎么样呢！"随后，孔子派一个随从到卫国的宁武子那里称臣，最终脱离了危险。

孔子离开匡地以后，来到了蒲地。一个多月以后，他率领弟子又回到卫国，暂时住在蘧伯玉的家里。卫灵公有个非常宠爱的夫人，叫作南子，她派人通知孔子："凡是来自各个诸侯国的君子，只要看得起卫国国君，愿意和卫国建立深厚的友谊的，一定会首先拜见南子夫人，南子夫人也非常愿意会见您。"孔子觉得不合适，婉言谢绝了。但南子夫人一再要求见见孔子，孔子无奈，只好去拜见她。南子夫人坐在葛布制成的帷帐里面接见孔子。孔子进入房门后，面向北方跪拜行礼，南子夫人在帷帐里面还礼，她身上佩戴的玉器首饰互相撞击，发出了清脆的响声。会见完毕后，孔子对弟子说："我原本就不想拜见南子夫人，但是现在既然见她，就必须要符合礼仪。"子路听到后，非常不高兴，认为老师言行不一。孔子见无法解释清楚，就对天发誓说："如果我做了什么不对的事情的话，上天一定会厌弃我的！"孔子在卫国住了一个多月后，卫灵公和夫人南子同乘坐一辆车子，宦官在旁边侍奉他们，而让孔子乘坐另一辆车子跟随在后面，大摇大摆地经过闹市。孔子对卫灵公的做法非常不满，他感慨地说："我还没有遇见过喜好高尚道德超过喜欢美色的人啊！"他不愿再待下去，就率领弟子们离开卫国，到曹国去。

孔子经过曹国来到宋国，经常带领弟子们在大树下演习礼仪。宋国的司马桓魋特别讨厌孔子，更不喜欢孔子推行的那套礼仪，把那棵大树砍倒了。孔子知道桓魋想杀他，只好离开宋国。临行时，弟子们害怕桓魋赶来追杀他们，催促孔子快走。孔子从容地说："上天既然已经赋予我们传播道德的重任，桓魋又能把我们怎么样呢？"

经过一路奔波，孔子来到了郑国，但是却和弟子们走散了。子贡四处打听，寻找老师，一个郑国人对他说："我看到东门有一个人，他的额头长得像唐尧，脖子长得像皋陶，肩膀长得像郑国的子产，但是腰部以下的部分却比夏禹短了 3 寸，他那副狼狈不堪的样子真像是一条找不到主人家的狗（丧家之犬）。"子贡找到孔子以后，把这个人的话如实告诉了孔子。孔子苦笑着说："他形容我的相貌不一定准确，但他说我像一条找不到主人家的狗，真是太准确了，太准确了！"

盘桓陈卫

孔子离开郑国后来到陈国，暂时住在司城贞子的家里。有一天，许多只鹰落在了陈国的宫廷里面，随即就死掉了。检查后，人们发现鹰的尸体上面有一支箭。箭头是用石头制成的，箭的长度是一尺八寸。人们都不认识这种箭，也不知道鹰是从哪里飞来的。于是，陈湣公派遣使者询问孔子，孔子回答说："这些鹰是从非常远的地方飞到陈国来的，那种箭是肃慎部族使用的箭。当初周武王灭掉商朝以后，和边远地区的各个少数民族建立了联系，命令他们向周王室贡献各自的

历史关注

战国之时，惠施提出“合同异”的命题，为中国古代著名哲学家之一。

圣迹图·灵公问阵

特产，借此来督促他们不要忘记自己的职责和义务。那时肃慎部族就进献了这种箭。周武王把这种箭赠给了长女太姬，后来太姬嫁给了虞胡公，虞胡公的封地就在陈国。当时，周王室把宝物赠给同姓的诸侯，是为了表示重视亲族；把远方进献的贡品分赠给异姓的诸侯，是为了提醒他们不要忘记服从周王室的命令，所以才把肃慎部族的箭赐给了陈国。”陈湣公听说后，派人到过去收藏贡品的仓库里寻找，果然发现了这种箭。陈国人都很佩服孔子的博学多才。

孔子在陈国居住了3年。当时由于实力不强，陈国时常遭受晋国、楚国等强大的诸侯国家的侵犯。孔子在陈国无法施展自己的才能，又想到自己家乡的弟子们志向都非常远大，虽然做事迂腐了一点，但他们现在仍然有进取心。与其在陈国无所作为，还不如回到鲁国呢！于是孔子离开了陈国。

孔子一行经过卫国的蒲地的时候，正好遇上公叔氏占据蒲地反叛卫国，孔子一行被他们扣留。孔子有一个叫公良孺的弟子，自备了5辆车子跟随孔子周游各个诸侯国。他身材高大，智勇双全，在这危急时刻，他建议孔子说：“以前我跟随您在匡地遭遇危难，现在又在这里遇到危险，这应该是命中注定的吧。我们与其被困在这里，还不如拼死和他们搏斗一场呢！”于是公良孺和蒲地的人展开了激烈的搏斗。蒲地人害怕他的勇猛，便和孔子谈判说：“只要你不去卫国，我们就可以放你们走。”孔子答应了他们，并且和他们订立盟约。蒲地人释放了他们，但是孔子还是去了卫国。子贡觉得孔子言而无信，质问他说：“盟约难道也能违背吗？”孔子回答说：“我们是在对方的要挟下订立的盟约，这样的盟约连神灵都不会认可，也就无所谓违不违背了。”

卫灵公欢迎孔子的到来，亲自到郊外迎接他们。他询问孔子能否讨伐蒲地，孔子做出肯定的回答。卫灵公说：“我的大臣们认为不能讨伐它，因为蒲地是防御晋国和楚国的屏障。我们卫国出兵攻打，恐怕不合适吧？”孔子说：“蒲地的百姓并没有背叛卫国，他们对卫国十分忠诚，只是四五个人领头发动叛乱，我说要讨伐的就是这几个人，而不是蒲地的百姓。”卫灵公认可孔子的观点，但是却一直没有出兵讨伐蒲地的叛乱。这个时候，卫灵公已经老了，对处理国家的政务感到厌烦了，也没有起用孔子执政。孔子无奈地说：“如果有诸侯国君用我执政，只要一年的时间国家基本就能得到有效的治理，三年以后，国家就会发生显著的变化。”怀才不遇的孔子只好离开了卫国。

晋国的赵简子讨伐范氏和中行氏，发兵攻打中牟。佛肸是中牟的长官，他反叛了赵简子，并派遣使者请孔子去辅佐他。孔子准备去。子路质问他说：“我听您说过：‘君子不去辅佐叛乱的人。’现在佛肸占据中牟反叛晋国，您为什么要去呢？”孔子回答说：“我确实说过这句话。但我还说过‘坚硬的东西是磨不薄的，洁白的东西是染不黑的’。”随后，孔子又无奈地感慨道：“难道我是只能看却不能吃的匏瓜吗，怎么老是挂起来，却没有人吃呢？”最终他也没去辅佐佛肸。

一次次的冷遇搞得孔子内心很烦，他便敲击磬（古代的乐器）来解忧，磬声又响又急。一个背着草筐的人刚好经过他的门口听到了，自言自语地说：“这个击磬的人，心里一定很烦躁，既然别人都不赏识你，又何必强求呢！”

孔子向当时著名的琴师师襄学习弹琴，一首曲子一连学习了10天。师襄要向他传授新的曲子，孔子说：“我乐曲已经练熟了，但是还不能熟练地掌握弹琴的技法。”过了一段时间，师襄发现孔子已经熟练掌握弹琴的技法了，打算传授他新的曲子。孔子说：“我还没有领会乐曲蕴含

中国大事记 | 公元前299年，楚怀王被骗入秦，秦王将其扣留，太子横被立为王，即楚顷襄王。

的感情。”又过了一段时间，师襄发现孔子已经领悟到乐曲蕴含的感情了，再次要传授他新的曲子。孔子说：“我还没有感觉出曲子的作者是个什么样的人。”又过了一段时间，一天，孔子演奏完乐曲后，严肃地思考了一会儿，然后说：“我感觉到曲子的作者是谁了，他肤色黝黑，身材高大，目光明亮深邃，是一个统治天下的王者，他一定是周文王。”师襄听后，非常恭敬地离开座位，向孔子行礼说：“您说的太对了，我老师告诉过我，这首乐曲就是《文王操》。”人们听到这件事后，都称赞孔子的贤能。

厄于陈蔡

孔子在卫国得不到重用，因此打算到晋国去见赵简子。刚刚来到黄河岸边，孔子就听到晋国大夫窦鸣犊、舜华被杀的消息，便决定不再前行。子路询问原因，孔子说：“窦鸣犊、舜华都是晋国德才兼备的大夫，赵简子是依靠他们的辅佐才有今天的，然而赵简子得志后却杀害了他们。我怎么会去辅佐这样不仁义的人呢？”孔子命人调转车头，又回到卫国。他发现卫灵公只关心行军打仗，而不关心仁政，并且对自己的态度也更加轻慢。于是他离开卫国，又去了陈国。

孔子60岁那年的夏天，鲁国的祭庙发生了火灾。孔子在陈国听到这个消息后，肯定地说：“一定是鲁桓公和鲁釐公的祭庙发生了火灾。”不久他的推断就得到证实。因为鲁桓公和鲁釐公执政的时候荒淫无道，孔子据此肯定他们死后还会得到报应。

孔子在陈国也无法实施自己的抱负，于是又来到蔡国。这时候，吴王召见蔡昭公去吴国，蔡昭公动身前往。以前蔡昭公曾经欺骗蔡国的大臣，把都城迁到州来。蔡国大臣们以为这次蔡昭公又在玩老花样，准备再次迁都。大臣们都很生气，大夫公孙翩在蔡昭公前往吴国的路上设下伏兵，射死了他。蔡国发生内乱，楚军趁机发兵攻打蔡国。迫于战乱，孔子只好离开蔡国来到楚国的叶地。叶公请教孔子如何治理国家，孔子回答说：“治理国家就要把远方贤能的人招进来，让近处的百姓归附于你。”叶公又悄悄向子路了解孔子的情况，子路拒绝回答。孔子知道后对子路说：“你为什么不告诉他说‘孔子学习起来不知道疲倦，教导别人不感到厌烦，学习时会忘记吃饭，快乐时会忘记忧愁，竟然感觉不到自己已经衰老了’。”

孔子离开叶地后决定返回蔡国，在路上遇见长沮和桀溺，两个人在耕种田地。孔子认为他们是隐士，就让子路向他们打听渡口在哪里。长沮问子路说：“那个用手拉着马的缰绳的人是谁？”子路告诉他是孔子。长沮说：“那他应该知道渡口在哪儿，又何必问我们呢？”桀溺对子路说：“现在天下到处动荡不安，谁也改变不了这种状况。你们为了躲避残暴的诸侯国君和叛乱的大臣的危害而四处奔走，还不如学我们为躲避乱世而隐居起来呢！”说完以后，他们继续耕田种地，不再理会子路。子路把他们的原话转告给孔子，孔子无奈地说：“我们不可能像他们那样和飞鸟野兽共同居住在山林里，我之所以到处奔走，就是想改变天下大乱的局面啊！”

圣迹图·在陈绝粮

一天，子路和孔子走散了，他遇见一位肩上扛着除草

历史关注

战国之时，七国都筑过长城，除防范西北戎狄外，更多互为构筑防御要塞。

工具的老人。子路询问他说："您见到过我的老师吗？"老人生气地说："你们这些人不知道劳动，连五谷都辨别不清楚，我怎么知道谁是你的老师呢？"说过之后就拄着拐杖去拔草了。子路找到孔子之后，如实告诉了他。孔子确认老人是一位隐士，让子路再去寻找，但老人早就不在那里了。

孔子在蔡国居住3年后，吴国攻打陈国。楚国打算聘请孔子，孔子也准备到楚国去。陈国和蔡国的大夫商议说："孔子很贤能，他在陈国和蔡国没有得到重用。楚国是大国，如果孔子在那里得到重用的话，陈国和蔡国就非常危险了。"为了阻止孔子，他们派人把孔子围困在野外。

孔子一行失去了自由，粮食也吃光了。好多弟子都饿得站不起来。但是孔子还是不停地向弟子们讲学，还朗诵诗歌、弹琴。子路对老师的表现很气愤。他质问孔子说："君子也有困厄的时候吗？"孔子说："君子身处困境能够坚守节操，但是小人身处困境就什么事情都能干得出来。"

被围困后，弟子们很烦闷。孔子询问子路说："你看是因为我们的学说不正确，才使我们落到这种地步吗？"子路回答说："可能是因为我们的德行还不够吧，所以别人不信任我们；也可能是因为我们的智谋还不够吧，所以被别人围困而无法脱身。"孔子说："你错了。如果道德高尚就能让别人信任，伯夷、叔齐就不会饿死在首阳山了；如果足智多谋就能畅通无阻，那么比干就不会被剖心了。"孔子又问子贡同样的问题。子贡回答说："正是因为您的学说博大到了极点，所以没有一个国家能容纳您。您应该稍微降低一些要求啊！"孔子教导他说："好的农民善于耕种田地，但他却不一定会获得好的收获；好的工匠虽然有精湛的技艺，但他的作品却不一定让每个人都满意。有修养的人所研究的学问，也不一定被社会所认可。现在你不继续钻研学问，反而想降低标准来迎合世人，你的志向不够远大啊！"颜回来见孔子，孔子又问他同样的问题。颜回回答说："您的学说博大到了极点，没有一个诸侯国家有能力容纳您。尽管如此，您还是要推行自己的学说，当权者不接受您的学说，那是他的耻辱。而一个人不研修自己的学说，才是自己的耻辱。"孔子听过后，欣慰地笑着说："你说的太对了！如果你是富人的话，我愿意做你的管家。"随后，孔子派遣子贡去楚国求助。楚昭王发动军队营救孔子，他们才脱离危险。到楚国后，孔子同样没受到重用。

孔子归鲁

孔子65岁的时候，他的弟子冉有统率鲁国的军队在郎地打败了齐国。季康子钦佩冉有的才能，询问他说："您的军事才能，是通过学习得来的呢？还是天生就具备的呢？"冉有回答说："是从老师孔子那里学来的。"冉有极力称赞孔子的贤能，季康子动心了，决定把孔子从卫国召回鲁国。这时候，卫国大夫孔文子准备攻打太叔，请孔子出谋划策，孔子说自己不懂军事。孔子对卫国彻底失望，决定马上离开卫国，孔文子却坚决挽留。刚好，季康子派遣使者，带着丰厚的礼物来卫国迎接孔子，孔子趁机离去。周游列国14年后，孔子终于回到久别的鲁国。

鲁哀公向孔子请教治理国家的方法，孔子回答说："处理政事首先要选拔优秀的臣子。"季康子也来向孔子求教，孔子告诉他说："要任用正直的人，罢免奸邪的人，如果能做到这些，奸邪的人在感染下也会逐渐变为正直的人。"季康子经常担心自己的财产被人盗窃，孔子对他说："如果你自己没有贪欲，一心为国家出力的话，就是鼓励人去干盗窃的事，也没人愿意去。"鲁国最终也没有重用孔子，对此，孔子早已料到，从此以后也就断了出来做官的念头。

孔子生活的那个时代，周王室已经衰落下去，古代的礼仪制度遭到破坏，古代留传下来的典籍也残缺不全。孔子探究夏、商、西周3个朝代的礼仪制度，按照时间顺序整理编订了《尚书》和《礼记》。古代留传下来的可以配乐演奏的《诗》有3000多篇，但是内容重复过多，质量上也很不统一，孔子删除了其中重复的部分，

中国大事记 | 公元前295年，赵国发生沙丘之乱，赵主父被饿死在沙丘宫。

孔子讲学图　清

此图表现了春秋时期孔子在杏坛讲学的情景。图中孔子端坐讲授，弟子们在周围恭敬地聆听。作品因是宫廷绘画，所以特别讲求用色和整体结构。

选取其中符合礼仪的305首，编订为《风》《雅》《颂》3部分。孔子刻苦整理典籍，完成了《诗》《书》《乐》《易》《春秋》的编修。

孔子晚年非常喜欢研读《周易》，他读《周易》极其刻苦勤奋，以至于多次弄断穿书简的牛皮绳子。他为《周易》撰写了精练的解读，这就是《彖辞》《系辞》《卦传》《文言》等，合称《易传》。孔子说："假如我还能够多活几年的话，我对《周易》的理解就会更加深刻全面了。"

孔子用《诗经》《书经》《礼记》《乐经》等典籍作为教材教育弟子，跟他学习的弟子有3000多人，其中能够精通礼、乐、射、御、书、数这六种技艺的就有72人，后人称他们为"孔门七十二贤"。至于在很多方面受到孔子的教诲，但没有正式入籍的弟子就更多了。

孔子注重从学问、言行、忠恕、信义4方面教导弟子。他为弟子订立了4条禁律，分别是不揣测、不武断、不固执、不自以为是。孔子认为斋戒、战争、疾病这几件事情应该特别谨慎地处理。他很少谈到利益，即使偶尔谈到，也是和命运、道德相关。他不用死板的方法教育弟子，而是采取诱导启发的方法，让弟子触类旁通。

孔子一直恪守礼仪，为弟子们做出表率。在乡里，他谦恭得像不善言谈的人，在祭祀和议论国政的时候，却又能言善辩；对待官员和百姓都一样的谦虚恭敬；肉如果变质或是不按照规矩切割的话，他就不吃；座位摆放不正，他就不坐；和有丧事的人一同吃饭的时候，从来不吃饱。孔子说过："三人在一起走，里面一定有一个人可以做我的老师。"当他听到别人唱歌很好时，就请求那个人再唱一遍，然后自己也学着唱起来。他从来不去谈论怪异、暴力、鬼神等虚幻的事情。

子贡评论孔子说："我们都了解老师在典籍研究方面的显著成就，但是他关于天道和人的命运的深刻见解我们就理解不了。"颜渊也感慨地说："我越是仰慕老师的学问，就越得它高超，越是钻研它，越觉得它深厚。我已经尽最大努力去学习，但还是远远赶不上老师啊！"

孔子认为君子最担忧的就是去世以后不能给后人留下一个好的名声。他根据鲁国的历史写下了《春秋》，记载了从鲁隐公元年到鲁哀公十四年之间鲁国的历史。当初孔子担任司寇审理诉讼案件的时候，基本上都是和别人商量后再拟文辞，但是撰写《春秋》时则完全按照自己的想法去写。写成后，就连擅长文字的子夏也无法增删一句话。孔子也把《春秋》作为教材教诲弟子，他说："后人会因为《春秋》而了解我，也会因为《春秋》而怪罪我。"

子路在战乱中被杀，孔子很伤心，得了重病，子贡来看望他。孔子对他说："天下混乱很久了，可又没有哪位国君能够奉行我的主张。昨晚我梦见自己坐在两根柱子中间享受别人的祭祀，按照礼仪，夏朝人死了棺材放在东面的台阶；周朝人死了，棺材放在西面的台阶；殷朝人死了，则把棺材放在堂屋的两根柱子之间。我原本就是殷朝人，可见我不久于人世了。"7天后，孔子去世，享年73岁。鲁哀公亲自为他作了一篇悼词说："老天爷真是不仁慈啊，不肯留下这位老人。你扔下我一个人走了啊，我是多么孤独悲伤。"孔子死后，埋葬在鲁国的泗水岸边，弟子们为他服丧3年，子贡一直服丧6年。鲁国人世世代代都要到孔子墓前祭奠，儒生们也经常来这里讲习礼仪，举办各种活动。

历史关注 | 战国时代以虎符作为发兵、调兵的凭证。

陈涉世家第十八

大泽乡起义

陈胜，字涉，阳城人。他年轻的时侯，曾经被富人雇用耕种田地。他不甘心一直过这样的生活，在一次劳动中，他和同伴来到田埂上休息，感慨了很长时间后，他对同伴们说："如果我们之间将来有人富贵了，不要忘记伙伴啊！"同伴们觉得陈胜纯属异想天开，便嘲笑他说："我们都是给别人干活的，怎么可能会富贵起来呢？"陈涉叹息着说："唉！燕子、麻雀之类的小鸟又怎么能够了解大雁的志向呢？"

秦二世元年（公元前209年），秦国征调贫苦的农民到渔阳驻守边境，其中有900人在大泽乡集合。陈胜和阳夏人吴广都在里面，他们担任屯长。当时下起了大雨，道路不通，延误了他们的行程。他们经过推算，知道在规定的期限内无法赶到渔阳了。秦国的法律规定，超过期限到达要判处死刑。于是，陈胜和吴广商量说："现在我们如果逃亡是死路一条，发动起义还是死，同样是死，为什么不干一番大事业呢？"陈胜继续说："长期以来，百姓在秦王朝的残暴统治下苦不堪言。据我所知，二世皇帝是始皇帝的小儿子，原本应该继承皇位的是公子扶苏。因为扶苏多次劝谏秦始皇，引起了始皇帝的不满，便派他领兵驻守边疆。现在听说他并没有犯罪，却被二世皇帝杀害了。百姓们都很敬仰公子扶苏，而且大部分人还不知道他已经死了。项燕是楚国将军，立下了卓越的功勋，楚国百姓都非常爱戴他。现在有人说他死了，还有人说他躲藏起来了。如果我们假冒公子扶苏和项燕的名义，号召天下百姓，一定会有很多人响应我们的。"吴广完全赞同他的观点。为了预测前途的吉凶，吴广前去占卜。占卜的人明白他们的意图，顺水推舟地说："你们谋划的大事完全可以成功，你们也能够建功立业。但是你们询问过鬼神吉凶了

·县制起源·

中国的县制最早可追溯到春秋时期，广泛应用于战国时期，至秦始皇时作为定制全面推行。春秋初期，秦、晋、楚等国已开始在边地设县，后逐渐在内地推行，其长官可以世袭，这有别于以后的县制。春秋中期以后，设县的诸侯国增多，有的在内地也设置了县，县开始成为地方行政组织。春秋末期，有的诸侯国又在边远地区设置了郡。这时的郡，虽然面积比县大，但是由于偏僻荒凉，地广人稀，行政建制却比县低。战国时，郡所辖的地区逐渐繁荣，人口增多，于是在郡的下面分设了县，逐渐形成了郡统辖县的两级地方行政组织。至此，郡县制开始形成。秦统一六国后，把全国分为三十六郡，郡下辖若干县，县分大小，万户以上的县长官称县令，不满万户的县长官称县长。郡县由于直属中央，不受诸侯王控制，因而避免了春秋以来诸侯纷争的局面，有效抑制了地方割据，为以后历代沿用。

陈胜、吴广大泽乡起义旧址

中国大事记 | 公元前 294 年，秦将白起率兵进攻韩国，攻占了新城（今河南伊川西南）。

吗？”陈胜、吴广听说大事可以成功后非常高兴。二人再揣摩占卜的人所说的话，明白让他们询问鬼神吉凶的意思就是让他们在百姓中树立威望。他们在一块白绸子上用朱砂写下了“陈胜王”3 个字，偷偷塞进了别人出售的鱼肚子里面。戍卒把鱼买回准备烹调，发现鱼肚子里面的白绸子，感到非常惊奇。陈胜又偷偷让吴广到驻地附近的一座古庙里面，在深夜时分，模仿狐狸的声音叫喊：“大楚兴，陈胜王。”戍卒们听到后都惊恐不安。第二天，人们纷纷议论这件事情，并好奇地打量陈胜。

吴广一向爱护戍卒，在戍卒中很有威望，大家都愿意为他效力。为了激起公愤，吴广趁着押送队伍的县尉喝醉的时候，故意扬言要逃跑，企图激怒他。县尉果然上了当，鞭打吴广，还拔出佩剑要杀死他，吴广夺过剑杀死了县尉。随后，陈胜、吴广召集戍卒们说：“我们在这里遇上了大雨，耽误了行程，如果在规定的期限内到达不了渔阳的话，我们都要被处死。即使不被处死，我们将来在驻守边疆的过程中，活下来的希望也不大。再说，大丈夫不死便罢，如果要死，就要名扬后世。那些王侯将相难道都是天生的贵种吗，为什么我们就不能建功立业呢！”戍卒们被说得群情激荡，表示愿意支持陈胜、吴广。他们异口同声地说：“我们愿意听从您的命令。”陈胜、吴广假冒公子扶苏和项燕的名义发动起义，大家都袒露右臂作为标志，号称大楚。陈胜自命为将军，吴广担任都尉。他们首先攻打大泽乡，取得胜利之后，又相继攻占了蕲县、铚地、酂地、苦柘和谯地。他们在进军的过程中，不断招收士兵，队伍逐渐地壮大起来。等到攻占陈县的时候，他们已经拥有六七百辆战车，1000 多名骑兵，数万步兵了。几天后，陈胜召集各路豪杰商谈前途大事。大家一致认为，陈胜讨伐昏庸无道的秦二世皇帝，重新建立了楚国政权这样的功绩，应该称王了。于是陈胜就自立为王，国号张楚。

陈胜称王后，全国各地郡县的人纷纷响应，他们杀死了当地的残暴官吏，起兵反秦。为推翻秦朝，陈胜任命吴广为假王，率领军队向西攻打荥阳；派遣武臣、张耳、陈馀攻打原来属于赵国的土地；派遣邓宗攻打九江，对秦国展开了全面的进攻。当时楚地几千人以上规模的起义军数不胜数。

陈王之死

陈胜起义之后，就派遣起义军将领向秦国发动全面进攻。他的手下葛婴攻占了东城，拥立襄强为楚王。后来他听说陈胜自立为楚王后，赶忙杀死了襄强，并亲自向陈胜报告。陈胜怨恨他拥立别人为王，立即杀死了他。这时候，吴广已经包围了荥阳。秦国名将李由驻守荥阳，吴广连续攻打，还是打不下来，非常着急。于是陈胜召集众多豪杰商量对策，还任命蔡赐做了上柱国。

陈县的贤士周文曾经在项燕和春申君的手下任职，陈胜便任命他为将军，率领军队向西攻打秦国。秦二世皇帝赦免了在骊山服役的罪犯和家奴所生的儿子，派遣大将章邯率领他们迎击张楚的大军，结果楚军大败，大将周文自杀身亡。

与此同时，进攻赵地的武臣却获得胜利。他占领了邯郸后，自立为赵王，任命陈馀担任大将军，张耳、召骚分别担任左、右丞相。陈胜知道武臣自立为王的消息之后非常生气，马上囚禁了武臣等人的家属，准备杀死他们。蔡赐劝诫他说：“现在我们还没有灭亡秦国，如果杀了武臣的家属的话，等于又多出一个相当于秦国的仇敌，我们不如顺水推舟，做个人情，就封武臣为赵王吧。”陈胜听从了他的建议，派遣使者到赵国祝贺，同时把武臣等人的家属软禁在宫中。陈胜催促武臣率军西出函谷关支援吴广。武臣与大臣们商议，有人说：“楚国对您称王非常不满，只是迫于形势才没有追究您，等到他灭掉秦国以后，一定会攻打赵国。现在您不能派兵向西进军，而应该向北攻占原来燕国管辖的土地，扩大我们的国土，壮大我们的实力。这样，赵国南面原来就有黄河作为屏障，北面再拥有燕和代的广大土地，楚国即使灭掉秦国，也不敢轻易进攻赵国。如果楚国不能灭掉秦国，就得借助赵国的力

历史关注 | **战国末年赵人作的《世本》是我国最早的谱牒类史书。**

陈胜像

量。这时，赵国就可以趁着秦国疲惫的时候，轻松夺取天下了。”武臣认为很有道理，采纳了这个建议，派韩广攻打燕地。

韩广占据了燕地后，燕国原来的贵族建议他也自立为王。韩广担心武臣杀害他留在赵国的母亲，不敢称王。燕国原来的贵族劝告他说：“现在赵国担忧秦国和楚国的进攻，没有多余的力量来对付燕国。并且强大的楚国尚且不敢杀害赵王的家属，赵国怎么敢杀害您的家属！”韩广觉得很有道理，于是自立为燕王。不出燕国原来的贵族所料，几个月后，赵国就派人把韩广的母亲和家属护送到了燕国。

陈胜的手下周市率军进攻北方，到达了狄县。狄县的田儋杀死了县令，自立为齐王，他率领齐地的士兵反击周市。周市的军队大败，撤退到了魏地，周市准备拥立以前魏国国君的后代宁陵君魏咎做魏王。当时，宁陵君魏咎在陈国，无法回到魏地去。等到魏地平定后，人们想拥立周市做魏王，周市坚决不肯接受。他先后五次派遣使者和陈王周旋，终于把宁陵君魏咎接回魏地，做了魏王，周市则做了魏国的宰相。

吴广一直没能攻克荥阳，他手下的将军田臧召集其他几个将军谋划。田臧说：“接应我们的周文的军队已经全军覆没，秦国的军队迟早会来攻打我们，那时候我们肯定会打败仗，我看还不如留下少量的部队守住荥阳，调遣精锐部队迎击秦军。可是吴广不懂得行军打仗，又自以为是，他肯定不允许我们这样做，我看干脆就杀了他算了，免得他破坏我们的计划。”其他的将军都赞同田臧的观点。于是他们假冒陈胜的命令，杀死了吴广，随后又把吴广的首级进献给陈胜。陈胜无奈，只得任命田臧为上将军。田臧派遣部将李归等人驻守荥阳，自己率领精锐部队到敖仓迎战秦军。结果楚国的军队大败，田臧战死。秦国大将章邯乘胜追击，攻占了荥阳，李归等人也都战死了。章邯又率军攻打郏城，驻守郏城的邓说抵挡不住，逃回了陈县。陈胜一怒之下，处死了邓说。章邯率领大军一路杀来，围攻了陈县，楚军战败，上柱国蔡赐战死。章邯接着率军进攻驻守在陈县城西的张贺部队。陈胜亲自出城督战，但楚军还是被杀得大败，张贺战死。陈胜只好从陈县撤退，当他走到下城父的时候，他的车夫庄贾杀死了他，然后投降了秦国。陈胜死后安葬在砀县，谥号叫作隐王。

陈胜称王之后，从前一位与他一起给人家耕田的伙伴听说了，便来到了陈县。他敲着陈胜的宫门说：“我要见陈涉。”宫门守卫要把他抓起来。他反复对守卫解说，守卫放了他，但不肯为他通报。陈王出门时，他拦住陈王，直呼其名。陈王听到后，与他相见，并与他同乘一辆车子回宫。走进陈王宫殿，环顾四周，但见殿宇巍峨，摆设华丽，客人惊呼：“夥颐！陈涉大王的宫殿高大宽敞啊！”“夥”为楚语，意思是“多”，他的这句话传出后，“夥涉为王”的俗语便流传天下。客人住在宫中，时间长了，就放肆起来，还常跟人讲陈涉贫贱时的一些往事。有人劝陈王说：“您的客人到处胡说八道，有损于您的威严，杀了算了。”陈王当真就把那人杀死了。陈王的故旧知交知道后，纷纷离去，没有人再亲近陈王。陈王任命朱房、胡武两人做监督官。这两个人把苛刻地寻求群臣的过失作为对陈王的忠心，外出征战的将领们回到陈县，稍不服从命令，就被他们抓起来治罪。他俩不喜欢的人，如果犯了错，二人不经有关部门审理，就擅自加以惩治。陈王不仅不阻拦，反而对他们信任有加。早先追随陈王的将领们也相继背离，陈王因此而失败。

中国大事记

公元前 286 年，秦将司马错攻魏，得安邑、河内二地，置河东郡，迁秦人居住。

外戚世家第十九

薄太后和窦太后

薄太后的父亲是吴地人，秦朝的时候，他和原来魏国王室的女子魏媪私通。之后，魏媪生下了薄姬，也就是后来的薄太后。诸侯反抗秦朝的时候，魏豹自立为魏王。魏媪把薄姬送到了魏王宫中做妃子。魏媪曾经让相面人许负给薄姬看相，许负断定薄姬将来会生下天子。这个时候，项羽和刘邦正在争夺天下，谁能够取得胜利还不一定。魏豹本来已经归附刘邦，他听了许负的话后，非常高兴，以为自己可以夺取天下，就背叛了刘邦。刘邦发兵攻打魏地，俘虏了魏豹，薄姬被送到汉朝王宫里面织布。汉高祖刘邦有一次观看侍女织布，发现了美貌的薄姬，于是把她选进后宫做了妃子。但是一年过去了，薄姬也没有得到过宠幸。薄姬年轻的时候和管夫人、赵子儿关系非常亲密，她们许下誓言说："如果谁先得到了富贵，就不要忘记其他人。"管夫人和赵子儿也被汉高祖选入后宫，并且先后得到了汉高祖的宠幸。一次她们开玩笑时谈起了以前与薄姬的誓言，正巧被高祖听到了。汉高祖很可怜薄姬，当天晚上就宠幸了她。薄姬告诉汉高祖："昨晚我梦见有一条苍龙盘踞在我的肚子上面，今天您就召见我了。"汉高祖认为这个梦是显贵的征兆。仅仅一次同宿，薄姬就生下了一个男孩，就是以后的代王。但是后来汉高祖另宠他人，就很少召见薄姬了。

汉高祖去世以后，太后吕雉执掌了汉朝的大权，她很嫉恨当初和她在汉高祖面前争宠的妃子们，于是把她们全部囚禁起来，不准她们离开皇宫。因为薄姬很少见到汉高祖，没有得到他的宠爱，所以太后吕雉没有囚禁她。她的儿子被封为代王，封地在代国。薄姬就跟着代王去了代国，成为了代王太后。

代王在位 17 年的时候，太后吕雉去世了。大臣们都痛恨太后吕雉的残暴，赞赏代王太后的仁德，因此迎接代王回朝，拥立他继承皇位，也就是汉文皇帝。薄太后成了皇太后。

薄太后追封父亲为灵文侯，并为他在会稽郡设置了 300 户的园邑（指守陵人，他们不向国家交纳租税，负责看护陵墓，供奉祭祀）。薄太后认为自己的母亲是魏国国君的后代，母亲受到过魏氏家族的尽心侍奉，她建议汉文帝下令恢复魏氏家族的地位，并且分别按照和自己关系的亲疏程度进行了相应的赏赐。

汉文帝去世两年后，薄太后去世。当时的国君汉景帝按薄太后生前的愿望把她安葬在南陵。因为汉高祖和太后吕雉合葬在长陵，所以薄太后为自己单独建造了这个陵墓。

窦太后是赵国的清河人。太后吕雉掌权的时

·文景之治·

西汉文帝、景帝在位期间（公元前 179 ~ 前 141 年），推行轻徭薄赋、减省刑罚等一系列休养生息的政策，社会矛盾相对缓和，社会经济得到迅速恢复和发展，被后世史家誉为盛世，称"文景之治"。随着生产日渐得到恢复并且迅速发展，出现了多年未有的稳定富裕的景象。史称："京师之钱累巨万，贯朽而不可校。太仓之粟陈陈相因，充溢露积于外，至腐败不可食。"（《汉书·食货志》）人民的生活水平得到了很大程度的提升，同时汉王朝的物质基础大大增强，是中国皇权专制社会的第一个盛世。文景之治也为后来汉武帝征伐匈奴奠定了坚实的物质基础。

历史关注

战国末期，李冰任蜀郡守时，兴建了具防洪灌溉功能的都江堰，使川西平原成为粮仓沃土。

候，她被选到皇宫里，做服侍太后的宫女。后来太后吕雉把一部分宫女赏赐给各个诸侯王，窦姬就被选进这批宫女里。窦姬希望能够把自己送到离家乡比较近的地方，她请求主管遣送的宦官把送她到赵国，这位宦官答应了。但是分发的时候他却把这件事情忘记了，结果把她遣送到了离赵国很远的代国。窦姬非常难过，不想去代国，埋怨那个宦官，但是太后的命令已经下达，最终她还是不情愿地去了。谁知代王一见，就特别喜欢她，非常宠爱，并立她为妃。窦姬到代地不久为代王生下一个女儿，叫作刘嫖，后来她又生下了两个男孩。

代王的王后一共生下了4个男孩，代王还没有当皇帝的时候，王后就去世了。代王即位后，王后所生的4个男孩也相继生病而死。不久，大臣们请求选立太子。在文帝的儿子里面，窦姬的长子年龄最大，所以就被选立为太子。窦姬被立为皇后，她的女儿刘嫖被封为长公主。一年以后，汉文帝封窦皇后的小儿子刘武为代王，过了不久，他又被改封到了梁国，这就是梁孝王。窦皇后请求汉文帝追封自己的父亲为安成侯，母亲为安成夫人，并为他们在清河设置了200户的园邑。

窦皇后有一个哥哥叫作窦长君，还有一个弟弟叫作窦少君。窦少君在四五岁的时候被人抓走卖掉了，家人也不知他被卖到什么地方。窦少君被转卖十多家之后到了宜阳。一次，他进山给主人烧炭，晚上和100多名同伴一同躺在山崖下面睡觉。山崖突然崩塌，除了窦少君之外，其他人全部被压死。死里逃生后，他为自己算了一卦，得到的结果是几天之内他就会被封侯。于是他就从主人家逃了出来，去了汉朝的国都长安。他听说窦皇后是新立的，老家在清河观津，觉得可能是自己的姐姐。少君被卖时虽然很小，但至今他还记得老家的县名和自己的姓氏。他回忆起来，当初曾和姐姐一起采桑叶，从树上摔下来。他将这些写在书信上面，递交给窦皇后。窦皇后看到后，请示汉文帝，召见了窦少君。窦少君离家的时候还很小，现在已经长大了，相貌发生了很大的变化，窦皇后仅仅凭借相貌无法断定他是否是自己的弟弟。窦少君描绘了往事，他说："姐姐离开我的时候，我在驿站为她送行。姐姐向别人讨要了米汤给我洗头，又讨要来食物让我吃完后才离开。"他叙述的细节完全正确，姐弟相认，窦皇后拉住弟弟的手放声痛哭，周围的侍从也被他们感动了，陪着他们一起哭。汉文帝赏赐给窦少君很多田地和财物。还封赏了窦皇后的其他兄弟。绛侯周勃和将军灌婴等人担心窦氏兄弟像以前的吕氏家族一样作乱，建议汉孝文帝为他们挑选好的师傅和宾客教导他们。经过这些君子的熏陶，窦长君、窦少君兄弟都成为了谦虚礼让的君子，从没有倚仗他们的势力欺凌过别人。

后来窦皇后生病，导致双目失明。汉文帝去世以后，窦皇后的儿子刘启即位，也就是汉景帝，窦皇后也就成为了窦太后。汉景帝去世6年后，窦太后去世，人们把她和汉文帝合葬在灞陵。

后宫倾轧

王太后的母亲名叫臧儿，是原来的燕王臧荼的孙女。臧儿先嫁给王仲为妻，生下王信和两个女儿。王仲死后，臧儿又改嫁给田氏，生下田蚡和田胜。臧儿的长女嫁到金家并生下一个女儿，臧儿为子女算命，命卦上说她的两个女儿都是贵人。她就把女儿强行从金家接回，金家不肯。为摆脱金家纠缠，臧儿把女儿送进太子宫中。没想到太子很宠爱她，她为太子生下一男三女。在怀男孩的时候，她梦见太阳落进怀中。太子听说后非常高兴，说："这是大贵的征兆。"文帝去世，太子即位，他就是汉景帝。

景帝的长子刘荣被立为太子，太子的母亲是齐人栗姬。长公主刘嫖想把自己的女儿嫁给太子做妃子，栗姬不答应。原来，长公主曾向景帝推荐过几位美人，这几位美人受到的宠爱和获得的地位都超过了栗姬。栗姬十分嫉妒，天天怨恨长公主，为此就拒绝了长公主的要求。长公主无奈，把女儿许给王夫人的儿子。长公主因此恼恨栗姬，常常在景帝面前讲栗姬的坏话。景帝相信姐姐，对栗姬很不满。

中国大事记

公元前284年，燕将乐毅率燕、韩、赵、魏、秦五国联军伐齐，齐王发觉苏秦是燕国间谍，将其车裂。

有一次，景帝生病，知道自己好不了，就把被封为王的儿子托付给栗姬，说："我如果死了，请你照顾好他们。"栗姬不肯答应，还说了景帝不爱听的话，景帝怀恨在心。

长公主天天在景帝面前称赞王夫人的儿子，景帝打算改立太子，但没有拿定主意。王夫人得知景帝对栗姬心怀怨恨，便设下一计。她暗中派人劝说大臣，让他们奏请立栗姬为皇后。一次朝会结束时，大行官向皇帝提出立栗姬为皇后。景帝听后，勃然大怒，竟处死了大行官。接着，景帝废掉了太子，改封刘荣为临江王。栗姬更加怨恨，忧伤而死。随即，王夫人的儿子被立为太子，她也被立为皇后。

景帝去世，太子继位，他就是汉武帝。

汉武帝的卫皇后，叫子夫，出身贫贱。她本来是汉武帝的姐姐平阳公主的歌女。一次汉武帝到平阳公主家里看望她，平阳公主的歌女进来表演，汉武帝一眼就喜欢上了卫子夫，当天就宠幸了她。平阳公主就把她送进皇宫做汉武帝的妃子。谁知，卫子夫入宫一年以来，竟然再也没有得到汉武帝的宠幸，她非常着急。一次，汉武帝决定把没用的宫女遣送出宫。卫子夫趁着这个机会见到了汉武帝，她哭泣着请求汉武帝也把她遣送出宫。汉武帝可怜她，再次宠幸了她。就在这次，卫子夫怀了孕，也因此得到了武帝的宠爱。汉武帝还任命卫子夫的哥哥卫长君和弟弟卫青为侍中。卫子夫一共生了3个女儿和一个儿子，儿子名字叫刘据。

汉武帝做太子的时候，就娶了长公主的女儿陈氏做了妃子，他即位后，陈妃被立为皇后，但没有生育。汉武帝能够继承皇位，长公主出了不少力，陈皇后因此非常骄横。她嫉恨卫子夫得宠，好几次用自杀的方式要挟汉武帝。汉武帝看到她这样十分生气。陈皇后还用妇人的邪术加害卫子夫，武帝知道以后忍无可忍，就废掉了陈皇后，立卫子夫为皇后。她的儿子刘据被立为太子。

陈皇后的母亲长公主是汉景帝的姐姐，女儿被废掉后，她多次对平阳公主抱怨说："如果没有我的帮助，汉武帝就不能继承皇位，谁知他即位后竟然抛弃了我的女儿，他怎么这样忘恩负义呢！"平阳公主劝解她说："因为陈皇后没有生儿子，皇帝才废掉她的。"陈皇后多次请医生医治，希望能够生个儿子，为此她花费了9000多万贯的钱财，但是始终未能如愿。

卫子夫被立为皇后的时候，哥哥卫长君已经去世了，汉武帝就封卫青为将军。卫青后来率军抗击匈奴，立下了显赫的功勋，被封为长平侯，号称大将军。他的3个儿子还非常小，也都被封为列侯。卫皇后的姐姐卫少儿的儿子霍去病后来也立有显赫的战功，被封为冠军侯，号称骠骑将军。卫氏家族凭借军功显赫起来，一共有5人被封侯。天下的百姓都羡慕卫氏家族的富贵。当时流行的一首民谣唱道："生下儿子也不要太高兴，生下女儿也不要懊恼，难道你们没有看到卫子夫雄霸天下吗？"

·《长门赋》·

《长门赋》开赋体宫怨题材之先河，是受到历代文学称赞的成功之作。作品以一个受到冷遇的嫔妃口吻写成。作品将离宫内外的景物同人物的情感有机地结合在一起，以景写情，在赋中已是别创。相传西汉武帝时，陈皇后被贬至长门宫（冷宫），终日以泪洗面，遂辗转想出一法，命一个心腹内监，携了黄金千斤，求大文士司马相如代做一篇赋，请他写自己深居长门的闺怨。司马相如遂作《长门赋》，诉说一位深宫永巷的女子的愁闷悲思，该赋写得委宛凄楚："……悬明月以自照兮，徂清夜于洞房；忽寝寐而梦想兮，魄若君之在旁……"陈后欲借文人笔墨，感悟主心，她命宫人日日传诵，希望为武帝所听到而回心转意。《长门赋》虽是千古佳文，但终挽不回武帝的旧情。

历史关注 | 李冰在蜀，不只主持修建了都江堰，还在什邡治理汶井江，在双流修盐井等。

荆燕世家第二十一

琅玡王刘泽

琅玡王刘泽是汉高祖刘邦的远房亲戚，他立了军功，因此被封为营陵侯。

太后吕雉执政的时候，齐地人田生外出远游，在外面把路费花得差不多了，他找到营陵侯刘泽，自称有很高超的计策可以帮助刘泽，但是需要刘泽用钱财来换取，刘泽赠给了田生二百斤黄金。但田生拿到钱以后，并没有为刘泽献计就回到了齐国。刘泽感到自己受骗了，第二年，刘泽派人到齐国对田生说：“不再和我来往了？”。田生随后来到长安，租下了一座很大的宅院，让他的儿子刻意结交太后吕雉宠幸的宦官张卿。几个月后，田生让他的儿子请张卿到自己家里做客，田生特意挂起豪华的帷帐，摆出精美的用具，好像诸侯的生活一样。张卿看到以后感觉很惊讶，认为田生是一个很有地位的人。酒兴正浓的时候，田生对张卿说：“我在京城观看了100多座诸侯的住宅，他们都是高祖时候的功臣。太后当初帮助高祖完成了统一的大业，立下巨大的功勋，现在她又享有尊贵的地位，并且年纪已经大了，吕氏家族的力量却还很微弱。吕太后本来想封吕产为王的，但又担心大臣们不同意。现在您受太后的宠幸，也受到大臣们的尊敬，您为什么不劝说大臣们建议太后封吕产为王呢？这样的话，太后一定会非常高兴，到那时一定会重用您的。其实太后心里面一直都有封吕产为王的想法，只是不便说出来，您作为内臣，现在不赶快提出来，恐怕以后太后就要怪罪您了，那时您就要遭受灾祸了。”张卿非常赞同他的观点，于是他劝说大臣建议太后立吕产为王，吕太后果然封吕产为代王。

太后赏赐了张卿黄金千斤，张卿准备把一半金子送给田生，田生却没有接受，他建议张卿道：“吕产虽然被封王了，但是大臣们心里肯定还不服气。比如营陵侯刘泽，他是高祖的亲戚，一定对此感到不满。您现在可以建议太后，也封他为王，他得到王位以后，高兴地离开京城，吕氏宗族的统治地位不就更加巩固了吗？”张卿向太后吕雉转达了田生的话，太后吕雉认为很有道理，就封刘泽为琅玡王。这时候，田生才去见刘泽，告诉他事情的经过。刘泽听后，非常高兴，后悔自己当初错怪了田生，同时也佩服田生的妙计。田生催促刘泽赶快去往封地，以免太后反悔。

太后吕雉去世以后，琅玡王刘泽认为皇帝年纪还轻，吕氏家族的人把持了朝廷的重权，刘氏家族的力量就很微弱了。他联合齐王刘襄率军讨伐吕氏家族。在汉朝大臣的配合下，他们消灭了吕氏家族，共同拥立代王继承皇位，也就是汉文帝。汉孝文帝即位后，封刘泽为燕王，把燕地赏赐给他做封地。

刘泽被封为燕王后的第二年就去世了，谥号是敬王。经过两代，王位传给了他的孙子刘定国，刘定国荒淫无道，和父亲康王的妃子通奸，生下了一个男孩。他还霸占了弟弟的妻子，甚至和自己的3个女儿通奸。一次，他准备杀死肥如县县令郢人，郢人就把刘定国的罪行上告给朝廷，刘定国派人杀死郢人灭口。后来，郢人的弟弟又把刘定国的罪状上报给朝廷。皇帝征求大臣们的处理意见。大臣们都认为刘定国的行为禽兽不如，应当处死他。皇帝批准了。刘定国知道消息后就自杀了，他的封国也被废除。

中国大事记

公元前279年，秦、赵渑池之会，因蔺相如的机警使得秦王未能占得赵国便宜，由此被赵王拜为上卿。

萧相国世家第二十三

相国萧何

萧何是沛县丰邑人，和汉高祖刘邦是同乡。在刘邦还是平民的时候，萧何已经是沛县县令手下的官吏了。萧何和刘邦关系非常亲密，多次依靠自己的官职保护刘邦。刘邦后来当了亭长，萧何依旧经常帮助他。在刘邦准备去咸阳服役的时候，沛县的官员们都送给他三百钱做路费，萧何却送了他五百钱。

秦朝的御史到泗水郡督察工作的时候，萧何帮助他办理事务，把工作料理得井井有条。萧何因此被提升为泗水郡卒吏。他在公务考核中名列第一，秦朝的御史非常赏识他，准备回到朝廷后推荐提拔他，但萧何婉言谢绝了他的好意。

刘邦起兵反抗秦朝的时候，萧何担任刘邦的助手，处理各种公务。刘邦的军队占领咸阳后，将领们都争抢着进入府库分取财物，只有萧何首先进入秦朝的皇宫，收取了原本由秦朝的丞相和御史掌管的法条、地图、户籍档案等文献资料。后来刘邦做了汉王，任命萧何为丞相。因为萧何完好地保存了秦朝的文献档案，所以刘邦能够很详尽地了解全国的交通要道、户籍人口、诸侯实力的强弱、百姓的疾苦等重要信息。萧何还向刘邦推荐了韩信，刘邦任命韩信为大将军，韩信在以后的楚汉争霸中起到了决定性的作用。

刘邦平定了三秦地区以后，萧何留守治理巴蜀地区。与此同时他还肩负起为刘邦的军队供应粮草的重任。萧何将巴蜀地区治理得井然有序，深受当地百姓的爱戴。刘邦联合各路诸侯攻打项羽的时候，萧何驻守在关中。每次他制定法令、规章，建造宗庙、宫室的时候，都要事先禀报刘邦，征得刘邦同意以后才去做。假如来不及禀报刘邦，他就会酌情处理，然后再汇报给刘邦。刘邦在和项羽交锋的过程中好几次兵败逃跑，每当这个时候，萧何就会征发训练关中的将士来补充刘邦的军队。因此，刘邦对萧何十分器重，把关中政事交给他，由他全权处理。

刘邦和项羽在京县、索城之间对阵的时候，多次派遣使者到关中慰劳萧何。鲍生去见萧何说：“汉王在前线打仗已经非常辛苦了，但还是多次派遣使者慰劳您，可见他怀疑您对他有二心，您可以派遣您的亲属到前线为汉王效力，汉王就不会怀疑您了。”萧何听从了鲍生的建议，刘邦非常高兴，加深了对萧何的信任。

刘邦消灭了项羽，天下平定以后，开始封赏有功的大臣。大臣们纷纷争功请赏。汉高祖刘邦认为萧何在大臣中功劳最大，于是封他为酂侯。其他的大臣很不满意，他们质问汉高祖说：“我

《萧何追韩信》五彩盘
为清康熙年间的珐琅彩盘。“萧何追韩信”成为千古美谈，同时也成为了各种艺术的创作题材。

历史关注

东汉文学家王逸的《楚辞章句》是《楚辞》最早的完整注本。

们身经百战，历尽艰险，立下了战功。而萧何连仗都没打过，只是做一些文字上的工作，偶尔发表点议论，为什么您给予他的封赏比我们还高呢？”汉高祖问他们是否懂得打猎，大臣们都回答懂得。汉高祖说：“打猎的时候，猎狗只是负责追咬野兽，而寻觅野兽的是猎人。现在你们只是捕捉到野兽，立下的功劳就相当于猎狗，而萧何却是猎人啊！再说你们只是自己追随我，一家两三个人追随我的就算是多的了，而萧何让自己的几十个亲属都追随我打仗，他的功劳当然要比你们大得多了。”大臣们都被汉高祖说得哑口无言。

刘邦把功劳卓越的大臣全部封为列侯，等到评定这些列侯等级的时候，大臣们都推举曹参排第一。因为在战争中曹参受了70多处创伤，攻下了许多城池，立下卓越的功勋。汉高祖已经不顾大臣们的意见，重重地赏封了萧何，这次他虽然准备让萧何排第一，但也没有直接反驳大臣们。这时候关内侯鄂千秋进言说：“各位大臣的主张是不正确的。曹参虽然攻取了很多城池，但那只不过是一时的功劳。陛下和项羽的军队相持的5年中，我们战败了好多次，每次形势都非常危急，而次次都是萧何从关中派遣军队来补充前线，而且当时陛下您并没有命令他这样做。萧何还为我们提供充足的粮草，做出了强有力的后备保障。即使100个曹参也赶不上萧何的功勋啊！我看应该让萧何排第一位，曹参排第二位。”汉高祖听从了他的建议，确定萧何为第一位，并特别准许他携带宝剑穿着鞋上朝。汉高祖认为推荐贤才的人也应该受到封赏，于是加封鄂千秋为安平侯。因为高祖从前到咸阳服役的时候，萧何比别人多送给他两百钱的路费，所以他多封了萧何2000户。

伴君如伴虎

汉高祖十一年(公元前196年)，陈豨在赵地发动叛乱，汉高祖亲自率领军队进攻邯郸。陈豨的叛乱还没有结束的时候，淮阴侯韩信又在关中谋反，朝廷当时的形势非常危急。这时，萧何向吕后进献计策，吕雉采纳他的计谋杀死了韩信，平定了叛乱，萧何再一次立下了汗马功劳。汉高祖知道后，特地从邯郸派遣使者回朝，任命萧何为相国，给他增加了5000户的封地，还送给他500名士兵和一名都尉担任他的卫队。很多大臣都来祝贺萧何，只有召平表现出忧虑之情。召平曾经是秦朝的东陵侯，秦朝灭亡后，他成为一名普通的百姓。家业败落后，为了养家糊口，他在长安城的东面种植瓜果。他种出的瓜味道非常甜美，受到人们的喜爱，称这种瓜为“东陵瓜”。这次召平警告萧何说：“您不要因为受到封赏而感到高兴，这恰恰说明您的祸患就要来临了。皇上在外面打仗非常辛苦，您留在朝中根本不会涉及战乱的危险，却得到了重重的赏赐。为什么呢？是因为韩信刚刚造反，皇上担心您也效仿他发动叛乱，才这样做的。唉，以后您的祸患就不会间断了。为了消除他的疑心，现在您不仅应该辞掉他对您的封赏，最好再把您的家产全都捐助给军队，这样的话，汉高祖会很高兴。”萧何认为召平的话很有道理，听从了他的建议，汉高祖果然对萧何的做法感到非常满意。

汉高祖十二年（公元前195年）秋，在楚汉相争中立有大功的黥布也发动了叛乱。汉高祖亲自率领军队征讨他。萧何留守朝中，安抚朝中的百姓，再次把自己的家产全都捐助给前线的军队。但是高祖仍然多次从前线派遣使者来询问萧何在做什么，萧何为此很苦恼。他的一个门客劝告他说：“从皇上目前对您的态度来看，您被灭族的日子恐怕不远了。近年来，连续有立下大功的大臣背叛朝廷，皇上非常担心。如果按功劳来说，您在大臣里面排第一，而且官职已经做到了最高，百姓们又都拥护爱戴您。现在您还这么兢兢业业地处理政事，汉高祖已经无法再赏赐您什么了，所以他担心您作乱。现在您不应该再勤勉地做事了，而要想办法破坏自己的声誉，这样的话，汉高祖才会放心。”萧何听从了他的意见，他买了很多的土地，又采取低价、赊借等手段来压榨百姓，百姓们对萧何的做法非常反感，对他的怨言也逐渐增多了。汉高祖听到之后，放松了对

中国大事记 | 公元前279年，齐国田单以“火牛阵”发动反攻，收复齐国失地七十多城，史称“田单复国”。

萧何像

萧何的戒心。

汉高祖平息了黥布的叛乱，率领军队回朝的路上，百姓们拦路上书，告发萧何强行低价买进很多百姓的田地房屋。汉高祖回到朝中，把百姓的状纸交给萧何，质问他。萧何趁着这个机会为百姓请求说：“长安一带本来可以用于耕种的土地就比较少，您的上林苑中很多空地都已经荒芜了，您不如把它们交给百姓去耕种。”高祖非常生气地说：“你一定是接受了商人的贿赂，才为他们请求占用我的上林苑的！”就把萧何囚禁起来，还给他带上了镣铐。过了几天，一个姓王的卫尉询问高祖萧何犯了什么罪，竟然受到如此严厉的惩罚。高祖回答说：“据我所知，李斯做丞相辅佐秦始皇的时候，凡是功绩都归功于皇帝，凡是差错都由自己来承担。可是现在萧何收受了奸商的贿赂，为他们请求占用我的苑林，想借此收买民心。所以我严厉地惩罚他。”王卫尉说：“萧何只是在自己职责范围内向您请求有益于百姓的事情，您怎么能够怀疑他是收了商人的贿赂呢！从前您率军抗拒项羽的军队，几年来都是萧何留守在关中。等到陈豨、黥布发动叛乱的时候，您亲自率军去讨伐他们，还是萧何留守在朝中。这些时候，萧何只要一跺脚，函谷关以西的地方不就全归他占有了嘛！那个时候他都没有为自己的私利着想，现在又怎么可能贪图商人的钱财呢？再说秦始皇正是因为没有人向他反映他的过错而失去天下的，李斯要承担很大的责任，怎么可以让您的臣子去效法李斯呢？您不该怀疑萧何啊！”汉高祖听后，虽然不太高兴，但是心中还是觉得王卫尉的话有一定道理，况且自己确实对不起萧何。当天他就派人赦免了萧何。萧何当时年纪已经很大了，但他还是光着脚步行来向汉高祖谢罪。汉高祖更加惭愧了，就对萧何说：“我没有答应你为百姓申请苑林耕种的请求，说明我只不过是像桀、纣那样昏庸残暴的君主，而你则是贤明的臣子。我之所以要把你囚禁起来，是想让百姓知道我的过错啊！”

萧何一向和曹参不和。当萧何病危的时候，汉惠帝亲自去探望他，顺便问他去世后谁最适合接替他的职位。萧何只是回答说：“只有君主是最了解自己的臣子，您还是自己决定吧。”惠帝询问曹参是否合适。萧何一边向惠帝磕头，一边激动地说：“您已经得到合适的人选了！我就算死了也不会感到遗憾了！”

萧何生活上非常俭朴，他所购置的田地都在贫穷偏僻的地方。他曾经说过：“我的后代如果贤能的话，就会学习我的俭朴；如果不贤能的话，也可以不被有权势的人家夺走自己的财产。”汉惠帝二年（公元前193年），萧何去世，谥号是文终侯。不出萧何所料，虽然他的后代有4世因为犯罪而失去侯爵的封号，但是每次皇帝都会寻求萧何其他的后代继承爵位，汉初其他的功臣没有一位能做到萧何这样！

·《九章律》·

亦称《汉律九章》，是汉高祖统一中国后颁行的法典。刘邦率领军队攻进秦朝首都咸阳城后，马上派萧何接管了秦朝的的法律文书档案，同时为了取得百姓拥护，宣布废除秦的苛刑酷法，和关中父老约定了历史上有名的“约法三章”：杀人者死，伤人及盗抵罪。在当时对于收拢民心起到了重要作用，但汉朝建立后，如此简单的法律已经不能适应形势的需要了，因此，刘邦又命萧何在参考秦律的基础上，结合《法经》修订新的法律。萧何依照秦法，适应新形势，制定盗律、贼律、囚律、捕律、杂律、具律、户律、兴律、厩律九篇。前六篇大体与秦律相同，源于李悝的《法经》，后三篇新增关于户口、赋役、兴造、畜产、仓库等项的规定。原文已经散失。

历史关注

赵国的蔺相如、廉颇相交的故事，留下了完璧归赵、将相和等典故。

曹相国世家第二十四

萧规曹随

曹参跟随高祖四处征战，立下了显赫的战功。高祖即位后，封曹参为平阳侯。汉惠帝元年，曹参被任命为齐国丞相，他召见齐国的老人和读书人，询问安抚百姓的办法。由于意见不一致，曹参不知道应该怎样办。后来他听说胶西有一位精通黄老学说的贤人盖公，就亲自向他请教。盖公告诉他治理国家的方法最重要的就是无为，让百姓们自行安定，曹参觉得受益匪浅。在他担任齐国丞相的9年中，把齐国治理得安定繁荣，人们都称赞他的贤能。

汉惠帝二年（公元前193年），丞相萧何去世了。曹参知道后，马上命令门客整理行装，准备入朝。没过多久，朝廷果然下达了任命曹参为丞相的诏书。曹参在离开齐国的时候，嘱咐自己的后任说："要留心齐国监狱，不要让它成为一个收受贿赂、请托交易的场合，一定要发挥它的正常职能。因为监狱是个区分善恶的地方，如果监狱的制度不完善的话，犯罪的人就没有容身的地方了，所以我把这件事先交待给你。"

从前，曹参和萧何关系非常好。然而等到汉高祖登基，两个人分别做了将军和丞相的时候，就产生了矛盾。但是萧何并没有因此而排挤曹参，临终之前向汉惠帝推荐曹参继任。后来曹参接替萧何担任汉朝的丞相，他全部遵循萧何制定的法律、制度，不做任何改变。

曹参担任丞相后，从全国各地挑选质朴稳重的人做官，罢免了一些在言语文字上苛求末节、热衷于名利的官员。由于完全沿袭萧何的法度，他几乎没有什么大事可做，便整天饮酒作乐。大臣和门客们看到曹参不理政事，就上门去劝他。可是他们刚到曹参家，曹参就邀请他们喝酒，直到喝醉了不能进言为止。

曹参住宅后面的园子靠近官吏的房舍，官吏们整天在房舍中喝酒唱歌，非常喧闹。曹参的随从官员们听到以后，非常厌烦。他们请曹参到后园里面游玩，希望他听见官吏们醉酒唱歌的声音后加以制止。没想到，曹参听到后反而叫人在后园里准备酒菜，自己也喝起酒来，还唱歌和官吏们应和。

曹参发现别人有小过失的时候，总是尽力隐瞒，不把事情闹大。所以，他的相府一直都平安无事。汉惠帝知道曹参不理政事之后，怀疑他是因为看不起自己才这样做的，于是他对曹参的儿子曹窋说："你回家之后可以试探性地询问你父亲说：'高祖刚刚去世，现在的君主又非常年轻，您作为丞相，为什么整天只顾喝酒，不理国家政事呢？'但是你不要告诉他是我让你问他这些话的。"曹窋回家后，在闲聊中问了父亲。曹参听后非常生气，打了曹窋，并警告他说："你没有资格谈论国家大事，还是赶紧进宫侍奉去吧！"汉惠帝知道后，很生气。上朝的时候，汉惠帝质问曹参为何要惩治曹窋，曹参先向汉惠帝谢罪，然后问："请问陛下，您和高帝谁更圣明？"惠帝回答："我怎么敢跟先帝相比！"曹参又问："您看我与萧何谁更能干？"惠帝回答："您好像赶不上萧何。"曹参说："您说的很对。高帝与萧何平定了天下，建立了明确完善的法令，我们现在只要认真遵循，不随便更改就行了啊！"汉惠帝这时才明白曹参的想法。曹参做了3年的丞相，一直遵循萧何制定的法度，把国家治理得安定繁荣，他也深受百姓爱戴。

中国大事记 | 公元前278年，秦将白起攻取楚国都城郢，置南郡，楚国被迫迁都于陈。

留侯世家第二十五

张良遇黄石公

张良，字子房。他的祖先是韩国人。祖父和父亲在韩国做过五代韩相。张良的父亲死后第20年，秦国灭了韩国。那时，张良还很年轻，没有在韩国做官。韩国灭亡后，张良家里还有300名奴仆。张良的弟弟早逝，张良没有厚葬他，而是拿出全部财产来寻求勇士，想刺杀秦始皇来为韩国报仇。

张良曾经在淮阳学习礼仪法度，又去东方见到了仓海君，在那里他找到了一个大力士，邀请他一起刺杀秦始皇。他们特别制造了一个重达一百二十斤的大铁锤，趁着秦始皇到东方巡游的时候，在博浪沙袭击。但是大锤只砸中为秦始皇赶车的人，没有伤害到秦始皇，张良赶忙逃跑。秦始皇非常愤怒，在全国大肆搜捕刺客。张良为了避难，只好隐姓埋名，到下邳躲藏起来。

张良在下邳避难期间，闲暇的时候就到下邳桥附近散步。有一天，在下邳桥上，他遇见一个穿着粗布衣裳的老人，老人走到张良的面前，故意把鞋甩到了桥下，看着张良说："小子，下去把鞋给我捡上来！"张良很奇怪，觉得这个老人对自己非常无礼，准备殴打他。但是他见老人年纪非常大，还是很不情愿地下去帮老人把鞋捡了上来。谁知老人得寸进尺，还要求张良给他穿上鞋。张良更生气了，但是回头一想，既然已经给他拣上来了，干脆就给他穿上吧。他就跪着替老人穿上鞋，老人笑着离开了。张良越想越觉得这个老人很奇怪，于是目不转睛地注视着老人的身影。老人大约走出一里路，又掉头返回来，对张良说："你这个年轻人还可以教导教导。5天后天刚亮的时候，你还到这里等我吧。"张良此时更觉得老人不是一般人，就答应下来。到了那天，天刚亮张良就赶到下邳桥。可是老人已经先到了那里，他生气地对张良说："你这个年轻人和我这个老人约会，怎么来得比我还晚呢？"张良无言以对。老人告诉张良，再过5天还在这里约会，说完就走了。5天过后，第二天鸡刚叫，张良就去往下邳桥。但是老人又先到了那里，这次老人更生气了，他告诉张良5天后一定要早点来，说完离去。又过5天，张良不到半夜就来到下邳桥，不久，老人也来了，他高兴地说："你这样做就对了！"说完就拿出一部书交给张良说："你读了这部书以后，就有能力做帝王的老师了，10年以后你就会显赫起来。13年以后，你可以到济北去找我，谷城山下的黄石就是我。"然后，老人就走了。从这以后，张良再也没有见到过这位老人。等到天亮以后，张良阅读老人送给他的书，发现这本书就是《太公兵法》。张良觉得它非常珍贵，便发奋研读。

张良住在下邳的时候，不满于秦朝的暴政，常做一些行侠仗义的事情，为了躲避官府的缉捕，他再次躲藏起来，和他一同逃亡的还有杀了人的项伯。10年以后，陈涉发动起义讨伐秦国。张良觉得建立功业的时机到了，于是召集了100多名青年准备起义。刚好景驹自立为代理楚王，驻扎在留县，张良打算前去投奔他，半道上他遇见了刚刚发动起义的刘邦。张良对刘邦的印象非常好，于是便跟随了刘邦。刘邦任命他为厩将。张良多次给刘邦出谋划策，刘邦非常赏识他，每次都采用他的计谋。张良的计策都是出自老人送他的那本《太公兵法》。刘邦依照这些计策取得了巨大的成功。张良也钦佩刘邦的见识，他感慨地说："刘邦大概是上天派到人间的啊！"于是张良一直跟

历史关注

战国时，楚国是最早铸造金币的诸侯国。

随着沛公东征西战，也不再去投奔景驹了。

张良跟随刘邦来到薛地，拜见了项梁。这个时候，项梁拥立熊心为楚怀王。张良对项梁说："您现在已经拥立了楚国国君的后人，而韩国国君的后人中横阳君韩成非常贤能，您可以也拥立他为韩王，这样您就会多一支盟军。"项梁认为他说的很有道理，便派遣张良寻找到了韩成，拥立他为韩王。张良也被任命为韩国的司徒，跟随韩王率领军队向西进攻秦军，目的是夺回以前属于韩国的土地。他们攻占了几座城市以后，就遭到了秦军的反击。这几座城市不久又被秦军夺了回去，韩国的军队只好在颍川一带游击作战。

运筹帷幄

项羽怨恨韩王，在彭城杀死了他。张良从韩国逃跑，抄小路偷偷地回到汉王刘邦那里。汉王封张良为成信侯，命他随军攻打项羽。在彭城，汉朝军队被打败，只好撤退。汉王询问张良说："凭借我一个人的力量是不能战胜项羽的。我打算把函谷关以东的一些地方封赏给别人，请他们和我共同对付项羽，依您看封给谁比较合适呢？"张良说："九江王黥布是楚国的猛将，而且和项羽有矛盾，彭越和齐王田荣在梁地起兵反叛楚国，这两个人都可以利用。您的将领里面只有韩信可以独当一面，能够把大事托付给他。您如果想把那些地方送人，可以把它们送给黥布、彭越和韩信。这样的话，我们就完全可以打败项羽的楚军了。"汉王听了后，马上派人去联络黥布和彭越。魏王豹反叛汉军，汉王又派韩信率领军队攻击魏国，同时攻占了燕国、代国、齐国、赵国等诸侯国家的土地。最终帮助刘邦灭亡楚国的，恰恰就是张良所推荐的这三个人。

张良体弱多病，不能够独立带兵打仗。因此他总是时刻跟随汉王，作为一个谋臣出谋划策。汉王三年（公元前 204 年），项羽率领军队把汉王紧紧地围困在荥阳，汉王非常害怕，于是和郦食其商议怎样才能削弱楚国的势力。郦食其建议说："以前商汤讨伐夏桀的时候，把夏朝的后人封在杞国。周武王讨伐商纣的时候，把商朝后人封在宋国。可是残暴的秦国却消灭了六国的后代。您现在如果能够重新封立六国的后代，授予他们印信的话，六国的君臣和百姓肯定都会感激您的恩德，归顺于您。那时候您的力量就远远强于项羽了。"汉王听了后很高兴，马上派人刻制印信，准备让郦食其办理这件事。

郦食其动身之前，张良来见汉王。汉王很得意地把郦食其的建议告诉张良，询问张良的意见。张良听了后，脸色都变了，质问汉王是谁出的这条计策，并且严肃地告诉汉王如果这样做的话大事就全完了。汉王询问他原因。张良回答说："以前商汤灭掉夏朝后把他的后代封在杞国，那是因为他完全有实力置桀于死命。单是您现在能够置项羽于死地吗？"汉王回答说："不能。"张良接着说："这是不能那样做的第一个原因。当初周武王灭掉商朝以后把他的后代封在宋国，那是因为自己有能力得到纣王的首级。现在您有能力得到项羽的首级吗？"汉王回答说："不能。"张良说："这就是不能那样做的第二个原因。武王攻占商朝国都以后，表彰了商容，释放了箕子，重修了比干的坟墓。现在您能够这样礼遇贤人吗？"汉王还是回答不能。张良说："这就是不能那样做的第三个原因。周武王曾经发放国库里面的粮食和财物给百姓。现在您能发放仓库里的财物给穷人吗？"汉王回答："不能。"张良说："这就是不能那样做的第四个原因。周武王灭亡商朝以后，收缴了武器，表示不再动用武力。现在您能够推行文治，停止战争吗？"汉王回答："不能。"张良说："这就是不能那样做的第五个原因。周武王灭商后把战马放牧到华山之南，表明战马已经失去了战争的作用。您现在能够让战马休息吗？"汉王回答："不能。"张良说："这就是不能那样做的第六个原因。周武王灭商后把牛放牧在桃林的北面，表示不需要再用它运输作战用的粮草。您现在能够不积聚运输粮草吗？"汉王回答："不能。"张良说："这就是不能那样做的第七个原因。再说您的大臣们背井离乡，跟随您南征北战，不就是盼望着得到一块小

中国大事记 | 公元前 278 年，秦兵破郢，屈原痛感国家沉沦，投汨罗江（今湖南湘江支流），以死殉志。

小的封地吗？现在如果您恢复了六国，您的部下就不可能得到封地了，就没有人追随您了。这就是不能那样做的第八个原因。现在唯一的办法就是削弱楚国的力量，如果楚国力量强大的话，即使您恢复了六国，他们也会屈服于楚国，而不去归附您。您如果真的要采用这条计策的话，您的大业就全完了。”汉王听罢，气得吐出嘴里的食物，骂道：“郦食其这个书呆子，差一点就败坏了我的大事啊！”于是他赶忙下令销毁那些印信。

汉高祖六年（公元前 201 年）正月，汉高祖封赏功臣。张良没有立过战功，汉高祖评价张良说：“他在营帐里面出谋划策，就可以决定千里之外的胜负，这就是张良的功劳啊。”并且让张良从齐国选择 3 万户作为封邑。张良却只接受了留县作为封地，没有接受 3 万户的巨大赏赐。于是汉高祖封张良为留侯，和其他的功臣一同受封。

议封功，劝定都

汉高祖六年（公元前 201 年）正月，汉高祖开始封赏功臣。虽然张良没有立下战功，但是汉高祖认为汉军正是凭借着张良的奇谋妙计才能取得战争的胜利。因此让张良从齐国随意选择 3 万户作为他的封邑。张良辞谢说：“当初我在下邳发动起义，在留县归附了您，这是上天让我来追随您的啊！您采用我的计策，很荣幸经常能够取得成效，这些都是天意啊！所以我不敢接受您给我的 3 万户的巨大赏赐，您只要把留县封给我就足够了。”汉高祖也没有勉强，就把留县赏赐给张良做封地，封他为留侯。

汉高祖首先封赏了包括张良在内的 20 多名立有大功的大臣。和张良的谦虚辞让形成鲜明的对比的是，那些还没有受到封赏的大臣们夜以继日地争功求封。汉高祖也不能评定他们功劳的大小，因此迟迟没有封赏。一些功臣武将常常坐在沙地上互相议论，汉高祖在洛阳南宫的桥上远远看得到，但是却听不清楚他们在说什么。汉高祖觉得很奇怪，于是问张良那些大臣们在议论什么。张良告诉汉高祖这些大臣们正在商议反叛汉朝。汉高祖大吃一惊，他反问张良说：“现在天下基本上已经安定下来了，他们为什么还要谋反呢？”张良回答说：“您以前只是一个普通的百姓，您发动起义后，就是凭借这些人的帮助夺取了天下。现在您做了皇帝，但是您封赏的都是萧何、曹参这些您很亲近的老朋友，杀死的都是您的仇人。现在这些大臣们都在计算功劳，认为天下的土地已经不够封赏给他们了，他们既担心您不能全部封赏到他们，又害怕以前犯下了什么过失被您记恨而被杀。因为这两点，他们就聚在一起商议造反的事情了。”汉高祖听了后，非常忧虑，便请教张良应对的方法。张良问汉高祖说：“谁是您最怨恨的人？而且文武大臣都知道您怨恨他。”汉高祖回答说：“我最痛恨雍齿，和他有解不开的仇怨。他曾经好多次当众羞辱我，让我非常难堪，如果不是他立下了很大的功劳的话，我早就杀死他了。”张良对汉高祖说：“那么您现在赶快封赏雍齿，别的大臣看到连雍齿都被封赏了，那么自己也就肯定能够得到封赏，只要他们安下心来，就不会策划谋反了。”汉高祖采纳张良的建议，马上封雍齿为什方侯，并摆设酒宴

回云亭

在陕西省留坝县庙台子镇西，始建于汉，相传为张良晚年隐居的地方。

历史关注

战国末期秦国筑的长城，西起甘肃岷县，北行延安、绥德，东达黄河西岸。

招待大臣们为雍齿庆祝，并且催促丞相和御史大夫赶快评定大臣们的功劳好封赏他们。大臣们参加了酒宴以后，都高兴地说："连雍齿都被封侯了，我们就不用担忧得不到封赏了。"于是人心安稳下来了。

汉高祖平定了天下以后，大臣刘敬劝告他把国都定在关中。汉高祖对此犹豫不决。朝中的大臣大多数是关东地区的人，因此他们劝汉高祖把都城定在洛阳，他们向汉高祖阐述了定都洛阳的好处："洛阳的东面有成皋，西面有崤山和渑池，后面靠黄河，前面对着伊水和洛水，它的地形险要，城池也很坚固，很适合作为国都。"汉高祖征求张良的意见，张良说："洛阳虽然地形比较险峻，城池也很坚固，可是它的周边地带非常狭小，只不过方圆几百里，并且土地贫瘠，假如敌人从四面包围我们的话，我们就很危险了。再看关中地区，它东面有崤山和函谷关，西面有陇山和岷山，拥有方圆上千里的肥沃土地，粮食富足，南面又有富饶的巴郡和蜀郡，北面有适合放牧的胡苑，如果定都关中的话，就可以依靠三面的险峻地形来防守，派大军驻守东面来控制诸侯。如果诸侯安定的话，可以从黄河和渭河向西运输全国各地的粮食供给京都。如果诸侯发生叛乱的话，还可以顺着黄河和渭河运送军需物资。这就是所谓的'金城千里，天府之国'啊，刘敬的建议是正确的。您应该听从。"汉高祖认为张良说的很有道理，立即决定把都城定在关中。

智保太子

汉高祖定都关中后，立吕后的儿子刘盈为太子。后来，汉高祖宠爱戚夫人，准备废掉太子，立戚夫人的儿子赵王如意为太子。很多大臣都进谏汉高祖，劝告他不要废长立幼，但是汉高祖都听不进去。吕后非常担心自己的儿子被废掉，但又不知道怎样才能劝阻汉高祖。有人建议吕后说："留侯张良很有智谋，而且皇上又非常信任他，您可以请教他。"张良由于体弱多病，跟随汉高祖到关中之后，就学气功练习健身术去了。他不再食用国粮，也不再过问政事，闭门不出已经一年多了。就在这个时候，吕后派遣建成侯吕泽胁迫张良说："您一直是皇帝重要的谋臣，现在皇帝准备更换太子，您怎么能够不去过问呢？"张良说："当初打仗的时候，皇帝多次面临危急的情况，我为他出谋划策，使他摆脱了危险。可是现在天下已经安定了，皇帝只是由于自己的偏爱而准备更换太子，这是他的家事。像我这样的外人，即使一百多个一同向皇帝进谏也不会起到什么作用的。"但是吕泽继续要挟张良，让他为吕后谋划。张良无奈，只好说："这件事是不能通过口舌的争辩来解决的。现在皇帝在全国的地位最尊贵，所有人都要听从他的命令，但是只有 4 个人是皇帝管不了的。他们都很有贤能，年纪也很大了，都认为皇上对人很傲慢，所以隐居在深山里面。他们遵循道义不肯做汉朝的大臣，但是皇上非常敬重他们。现在您如果送给他们丰厚的礼物，再让太子给他们写一封言辞非常谦恭的书信，随后派遣口才很好的人诚恳地聘请他们辅导太子，他们就应该会来。等他们来了以后，您要把他们当作贵宾对待，并且时常让他们跟随太子上朝，皇帝看到他们能够出山一定会很奇怪，再知道他们是来辅佐太子的话，那么就会看重太子，不考虑废除他了。"吕后按照张良的计策行事，果然把这 4 位贤人请来辅导太子。

汉高祖十一年（公元前 196 年），黥布发动叛乱。汉高祖身患重病，不能亲自带兵，就打算派遣太子率兵讨伐叛军。那四位贤人商议说："我们来的目的就是为了保全太子，现在太子如果率兵平叛会很危险的，我们应该阻止这件事。"于是他们劝告建成侯吕泽说："太子率兵平定叛乱，如果立了功，作为太子也无法再提升职位了。如果没有立功，肯定会遭受祸患。再说，跟随太子出征的将领都是曾经追随皇帝平定天下的猛将，他们倚仗资历，不会听从太子派遣的，所以太子肯定不能立功。据我们所知，皇帝正准备让赵王如意取代太子的地位。您现在就应该请吕后向皇上哭诉：'黥布是闻名天下的猛将，很善于行军打仗，您现在让太子统率过去和您打天下的各位将

中国大事记 | 公元前277年，秦国攻打楚国，蜀郡守张若获取巫郡，白起得黔中郡。

商山四皓图

因为刘邦慢侮士人，所以几次征召，“商山四皓”都不应。后来吕后采用张良计策，使皇太子卑辞厚礼，安车迎往，四人就成为太子辅翼，为太子出谋划策。

领，就相当于让羊来指挥狼，他们肯定不会听从太子派遣的，黥布如果知道这种情况后，就会大张旗鼓地进犯。您虽然有病，但还可以勉强乘坐车辆，躺着来统率军队，将领们不敢不为您效力。虽然这样您很辛苦，但为了国家，您还是委屈一下吧。’”吕泽听了以后，马上去见吕后，把4位老人的话告诉了她。吕后对皇上哭诉，向汉高祖说了那些话。汉高祖认为很有道理，于是亲自率军东征，留守的大臣们把他送到灞上。这时候张良也身患重病，但还是支撑着把汉高祖送到曲邮，他建议汉高祖说：“我本来应该和您一起去平定叛乱，但是我身患重病，不能跟随您了。黥布的兵马非常勇猛，希望您不要跟他硬碰硬，要运用智谋击败他。”汉高祖表示赞同。张良又趁机劝告汉高祖任命太子为将军留守关中。汉高祖同意了，并叮嘱张良即使有病也要辅佐好太子。

汉高祖十二年（公元前195年），汉高祖平定了黥布的叛乱后回朝，他的病情更加严重，更换太子的想法也更加强烈。张良劝诫他，他也不听。张良托病在家，不再过问政事。有一次，汉高祖设置酒席，太子在旁边侍奉他，有4位老人跟随太子身边。汉高祖发现他们的外貌很奇怪，年纪也非常大了，询问他们是谁。4位老人回答他们分别是东园公、角里先生、绮里季和夏黄公。汉高祖非常惊讶地说：“我已经寻访你们好多年了，可是你们一直都在躲避我，现在你们为什么愿意跟随我儿子呢？”4位老人共同回答说：“您对贤人很轻慢。我们讲究道理，不愿意受到您的侮辱，所以躲避您。但是太子为人仁义孝顺，谦恭有礼，天下有才能的人都愿意为太子效命，所以我们就跟从了太子。”汉高祖感慨地说：“那就烦劳你们一如既往地好好调教太子吧。”

酒宴过后，汉高祖召见戚夫人，指着刚刚离去的4位老人的背影对她说：“我本来准备更换太子，但是有这4个人辅佐他，可见他的羽翼已经形成了，我已经没有能力更换了。以后你就要屈服于吕后了。”戚夫人想到自己的前景堪忧，情不自禁地哭泣起来。汉高祖无奈地说：“你给我跳楚国的舞蹈，我为你唱楚国的歌曲吧。”随后他唱起哀伤无奈的歌曲，戚夫人在旁边哭泣。汉高祖最终也没有更换太子，这是张良的计策发挥了作用啊！

张良对人们宣称：“我家世代担任韩国的相国，韩国灭亡以后，我抛弃丰厚的家产为韩国报仇，天下人由此了解了我。然后我凭借三寸之舌为帝王出谋划策，取得了列侯的爵位，这对于一个普通百姓来说已经是至高无上的了，我已经非常满足了。现在我愿意抛弃人间的事情，跟随仙人赤松子去遨游。”于是张良修炼辟谷导引的道术，不问人间世事。汉高祖去世时，张良因伤心而绝食。吕后感激张良对自己的帮助，害怕他损坏了身体，强行让他进食。8年以后，张良去世了，谥号是文成侯，他的儿子张不疑继承了他的爵位。

历史关注 | 战国之时，以张仪、苏秦为代表的纵横家盛行一时。

陈丞相世家第二十六

奇士陈平

陈平是阳武县户牖乡人。他年轻的时候家里很贫穷，但他非常喜欢读书。陈平和哥哥陈伯住在一起。陈伯很爱护弟弟，平常都是他在家里种地，让陈平到外面求学。陈平身材高大，相貌堂堂。有的人好奇地问陈平："你家里那么穷，没有什么好的食物，你怎么还能长得这么魁梧呢？"当时陈平的嫂子也在旁边，她对陈平不从事劳动很不满意，于是对人说："也只不过吃一些米糠罢了，我有这样的小叔子，还不如没有。"陈伯听到妻子的话后，非常生气，休弃了她。

陈平长大成人，到了应该娶妻的时候，富人家都不愿意把女儿嫁给他。陈平又觉得娶穷人家的媳妇是件耻辱的事情，所以婚事一直被耽误下来。很久以后，当地一个叫张负的富人，他的孙女嫁了5次人，可是丈夫都死了，所以没有人再敢娶她。陈平却不怕，很想迎娶她。刚好有人办丧事，陈平来帮忙，因为家里穷，陈平靠帮人家料理丧事挣钱来维持生活。张负在丧主家见到陈平，一眼就看中了他。一次，张负跟着陈平来到了陈家，发现陈平的家里非常穷，但是门外却有很多贵人的车辆留下的车轮印迹，就决定把孙女嫁给陈平。他的儿子张仲极力反对说："陈平非常穷，而且不从事劳动，全县的人都耻笑他，您为什么偏要把孙女嫁给他呢？"张负说："陈平仪表堂堂，他不会一直贫贱下去的，终究会有显赫的一天。"张负终于把孙女嫁给了陈平。因为陈平家里穷，张家就出钱为陈平办理了婚事。张负还告诫他的孙女说："不要因为陈平家里穷，就轻慢他的家人。你要像侍奉你父亲一样侍奉兄长陈伯，像侍奉母亲一样侍奉你嫂子。"陈平自从娶妻以后，经济上逐渐宽裕起来，交游更广了。

一次，陈平的村子祭祀土地神，仪式完毕后，人们要分割祭祀用的肉。陈平主持分肉，他把祭肉分配得非常均匀，赢得了乡亲们的称赞。陈平感慨地说："唉，如果让我来治理天下的话，也会像分肉一样地公平啊！"

陈胜发动起义之后，派遣周市平定了魏国地区，拥立魏咎为魏王，和秦国军队在临济交战。陈平和一些年轻人来到临济投奔魏王。魏王任命陈平为太仆。陈平向魏王出谋划策，魏王没有听从他的

·布衣将相·

西汉开国诸臣授官将相的，绝大多数"起自布衣"，称之为"布衣将相"。"布衣"原指穿麻布衣服的人，后来成为一般平民的代称，其中包括农民、手工业者及没有官爵的地主。汉初将相有出身白徒（一般农民）、屠夫、丧事吹鼓手、小商贩、戍卒、小吏等。除娄敬外，大都是跟随刘邦打天下的功臣。他们在反秦起义及同项羽的斗争中，逐渐壮大起来。西汉建立后，形成了布衣将相之局。布衣将相的出身和经历，对他们的政治决策产生了重大影响，给"文景之治"打下了基础。布衣将相之局还影响统治集团的内部关系，使其保有某种布衣的朴素作风。表现在汉初君臣之间的等级关系还不那么森严，注意选拔人才，也较注意节俭。这种作风，是汉初布衣政治的一个重要方面。它保证了汉初各项政策、措施的贯彻实施，是汉初治天下的一条成功经验。随着社会地位的变化，布衣将相逐渐变成新的封建贵族，其腐朽倾向不可避免地日益增长起来。武帝时发生的统治政策和指导思想的变化，是布衣将相贵族化的产物，它标志着汉初布衣政治的终结。

中国大事记 | 公元前276年，魏王封公子无忌为信陵君，使各国诸侯“不敢加兵谋魏十余年”。

意见。有人嫉恨陈平，就在魏王面前诋毁他。陈平也觉得跟随魏王无法施展自己的才能，又害怕魏王听信谗言对自己不利，于是离开了魏国。

项羽领兵打到黄河岸边，陈平便前去投奔项羽，他追随项羽入关有功，项羽封给他相当于卿的爵位。不久，殷王反叛了楚国。项羽任命陈平为信武君，让他率领魏王魏咎留在楚国的人马前去平定叛乱，陈平率军降服了殷王，项王非常高兴，任命陈平为尉，还赏赐给他20镒黄金。可是过了不久，汉王刘邦又率军攻占了殷地。项羽非常愤怒，打算杀死上一次平定殷地的将领。陈平害怕项羽杀他，于是，把项羽赏赐给他的官印和黄金封好，派人还给了项羽，自己选择小路逃跑了。当他横渡黄河的时候，船夫发现他气质高贵，又是单身一个人，便怀疑他是逃亡的将领，一定携带了很多财宝，准备抢劫他的宝物并杀死陈平。陈平非常害怕，他解开衣服，裸露着身体帮助船夫划船。船夫确信陈平身上没有财宝之后，才没有动手杀他。

陈平来到修武投降了汉军，魏无知把他引见给汉王刘邦。汉王同时召见包括陈平在内的7个人，赏赐给他们饮食，然后说：“你们吃完饭后，就到房间里面休息去吧。”大家都准备去休息了，只有陈平对汉王说：“我是有要紧的事情才在今天投奔您的，所以我要说的话不能超过今天。”汉王觉得很奇怪，单独留下陈平和他交谈。两个人谈得非常投机，汉王很赏识陈平，问他在楚军的时候担任什么官职。陈平说自己在楚国时做都尉。汉王当天就任命陈平为都尉。汉朝的将领非常不满，他们议论说：“汉王刚刚得到一个楚国的逃兵，还不知道他有多大本领，就任命他为都尉，来监督我们这些老将，这太不像话了！”汉王听到这些议论以后，反而更加信任陈平。汉王驻军荥阳的时候，又任命陈平做韩信的副将，驻扎在广武。

奇计定天下

淮阴侯韩信打败了齐国之后，自立为假齐王，并且派遣使者把这件事禀报给汉王。汉王听到后非常生气，当着使者的面大骂韩信不仁不义。这时候，陈平暗中踩了踩汉王的脚，汉王才冷静下来，觉得自己的行为不妥当，于是款待了使者，随后就封韩信为齐王。汉王采用陈平的奇谋妙计，最终灭亡了楚国。

汉高祖六年（公元前201年），有人上书给汉高祖告发楚王韩信阴谋造反。汉高祖向心腹将领们询问应对方法，将领们都建议立即发兵攻打韩信。韩信谋反没有确凿的证据，汉高祖很犹豫，拿不定主意是打还是不打。之后，高祖询问陈平该如何处理，陈平一再推辞，反问高祖各位将领的意见。高祖就把各位将领的话告诉了陈平，陈平问：“除了上书的人和您通知过的各位将军之外，还有别人知道韩信谋反这件事情吗？”高祖回答说：“没有。”陈平又问：“韩信本人意识到我们已经掌握他要谋反的情况吗？”高祖回答说：“不知道。”陈平说：“那么您的精锐军队和韩信的军队比起来，哪个更强大一些呢？”高祖回答说：“应该是韩信的更强一些。”陈平继续问高祖：“那么您的将领中有没有比韩信更会用兵的？”高祖回答说：“没有。”陈平说：“现在您的军队不如韩信的军队强大精锐，将领的才干也不如韩信，如果主动发兵攻打他，刚好促使他和我们作战，那样的话，您可就危险了！”汉高祖也意识到攻打韩信的危险性，但是他又不能容许韩信背叛自己，因此让陈平想一个既能除掉韩信又不需要动用武力的方法。陈平说：“古时候天子时常要视察各地，会见诸侯。南方有一个叫作云梦泽的地方，您可以装作去那里巡游，然后在附近的陈县会见诸侯。陈县位于楚国西部的边界地带，韩信不知道您已经掌握了他谋反的罪状，因此一定会去拜见您。这个时候，您只需要派遣一个大力士就可以把他拿获。”高帝觉得这是一条妙计，于是派遣使者通知全国各地的诸侯，说自己将要到云梦泽巡游，顺便约他们到陈县会面。随后，他就出发了。高祖一行还没到达陈县，韩信就在郊外的路上迎接他们了。高祖事先已经安排好了武士，趁着韩信拜见高祖的时候，擒获了韩信，把他囚禁在车辆里

历史关注

战国时期阴阳家代表人物是邹衍，其最突出的学说有“大九州说”和“五德终始说”。

面。韩信委屈地大声喊叫着说：“天下已经平定了，我失去了作用，就该被处死了！”高祖回头告诫韩信说：“你别出声了！谁都知道你要谋反，你这是罪有应得！喊也没有用！”随后，高祖在陈县会见了诸侯，安定了楚国。回到洛阳后，高祖赦免了韩信，把他降为淮阴侯。

陈平卖肉

陈平少时贫贱，以卖肉为业，但不坠青云之志，长者赞曰：有宰割天下之气概。

因为陈平立下了巨大的功劳，所以汉高祖加封他为户牖侯，并且准许陈家世代承传爵位。陈平推辞说：“我没有立下什么功劳，不敢接受这么丰厚的赏赐。”汉高祖感到奇怪，他问陈平：“正因为我采用了您的计策，才多次克敌制胜，您怎么能说没有功劳呢？请不要客气。”陈平回答说：“如果没有魏无知的引见，我就没机会做您的臣子；如果我做不了您的臣子的话，又怎么能够给您出谋划策呢？”汉高祖感慨地说：“您真的没有忘本啊！”高祖又重重赏赐了魏无知。

一年以后，韩王信发动叛乱，陈平担任护军中尉，跟随高祖去代地讨伐韩王信。当他们匆忙行军来到平城的时候，却被匈奴包围，一连7天都没有吃上饭，形势非常危急。这时陈平又为高祖出谋划策，派人去疏通单于的阏氏，高祖一行才脱离险境。但是陈平却一直没有向外人透露自己到底使用了什么计策，因此外人都不知道其中的内情。

高祖在领兵返回京都的路上经过曲逆，他登上曲逆的城楼，看到县城里的房屋很高大，感慨地说：“这个县城好壮观啊！我走遍了天下，只见过洛阳可以和它相比。”随后他询问御史曲逆的户口数目。御史回答说：“秦朝的时候曲逆有3万多户，因为连年的战乱，很多人逃亡，现在只剩下5000户了。”当时高祖就加封陈平为曲逆侯，享有全县每户人家的赋税收入。后来陈平又跟随高祖讨伐反叛的陈豨和黥布。他一共出过6次奇谋妙计，都取得了巨大的成功。每次为了表彰他的功勋，汉高祖都增加陈平的封邑，总共增加了6次。陈平对自己的计谋秘而不宣，世上几乎没有人能够得知。

明哲保身

汉高祖在平定黥布的叛乱中受到了严重的创伤，回到京都以后就一病不起。就在这个时候，燕王卢绾发动了叛乱，汉高祖由于身体原因无法亲自率军平叛，派遣樊哙以相国的身份率兵讨伐卢绾。樊哙刚刚启程，他的仇人就在高祖面前诋毁他。高祖信以为真，愤怒地说：“樊哙看到我生病了，就希望我快点死掉，我要先处死他。”派遣周勃和陈平追赶樊哙，让周勃代替樊哙领兵出战，让陈平杀死樊哙。两个人接受命令后赶忙去追赶樊哙。他们在路上商议说：“樊哙和高祖很早就相识了，并且他立下过很大的功劳，又是太后吕雉的妹妹吕媭的丈夫，高祖只不过是一时愤怒决定杀死他，将来一定会后悔。那时候他就会迁怒于我们了。所以我们还是不要杀他，把他囚禁起来交给高祖，让高祖自己去发落他吧。”在到达军营之前，他们用高祖的符节召见樊哙。樊哙接到高祖的诏令之后，马上让人把自己反绑起来装进囚车，送回长安，周勃接替他领兵平定了燕地的叛乱。

陈平处理完樊哙的事情后，就返回长安，在路上就听到高祖去世的消息，他害怕吕媭怨恨自己捉拿樊哙而在太后吕雉面前诋毁自己，加快回京的速度。路上，朝廷派遣使者通知陈平和灌婴去驻守荥阳。陈平接受诏命后，再次加快速度赶回朝廷。他在高祖的灵堂里放声痛哭，并趁机向吕后禀告处理樊哙的经过。吕后对他很满意，哀怜地说：“您很辛苦了，回去好好休息一下吧。”陈平还是害怕吕后听信谗言，便坚决要留在皇宫里担任警卫。吕太后任命他为郎中令，并叮嘱他

中国大事记 | 公元前 275 年，赵国大将廉颇率兵攻魏，攻取了防陵、安阳（皆在今河南安阳西南）。

要尽心辅佐教导惠帝。以后，吕媭虽然多次在姐姐面前说陈平的坏话，但是吕后都没有听从。樊哙被押送到长安后，马上被赦免，并且恢复了原来的官职爵位。

汉惠帝六年（公元前 189 年），丞相曹参去世，安国侯王陵担任右丞相，陈平担任左丞相。汉高祖还是平民的时候，就像对待兄长一样对待王陵。高祖起义以后，王陵追随他并立下了很大的功劳，项羽用他的母亲要挟王陵，王陵都没有背叛。但是王陵缺乏文化素养，喜欢意气用事，说话直来直去，又和高祖的仇人雍齿关系要好，因此受封较晚。王陵担任右丞相的两年后，汉孝惠帝去世。吕太后准备立吕氏宗族的人为王，征求王陵的意见，王陵断然拒绝。吕太后又征求陈平的意见，陈平同意了。吕太后对王陵反对自己非常气愤，把王陵明升暗降，让他做皇帝的太傅，实际上不再重用他。王陵也非常生气，托病辞去了官职，到死也不再朝见皇帝。

王陵被罢免后，吕太后就任命陈平为右丞相，辟阳侯审食其为左丞相。审食其是吕太后的宠臣，因此左丞相不单独设立办公处所，而是在宫中处理政务，大臣们决断事情都要先通过他这一关。

因为捉拿樊哙一事，吕媭一直怨恨陈平，多次向吕太后诋毁陈平说："陈平担任丞相的要职却不理政务，只知道每天饮酒作乐，还玩弄妇女。您应该严厉地惩罚他才对！"陈平听到以后，不仅没有收敛，反而更加放纵地饮酒作乐。吕太后知道后，心里暗暗高兴。她当着吕媭的面对陈平说："俗话说'小孩和妇人的话不能够相信'，只要你不反对我，我也不会对你不利，你不用担心吕媭说你的坏话。"

其实陈平并不愿意吕氏宗族的人为王，当时迫于压力他只是假装顺从罢了。吕太后去世以后，陈平联合太尉周勃，灭掉了吕氏宗族，拥立文帝即位，审食其也被罢免左丞相的职位。在处理这一重大事件过程中，陈平是主要策划人。

汉文帝即位以后，认为亲自领兵平叛的周勃功劳最大。陈平知道文帝的态度后，准备让周勃接替自己做右丞相，他就假装自己有病，请求引退。汉文帝觉得陈平的病很奇怪，亲自去探视。陈平说："高帝的时候，我的功劳比周勃大；诛灭吕氏宗族的时候，周勃的功劳比我大，我愿意把右丞相的职位让周勃去做。"孝文帝听取了陈平的建议，任命周勃为右丞相，在大臣中位次排在第一；陈平为左丞相，在大臣中位次排在第二。

不久以后，汉文帝已经逐渐熟悉了国家的政事。在一次接受大臣们朝见的时候，他问周勃全国一年中判决多少件案子，周勃回答不上来。文帝又问周勃全国一年钱粮的收入与开支，周勃还是回答不出，急得汗流浃背。文帝又问陈平同样的问题，陈平回答说："这些事务都有具体的主管负责人。"汉孝文帝又问他谁主管这些事务。陈平回答说："您如果想了解判决案件的情况，可以去问廷尉；如果想了解钱粮收支的情况，可以去问治粟内史。"汉孝文帝很不高兴，他质问陈平说："既然每项事务都有主管的人，那么你这个丞相做什么的呢？"陈平赶忙谢罪说："您不了解我才能低劣资质平庸，让我勉强担任宰相的职位，我一直都诚惶诚恐。我认为作为宰相，对上要辅佐天子顺应天道，对下要使万物正常繁育，对待外面要协调安抚诸侯，对待里面要爱护团结百姓，让大臣们各自能够胜任他们的职责。"汉文帝听了，称赞陈平的贤能。周勃非常惭愧，退朝之后埋怨陈平平时不传授他应答的话。陈平笑着说："您作为丞相，难道不知道丞相的职责吗？如果皇帝询问您长安城里面盗贼的数目，您也要勉强回答吗？"周勃知道自己的才能远远不如陈平，借口有病辞去右丞相的职位，陈平独自担任丞相。

历史关注

战国时期形成完整的二十四节气，保证了农业生产的及时进行。

绛侯周勃世家第二十七

绛侯周勃

周勃是沛县人。他年轻的时候家境贫寒，凭借给别人编织蚕箔来维持生活，有时还在别人家办理丧事的时候吹奏挽歌挣一些零花钱。周勃力气很大，又很勇敢，是当地出名的勇士。

刘邦刚刚发动起义的时候，周勃就追随刘邦南征北战，他每次都是身先士卒，率军攻占了很多城市，立下了显赫战功。

秦朝灭亡之后，项羽占据了咸阳，封刘邦为汉王。汉王封周勃为威武侯。周勃跟随汉王进入汉中，被任命为将军。他又领兵平定了三秦。然后，汉王和项羽的楚军展开了对抗。项羽死后，周勃又随从汉高祖平定了燕王臧荼的叛乱。汉高祖即位以后，周勃由于战功显赫，被封赐列侯的爵位，并把绛县的8180户赏赐给他作为食邑，周勃号称绛侯。

·长城内三关·

1. 居庸关，又名军都关。位于今北京市北面的军都山峡谷——关沟中部，古属“居庸”地。《吕氏春秋》就称它为天下九塞之一。汉代开始在此设居庸县并置关，即称居庸关。

2. 紫荆关，位于河北省易县城西四十五公里的太行山脉紫荆岭上，以山上多紫荆树而得名。它是中国九大名关之一，有九关九门之称。

3. 倒马关，位于今河北省唐河县西北，太行山东侧的唐河谷地内，关城筑于谷地山坡上。因山路险峻，马为之倒而得名。战国时称鸿之塞，汉代称常山关，北魏叫铁关，亦名鸿山关。明朝后通称倒马关，在“内三关”中位置居于最南面。

韩信发动叛乱以后，周勃担任将军跟随高祖去代地讨伐韩信，周勃率领的士兵立下的战功最多，周勃因此被升职为太尉。

周勃像

后来陈豨、卢绾先后发动叛乱，又是周勃率军平定了叛乱。多年的军旅生涯中，周勃立下了汗马功劳，他累计俘虏了1名相国、3名丞相、4名将军和3名将领，打败了2支敌军，攻占了3座城池，平定了5个郡、79个县。

周勃性情质朴刚强，为人老实忠厚，汉高祖非常赏识他，认为他是一个可以托付重任的人。周勃不善言谈，不喜欢研究学问，为人不拘小节，例如他每次召见儒生的时候，总是要求他们赶快向他汇报事情，没有任何的寒暄。

周勃平定了燕地的叛乱后回到朝中，这时汉高祖已经去世了。汉惠帝继承了皇位。汉惠帝六年的时候任命周勃为太尉。这时太后吕雉执掌了汉朝的大权。又过了10年，太后吕雉去世了。吕氏家族的吕禄担任上将军，吕产担任相国，他们控制了整个朝政，还准备推翻刘氏王朝，因此他们极力压制汉朝的老臣，周勃作为太尉，却不能进入军营的大门；陈平作为丞相，却不能处理国家的政务。两个人对吕氏家族如此飞扬跋扈极为不满，于是他们共同谋划，终于灭掉了吕氏家族，拥立代王即位，也就是汉文帝。

汉文帝即位之后，任命周勃为右丞相，赏赐

中国大事记 | 公元前 275 年，秦征伐魏至大梁，韩出兵救魏，大败。魏被迫向秦求和。

给他 5 千斤黄金，一万户的封地。一个月以后，有人劝告周勃说："您已经灭掉了吕氏家族，拥立代王即位，立下了巨大的功勋。您现在已经处于极为尊贵的地位，天下人都尊敬您，皇帝也信任您，但是伴君如伴虎，如果您不急流勇退的话，以后恐怕会遭遇祸患。"

周勃认为他说的非常有道理，主动向汉文帝辞职，汉文帝批准他的请求。过了一年多，丞相陈平去世。别的大臣都没有能力和资格继任这样的要职，因此，汉文帝又把周勃召回朝中，让他担任丞相。

十几个月后，汉文帝对周勃产生了怀疑，准备撤销周勃丞相的职位，他对周勃说："最近我命令列侯们都去自己的封地，但是有些人还留在朝中不肯走，您德高望重，又是我非常信任的人，如果您能先带个头的话，其他人一定会跟随的。"于是免去了周勃丞相的职位，让他回到自己的封地。

周勃回到封地以后，依然害怕自己遭到杀害，所以一直都非常小心谨慎。每当河东郡守巡视绛县的时候，周勃都要穿戴好铠甲，带领家人携带着武器会见他。

和周勃有矛盾的人就借此诋毁他，上书皇帝说周勃要发动叛乱。汉文帝派遣廷尉来调查这件事，廷尉又交付长安的官吏办理。长安的刑狱官逮捕了周勃，对他进行审问。周勃本来就不善言辞，再加上紧张，竟然不知道怎么回答才好，情况对周勃非常不利。狱吏认为周勃将一蹶不振了，于是开始欺凌他。周勃用千金来贿赂狱吏，狱吏这才提醒周勃可以找人帮他洗清冤屈。

周勃把自己加封后得到的赏赐作为礼物全部送给了薄太后的弟弟薄昭，以此贿赂他为自己说话。案子到了紧要的时候，薄昭向薄太后替周勃说情，薄太后了解周勃是汉朝的老臣，不相信他会谋反，决定救助周勃。刚好汉文帝来见薄太后，薄太后生气地拿起头巾向汉文帝身上扔了过去，她用颤抖的声音说："周勃以前身上带着皇帝的印信诏令，单独在外率领重兵，那个时候他都没有发动叛乱，而现在他只是住在一个小小的县城里面，怎么会谋反呢？"这时文帝已经看到了周勃的供词，他也相信周勃并没有谋反的想法。再加上他一直都非常敬畏薄太后，赶忙向太后谢罪说："我刚刚派人调查清楚，周勃并没有谋反，我马上就下令释放他。"于是下令释放了周勃，恢复了他的爵位和封地。

周勃出狱以后想起自己在监狱里面受到的凌辱，感慨地说："我曾经率领过百万大军，一生南征北战，可是直到现在才知道监狱里的官吏地位是如此的尊贵啊！"

周亚夫制军用兵

绛侯周勃去世以后，他的儿子周胜之继承了爵位。周胜之娶了汉朝的公主做妻子，6 年以后，他们夫妻之间发生矛盾。汉朝皇室对周胜之很是不满，同时他又犯了杀人罪，因此，汉文帝下令削夺周胜之的爵位和封地。一年以后，汉文帝从周勃的儿子里挑选出以贤能著称的周亚夫，封他为条侯，继承了周家的爵位。

汉文帝后元六年（公元前 158 年），北方的少数民族匈奴对边疆进行了大规模的侵犯。汉文帝任命周亚夫为将军，在细柳驻守，防范匈奴的进攻。为了激励将士的士气，汉文帝亲自到军营慰劳。他来到灞上和棘门的军营的时候，都是骑马长驱直入，驻守在那里的将军全都隆重地迎接护送他。

随后，汉文帝来到周亚夫驻守在细柳的军营，营中将士都披挂铠甲，手持兵器，严阵以待。汉文帝准备直接进入军营。军门都尉阻止他们说："将军规定，我们在军营里面只能听从将军的命令，

周亚夫像

历史关注

元代作家纪君祥根据春秋时代晋国史事编写了元杂剧《赵氏孤儿》。

可以不听天子的诏令。按照军规您不能进入军营。”汉文帝派遣使者拿着皇帝的符节通报周亚夫，说皇上亲自慰劳军队来了。周亚夫这才命令手下打开军营的大门，让文帝一行进入。

营门的守卫告诉文帝的随从说：“我们将军有规定，在军营里面不允许车马快速行驶。”文帝只好拉紧马的缰绳缓慢地行进。到了军营里面，周亚夫手拿着武器向文帝拱手施礼说：“穿戴盔甲的将士不能对您施行跪拜的礼仪，请您允许我用军礼来参见您。”文帝被周亚夫的治军严谨所感动，他庄重地慰劳了周亚夫和将士们。然后，带领随行的大臣们离开军营。

刚出大门，大臣们就忍不住询问文帝为什么要容忍周亚夫对他的不敬。文帝感慨地说：“周亚夫才称得上是一个真正的将军啊！我们看到的灞上和棘门的军营，非常容易遭受袭击，驻守那里的将军太有可能被敌人俘虏了，像周亚夫这样把整个军营防守得固若金汤，谁又能够侵犯他呢？”从此以后，一提到周亚夫，文帝就对他赞不绝口。一个月以后，文帝就提拔周亚夫担任中尉。

汉文帝在去世之前，叮嘱太子说：“我死了以后，如果国家发生了危急的情况，你可以让周亚夫领兵平乱，只有他能够承担这个重任。”太子牢牢记住父亲的话。文帝去世以后，太子即位，也就是汉景帝，他提升周亚夫为车骑将军。

汉景帝三年（公元前 154 年），南方的吴、楚等 7 个诸侯国家发动叛乱。汉景帝任命周亚夫为太尉，率军前去平叛。周亚夫亲自向汉景帝请示说：“楚国的将士非常勇猛，如果正面和他们交锋的话很难取得胜利，我们应该靠智谋战胜他们。我准备先放弃梁国，在敌军重兵围攻梁国之时，趁机断绝他们的粮道，然后再制服他们。”汉景帝对周亚夫的战略战术表示赞同。

周亚夫在荥阳会合了各路军队准备平叛，这时吴国叛军大举进攻梁国，梁国形势非常危急，向朝廷请求援救。周亚夫却按兵不动，率军驻守在昌邑，与叛军对峙。梁国每天都派遣使者向他请求救助，周亚夫依然置之不理。梁国形势越来越危急，于是把周亚夫见死不救的情况上书报告给汉景帝。汉景帝马上派遣使者命令周亚夫快速救援梁国。

周亚夫拒不听从皇帝的命令，仍然严密驻守在昌邑，不出兵作战，同时他派遣轻骑兵悄悄地断绝了吴国和楚国叛军后方的粮道。吴国军队粮食接济不上，将士饥饿，多次向汉军挑战，但是周亚夫始终也不出来交战。汉军对主将这种畏首畏尾的做法很不理解。一天夜里，汉军军营受到惊扰，将士们以为敌军攻了进来，军营一片混乱，甚至都闹到了周亚夫的营帐外面。但是已经休息的周亚夫却非常镇定，甚至都没有起床。过了不久，扰乱就平息了，军营又恢复了安定。

吴国军队由于没有粮食的接济，想要速战速决，就加强了对汉朝军队的进攻。一次吴军进攻汉军军营的东南角，将士们准备迎击，但是周亚夫告诫将士们要加大对军营西北角的防守。果然，不久吴国的精锐部队向汉军的西北角攻来。由于汉军加强了防守，吴军被挫败。饥饿的吴军占不着便宜，只好撤退。这时周亚夫下令精锐部队追击吴军，一举击溃了吴楚叛军。这次战争中，双方攻守的时间加起来只有 3 个月，七国之乱被迅速平定。这时候，人们才开始佩服周亚夫的雄才大略。

·羊角堡要塞·

羊角堡旧名羊角水城堡，处湘水上游，扼湘江守会昌，其东、西、南三面环水，北靠汉仙岩，地势险峻，易守难攻，是明清时期江西东南地区通往闽粤之咽喉，所以其素以“一隅之地而遥制千里”著称，自古以来便是个兵家重地。作为攻防要冲，从西汉起，名将周亚夫就曾在这里驻军。明、清时设堡置营。

中国大事记 | 公元前 273 年，魏赵联军攻韩，秦将白起率军救韩，大败魏赵联军并围攻魏都大梁，魏献南阳向秦求和。

梁孝王世家第二十八

梁孝王受宠

梁孝王刘武，是文帝的次子。他的母亲是窦太后，窦太后一共有两个儿子，长子就是后来的汉景帝，梁孝王刘武是她的小儿子。汉文帝即位后，先封刘武为代王，后来又相继改封他为淮阳王和梁王，刘武从最初被封为代王到改封为梁孝王时，已经为王 11 年了。

汉文帝去世以后，梁孝王刘武的哥哥景帝即位。一次，梁孝王入朝拜见景帝，兄弟两人在皇宫里面饮酒。那时景帝还没有确立太子，酒喝到畅快处，景帝和梁孝王闲谈时表示自己去世以后，准备让梁孝王继承皇位。梁孝王知道这不是景帝的真心话，只不过是酒后的一句戏言而已，所以谦虚地推辞了。但是他心里还是非常高兴，窦太后非常宠爱梁孝王，听到景帝要立梁孝王为皇位继承人，也高兴得心花怒放。

汉景帝三年（公元前 154 年），吴国、楚国、齐国、赵国等 7 个诸侯国家联合起来反叛汉朝。南方的吴国、楚国率先攻打梁国的棘壁，杀死了数万名汉朝的士兵。梁孝王驻守在睢阳城，任命韩安国、张羽等人担任大将军，抵抗吴国和楚国的叛军。由于梁孝王的坚守，使得吴、楚叛军不能越过梁国向西方进兵。汉朝太尉周亚夫率军平乱，用了 3 个月的时间平定了叛乱。战争胜利以后，朝廷计算战功，梁国俘虏和杀死的吴、楚叛军的数量和周亚夫率领的汉军斩杀的叛军人数差不多，功劳一样大。梁孝王因是汉景帝的亲弟弟，又立下了这么大的功劳，因此他的封国面积广阔，土地肥沃，共有 40 多座城池，并且大多数都是大的县城。

梁孝王是窦太后的小儿子，很受母亲的宠爱，他得到的赏赐不计其数。梁孝王的宫殿和园林建造得极其华丽奢侈。他出行的时候，也非常讲究排场，隆重的程度已经接近皇帝了。全国各地的豪杰和游说之士，比如齐国的羊胜、公孙诡、邹阳等人，都前来投靠梁孝王。梁孝王注重人才的选用。公孙诡当初只是一个以拥有奇谋妙计著称的平民，他初次拜见梁孝王的时候，两个人谈得非常投机，梁孝王就赏赐给他千金，后来公孙诡一直做到了中尉的高官。梁国还制造了大量的兵器，拥有的财宝甚至超过了国都长安。

汉景帝七年（公元前 150 年），梁孝王进京朝见，并请求皇帝把自己留在京城。因为太后非常宠爱梁孝王，所以景帝批准了他的请求。梁孝王于是住在皇宫里面陪侍景帝，兄弟两人关系亲密，他们外出时共同乘坐一辆车。梁国的侍者只要简单地登记一下就可以出入皇宫，和朝廷的官员没有任何区别。

汉景帝中元六年（公元前 144 年），梁孝王请求进京朝见。景帝却没有批准。梁孝王为此闷闷不乐，他到北方的良山打猎，有人进献给他一头脚长在背上的奇怪的牛，梁孝王看到后感到厌恶。不久他就患热病而死。

梁孝王生前非常孝敬母亲，窦太后也极为疼爱他。听到梁孝王去世的消息后，窦太后痛不欲生，她坚持认为对于梁孝王的死，景帝负有主要的责任。景帝为此忧虑，却不知道怎样做才能让母亲高兴，于是便和长公主商量。他听取了长公主的建议，把梁国分成 5 个国家，把梁孝王的 5 个儿子全都封王。窦太后知道后才高兴起来。

历史关注 | 战国时代的骑兵配有齐全的鞍鞯，但没有马镫，主要武器为弓箭，作战方式为骑射。

五宗世家第二十九

荒淫无耻的王室

汉景帝一共有 13 个儿子被封为王，他们分别由 5 位夫人所生。栗姬的儿子是刘荣、刘德和刘阏于；程姬的儿子是刘余、刘非和刘端；贾夫人的儿子是刘彭祖和刘胜；唐姬的儿子是刘发；王夫人的儿子是刘越、刘寄、刘乘和刘舜。这些皇子大多数都荒淫残暴，缺乏德行，受到人们的谴责。

刘非被封为江都易王，他在平定七国之乱中立下了军功。刘非去世后，他的儿子刘建继承王位。刘非还没有下葬，刘建就看上了父亲宠爱的美人淖姬，他还和自己的几个妹妹通奸。后来，刘建还卷入淮南王反叛的事件。大臣们请求皇帝逮捕刘建治罪。皇帝派遣大臣去审讯，刘建畏罪自杀。

刘端被封为胶西王，他凶狠残暴，还患有阳痿病。他宠爱一个年轻的郎官，这个郎官却和后宫嫔妃有了淫乱行为。刘端非常生气，不仅杀了他，还杀死了他的母亲和儿子。刘端多次严重触犯法律，但是皇帝念于兄弟之情不忍下手，而刘端反而更加放任。皇帝无奈，削夺了他的大部分封地。刘端怀恨在心，不再料理政务，结果府库全都破漏倒塌，数以万计的财物腐烂毁坏。凡是去往胶西任职的官员，如果按照法律去治理政事的话，刘端就捏造罪名诋毁他们，如果捏造不出罪名的话，就设诡计用毒药毒死他们。胶西虽然是一个很小的诸侯国家，但被刘端杀害的重要官员却非常多。

刘彭祖被封为赵王，他表面上显得谦逊恭敬，内心却阴险毒辣。刘彭祖生活淫乱豪奢，拥有很多姬妾和子孙。每当朝廷派重臣到他的封地为官，他都会亲自迎接。然而一旦这些官员言语失当或是无意中触犯了朝廷的禁忌，他就偷偷记录下来。以后每当官员们准备依法办事的时候，他就以此为要挟。凡是朝廷派遣到他那里的重臣没有一个能任职两年以上的。后来，刘彭祖的太子刘丹和自己的女儿以及姐姐通奸，被人告发，他的爵位从此被削夺。

长沙定王刘发的母亲唐姬本来是程姬的侍女。汉景帝召幸程姬的时候，刚好程姬月经来临，不能陪伴皇帝，因此让唐姬冒充自己，唐姬便有了身孕，生下了刘发。后来，汉景帝封刘发为长沙王。这是因为唐姬出身卑贱，所以才把她的儿子封到潮湿贫困的地方。

刘越被封为广川惠王。刘越去世后，他的儿子刘齐继承王位。刘齐的宠臣桑距犯了重罪，刘齐准备处死他。桑距知道后逃跑，刘齐便诛灭了他的宗族。桑距为此非常怨恨刘齐，于是告发了刘齐和他亲妹妹通奸的罪行。

刘舜被封为常山宪王。他是景帝的小儿子，受父亲的宠爱，养成了骄横淫逸的毛病。他去世以后，太子刘勃继承了王位。刘舜病重的时候，太后因为忌恨刘舜宠爱别的姬妾而冷落自己，所以不常去照顾刘舜。太子刘勃对父亲的病也不关心，刘舜去世才 6 天，他就离开了服丧的房间。刘勃平时生活就很奢侈淫乱，经常喝酒、赌博，还和女子共同乘坐一辆车招摇过市。他的弟弟刘棁便上书告发刘勃母子的这些罪状。皇帝派遣大臣张骞前来调查这件事情，刘勃害怕受到惩罚，便把平时和自己淫乱的人藏了起来，不让张骞找到证据。张骞非常生气，上书请求皇帝处死刘勃母子，皇帝没有忍心这样做，废了太后，流放了刘勃。

中国大事记 | 公元前266年，秦昭王任用范雎为相，采纳了范雎提出的“远交而近攻”的战略。

三王世家第三十

武帝封三王

汉武帝一共有6个儿子，刘据是卫皇后所生，被立为太子，后来被废。刘弗陵是赵婕妤所生，后来继承皇位，就是汉昭帝。其他4个儿子分别是刘闳、刘旦、刘胥和刘髆。元狩六年（公元前117年）时，刘髆的年龄还很小。这时，霍去病向武帝上书，请立刘闳、刘旦、刘胥为诸侯王。武帝命令御史来办理这件事情。

丞相庄青翟、御史大夫张汤、太常赵充、太行令李息、太子少傅任安昌等大臣看到霍去病的上书后，对这件事进行了商议，他们一致支持霍去病的建议。

汉武帝对他们说：“据我所知，周朝当时分封了800位诸侯，可是《礼记》上说：‘旁支的子孙不能祭祀祖宗的祭庙。’按你们的观点封我的皇子们为王是为了安定社稷，我却从来没听说过这种说法。现在国家还没有完全安定下来，我却封还没有受到足够教育的皇子为王。天下人会怎样议论啊！你们不要请求了。还是封他们为列侯吧。”

大臣们继续上书给汉武帝，说：“从前周朝分封了800诸侯，其中不乏康叔和伯夷这样的贤人。他们遵奉法令，各守其职，这样一来国家的体制就完备了。萧何等开国功臣的后代现在都被封为列侯，而您准备封皇子为列侯，他们的爵位如果相同了，尊卑的顺序就打乱了！所以我们还是建议您封皇子为王。”

汉武帝在给他们批示的诏书中写道：“康叔一共有10个兄弟，但是只有他享有尊贵，这是因为他的德行最高，因此受到了人们的赞扬。周公被天子特许可以在郊外祭祀天神，是因为他有卓越的功绩。我的皇子们才能德行远远不如他们，所以只能封他们为列侯。”

大臣们继续上书，说：“当初康叔兄弟一共有10人，周公辅佐周成王，其他8个人都因为先辈的尊贵建立了大国。周公要辅佐周成王，所以让伯禽去鲁国即位。由于时代的不同，爵位体制也在改变。汉高祖平定天下以后，把爵位分为王和侯两个级别。您的德行和才能都非常卓越，百姓都爱戴您，天下也基本上稳定了。我们还是建议您封皇子为王，这样才会不打乱尊卑的次序，不让百姓们失望。”

汉武帝依然没有批准他们的建议，因此几位大臣再次上书，说：“您谦虚地说自己的才能和德行不够，但是您的文治武功是天下人有目共睹的。汉高祖创建汉朝的时候，封他的子孙为王，您不应该私自更改高祖定下的法则啊。”这次汉武帝终于准许了他们的建议，封刘闳为齐王，刘旦为燕王，刘胥为广陵王。

为了督促3位皇子治理好他们的封国。汉武帝分别赐给他们策文。在给齐王刘闳的策文中写道：“你要真正做到公正地处理事情，那样才能保证国家太平。如果不分辨是非的话，不仅会伤害你的国家，还会伤害到你自身。”在给燕王刘旦的策文中写道：“你不要和人结下怨仇，不要做败坏道德的事情，不要忽视军事力量，不要让没有经过训练的军士出征。一定要注重爱护人民！”在给广陵王刘胥的策文中写道：“你要小心谨慎地处理政事，这样百姓才会拥护你。你年纪还小，千万不要痴迷于玩乐，更不能接近小人，一切政事都要依照法规来处理。”朴实的文字中渗透出汉武帝的良苦用心。

列传

在《史记》一书中，列传所占篇幅最多，可分两大类：一类是人物传记，有一人一传的专传，有两人或数人的合传，按人物性质排列立传。所记人物范围极广，涉及社会各个阶层。另一类是对外国或国内少数民族的记载，涉及中外关系史和国内民族关系史。列传对本纪起了充实和具体化的作用。

中国大事记 | 公元前262年，楚国任命春申君为相，当时战国四公子“辅国持权”，养士成风。

伯夷列传第一

伯夷和叔齐

伯夷和叔齐是孤竹国国君的两个儿子，都非常贤能。孤竹国国君准备让叔齐继承自己的君位。但是他死了以后，叔齐却坚持要把君位让给哥哥伯夷。伯夷认为叔齐即位是父亲的遗命，不能违背。但是叔齐坚持让他即位，伯夷无奈之下，只好悄悄离开了孤竹国。叔齐知道哥哥出走之后，竟然也没有继承君位，同样离开了那里。孤竹国的百姓们只好拥立孤竹国君其他的儿子继承君位。

那个时候，商朝的纣王荒淫残暴，百姓生活在水深火热之中，伯夷和叔齐听说西伯侯姬昌能够很好地赡养老人，于是前去投奔姬昌。但是等他们到了西岐的时候，姬昌已经去世了。他的儿子周武王姬发追尊姬昌为周文王，并且把他的木制灵牌安放在兵车上面，发兵讨伐商朝。伯夷和叔齐勒住武王的马缰绳，劝阻他说：“您的父亲刚刚去世，还没来得及好好安葬，而您却要发动战争，作为儿子，这样做是最大的不孝。商纣王是您的君主，而您却要发兵去攻打他，作为臣子，这样做是最大的不忠。您还是赶快撤回军队吧！”周武王身边的随从人员认为伯夷和叔齐阻挡大军的前进，就准备杀死他们。这时候，太公吕尚赶忙制止住他们，对周武王姬发说：“他们是有节义的人，我们应该恭敬地对待他们。”太公吕尚搀扶着他们离开了军队。伯夷和叔齐没能制止周朝大军的行动。

周武王率军灭掉了商朝，平定了天下，建立了周朝。伯夷和叔齐认为周武王作为臣子杀死君主是不符合伦理的事情。他们坚持仁义，坚决不吃周朝的粮食，相伴隐居在首阳山上，每天只靠采摘野菜充饥。不久，伯夷和叔齐就因为饥饿奄奄一息了。临死的时候，他俩共同创作了一首诗歌。歌词的内容是：“我们登上了西山，采摘那里的薇菜。残暴的臣子替换了残暴的君主，他却认识不到这个错误。神农、虞、夏那样的太平盛世再也看不到了，何处才是我们的归宿？我们只有去死了，命运是这样的不公平啊！”他们饿死在首阳山上。

采薇图 宋 李唐

此图描述的是商末周初，孤竹国二公子伯夷与叔齐因不满武王伐纣，发誓不食周粟的故事，作者借此二人宁可隐居荒山，以薇蕨为食也不妥协的典故，暗喻当时南宋子民中坚守气节的人。

历史关注 | 战国时产生了从自然界本身去说明天气现象的唯物主义学术思想。

管晏列传第二

管仲为相

管仲，名夷吾，是颍上人。他在年轻的时候就具有非凡的才干，但是家里面非常贫穷。管仲和鲍叔牙关系很好。鲍叔牙家境比较富有，管仲经常占鲍叔牙的便宜，鲍叔牙对此从未有过半句怨言。后来，鲍叔牙追随齐国公子小白，管仲则追随公子纠。齐国国君去世以后，公子纠和公子小白争夺君位，最终公子小白即位，也就是齐桓公。齐桓公强迫鲁国杀死了公子纠，管仲也被囚禁起来。鲍叔牙了解管仲的贤能，向齐桓公推荐他。齐桓公和管仲曾有过一箭之仇，本来想杀死管仲，但在鲍叔牙的建议之下，同意任用管仲。管仲被接回齐国，并且得到了重用。鲍叔推荐了管仲以后，情愿做管仲的帮手。管仲果然不负众望，在他的辅佐之下，齐桓公成为天下霸主，多次会合诸侯，使其他的诸侯国家臣服于齐国。

管仲感慨地说："我从前贫困的时候，曾经和鲍叔牙共同做生意，每当分配收入的时候，我总要比鲍叔牙多拿一些钱，而鲍叔牙并不认为我这样做是贪财，因为他知道我家境贫穷；我还曾经替鲍叔牙谋划事情，结果不但没有成功反而使他更加困顿，而鲍叔牙并不认为是我愚笨，因为他知道人有时运气好，有时运气坏；我好多次当官不久就被罢免，而鲍叔牙并不认为我没有能力，因为他知道我没有遇到好的时机；我在战争中好多次逃跑，而鲍叔牙并不认为我胆小怕死，因为他知道我家里面有老母亲需要我来赡养；公子纠失败以后，和我一起辅佐公子纠的召忽为公子纠殉难而死，我却活了下来，而鲍叔牙并没有认为我对公子纠不忠，因为他知道我不会由于小的过失而感到羞愧，而会因为不能扬名天下而感到耻辱。生我养我的是我的父母，而真正了解我的却是鲍叔牙啊！"天下人不仅称赞管仲的才能，更加赞美鲍叔牙能够识别人才。

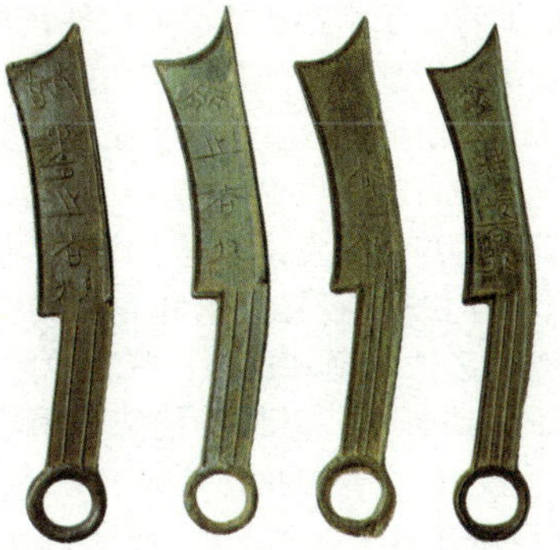

齐刀币　春秋

管仲担任齐国相国期间，充分利用齐国位于海滨的有利条件，进行商品和货物的流通，积累了巨大的财富。齐国因此国力雄厚，百姓生活富足安康。管仲还注重发展军事，当时齐国的军事力量非常强大。其他诸侯国家都对齐国敬畏三分。管仲能够分辨出事情的轻重缓急，权衡出事情的利弊得失，然后采取合理的应对办法，所以他善于把祸患转化成吉祥。管仲的富贵和排场可以和齐桓公相比，但是齐国百姓却认为这是管仲应该得到的，没有人认为他生活奢侈。管仲去世以后，齐国仍然沿袭管仲制定的政策，因此，齐国在很长一段时间内都强大于其他的诸侯国家。管仲去世 100 多年后，齐国又出现了一位名臣晏婴。

晏子的智慧

晏平仲，名婴，是齐国的莱地夷维人。他一

中国大事记 | 公元前260年，秦赵长平之战历时三年，以赵国大败，白起坑赵卒40万结束。

共辅佐了齐灵公、齐庄公、齐景公三代国君，他生活节约俭仆，工作兢兢业业，赢得了齐国百姓的尊重。晏婴担任齐国国相的要职，但是他在饮食上仍旧非常节俭，他的家人在他的影响下，生活也非常俭朴，他的妻妾们从来都没穿过丝绸制作的衣服。晏婴秉公办事，不徇私情。其他的诸侯国家都称赞他的贤能。

晏婴非常善于举荐贤才。一次他在外出的路上，遇到了被囚禁起来的越石父，晏婴知道越石父是一个非常贤能的人。他马上把越石父赎了出来，把他带回自己的家里。回到相府后，晏婴没有向越石父告辞，就直接走进了内室，很久以后才出来。这时候越石父要求和晏婴绝交。晏子非常惊讶，赶忙整理好衣帽，恭敬地问："即使我称不上宽厚善良，但是也把您从困境中解救了出来，您为什么要和我绝交呢？"越石父回答说："据我所知君子在不了解自己的人那里受到了委屈之后，在了解自己的人面前就会得到尊敬。因为别人不了解我，所以囚禁了我，这是情有可原的；但是您既然已经了解了我，对待我还这么轻慢，还不如我一直被囚禁下去呢。"晏婴听了后恍然大悟，马上诚恳地向越石父道歉，把他请进内室作为贵宾对待。

一次，晏婴坐车外出，他的车夫的妻子在家中从门缝里偷偷地观看他们一行。等到车夫回到家里，他的妻子就要求和他离婚。车夫非常奇怪，询问原因。他的妻子回答他说："晏婴只有6尺高，却担任国相的要职，我发现他外出时坐在车里，神态谦恭深沉，表现出甘居人下的态度。而你身高8尺，只不过做人家的车夫，可是你赶车的时候还神气十足，洋洋得意，以为自己很了不起。你这样的人不会有什么前途了！所以我要和你断绝婚姻关系。"车夫听了妻子的话之后非常惭愧，从这以后，他就变得谦虚谨慎了。晏婴发现了车夫的变化，觉得很奇怪，就好奇地询问原因，车夫把事情经过告诉了他。晏婴佩服车夫妻子的贤惠，再加上车夫也变得贤能起来，于是就推荐车夫做了大夫。

晏婴像

晏子出使楚国。楚国人想借侮辱他而使齐国受辱。因为他身材矮小，楚国人就在城门旁边特意开了一个小门，请晏子从小门中进去。晏子说："只有出使狗国的人，才从狗洞中进去。今天我出使的是楚国，应该不是从此门入城吧。"楚国人只好改道请晏子从大门进去。晏子拜见楚王。楚王说："齐国恐怕是没有人了吧？"晏子回答说："齐国首都临淄有7000多户人家，展开衣袖可以遮天蔽日，挥洒汗水就像天下雨一样，肩挨着肩，脚跟着脚，怎么能说齐国没有人呢？"楚王说："既然这样，为什么派你这样一个人来作使臣呢？"晏子回答说："齐国派遣使臣，各有各的出使对象，贤明的人就派遣他出使贤明的国君，无能的人就派遣他出使无能的国君，我是最无能的人，所以就只好出使楚国了。"

·《晏子春秋》·

《晏子春秋》是记叙春秋时代著名政治家、思想家晏婴言行的一部书。《晏子春秋》共8卷，包括内篇6卷（谏上下、问上下、杂上下），外篇2卷，计215章，全部由短篇故事组成。全书通过一个个生动活泼的故事，塑造了主人公晏婴和众多陪衬者的形象。这些故事虽不能完全做信史看待，但多数是有一定根据的，可与《左传》、《国语》、《吕氏春秋》等书相互印证，作为反映春秋后期齐国社会历史风貌的史料。这部书多侧面地记叙了晏婴的言行和政治活动，突出反映了他的政治主张和思想品格。

历史关注 | 战国时期的相国为百官之长，直属国君，也称相或丞相，相下设司徒、司马、司寇等分理政务。

老子韩非列传第三

老子和庄子

老子和周公旦、孔子一样，都是中国古代最有影响力的思想家和哲学家。老子和黄帝一起被人们称为“黄老”，又和晚于他的庄子，被人并称为“老庄”。老子姓李，名耳，字聃，春秋时期楚国苦县曲仁里人。据说他刚出生的时候就满头白发，因此被人们称为老子。他曾经做过周朝的史官，负责管理藏书室。孔子带着学生到周朝的都城去向老子请教关于礼的问题，老子就在大厅里面接待他们。老子说：“你所说的礼，倡导它的人和骨头都已经腐烂了，只有他们的言论还在。君子有了合适的时机，遇上英明的君主，就会驾着马车，穿着朝服出去做官；要是没有合适的时机，没有遇上英明的君主，就像蓬蒿一样，到处飘荡，随遇而安。我听说，擅长做生意的商人把他的货物藏得严严实实，却好像什么东西都没有；君子有着高尚的德行，但表面上却显得非常愚钝。抛去你的骄气和过多的欲望，抛去你的做作的姿态、神色和过于远大的志向，那些东西对你没什么好处。我要告诉你的，也就是这些。”孔子告别了老子，带着学生们离开以后，就对他的学生们说：“我知道鸟能飞，鱼能游，兽能跑。飞着的鸟能够用箭去射它，游着的鱼可以用线去钓它，跑着的兽能用网去捉它。如果说到龙，我就真的不知道该怎么对付了，因为龙是乘风腾云上天的。我今天看到了老子，才知道他大概就是龙啊。”老子潜心钻研道德学问，他的学说主要以隐匿声迹、不求闻达为宗旨。老子在周朝住了很久，后来看到周朝逐渐衰弱，感到很伤心，就骑着他的青牛，离开了都城。他一路向西走，一直走到函谷关，在那里遇见到了关令尹喜。尹喜非常钦佩老子的学问，就对他说：“您马上就要隐居了，能不能在隐居前给我们留下一本书呢？”老子说：“既然你这么说，那我就写一本吧。”老子就写了《道德经》这本书。书一写完，老子就离开了，再也没有人知道他的行踪。《道德经》分为上和下两篇，上篇是道，下篇是德，所以叫作《道德经》，主要内容就是关于道德。传说老子活了160多岁，也有的人说他活了200多岁，这都是因为他专门研究道德，有助于长寿。孔子死后129年，史书上甚至记载周朝太史儋对秦献公说：“原来秦国和周是一起的，在一起总共500年，分离70年以后霸王就出现了。”有人说儋就是老子，但也有人说不是，没人知道真假。

庄子姓庄，名周，是战国时代宋国蒙地人。他和道家学派的始祖老子一起，被人们称为“老庄”，但是他出生比老子晚几百年。庄子曾经做

老庄图 清 任颐

此图将老子和庄子绘于一幅之中，庄子驾鹤而行，寓其“游逍遥”之意。老子枯坐一室，寓其“守玄默”之意。

中国大事记 | 公元前 259 年，秦军乘长平之战胜利之机包围了赵国的都城邯郸，历时两年未能攻下。

过蒙地漆园的小官，和梁惠王、齐宣王是同一时代的人。他的知识非常广博，可以说是天文地理样样精通，但是他的主要思想还是来源于老子的学说。他总共写了 10 多万字的作品，大多数作品都是通过一主一客两个人的对话，来表达自己的思想。他写了《渔父》《盗跖》《胠箧》，用来反驳和攻击孔子儒家学派的观点，表明老子道家学说的思想。而他写的《畏累虚》《亢桑子》等，都是凭空想象的东西，不是真正的实情。但是庄子善于行文措辞，指事类比，用来攻击和驳斥儒家人物和墨家人物，即使是当时非常有才华的人，也难免会受到他的攻击。他的语言纵横恣肆、随心所欲，所以当时的王公大臣没有人愿意重用他。楚威王听说庄子很有才华，就派使者带着很多的礼物去邀请他，说希望拜他为楚国的国相。庄子笑着对使者说："黄金千两，的确是厚礼；一个大国的国相，也的确是非常尊贵的地位。但是难道你没有见过祭祀天地时用的牛吗？喂养它好几年，然后给它披上绣有花纹的绸缎，再把它拿到太庙里面去当作祭祀用的祭品。到那个时候，那只牛即便是想做一头孤独的小猪，又怎么能够如愿呢？使者大人您赶快走吧，千万不要玷污了我。我宁愿在肮脏污浊的小水沟里面游泳嬉戏，也不愿意被国君束缚。我宁愿一辈子不做官，也要让自己自由自在。"使者看见庄子这样坚决，没有办法，只能回去向楚威王复命。庄子的作品，现在存有《庄子》一书。《庄子》也叫作《南华经》，分为内篇和外篇，其中一部分是庄子的作品，另一部分则是他的弟子以及其他人的作品。这本书和《老子》一样，都是道家的经典作品。

韩非与《说难》

韩非，韩国人，出身于贵族世家，是战国时代著名的法家人物。韩非子非常喜欢刑名法术之说，他的主要理论来源于"黄老之说"，也就是黄帝和老子的学说。韩非天生口吃，不善于言论，却非常擅长写书。他和李斯一样，都是儒家大师荀卿的学生，但是李斯自认为比不上韩非。

韩非看到韩国越来越衰弱，就多次上书劝谏韩王，但是韩王没有采纳他的意见。韩非感叹韩王不任用贤能的人，反而相信阿谀奉承的小人，并且给他们高官厚禄。于是他作了《孤愤》《五蠹》《说林》《说难》等著作来抒发自己的不得志，阐明为政治国之道。

韩非想通过游说来传播自己的学说。他知道这样做很困难，这在他所写的《说难》一书也讲得非常具体。但是他最后还是因为传播学说死在了秦国，印证了他当初的担忧。

《说难》里面写道："说服别人之所以困难，不是因为才智不够，不能说服君主；不是口才不好，不能明确地表达出自己的意思；也不是不敢直言不讳地指出君主的过失。说服别人的困难，在于是否知道要说服对象的心理，以及自己该用怎样的话去说服他。

"所要说服的对象如果想得到名声，你却用重利

庄周梦蝶图　元　刘贯道

《庄子·齐物论》曰："昔者庄周梦为胡蝶，栩栩然胡蝶也，自喻适志与！不知周也。俄然觉，则蘧蘧然周也。不知周之梦为胡蝶与，胡蝶之梦为周与？周与胡蝶，则必有分矣。此之谓'物外'。""庄周梦蝶"在后世成为文人士大夫热衷表现的题材，上图人物线条高古，构图严谨，刻画了庄周闲适的情性。

历史关注

战国时期，弩的种类很多，有手臂发射的“臂张弩”、脚踏发射的“蹶张弩”等。

去劝说他，他就会认为你品德低下，就会疏远你。所要说服的对象贪图重利，你却用名声去劝说他，他就会认为你没有头脑而脱离实际，就一定不会任用你。所要说服的对象心里贪图重利，但是却装出想得到名声的样子，如果你用名声去游说他，他就会表面上任用你，但实际上却疏远你；如果你用重利去游说他，他就会暗中采纳你的意见，但表面上却抛弃你。这些都是必须知道的。

“说服别人最重要的，就是要懂得美化君主所推崇的事情，掩盖他认为丑陋的事情。他自以为高明，就不要拿他以往的过失来让他难堪；他自以为勇敢，就不要用坚持自己的想法让他生气；他自以为强大，就不要找他为难的事来拒绝他。说服别人要注意：如果有件事和君主想做的事类同，如果另一个人和君主有同样的品行，就要把那件事和那个人加以美化。有和君主同样过失的人，就要想法掩饰他的过失。等到君主对你不再抵触，你说的话不再被君主排斥的时候，就可以施展自己的口才和智慧了。这就是和君主相处的难处啊！等到时间一长，国君对你的感情已经很深厚，你的计策也不再被怀疑，和他争论也不被降罪了，那时候，就可以对他讲明利害关系，帮他建功立业了。这样的话，说服就成功了。”

在书中，韩非用了很多形象生动的比喻，例如弥子暇的故事：“从前有个叫弥子暇的人，非常受卫灵公的宠爱。有一天，弥子暇的母亲生病了，弥子暇就假托卫灵公的命令，驾着卫灵公的马车回去看望他的母亲。按照当时卫国的法律，偷偷驾驶国君的马车的人要被砍断双脚。但是卫灵公知道以后，却说弥子暇对母亲非常孝顺，就没有降罪他。又有一天，弥子暇和卫灵公一起在花园游玩，弥子暇吃到一个桃子很甜，于是就把没吃完的桃子献给卫灵公。卫灵公就说：‘他因为爱我，处处都想着我，所以才把自己没吃完的桃子献给我吃。’但是弥子暇老了以后，不再受卫灵公的宠信了，卫灵公就说：‘他曾经偷偷驾着我的马车去看他母亲，甚至还把吃剩的桃子给我吃，真是大逆不道。’本来是同样的事情，却因为国君的爱憎发生了变化，而有了不同的看法。所以，说服国君的时候，必须考虑国君的个人感情。就像龙一样，龙可以驯服、戏弄、骑坐，但是龙的喉咙下面有一个倒着长的鳞片（逆鳞），如果谁动了，龙就会伤害他。国君也是如此，说服国君的人要做的，就是不要触动他的‘逆鳞’。”

有人把韩非的书带到了秦国，秦王嬴政读后，感慨地说：“唉，我要是能和写这些书的人交往，就是死了也没什么遗憾了。”李斯说：“这些是韩国的韩非写的书。”嬴政马上出兵攻打韩国。韩王非常害怕，就派韩非为使者出使秦国。

韩非到了秦国以后，秦王嬴政很欣赏他。李斯和姚贾非常嫉妒，就在秦王面前诋毁他说：“如果大王要吞并各国，韩非肯定会帮助韩国。如果他在秦国留的时间长了，再回到韩国，肯定会成为大王您的祸害。不如给他安个罪名，处死他。”嬴政同意了。李斯派人送毒药给韩非，逼他自杀。韩非无奈，只能服毒自尽。等到秦王后悔，派人去赦免他的时候，已经晚了。

· 小国寡民 ·

小国寡民是老子心中理想的社会和国家形态。他认为社会之所以混乱，百姓之所以互相争夺，原因就在于人们欲望的过度、法令的繁多、对知识的追求和讲究虚伪的仁义道德等。他认为社会发展分为5个阶段，即“道”“德”“仁”“义”“礼”。人类社会的最初发展阶段是由“道”统治的，一切纯任“自然”，是完全“无为”的。以后的社会分别由德、仁、义、礼统治。老子认为后一个阶段与前一个阶段相比，离“无为”更远，美的、善的东西越少，丑的、恶的东西越多，因而离他的小国寡民的政治理想就越远。老子的幻想在一定程度上反映了在春秋战国时代战争频繁，人民生活动荡不安，统治阶级对人民进行残酷剥削的情况下，人民迫切要求安静休养和减轻剥削的愿望。而他所追慕与向往的社会，正是远古的原始社会。

中国大事记 | 公元前 257 年，魏公子信陵君窃符救赵，大败秦军于邯郸城下。信陵君由此不敢回魏国。

司马穰苴列传第四

司马穰苴

齐景公时，晋国和燕国分别出兵攻打齐国，齐国几次派出军队应战，都大败而回，齐景公非常担心。晏婴向齐景公推荐田穰苴，一番交谈下来，齐景公看到田穰苴果然很有才华，就封他为将军，让他马上派兵去抵挡燕国和晋国的军队。田穰苴却对他说："君主，我地位卑微，现在您突然任命我为将军，不但士兵们不服我，老百姓也不会信任我。除非大王派一位不但得您宠信还受百姓尊重的大臣，作为监军。"齐景公就派自己最宠信的大臣庄贾去做监军。

田穰苴和庄贾约好第二天中午在军营门前会面。第二天，田穰苴早早地就到了军门，但庄贾看不起田穰苴，更不把和他的约定放在心上。一直到了正午，庄贾也没有来。田穰苴就自己一个人巡视营地，整顿军队。

等田穰苴宣布完纪律之后，太阳已经下山。这时，庄贾才赶到军营。田穰苴把军法官叫来，问他："军法规定，对约好时间但是迟到的人，该怎么处置？"军法官回答说："应当斩首。"庄贾连忙派人快马报告齐景公，求他救命。

庄贾派出去报信的人出发不久，田穰苴就把庄贾斩首了，还拿着他的头在军营里面巡行示众，全军将士都感到震惊和害怕。过了好长时间，齐景公派的使者才驾车飞奔进军营，拿着符节来赦免庄贾。田穰苴说："将领在军队里，国君的命令可以不接受。"又问军法官说："驾着车马在军营里奔驰，应该怎么样处罚？"军法官回答说："应当斩首。"使者非常害怕。穰苴说："他是国君的使者，不能斩首。"于是杀了使者的随从，砍断了马车左边的横木，还杀死了马车左边的马，又让使者回去向齐景公报告，自己则率领着部队出发了。

士兵们安营扎寨，挖井立灶，饮水吃饭，探问疾病，安排医药，田穰苴都亲自过问并抚慰他们。事情不分大小，也不分士兵们高低贵贱，都认真处理，公平对待。田穰苴还把自己的食物拿出来分给士兵。田穰苴挑选出强壮的士兵，留下生病的和体质羸弱的。3 天以后重新整顿军队，准备出战。军队士气大振，就连那些病弱的士兵也都要求一同奔赴战场。晋国军队知道齐国军队士气高涨，觉得不能正面应敌，就撤回去了。燕国军队知道以后，就渡过黄河向北撤退。齐国军队乘势追击他们，收复了所有沦陷的国土，最后凯旋回国。

还没到国都，田穰苴就解除了军队的武装，取消了战时规定的号令，直到宣完誓立完盟约以后才进入都城。齐景公率领文武百官到城外来犒劳将士。齐景公接见了田穰苴，任命他为大司马。从此以后，田氏在齐国的地位一天天显贵起来。

后来，大夫鲍氏、高氏、国氏等人忌妒司马穰苴，就在齐景公面前诋毁他。齐景公于是解除了司马穰苴的官职，司马穰苴郁郁而死。司马穰苴的死，让田乞、田豹一些人对高氏和国氏家族的人痛恨不已。后来，田常杀死齐简公以后，就把高氏和国氏家族全部诛灭了。到了田常的曾孙田和这里，田和便自立为国君，这就是齐威王。齐威王不管是带兵打仗还是树立权威，都模仿司马穰苴的做法。齐威王还派人编辑古代的《司马兵法》，把司马穰苴的兵法也附在里边，并且命名为《司马穰苴兵法》。

历史关注 | 曾侯乙墓编钟的出土推翻了“中国的七声音阶来自欧洲”的传统说法。

孙子吴起列传第五

孙子练兵

孙子名武，是齐国人。他和司马穰苴一样，是齐国田完的后代，也是著名的军事家。当时齐国正发生内乱，孙武觉得不如去其他国家发展，或许能发挥自己的才华。恰好当时南方的吴国在国君的领导下，国力强大，孙武就一个人离开了齐国，去了吴国，希望能得到吴王的重用。在吴国，孙武认识了伍子胥，和他成为好朋友。在那里，他还写了13篇兵书，这就是赫赫有名的《孙子兵法》。

过了几年，公子光刺杀了当时的吴国国君，自立为君，称阖闾。公子光当上国君后，任用了伍子胥等一些贤臣，并四处寻找有才华的人，希望能够让吴国更加强大。于是伍子胥就对吴王阖闾推荐了孙武。

听伍子胥说孙武精通兵法，吴王阖闾就接见了他。阖闾说：“您的13篇兵书我全部都看过了，您可以尝试着来操练一下军队让我看看吗？”孙子回答说：“当然可以。”阖闾说：“那您可以试试操练妇女吗？”孙武又回答说：“可以。”阖闾就让他把妇女当作士兵进行操练，之后叫出自己宫中的美女，一共180个。孙子把她们分为两队，再让吴王阖闾最宠爱的两位侍妾分别担任两队的队长，并且让每个人都拿一支戟。安排妥当后，孙武问她们说：“你们都知道自己的左手、右手、心口和后背吗？”妇人们回答说：“知道。”孙子说：“我说向前，你们就看心口所对的方向；我说向左，你们就看左手的方向；我说向右，你们就看右手的方向；我说向后，你们就看背的方向。”妇人们答道：“是。”孙武宣布完了号令以后，就摆好大斧和钺等刑具，又把刚才已经宣布过的号令再次讲说明白。做完那些事情后，孙武就击鼓，命令妇女们向右，妇人们都大声笑了起来。孙子说：“纪律还不清楚，号令也不熟悉，这是将领的过错。”于是又反复把纪律和号令交代讲解，然后又击鼓命令她们向左，妇女们还是哈哈大笑。孙子说：“纪律弄不清楚，号令不熟悉，这是将领的过错；现在纪律和号令已经讲得清清楚楚，你们却不听从我的命令行事，那就是队长和士兵的过错了。”孙武就要杀左、右两队的队长。

孙武塑像

吴王阖闾正在台上观看，看见孙武要杀自己的两个爱妾，大吃一惊。急忙派使臣传达命令说：“我已经知道将军善于用兵了。我要是没有了这两个侍妾，就是吃起东西来也不会觉得香甜，希望你不要杀了她们。”孙子回答说：“我已经接受大王您的命令担任将军，将领在军队里，国君的命令有些是可以不接受的。”于是斩杀了两个队长，拿她们的人头示众。然后按照顺序任用左右两队的第二个人作为队长，再次击鼓发令。这一下，妇女们不论是向左向右、向前向后、跪倒还是站起都符合号令和纪律的要求，再也没有一个人敢发出声音。于是孙子派人向吴王报告

中国大事记

公元前256年，西周与诸侯合纵抗秦，秦王遂出兵灭亡西周，取得九鼎。史家开始以秦王纪年。

孙五（武）子演阵教美人战 版画
图中孙武作道士装束，举旗于城上教宫女演习战术，吴王坐于对面的台上，俯视两队演武的阵容。

说："队伍已经操练整齐，大王可以下台来视察她们的演习。大王怎么用她们都可以，即使是叫她们赴汤蹈火也没有问题。"这时的阖闾，正在为孙武杀了他的两个心爱的美人感到心痛，一点心情都没有，就回答说："将军你不用操练了，回房间休息去吧。我不想下去检查了。"孙子感叹地说："大王只是欣赏我对您说的那些兵法，却不能真正来加以使用。"

从此，吴王阖闾知道孙武是真的善于用兵，最后终于任命他做了吴国的将军。吴王阖闾三年（公元前512年），吴军征伐楚国，攻占舒邑。阖闾想顺势进攻楚国首都，孙武对他说："我军征战多时，已经很疲劳，现在攻打郢都，时机还不成熟。"吴王听取了他的意见，停止征伐。公元前511年以后，吴军连续三年征讨楚国，相继攻占楚国的六邑、潜邑和居巢。

吴王阖闾九年（公元前506年），吴王再次就攻打郢都一事征询孙武的意见。孙武和伍子胥都认为时机基本成熟，建议吴王联合唐、蔡二国军队共同讨伐楚国。孙武还为阖闾设计了一整套作战计划，吴王欣然采纳。吴王出动全部军队，与唐国蔡国组成联军，西进伐楚。楚国也发兵抵御，双方在汉水大战，楚军大败奔逃。吴王纵兵追击，五战五捷，攻克郢都。吴军击败楚国，威震齐国和晋国，孙子功劳甚高。破楚之后，孙子隐居起来，再也没人知道他的去向。

孙膑入齐

孙子死后，过了100多年又出了一个孙膑。孙膑出生在阿城和鄄城一带，是孙武的后代子孙。孙膑曾经和庞涓一道拜当时有名的鬼谷子为师，学习兵法。庞涓学成出师，来到魏国，得到了魏惠王的信任，当上了魏国的将军。但是庞涓非常清楚自己的才能比不上孙膑，生怕有一天孙膑超过或战胜自己，就秘密派人把孙膑找来。孙膑虽然得到老师的真传，学得精妙的兵法，但万万没想到自己的师兄会对自己不利，因此高高兴兴地到了魏国。庞涓热情地欢迎师弟的到来，接风洗尘之后，师兄弟一番长谈。庞涓了解到孙膑果然高明，自己所学远远不及，非常嫉妒。为了自己的功名利禄，庞涓便设下毒计，找了个罪名砍掉了孙膑两只脚，并且在他脸上刺了字，还把他囚禁起来，不让别人知道。

齐国的使臣来到魏国，孙膑得知，觉得脱离魏国的时机来了。他偷偷地拜见了齐国使者，详细地向他讲述了自己的情况及在魏国的遭遇，并且请求使者把自己带回齐国。因为孙膑是齐国人，齐国使臣听完他的讲述，十分同情。在交谈中，这位使者还发现孙膑是一个非常有才华的奇人，便决定带他到齐国去。通过精心的策划和周密的布置，孙膑终于离开了魏国，也摆脱了庞涓的控制与迫害。孙膑到了齐国以后，在将军田忌手下当门客，田忌非常赏识他。

田忌经常和齐国的贵族公子们赛马，而且下非常大的赌注。孙膑发现那些马的脚力都差不多，而那些马又可以分为上、中、下三个等级。比赛的时候，一般是上等马对上等马、中等马对中等马、下等马对下等马。于是，孙膑就对田忌说："将军您尽管下大的赌注，我保证能让您取胜。"田忌相信了他的话，就和齐王以及其他的贵族公子们比赛，而且下了一千两黄金的赌注。快到比赛的时候，孙膑对田忌说："现在用您的下等马对他们的上等马，用您的上等马对他们的中等马，再用您的中等马对他们的下等马。"三

历史关注 | 荀子为战国后期儒家代表人物，吸收融化先秦其他学说，对秦汉思想界影响很大。

次比赛结束以后，田忌的马输了一场，赢了两场，结果赢得了齐王一千两黄金的赌注。田忌看到孙膑有过人的才能，就把推荐给齐威王。齐威王向孙膑请教兵法，听后十分满意，就让他担任军师。

后来，魏国攻打赵国，庞涓统领大军直逼赵国都城邯郸。赵国形势危急，急忙派人向齐国求救。接到赵国的求救信后，齐威王打算任用孙膑为主将，让他带领军队去援救赵国。孙膑没有答应齐威王，他推辞说："我孙膑是一个受过酷刑的人，不适合担任部队的主将。"齐威王就任命田忌做主将，孙膑做军师。孙膑因为被挖掉膝盖，不能行走，只能坐在一辆有帐篷的车里，暗中替田忌出谋划策。一接到命令，田忌就想要带着齐国的军队，直奔赵国，孙膑劝阻他说："想要解开乱成一团，缠成一片的丝线，不能够生拉硬拽；想劝解两个正在打架的人，不能也卷进去和他们打在一起。要扼住争斗者的要害，争斗者因形势限制，就不得不自行解开。现在魏国和赵国两国正在交战，那么魏国全部的精锐部队必然在赵国全力进攻，而留在魏国国内的，肯定只是一些老弱病残。将军您不如率领齐国军队，马上向魏国都城进攻，占据魏国的交通要道，攻打魏国空虚的地方。到时候，魏国军队就只能放弃攻打赵国，撤回魏国，以求自保。这样的话，我们一下子就解救了赵国被围困的危险，又可以轻松破敌。"这个策略极其高明，田忌听了，十分赞赏，马上传令下去，吩咐按照孙膑的计策办。齐国大军掉转方向，向魏国进军，直捣魏国都城。魏国告急，魏王立即派人传令，让正在攻打赵国的魏军回师。魏军统帅庞涓得到消息，马上放弃攻打赵国，撤回魏国。为了解救国都的危机，魏军马不停蹄，日夜兼程。田忌和孙膑探知魏军的行动，便留下一支部队继续进攻，选派精锐部队在桂陵设下埋伏。桂陵是魏军从赵国回到国都的必经之路。当人困马乏的魏国军队到达桂陵的时候，正好钻进了孙膑设下的埋伏圈，几乎全军覆没，魏国的大将军庞涓也成了孙膑的俘虏。

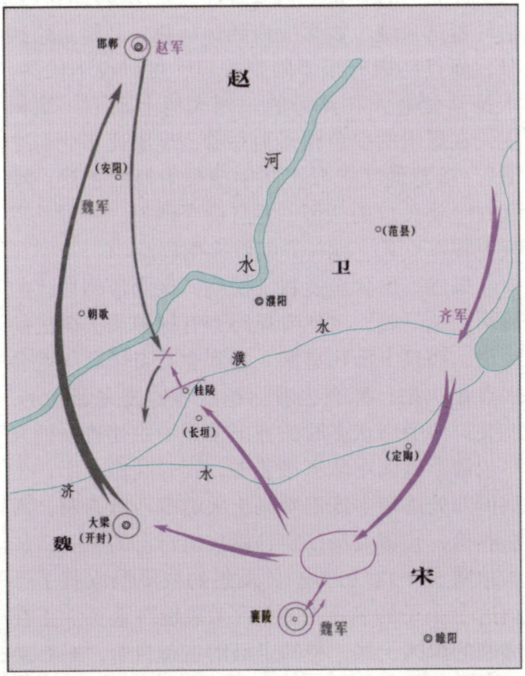

桂陵之战要图

增兵减灶

在齐国和魏国桂陵之战以后不久，齐国发生了内乱，田忌不再是齐国的大将军，而孙膑也不再是军师了。桂陵之战中被孙膑俘虏、又被释放了的魏国将军庞涓，总想着找孙膑再比高低。他见齐国发生内乱，孙膑也不再是军师了，觉得这是进攻其他国、扩大魏国土地的好时机，于是就发兵攻打韩国。此时正赶上齐威王死了，他的儿子继位，叫作齐宣王。齐宣王又重新启用了田忌和孙膑，不过庞涓不知道这件事。

韩国本来就没有魏国强大，加上庞涓确实有不低的军事才能，韩军抵挡不住魏军，于是向齐国求救。但是在齐国，关于要不要派兵去救韩国，却有着两种不同的意见。以相国邹忌为代表的一些人认为犯不着为了别的国家的事情派自己的士兵去冒险，而且如果帮助韩国的话，就得罪了魏国；以田忌为代表的一些人却认为应该去救，如果不救韩国的话，魏国就会越来越强大，

中国大事记 | 公元前250年，秦孝文王卒，庄襄王即位，即秦始皇之父。

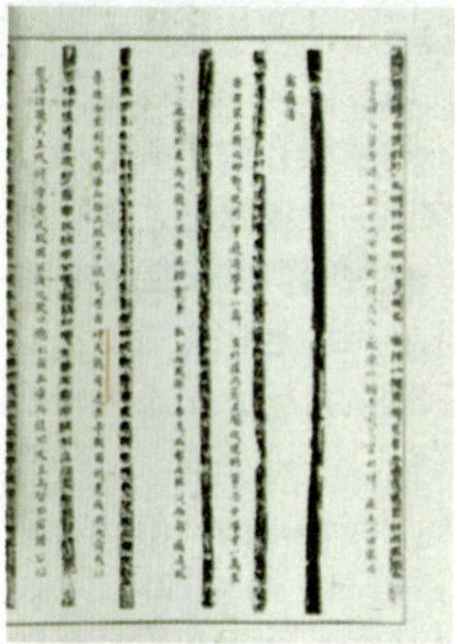

《孙膑擒庞涓》书简
本篇记述了孙膑在“围魏救赵”之战中，用避实击虚、“攻其必救”等方法，在桂陵大破魏军，俘获庞涓。这是孙膑运用他的军事思想取得胜利的一个著名战例。

到最后恐怕连齐国都会被魏国灭了。大家各有各的道理，争了半天，就是没争出个结果来。

最后，大家都看着孙膑，看他的想法怎么样。孙膑想了想，然后对大家说：“如果我们不去救韩国的话，那韩国肯定抵抗不住强大的魏国，最后只能被魏国消灭。等魏国越来越强大以后，那我们齐国就麻烦了；可要是我们马上就派兵去帮助韩国，一起抵抗魏国的进攻，那无异于就是我们齐国和强大的魏国直接对抗。即便是能打赢，也要损失不少的人，对我们还是非常不利。现在最好的方法，莫过于一方面派人通知韩国，说我们齐国决定帮助他们，而且军队已经在路上，希望他们能够坚持到援兵的到来，另一方面我们先不要发兵，等韩国和魏国打得两败俱伤的时候再去，那样的话，就能一举两得了。”大家听了孙膑的主意，纷纷表示赞同。

果然，一切都按照孙膑的计划进行着。韩国得到齐国的答复后，面对魏国的进攻，拼命抵抗，等待着齐国的援救，而魏国也久攻不下，渐渐地失去了耐心。等到双方打得差不多的时候，孙膑才和田忌一起派兵攻打魏国都城大梁。庞涓听说齐国军队攻打大梁，没有办法，只能班师回国。由于韩国和魏国很近，庞涓的军队比齐国军队更快到达大梁。魏王命令太子魏申为元帅，庞涓为将军，前去迎击齐国军队。

在快到魏国的路上，孙膑对田忌说：“大人，您知道，魏国的士兵非常英勇善战，而且一向瞧不起齐国，认为我们齐国士兵胆小怯战。善于打仗的人就应该把握住外在的条件，运用各种方法来取得胜利。兵书上说，如果劳师远征，经过几百里去攻打别的国家，夺取别国的土地，那样的军队肯定要损失他们的将军；而要是经过几十里的路，去攻打其他的国家，那么在到达那个国家之前，士兵们就恐怕会有将近有一半的人都已经逃跑了。我们不如将计就计，每天减少做饭的锅灶，让魏国以为我们的士兵越来越少，从而对我们放松警惕，最后我们就能出其不意，打败魏国了。”田忌听从了孙膑的建议，让齐国军队进入魏国的第一天，建造10万个做饭的锅灶，第二天的时候就减为5万个，第三天又减为3万个，让魏国人误以为齐国士兵已经逃亡了一大半。

庞涓率兵出发3天，听说齐国士兵越来越少，到后来只剩下3万人。他非常高兴，就对士兵们说：“我本来就知道齐国的士兵非常胆小，但没想到，进入我们魏国还不到3天，竟然有一半以上的人逃亡。现在正是我们进攻的好机会。”于是他丢下步兵，自己只带了一些精锐的骑兵不分日夜地追赶齐军。

孙膑对魏军的行程做了一个初步的计算后，估计着这天晚上魏军应该到达马陵。马陵道路狭窄，而且四周有很多险要关口，可以设下伏兵。于是他就命人在路旁的一棵大树上刮下一块树皮，在露出的白色树干上写着“庞涓死于此树之下”。接着他又选派军队中擅长射箭的士兵，埋伏在险要关口的两旁，并且命令他们，一看见黑夜中魏军点火，就一齐朝着火把放箭。

果然不出孙膑所料。傍晚，庞涓带领自己的骑兵到达马陵，忽然看见路旁有棵被削去树皮的大树，而且上面还有字，感到非常奇怪。他就命人点燃火把，照亮去看。还没等他读完那些字，在关口两旁埋伏多时的齐国士兵纷纷朝着火把开弓放箭。魏国军队突遭袭击，顿时乱作一团，士兵们四处逃窜。庞涓看见士兵们都四散奔逃，无法收拾，知道败局已定，就拔出自己的长剑，长长地叹了一口气，说：“没想到我庞涓成就了孙膑这个小子的名声！”然后无奈地自杀了。正在逃跑的魏国士兵，得知自己的主帅自杀，军心涣散，斗志瓦解。齐军乘势追击，彻底击溃魏军，

历史关注

战国诸侯中在位时间最长者为周赧王，时间为公元前314～前256年，共59年。

并俘虏了魏国太子魏申，然后凯旋归国。

孙膑也因此名扬天下，后世还流传着他写的《孙膑兵法》。

吴起成名

吴起是卫国人，出生于贵族之家，但是到了他这一代，家境已经没落了。

吴起喜欢兵法，曾经拜曾子为师，学习治国之道，后来到鲁国做官。

齐国的军队攻打鲁国，鲁国国君想任命吴起为将军，但是因为吴起的妻子是齐国人，所以鲁国国君对他还是有些怀疑。吴起一心想当上将军，一展自己平生所学。他得知鲁穆公对自己有所怀疑，就回到家，杀了自己的妻子，并砍下妻子的头，拿给鲁穆公，以此表明自己的心迹。鲁穆公一见，非常感动，就任命吴起做将军，率领军队攻打齐国。吴起果然不负鲁穆公的重托，率领鲁国军队，大胜齐军。

鲁国有的人非常嫉妒吴起，就暗中诋毁他说："吴起从不相信别人，而且非常残忍狠毒。他年轻的时候，家里的黄金足足有几千两，他把这些钱都用来去外面买官，但是到最后却什么也没得到，还花光了家里所有的积蓄。和吴起同乡的人笑话他，说他没什么出息，他就拔剑把几十个嘲笑自己的人都给杀了。他杀人以后，就从卫国的东门逃跑，不顾自己年迈母亲的死活，离开了家乡。他和他的母亲告别的时候，咬着自己的胳膊发誓说：'我吴起要是当不上国相客卿，就绝不回卫国。'于是到了鲁国，拜孔子的弟子曾参为师学习儒术。不久，同乡的人来告诉吴起，说他母亲故去，但是他为了做官，竟然不回去奔丧。曾参知道后，认为他一点儿也不孝顺，非常瞧不起他，甚至和他断绝了师徒关系。吴起被老师开除后，就去学习兵法，后来在国君的朝中做官。国君怀疑他，吴起就杀了自己的妻子，向国君表明自己的心迹，希望能够得到将军的职位。鲁国是一个小国，如果任用一个会打仗的将军，就会被其他国家误认为我们鲁国很有野心，那样的话对鲁国十分不利。况且鲁国和卫国是兄弟国家，国君要是重用吴起的话，就等于得罪卫国。"鲁穆公听到流言，就慢慢地对吴起有所猜疑，逐渐疏远了吴起。

吴起被鲁穆公疏远以后，没有办法，只能去其他国家发展。他听说魏文侯非常贤明，觉得不如去投奔他。吴起就前往魏国，表示自己愿意在魏国效力。魏文侯也听人说起吴起有才能，想委以重任，但对吴起了解不多。为搞明真实情况，他问大臣李克："吴起是个什么样的人啊？"李克回答说："大王，虽然吴起这个人贪恋财物而且喜欢女色，但是讲起带兵打仗，那他可真的是一位英雄，连齐国的司马穰苴也很难比得上。"魏文侯听了以后，马上任命吴起为大将军，并且让他率领军队与秦军作战。吴起带领魏国军队西征，击败秦军，夺取了秦国五座城池。

吴起担任将军带兵打仗的时候，总是和士兵们一起同甘共苦。和最下等的士兵穿一样的衣服，吃一样的饭菜，睡觉的时候不铺垫子，行军的时候也不坐车骑马，还亲自背着行李和干粮。吴起还十分爱护士兵。有一次，一个士兵身上长了一个毒疮，吴起就亲自给这个士兵吸出疮里面的毒液。这个士兵的母亲听说了这件事情后，就号啕大哭。别人知道了，觉得很奇怪，就问她说："你的儿子在部队里只是一个无名小卒。他身上长了个毒疮，吴起将军却亲自给他吸疮里的毒，你应该为你儿子感到高兴和骄傲才是啊，怎么还哭得那么伤心呢？"那个士兵的母亲回答说："不是像你说的那样。以前他父亲也在吴起将军手下当兵，身上也长了个毒疮，吴起将军亲自替他父亲吸出了疮里面的毒。他父亲为报答吴起将军，在战场上勇往直前，不顾生死，最后战死在战场上。现在吴起将军又亲自给我儿子吸出毒疮里面的毒，他肯定也会像他父亲那样，舍生忘死地报答吴起将军啊。我不知道他会在什么时候战死，也不知道他会战死在哪里，所以才放声痛哭。"

魏文侯因为吴起非常善于用兵打仗，对人公正公平，在部队得到所有将军和士兵们的信任和

中国大事记

公元前249年，秦庄襄王因吕不韦有“定国立君”之功，封其为相国、文信侯。

爱戴，于是就任命他担任西河地区的郡守，来抗拒秦国和韩国对魏国的进攻。

吴起的见识

魏文侯死了以后，他的儿子当了国君，这就是魏武侯。有一天，魏武侯带领大臣们乘坐大船，沿黄河顺流而下。船行在黄河中央，魏武侯站在船头，看着黄河宏大磅礴的气势，感慨颇多，便回过头来对吴起说：“你看这大山，这大河，多么壮观、多么险要啊！真是我们魏国的珍宝啊！”他满以为吴起会赞同，没想到吴起却讲出下面一番大道理来：“君王，成就大业依靠的是国君的仁慈和美德，而不是靠山川的险要。古代三苗氏凶暴好杀，不修德行，不讲信义，他们拥有洞庭湖和彭蠡湖，想凭借这些险要的地势阻挡大禹，最后怎么样，不还是被提倡仁德的夏朝灭亡了吗？一个国家政权是否稳固，在于国君有没有美德，能不能让百姓得到好处，而不在于拥有多少险峻的山水，占据多少地理上的险要。如果君王您不修仁德，现在和您同乘一条船的人，也难保不成为您的仇敌！”魏武侯听了他的话，连忙点头，说：“你说得真对！”

吴起做西河郡守，很有政绩，名声一天比一天大。后来，魏国设置了相国，由田文担任。吴起认为自己的功绩比田文高，心里愤愤不平，总想找田文理论一番。

他就找到田文说：“我想和您比一比功劳，比一比才能，你看怎么样啊？”田文一听这句话，就知道他来者不善，但还是和气地回答说：“好的，吴将军您请说吧。”吴起就问：“那我先问问你，带兵打仗，让士兵心甘情愿地为国作战，让敌国不敢轻视魏国，你说我们俩谁更厉害啊？”田文回答说：“当然是将军您啊，这点我哪能比得上您啊？”吴起一听这话，就更看不起田文了，又问他：“那我们再比比其他的。说到管理老百姓，发展生产，让国家富强，我们两个人，你说谁厉害？”田文还是低声下气地说：“这点我也比不上吴将军您啊。”吴起更加高兴了，连看都不看田文一眼，趾高气扬地说：“那你再说说，镇守西河，抵抗秦国的进攻，打败韩国和赵国，去攻占他们的土地，我们俩相比谁更厉害？还是我吧？”田文连忙点头，说：“当然还是将军您啊！我怎么能和您相比呢？”

这时的吴起，满以为田文在自己的逼问下，会主动让出国相的位置，就马上接着说：“那我就不懂了，论带兵打仗，你不如我；论治理百姓，你也不如我；论镇守西河，抗拒秦军，你还是不如我，那为什么现在你是国相，而我只做个西河郡守呢？”田文见吴起说出了自己的真正意图，便回答说：“吴起将军，上面的三点，我确实是不如您，但是国君让我当国相，自然有他的道理。您想想，现在国君刚刚即位，年龄不大，没有太多的政治经验，不但大臣们对他能否治理好国家都心怀疑虑，而且就连百姓们不大信服。魏国国内，隐藏着许多不安定的因素，您说，这种情况下，是让您来处理国家大事好呢？还是让我来处理国家大事好呢？”

听了这句话，吴起沉默了很长一段时间，想自己的身份和才能在稳定国家政局方面确实不如田文，然后诚恳地说：“应该让您来掌管国家政务！”田文接着说：“这就是我的优势所在，也是我的职位比您高的原因。”吴起明白了其中的道理，从此以后，再也不敢看不起田文了。

吴起之死

魏国国相田文死了以后，公叔痤接替他当上了国相，而且还娶了魏国的公主做妻子。公叔痤听说吴起曾经和田文比试谁的功劳大，害怕他也会这样对待自己，威胁自己的相位。他想除掉吴起，然而又无良策，只能整天在家唉声叹气。一天，一个聪明的下人知道了他的心思，就对他说：“大人，您要想把吴起赶走，那还不简单？只要一个小小的主意就行了啊。”公叔痤一听，非常高兴，连忙问下人说：“你快说，有什么好办法？”下人附着公叔痤的耳朵说道：“大人，吴起这个人，为人节俭而且清正廉明，但是

历史关注

战国时的“山东”指的是崤山（或华山）以东。

又非常爱面子，喜欢别人夸他。大人您只要对大王说：‘大王，吴起那么有才华，既能带兵打仗，又能管理国家和百姓，而我们魏国国土那么小，又和西方强大的秦国相邻接。他肯定不会在我们魏国这样的小国呆下去，一定会有其他的打算的。’那时大王肯定就会对他产生怀疑，并且问您：‘那该怎么办呢？’您就对大王说：‘大王可以把公主殿下许配给吴起做妻子，来观察他到底有没有永远留在魏国的打算。如果吴起拒绝娶公主为妻的话，那就说明吴起不打算在魏国长住；如果他愿意娶公主为妻，那自然就说明他以后要永远呆在魏国。那大王您也就能放心了。’等到大王下令把要公主许配给吴起的时候，大人您再找个机会，邀请吴起来家里，让他亲眼看看公主是怎么对待自己的丈夫的。但是大人您事先要和公主商量好，假装让公主生气，让公主表示看不起您。到时候，吴起看见魏王的公主连您这个丞相大人都看不起，就会担心她更看不起自己这个小小的将军了。那样，他自然就会拒绝大王的美意。如此一来，他只能离开我们魏国了。”

对公叔痤的诡计一无所知的吴起，果然中了他设下的圈套。吴起在公叔痤家做客时，只见公主对国相大人呼来喝去，根本不当个人看，十分吃惊。时隔不久，魏武侯提出将公主许配给吴起，吴起委婉地拒绝了。于是，魏武侯当真怀疑吴起是不是有另投他国的打算，就慢慢地疏远吴起，不再信任他。吴起见状，害怕魏武侯下令降罪给自己，马上逃离了魏国，去了楚国。

这时的吴起，已经不是原来那个刚学完兵法没什么名气的吴起了。因为打了很多的胜仗，他在诸侯国当中已经有了很大的名气。楚悼王早就听说吴起很有才华，知道吴起到达楚国，就马上派人四处打听吴起的消息。找到吴起后，楚悼王就封他做楚国的国相，让他辅佐自己，治理楚国。

吴起当了楚国国相以后，没有辜负楚王的厚望，马上着手进行各种改革。他进一步明确了楚国的法令，坚决按照法令办事；命令下达了，就一定执行。他还淘汰并裁减了一些没有什么作用的职位，废除了一些和国君以及公侯关系非常疏远的人的贵族地位，将原本用于养活这些人的财物用来培养军队。吴起致力于提高楚国士兵的素质，增强楚国的军事力量，还揭穿了那些在楚国往来奔走、希望游说楚王进行连横或者合纵的说客。就这样，楚国逐渐强大了起来，向南平定了百越，向北吞并了陈国和蔡国，打退韩、赵、魏三国的进攻，向西还讨伐了秦国。

一个人有得意的时候，就肯定会有失意的时候。诸侯各国对楚国的强大感到非常担心。而且吴起在楚国的改革，得罪了太多的贵族势力。那些因为吴起改革而丧失利益的贵族们，一同谋划，想害死他，但是苦于楚悼王对他非常宠信，一时也没什么办法。终于，楚悼王去世了。

那些被吴起得罪的人，马上展开了行动。他们带领着自己的部下，拿着弓箭，攻打吴起。吴起被迫跑进了停放楚悼王尸体的地方，但围攻他的贵族们并不放弃，一直追到了楚悼王的尸体旁边。吴起一看对方人多势众，就趴在楚悼王的尸体上。贵族们对他早就怀恨在心，现在好不容易等到国君去世，怎么都不能放过他，于是纷纷朝他的身上射箭。因为吴起和楚悼王在一起，他们虽然射杀了吴起，一些人的箭也射中了楚悼王的尸体。

安葬完楚悼王，太子登基当上了国君。太子一即位，就下令把射中悼王尸体的人全部处死。那些为射吴起而射中了楚悼王尸体而被灭族的人，一共达 70 多家。

·《吴子》·

中国古代著名兵书之一。题名作者吴起为战国时卫国左氏（今山东定陶西）人，曾师事左丘明的弟子曾申。他初为鲁将，后为魏将，因率兵击秦并参加攻取中山之战，被荐为西河郡守。魏武侯时，吴起甚有声名，后受大臣王错排挤，去魏入楚。楚悼王任吴起为令尹进行变法，楚因而强盛一时。悼王既死（公元前 381 年），宗室大臣作乱，吴起被攻杀于治丧之所。吴起是先秦时代著名的政治家和军事家，他的兵书在战国和西汉时十分流行。

中国大事记 | 公元前 249 年，秦国灭亡东周。自此，周朝彻底灭亡，而战国时期也进入到了兼并统一的关键阶段。

伍子胥列传第六

伍子胥逃难

伍子胥，楚国人。父亲叫伍奢，哥哥叫伍尚。伍子胥的祖先伍举，因为勇于向楚庄王进谏，得到庄王的信任，所以伍家在楚国很有名。

楚平王让伍奢担任太子建的太傅，费无忌担任少傅。但是费无忌对太子并不忠心。楚平王派费无忌担任使者，替太子建去秦国迎娶秦国公主。见秦国公主长得很漂亮，费无忌就飞马回到楚国，对平王说："秦国公主是个绝代美人，大王您不如自己娶了她，然后再给太子另外娶一个。"楚平王是个贪图美色的人，当真听了费无忌的话，夺了儿子的老婆。他娶了秦国公主后，非常宠爱。秦国公主为他生了一个儿子，叫作轸。

费无忌因为向平王献上了秦国公主而得到了平王的宠信，就离开太子建，转而服侍平王。但是费无忌担心一旦平王死后，太子建当上国君，自己难逃一死，于是就在平王面前说太子的坏话。楚平王干了对不起儿子的事，现在又听信了费无忌的话，就更加疏远太子，派他去守卫城父，训练边镇的士兵。

费无忌在平王面前说太子建的坏话："太子因为秦国公主的缘故，肯定会有所怨恨，大王您应该稍微留意一下。自从太子到了城父以后，就带领军队，结交诸侯国家，想回到楚国造反。"楚平王招来了太傅伍奢，责问他。伍奢知道是费无忌在平王面前捣鬼，就说："大王为什么偏偏要相信奸诈小人的谗言，疏远自己的亲生骨肉呢？"费无忌说："大王您要是不加以制止，太子的阴谋就会得逞。大王您请派人去抓太子。"楚平王对伍奢很不满，很生气，就把他囚禁起来，并派城父司马奋扬去杀太子建。还没有到那，奋扬就先派人告诉太子建："太子您快离开，不然会有杀身之祸。"太子建得信，逃亡去了宋国。

费无忌又对平王说："伍奢有两个儿子，都非常贤能，如果不杀了他们，会成为楚国的祸害。大王可以把伍奢当作人质，逼他们回来。"楚平王派使者对伍奢说："你要是能让你两个儿子来，我就放了你，要是他们不来，那你就只能死了。"伍奢说："伍尚为人仁慈，让他来，他肯定会来。但是伍员（即伍子胥）为人刚正，坚忍，能成就一番大事。他看见我一来就被抓，肯定就不会来的。"平王不听，派人对伍尚和伍员说："如果你们到郢都，我就放了你们的父亲；要是不来，我就杀了他。"伍尚想去，伍子胥说："楚王现在召我们两兄弟，并不是想放了我们的父亲，而是担心我们如果逃走了，会成为他的隐患。所以就故意用父亲做人质，骗我们两人。我们一去，父子三人就全都会死。这比父亲一个人死更坏！而且如果我们去了，就没谁能给父亲报仇了。还不如投奔其他的国家，借助他们

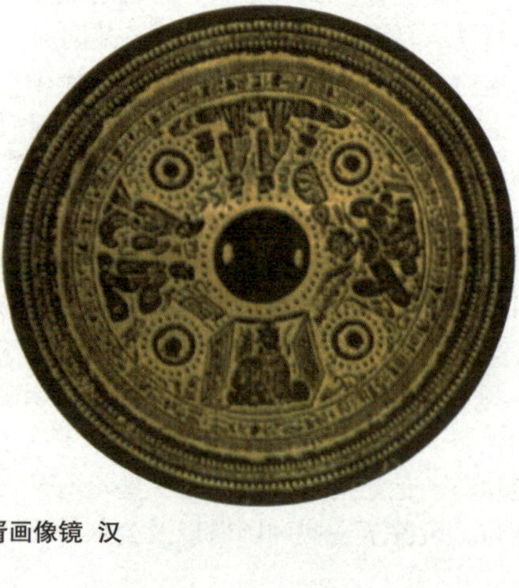

伍子胥画像镜 汉

历史关注

战国后期思想家公孙龙，以诡辩论最为人知，其中最有名的观点为“离坚白”。

的势力来报仇；要是我们和父亲一起死了，就什么也做不了了。”伍尚说：“我知道即使是去了，也保全不了父亲的性命。但是我担心的是，如果父亲叫我回去，我不去，到最后又没能报仇雪恨，那我就成了天下人的笑柄了。”伍尚又对伍子胥说：“你跑吧！你能够报杀父之仇，让我去送死。”伍尚被抓以后，楚平王派人捉拿伍子胥。伍子胥拉满弓，用箭瞄着追来的人，追赶的人不敢前进，伍子胥逃脱了。伍子胥听说太子建在宋国，就去了宋国。伍奢听说伍子胥逃跑，就说：“楚国将有战事了。”伍尚到了楚都，平王就把伍奢和伍尚一起杀了。

伍子胥到了宋国以后，宋国华氏作乱，只得和太子建一起逃向郑国。郑国对他们很好。太子建又到了晋国，晋顷公说：“既然太子和郑国关系很好，而且郑国也很相信太子，如果太子能在郑国作为我的内应，我在外面攻打郑国，就一定能把郑国灭了。灭了郑国以后，我就把郑国送给您。”太子建又回到了郑国。计划还没有行动，恰好太子建因为一些私事，想杀掉身边的一个下人，下人就把他和晋国的计划透露给郑国国君。郑定公和大夫子产就把太子建杀了。太子建有个儿子，叫作胜。伍子胥很害怕，就和胜一起投奔吴国。到了昭关，当地的官员想抓他们。伍子胥于是和胜各自分开逃跑。追赶的人跟在后面，到了一条河边，河上有一个渔夫驾着船，知道伍子胥很着急，就将他摆渡过河。伍子胥过了河以后，解下自己的剑，对渔夫说：“这把剑值一百两黄金，送给您。”没想到渔夫哈哈大笑，回答说：“楚国的法令说，抓住伍子胥，赏粟5万石，封执圭的爵位，又怎么是你这价值百两黄金的剑能比得上的？”说完就摇着船走了。

伍子胥到了吴国。当时吴王僚刚刚当权，公子光是将军。伍子胥通过公子光拜见吴王。

当时，楚国边境钟离和吴国边境卑梁氏都养蚕，两个地方的女子为争采桑叶相互撕打。到后来竟然导致楚国和吴国发动战争。吴王派公子光攻打楚国，攻占了钟离和居巢以后，撤军回国。伍子胥劝吴王僚说：“大王您既然派公子光攻打楚国，为什么不继续攻打下去呢？干脆灭了楚国。”公子光对吴王说：“伍子胥的父亲和哥哥被楚王杀了。他之所以劝大王您攻打楚国，是为了报他的私仇。而且就算是继续攻打楚国，也未必能打败它呀。”吴王听后，不再理睬伍子胥的话。

伍子胥知道公子光有野心，想杀死吴王僚而自立为君，就向公子光推荐了专诸。自己却离开朝廷，和太子建的儿子胜到乡下种地。

5年后，楚平王死了。平王的儿子轸当上了国君，也就是昭王。吴王僚趁着楚国办丧事，派兵袭击楚国。楚国军队切断了吴国军队的后路，使吴军不能回国，吴国国内空虚。公子光趁机派专诸刺杀了吴王僚，然后自立为国君，这就是吴王阖闾。阖闾马上召回伍子胥，和他一起策划国事。

掘墓鞭尸

吴王阖闾三年（公元前512年），吴国派遣伍子胥和伯嚭率领军队攻打楚国。二人一举占领舒地，捉住了背叛吴国的公子烛庸和公子盖馀。阖闾想乘胜挥师西进，攻击楚国郢都。孙武劝告说：“百姓和士兵都太疲惫了，不能进兵，还是等有利时机吧。”吴王接受意见，收兵回国。

吴王阖闾四年（公元前511年），吴国出兵攻打楚国，夺取了六地和灊地。第二年，派兵攻打越国并获得胜利。阖闾六年（公元前509年），楚昭王派囊瓦为统帅，领兵攻打吴国。吴国派伍子胥率军迎战。双方在豫章会战，伍子胥大获全胜，并夺取了楚国的军事重地——居巢。

公元前506年，吴王对伍子胥和孙武说：“当年我想进军郢，你们都说不行，依现在的情况看，条件成熟了吗？”伍子胥和孙武回答说：“公子囊瓦身为楚国将军，贪财好利，敲诈盟国，唐国和蔡国都怨恨他。大王要大举进攻楚国，一定要先取得唐国和蔡国的支持，以免有后顾之忧。”吴王采纳了他们的建议，先派人说服两国。然后，吴国发动全部军队与唐、蔡两国组成联军，合攻楚国。联军打到汉水，楚国派遣军队前来抵挡，双方在汉水两岸列阵对峙。大军决战之前，吴王的

中国大事记

公元前247年，秦征伐赵，攻取新城、榆次等37城；秦伐魏，信陵君率五国之军攻秦，败秦军于河外。

苏州盘门

建于春秋吴王阖闾六年（公元前509年）。

弟弟夫概请求率军突击楚军，吴王没答应。夫概不服气，就带着自己手下5000人向楚军发起攻击，楚国将军子常战败逃跑，楚军全线动摇。吴王见状，便指挥联军乘胜进击，楚军崩溃。随后伍子胥等人进军郢都，楚军多次阻击，吴军五战五捷。不久，吴军兵临城下。楚昭王见势不妙，仓皇出逃。第二天，吴军杀进楚国的都城。

楚昭王逃出郢都，来到云楚大泽，没想到却遭到强盗的偷袭。昭王狼狈不堪，又逃到郧地。当年，楚平王曾杀死了郧公的父亲，郧公的弟弟怀恨在心，要杀楚昭王报仇。郧公知道楚国强大，不愿再结深仇，但又无法阻止弟弟行动，就和昭王一块逃跑。昭王一行避难来到随地，没料到一支吴兵追来，并包围了随地。吴国将领对随地人说："楚国全部灭掉了汉水流域诸侯国，罪恶昭昭，请杀了楚王或把他交给我们。"王子綦见随人要杀昭王，就把他藏起来。随地人很迷信，为昭王之事算了一卦。卦象显示把昭王交给吴军并不吉利，随人就拒绝了吴军的要求，昭王得以逃脱。

伍子胥有一个要好的朋友，名叫申包胥。当初，伍子胥出逃时，对申包胥说过，自己一定要颠覆楚国，而申包胥则表示一定要保全楚国。吴兵攻进郢都后，伍子胥到处搜寻楚昭王，要杀他报仇，但没有找到。一想起父兄被杀，伍子胥就怒不可遏。他无处发泄，就命人挖开楚平王的陵墓，把他的尸体拖出来。见到楚平王尸体，伍子胥红了眼，拿过鞭子，对着尸体猛抽300鞭，这才解了恨。

申包胥听到这个消息，派人去对伍子胥说："您这样做也太过分了！您毕竟做过楚平王的臣子，他毕竟是您的君王，如今您竟然侮辱死人，违背人道，伤天害理，简直到了极点！天公也会因此震怒的。"伍子胥对来人说："请你转告申包胥，就说我就要这么干，就要倒行逆施。"申包胥听后，很是气愤，就跑到秦国向秦君求救。秦国不想蹚这浑水，拒绝了他的请求。申包胥不走，站在秦国的朝廷上，日夜痛哭，连哭七天七夜，秦国君臣无不动情。秦哀公同情地说："楚王虽然昏暗无道，但有这样的忠臣，楚国不应该被灭掉！"于是，秦国派出500辆战车，与申包胥一起去救楚国。这年六月，秦军在稷地打败吴军。此时，因吴王长期在外，他的弟弟夫概潜逃回国，自立为王。阖闾见国内出现叛乱，就撤军回国，攻打夫概。楚昭王趁此机会，率军打回郢都。

两年后，吴王稳定了国内局势，派太子夫差领兵攻打楚国。楚国担心吴军再次大规模进攻，就把都城迁到鄀邑，以躲避吴军。当时，吴国采用伍子胥等人的战略，军事上获得了空前的成功，楚国、齐国、晋国、越国无不畏惧。

伯嚭谗言

楚王杀了大臣郤宛和伯州犁，伯州犁的孙子伯嚭逃到吴国，吴王任命他为大夫。

吴国军队攻打越国，越王勾践亲自率领军队迎战，在姑苏打败了吴军，还伤了阖闾的脚趾，吴国军队只能撤退。阖闾伤重，临死时对太子夫差说："你会忘记勾践杀了你父亲吗？"夫差伤心欲绝，回答说："父亲，我一定不敢忘记。"当天晚上，阖闾就死了。夫差继位以后，任用伯嚭为太宰，操练军队。两年后攻打越国，在夫湫大

历史关注 | **郡县制最早在秦国实行，秦统一六国后推行全国，此后在中国实行了两千多年。**

败越国军队，并把越王勾践和剩下的5000部下包围在会稽山上。勾践派大夫文种送厚礼给吴国太宰伯嚭，请求讲和，说愿意去吴国服侍吴王夫差。吴王夫差骄傲自大，想答应勾践的请求。伍子胥劝阻夫差说："越王这个人，能够忍辱负重。大王您现在不杀了他，以后肯定会后悔。"吴王不听，而是接受了伯嚭的建议，答应和越国和解。

过了5年，吴王夫差听说齐景公死了，齐国的大臣们争权夺利，新国君又为人软弱，就派兵攻打齐国。伍子胥劝阻他说："勾践在越国忍辱负重，打算有所作为。他一天不死，就一定会成为吴国的祸患。现在吴国有越国在身边，就好像得了心腹疾病的人一样。大王不先灭了越国，却一心想去攻打齐国，不是很荒谬吗？"吴王还是不听伍子胥的劝阻，固执地派兵攻打齐国。吴国军队在艾陵大败齐国军队后，就班师回国。夫差看见自己没有听伍子胥的话，还打了大胜仗，就越来越不相信伍子胥。

又过了4年，吴王又打算攻打齐国。越王勾践采用子贡的计策，请求和吴国军队一起作战，又给太宰伯嚭送了许多厚礼。伯嚭得了好处，就天天在吴王夫差面前替越国说好话，吴王同意了越国的请求。伍子胥再三劝阻吴王说："越国是吴国的心腹大患，但是现在大王您相信小人的奸诈之词，攻打齐国，贪图小利。就算是攻破齐国，也好像是占领了一块堆满石头的田地，没有什么用处。而且《盘庚之诰》说：'有破坏礼法而且对国君不恭敬的人，就要彻底灭绝他们，让他们没有后代，不然的话，他们会把整个城邑影响坏的。'希望大王您放弃齐国，先攻打越国；否则您将来后悔也来不及。"吴王不听伍子胥的劝告，反而派他为使者，出使齐国。伍子胥走之前对他的儿子说："我几次劝阻大王，大王都不听。我已经看见吴国的末日了。你留在吴国，只能和吴国一起被灭亡。"伍子胥就把他的儿子托付给齐国的鲍牧，然后回国报告。

吴国太宰伯嚭和伍子胥一向不和，就在吴王面前说他的坏话："伍子胥为人残暴，不讲情义，猜忌阴险，恐怕会给我们吴国带来灾难。上次大王要攻打齐国，伍子胥劝您不要去，但后来大王您派兵去攻打齐国而且还大胜而归。伍子胥因为大王您没有采纳他的建议，觉得很羞耻，就对大王您心怀怨恨。现在您要再次攻打齐国，伍子胥又向您进谏，企图破坏大王您的大业。他心里只盼望着大王您战败，那样就能证明他自己的高明。而现在大王没有采纳他的建议，还要亲自出征，率领全国军队攻打齐国，他就不上朝，还假装有病，不跟大王您一起出征。况且我派人暗中探察，他出使齐国的时候，还把自己的儿子托付给齐国的鲍氏。他作为大王你的臣子，在吴国不得志，就勾结外面的诸侯，还自以为是先王的谋士，对大王您指手画脚。大王您一次不听他的话，他就抱怨您。希望大王早想对策。"吴王说："你就是不说这些，我也早就怀疑他了。"就派使者赐剑给伍子胥，让他自杀。

伍子胥仰天长叹："天啊！奸臣伯嚭要作乱，大王反而要杀我。大王，我千辛万苦让你父亲称霸，又忠心耿耿辅佐你当上国君。现在你竟然听信小人的坏话，要杀害长辈。"又对自己的门客说："我死了以后，你们一定要在我的坟墓上种上梓树，让它长大能做大王的棺材。还要挖出我的眼珠悬挂在吴国都城的东门楼上，让我看看越国人怎样进入都城，灭掉吴国的。"于是自刎而死。吴王知道以后，非常生气，就用袋子把伍子胥的尸体装起来，丢在江里。吴国人同情伍子胥，就在江边给他修建了祠堂，还把这个地方叫作胥山。

吴王杀了伍子胥以后，就派兵攻打齐国。齐国鲍氏杀了齐悼公，立阳生为国君。吴王派军队讨伐鲍氏，大败而归。两年后，吴王召集鲁国和卫国的国君在橐皋会盟。一年后，又在黄池大会诸侯，号令天下。这时，越王勾践袭击吴国，杀死吴国太子，打败了吴国军队。吴王听到这个消息，就回到吴国，派出使者带着厚礼去越国求和。9年后，越王勾践终于灭了吴国，杀了吴王夫差。勾践还杀了伯嚭，作为他不忠于自己的国君、接受别人贿赂的惩罚。

中国大事记 | 公元前243年，赵国名将李牧攻燕，取武遂、方城。

仲尼弟子列传第七

颜回和子路

颜回是鲁国人，比孔子小30岁，是孔子最喜欢的一个学生。

颜回问孔子什么是“仁”，孔子回答说：“克制自己，遵守礼仪，就是‘仁’。”

孔子对学生们说：“颜回这个学生真的是个品德高尚的人啊。生活艰苦，粗茶淡饭，住在简陋的胡同里，一般的人都忍受不了这种困苦，但是颜回却也一点也不改变自己的乐趣。听我讲课的时候，颜回像个蠢笨的人，但是下课后观察他私下的言谈，发现他却能够自由发挥，颜回实在是不笨。”孔子又评论子路说：“得到任用就能匡时救世，不被任用就藏道在身，只有我和你才能这样吧！”

虽然颜回非常受孔子的喜欢，但是很不幸，不到30岁就病死了。他死后，孔子很伤心，痛哭了一场，一边哭一边对学生们说：“我真为颜回伤心啊。因为有了颜回，你们才和我更加亲近啊。”

鲁哀公问孔子：“您的那些学生中，最好学的是哪一个？”孔子回答说：“我最好学的学生是一个叫颜回的。他不但有才华，而且对人很善良。可惜的是，他短命死了。现在再也没有像他这样的学生了。”

仲由字子路，比孔子小9岁。

子路年轻时，性情粗暴，喜欢动武，性格刚直。他每次都戴着雄鸡冠一样的帽子，佩着猪皮装饰的宝剑。孔子用礼慢慢地诱导他，后来，子路穿着儒服，带着礼物，通过孔子的学生，请求拜孔子为师。

子路问如何处理政事，孔子说：“先要自己做给百姓看，才能让百姓辛勤劳动。”子路请求孔子再讲深入些。孔子说：“长期这样做，坚持不懈。”

子路问孔子：“君子会崇尚勇敢吗？”孔子说：“只有义才是最高尚的。如果君子崇尚武力而不讲义，那他就有作乱的心思；如果小人崇尚武力而不讲仁义，就会做坏事。”

孔子评论子路说：“只听单方面言辞就可以决断案子的，恐怕只有仲由吧”，“仲由崇尚勇敢超过我，但是暴躁也超过了我，处理事情不够周全，太过偏激了”，“仲由这种性格，不会得到好的结果”，“穿着用绵絮做的破袍子和穿着狐皮大衣的人站在一起而不羞愧的，恐怕只有仲由吧”，“仲由的学问入门登堂了，但是还没进入内室”。

季康子有一次问孔子说：“你的弟子子路有仁德吗？”孔子回答他说：“我知道，委派他掌管一个大国赋税征管，他是称职合格的，这点可

子路问津图 明 仇英

历史关注 战国末期秦国修筑的郑国渠，使“关中为沃野，无凶年，秦以富强”。

以放心。至于说到仁德方面，我确实不知道他有没有。”

卫灵公非常宠爱一个妃子，叫作南子。太子蒯聩得罪了南子，担心招来杀身之罪，就逃亡去了国外。卫灵公死后，夫人南子想立自己的亲生儿子郢为国君。公子郢不答应，并且说：“现在太子的儿子还在国内，我怎么能够和他争呢？应该他当国君。”于是夫人就立了蒯聩的儿子辄做国君，也就是出公。12年以后，出公的父亲蒯聩勾结卫国大夫孔悝一起造反，夺回国君之位。这时子路担任孔悝的宰邑，正在外地。他听说孔悝和蒯聩造反的事情后，马上赶了回去。子路刚好碰上认识的子羔从卫国城门出来，准备离开卫国。子羔就劝子路说：“你千万不要回去了。现在国君已经逃往国外，你没必要冒着生命危险去管这样的事情。”子路非常生气，回答说：“我既然在出公手下办事，在他有难的时候，就不能不去帮他。”正好有一个使者进城，子路就跟着进去了。

这时蒯聩已经自立为国君。子路赶到他那里的时候，蒯聩正和孔悝一起站在台上。子路就对蒯聩说：“英明的君王就不能任命孔悝这样的小人，让我替您杀了他。”蒯聩不听子路的话，子路就要放火烧台子。这可吓坏了蒯聩，他忙叫手下的石乞和壶黡阻拦子路。搏斗的过程中，子路的帽缨不小心被割断了。子路说：“我应该戴着我的帽子死去。”就系好自己的帽缨。他刚把帽缨系好，就被杀死了。

·《论语》·

《论语》是孔子和弟子们的互相应答，以记言为主，“论”是论纂的意思，“语”是话语。《论语》成书于众手，记述者有孔子的弟子，有孔子的再传弟子，也有孔门以外的人，但以孔门弟子为主。它虽然不是孔子的著作，却是研究孔子及其思想主张的原始资料。《论语》内容广泛，言简意赅，集中体现了孔子的政治主张、伦理思想、道德观念及教育原则等，尤其是在治学和教育等方面的观点和主张，至今依然闪耀着智慧的光芒，成为千百年来研习传统文化的必读经典。

孔子听说了卫国发生了叛乱，就说：“哎呀，仲由要死了！”果然传来了子路死去的消息。

子贡出使

端木赐，字子贡，卫国人，比孔子小31岁。

齐国的田常想造反，但是害怕鲍牧、高昭子和国惠子几家的势力，于是就调动他们的军队去攻打鲁国。孔子听到消息，就对他的学生们说：“鲁国是我们的祖宗坟墓的地方，也是我们的父母之邦。现在齐国田常想攻打鲁国，你们为什么不挺身而出呢？”于是子路站出来，打算去救鲁国，孔子没有同意。子张和子石请求去救鲁国，孔子也没有答应。直到子贡提出要去，孔子才同意了。

子贡来到了齐国，拜见了田常，并劝他说：“您要攻打鲁国，是错误的。鲁国非常难攻打。鲁国的城墙很矮，地方也不大，国君很愚蠢而且不讲仁义，大臣们是钩心斗角，百姓们也不愿意打仗，这样的国家不能去攻打。您应该去打吴国，吴国城墙高而且坚固，土地宽广肥沃，盔甲坚韧崭新，士兵精神饱满，武器和军队都非常多，又有着贤能的官员守卫，这样的国家容易攻打。”田常听了他的话，脸色一变，生气地说：“你所说的容易，别人却认为很难；你所说的很难，但别人却认为很简单。请你告诉我，这是为什么？”子贡说：“我听说，如果国内不稳、朝中不安，就要攻打强大的国家；如果忧患在国外，就应该攻打弱小的国家。现在齐国国内不安，所以您应该去攻打强国。我还听说国君几次加封地给您，都遭到了其他人的反对，足见国内不安。现在你调动军队去攻打鲁国，如果赢了，齐国国君就会很骄傲，带兵的大臣也会居功自傲，但是你的功劳却显不出来。国君骄傲的话，就容易和你疏远；大臣骄傲的话，就容易争权夺利。这样的话，你上和国君疏远，下又和大臣们争斗，您在齐国就危险了。所以您不如攻打吴国，吴国很强大，如果您输了，百姓们就会指责国君和带兵的大臣。那样在上没有大臣与您作对，在下没有百姓对您指

中国大事记 | 公元前238年，秦王政亲政，借助相国昌平君、昌文君之力平定叛乱，开始亲政。

责，到时候，控制齐国的人就是您一个人了。”田常觉得有道理，就问：“但现在军队已经到了鲁国，如果撤退的话，大臣们就会怀疑我，怎么办？”子贡说：“您先不要进攻，我马上去游说吴王攻打齐国，援救鲁国，您再派部队去迎战。”

子贡就去了吴国，对吴王夫差说：“我听说，施行王道的人不会被灭绝，能称霸的人没有强大的敌人，一千钧重的东西上放上一铢一两的东西，也可能会移位。现在强大的齐国攻打鲁国，如果兼并了有相当实力的鲁国，国力大增，再过来和吴国争霸，我真为大王您担心啊！大王您要是派兵去援救鲁国，不但鲁国的百姓会感激您，其他诸侯国也会赞扬您的仁义。这样，表面上是拯救鲁国，实际上是削弱了强大的齐国。”夫差说：“你说的很对。但是几年前我曾经和越国打过仗，还把勾践围在会稽山。现在勾践在越国厉兵秣马，准备复仇。如果我派兵去攻打齐国的话，越国就会偷袭我们吴国。先生您等我灭掉越国，就按您说的去攻打齐国。”子贡听了，说：“越国比鲁国弱小，吴国没有齐国强大。大王不去攻打齐国，反而去攻打越国，那样的话，还没等越国失败，齐国早就吞并鲁国了。况且大王正打着扶危救困的旗号建立霸业，如今您攻打弱小的越国而害怕强大的齐国，这不是勇敢的表现。勇敢的人不逃避困难，仁慈的人不让别人陷入困境，聪明的人不错失良机，施行王道的人不会被灭绝。大王您凭借这些来树立你们的威信。现在通过宽恕越国来向各国显示您的仁义，再派兵援助鲁国，攻打齐国，向晋国施加压力，诸侯各国一定会臣服于您，大王您的霸业就成功了。您如果真的担心越国，请让我去会见越王，让他派出军队和您一起讨伐齐国，这样您就没有后顾之忧了。”夫差十分高兴，就派子贡去越国游说勾践。

越王清扫道路，在郊外迎接子贡，并且亲自到子贡住的房间问他：“我们越国是蛮夷之国，子贡大夫您为什么屈尊来到这呢？”子贡说：“我正在劝说吴王去援救鲁国，攻打齐国，但是吴王却说害怕您会乘他不备，偷袭吴国，还说要先攻打越国。那样的话，越国一定会被攻破。没有打算报复却招致了别人的怀疑，这就太拙劣了；想报复别人却又让人知道了，这又太糊涂了；事情还没有发动却让人知道了，这就太危险了。这三点可是办事的最大祸患啊。”勾践磕头，拜了两下，说：“当初我不自量力和吴国交战，被围困在会稽。我对吴国是恨之入骨，恨不得和吴王同归于尽。”子贡说：“吴王凶狠残暴，大臣们无法忍受；国家经常打仗，士兵无法忍耐；百姓怨恨国君，大臣们纷纷变乱；伍子胥苦谏被杀，太宰伯嚭当政，只知道顺应着国君的过失，保全自己的私利，吴国的情况已经很糟糕了。现在大王如果能出兵跟随吴王，顺着他的心意，再用金银珠宝来讨好他，用谦卑的语气恭维他，他一定会攻打齐国。吴国要是输了，就是大王您的福气。如果胜了，他一定会进攻晋国，我再去拜见晋国国君，让晋国攻打它，这样定会削弱吴国。等吴国的军队在与齐国作战中受到消耗，而且又被晋国牵制住，大王您再乘机攻打它，就一定能灭掉吴国。”勾践十分高兴，采纳了他的意见。

子贡回到吴国，告诉夫差说：“大王，勾践已经表示，希望带领越国的士兵随您攻打齐国，而且他还会送一些武器和宝物给您。”5天后，越王果然派重臣文种来向吴王表达了这些意思。

夫差高兴地问子贡：“那您说让勾践披甲上阵可以吗？”子贡回答说：“千万不可以。越国本来就弱小，现在几乎出动了全国的兵马帮助您，如果再要求人家的国君也来随您作战，别人就会说大王您不义了。”

于是夫差就拒绝了勾践陪同作战的要求，自己率兵讨伐齐国。子贡再去晋国，告诉晋国说吴国将要攻打齐国，如果打败齐国，下一个进攻的目标就是晋国，要晋国做好准备。晋国得信，果然派重兵驻扎在晋、齐两国的交界处，静观事态的发展。

子贡的这次出使，不但保全了鲁国，削弱了齐国，还导致了吴国的灭亡。晋国打败了吴国，也变得更加强大起来；越王勾践最后则成为东方诸侯国霸主，其中有子贡的出使在其中所起的推动作用。

历史关注　吕不韦令门下宾客博采众家学说编纂《吕氏春秋》，因“兼儒墨，合名法”，故有“杂家”之称。

商君列传第八

商鞅入秦

商鞅原来叫公孙鞅，是卫国国君的后人，因此也叫作卫鞅。后来秦国国君把於、商等一些地方封给了他，他因此被称为商君，后来人们就把他叫作商鞅。

公孙鞅年轻的时候就非常喜欢研究统治术和法律。当时，他投奔魏国国相公叔痤门下，担任中庶子。公叔痤知道他很有才能，就打算向魏惠王推荐他。刚好公叔痤得了病，魏惠王亲自去看望他，说：“您的病要是有什么意外，谁能够接替您的位置呢？”公叔痤回答说：“我手下的中庶子公孙鞅，虽然年轻，但是一个奇才，能接替我。希望大王您能把魏国的国家大事全部托付给他，交给他去处理。”魏惠王听了公叔痤的话，什么也没说，就准备回宫。看到魏惠王不采纳自己的建议，不想任用公孙鞅，公叔痤连忙叫下人们退下，然后对魏惠王说：“大王您如果不任用公孙鞅的话，就一定要杀掉他。千万不要让他离开魏国，去其他国家。”魏惠王看着公叔痤认真的样子，心中暗笑，为了安慰这位老大臣，就随口答应了。魏惠王走了以后，公叔痤马上叫下人找来公孙鞅，对他说：“刚才大王问我魏国有谁能够担任国相，我在大王面前推荐了您。但是我看大王的样子，就知道他不会同意我的建议。您知道，做臣子的要忠于自己的君主，所以，我就劝大王杀掉您，不让您到其他国家去，大王答应了我的请求。作为一个人，你与我有交情，我得把这消息告诉您，您现在赶快离开魏国吧，不然的话，很快就会被大王派出的人抓住。”公孙鞅听了公叔痤的话，回答说：“大王既然不能听从您的话来任用我，又怎么会听从您的话来杀我呢？”最后还是没有离开魏国。魏惠王离开公叔痤后，对自己的下人们说：“公叔痤病得很严重，真让人伤心啊。他想让我把魏国的国家大事全部都交给公孙鞅处理，难道不是病得太重，糊涂了吗？”

不久，公叔痤就病死了。当时，秦孝公渴望富国强兵，到处招贤纳士，希望恢复秦穆公时代的霸业，收复失去的土地。公孙鞅听到这个消息，就来到秦国。公孙鞅通过大臣景监求见秦孝公，秦孝公召见了他。

见了面以后，公孙鞅跟秦孝公讲解治国道理，说了很长时间，而秦孝公却一直打瞌睡，一点也没听进去。公孙鞅离开以后，孝公就把怒火发到景监身上：“你给我介绍的客人只不过是一个狂妄之徒罢了，又怎么能任用呢！”景监把孝公的话告诉了公孙鞅，公孙鞅却说：“我向大王推荐的是尧和舜治理国家的方法，但是君王根本就没有心思听。”过了5天，景监又请求孝公召见公孙鞅。公孙鞅再次见孝公时，比上次说得更多更好，但是仍然没有说在秦孝公的心上。接见完公孙鞅以后，孝公再次责备景监。景监也责备公孙鞅，公孙鞅回答说：“我劝说君王采用夏禹、商汤、周文王和周武王的方法来治理国家，君王他还是听不进去。我拜托你请求他再召见我一次。”

公孙鞅又一次拜见了孝公。这一次秦孝公对公孙鞅很友好，可是依然没有任用他。接见完公孙鞅以后，秦孝公对就景

商鞅像

中国大事记

公元前237年，尉缭入秦，他协助秦王收买六国权臣，乱其部署，统一中国，被封为国尉，掌管军事。

监说："你介绍的客人还不错，我可以再和他谈谈了。"景监把孝公的话告诉了公孙鞅，公孙鞅说："我用春秋五霸治理国家的方法来说服君王，看君王的样子是准备接受了。如果君王再召见我一次的话，我就知道该说些什么东西啦。"于是公孙鞅又一次拜见了孝公，孝公和他谈得非常投机，一连交谈了好几天都不觉得厌倦。景监感到很奇怪，就问公孙鞅："您是怎么了解到君王的心意，获得君王的欢心呢？现在君王高兴极了。"公孙鞅回答说："上次我劝君王采用古代明君治理国家的办法，建立夏、商、周那样的盛世，可是君王却说：'时间太长了，我没法等，何况英明的国君，都是自己在位的时候就已经名扬天下了，我又怎么能够默默无闻地等上几十年、几百年来成就帝王大业呢？'所以，这次我向君王推荐的是富国强兵的具体策略，君王才非常高兴。如果采用这种策略，可以在短时期内收到成效，但想创立像商朝和周朝那样不朽的功业，恐怕不可能了。"

秦孝公任命公孙鞅为左庶长，让他负责秦国的变法。

立木为信

秦孝公任用公孙鞅后不久，公孙鞅打算改革秦国制度法令。秦孝公担心天下人会议论自己，公孙鞅说："做事犹豫不决就不会成功。有超常出格行为的人，难免遭到平庸者的指责和非议；有自己的独到见解的人，一定会被普通人误解和嘲笑。那些愚蠢的人对于已经成功的事情都弄不明白，但聪明的人却事先就能预见将要发生的事情。老百姓很难从开始就和您共同谋划，但可以一起享受成功的喜悦。真正追求最高道德的人是不会迎合世俗的，真正做大事的人不应该去跟普通人商量。所以圣人认为：只要能够使国家强大昌盛，就没有必要事事循规蹈矩；只要能够对老百姓有利，就没有必要遵循陈旧的礼制。"孝公听了，觉得有道理，说："说得好。"

但是甘龙却反驳说："不是那样的。圣人不

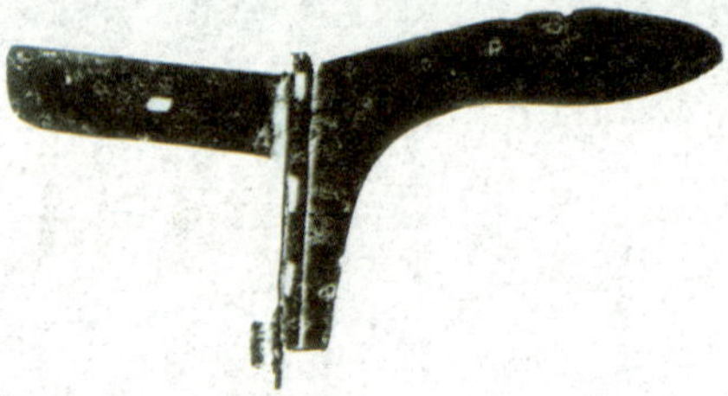

商鞅戟

战国时期，为了提高军队的战斗力，各国都建立了严格的赏罚制度，其中以商鞅在秦国制定推行的20等军功爵制最为完备。此铜戟上有铭文"十三年大良造鞅之造戟"。商鞅在秦孝公元年（公元前361年）入秦，十年（公元前351年）被任命为大良造，此戟就是商鞅为大良造之后所造，当时商鞅正权倾朝野，大力推行变法。

改变民俗而施以教化，聪明的人不改变成法而治理国家。顺应民风民俗来加以教化，不费力就能成功；沿袭成法来治理国家，官吏习惯而且百姓安定。"公孙鞅说："那只是世俗的说法而已。普通人满足于原来的习俗，而读书人只局限于书本上学的东西。这两种人当官守法还可以，但不能和他们谈论现行制度法以外的东西。夏商周三代，虽然制度不同，但都能统一天下。五霸虽然做法各异，但都也能称霸一方。聪明的人制定法度，愚蠢的人被法度约束；贤能的人改变礼仪，普通的人受制于礼仪。"杜挚也附和甘龙说："没有百倍的利益，就不能改变现行的制度；没有十倍的功效，就不能更换正在使用的器物。遵循原来的法令不会有过失，保持原来的礼制不会有差错。"公孙鞅说："治理国家没有一成不变的办法。只要对国家有利，就不一定非得照搬古代的法令。所以，商汤和周武王没有沿用旧的法令也取得了天下，夏桀和殷纣并没有改变旧的礼制，不也灭亡了吗？"辩论结束，秦孝公接受了公孙鞅的意见，决心变法。他任命公孙鞅为左庶长，负责改革法制。

公孙鞅下令把十户人家分为一什，五户人家分成一伍，民户之间互相监视检举。如果有一家犯法，十家一起治罪。不向官府告发为非作歹之人的，处以腰斩的刑罚，告发作奸犯科之人的，和砍敌人首级一样受赏，窝藏犯罪分子与投降敌

历史关注

“海纳百川，有容乃大”出于林则徐的对联，其典故则出自李斯的《谏逐客书》。

人一样惩罚。一户人家有两个以上的壮丁不分家的，赋税加倍。有军功的人，各按标准升爵受赏；为私事打架斗殴的，按照情节的轻重分别处以不同的刑罚。致力于农业生产，让粮食丰收、布帛增产的免除劳役或赋税。从事工商业及因懒惰而贫穷的人，就把他们的妻子全都没收，作为官奴。身为贵族而没有军功的，不能列入家族的名册。明确每个人的爵位和等级，各自按等级占有土地、房产，家臣奴婢的衣裳、服饰，按各家爵位等级确定。有军功的大力表彰使之荣耀，没有军功的即使很富有也不算光荣。

新法制定好以后，在公布之前，公孙鞅怕秦国百姓不相信，就在国都市场的南门竖一根三丈长的木头，并且宣布谁能把木头从市场南门搬到市场北门，就能获得十两黄金的奖赏。百姓们觉得很奇怪，没人敢动。于是公孙鞅又宣布：“能把木头搬到北门的赏五十两黄金。”有一个人按捺不住好奇，就走出来把木头搬走到了北门，公孙鞅马上就赏给他五十两黄金。这件事情迅速传遍都城，秦国百姓相信公孙鞅言出必行。

新的法令实施了刚满一年，秦国都城抱怨说新法不好的就有几千人。于是有人就怂恿太子触犯了新法，试探公孙鞅执行新法的决心。公孙鞅说：“新法之所以不能顺利推行，就是因为上层的人不断触犯它。”于是就要按照新法来处罚太子。但是太子是国君的继承人，不能施以刑罚，公孙鞅就处罚太子的老师，负责监督太子行为的公子虔受到责罚，负责传授知识的公孙贾被处以墨刑。第二天，秦国百姓没有谁再敢违抗新的法令了。新法实施10年以后，秦国百姓都非常满意。即便是在路上丢了东西，也没有人乱拣；山林里也没有了盗贼；百姓家家富裕，户户殷实；人们都勇于为国家效力，不敢为私利而争斗；乡村、城镇社会秩序安定。那些当初说新法不好的人，都转而称赞新法。而对那些扰乱教化的人，公孙鞅全将他们迁到边远的地方去。从此以后，再也没有人敢随便议论新法了。因为变法成效显著，秦孝公任命公孙鞅为大良造。

3年以后，秦国把国都从雍地迁到咸阳，并推行了一系列新的政策：下令禁止百姓父子兄弟同居一室。把小的乡镇村庄合并成县，设置县令、县丞。通过调整，把全国划分为31个县。打破原来的地界对农民的局限，鼓励开垦荒地，按统一的标准征收赋税。统一全国的升斗、秤和丈尺。这些新的法令推行了4年，很有成效。这时，公子虔又触犯新法，被判处劓刑。

变法5年后，秦国实力大增，国富兵强。周天子把祭祀用的肉送给秦孝公，诸侯各国都来秦国祝贺。

·“重农抑商”思想·

“重农抑商”是贯穿中国整个封建专制时代的重要思想政策，它萌芽于春秋，成熟于战国，延及以后历代，它是中央专制集权政治的配套措施。其“重农”之农，包括小农及以小农为基础的农业经济，目的是稳定国家兵源、财源（赋税）与社会经济基础；其“抑商”之商，指的是商品经济与资本市场，在抑制商人资本对破产小农的盘剥、兼并的表层下，包含有防止政权对立面或异己力量出现的根本目的。

作法自毙

商鞅担任秦国丞相10年，公子贵族备受打击，很多人都对他心怀怨恨。赵良去拜见商鞅，商鞅说：“我想和您交个朋友，可以吗？”赵良回答说：“我不敢答应。孔丘说过：‘向国君推荐贤能、受到百姓拥戴的人曾说过，占据不属于自己的职位，叫作贪图官位；拥有不属于自己荣誉，叫作贪图名声。’我若顺从您，与您交朋友，那就成了既贪图官位又贪图名声的人了。所以不敢答应。”商鞅就问他：“先生是不是认为我治理秦国不够好，不赞成我的做法？”赵良说：“听得进别人的建议叫聪明；能审视自己的过失叫英明；能管住自己叫自强。虞舜说过：‘谦虚低调的人反而受到尊重。’您不如采用虞舜的治国之道，这样就不用问我了。”商鞅不以为然，说：“从前

中国大事记

公元前230年，秦灭韩，俘虏韩王安，以其地置颍川郡。

秦国人和戎狄人的生活方式差不多，现在我改变了这种风气。我还大规模营造城市和宫殿，把秦国建设得就像鲁国和魏国一样。先生您看我治理秦国，和五羖大夫相比，谁更高明？”赵良回答说：“1000只羊的皮，比不上一领狐裘珍贵；1000个人随声附和，比不上一个士人的直言争辩。周武王倡导直言争辩而周朝昌盛；殷纣王爱听阿谀奉承导致商朝灭亡。您要是不反对周武王的说法，那么我先请求您不要怪罪我，那样我就可以大胆对您说说我的意见，可以吗？”商鞅说：“冠冕堂皇的话，非常华丽；至情至理的话，非常直白平实；逆耳忠言虽然让人难以接受，但却如同药石；甜言蜜语虽然好听，但却对人百害无一利。先生您要是真的肯向我说出您的意见，那些话就是我的良药啊。”

赵良说：“五羖大夫，是楚国的一个平民。他听说秦穆公非常贤明，就想去拜见他，但是因为没有盘缠，就投靠秦国人，穿着粗麻衣服喂牛。一年以后，秦穆公知道了，将他解脱出来，提拔他做要职，全国人都很服气。后来他在秦国担任国相六七年，其间率领秦国军队一次攻打郑国，三次扶立晋国国君，一次救楚国于危难之际。他在境内推行仁德的统治，让巴地人主动纳贡；他对诸侯各国施以恩德，让8个戎国都主动臣服。由余听说以后，不远千里前来拜见。五羖大夫在秦国担任国相的时候，即便是劳累，也不乘坐马车；即便是非常热，也不张开华盖；在国内出行，无需车辆随行，更不需要警卫保护。他的功绩和美名载入史册藏在府库，他的美德更是记在百姓的心里，流芳后世。五羖大夫死的时候，秦国百姓不分男女，都痛哭流涕，儿童们也不再唱歌，舂米的人也不再劳作，这都是因为五羖大夫的美德感动了他们啊。现在您之所以能拜见秦王，是通过宠臣景监的推荐，这不是成名的正道。您虽然担任秦国的国相，但是却不为了百姓考虑，只知道大肆修建宫殿楼阁，来炫耀自己的功劳。又按照刑法，判了太子的师父黥刑，伤害百姓来显示法律的严峻，这样就招致了别人对您的怨恨。教化的方法比强迫命令的作用还要大，百姓们以上司为榜样学习模仿，效果比执行命令还要快。现在，您不按照这些道理治理国家，却采用严刑峻法来树立自己的权威，这可不是真正的教化。您在封邑商地称孤道寡，天天都用新的刑法来约束压迫那些贵族和公子。《诗》说：‘老鼠还有着自己的礼貌，人反而不讲礼仪。人要是不讲礼仪，那还不如快点去死呢。’按诗里所讲的道理，您的做法实在是不值得赞扬啊。现在公子虔闭门不出已经八年了，您又杀了祝懽，给公孙贾刺了面。《诗》里还说：‘得到人们的拥戴，就能够兴旺；失去人们的拥戴，就会失败。’您做的这些事情，实在是难得人心啊。您每次出行，都有几十辆马车随行，车上站满顶盔贯甲的护卫。您选拔身强力壮的人做贴身警卫，命令武士持矛操戟紧随您的车旁。防卫措施有一样不到位，您都不敢出行。依我看，您现在的处境就像早上的露水随时会被晒干一样危险。若想保全性命以终老，不如将自己的封地献出来，到乡下当个自劳自食的百姓。然后再劝秦王接纳有才能的人，奖励有功，推崇德行，这样或许还能稍保平安。”但是商鞅没有听从他的建议。

5个月以后，秦孝公去世，太子即位。公子虔等一些人诬告商鞅谋反，太子立即派人去抓他。商鞅出逃，来到关下，想找个旅馆投宿。旅馆主人不知道他是商君，就说：“商君制定的法律，要住宿的话必须有文书。”商鞅叹了一口气，说：“唉，我竟然被自己制定的法律逼到了这个程度！”他又逃往魏国。魏国人怨恨他欺骗了公子卬，攻破了魏国军队，不肯接受他。商鞅想去其他的国家，魏国人却说：“商鞅是秦国的罪犯，秦国的罪犯逃到了魏国，魏国不把他送回秦国，是不行的。”商鞅只好回秦国。商鞅回到自己的封地商邑，率领自己部下和军队攻打郑国，寻求出路。秦国派兵攻打商鞅的军队，在郑国黾池杀掉商鞅，随后把他的尸体车裂，并且诛杀他的全家。

历史关注 | 鬼谷子是纵横家的鼻祖，也是位卓有成就的教育家，著有《鬼谷子》兵书十四篇传世。

苏秦列传第九

苏秦用事

苏秦是东周洛阳人，他曾经到周朝东边的齐国拜师求学，在鬼谷子门下学习纵横之术。

苏秦在外面游学多年，希望能够一展才华，没想到最后却弄得穷困潦倒，只能狼狈回到家里。他的哥哥嫂子、弟弟妹妹和妻妾都嘲笑他，说："周人的习俗是专心经营产业，努力从事工商，以追求 1/5 的利润为目的。现在你丢掉自己应该做的事情不做，一心想靠着你那张嘴去吃饭，以至穷困潦倒，这不是自找的吗！"苏秦听了这些话，心里很惭愧，一个人独自伤心，就关了自己的房门不出来，把自己的书都拿出来，重新读了一遍。然后说："我一个读书人，既然已经拜了老师，学了很多东西，而且自己也天天埋头苦读，到现在却又不能依靠着自己学的东西来得到权力和财富。这类书即使读的再多，又有什么用呢？"于是把先前所读的书放弃，找到周书《阴符》，潜心钻研。苏秦整整花了一年的时间来详细地加以揣摩和思索书里的内容，认为已经理解书中精髓，心情十分激动，说："凭着从这本书里学的东西，就可以游说当代的国君了。"于是就去求见周显王，企图游说他。但是周显王的大臣们对苏秦非常熟悉，认为他是个夸夸其谈的无能之人，全都看不起他，所以周显王也不相信他。

苏秦又去西边的秦国。这时秦孝公已经死了，即位的是秦惠王。苏秦就游说秦惠王说："秦国的四面都是险要的要塞，还被许多山包围住，渭水就像一条带子一样，从国境穿过。秦国的东边有关山大河，西边有汉中，南边有巴蜀，北边还有代地。可以说，秦国真是个地势险要、土地肥沃、物产丰富的天然宝库啊。大王您凭着秦国那么多的百姓，再加上那么多训练有素的士兵，完全可以用他们来统一天下，建立万世帝业，统治四方。"秦惠王说："鸟儿的羽毛还没长丰满，不可以在高高的天空里飞翔；国家的政策法令还没有走向正轨，不可以吞并天下。"当时秦国刚刚处死了主张变法改革的商鞅，非常痛恨那些游说的人，所以秦惠王就没有任用苏秦。

苏秦又来到了东边的赵国。赵国国相奉阳君不喜欢苏秦，苏秦只得离开赵国。

接着，苏秦去了燕国，但是等了一年多的时间才有机会拜见燕王。他对燕文侯说："燕国的东边有朝鲜和辽东，北边有林胡和楼烦，西边有云中和九原，而且南边还有滹沱河和易水，国土纵横有 2000 多里，部队几十万人，战车 600 辆，战马 6000 匹，储存的粮食足够全国百姓用好几年。燕国的南面有碣石和雁门那样肥沃的土地，北面还有大枣和栗子等特产，燕国百姓即便是不去种地干活，光靠北面收获的大枣和栗子也足够百姓们吃的了。这就是人们所说的天府之国啊！

"要是说起老百姓能够安居乐业，没有战事，也不会看到军队的覆灭、将领们被杀的情景，没有哪个国家能够比得上燕国。大王知道为什么会这样吗？燕国之所以不会招致其他国家军队的怨恨，不被他们侵犯，都是因为赵国在燕国的南面，为燕国起着屏障的作用。秦国和赵国之间打了 5 次仗，其中秦国胜了两次，赵国胜了 3 次。秦国和赵国两国相互对抗，彼此削弱，大王您就可以在后边牵制着他们，这就是燕国不会被其他国家进攻的原因。更何况如果秦国想要攻打燕国的话，就必须穿过云中和九原，再穿过代郡和上谷，行军几千里。即便是占领了燕国的城池，秦

中国大事记 | 公元前 227 年，燕太子丹派荆轲以出使为名刺杀秦王，未遂被杀。

国也没有什么办法来守住它。所以，秦国不能进攻燕国的道理也就非常明显了。现在如果是赵国想要攻打燕国，不超过 10 天，赵国几十万的大军就能够到达东垣，然后再渡过滹沱河和易水，再过四五天，他们就能到达燕国的都城。所以说，秦国攻打燕国，是在远离自己国家几千里的地方打仗；赵国攻打燕国，却是在离自己国家几百里以内打仗。不担心自己国家几百里以内的灾祸，反而去担心几千里以外的敌人，再也没有比这更加错误的想法了。因此我希望大王您和赵国合纵相亲，诸侯各国成为一个整体。那样的话，燕国就一定不会再有什么值得忧虑的事情了。”

燕文侯一听，觉得他说得很有道理，就答应了合纵，并且拜苏秦为国相，让他负责合纵的事情。

说赵王合纵

燕文侯资助苏秦车马钱财，让他到赵国去商讨合纵之事。这时，奉阳君已经死了，苏秦就趁机游说赵肃侯说：

“天下的卿相大臣和穿粗衣的读书人，都非常敬仰您，认为您非常英明，施行仁义，早就想在您面前听从教诲，表示忠心了。但是因为奉阳君妒嫉人才而大王您又不理朝政，所以没有人在您面前说出心里话。现在奉阳君已经去世，您又可以和士民百姓亲近了，所以我才敢把我的想法告诉您。

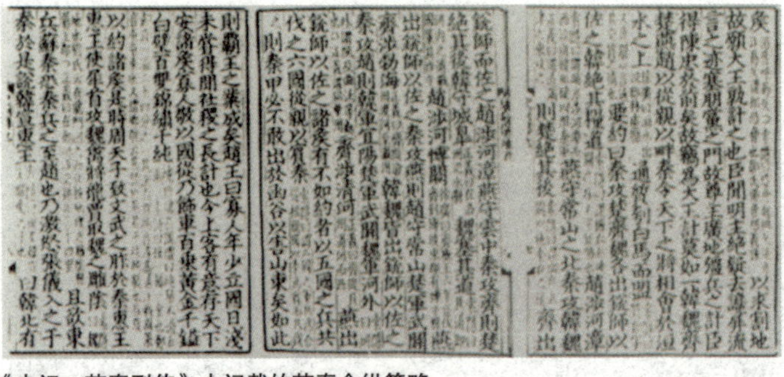

《史记·苏秦列传》中记载的苏秦合纵策略

苏秦是战国时著名的纵横家，曾说服齐王取消帝号，联合楚、燕、韩、赵、魏五国抗秦，使秦兵不敢出函谷关 15 年之久。

“我暗中替您考虑，没有什么比百姓安居乐业、国家太平更重要的了。让百姓安居乐业的根本，在于选择联盟的国家。联盟的国家选择得好，国家安全，老百姓就安定；联盟的国家选择得不好，国家危急，百姓也就不得安定。请允许我说说赵国的外患：如果赵国和齐国、秦国为敌，百姓就不得安定；假如联合秦国攻打齐国，百姓也不得安宁；要是联合齐国攻打秦国，老百姓还是不得安宁。

“如果大王亲近秦国，那么秦国一定会去削弱韩国和魏国；如果和齐国友好，那么齐国一定会想法削弱楚国和魏国。魏国衰弱了就要割让河外，韩国衰弱了就要献出宜阳。不论秦国得韩国的宜阳还是得到魏国的河外，得到这些战略要地，最终都会使秦国强大，而对赵国不利。楚国衰弱了，您就孤立无援。这三点您不能不仔细地考虑啊。

“如果秦国占领了轵道，南阳就危险了，秦国要强夺南阳，包围周都，那么赵国就必须自卫；如果秦国攻占了卫地，占领卷城，那么齐国就一定会向秦国称臣。秦国得到了崤山以东战略基地，就一定会进攻赵国。秦军渡过黄河，越过漳水，占领番吾，那么，秦赵两国的军队一定会在邯郸城下交战。对赵国来说，这就是最令人担心的事。

“现在，崤山以东的国家没有比赵国更强大的。赵国纵横 2000 多里，军队几十万人，战车上千辆，战马上万匹，粮食可支持几年。西边有常山，南边有漳水，东边有清河，北边还有燕国。燕国弱小，不值得担心。秦国最记恨的就是赵国，但秦国为什么不敢攻打赵国呢？是因为害怕韩国和魏国在后边偷袭它，所以韩、魏可以说是赵国南边的屏障。秦国如果要进攻韩、魏的话，就没有什么山川的阻挡，像蚕吃桑叶一样慢慢占领他们，最后逼近两国的都城。韩、魏抵挡不住，肯定会向秦国称臣。秦

历史关注 | 韩非子综合商鞅、申不害的学说，创立“法、术、势”三者合一的封建君主统治术，对后世影响甚大。

国没有了韩国、魏国的顾忌，肯定会攻打赵国。这也是我替您担心的。

“我听说唐尧连300亩的封土都没有，虞舜也没有得到过一尺的封地，却能拥有整个天下；夏禹的民众不够百人，却称王诸侯；商汤王、周武王的部下不过3000，战车不足300辆，士兵不超过3万，却能成为天子，是因为他们掌握了正确的策略。所以，贤明的君主，对外能估计敌国的强弱，对内能估计士兵们素质的优劣，用不着等到交战，就能知道战争的胜负。又怎么会被其他人蒙蔽，而对国家大事草率作出决定呢？

“我暗中观察过天下的形势。东方六个诸侯国土地是秦国的五倍，军队是秦国的十倍。如果六国结成联盟，齐心协力，攻打秦国，秦国一定会被打败。但是现在，六国却都争着讨好秦国，向秦国称臣。为什么呢？打败别人和被别人打败，别人向自己称臣和自己向别人称臣，难道一样吗？

“主张连横的人，都希望诸侯国割地给秦国。秦国统一天下，他们就能封侯封爵，享尽荣华富贵。前面有宫殿华车，后面有美女陪伴。至于各国所受的祸害，他们却一点也不担忧。所以，他们才会倚仗着秦国的强大，日夜不停地威胁诸侯各国，恐吓各国割让土地。

“我私下为大王考虑，不如让韩、魏、齐、楚、燕、赵结成一体，联合对抗秦国。各国将相在洹水相聚，互换人质，杀白马为盟。如果六国合纵，结为一体，秦国一定不敢从函谷关出兵侵犯山东六国。这样，大王您就能称霸了。”

赵王一听，马上说：“我还年轻，即位不久，没有听过让国家长治久安的计策。现在先生您想让天下安定，让各诸侯国得以保全，我愿意倾国相从。”于是给苏秦车子百辆，黄金千镒，白璧百双，绸缎千匹，让他去游说各诸侯国。

游说韩魏

周天子把祭祀文王和武王的胙肉（得到周王赏赐的胙肉是一种很高的荣誉）赐给秦惠王。秦惠王派犀首攻打魏国，俘虏了将军龙贾，占领了魏国的雕阴，还想向东进军。苏秦怕秦国部队打到赵国来，就故意激怒张仪，让他投奔秦国。

苏秦又游说韩宣王说：“韩国北边有险要的巩邑和城皋，西边有宜阳和商阪的要塞，东边有宛水、穰水和洧水，南边有陉山，土地纵横900多里，军队几十万。天下的强弓利箭都是韩国制造的，像谿子弓、少府制造的时力弓和距来弓，射程都在600步以外。韩国士兵用连弩射击的话，能连射100箭，中间不停止。远处的敌人，可以射中他们的胸膛。近处的敌人，可以射穿他们的心脏。韩国士兵使用的剑，都是从冥山、棠谿、墨阳、合赙、邓师、宛冯、龙渊和太阿锻冶的。这些剑，在陆地上能斩断牛和马，在水上能砍杀天鹅和大雁，打仗时能斩断坚固的铠甲铁衣。铁衣铠甲、坚固盾牌，样样具备。凭着韩国士兵的勇敢，穿着精良的铠甲，带着锐利的弓箭，拿着锋利的宝剑，即使以一当百，也没有问题。韩国如此强大，大王您如此贤明，却屈服于秦国，向秦国称臣。不但您的国家因此蒙受耻辱，还招致天下人对您的耻笑。可以说，没有什么能比这更羞耻了。我希望大王能好好地想想。

“大王侍奉秦国，秦王肯定会逼您割让宜阳和成皋。大王您今年把土地献给他，明年他肯定又会想要。给他吧，又没有那么多土地；不给吧，又会得罪他。大王的土地有限，秦王贪婪的欲望却无限，您用有限的土地来满足他无限的欲望，这就叫作拿钱买灾祸啊。我听过一句俗话：‘宁愿做鸡的嘴，也不做牛的屁股。’现在，如果大王您向秦王称臣，那么您和做牛的屁股有什么不同呢？凭着大王的贤明，再加上韩国强大的军队，却背着做牛屁股的丑名，实在是羞耻啊。”

韩王脸色大变，卷起袖子，瞪大眼睛，手按宝剑，仰天叹息说：“我虽然没有出息，也决不会再去侍奉秦国啦。我愿意把韩国托付给您，听从您的安排。”于是答应了苏秦合纵的建议。

苏秦又游说魏襄王说：“大王的国土，南边有鸿沟、陈地、汝南、许地、郾地、昆阳、召陵、舞阳、新都和新蘩，东边有淮河、颍河、煮

中国大事记

公元前225年，秦国攻魏国首都大梁，以黄河水灌大梁，大梁城破，魏国灭。

苏秦归家妻不下机

枣和无胥，西边有长城作为边界，北边有河外、卷地、衍地和酸枣，纵横千里。表面上土地狭小，但实际上到处都是房屋，连放牧牲畜的空地都没有。魏国人口繁多，车马众多，日夜行驰，络绎不绝，轰轰隆隆，就好像三军军队一样多。我私下估量，魏国和楚国实力不相上下。但那些主张连横的人却蛊惑您侍奉秦国，和像虎狼一样凶恶的秦国一起扰乱天下。一旦魏国遭受秦国的危害，谁都不会顾及您的灾祸。依仗着秦国的强大，威胁恐吓别国的君主，没有比这更严重的罪过了。魏国是天下的强国，大王您是英明的国君，现在您竟然侍奉秦国，自称是秦国东方的属国，为秦国建宫殿，受秦国的分封，祭祀秦国先王。我私下为大王感到羞耻。

"我听说越王勾践仅仅用了3000士兵，就活捉了吴王夫差；周武王只用了3000士兵和300辆战车，就在牧野战胜了商纣：难道他们是靠着兵多将广吗？不是的。只是因为能充分发挥自己的长处。大王部队强大，战车600辆，战马5000匹，已经超过越王勾践和周武王很多。可是现在我却听说大王您听信大臣们的建议，想臣服于秦国。大王您千万不要这样做。那些企图让大王您听从秦国的，都是些奸诈的小人，不是忠臣。他们身为大王您的臣子，却想让大王您割让土地来讨好秦国，让您贪图一时的利益而不去考虑长远的未来。希望大王仔细地考虑。

"《周书》上说：'微小的树芽要是不及时拔了，等到长成大的树枝以后怎么办呢？细微的嫩枝不及时砍掉它，等到长粗壮了，就得用斧头了。'行动前不仔细考虑，就肯定会有灾祸临头。等到大难临头的时候，大王您该怎么办呢？大王要是能听从我的建议，六国合纵，齐心协力，一心一意，就不用再害怕强大的秦国了。"

魏王说："我没有出息，没有听过英明的指导，现在先生您奉赵王的使命来指教我，我愿意带领魏国听从您的安排。"

苏秦相六国

接着，苏秦又去了东方的齐国，游说齐宣王说：

"齐国四边都有天险，土地纵横2000多里，军队几十万人。粮食多得堆起来像山丘一样高大；军队强大，打仗时就像锋利的刀刃一样无坚不摧，交战时好像雷霆震怒一样猛烈，撤退时好像风雨一样快地消散。到现在还从来没有征调过泰山以南的军队，也从来没有渡过清河，涉过渤海去征调这两个地方的士兵。光是临淄一个地方就有居民7万户，我私下估计了一下，每户不少于3个男子，不用去征发其他地区的兵源，光是

历史关注 | **战国时期，人们已经掌握大规模生产盐产品的技术。**

临淄的士兵就有21万了。临淄富有而殷实，这里的居民没有不吹竽鼓瑟、弹琴击筑、斗鸡走狗、下棋踢球的。临淄的街道上，车子多得车轴互相撞击，人多得肩膀相互摩擦。把衣襟连起来，可以形成帐幔；把衣袖举起来，可以成为遮幕；大家挥洒的汗水，就像下雨一样。家家殷实，人人富足，志向高远，意志飞扬。凭借着大王的英明和齐国的强大，天下没有哪个国家能够比得上齐国。但是现在大王您却要去侍奉秦国，我私下替大王感到非常羞耻。

"韩国和魏国之所以那么畏惧秦国，是因为他们和秦国的边界相邻。如果秦国和韩国、魏国交战，不超过10天就能兵临他们的都城，显而易见，他们打不过秦国。就算韩国和魏国战胜了秦国，他们军队的兵力也要损失一半，国家的边境也没有办法守卫；如果魏国和韩国输了，他们两国就马上会陷入非常危险乃至亡国的境地。这就是韩国和魏国不愿意和秦国交战，而很轻易地想要向秦国臣服的原因。但是现在齐国的情况却不一样，秦国和齐国隔着韩魏两国的土地。如果秦国想进攻齐国，就要经过卫国阳晋的要道、穿过齐国亢父的险塞，这两处要塞，两辆战车不能并排通过，两匹战马不能并排通行，只要有100个人守在那里，秦国军队就是有1000个人也打不过来。即使秦国军队打过来，也会顾虑重重，害怕韩国和魏国在后面偷袭他们。秦国对齐国虚张声势，恐吓威胁，却不敢冒险进攻，原因就在这里。

"不仔细考虑秦国不能奈何齐国的原因，却只想着去侍奉它，这是那些大臣们策略上的错误。现在，齐国还没有背上向秦国臣服的丑名，还有着非常强大的国家实力，所以我希望大王留心考虑一下，以便决定对策。"

齐王激动地说："我们齐国非常偏僻，我也没有机会听到您这样的教导。现在先生您来指教我，我愿意听从您的领导。"

苏秦又去了楚国，游说楚威王说：

"楚国是天下的强国，大王是天下的明君。楚国西边有黔中和巫郡，东边有夏州和海阳，南边有洞庭和苍梧，北边有径塞和郇阳，纵横5000多里，部队100万，战车1000辆，战马1万匹，仓库里的粮食足够百姓们吃一年。这是成就霸业的资本啊。凭着楚国的强大和大王的贤明，天下没有哪个国家能比得上。但是现在大王您却想侍奉秦国，实在是没有道理啊。那样的话，诸侯各国就没有谁敢不向秦国臣服了。

"秦国最大的忧患就是楚国。楚国强大，秦国就会弱小；秦国强大，楚国就会弱小。这样看来，两国不能并存。所以，我为大王您着想，不如六国合纵，孤立秦国。

"我听说，没有动乱前，就应该阻止它。灾祸降临前，就要进行预防。如果等到灾祸临头，再去行动，那就来不及了。如果大王不合纵，秦国一定会派出两支军队，一支从武关出击，一支直下黔中，那么大王您的楚国就危险了。所以希望大王能及早考虑。

"如果大王能听从我的建议，我就能让山东各国听从大王您的号令，把国家和宗庙托付给您，接受您的指挥。如果大王能采纳我的计策，韩、魏、齐、燕、赵、卫各国的美女，就一定会送到您的后宫；燕国和代国的骆驼和良马一定会充满您的畜圈。所以，合纵成功，楚国就能称王。连横成功，秦国就要称帝。现在您要放弃称王称霸的功业，背上侍奉别人的丑名，我私下认为这种做法不可取。

"秦国，像虎狼一样凶恶，有吞并天下的野心。秦国也是各诸侯国的共同敌人。那些主张连横的人都想让诸侯君主们割地献给秦国，这就叫

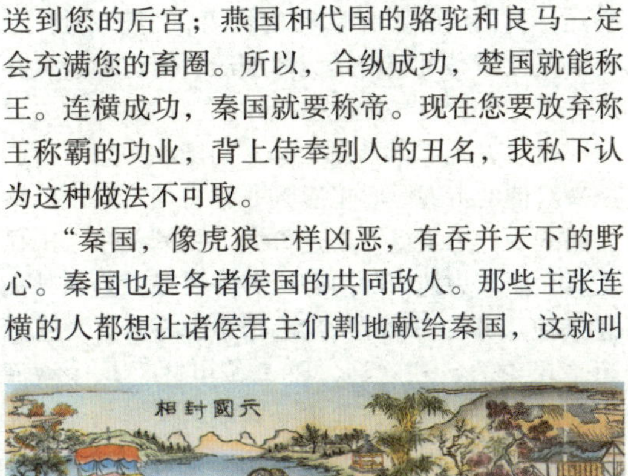

苏秦六国封相 年画

中国大事记 | 公元前222年，秦平定楚江南地，置会稽郡；虏代王嘉，赵亡。

作供养仇人和敬奉仇人啊。他们一点儿也不担心自己的国家遭受秦国的危害，反而依仗着强秦的威势，劫持自己的君主。这是最大的叛逆，最大的不忠，没有比这更严重的罪过了。

“合纵相亲，各诸侯就会割让土地侍奉楚国；连横成功，楚国就要割让土地侍奉秦国，这二者，大王选择哪一个呢？”

楚王闻言，立刻醒悟过来，连忙说：“我愿意听从先生您的建议，合纵对抗秦国。”

六国合纵成功。苏秦做了合纵的纵约长，并且同时担任六国的国相。

荣归故里

苏秦成功地说服东方六国的君主，建立了合纵联盟，共同对付强大的秦国，还当上了六国合纵的纵约长，担任了六国的国相。

苏秦要赶回赵国，向赵王汇报出使各国的具体情况。在回赵国的路上，经过周朝的洛阳，他想回到自己的家里看看。当时，随行的车辆多达几百辆，每辆车上都装满了金银财宝和其他贵重物品。各国诸侯派来随行的使者，多得不得了。这一路，苏秦可以说是威风凛凛，声势煊赫，绝不比帝王出行的气派逊色。

周显王听说苏秦当上了六国国相，想起自己原来对他的待遇，心里感到非常害怕。听说苏秦要回故乡，为了搞好与这位大人物的关系，周显王马上派人为他清除道路，并安排使臣到郊外去迎接他。苏秦一行摆着盛大的排场来了，受到超乎想象的热烈欢迎，整个城市几乎是倾城而出，观看他的风采，他感受到前所未有的光彩和荣耀。应酬完周王的使节和朝中重要的官员，苏秦终于回到自家门口。苏秦下车一看，几乎惊呆了，只见自己的兄弟、妻子、嫂子全部跪倒在地上，垂着眼皮，不敢抬头看他。他感慨万千，拉起他们进屋落座，亲人们都非常恭敬地侍候他吃饭。苏秦看着自己的嫂子，笑着问他：“您以前对我那么傲慢，现在为什么对我这么恭顺呢？”听了他的话，他的嫂子马上伏下身去，跪在地上，弯曲着身子，爬到他的面前，脸贴着地面向他请罪说：“那是因为我看到，现在小叔您地位显贵，钱财多啊。”苏秦非常感慨，叹息说：“同样是我这个人，当我富贵的时候，亲戚朋友们就敬畏我，但是，当我贫贱的时候，他们就轻视我。更何况不相干的人呢！假如我当初在洛阳的郊区买上2顷良田，满足于当富裕的小地主，那现在我难道还能够当上六国的国相，配上六国的相印吗？”

苏秦荣归故里，可谓风光无限，但也看透了世态炎凉，明白了人情世故。在家小住，盘桓数日，同时，他把自己得到的千两黄金，全部赏赐给自己的亲戚朋友。

当初，在苏秦落魄不得志的时候，为了去燕国，向一个人借了一百钱做路费。现在苏秦当上了六国国相，可以说是大富大贵了，就拿出一百两黄金来还给那个人。除了他以外，苏秦还报答了以前所有对他有恩德的人。在他的随从人员中，唯独有一个人没得到赏金。他不明白为什么，就走到苏秦面前，对苏秦说：“我追随您多年，也应该有我一份吧。”苏秦看着那个人，就说：“我并不是忘了您，您还记得吗，当初您跟我一起去燕国，走到易水河边上，您几次三番说要离开我，想想那时候我的处境：穷困不已，非常落魄，也没人帮助。而在这样的时候，您想抛弃我，因为这件事，我心里非常责怪您，所以把您放在最后，现在您也可以得到赏赐了。”

苏秦和六国约好建立合纵联盟，一起抵抗秦国。归家省亲之后，他回到赵国。赵肃侯对苏秦出使索取的成果十分满意，就封他为武安君。接着，苏秦把六国的合纵盟约送给秦国。秦国见状，很恐惧。从此以后，再也不敢轻易向函谷关以外的国家发起进攻了，这样的局面，维持了长达15年之久。

六国合纵，组成强大的军事政治联盟，共同抵抗秦国。秦国的实力无法抗衡六国联盟，也想不出更好的办法，只能暂时退守函谷关以西。但是，秦王无时无刻不在想着破坏六国的合纵政策。秦王派犀首出使齐国和魏国，以割地和送礼

历史关注 | 先秦时期的鞋叫屦或履，用草、麻、皮制作。

诱骗他们，劝说两国与秦国一起攻打赵国。齐国和魏国中计，与秦国共同发兵，攻打赵国。赵王见齐魏两国背信弃义，破坏盟约，就谴责苏秦。苏秦受到赵王的谴责，害怕了，就向赵王请求去燕国活动，并向赵王保证，肯定会让齐国和魏国遭到报复。赵王同意了。苏秦离开赵国以后，赵国与齐国、魏国绝交，六国合纵已经被破坏了。六国团结抗秦的局面结束，秦国破坏合纵联盟的政策获得成功。

·合纵与连横·

战国七雄中，秦国最强大，不断出兵进攻邻近的国家。齐、楚、赵、韩、燕、魏等六国由此提出了“合纵”抗秦的主张，意思是六国联合起来，共同抵抗秦国。因为这六个国家都在秦国以东，纵贯南北叫做“纵”，所以人们把这种联合称为“合纵”。跟“合纵”唱反调的是“连横”。持这一主张的人认为，秦国太强大了，只有依赖秦国，与它联盟，对付其他国家，才能取得胜利。因为秦国位于西方，其他6个国家在东方，从东到西叫作“横”，所以人们把这种主张称为“连横”。当时，鼓吹“合纵连横”最有名的人是苏秦和张仪。

苏秦之死

秦惠王把他的女儿嫁给燕国太子。这年，燕文侯死了，继位的是燕易王。燕易王刚即位，齐国就趁着文侯发丧，派兵攻打燕国，夺取了燕国10座城池。燕易王非常生气，废了苏秦的国相，对他抱怨说：“先王在位的时候，资助您去其他国家进行游说，推行合纵计划。可是现在呢，先是赵国遭到齐国和魏国的攻打，然后就是我们燕国被齐国攻打。都是您的原因，才让我们两个国家受到天下人的耻笑啊。先生您能收复我们燕国国土吗？”苏秦一听燕易王的话，心里非常惭愧，就说：“大王，请您派我出使齐国，把大王丢失的国土收复回来。”

苏秦到了齐国，见过齐王以后，苏秦拜了两拜，第一下对齐王表示庆贺，马上第二下就表示哀悼。齐王感到非常奇怪，就问他：“为什么哀悼和庆贺之间来得那么快呢？”

苏秦说：“大王，我听说一个人不管再怎么饿，也不会吃乌喙。因为乌喙虽然暂时能够充饥，却有着剧毒，能让人死得更快。现在燕国虽然弱小，但燕王却是秦王的小女婿。大王您夺取了燕国的10座城池，又和强大的秦国结下仇怨。如果秦国利用这个借口，支持弱小的燕国向齐国发动攻击，自己却在后面掩护，并召集天下的精兵攻击齐国，齐国就危险了。那不就相当于饥饿难忍的人吞下了乌喙吗？”齐王一听，非常担心，就问他：“那么寡人该怎么办呢？”苏秦马上说：“我听说善于把握形势的人，能够将灾难变为福气，将失败变为成功。如果大王您真能听我的建议，那就请大王您将燕国的10座城池还给燕王。那样的话，不但燕国因为收回10座城池会很高兴，而且秦国也以为大王您是顾及到秦国才这样做，也会很高兴。到时候，齐国和燕国、秦国都成了朋友，大王您号令天下，还有谁敢不听啊？这就等于表面上尊敬秦国，但实际上用10座城池就得到了天下，这是霸王的功业啊！”齐王就把10座城池归还了燕王。

有人在齐王面前诋毁苏秦说：“大王，苏秦是个左右不定、出卖国家、反复无常的人。”苏秦知道以后，担心齐王降罪给他，就回到了燕国。

回到燕国，燕王没有恢复他的官职。苏秦对燕王说：“我只是东周的一个平民，没有一点儿功劳。大王您拜我为国相，而且在朝廷里对我礼遇有加。现在我说服了齐王，让他归还了燕国失去的土地，按理来说大王您应该对我更加地亲密啊。现在我回到燕国，可是大王您却不让我官复原职，肯定是有人在您面前说了我的坏话，说我不老实。但是我的不老实，却正是大王您的福气啊。我听说忠诚老实的人，一切都为了自己；奋发进取的人，一切都为了别人。我游说齐王，并没有欺骗他。我把自己年迈的母亲留在东周，不是为了自己，而是要奋发有为。如果有3个人来服侍您，一个像曾参那样孝顺，一个像伯夷那样

中国大事记 | 公元前221年，秦灭六国，秦王政称始皇帝，定官制，废分封，行郡县，统一度量衡等制度。

清廉，还有一个像尾生那样诚实，大王您认为怎么样？”

燕王回答说：“足够了。”苏秦却说：“那个像曾参那样的人，孝顺得连离开父母亲在外面住一晚上都不愿意，大王您怎么能让他千里迢迢，离开家乡到燕国来为您效力呢？那个像伯夷一样的人，虽然讲义气，不愿意做孤竹君的继承人，也不愿意做周朝的官，还不吃周朝的粮食，到最后饿死在首阳山下。这样廉洁的人，大王您怎么能让他去齐国为大王您游说呢？那个像尾生的人，和一个女子约会在桥下见面，女子没来，就一直等下去，大水来了也不走，到最后被大水淹死了。这样讲信用的人，大王您怎么能让他去齐国，说服齐国撤回齐国的军队呢？我就是因为过于忠信老实而得罪了大王您啊。”燕王觉得苏秦很狡诈，就说：“你本不是个忠信老实的人，还说什么因为忠诚而获罪？”苏秦说：“大王，话不是这么说，有时候忠信真的会被人们看作是过错。我听说这样一个故事。有个人在外面做官，他的妻子和别人私通。等他回家以后，妻子想用毒酒毒死他，并叫女仆把毒酒给他。女仆害怕会毒死男主人，想告诉他实情；但又怕自己说了实情以后，女主人会赶走自己。无奈之下，她只能假装晕倒，把酒倒在地上。男主人很生气，就打了她50大板。女仆虽然挨了打，却心安理得，因为她不但保全了男主人，还保全了女主人。所以说，老实有时候也是一种罪过啊。大王，您说我是不是也太老实了呢？”燕王听了他的故事，非常感动，不但重新让他做国相，而且对他更好。

苏秦和燕易王的母亲私通，被燕王知道了。燕王不但不责怪他，反而更加厚待他。苏秦觉得很害怕，就假装得罪了燕王，跑到了齐国，当了齐宣王的客卿。实际上是去离间齐国，让燕国暗中得利。

齐宣王死后，苏秦劝即位的齐湣王大肆铺张，厚葬宣王，向天下人显示他是多么孝顺。同时他还让齐湣王大兴土木，显示齐国的富饶。齐国很多大臣都反对苏秦，不仅在湣王面前说他的坏话，甚至还派人刺杀他。苏秦虽然逃跑了，却伤得很重。湣王非常生气，就派人追查行刺的凶手。苏秦临死前对湣王说：“大王，我死了以后，您把我五马分尸，对大家说我苏秦来齐国是为了离间齐国，是燕国的间谍。这样，谋杀我的凶手就会自己出来向大王您邀功了。”齐湣王依照他的话，抓住了刺杀苏秦的凶手，把他杀了，替苏秦报了仇。

名士苏代

苏秦死后不久，齐湣王知道了他来齐国离间的秘密。齐湣王非常憎恨燕国，燕王也因此坐立不安。苏秦有两个弟弟，一个叫苏代，一个叫苏厉。他们见哥哥学有所成，当上了六国的国相，就向苏秦学习纵横之术。

苏秦死了以后，苏代想继承苏秦的事业，就对燕王说：“大王，我本来是东周的一个平民，听说大王您仁义，就放下锄头来求见您。见到大王和您的大臣们，我才知道，您确实是天下的明君啊。”

燕王听了以后，非常高兴，就问：“你所说的英明君主，应该是怎么样呢？”苏代回答说：“我听说贤明的君主，首先就应该能听大臣们的直言，而不应该只喜欢听那些小人的奉承话。我在这斗胆说出大王您的过错。齐国和赵国，都是燕国的仇敌；而韩国和魏国，则是燕国的盟友。可是现在大王您不但不向仇敌报仇，反而还亲近他们，甚至还攻打自己的盟友，这对燕国一点好处也没有。大王您好好想一下。”燕王回答说：“齐国本来就是我的仇人，我也想攻打它，只是因为燕国弱小，不是它的对手。您要是能助我讨伐齐国的话，我愿意把燕国托付给您。”苏代回答说：“现在天下有7个国家争霸，燕国最为弱小，孤军作战显然不行。而无论是联合哪个国家，都会让这个国家的实力得到加强。这个国家强大了，燕国也就变强大了。现在齐王年老固执，到处征战。和楚国打了5年多的仗，又和秦国打了3年多的仗，还和燕国打了仗。连续征战，他们齐国已经元气大伤。”燕王有些担心，就问：“可

历史关注

《战国策》记事止于秦灭六国。

是我听说齐国有清济、浊河、长城和矩防，应该很难攻打吧？”苏代说：“现在齐国民不聊生，老百姓对齐王怨声载道。即使齐国有长城、矩防、清济和浊河，也不足以作为要塞。而且以前不在济州以西征召士兵，是为了防备赵国；不在漯河以北征召士兵，是为了防备燕国。现在济州和漯河的人都已经征召完了，国内也空虚了。大王您要是派人去齐国当人质，而且送大量的金银珠宝给齐王的左右大臣。齐王肯定就会和燕国亲近，也会更加肆无忌惮地攻打宋国。那样的话，大王您就能趁着齐国国内空虚，袭击齐国。齐国就肯定会灭亡。”燕王大喜，听从了他的建议。

燕王派一个公子去齐国当人质。苏厉也一起去拜见了齐王。齐王怨恨苏秦，想囚禁苏厉。幸好燕国公子替苏厉说情，齐王才饶了苏厉，但还是把苏厉留在了齐国。

燕国国相子之和苏代结为亲家，子之想掌握燕国的大权，就派苏代去协助在齐国做人质的公子。齐王让苏代回燕国复命，燕王哙问苏代：“齐王能称霸诸侯吗？”苏代回答说：“不能。”燕王哙问：“为什么？”他说：“齐王不相信他的大臣们。”从此以后，燕王哙更加信任子之，不久就把王位传给了他，导致了国内大乱。齐国乘机派兵攻打燕国，杀了燕王哙和子之。燕昭王即位，苏代和苏厉不敢回燕国，投靠了齐国。

苏代经过魏国，魏国抓住了他。齐国派人对魏王说：“齐国想把宋地封给秦王的弟弟泾阳君，秦国肯定不会接受。并不是秦王不愿意得到宋，而是因为他不相信齐王和苏代。现在魏国再与齐国对立起来，那么，齐国和秦国就会互相亲近和信任，进而联合起来。这样的话，秦国就会攻占宋地，这对魏国是非常不利的。大王您不如把苏代放回齐国，那样的话秦国肯定就会怀疑齐国，不相信苏代。齐国和秦国不合，当然对魏国有利。”于是魏王放了苏代，苏代到了宋国，受到宋王很好的款待。

不久，齐王派兵攻打宋国。苏代就送信给燕王说：“现在齐国想攻打宋国。大王您要是帮助齐国灭了宋国，甚至打到楚国的话，那么齐国就会更加强大，燕国就更要看齐国的脸色行事了。大王您不如对外大发言辞，说要以齐国为中心，联合各国，反对秦国。那样秦国肯定就想削弱齐国。秦国那么强大，肯定能如愿。到时候，燕国就能联合其他的国家，既不屈服于秦国，也不屈服于齐国。”燕王认为有道理，就回信说：“先王对苏家有恩，但是子之之乱后，苏家就去了齐国。燕国要想向齐国报仇，只有苏家兄弟能做到。”于是又请回了苏代，对他加以优待，并和他商讨讨伐齐国的大事。后来燕国果然打败了齐国，齐国几乎灭亡。

过了几年，秦王想邀请燕王去秦国，燕王打算赴约。苏代劝阻他说：“大王，您千万不能去啊。秦王非常霸道，他想征服天下，却不靠仁义，反而明目张胆地依靠武力。不管是楚国、韩国、齐国，还是其他国家，秦王都对他们进行恐吓，威胁他们屈从。还经常背信弃义，冠冕堂皇地侵略其他国家。更可怜的是，六国不但不能一起来反抗，反而只知道忍气吞声。您要是去了，秦国肯定不会放您回来。”燕王相信了他的话，没去秦国。从此以后，燕王更加重用苏代。

苏秦、苏代、苏厉三兄弟，都靠游说而出名。但是苏秦因为在齐国施行了离间计，惨遭他人毒手，他死后也遭到天下人的嘲笑；而苏代和苏厉却比较幸运，能够享受天年。他们3个人都有着极大的智慧，才能说服六国采取他们的合纵策略。

·先秦历史散文·

早在西周时期，周王室和各诸侯国已经有了自己的国史。到了春秋战国时期，历史散文的创作繁荣起来。《左传》《国语》和《战国策》就是其中的代表，其中《战国策》的文学成就极高。它以人物的活动为中心来记载史实，策士之间的相互辩难极尽夸张，铺张扬厉，而他们对于形势的判断和利弊的分析周密准确、深刻入理。先秦历史散文的创作，表现出文学性不断增强、史学的严格性有所削弱的特征。

中国大事记 | 公元前220年，秦朝开始修建通往燕、吴、齐、楚的“驰道”。

张仪列传第十

苏秦激张仪

战国时代和苏秦齐名的纵横家，毫无疑问就是张仪了。

张仪年轻的时候，和苏秦一起拜鬼谷子为师。张仪十分有才华，就连苏秦都认为自己比不上他。张仪离开师父后，就准备去游说诸侯。

张仪的第一个目标，就是楚国国君。但是在当时，平民想见国君的话，需要有大臣的引荐。一般的官员都见不到国君，更何况是张仪这样一文不名的穷书生？于是张仪决定先去楚国国相家里担任门客。如果得到了楚国国相的赏识，那自然就有机会见到楚国的国君。张仪到了国相家里以后，很长一段时间得不到国相的信任。他只能慢慢地等待机会。

有一天，楚国国相设宴招待宾客。在席上，国相丢了自己心爱的玉璧，门客们就对国相说：“张仪一向贫困，而且品行恶劣，肯定是他偷了国相您的玉璧。”国相就让人把张仪抓住，打了几百杖。张仪宁死不承认，国相只好把他放了。带着这样大的屈辱，张仪回到了家。他的妻子看见他带着一身的伤回来，就问他：“你今天怎么了？”张仪对她说了事情的经过，妻子对他说：“唉！你要是不去读书，游说诸侯，又怎么会受到这样的屈辱呢？”张仪对妻子说：“你帮我看看，我的舌头还在吗？”听了他的话，妻子笑着回答说：“放心吧，你的舌头还好好地在那儿呢。”张仪一听，就说：“那就够了。”

这个时候，苏秦成功说服了赵王，担任了赵国的国相，并且和赵王相约，去游说其他的国君。但是苏秦还是害怕秦国会攻打各国，破坏盟约。又因为找不到合适的人去秦国，苏秦就派人暗中对张仪说：“当初你和苏秦关系很好，现在他已经当上了赵国的国相，你为什么不去赵国找他呢？”张仪觉得很有道理，就前往赵国，求见苏秦。

苏秦知道张仪到了自己家里，就让下人故意刁难他，不给他通报，还故意几天都不让他离开。等到张仪不耐烦的时候，苏秦才在大堂接见了他，让他坐在堂下，并且赐给他下人们吃的食物。又他说：“没想到你会沦落到这个地步。我不是不能帮你说几句，让你大富大贵。只是你自己不争气，实在不值得我那样做罢了。”之后就把张仪打发走了。张仪满以为苏秦会看在师兄弟的情分上，向赵王推荐自己，没想到反而被这样羞辱。他非常生气，发誓一定要报复苏秦。考虑只有秦国能够对付赵国，于是张仪动身去秦国。

打发走张仪后，苏秦就对下人说：“张仪非常有才华，我比不上他。只有他才能到秦国去，获得秦王的重用，从而掌握秦国的权势，然后让秦王不要攻打六国。但是张仪出身贫困，没有机会拜见秦王。我又害怕他贪图小利，不能成就大的事业，所以故意找个借口来侮辱他，目的是激发他的志气，让他能奋发向上。你帮我暗中照顾他。”苏秦于是派下人暗中跟随张仪，和他投宿同一客栈，慢慢接近他，还把车马和金钱送给他，提供给他需要的东西。

在苏秦下人的暗中帮助下，张仪终于见到了秦惠王并且得到了秦惠王的重用，担任了秦王的客卿。

看见张仪得到了秦王的重用，自己也完成了任务，下人就决定回国向苏秦复命。张仪感到很奇怪，就问他：“多亏了您的帮助，我才能得到秦王的重视。现在正要报答您，您为什么要离开秦

历史关注

秦朝时称民众为“黔首”。

士的崛起

战国时期，养士之风盛行，著名的“战国四公子”都有养士千人。士与主人之间建立起一种新型的隶属关系。张仪、苏秦便出自于这样的阶层。

国呢？”下人回答说：“其实暗中帮您忙的，并不是我，而是您的师兄苏秦先生啊。当初他担心秦国会攻打赵国，破坏六国的联盟，他认为除了您以外没有人能够说服秦王，掌握秦国的权势，所以就故意羞辱您。实际上他是为了激发您，又暗中派我提供各种东西给您，支持您来秦国。这些其实都是苏秦先生的苦心啊。现在您得到了秦王的欣赏，我也应该回去向苏秦复命了。”张仪听了以后，非常感慨，说：“哎呀！我现在才知道自己比不上苏秦啊！现在我刚被秦王任用，又怎么能够说动秦王去攻打赵国呢？您替我回去感谢苏秦，说只要有他苏秦在，我一定不会让秦国攻打六国。”

果然，在苏秦死之前，秦国都没有攻打六国。

司马错论伐蜀

张仪当上秦国国相以后，想起楚国国相对自己的侮辱，就写了封信，警告他说：“当初我和你在一起喝酒的时候，并没有偷您的玉璧，您却叫下人鞭打我。你一定要好好守卫住你的国家，因为我一定会报这大仇。”

苴国和蜀国交战，并且都向秦惠王写信求救。收到他们的来信后，秦惠王决定派兵攻打蜀国。但是因为道路狭窄险恶，非常难走，同时韩国又派兵攻打秦国，秦惠王感到很为难。先攻打韩国，再去讨伐蜀国，又怕情况变化，不利于秦国；先派兵讨伐蜀国，再攻打韩国，却又担心韩国会乘机来袭击。斟酌了半天，也没想好该怎么办。秦王征询司马错和张仪两个人的意见，没想到他俩争执起来。

司马错认为应该先进攻蜀国，再攻打韩国，但是张仪不同意。张仪对秦王说：“依我看，大王不如先派兵攻打韩国。”秦王问为什么。

张仪说：“我们先派使者去向魏国和楚国表示友好，然后出兵进入三川，拦住什谷的路口，封锁住屯留的道路。让魏国派兵切断韩国南阳的道路交通，让楚国派兵去进攻韩国的南郑，最后我们秦国再派兵攻打韩国的新城和宜阳，逐渐逼近周国东城和西城的郊区。这样大王就能够向天下人声讨周王的罪过，同时又能借机侵占魏国和楚国的土地。到时候，周朝天子知道抵挡不住我们的进攻，只能把他的九鼎和其他宝物都拿出来，献给大王您。大王您有了九鼎，又有天下百姓的户籍，就能够挟持周天子来命令天下的诸侯。以秦国的强大，再加上有周天子的名义，天下百姓，诸侯各国，还有谁敢不听从大王您的命令呢？这可是称王的大业啊！现在这小小的蜀国，地处西部边陲，非常偏僻，还是戎狄一类的小国。要是我们秦国派出大量的军队，劳民伤财，即使取胜也不能扬名天下；即便是占领了它的土地，也得不到什么实际的利益。我听说要是想争夺名位，就必须在朝廷里面；要是想争夺利益，就必须在市井江湖里面。现在的周国和三川，就好像是我说的朝廷和市井，大王你要是不忙着去争夺，反而想发兵去攻打蜀国那样遥远的戎狄一类的落后小国，那可离您的统一大业还差得很远哪。”

司马错马上反驳说：“大王，事实并不是像张仪说的那样。我听说要想使国家富强，就必须扩大国家的土地；要想使军队强大，就必须让老百姓们生活富裕；要想称王称霸，就必须向天下百姓显示自己的仁德。如果这3个方面都具备了，那大王您的大业就能实现了。现在大王您的

中国大事记 | 公元前219年，为向岭南进军，秦始皇命人在湘水、漓水间开凿灵渠。

秦国不但土地狭小，而且百姓贫困，我认为大王您应该先做容易的事情，再做艰难的事情。蜀国地处偏僻的西边，是周围小国中的首领国，国内局势就像夏桀和商纣那时一样混乱，我们秦国攻打它就好像是狼追逐羊群一样简单。通过夺取蜀国的土地来扩大我们秦国的国土；夺取蜀国的财富来让秦国的百姓富饶、军备充足；无需损伤太多兵力就能够使蜀国臣服了。这样，我们征服了蜀国而天下人却不认为我们残暴，得到了西部各国的全部财富而不会有人说我们贪婪。因此只要我们一派出军队，不仅能得到实利，还能够得到铲除暴乱的好名声。要是按照张仪大人的看法，先攻打韩国，进而劫持周天子。那样我们非但不能得到什么实利，反而会被天下人认为不仁义，而且攻打天下人都不愿意攻打的国家，是很危险的事情：周国是天下所有诸侯国的宗主，而韩国也是齐国的盟国。如果大王您执意进攻韩国和周国的话，他们知道抵挡不住秦国的进攻，也知道会失去自己的九鼎和三川，就会一起合谋，希望能够借助齐国和赵国，从而与楚国和魏国达到和解，并和秦国对抗。而为了达到和魏国、楚国的和解，周天子必然会把九鼎献给楚王，而韩国也必定会将三川的土地献给魏王。到时候，大王您也没有办法加以阻拦。这些就是我刚才和您说的危险之处。所以我说，攻打韩国还不如攻打蜀国那样有利。”

秦惠王听完张仪和司马错的争论，决定采纳司马错的意见。于是秦王派兵攻打蜀国。果然，秦国军队不费吹灰之力就占领并且平定了蜀国，把蜀王贬为侯，派陈庄去蜀国当国相。蜀国归附了秦国以后，为秦国提供了丰富的资源，成为秦国争霸天下的大后方，秦国也因此变得更加富强。

说魏王连横

秦惠王十年(公元前328年)，公子华和张仪攻占了魏国的蒲阳。张仪劝说秦王把蒲阳还给魏国，并让公子繇去魏国做人质。然后张仪又游说魏王说：“秦国对魏国这样宽厚，魏国不能不有所报答。”魏王就把上郡、少梁两郡献给秦国，作为答谢。秦惠王于是封张仪为国相，并且把少梁改名叫夏阳。

张仪当了4年秦国国相后，就正式拥立秦国国君称王。一年后，张仪担任将军，夺取了陕邑，并在上郡建立要塞。

后来的两年，张仪被秦王派去和齐、楚两国国相在啮桑会盟。回来以后，张仪被免去了国相的职务，他又去魏国担任国相。张仪到魏国，是为了给秦国谋利益。他想先说服魏国听从秦国的号令，然后迫使其他诸侯国仿效魏国，这样，秦国就可以号令天下了，但他的建议遭到了魏王的拒绝。秦惠王知道后，非常生气，立刻派军队攻占了魏国的曲沃和平周，并且对张仪更加优待。张仪心里很惭愧，觉得没办法来报答秦王。他在魏国待了4年，这时魏襄王去世，魏哀王即位。张仪又劝说哀王，但再一次遭到拒绝。为了迫使魏国听命，张仪暗中让秦国军队攻打魏国。魏国出兵抗秦，交战失败。

第二年，齐国在观津打败了魏国军队，秦国想趁此机会讨伐魏国。为扫清进军障碍，秦军攻打申差带领的韩军。秦军获胜，斩杀韩军8万官兵。诸侯们得知此事，非常恐慌。这时，张仪又游说魏王说：

“魏国国土纵横不到一千里，士兵也不超过30万。地势四面平坦，可以和四方的其他诸侯国相通。国内没有什么崇山峻岭，从新郑到都城大梁只有200多里，战车和士兵们不用费什么力气，就能很快到达。魏国的南边和楚国相接壤，西边和韩国相接，北边和赵国相邻，东边和齐国搭界，如果要让魏国的士兵驻守四方的边疆，单单是防守各种要塞的人就不能少于10万。可以这么说，魏国的地势，就是个天然的战场。假如魏国和南面的楚国交好而对齐国不友好，那么齐国就会攻打魏国的东面；如果和东面的齐国交好而不和北面的赵国亲善，那么赵国就会攻打魏国的北面；如果和西面的韩国不合，那么韩国攻打魏国的西面；和南面的楚国不亲，那么楚国就会攻打魏国的南面；这就是四分五裂的地形啊。

历史关注

湖北云梦睡虎地出土的《大事记》竹简是中国最早的一部编年历史书籍。

“而且现在各诸侯国成立合纵联盟的目的，是为了让国家得到安定，让国君得到尊崇，让军队更加强大，让声名远扬。现在那些主张六国合纵的人，想让天下成为一个整体，诸侯六国成为兄弟国家，于是就在洹水边上宰杀白马，歃血为盟，互相表示信守盟约。但是，即便是同父同母所生的一对亲兄弟，也会为了争夺财产而互相争执。难道大王您还打算相信和遵守苏秦那套虚伪狡诈并且反复无常的合纵策略吗？如果真是那样的话，大王您的失败是必然的了。

“如果大王您不听从秦国的命令，秦国就会派兵攻打河外、卷地、衍地、燕地和酸枣，并且攻打卫国，夺取阳晋。这样的话，赵国军队就不能够南下。赵国的军队不能南下而魏国的军队又不能北上，六国合纵联盟的通道就被秦国断绝。六国合纵联盟的道路一旦被切断，魏国也就危险了。到时候，秦国用武力要挟韩国屈服，韩国因为害怕秦国，就会归附秦国。韩国和秦国一旦联盟，魏国就只能坐等亡国。这也是我替大王您担忧的事情啊。

“我为大王您着想，还是不如归附秦国。如果您听从秦国号令，那么楚国和韩国就一定不敢有什么动作了，大王您也就可以高枕无忧，没什么值得担心了。

“再加上现在秦国最想要削弱的国家就是楚国，但是能够削弱楚国的国家只有大王您的魏国。楚国虽然表面上很强大，百姓富饶，实际国力却很空虚；楚国的士兵虽然号称人数众多，却胆小懦弱，在战场上总是逃跑。假如魏国聚集所有的军队攻打楚国，肯定能够取胜。通过夺取楚国的土地而使大王您的魏国得到好处；通过归顺秦国，和秦国一起来攻打楚国，从而将灾祸转嫁给楚国，让魏国国家安宁，这是一件大大的好事啊。如果大王您不采纳我的建议，等秦国的军队向魏国发起进攻，那时，大王您即便想屈从于秦国，恐怕也来不及了。

“而且，那些主张合纵的人，只会讲大话，很难让别人信任他们，只是为了能够得到高官厚禄，封侯封爵。所以那些游说的人，没有一个人不是天天都激动地攥着手腕，瞪着眼睛，向君王们大夸特夸合纵的好处。如果哪个国君因为赞赏他们的口才，就被他们合纵的计划给迷惑了，那就太糊涂啦！

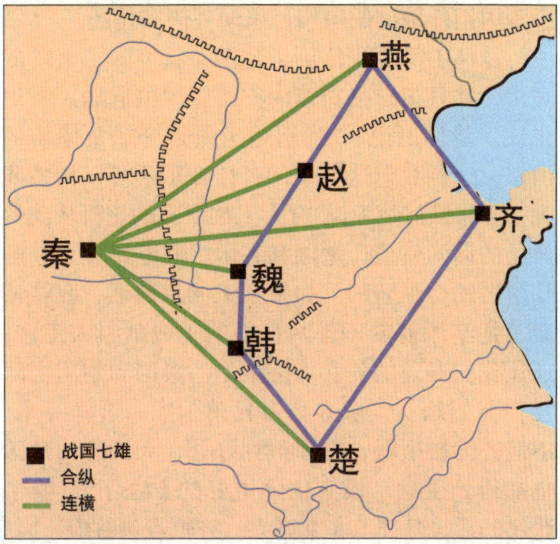

合纵连横示意图

战国末年，各国都展开积极外交，以争取盟友、削弱敌国。“合纵”即合众弱攻一强，攻击对象或秦或齐，以秦为主。“连横”指事一强而攻众弱，主要以秦国为中心。“合纵”“连横”为秦强众弱格局下所出现的政治局面。

“我听说，羽毛虽然很轻，但要是放多了，也能够让船沉没；很松的货物，但装载多了，也会折断车的架子；群众的舆论可以把铁熔化，众多的诽谤可以毁灭一个人。所以我希望大王能仔细地采取正确的措施，并且恩准我辞去国相职位，离开魏国。”

听了张仪的话，魏哀王就背弃了六国的合纵盟约，并通过张仪表示希望和秦国和解。张仪回到秦国后，又担任了秦国的国相。3年以后，魏国再一次背弃了秦国，重新加入合纵盟约。秦国攻打魏国，并且占领了曲沃。第二年，魏国又重新听从秦国的号令。

张仪欺楚

秦国想要派兵攻打齐国，但是齐国和楚国相互之间缔结了合纵相亲的盟约。秦王于是派张仪

中国大事记

公元前219年，秦始皇为求长生不老药，遣方士徐福率数千童男女入海求仙。

去楚国担任楚国的国相，离间齐国和楚国。

楚怀王听说张仪到了楚国，就准备了上等的宾馆，并且亲自去宾馆内安排张仪的起居。看见张仪，楚怀王说："我们楚国只是个非常偏僻的国家，您到我们这里来，有什么东西可以指教我呢？"张仪对楚王说："大王如果真的想听从我的意见的话，就请让楚国和齐国之间断绝往来，解除两国的合纵盟约。如果大王同意的话，我将请秦王把秦国商於一带六百里的土地献给大王您，还让我们秦国的美女来侍奉您。秦国和楚国之间互相娶妇嫁女，永远结为兄弟国家。这样一来，不但齐国被削弱，秦国得到好处，大王您的楚国也能得到土地，没有比这更好的方法了。"听了张仪的话，楚怀王非常高兴，连忙点头答应。

大臣们都来祝贺楚怀王不费吹灰之力得到商於六百里的土地，只有陈轸一个人在一旁大声痛哭。陈轸说："现在秦国之所以那么重视楚国，不惜用自己国家的土地来收买楚国，都是因为楚国和强大的齐国是合纵盟国。如果大王您听从了秦国的建议，和齐国断绝往来，废除两国的盟约，楚国就孤立了。到那时，强大的秦国又怎么会拿出自己的土地，来满足我们一个已经孤立无援的国家呢？现在张仪口口声声说秦王答应给楚国六百里土地，但是等到他回到秦国以后，肯定不会承认现在向大王许下的诺言。到那个时候，我们不但与齐国断绝了外交关系，还必将招来秦国的攻击，齐国和秦国的军队肯定会联合起来对付我们楚国。大王您不如先暗地里和齐国继续联合，表面上让秦国以为齐楚已经断绝了关系，再派人跟着张仪一起去秦国。如果到时候秦国真的给了我们六百里土地，大王您再和齐国断交也不算晚；如果秦国违背诺言，不给我们土地，那我们也不算失策。"然而楚王哪里听得进陈轸的话，生气地对他说："我希望先生您闭上嘴巴，不要在我面前讲话了。您就等着看我是怎么样得到那六百里土地吧。"

楚王把楚国的相印交给张仪，给了他大量的财宝和礼物，并且派了一位将军跟着张仪一起去秦国，打算去接收秦王许诺的商於之间的土地。

·哈雷彗星的最早记录·

中国古代对彗星的观测历史悠久，并有详细记录，对于像哈雷彗星这种大彗星的出现，则更加注意。《春秋》一书中记录了哈雷彗星出现的情景，这是世界上最早的关于哈雷彗星的记载。在这以后，直到1910年，哈雷彗星曾经回归34次，中国的史书上记录31次。这些不间断的记录对现代研究哈雷彗星的轨迹变化提供了宝贵资料。

随即，楚国和齐国断绝了外交关系，废除了合纵盟约。

张仪回到秦国以后，假装不小心从车上跌了下来，受了伤，一连3个月都没有去上朝。楚怀王听说了这件事情，就说："恐怕张仪是因为我和齐国之间的断交还不够彻底吧？"于是就派勇士到了宋国，借了宋国的符节，去北方的齐国大肆辱骂齐王。齐王非常愤怒，不但斩断了符节，还主动和秦国联合。秦国和齐国联合以后，张仪才上朝。一上朝，他就对楚国的使者说："现在我有秦王赐给的六里封地，愿意把这六里地献给你们楚王。"

使者回楚国向楚王报告，楚王气得七窍生烟，马上就要出动军队攻打秦国。这时，陈轸说："现在我可以说话了吧？大王您与其决定发兵攻打秦国，倒不如反过来割让一些土地，贿赂秦国，和秦国一起发兵攻打齐国。这样的话，虽然我们给了秦国一些土地，但能够以从齐国夺过来的土地来作补偿。"楚王还是不听他的话，坚决要出兵攻打秦国。

秦国和齐国联合起来攻打楚国，斩杀楚国官兵8万，楚军主将屈匄战死。秦国获胜后，夺取了楚国的丹阳和汉中两地。楚怀王不服，又派出更多的军队去攻击秦国，楚军再次失败。无奈之下，楚国又割让两座城池给秦国，委屈求和。

脱身有术

秦国要挟楚国，想得到黔中一带的土地，并

历史关注

秦朝设置御史大夫，主要掌管朝廷机要文书、处理地方事务、监察朝廷。

愿意用武关以外的土地交换它。楚王说："我不愿意交换土地，只要能够得到张仪。"秦王想派张仪去楚国，但又不忍心对他说。张仪却自告奋勇请求去楚国。秦惠王说："您欺骗了楚王，楚王对您恨之入骨，绝对不会对您善罢甘休的。"张仪说："秦国强大，楚国弱小。我和楚国大夫靳尚关系很好，他非常受郑袖的宠信，而楚王对夫人郑袖言听计从。再说，我是奉了大王您的命令前去楚国，楚王怎么敢杀我？假如我的死能让秦国得到黔中的土地，那是我最大的愿望，死了也值。"张仪就去了楚国。张仪一到楚国，楚怀王就把他抓了起来，打算杀掉他。

张仪买通靳尚。靳尚找到郑袖，对她说："您知道您将不再为大王宠信吗？"郑袖问："为什么？"靳尚说："秦王特别信任张仪，肯定要把他救出来。现在秦王要用上庸等6个县的土地献给楚王，还要把秦国的美女嫁给楚王。大王一向喜欢土地，而且惧怕秦王，肯定会宠信秦国的美女而冷落您。您不如在大王面前替张仪说情，让大王把他放了。那样秦王就不会给大王送美女，也就没人和您争宠了。"郑袖相信了，她对楚王说："凡是作臣子的都要为自己的国家效力。现在大王您还没把土地交给秦国，秦王就派张仪来楚国，可见秦王对大王还是很尊重的。现在大王您不但不回礼，反而要杀了张仪，秦王一怒之下肯定会派兵攻打楚国。到时候，楚国就危险了。"楚怀王听后，非常后悔，赶紧赦免了张仪。

张仪刚出狱不久，还没离开楚国，就听说苏秦死了。他又游说楚怀王说：

"秦国土地占天下的一半，秦国军队能抵挡四方的国家。秦国有险要的地形、河流和坚固的边塞。战士100多万，战车千辆，战马万匹，粮食多得堆成山。法令严明，士兵们不畏艰难，乐于牺牲。以秦国的强大，肯定会吞灭各国。可以说，越后归顺的国家越快被灭亡。而且，那些主张合纵的人，无异于是赶着羊群去攻打凶猛的老虎。绵羊又怎么能够打得赢猛虎呢？现在大王不和老虎结盟，反而去亲近羊群，我认为大王政策失当啊。

"现在天下强国，除了秦，就是楚，两国势不两立。大王要不侍奉秦国，秦国就会派出军队占据宜阳，韩国各地交通断绝，无法来往。秦军出兵河东，夺取城皋，韩国肯定会向秦国称臣。魏国见状，也会屈服，通听命于秦国。秦国进攻楚国的西部边境，韩国、魏国进攻楚国的北部边境，楚国怎么会不危险呢？

"秦国之所以15年不攻打齐国和赵国，是因为秦国在暗中谋划，想一举吞并天下。楚国和秦国在汉中打了一仗，楚国列侯战死70多位，还丢了汉中。再次出兵袭击秦国，和秦国军队在蓝田作战，这就是两虎相争啊。在楚国和秦国打仗之时，如果韩国和魏国突然发动全国的兵力进攻楚国，那么楚国就危险了。希望大王仔细地加以考虑。

"假如楚国与秦国结盟，结果会怎样呢？秦军出动军队攻占了卫国的阳晋，一举控制天下战略要地，东方各国全被制住。此时，大王您再出动全部兵力，进攻宋国，用不了几个月的时间就能拿下。再挥师东进，到时候泗水流域的小国就全归大王所有了。

"苏秦负责六国合纵，却暗中和燕王策划破坏齐国，夺取它的土地；苏秦假装得罪燕王，逃到齐国，做齐国国相，两年后被齐王五马分尸。主持各国结盟，最需要的是诚信，可主盟人却是奸诈虚伪的苏秦，因此，诸侯合纵结盟是不可能成功的。

"现在秦国和楚国接壤，从地势上也应该是互相亲近。大王如果能听我的主张，秦楚互相以太子为人质，秦王愿将女儿嫁给大王做姬妾，并且愿意拿出有一万户居民的都邑作为嫁妆，秦楚结为兄弟国家，永远友好。可以说，没有比这更好的办法了。"

楚王想来想去，最后决定听取张仪的建议。屈原劝阻他说："上次大王您就被张仪欺骗。这一次他来到楚国，我以为大王会煮死他，没想到您却放了他。现在您不但放了他，还听信他的计策，想归附于秦国。大王您千万不能这样啊！"怀王说："和秦国联合，就能保住黔中。这是很好的事情。况且我已经答应了他，你叫我又背弃

中国大事记 | 公元前218年，张良遣人在博浪沙伏击秦始皇未果，秦始皇下令天下大搜捕十天。

他，这怎么可以呢？”楚王最后还是听从了张仪的建议，与秦国交好。

劝韩说齐

张仪离开楚国后，来到韩国，对韩王说：“韩国国土狭小，面积不超过九百里，而且到处都是山，土壤贫瘠。所产的粮食主要是豆子，老百姓也只能吃些豆子饭，喝些豆叶汤。遇到收成不好的年份，老百姓即便是吃糠咽菜，也填不饱肚子。您的国家的仓库里，储存的粮食不够支撑两年；大王您的军队大概不会超过30万，而这还包括那些负责供应给养和做杂役的人。再除去负责防守边塞和守卫驿亭的战士，能够战斗的不会超过20万。

“再看秦国，军队100多万，战车几千辆，战马几万匹；秦军战士英勇无敌，拿着刀剑，拿着长戟，奋勇杀敌，作战时不顾性命扑向敌阵的多得都数不过来；秦国战马精良，奔驰飞越，前蹄跃起、后蹄腾空，一跳二丈的战马数不胜数。东方六国的战士，都是穿着甲胄，带着头盔去打仗，怯懦畏战；而秦国的士兵一旦交战，则甩掉盔甲，光着膀子，冲向敌人，左手拿着刚杀的敌人的头颅，右手还夹着刚抓住的俘虏。秦国军队和诸侯各国军队相比，就好像是英勇无敌的勇士和胆小懦弱的懦夫相比；从力量上看，就好比是成年大力士与刚出生小婴儿相比。秦军攻击其他诸侯国，无异于将千斤巨石压在小小的鸟蛋上。

“如果大王您不与秦国交好的话，秦国就会派出军队进攻宜阳，阻断韩国的交通，然后向东攻占成皋、荥阳，到时候鸿台的宫殿、桑林的花园都将不再是大王您的了。秦军一旦占领成皋，韩国就处在割裂状态，各地无法联系。到那时，韩国随时都会被灭亡。您要是现在与秦国结盟，韩国还能得到保全；要是与秦国为敌的话，大王您的韩国就危险了。自己引来了灾难，却还想得到好的结果；设下目光短浅的计策，却招致了深深的怨恨；与秦国作对而与楚国结盟，想不亡国是不可能的。

“因此我为大王您着想，觉得您不如归附秦国。秦国的愿望，就是削弱楚国，而能够削弱楚国的，也只有韩国。不是因为韩国比楚国更加强大，而是因为韩国的地势。现在大王您要是归附秦国，并攻打楚国，秦王肯定很高兴。攻打楚国，夺取楚国的土地，秦国和韩国都能得利，而且韩国还能把灾难转嫁到楚国身上，从而保全自己。我觉得没有比这更好的办法了。”

韩王采纳了张仪的建议。张仪返回秦国，秦惠王赏给张仪五座城池，并封他为武信君。之后，秦王又派遣张仪去东方的齐国，游说齐湣王。张仪见到齐湣王，对他说：“天下的强国，没有能超过齐国的。齐国的大臣百姓们生活富裕，安居乐业。但是为大王出谋划策的人，都只是为了一时的利益，而丝毫没有考虑长远的未来。那些主张合纵的人对大王您说‘齐国的西面有强大的赵国，南面有韩国和魏国，东北临海。齐国土地宽广，百姓众多，军队强大，士兵英勇，即使是一百个秦国，也不能拿齐国怎么样’。大王您轻易相信了他们的话，却不去考察事实。

“那些主张合纵的人，勾结在一起，都在夸大合纵的作用。我听说，齐国和鲁国打了三次仗，鲁国三次都赢了，但是接下来鲁国却亡了国。打了胜仗，却导致了亡国的结果，这是为什么呢？那是因为齐国强大，而鲁国弱小。现在的秦国和齐国，就好比是那时的齐国和鲁国啊。秦国和赵国在河漳交战，打了两仗，赵国都赢了；又在番吾打了两仗，赵国又赢了。四仗之后，赵国死了几十万的士兵，仅剩下了邯郸。表面上打了胜仗，但是国家却面临灭亡，是什么原因呢？因为秦国强大，而赵国弱小。

“现在秦国和楚国，互相娶妇嫁女，结成了兄弟之国。韩国献出了宜阳，魏国在黄河北面效力，赵国向秦国朝拜，将河间献给秦国。大王您要是不与秦国结盟的话，秦国驱使韩魏两国进攻齐国，派赵国军队渡过清河，直指博关，那时连即墨都不再是大王您的了。一旦遭到攻击，即便是想结好秦国，也不可能了。所以我希望大王您能仔细考虑我的建议。”

历史关注 | 秦朝时的文字被称为小篆。

齐王说："齐国地处偏僻，远在东海一角，从没有听到过这样长远的计划，真是惭愧！"答应了张仪的建议。

连横赵燕

张仪离开齐国之后，就西行去游说赵王。张仪说："我们秦王派我给大王您出了个小小的主意。大王您率领天下的军队抵抗秦国，使得我们秦国军队15年不敢过函谷关。大王您威震天下，我们秦国对您是又怕又敬，只能整顿军队，修葺战车，喂养战马，练习武艺，囤积粮食，守住四方的边界，害怕您的进攻，丝毫不敢懈怠，这些都是因为大王您啊。

"现在我们秦国，已经攻取巴蜀，吞并汉中，包围东周，夺取周王的九鼎，占领了白马渡口。秦国虽然地处偏远之地，但是却对您是心怀怨恨已久。现在秦国的军队，驻扎在渑池，希望能渡过黄河，穿过漳水，占领番吾，进军邯郸城下。秦王想和您交战，来效法武王伐纣的故事。我们大王让我告诉您这些事情。

"大王之所以相信合纵的计划，都是因为苏秦的原因。苏秦花言巧语，欺骗诸侯国君，颠倒是非，想离间齐国，最后导致自己被五马分尸而死。天下不可能成为一个整体，也是显而易见的。现在楚国和秦国是兄弟之国，而韩国魏国是秦国东方的属国。齐国献出了盛产鱼和盐的土地，这就如同斩断了赵国的右臂。断了右臂和别人争斗，失去了亲信剩下自己一个人，想要不危险，怎么可能呢？

"现在秦国准备派出3支部队：一支堵住了午道，通知齐国军队渡清河，驻扎在邯郸东面；一支驻扎在成皋，在河南面威胁着韩国魏国军队；一支驻扎在渑池，和四国约好，一起攻打赵国，而且肯定会分割赵国的土地。我不敢把这些情况隐瞒，特来告诉大王您。我暗中为大王您想了个办法，大王不如和秦王在渑池会见，见面以后再谈判，请求秦王不要进攻。希望大王您能作出决断。"

赵王说："先王在世的时候，奉阳君把持朝政，蒙蔽先王，一个人独断专行。当时我还在宫里跟着师傅学习，没有参与朝廷大事。先王不相信大臣们，我那时还小，心里也感到疑虑，认为六国合纵，抵抗秦国，不是长久之策。所以我改变心意，希望能割让土地献给秦王，以表示谢罪。正打算派出使者前去秦国，就听到先生您的妙计。"赵王答应了张仪，张仪才离开赵国。

张仪又去北方的燕国游说：

"大王您亲近的国家就是赵国了。从前赵襄子把他姐姐嫁给代王，目的是借机吞并代国。赵襄子设下阴谋，约代王在句注要塞见面。他叫工匠做了一个金斗，把金斗的柄做得很长很尖，可以用来击杀别人。赵襄子在和代王喝酒的时候，暗中告诉厨子说：'等到我们喝酒喝到痛快的时候，你就用金斗把热汤端出来，给我加汤时，掉转金斗，用斗柄袭击代王，杀掉他。'厨子照办了，在给代王盛汤的时候，借机用金斗的柄刺杀了代王。赵襄子的姐姐听说了以后，磨尖了自己的发簪，自杀而死，所以现在代地还有磨笄山。代王的惨死，天下没有一个人不知道的。

"赵王阴险毒辣，大王您是非常清楚的，您还以为赵王值得亲近吗？赵国派出军队攻打燕国，还包围了燕国都城要挟您，逼得大王割让土地谢罪。现在赵王已经到渑池去朝拜秦王，并献出河间的土地，听从秦国。现在大王您不结好秦国，秦国就会派出军队到云中、九原，驱使赵国来攻打燕国，那时易水和长城就不是大王您的了。

"而且现在赵国就等于是秦国的郡县，不敢随便派出军队讨伐哪个国家。现在大王您结好秦国，秦王肯定很高兴，赵国也就不敢轻举妄动了。那样的话，燕国西面有强大的秦国作为援兵，而且南边没有了齐国与赵国的忧患。愿大王仔细考虑我的这个计策。"

燕王说："寡人的国家，是蛮夷之国，地方偏僻，虽然有那么多男子，但他们考虑问题却像幼小的婴儿一样，没有谁能够给我出什么好主意。现在多谢先生您光临我们燕国教导我，让我明白了利害。我决定向西服侍秦国，献出恒山一带的5座城池。"燕王听从了张仪的建议。

中国大事记

公元前 216 年，秦始皇下令，“使黔首自实田”。即百姓必须主动如实地向政府申报所有土地的亩数。

樗里子甘茂列传第十一

“智囊”樗里子

樗里子名疾，是秦惠王同父异母的弟弟，他的母亲是韩国人。樗里子被秦国人称为“智囊”。

秦惠王八年（公元前 330 年），樗里子率领秦国军队占领了魏国的曲沃城。秦惠王十二年（公元前 313 年），樗里子带兵占领了赵国的蔺地。第二年，又和魏章一起攻打楚国，俘虏了楚国将军屈匄，夺取了汉中。秦惠王封樗里子为严君。

秦惠王死后，太子继位，称为武王。武王驱逐了张仪和魏章，任命樗里子和甘茂为左右丞相。秦武王派甘茂攻打韩国，占领了宜阳，又派樗里子带着 100 辆马车去周朝。周朝天子对樗里子非常尊重。楚王听说以后，非常生气，责备周天子，说他畏惧秦国人。周天子便派游腾到楚国，游腾对楚王说：“智伯讨伐仇犹的时候，假装献给仇犹很大的车子，却又偷偷地让自己的部队跟在车的后面，把仇犹灭了。为什么呢？那是因为仇犹没有做准备，不知道会那样。齐桓公打着讨伐楚国的口号，真正的目的却是袭击蔡国。现在的秦国，如狼似虎。秦王派樗里子带着一百辆马车出使周朝，周朝害怕自己落到个仇犹和蔡国的下场，所以才派士兵保护樗里子他们的安全，实际上却是监视他们，担心他们有所行动。周王这样做，是怕一旦被樗里子灭了，就要麻烦大王您。”

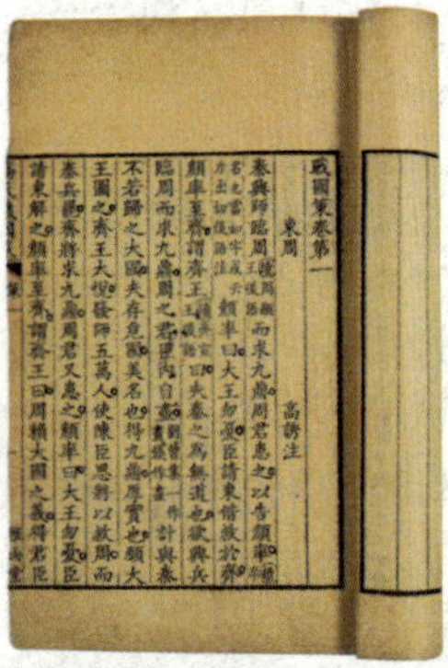

《战国策》书影

楚王听了以后，才高兴起来。

秦武王死后，继位的是昭王。昭王对樗里子更加尊敬。

秦昭王元年（公元前 306 年），樗里子带领部队进攻卫国的蒲城。蒲城太守很恐慌，就请胡衍帮忙。胡衍游说樗里子说：“将军您攻打蒲城，是为了魏国呢？还是为了秦国？如果是为了魏国的话，那倒没错。如果是为了秦国的话，就不对了。卫国之所以能够得以保全，都是因为有蒲城的原因。现在将军您要攻打蒲城，把卫国打急了，卫国为了保全自己的国家，肯定会投向魏国。魏国西河一带的土地被秦国占领，却不能夺回来，就是因为魏国军队不够强大。现在如果卫国依附魏国，魏国的实力就得到了加强。如果魏国强大，秦国西河一带就有被攻击的危险了。到时秦王看到将军你做的事情，对秦国没有好处，却让魏国得到加强，肯定会怪罪于你。”樗里子一听，觉得有道理，就问他：“那你说我应该怎么办呢？”胡衍说：“大人您不如放弃攻打蒲城，我再把您的决定告诉卫国国君。”樗里子说：“好的。”

胡衍到了蒲城，对蒲城太守说：“樗里子已经知道了蒲城的弱点，他还说一定要攻占蒲城。”蒲城太守很恐慌，就对胡衍拜了两拜说：“请先生您给我指点一条明路。”胡衍说：“我能够让秦国军队撤退，不再攻打蒲城。”蒲城太守一听，非常高兴，连忙拿出 300 斤黄金献给胡衍，说：“如果秦国军队真的撤退，放弃攻打蒲城的话，我一定会在卫国国君面前保举您，让您在卫国得到封邑。”

最后，胡衍不但得到了蒲城太守送奉的黄金，还得到了卫国国君的重用。樗里子放弃了攻打蒲城的想法，离开了蒲城。随后，樗里子又率

历史关注

秦朝修筑的长城西起临洮，东至辽东，史称万里长城。

·《战国策》·

《战国策》是战国时期各国游说之士计策、谋略及言论的汇编。最初书名纷繁，有《国策》《事语》《长书》《国事》《短长》等不同称呼。西汉末年，刘向汇集了33篇合订为一书，取名《战国策》。《战国策》是一部国别体史书，全书按东周、西周、秦国、齐国、楚国、赵国、魏国、韩国、燕国、宋国、卫国、中山国依次分国编写。所记载的历史，上起公元前490年智伯灭范氏，下至公元前221年高渐离以筑击秦始皇。《战国策》实际上是当时纵横家游说之辞的汇编，而当时七国的风云变幻，合纵连横，战争绵延，政权更迭，都与谋士献策、智士论辩有关，因而具有重要的史料价值。该书文辞优美，语言生动，富于雄辩与运筹的机智，描写人物绘声绘色，常用寓言阐述道理，著名的寓言有"画蛇添足""亡羊补牢""狡兔三窟""狐假虎威""南辕北辙"等，在我国古典文学史上亦占有重要地位。

领军队攻打皮氏城，攻打了很久，都没能占领，只能放弃。

秦昭王七年（公元前300年），樗里子去世，埋葬在渭南章台的东面。临死的时候，樗里子说："100年以后，一定会有天子在我坟墓的两边建筑宫殿，我的坟墓将被夹在中间。"樗里子的家乡在秦昭王庙西面的渭南阴乡樗里，所以人们都叫他樗里子。到了汉朝的时候，长乐宫建在樗里子坟墓的东面，未央宫建在樗里子坟墓的西面，而武库正对着他的坟墓。

左丞相甘茂

甘茂是下蔡人，曾拜下蔡的史举为师，学习各种学说，后来通过张仪和樗里子拜见了秦惠王。秦惠王见了他以后，非常高兴，任命他为将军，派他协助魏章进攻汉中一带。

秦惠王死后，继位的是武王。这时张仪和魏章离开了秦国，去了东方的魏国。蜀侯嬴辉和国相陈壮造反，秦王派甘茂率军平叛，他出色地完成了任务。甘茂回到秦国以后，秦王任命他为左丞相，樗里子为右丞相。

秦武王三年（公元前308年），武王对甘茂说："我想坐着车子，经过三川，风风光光地到周朝都城转一圈。如果真能那样的话，我就是死了，心里也满足了。"甘茂听了明白武王的心意，说："大王若真想去周都的话，请允许我去魏国，和魏王约定，一起攻打韩国。不过，还希望大王能派向寿和我一起去。"秦王同意了。甘茂到了魏国，就对向寿说："你先回去，告诉大王说：'魏国已经同意了我的建议，但是我希望大王您先不要攻打韩国。'事情如果成功的话，都是你的功劳。"向寿回到秦国，把甘茂的话告诉了秦武王。武王在息壤迎接甘茂，等甘茂一到，秦王就问他什么为什么不打韩国。甘茂回答说："宜阳是一个大县。长期以来，韩国一直把上党和南阳的战略物资送往宜阳。虽然说是一个县，但是实际上却是一个郡。现在我们要越过函谷关和崤山，不远千里，去攻打三川，非常艰难。从前曾参在费地的时候，鲁国有和曾参同名同姓的人杀了人。有人告诉曾参的母亲说：'曾参杀人了。'曾参的母亲还是织着布，镇定自若，好像什么事情都没有。过了不久以后，又有一个人跑来，对曾参的母亲说：'曾参杀人了。'他的母亲还是继续织着布。但是过了不久，第三个人来了，对曾参的母亲说：'曾参杀人了。'曾参的母亲于是扔下梭子，走下织布机，翻过墙逃跑了。以曾参的孝顺和母亲对他的信任，3个人来说曾参杀人，他的母亲

金虎

秦国金器的代表性器物，秦人喜欢把黄金铸造成各种形象收藏和使用。这件金虎，不仅具有货币的一般价值，更是一件工艺精湛的艺术品，当为贵族所有。

中国大事记 | 公元前215年，秦始皇下令夷平齐、楚、燕、韩、赵、魏六国城墙，并遣蒙恬率兵30万进击匈奴。

尚且怀疑他。现在论贤能我比不上曾参，大王对我的信任也比不上曾参的母亲对他的信任，而怀疑我的人也不止3个，我害怕大王您也会像曾参的母亲一样，丢下梭子啊。当初张仪向西吞并了巴蜀这个地方，向北得到了西河一带，向南得到了上庸，天下的人不因此赞美张仪，却赞扬先王的贤能。魏文侯派乐羊率兵攻打中山，打了3年才打下来。乐羊回到魏国夸耀自己的功劳，魏文侯就拿出了一筐弹劾乐羊的奏折。乐羊吓得连忙对魏文侯拜了两拜，说：'这不是我的功劳，而是大王您的功劳。'现在我只是一个从外地来到秦国的臣子，樗里子和公孙奭两个人会用韩国的强大来说长期攻打韩国的弊处。而大王您肯定会相信他们的话，想撤兵。一旦撤兵，大王您就会落下欺骗魏王的坏名声，而我也就得罪了韩国的公仲侈。"武王说："我不会听信他们的话，我可以和你发誓。"于是，武王就与甘茂在息壤起誓，然后派他率兵攻打宜阳。甘茂统兵打了5个月，也没有打下宜阳。果然，樗里子和公孙奭在武王面前说起甘茂的不是。武王就召见甘茂，想停止进攻。甘茂说："请大王不要忘了息壤。"武王说："是的。"于是又增派援军，让甘茂继续攻打宜阳。秦兵很快取胜，杀了敌军6万，夺取了宜阳城。韩襄公战败，只得派公仲侈去秦国谢罪求和。

占领了宜阳之后，秦武王终于到了周都，而且死在了那里。武王的弟弟继位，称为秦昭王。昭王的母亲宣太后是楚国人。楚怀王怨恨当初秦国在丹阳攻打楚国的时候，韩国没有援救楚国，就派兵围住了韩国的雍氏，韩国派公仲侈去秦国求救。秦昭王因为刚刚即位，而太后又是楚国人，所以不肯去救韩国。公仲侈找到甘茂，请求他为韩国说情。甘茂对秦昭王说："公仲侈和韩国正是以为能够得到秦国的援救，所以才会和楚国抗争。现在楚国军队围住了韩国的雍氏，而秦国的军队却不肯去援救韩国，那以后公仲侈就再也不会来朝拜啦。他肯定会带着自己的国家依附楚国。楚国和韩国连成一体，那么魏国就不敢不听从他们。到时候，就形成了韩国、魏国和楚国3个国家联合起来，攻打秦国的局面。大王，不知道坐着等待别人的进攻和主动进攻别人哪个更为有利？"秦昭王听了他的话，回答说："好。"于是，秦昭王派出援军，赶去援救韩国。楚国军队闻讯撤退。

功臣流亡

秦王派向寿守卫宜阳，派樗里子和甘茂讨伐魏国的皮氏城。向寿是太后的亲戚，从小和秦昭王一起长大，所以得到了昭王的重用。

向寿想要攻打韩国，韩国公仲侈派苏代去见向寿，对他说："禽兽在危急的时候，尚且能够撞翻马车。您虽然能够攻破韩国，让公仲侈受到侮辱，但公仲侈还是能够收拾 韩国残局，依附秦国，到那时他肯定能够得到秦王的分封。现在您把解口给楚国，并且把秦国的杜阳封给楚国的小令尹。秦国和楚国联合以后，一起攻打韩国，韩国肯定会灭亡。韩国灭亡后，公仲侈就会亲自带着他的部下与秦国拼死一搏。希望您仔细考虑清楚。"向寿说："我让秦国和楚国联合，并不是为了攻打韩国。您替我告诉公仲侈，说韩国和秦国是可以结好的。"

苏代回答说："请让我向您说明。人们说：'尊重别人尊重的东西，才能得到别人的尊重。'如今秦王亲近您，比不上当初对公孙奭的亲近；大王珍视您的才能，不如当初对甘茂。现在他们两个人都不能得到秦王的信任，而唯独您能和秦王一起决定秦国的大事，这是为什么？是因为他们两个人有失去秦王信任的地方啊。公孙奭与韩国亲近，而甘茂与魏国交好，所以秦王不相信他们两个。现在秦国和楚国争强斗胜，而您却与楚国相友善，是和公孙奭、甘茂犯一样的错误，和他们有什么区别呢？人们都说楚国是个善变的国家，而您却非要与楚国友善，这无异于自找麻烦。您应该和秦王一起想办法对付着楚国，而和韩国亲近则是防备楚国的最好办法。韩国是您最想攻打的国家。现在您建议秦王亲近韩国，用来防备楚国，这是为了国家的利益，放弃个人的恩怨啊，肯定能得到秦王的欣赏。"向寿说："是

历史关注 | 秦汉时的畜牧业区主要分布在长江沿线及其西部和北部地区。

的，我是很想和韩国交好。”苏代回答说：“甘茂曾答应过公仲侈把武遂还给韩国，并让宜阳的百姓返乡，而您却一心想着把武遂夺去，这样做还怎么与韩国结好。”向寿说：“那你说该怎么办？难道我永远无法得到武遂啦？”苏代回答说：“您为什么不借助秦国的强大力量，要求楚国把颍川还给韩国呢？颍川是韩国的立国之地。您要是向楚国求得了颍川，一方面您的命令在楚国得到推行，另一方面用楚国的土地收买了韩国；您要是求不到颍川，韩国和楚国之间的就会加深怨恨，就会争相结好秦国，那样对秦国仍然有利。楚国是秦国的最大对头，您通过责备楚国来拉拢韩国，这样对秦国太有利啊。”向寿反复思量，犹豫不决，自言自语说：“该怎么办呢？”苏代说：“这可是件好事啊。甘茂想通过控制魏国去攻打齐国，而公孙奭想通过控制韩国去攻打齐国。现在您安定了宜阳，安抚了楚国和韩国，再以此为基础，去讨伐齐国和魏国，那样甘茂和公孙奭的打算都会落空，他们的权势也会被进一步削弱。”

甘茂向秦昭王进言，建议把武遂还给韩国。向寿和公孙奭反对，但秦昭王不听，把武遂还给了韩国。向寿和公孙奭对甘茂心怀怨恨，就在秦昭王面前说甘茂的坏话。甘茂害怕，就放弃攻打魏国蒲城，逃亡国外。樗里子闻讯，只得和魏国讲和，撤兵回到秦国。

甘茂逃离了秦国，投奔齐国，遇上了苏代。这时苏代正作为齐国的使者，出使秦国。甘茂就对苏代说：“我得罪了秦国，心里害怕，于是逃到了齐国，没有地方藏身。我听说富人家的女儿和穷人家的女儿在一起纺线，穷人家的女儿说：‘我买不起蜡烛，但是你的蜡烛光用不尽。你可以分我一些烛光，这样既不会减少你的烛光，也能给我方便。’现在我逃亡到齐国，而先生您却要去出使秦国，正是权重的时候。我的妻子在秦国，希望先生您能把她带到齐国。”苏代答应了他。到了秦国以后，苏代就对秦王说：“甘茂是才能出众之人，他在秦国居住已经很久了，对秦国的地理形势了如指掌。如果他在齐国约韩国和魏国一起攻打秦国，将对秦国不利。”秦王说：“那怎么办呢？”苏代说：“大王您何不好好对待他的妻子，并且允诺高官厚禄，欢迎他来秦国。等他一回来，就囚禁他，永远也别放他走。”秦王说：“好的。”于是就封甘茂为上卿，任命他为丞相。但是甘茂没有去。苏代又对齐王说：“甘茂是一个贤人，现在秦国封他为上卿，任命他为国相。但是甘茂感激大王您的仁德，希望成为您的臣子，所以拒绝了秦王。那大王您该怎么对待他呢？”于是，齐王封甘茂为上卿，秦国知道了，也厚待甘茂的家人。

齐国派甘茂出使楚国，当时楚怀王刚和秦国结盟。秦王听说甘茂到了楚国，就派人对楚王说：“希望您能把甘茂送到秦国。”楚王问范蜎：“我想为秦国安排个丞相，谁合适呢？”范蜎回答说：“我不知道。”楚王问：“我打算让甘茂当秦国丞相，可以吗？”范蜎回答说：“不行。史举是下蔡的监门，为人不敬国君，不孝父母，名声极差，而甘茂对他却顺从恭敬。秦惠王英明，秦武王机敏，张仪善辩术，而甘茂在他们手下做事，当了十多种官职都没有出过任何的差错。甘茂确实是贤人，但是不能让他去秦国担任丞相。秦国有了贤明的丞相，对楚国没什么好处。以前大王您曾经让召滑到越国任职，召滑暗地里鼓动章义作乱，把越国搞乱，而楚国却因此得到大片的土地。大王之所以能有这样的成功，都是因为越国内乱，而楚国安定。现在大王您知道在越国用召滑，但是却忘记了让秦国用这种人，我认为这是您的失误。如果大王想向秦国推荐丞相，不如推荐向寿。向寿和秦王，从小穿一件衣服，坐一辆马车，非常得秦王的宠信。大王您要是推荐向寿当秦国丞相的话，对楚国有利。”于是，楚国拒绝送甘茂到秦国，而派使者请秦王任命向寿为丞相。不久，向寿果然做了秦相。甘茂无法回到秦国，最后死在了魏国。

少年拜相

甘罗是甘茂的孙子。甘茂死后，12 岁的甘罗

中国大事记

公元前214年，秦始皇派军队攻打珠江流域的越族，统一后设桂林郡、南海郡、象郡。

在秦国丞相文信侯吕不韦门下做事。

秦王政派刚成君蔡泽出使燕国，3年后燕王喜派燕国太子丹作为人质来到秦国。秦国打算派张唐到燕国出任丞相，劝说燕国一起去攻打赵国，以增加河外一带的土地。

张唐对文信侯说："秦昭王的时候，我曾经率兵攻打过赵国。赵国对我心怀怨恨，还说：'谁能够把张唐献给赵国，就能够得到一百里地的封赏。'现在我去燕国，肯定要经过赵国。赵国知道以后，肯定不会放过我的。"文信侯不好强迫他去，非常不高兴。

甘罗看到文信侯满脸怒容，就问他："君侯您为什么这么不高兴呢？"文信侯没好气地说："我叫刚成君蔡泽出使燕国3年，燕国太子丹已经作为人质来到秦国，说明交好燕国的政策取得了成效。所以我想让张唐去燕国担任相国，动员燕国和秦国一起攻打赵国，但是他却不肯去。"甘罗自告奋勇说："我能够说服他。"文信侯一听，觉得很荒唐，心里想，这样一个小孩，竟然那么大言不惭，就大声叱责他说："去，一边去！我亲自劝他，他都不肯去，你一个小孩，又怎么能够说服他？"甘罗说："项橐才7岁，就做了孔子的老师。现在我已经12岁了，君侯您就让我试试，又有什么坏处呢？"文信侯答应了他。

甘罗找到张唐，对他说："先生您的功劳和武安君白起相比，谁的大？"张唐毫不犹豫地说："武安君白起挫败了强大的楚国，威震燕国和赵国，战无不胜，攻无不克，夺取了如此多的城池。我的功劳当然比不上他啊。"甘罗又问："应侯范雎在秦国的权势，和文信侯相比，谁的大？"张唐说："应侯的权势没有文信侯的大。"甘罗说："确实这么认为？"张唐回答："确实。"甘罗说："应侯想攻打赵国，但是武安君白起故意为难他，和他作对。没想到武安君刚离开咸阳七里地，应侯就说动秦王，命令武安君自杀而死。现在比应侯权势更大的文信侯亲自请您到燕国去担任丞相，你却不肯去，我真的不知道您会死在哪里。"张唐一听，大为震惊，回答说："这次我就听你这个小孩子的建议，去燕国吧。"于是就整理行装，准备出发。

等到出发日期确定的时候，甘罗又对文信侯说："请您给我5辆马车，让我为张唐先生先到赵国通报一下。"文信侯进宫，对秦王政说："原来在秦国效力的甘茂，有个孙子甘罗。年龄很小，但是出身名家，非常有能力。我想让张唐去燕国，但张唐推脱有病，不想去。甘罗仅仅几句话，就成功说服了张唐。现在甘罗愿意替张唐去向赵国通报，请大王您派他去。"于是秦王政召见了甘罗，并派遣他出使赵国。

赵襄王亲自在郊外迎接甘罗。甘罗对赵王说："大王您知道燕国送太子丹到秦国做人质这件事吗？"赵王点了点头。甘罗又问："那大王您听说了张唐要去燕国担任丞相吗？"赵王回答说："也听说了。"甘罗说："燕国派太子丹去秦国担任人质，说明燕国没有欺骗秦国；而秦国派张唐去燕国担任丞相，就说明了秦国也没有欺骗燕国。而秦国和燕国之间不互相欺骗，就会联合起来攻打赵国，到时大王您的赵国就危险了。秦国联合燕国攻打赵国没有其他原因，就是想夺取赵国河间一带的土地。大王您不如答应我，把河间一带的5座城池送给秦国，并且请求秦国送太子丹回燕国，然后秦国一定会和大王您一起攻打弱小的燕国。"听了甘罗的话，赵王立刻把河间一带的5座城池割给秦国，而秦国则把太子丹送回燕国。赵国放心大胆地攻打燕国，夺取了燕国上谷30座城池，把其中的11座送给了秦国。

甘罗回到秦国，向秦王政报告。秦王政封甘罗为上卿，并且把甘茂原来的田地和房屋都赏赐给了甘罗。

历史关注 | 秦汉时代的城市已经有地下排水道。

穰侯列传第十二

穰侯魏冉

穰侯魏冉是秦昭王的母亲宣太后的弟弟，他的祖先是楚国人，姓芈。

秦武王死后，弟弟即位，即昭王。昭王的母亲原名叫做芈八子，等到昭王即位以后，就号称宣太后。宣太后有两个弟弟，一个异父同母弟弟，姓魏，名冉，也就是穰侯；一个同父异母弟弟，叫作芈戎，也就是华阳君。昭王有两个同母弟弟，一个是高陵君，一个是泾阳君。

诸多人中，魏冉最为贤能，从惠王、武王时即已任职掌权。武王死后，他的弟弟们争相继承王位，只有魏冉有能力，他物色并拥立了昭王。昭王即位后，便任命魏冉为将军，卫戍咸阳。他曾经平定了季君公子壮及一些大臣们的叛乱，并且把武王的王后驱逐到魏国，昭王的那些兄弟中有图谋不轨的全部诛灭，魏冉的声威一时震动秦国。

秦昭王年少，宣太后掌管朝政，任命魏冉处理国事。

昭王七年（公元前300年），樗里子去世，秦国派泾阳君作为人质到齐国去。赵国人楼缓做了秦国的国相，赵国人感到不利。于是赵国就派仇液去秦国，劝说秦王任命魏冉为国相。仇液出发前，有个人对他说："如果秦国不听从您的建议，楼缓将会对您心怀怨恨。您不如对楼缓说：'请允许我为您考虑，我不会迫切地请求秦王任命魏冉为国相。'秦王见赵国不是很急切地想让魏冉担任秦国国相，肯定会感到很奇怪。秦王要是不任命魏冉为国相，那么你就不会得罪楼缓；而要是秦国听从了您的建议，任命魏冉为国相，魏冉就会感激您。"仇液听从了他的建议。秦国果然罢免了楼缓，让魏冉接替他的位置。

昭王十四年（公元前293年），魏冉推举白起代替向寿率兵攻打魏国和韩国。白起在伊阙打败了魏国和韩国的军队，杀了两国士兵24万人，俘虏了魏国将军公孙喜。第二年，白起又占领了楚国的宛城和叶城。这时，魏冉却借口有病，辞去了国相的职位，让客卿寿烛接替自己。第二年，寿烛被罢免，魏冉又当上了国相。秦王把穰地封给魏冉，后来又增加了陶地，所以魏冉也被人们叫做穰侯。

穰侯受封的第四年，由他亲自担任秦军将领，率兵进攻魏国。魏国被迫献出河东方圆四百里的土地。其后，秦兵又占领了魏国的河内地区，夺取了大小城邑60余座。昭王十九年（公元前288年），在魏冉的操持下，秦昭王自称西帝，尊齐闵王为东帝。过了一个多月，吕礼来到秦国，使得齐、秦两国国君取消了帝号，仍旧称王。魏冉再度任秦国丞相后，第六年上被免职了。免职后二年，他又第三次出任秦国丞相。到第四年时，穰侯派白起攻取了楚国的郢都，秦国在夺取的楚国地方上设置了南郡。由于这个功劳，秦王赐封白起为武安君。白起是穰侯所举荐的将军，两人关系很好。当时，穰侯私家的豪富，甚至超过了国君之家。

秦昭王三十二年（公元前275年），穰侯领兵攻打魏国，击溃了芒卯，占领北宅，又包围了魏国都城大梁。这时梁国大夫须贾劝穰侯说：

"我听魏国大臣对魏王说：'以前梁惠王讨伐赵国时，曾在三梁战胜赵军，并攻下了赵国的都城邯郸。但是赵国不肯割地求和，最后又收复了邯郸。齐国也曾攻下了卫国故都楚丘，并杀死了卫将子良。可是卫国也不肯割地求和，最后也收

中国大事记 | 公元前213年，李斯向秦始皇建议，除医卜、种树、秦记之书外，其余书籍皆应毁。秦始皇下令焚书。

复了国家。卫国、赵国之所以不被诸侯兼并，就是因为他们能够忍辱负重而又不肯割让土地的缘故。宋国、中山国多次被伐，割让土地，国家也随之灭亡。我们认为卫、赵两国可以学习，而宋和中山应该引以为戒。秦国贪婪暴虐，不可以亲近。现在秦军击溃了芒卯，占领北宅，并不是真的敢进攻大梁，而只是想以此来要挟大王，让大王您割地求和。大王千万不要听从他的要求。如果大王背弃合纵盟约，单独同秦国讲和，楚国和赵国肯定会对您心怀怨恨，就一定会争着去讨好秦国，而秦国也一定会接受他们。如果楚国、赵国和秦国三国军队一起攻打魏国，魏国想不灭亡，都不可能了。大王就算是想讲和，也要少割一些地，还要求秦国送来人质。不然一定会被骗。'希望您仔细加以考虑。《周书》上说：'天命不是固定不变的。'意思就是，侥幸的机会不可能多次遇到。您现在取得胜利，也不过是侥幸，要是把侥幸看作常规，那就想错了。而今，魏国已调集了全国的精兵强将来保卫大梁，兵力不少于30万人。以30万的大军来守卫坚固的大梁，能轻易攻下来吗？况且，楚、赵两国的援军不久也将赶到，到那时，您不仅会前功尽弃，而且处境危险。希望您趁楚、赵二国的援兵尚未到达的时机，赶快用割取少量土地的办法与魏国达成和解，魏国一定会答应。魏国向秦国求和，楚国、赵国肯定非常气愤，也就会争着讨好秦国。到时候，诸侯合纵联盟也就名存实亡了。"

穰侯听后，觉得有理，就解除了对大梁的包围。第二年，魏国背叛秦国，和齐国合纵相亲。穰侯又率兵讨伐魏国，击败将军暴鸢，杀了魏军4万，占领了魏国3个县。

第二年，穰侯和白起、胡阳再次进攻韩赵魏三国，在韩国华阳城打败了魏将芒卯，斩杀敌军10万，夺取了魏国的卷邑、蔡阳、长社和赵国的观津。穰侯把观津还给了赵国，要赵国去讨伐齐国。齐襄王很害怕，就让苏代秘密送给穰侯一封信，信上说："我听说秦国要和赵国一起来讨伐齐国。我对我们国君说：'秦王英明而长于谋划，穰侯多智而善于处事，一定不会帮助赵国来讨伐齐国。'为什么呢？因为三晋合纵，就是秦国的仇敌。现在攻打齐国，却让赵国强大，这对秦国不利，这是一。要是想通过攻打齐国来消耗赵国和楚国，是不正确的。因为齐国早已疲困不堪，集中天下的兵力攻打齐国，就像是强弩去射一个即将溃烂的疮一样容易，哪里有什么消耗，这是二。秦国出兵少了，就得不到赵国和楚国的信任；出兵多了，他们又会担心被秦国所挟制。而且齐国败了，一定会去投靠赵国或楚国，这是三。如果赵国和楚国调转头来攻打秦国，秦国就会腹背受敌，这是四。所以我说英明的秦王和聪明的穰侯一定不会帮赵国来打齐国。"穰侯看后，放弃了讨伐齐国的想法，回到了秦国。

秦昭王三十六年（公元前271年），相国穰侯打算派人攻打齐国纲和寿。纲、寿两地靠近穰侯的封地陶邑，如果攻占下来，秦王肯定会把它们赏赐给穰侯。然而就在这时，魏国人范雎指责宣太后专政，穰侯擅权，泾阳君、高陵君太过奢侈。昭王于是免去了穰侯的职位，命令泾阳君等迁出关外，回到封地。穰侯迁出关外的时候，光是装财物的车子就有1000多辆。穰侯后来死在陶邑。

·侯马盟书·

春秋晚期晋国卿大夫举行盟誓时的誓约文书，1965年出土于山西侯马晋城遗址东南部的盟誓遗址中。根据盟书的内容分析，侯马盟书是晋定公十五年至二十三年（公元前497～前489年），晋国世卿赵鞅与卿大夫们为了共同的利益，而以结盟的形式团结一致，打击敌对势力，特举行盟誓时的誓词。侯马盟书的发现，对于揭示春秋、战国之际新旧势力的斗争，对中国古代盟誓制度、古文字以及晋国历史的研究，提供了极其重要的文字资料。

历史关注

相传秦朝大将蒙恬发明了毛笔，民间制笔匠奉其为祖师。

白起王翦列传第十三

名将白起

在秦灭六国的过程中，大将白起和王翦起了重要作用。司马迁为白起、王翦立传，是肯定他们在统一战争过程中的赫赫战功；另一方面也尖锐地指出他们各有所短，白起“不能救患于应侯”，死于非命，王翦则“不能辅秦建德”，殃及后代。从这里可以看出，司马迁赞同秦统一中国的战争，但他反对虐民、暴政。

白起，郿人（今陕西郿县东北），擅长用兵打仗，在秦昭王朝中做将军。

从秦昭王十四年（公元前293年）到三十四年（公元前273年），白起率军南征北战，为秦国立下赫赫战功：攻打韩国和魏国，在伊阙斩杀敌军24万，俘虏了将军公孙喜，占领5座城池；再次攻打魏国，占领了61座城池；攻打赵国，占领光狼城；攻打楚国，夺取鄢、邓等5座城池；再打，攻取楚国都城郢城，迫使楚王把都城迁到陈；又打楚国，夺取巫地和黔中郡。白起也因功步步高升，由国尉而大良造，最后被封为武安君。

昭王三十四年（公元前273年），白起攻打魏国，占领了华阳，打败了芒卯，俘虏了韩、赵、魏三国将军，斩杀敌军13万。白起又和赵国将军贾偃交战，最后把贾偃的部下两万人沉入河里。昭王四十三年，白起攻打韩国陉城，杀5万人。

昭王四十五年（公元前262年），白起攻打韩国野王城。野王城投降秦国，从而切断了上党与韩国内地的联系。韩国上党郡守冯亭便同当地百姓们谋划说：“通往都城的道路被切断，韩国肯定不能管我们了。秦国军队一天天逼进，韩国不能救援，不如把上党归附赵国。赵国如果接受我们，秦国恼怒，必定攻打赵国。赵国遭到武力攻击，必定亲近韩国。韩、赵两国联合起来，就可以抵挡秦国。”于是便派人通报赵国。赵孝成王跟平阳君和平原君一起研究这件事，平阳君说：“不如不接受。接受它，带来的殃祸要比得到的好处大得多。”平原君则表示异议说：“平白得到一郡，接受它是有利的。”结果赵王接受了上党，封冯亭为华阳君。

昭王四十六年（公元前261年），秦国攻占韩国缑氏和蔺城。

昭王四十七年（公元前260年），秦国派左庶长王龁攻打韩国，攻占上党，上党百姓都逃向赵国。赵国士兵攻打秦国的侦察兵，秦国的侦察兵杀了赵国的裨将。六月，秦军攻破了赵国军队，夺取了两座城池，杀了4名都尉。七月，赵国任命老将廉颇为统帅，在长平修建防御工事，坚守不出。廉颇深沟高垒，加强防守，秦国几次挑战，他都不应战。秦军被廉颇阻挡，屡战无功，很是着急。丞相应侯得知赵王对廉颇不满，

长平之战示意图

中国大事记 | 公元前 212 年，秦始皇开始派人营造阿房宫和骊山陵墓，使得百姓更加困苦。

便派使者带着千两黄金，到赵国施反间计，使者说："秦国军队怕的，只是赵括一人。廉颇非常容易对付，况且，他很快就要投降秦国啦。"赵王中计，让赵括代替廉颇。秦国听说赵括出任赵军统帅，就暗中派武安君白起担任秦国上将军，王龁为副将。赵括派兵攻打秦国军队，秦国军队一边假装落败逃走，一边又派部队切断赵军的粮道，并迂回包抄赵军主力。

到了九月，赵国士兵断绝口粮已经 46 天，军内士兵们甚至暗中互相残杀，以人肉充饥。士兵们困厄已极，扑向秦军营垒，发动攻击，打算突围。他们编成四队，轮番进攻了四五次，仍不能冲出去。他们的将领赵括派出精锐士兵，并亲自披挂上阵，率领这些部下与秦军搏杀，意图突围，结果秦军在混战中射死了赵括。赵括的部队大败，士兵 40 万人向武安君投降。武安君谋划着说："之前我们秦军拿下上党，上党的百姓不甘心作秦国的臣民而归附赵国。赵国士兵变化无常，不全部杀掉他们，恐怕要出乱子。"于是用欺骗伎俩把赵国降兵全部活埋了。只留下年纪尚小的士兵 240 人放回赵国，赵国上下一片震惊。

秦昭王四十八年（公元前 259 年），秦国再一次攻占上党，之后将部队分为两支，王龁带领的军队攻取皮牢，司马梗带领的军队攻取太原。韩国和赵国恐慌，派苏代带着重金游说应侯说："赵国灭亡，秦王就称王天下了，到时武安君也就会位列三公。武安君为秦国攻占了 70 多座城池，在南面夺取了楚国的鄢、郢和汉中，向北战胜了赵括的部队。即使是周公、召公和姜太公，也比不上他的功绩。武安君位列三公，大人您能够在他下面吗？即使不想在他下面，也没有办法啊。不如允许韩国和赵国割地求和，这就不是武安君的功劳了。"于是，应侯对秦王说："秦国军队劳累，请允许韩国和赵国割地求和。"秦王同意了。这年正月，秦国和赵国、韩国停战。武安君听说了这件事，从此就对应侯心怀怨恨。

九月，秦国派五大夫王陵攻打赵国邯郸，当时武安君有病，不能出征。昭王四十九年（公元前 258 年）正月，王陵攻打邯郸，进展不大。武安君白起病好后，秦王打算派武安君代替王陵。武安君推辞说："邯郸不容易攻破，而且诸侯国援救邯郸的军队也会纷纷赶来。秦国虽然攻破了长平，可是秦国军队损失也过半，国内空虚。现在又要行军千里去攻打别国的国都，实在不是好的主意。那样的话，赵国军队在城里应战，诸侯国军队在城外攻击，秦国军队肯定会失败。这个仗不能打。"秦王不听他的建议，坚持要他去，武安君还是不肯赴任。秦王派应侯去请他，武安君就借病推脱。

秦王只好改派王龁代替王陵，但秦国军队还是没能攻破邯郸。楚国的春申君和魏国的信陵君一起率领几十万军队攻打秦军，秦军损失惨重。武安君对秦王说："大王您不听我的意见，现在怎么样了！"秦王听到后，气得七窍生烟，强行命令武安君赴任。武安君就推脱自己病情严重。应侯再一次去请他，武安君还是不肯赴任。秦王大怒，免去武安君的官爵，让他离开咸阳迁到阴密。但武安君有病，没能成行。过了 3 个月，秦军邯郸前线的情况越来越糟糕，秦王愤怒，就派人驱逐白起，不让他留在咸阳城里。

武安君刚离开咸阳西门十里，走到杜邮，应侯对昭王说："白起走的时候，还忿忿不平，有怨言。"秦昭王派使者赐给白起一把剑，叫他自杀。武安君仰天长叹："我怎么得罪了上天，得到这个下场？"想了很久，才说："我本来就该死。长平之战，我就坑杀了 40 多万人，当然该死！"于是拔剑自杀。这一年，是秦昭王五十年（公元前 257 年）。武安君无罪而死，秦国人都同情他，所以无论城乡都祭祀他。

王翦之意不在田

王翦是频阳东乡人，从小喜欢兵法，后来从军。秦王政十一年（公元前 236 年），王翦率领部队攻打赵国阏与城，取得胜利，随后又占领了 9 座城池。秦王政十八年（公元前 229 年），王翦率兵攻打赵国。一年多以后，攻破了赵国，赵王

历史关注 | 郡守是秦汉时期地方上的最高长官。

投降秦国。第二年，燕国派荆轲去刺杀秦王，行刺失败，秦王派王翦攻打燕国。燕王喜逃到辽东，王翦攻破了燕国都城蓟，然后回到秦国。秦王又派王翦的儿子王贲攻打楚国，大败楚国部队。后来又攻打魏国，魏王也投降了秦国。

秦王攻灭了韩、赵、魏三国以后，就想攻打楚国。秦国将军李信虽然年轻，但是英勇果敢，曾经只身带着几千士兵追逐燕国太子丹的部队，最后将其攻破。秦王很欣赏李信，就问李信："我想攻打楚国，将军你估计需要多少部队呢？"李信回答说："不超过20万。"秦王又问王翦。王翦回答说："没有60万肯定不行。"秦王说："王将军您年老力衰了吧，为什么胆子这么小啊？"于是秦王派李信和蒙恬率领20万军队进攻楚国。王翦因为自己的建议没有被采纳，就借口有病，告老还乡，回到了频阳。李信攻打平舆，蒙恬攻打寝，都胜利了。后来李信攻占了鄢和郢，随后率领部队追击楚军，和蒙恬在城父相会。没想到楚国部队三天三夜没有休息，长途跋涉，袭击李信部队，李信大败，损失惨重。秦军只得撤退。

秦王听说秦国军队大败，非常生气。亲自到频阳，向王翦道歉说："我没有听取将军您的意见，致使秦军失败。现在我听说楚国军队每天都向西前进，形势不容乐观。将军您难道忍心丢下我不管吗？"王翦推辞说："我已经告病，回到了家乡。希望大王您能另外选用其他将领。"秦王说："哎呀，将军您就不要再推辞了。"王翦说："大王您要是一定要起用我的话，那就一定要60万士兵。"秦王答应了他。

王翦率领60万士兵准备出发，秦王在灞上给他们送行。送行的时候，王翦请求秦王赏赐自己良田华屋。秦王于是问："将军您就要出发了，为什么还要田地和房屋呢？"王翦回答说："我担任大王您的将军，即使有功劳，也不能封侯，所以趁着现在大王您任用我的时候，及时为我的子孙们赚取家业。"秦王哈哈大笑。王翦到达函谷关的时候，连续五次派使者回秦国，向秦王讨要田宅。有人对他说："将军您的要求，也太过分了。"王翦回答说："不是这样的。秦王多疑，不相信别人。现在秦王把秦国全部的军队都交给我，让我去攻打楚国。如果我不向他多请求一些田地，为我的子孙们赚取家业，他又怎么会放心得下，怎么会不怀疑我呢？"

王翦像
战国时秦国名将，用兵多谋善断。一生南征北战，为秦统一六国立下了盖世之功。

王翦代替李信统帅全军，攻打楚国。楚国听说王翦率军前来，就派出全国的军队抵抗。王翦打到楚国以后，坚守军营，不肯出战。楚国部队几次挑战，王翦都不加以理会。王翦每天都让士兵们好好休息，而且和士兵们吃住在一起。过了一段时间，王翦派人问士兵们在玩什么游戏。回报说："大家在玩比赛投石头。"于是王翦说："可以进攻了。"

楚国部队几次挑战，见王翦不应战，就向东去了。王翦派部队追击，一直追到蕲南，打败了楚国部队，还杀了楚国将军项燕。王翦乘胜攻打楚国城池，一年多以后，俘虏了楚王负刍，把楚国属地改为秦国郡县。王翦又进攻百越国。

秦王二十六年（公元前221年），秦国平定了天下，其中王翦和蒙恬功劳最大，名传后世。

秦朝二世胡亥的时候，王翦和他的儿子王贲都已经死了，蒙氏一家也被灭门。陈胜反抗秦朝暴政，胡亥派王翦的孙子王离攻打赵，把赵王和张耳包围在巨鹿城。有的人说："王离是秦国的名将，带领强大的秦国军队，攻打赵国，肯定能获胜。"有人说："不对。担任将军三代以上的，肯定会失败。为什么呢？因为他们家杀的人太多了，对后代没什么好处。现在王离已经是王家第三代将军了。"不久，项羽援救赵国，攻打秦国军队，果然活捉了王离。王离率领军队投降了诸侯军。

中国大事记

公元前 212 年，有方士议论秦始皇的政策，秦始皇大怒，坑杀数百人，是为坑儒。

孟子荀卿列传第十四

百家争鸣

孟轲是邹国人，他拜孔子的门人子思为师。学成以后，去游说齐宣王，但是没有得到齐宣王的重用。游说魏惠王，还是不被任用。当时，秦国任用商鞅，整顿军队，富国强兵；魏国和楚国先后任用吴起，都一举变成强国；齐威王和齐宣王任用孙子和田忌等人，威震天下。天下各国都忙于合纵连横，热衷于武力，唯独孟轲提倡仁义，显得特别不合时宜。所以孟轲没有得到多少人的欢迎。孟轲写下了《孟子》7 篇，宣扬孔子的学说。

齐国有 3 位邹先生。

第一个是邹忌。他借弹琴的机会，游说齐威王，得以参与国政，被封为成侯，担任丞相。他生活的年代早于孟子。

孟母择邻　版画

相传孟母为了让孟子有一个良好的成长环境，曾三迁其住处。孟家原距墓园很近，孟子年幼，常游戏于墓园之中；孟母于是把住处迁至闹市附近，孟子又学商人做买卖；孟母再迁住处于学宫旁，孟子于是开始学揖让进退之礼，孟母欣慰，即定居于此，世称“大迁之教”。

第二个是邹衍，晚于孟子。当时各国国君都只知道骄奢淫侈，不推行仁德之政。邹衍认为，如果国君推行道德，修行自身，就能普及到天下的百姓。他深入观察天地万物的阴阳变化，写下了《终始》《大圣》等约 10 多万字。书中语言海阔天空，甚至不合常理。在这些书中，他坚持从细小的事物验证起，然后推而广之，以至于无所不包。他从当代起，追溯到远古的黄帝，研讨历代史迹，以及历史发展、朝代兴衰的规律。同时也记下了那些祈神求福、趋吉避凶的各种制度，并推而远之，一直到天地尚未形成，飘渺玄远而不能考察的时代。他首先列述中国的名山大川、深山大谷中的禽兽和各种生物、各类珍品，以此类推，再讲到海外异域人们所看不到的东西。又称天地分剖以来，五种德行相生相克，循环往复，每个时代都应采取与五德相应的政治制度，天命和人事也相应如此。他认为，儒家所说的中国，仅占天下的 1/81。中国叫作赤县神州，赤县神州内又有九州，就是大禹所分定的九州，但这种州不能列入大州之数。中国以外像赤县神州的州有九个，这才是所谓的九州。一块土地，有小海四周环绕，人们和禽兽与其他州不相通，是一个独立的区域，这就是一州。像这样的州有 9 个，九州之外有大海环绕，就是天地的尽头。邹衍学说的主要宗旨，最后还是要归结到仁义节俭上来。只是开头显得太泛滥了。那些王公大人最初接触他的学说，感到惊奇，并想身体力行，但后来却终究不能实行。

历史关注

秦始皇兵马俑坑为秦始皇陵的陪葬坑，出土的秦俑与真人大小相仿，被誉为世界奇迹。

邹衍在齐国受到重视。他前往魏国，魏惠王亲自到郊外迎接，并用贵宾之礼来接待他。他去赵国，平原君侧身而行，还为他擦拭坐席。他去燕国，燕昭王手持扫帚在前为他清路，并请求作为学生，向他求教，并为他修筑碣石宫，亲自前去请教。他写了《主运》。他说他游说诸国，受到如此的尊敬，是孔子在陈国、蔡国忍饥挨饿，孟子在齐国、梁国受冷遇不能相比的。所以周武王推行仁义讨伐商纣而成就王业；伯夷饿死不吃周朝的粮食；卫灵公向孔子请教军事，孔子不加回答；魏惠王想进攻赵国，孟子以周太王避敌来作答。这些难道是附和世俗、苟且求全吗？有人说，伊尹凭他的厨艺接近商汤，鼓励他成就王业；百里奚在车下喂牛，被秦穆公任用，而成就了霸业，先是迎合，然后引导国君实行王道。邹衍的言论虽然不符常规，但是或者也有百里奚贩牛、伊尹烹饪的意图吧！

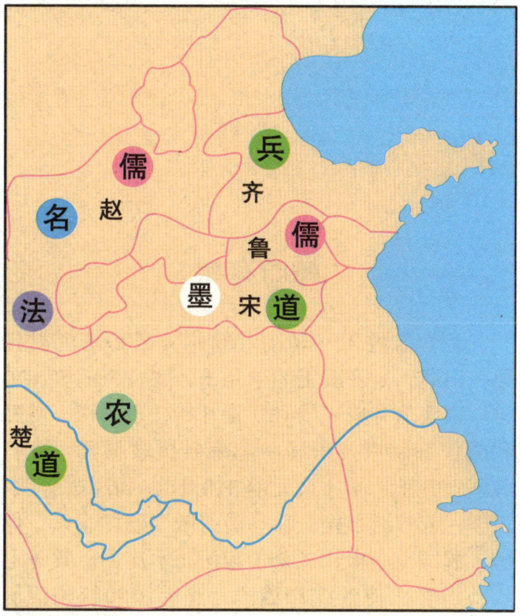

百家争鸣示意图

第三个是邹奭，齐国当时邹姓学者之一，以学习邹衍之术来著述为文。

从邹衍到齐国稷下学宫的那些学者，像淳于髡、慎到、环渊、接子、田骈、邹奭等人，都著书立说，叙述治乱，来游说当时的国君。

淳于髡，是齐国人，他见闻广博，记忆力强，学术上不拘束于一家之说。他很仰慕晏婴的为人，但他却以秉承君主的旨意、察言观色为处世原则。有人把淳于髡引见给魏惠王。魏惠王叫左右的人退下，两次私下召见他，他始终没说一句话。魏惠王感到奇怪，就责备引见的人，说："您说淳于髡先生连管仲、晏婴都不如他。可是我见到他以后，他却一句话也不说。难道是我不配和他说话吗？还是有别的什么原因？"客人转告淳于髡。淳于髡说："我第一次见国君，他的心思在车马游猎上；第二次见他，他的心在声色女乐上。所以我两次都没有说话。"客人把淳于髡的话原原本本地告诉惠王。惠王听了大吃一惊，说："哎呀，淳于髡先生真是圣人哪！淳于髡先生第一次来见我，刚好有人给我进献了一匹好马。我还没来得及看，淳于髡先生就来了。他第二次来见我，又有人给我进献了歌舞女乐。我还没来得及欣赏，先生又来了。我当时心里面确实还在想着马和女乐。"后来淳于髡第三次拜见魏惠王，连着谈了三天三夜都没有疲倦的神态。魏惠王想任用淳于髡为卿相，淳于髡拒绝了，之后离开了魏国，终生没有做官。

邹衍的学说迂曲浮夸，富于雄辩；邹奭的文章徒具空文，难以实施；淳于髡，如果和他相处久了，往往能听到一些有益的言论。所以齐国人称赞说："谈天说地数邹衍，锦绣文章数邹奭，智慧过人数淳于髡。"

荀卿是赵国人。50 岁的时候去齐国讲学，是当时最有名气的老师。荀卿曾经 3 次担任齐国祭酒。齐国有人诋毁荀卿，荀卿于是前往楚国，被春申君任命为兰陵县令。荀卿的学生当中有一个叫作李斯，后来在秦国当了丞相。荀卿痛恨世道的混乱，又气愤各国君主不实行王道，反而被鬼神迷惑。更痛恨一些人靠能言善辩混淆是非，于是他考察儒家、墨家、道家的所作所为及成败得失，加以整理，写下了几万字。完成著作不久，荀卿就去世了。荀卿死后，被埋葬在兰陵。

中国大事记

公元前210年，秦始皇于东巡途中死去，赵高和李斯制造沙丘之变，扶持公子胡亥即位，是为秦二世。

孟尝君列传第十五

相门有相

孟尝君姓田，名文，他的父亲是靖郭君田婴。田婴，是齐威王的小儿子，齐宣王的庶出弟弟。田婴从齐威王的时候就开始任职当权，曾经和成侯邹忌以及田忌一起率兵援救韩国，攻打魏国。宣王二年（公元前318年），田忌、孙膑、田婴一起攻打魏国，在马陵打败了魏国军队，俘虏了魏国太子申，还杀了魏国将军庞涓。宣王七年，田婴出使韩国和魏国，逼韩国和魏国臣服于齐国，还说服韩昭侯和魏惠王在东阿和齐宣王会面，订立了盟约。宣王九年（公元前311年），田婴任齐国的国相。齐宣王和魏襄王在徐州会面，互相尊对方为王。楚威王听说齐魏互尊为王，对田婴心怀怨恨，以为是他一手促成的。第二年，楚国讨伐齐国，在徐州打败了齐国军队，然后派人去捉拿田婴。田婴派张丑游说楚威王，楚威王才善罢甘休。田婴任齐国国相第11年，宣王去世，湣王即位。湣王即位3年后，封田婴在薛地。

田婴有40多个儿子，其中一个叫田文。田文是田婴小妾的儿子，而且出生在五月五日。当时，人们认为五月五日出生的孩子会给自己的父母带来灾难。田婴就对田文的母亲说："赶快把这个孩子扔了，不要养他。"孩子毕竟是自己身上掉下来的一块肉，田文的母亲不忍心把孩子丢弃，就暗中抚养田文。

等到田文大了以后，母亲找了个机会，让他和父亲田婴见面。田婴知道田文就是那个五月五日出生的孩子以后，气冲冲地责备她："我让你丢了这个孩子，你怎么还敢把他抚养大？"田文问田婴说："您不想养大五月五日出生的孩子，这是为什么呢？"田婴说："五月份出生的孩子，会长得和门一样高，会给父母带来灾难。"田文又问："人的生命，是由上天授予的呢？还是由门户授予的？"田婴不知道怎么回答，只能沉默不语。田文接着又说："如果真的是上天授予的话，那您又担心什么呢？如果真的是门户授予的话，那只要加高家里的门户就可以了。"田婴更没话说，只能呵斥田文："你不要再说了。"

过了一段时间以后，田文乘着空闲的时候问田婴："儿子的儿子是什么？"田婴回答说："是孙子。"田文又问："孙子的孙子呢？"田婴说："是玄孙。"田文继续问："那么玄孙的玄孙又是什么呢？"田婴不耐烦了，说："这我就不知道了。"田文说："您执掌大权，担任齐国的国相，到现在已经是三朝老臣。齐国的国土面积没有增加，您的财富却越来越多。门下也没有一个贤能的人。我听说，将军家肯定就能出将军，国相家也肯定能出国相。现在您的姬妾们践踏绫罗绸缎，而有才能的人却穿不上粗布短衣；您的仆人们有剩余的饭食肉羹，而有才能的人却连肚子都填不饱。您的财富一天天增加，连把这些东西将来留给谁都不知道；您服务的国家却在一天天衰落，您连想都不想。我感到很奇怪。"

田文的这些话，让田婴改变了对他的看法。田婴马上让他主持家里的事务，负责招待宾客。宾客越来越多，田文与他们相处得很好，人们都对他赞不绝口。田文的名声甚至传到了诸侯各国当中，诸侯各国都争着派人去找田婴，劝他立田文为太子。田婴死后，田文果然继承了田婴的爵位，被封在薛地，他就是孟尝君。

孟尝君在薛邑招揽各个国家的宾客，以至于连那些犯罪逃亡的人，都来投奔他。孟尝君舍弃

历史关注

自秦始皇封禅之后，到泰山封禅成为历代帝王的最高荣耀之一。

自己的家业，给他们很好的待遇，得到了天下士人的敬仰。他门下食客几千人，不分贵贱，都享受和田文一样的待遇。每次孟尝君接待客人，和客人说话的时候，屏风后面都安排有一个人，负责记录孟尝君和客人的对话，以及客人的亲戚朋友们的住处。等客人离开以后，孟尝君就派人去问候客人的亲戚朋友，并且送礼物给他们。有一次，孟尝君和客人一起吃晚饭，有一个人把蜡烛遮住了。客人非常生气，以为自己吃的东西和孟尝君吃的东西不一样，放下碗筷就要告辞离开。这时孟尝君站了起来，把自己的饭端到客人面前给他看。客人看见孟尝君的饭菜和自己的一样，惭愧至极，就自刎而死。从此以后，士人们都争相投靠孟尝君。孟尝君对投奔自己的客人不分贵贱，一样优待。后来，孟尝君被齐湣王任命为齐国国相，果然应了他对父亲说的那句话“相门有相”。

鸡鸣狗盗

秦昭王听说孟尝君非常贤明，就先派泾阳君作为人质到齐国，希望求见孟尝君。孟尝君打算动身前去秦国，门下的宾客就都劝他不要去，孟尝君执意要去。苏代对孟尝君说：“今天我从外面回来，看见木偶人和土偶人正在交谈。木偶人说：‘天一下雨，你就会被雨冲毁的。’土偶人回答说：‘我是土做的，如果被冲毁了，也会回到土里。但是天一下雨，就会把你冲走了，也不知道冲到哪里。’现在的秦国，如狼似虎，您却一定要去秦国，要是回不来，您能不被那土偶人嘲笑吗？”听了苏代的话，孟尝君才决定不去秦国。

齐湣王二十五年（《史记》中为此，实际应为齐湣王三年，即公元前 298 年），孟尝君出使秦国。孟尝君到了秦国以后，秦昭王任命他为秦国丞相。有人就对秦昭王说：“孟尝君非常贤明，而且又是齐国人，现在他在秦国担任丞相，肯定是先为齐国做打算，然后为秦国考虑。他的存在，是秦国的隐患啊。”秦昭王听信这个人的话，不但囚禁了孟尝君，还打算杀了他。

孟尝君派人找到秦昭王最宠爱的妃子，请她帮忙。秦昭王的宠姬就说：“我想得到孟尝君的那件白色狐皮大衣。”当时，孟尝君有件白色狐皮大衣，是天下至宝，价值连城。但孟尝君到秦国时，已经把它献给了秦昭王，再没有第二件。现在她想要，也无处去弄。孟尝君很发愁，那些门客也没有什么好办法。

正在孟尝君烦恼的时候，门客里面一个擅长偷东西的人对孟尝君说：“我能够拿到那件白色狐皮大衣。”于是，他在晚上摸进了秦昭王的宫殿，把孟尝君献给秦昭王的那件白色狐皮大衣偷出来。孟尝君马上把它献给了昭王的宠姬。昭王的宠姬得到那件狐皮大衣以后，高兴得不得了，就替孟尝君说好话，劝秦昭王放了孟尝君。秦昭王听了她的话，放了孟尝君。孟尝君一被放出来，就快马加鞭，逃出城外。到了半夜，孟尝君一行人到达函谷关。放人之后，秦昭王后悔了，连忙派人追拿孟尝君。

孟尝君到函谷关下，城门还没有开，按照规定，早上鸡叫才开城门。孟尝君担心秦王派人追赶，很着急。这时，门客中有一个擅长口技的人，便学鸡叫。不久，周围的鸡都叫了起来。城上的守卫听到鸡叫，就打开城门，孟尝君他们顺利地出了函谷关。孟尝君他们出关还不到一顿饭的工夫，秦昭王派的追兵就到了，见孟尝君已经出关，只得空手而回。当初，孟尝君把那个会偷的人和会学鸡叫的人待为宾客的时候，其他的宾客都嘲笑他们，没想到等到孟尝君在秦国遭遇危险的时候，反而是他们两个解决了难题。从此以后，宾客们都很佩服孟尝君招纳宾客不论条件的做法。

孟尝君从秦国出来，经过赵国，受到了赵国平原君的招待。赵国的百姓听说孟尝君非常贤明，就都出来围观。但是看到孟尝君以后，赵国百姓都嘲笑说：“原来还以为孟尝君是一个魁梧大汉呢，现在看了一下，才知道也其貌不扬啊。”孟尝君听后，非常生气。他和门客们一起跳下马车，砍死了几百人，灭了一个县，才离开赵国。

中国大事记 | 公元前209年七月，陈胜、吴广在大泽乡起义，掀起了秦末战争的序幕。

齐滑王为自己派孟尝君出使秦国感到内疚，等孟尝君回到齐国，就封他为齐国的国相，让他掌管朝政。

孟尝君怨恨秦国，便许诺帮助韩国、魏国攻打楚国，以此换取韩国和魏国的支持，组建联军攻打秦国，并打算向西周国借粮食和兵器。苏代知道后，对孟尝君说："您曾调遣齐国军队，与韩国、魏国联合起来攻打楚国9年，占领了宛城和叶城以北的土地。这些土地都归韩国和魏国所有，增强他们的实力。现在，您又想攻打秦国，获得胜利后必然再次增加两国实力。韩国和魏国南面没有楚国的威胁，西面没有秦国的威胁，那么齐国就危险了。两国肯定会轻视齐国，畏惧秦国，我为您感到担心。您不如让西周与秦国交好，既不要进攻秦国，也不要向西周借兵器和粮食。您把军队驻扎在函谷关东但不要进攻，让西周把您的想法告诉给秦昭王说'薛公一定不会攻破秦国来增强韩、魏两国的力量。他进攻秦国，不过是想要大王让楚国把东国割给齐国，并请您把楚怀王释放出来求和'。您让西周用这种做法给秦国好处，秦国可以拿楚国的土地来保证自己不受攻击，肯定很满意。楚王能够被释放，也一定感激齐国。齐国得到楚的东国自然会更加强大，薛邑也就会世世代代没有忧患了。秦国并非弱国，实力很强，而处在韩国、魏国的西面，韩、魏两国怕秦国攻击，必定倚重齐国。"孟尝君听后，立即说："好。"一场兵灾就这样避免了。

·礼乐征伐自天子出·

"礼乐征伐自天子出"，语出《论语·季氏第十六》："天下有道，则礼乐征伐自天子出；天下无道，则礼乐征伐自诸侯出。自诸侯出，盖十世希不失矣；自大夫出，五世希不失矣；陪臣执国命，三世希不失矣。天下有道，则政不在大夫。天下有道，则庶人不议。"这段话的意思是，天下有道的时候，礼乐的制定和战争的发动都是由天子决定的；天下无道的时候，礼乐和战争的事宜便由诸侯来决定。由诸侯来决定礼乐和战争，很少有能维持十代而不乱的；如果制定礼乐和发动战争的权力落到了大夫的手中，那就很少有能维持五代而不乱的；如果大夫的家臣把持了国政，就很少有超过三代而不发生动乱的。天下有道，国家的政权不会掌握在大夫的手中；天下有道，老百姓就不会有非议。

冯谖客孟尝君

冯谖听说孟尝君喜欢招纳宾客，就穿着草鞋去见他。孟尝君说："先生您从那么远的地方，屈尊来到这里，请问有什么可以教我吗？"冯谖说："我听说您喜欢招纳贤能的人，而我是因为贫穷来投奔您的。"孟尝君把他安排在下等食客的住处。

过了10天，孟尝君问管宿舍的人："冯谖最近做了些什么？"那人回答说："冯先生非常穷，身上只有一把剑，而且剑把还用草绳缠着。他经常用手弹着自己的剑唱：'长剑啊长剑，还是回去吧，吃饭的时候没有鱼。'"孟尝君听了，就把冯谖安排在中等食客的住处。过了5天，孟尝君又去询问冯谖在干什么，管宿舍的人回答说："他弹着自己的剑，唱：'长剑啊长剑，还是回去吧，出行的时候没有车。'"孟尝君听后，便把他安排在上等食客的房间里，出入的时候还给他安排车辆。又过了5天，孟尝君再去问，管宿舍的人回答说："现在他又弹着自己的长剑，说：'长剑啊长剑，还是回去吧，没有办法养家。'"孟尝君听了以后，很不高兴。

过了整整一年，冯谖没有再说什么。当时孟尝君担任齐国的国相，在薛地有1万户的封地，他派冯谖去收债。

冯谖告别了孟尝君，到了薛地。冯谖把凡是借了孟尝君钱的人都集合起来，收到利息10万钱。冯谖用这些钱酿了酒，买来牛，把那些借孟尝君钱的人，不管付起付不起利息全都叫过来，付不出利息的人要求带着欠条，以便进行核对。等到大家到齐了，就杀牛上酒，开了酒席。正当大家喝酒喝得痛快的时候，冯谖就拿着契据走到席前与大家一一核对，能够付利息的人，就定一

历史关注

秦时的货币为铜币，被称为“半两钱”。

个期限；不能给利息的，就把他们的借据统统烧掉。接着冯谖对大家说：“孟尝君之所以借钱给大家，就是为了帮助没有本钱的人，让你们能够从事生产。而他之所以要大家还债，是因为没有收入来供养他的宾客。现在宽裕的人，就给你们一个期限；没钱的人，就烧了你们的借据，取消债务。大家可以开怀畅饮了。有这样的封邑主人，大家又怎么能够背叛他呢？”坐着的人都感激地站了起来，向冯谖行礼。

孟尝君听说冯谖把借据都烧了，非常生气，就问他：“我门下食客多达3000，平时的用度不够，所以我才放债给薛邑。但是您不但备酒上菜招待他们，还把他们的借据烧了，这是为什么啊？”冯谖回答说：“不备酒上菜，大家就不会都来。也就不知道谁有能力还，谁没能力还。有能力的，给他们一个期限，他们就会还；没能力的，即便是催他10年，他也还不了。他欠下的利息越多，就越着急，甚至可能还会逃亡到其他地方。催他那么急，反而对您没什么好处。到时，不但大臣们会说您爱惜金钱，剥削百姓，百姓们也会怨恨您。现在我把那些没有用的借据烧了，放弃那些得不到的利息，让薛地的百姓感激您的恩德，宣扬您的名声，大人您还有什么疑问吗？”孟尝君于是拍掌大笑，感谢冯谖。

齐王害怕孟尝君功高盖主，就罢免了孟尝君。门客们见孟尝君被罢免，纷纷离去。只有冯谖对孟尝君说：“您只要给我一辆马车，让我到秦国去，我就能让您重新被齐国重用，而且帮您获得更多的封地。”孟尝君真的给了他一辆马车，送给他一些盘缠。冯谖来到秦国，对秦王说：“秦国和齐国，势不两立，谁更强大，谁就能得到天下。”秦王问他：“怎么样让秦国更加强大，超过齐国呢？”冯谖说：“大王您知道齐国罢免了孟尝君吗？”秦王说：“我听说了。”冯谖说：“让齐国称雄天下的，是孟尝君。现在孟尝君被齐王罢免了，心怀怨恨，肯定想离开齐国；如果孟尝君离开齐国来到秦国，那么齐国的地理形势、朝廷机密、社会状况都将为秦国所掌握。到时齐国的土地就是秦国的了，又何止是称雄啊？大王您马上派人带着重金暗中去迎接孟尝君，千万不要失去机会。如果齐国再起用他，秦国就麻烦了。”秦王听了以后，就派人驾着10辆车，带着一百镒黄金，去迎接孟尝君。冯谖告别秦王先行离开，回到齐国，对齐王说：“秦国和齐国，势不两立，谁更强大，谁就能得到天下。我听说秦国派了10辆马车，拿黄金一百镒来聘请孟尝君。孟尝君不去秦国倒还可以，如果去了，秦国就要称霸天下了。到时秦国强而齐国弱，齐国就危险了。大王您何不趁秦国使者还没到，重新重用孟尝君，给他更多的封地，向他谢罪呢？孟尝君肯定会欣然接受。秦国虽然是强国，又怎么能够去请其他国家的丞相呢？”齐王派人到边境等秦国的使者，果然发现秦国使者赶来。齐王见状，召见孟尝君，恢复了他的国相职位，不但重新把薛地封给他，还增加了1000户。秦国使者听说齐国又任用孟尝君为国相，只得返回。

听说孟尝君重新当政以后，那些离开他的门客又纷纷回来投奔他。孟尝君对冯谖说：“我喜欢招纳门客，对客人也从来不敢怠慢，后来有了3000多门客。可是，这些门客一看到我被罢免，都离我而去。而现在多亏了先生您，才让我恢复了相位，他们怎么有脸来见我？我见了他们，要吐口水在他们脸上，大声辱骂他们。”冯谖说：“万物都有其必然的规律，世上的事都有常规常理，大人您知道吗？”孟尝君回答说：“我比较愚笨，不知道什么意思。”冯谖说：“有生就有死，这是事物的规律。富贵的时候，门客多，贫穷的时候，朋友少，这是常规常理。您难道没见早上急着去市场的人吗？大早上，侧着肩，争着进市场的门；但是晚上，经过市场的人连看都不看一下。他们并不是喜欢早上的市场而讨厌晚上的市场，只是因为自己需要的东西晚上没有了。您失去国相的职位，宾客们离开您，不能因此怨恨他们、拒绝他们。希望您能像原来一样对待他们。”孟尝君拜了两下说：“听了先生您的这席话，我受益匪浅，哪里敢不遵从啊。”

中国大事记 | 公元前 209 年九月，刘邦在萧何、曹参等的支持下，收兵两千余人，起兵于沛，自称沛公。

平原君虞卿列传第十六

毛遂自荐

长平之战后，秦军围攻赵国都城邯郸。赵国派平原君到楚国求救，并希望双方能结成盟国。平原君打算在门客中选拔 20 位文武双全的人做随从，一起去楚国。平原君说："如果能够用和平的方式达成合纵结盟，那就好了。如果不能和平解决，哪怕是动用武力进行要挟，也一定要缔结盟约，才能回到赵国。随从人员不从外面找，只从自己门客里面找就行了。"但是，选来选去，只找到 19 个，最后一个怎么都找不到。这时门下有一个叫毛遂的人，到平原君面前自我推荐说："我听说大人您要去楚国进行合纵谈判，选拔 20 人一起去，而且只在门客中选取。现在少了一个，希望大人您能让我一起去。"平原君看了他一眼，问他说："先生您在我门下几年了？"毛遂说："已经 3 年了。"平原君说："贤能的人在世上，就好像是锥子在口袋里，锥尖马上就能透出来。但是现在先生您在我这儿 3 年，却没有谁认为你优秀，我也没听过谁夸奖你，那就说明先生您没什么长处。先生您既然没什么长处，还是留在这吧。"听了平原君的讽刺，毛遂一点儿也不放在心上，反而正色说："那我今天就请您把我放进口袋里。如果把我放在口袋中，我早就脱颖而出了。"平原君听了他的话，觉得很是惊奇，又想到实在找不到其他人，就答应了。其他 19 人虽然没有说什么，但是脸上都流露出鄙夷的神色。

毛遂自荐图

一路上门客们谈论不休，毛遂出口不凡，其他 19 人都被他的见识所折服。

到了楚国，平原君和楚王商讨合纵的事情，反复向楚王说明合纵的"利"与"害"，从早上谈到中午，楚王也没有下定决心。其他 19 人就对毛遂说："先生您请上去。"毛遂按着宝剑，沿着台阶走进堂内，问平原君："楚赵合纵，有利还是不利，两句话就能说明。但是现在从早上开始说，到了中午也没作决定，为什么呢？"楚王看见一个人走进来，自己还不认识，就问平原君："这位客人是谁？"平原君听见楚王问自己，回答说："他是我的门客。"楚王于是大声叱责毛遂说："还不下去！我在和你家主人谈话，你算干什么的？"毛遂却仍然按着剑，向前走了几步，来到楚王身边，说："大王之所以敢叱责我，是因为楚国人多势众。但是现在十步之内，大王您就不能倚仗楚国人多了，大王您的生命也掌握在我的手里。当着我家主人的面，您为什么要斥责我呢？我听说商汤用七百里土地就称王天下，文王用一百里土地就臣服诸侯，难道是因为他们人多吗？不是的。是因为他们能够发挥自己的优

历史关注 | “皇帝”之名始于秦始皇，他自认“德高三皇，功高五帝”，始称皇帝，为此后历代君主所沿用。

势。现在楚国土地五千里，士兵百万，这是大王您的资本。楚国这么强大，足可以做到天下无敌。秦国白起，只不过是个不起眼的小人物，只带了几万部队来和楚国交战。但结果呢，第一仗就占领了您的国都，第二仗就烧了楚国夷陵，第三仗甚至侮辱了您的先人。这可以说是奇耻大辱啊，连我们赵国都为您感到羞耻。大王您难道没有意识到，现在合纵是为了楚国，而不是为了赵国吗？再说，在我家主人面前，你为什么呵斥我！”楚王被他说得面红耳赤，连忙说道：“好，好，确实是您说的那样。我愿意带领我的国家跟从您，和赵国缔结合纵盟约。”毛遂见赵王决定答应，但仍然不很坚决，就再一次问他说：“现在您真的决定合纵吗？”楚王说：“决定了。”毛遂于是对楚王左右的人说：“拿鸡、狗、马血来。”之后，毛遂拿着铜盘，跪献在楚王面前，说：“大王您应该歃血为盟，表明您合纵的决心。然后是我家主人，最后是我。”于是，楚王、平原君和毛遂在殿上起誓结盟。然后毛遂左手端着盛有鸡马狗血的盘子，右手招乎其他 19 个人说：“诸位就在堂下参加盟誓吧！你们都碌碌无为，就是人们所说的依靠别人才能办成事情的人啊！”

平原君达成了和楚国结盟的目的后，就回到了赵国。平原君感慨地对毛遂说：“我不敢再挑选人才了。当初我的门客，多的时候有几千人，少的时候也有几百人。自以为不缺少有才能的人。但是见到毛遂先生，才知道自己的过失。毛先生您的三寸之舌，胜过了 100 万的强大军队，让赵国的威望大大提高。我以后再也不敢刚愎自用，自以为是地挑选人才了。”从此，平原君把毛遂奉为上等的宾客。

解邯郸之围

邯郸在秦国军队的围攻下，情况万分紧急，平原君虽然十分担心，但也没什么办法，只能苦等着援军的到来。楚国派春申君率领军队来援救赵国，魏国信陵君也假借魏国国君的命令夺了大将军晋鄙的军队前来救援赵国，然而两国的军队都还没有赶到。

看见平原君着急的样子，李同装作没看见，就问他：“大人您不担心赵国灭亡吗？”听见李同这样问自己，平原君生气地说：“赵国如果灭亡的话，我就会成为俘虏。你说我怎么不担心？”李同丝毫不以为然地说：“不是这样吧！现在邯郸的百姓们穷苦得连粗布短衣都穿不上，拿着死人的骨头当柴烧，酒糟和米糠之类的东西都吃不饱，甚至各自交换孩子杀了吃，可以说是危急到极点；但是您的宫室里，还养着数以百计的侍女和姬妾。她们穿着丝绸绣衣，吃着精美的饭菜。邯郸城中百姓困乏，武器耗尽，为保家卫国，士兵们削尖木头当长矛箭矢；再看您的家里，珍宝玩器、铜钟玉罄照样琳琅满目、应有尽有。”平原君似乎从李同的这些话里面听出了什么，就说：“您请接着说下去。”李同又说：“如果秦国军队真的攻占了邯郸，您还能拥能有这些东西吗？要是能击退秦军，保全赵国的话，您又何愁没有这些东西呢？现在您要是能命令您家里所有的人都加入到士兵的队伍中，与战士们一起守城，再把您家里的全部东西都分发下去，送给赵国的士兵们使用。这样的话，士兵们在危急困苦的关键时刻，得到了您的帮助，肯定会对您感激不尽的。”平原君觉得李同说得很对，就按照他的建议去做，结果一下子募集到敢死之士 3000 人。李同和这 3000 人一起，杀出城去，赶赴前线，突袭秦军，秦军被这 3000 人的威势所迫，后退了 30 里。在这个形势暂时缓解的时候，楚国和魏国的救兵也赶到了赵国。秦军一见，知道想攻下邯郸是极为困难的，便撤军回国。李同在和秦国军队作战的时候不幸阵亡，平原君很是感念，就请赵王赐封他的父亲为李侯。

名士虞卿当时在平原君门下，见平原君搬来楚国和魏国的救兵，击退秦军，为赵国立下大功，打算以此为由，请求赵王增加平原君的封邑。平原君很高兴。公孙龙知道了以后，就连夜驾着马车去见平原君，对他说：“我听说虞卿想要以信陵君出兵救赵保存了邯郸为理由替您请求增加封邑，有这回事吗？”平原君点了点头，回

中国大事记 | 公元前209年，匈奴冒顿自立为单于，大举进攻燕、代等地，秦朝蒙恬所得匈奴故地尽失。

平原君赵胜像

答说："是啊，怎么了？"公孙龙摇了摇头，说："这样是很不好的。赵国国君任用您，让您担任国相，并不是因为您的智慧才能在赵国独一无二，别人都比不上您。赵国国君把东武城的土地封赐给您，也不是因为别人的功劳比不上您，都是因为您是国君的近亲的缘故。在这种情况下，您接受相印和封邑毫不推辞，也是因为您觉得自己是国君的近亲。但是现在，信陵君为了您出兵保存了邯郸，您是有功了，您也因此打算请求国君增加自己的封邑。您这样做，是无功时作为近亲接受封邑，而有功时又要求按照普通人来论功计赏啊。所以，这样是非常不好的。更何况，虞卿为您向赵王请封，有两种可能，要么办成，要么办不成。如果赵王同意了虞卿的请求，给您增加了封邑，那么虞卿就会认为对您有功，就会向您索要报偿，就像那些手里拿着别人欠条的债主一样；如果赵王没有同意他的请求，他也因为为您争功求封，让您对他感激涕零。您千万不能听从他的建议。"平原君听了公孙龙的话，认为很有道理，就拒绝了虞卿向赵王请求增加封邑的建议。

平原君去世的时候，是赵孝成王十五年（公元前251年）。虽然他死了，但是他的子孙们却世世代代承袭他的封爵，一直到赵国灭亡。

虞卿说赵王

虞卿是战国后期的纵横家。他穿着草鞋，带着竹笠去见赵孝成王。赵王第一次接见他，就赏给他黄金一百镒，白璧一双。第二次接见，封他为赵国的上卿，所以人们叫他虞卿。

秦军与赵军在长平大战，赵军不利。赵王召来楼昌和虞卿，对他们说："现在军队不能取胜，而且损失很大，我想撤军，你们看怎么样？"楼昌说："不如派人去秦国求和。"虞卿反驳说："楼昌说去求和，那是因为他认为如果不求和的话，赵军肯定会被秦军击破。大王您说，秦国是想击破赵国的军队呢，还是不想？"赵王回答说："当然是想啊。"虞卿回答说："既然大王您这样想，那么大王您不如派人带着重金去交好楚国和魏国，楚王和魏王得到大王您的重金，肯定会善待我们的使者。那样的话秦国会以为三国要合纵，一定非常担心，也就会同意与我们和解了。"赵王不听，和平阳君商议之后，决定议和，派郑硃先到秦国通报。赵王对虞卿说："秦国对郑硃很好，我打算让平阳君去秦国议和，你看怎么样？"虞卿说："秦国肯定不会和赵国和解。郑硃是贵族，他去秦国，秦国肯定会优待他，借此向各国宣扬赵国求和的事。楚国和魏国见赵国向秦国求和，就肯定不会来救赵国，秦国知道其他国家不来救赵国，到时求和也不行了。"果然，应侯虽然优待郑硃，但始终不肯答应和解。赵国军队在长平大败，秦国军队又围住了邯郸，直到楚魏两国援救赵国的军队到来才退兵。

秦国从邯郸撤军后，赵王准备派赵郝去秦国，以割给秦国六座城邑为条件讲和。虞卿对赵王说："秦国攻打赵国，是因疲惫不堪而退？还是他们有能力攻打，因为怜惜大王您才不攻打了呢？"赵王问："秦国攻打赵国，不遗余力。"虞卿说："秦国用尽兵力，尚且不能占领的地方，大王您却把它们拱手相让，这是帮助秦国攻打赵国啊。今年把地割让，明年秦军再来，大王您怎么办？"赵王把虞卿的话告诉了赵郝，并且问他："如果我向秦国割地求和，你能够保证明年秦国不会再攻打赵国吗？"赵郝说："不能保证。从前三晋结盟，共同抵抗秦国。现在秦国和韩、魏交好来攻打赵国，大王您和秦国的关系肯定没有韩、魏和秦国的关系好。现在我为大王出使，让秦赵之间开启关卡，互通贸易，使赵国与秦国的交好程度同韩、魏两国一样。如果明年大王您

历史关注 | **隶书由篆书演化而来，书写速度更快，提高了书写效率。**

又被秦国攻打，那一定是大王对秦国还不够好。所以，这不是我敢承担的事情。”

赵王又把赵郝的话告诉虞卿。虞卿回答说：“现在要割地求和，但是赵郝又说不能保证明年秦国不来攻打赵国。那么即使是割让六座城池，又有什么用呢？明年秦国再来攻打，还要把城池割让给他们，这简直就是自杀啊，还不如不求和。秦军虽然强大，但也很难占领六座城池。赵国虽然弱小，但也不会轻易就丢掉六座城池。如果我们用六座城池收买诸侯国，逼秦国停止攻打赵国，虽然是给了诸侯国，但能止住秦国的进攻，若能够联合起来，说不定还有机会攻占秦国的土地。这样对我们赵国有利。难道大王您非要割地求和，削弱自己，让秦国增强实力吗？再说了，如果明年秦国又要您割地，大王还会给吗？不给，就会得罪秦国。给，又没那么多土地。现在割地求和，秦国没什么损失就得到了土地，秦国越来越强大，而赵国越来越弱。大王您的土地有限，秦王的贪婪无限，用有限的土地来满足无限的贪婪，赵国肯定会灭亡的。”

赵王犹豫不决，就和楼缓商量说：“究竟要不要给秦国土地呢？”楼缓假装推辞说：“这不是我能知道的。”可赵王还是坚持要他说说自己的想法。楼缓就说：“大王听说过公甫文伯的母亲吗？公甫文伯在鲁国当官，病死了，他的两个小妾为了他自杀而死。他的母亲听说了，也没有掉泪。别人问她：‘你儿子死了，你怎么不哭呢？’他的母亲回答说：‘孔子被流放到鲁国，而他却没有跟随。现在他死了，而妻妾为他自杀的有两人，一定是他对长者情义淡薄而对妻妾情义深厚。’由母亲说出这样的话，这是个贤良的母亲，由妻子说出这样的话，这一定是个嫉妒的妻子。说的话虽然都一样，但由于说话人的立场不同，人的用意也就跟着变化了。现在我刚从秦国来，如果说不给，那不是好办法；如果说给，大王会以为我是为秦国考虑，所以我不敢回答。让我为大王您考虑的话，不如给它好。”

虞卿听到这件事，入宫拜见赵王说：“大王千万不要相信楼缓啊！”赵王又把虞卿的话告诉了楼缓。楼缓说：“虞卿只知其一，不知其二。秦、赵两国交战而诸侯各国都很高兴，为什么？因为他们能够乘机攻打赵国。大王您不如赶快割地求和，让诸侯各国怀疑秦赵已经交好，同时又能结好秦国。不然的话，天下诸侯就会瓜分赵国。赵国要是被灭亡了，还图谋什么秦国呢？希望大王仔细考虑，不要再犹豫了。”

虞卿又去拜见赵王说：“要是向秦国求和的话，只是向天下诸侯表示赵国软弱可欺。大王只要把秦国想要的这6座城池献给齐国，齐国肯定愿意和我们合力攻打秦国。大王把齐、赵两国结盟的事声扬出去，秦国肯定会反过来向大王求和。一旦跟秦王讲和，韩、魏两国听到消息，必定敬重大王；既要敬重大王，就必定拿出珍贵的宝物来向大王致意。这样大王的一个举动可以与韩、魏、齐三国结交亲善，也能改变被动的不利局面。”赵王听罢，下了决心，就派虞卿去拜见齐王。虞卿还没返回齐国，秦国求和的使臣就已经到了赵国。

不久，魏国请求与赵国合纵。赵孝成王和虞卿商议这件事。赵王对虞卿说：“魏国请求合纵，你看怎么样啊？”虞卿说：“魏国错了。”赵王听了他的话，庆幸自己没有贸然同意魏国的请求，就面带得色地回答说：“还好我没有答应呢。”满以为虞卿会夸奖一下自己，没想到虞卿马上又回答说：“大王您也错了。”听到这句话，赵王情绪马上跌到了低谷，而且感到非常奇怪，就问：“魏国请求合纵，您就说魏国错了；我没有答应他，您又说我错了。您究竟是什么意思？”虞卿说：“我听说小国和大国结盟，有好处就归大国，有错就归小国。现在的情况是魏国作为小国情愿担当坏处，而您作为大国却拒绝得到好处。所以我说大王错了，魏国也错了。我认为合纵对赵国有利。”赵王这才明白过来，就和魏国签订了合纵盟约。

后来，虞卿的朋友魏齐被秦国追拿，虞卿抛弃了万户侯的爵位和国相的高位，和他一起逃离赵国，最后被困在魏国。魏齐死后，虞卿不得意，就开始著书立说。他参考《春秋》，观察世情，写了《节义》《称号》《揣摩》《政谋》等8篇文章，批评各国的得失。人们把这8篇叫作《虞氏春秋》。

中国大事记 | 公元前208年，初冬，李斯在咸阳街头被腰斩，全家老小亦未能逃过劫难。

魏公子列传第十七

贤能的信陵君

魏国公子无忌，是魏昭王的小儿子，也是魏安釐王的异母弟弟。昭王死后，安釐王即位，封无忌为信陵君。

信陵君为人仁义，礼贤下士，对待有能力和没有能力的人，他都非常谦和，屈尊结交，没有一点富贵公子的架子，所以来投靠他的食客多达3000人。当时，诸侯各国因为魏无忌贤能，十多年来不敢对魏国心存野心。

有一天，信陵君和魏安釐王正在下棋，突然发现北方边境燃起烽火。不久传来消息说："赵国军队进攻魏国，快到边界了。"安釐王大吃一惊，马上就要召集大臣们商议该怎么应对赵国。信陵君不慌不忙地对安釐王说："大王，赵王只是在打猎而已，并不是攻打魏国。我们还是继续下棋吧。"看着信陵君不慌不忙的样子，安釐王也强自镇定下来，接着下棋。虽然下着棋，安釐王心里却惊恐万分，没有一点儿心思。过了一会，又从北方传来消息："赵王是打猎，不是进攻魏国。"安釐王放下心来。但是想到信陵君镇定自若的表情，想到他说的话竟然和探报来的消息一模一样，好像事先已经知道，就问他："你怎么知道的？"信陵君回答说："我的门客中有能探得赵王秘密的人。赵王一有什么事情，他都会马上告诉我，所以我才知道。"从此以后安釐王忌惮公子的贤能，不敢让他掌管国家大事。

魏国有一个隐士叫作侯嬴，70岁，家里很穷，是夷门的一个看门小官。信陵君听说他很有才能，就去拜访他，并且送给他很多礼物。侯嬴拒绝接受礼物，说："我洁身自好几十年，不会因为当一个看门小官，家里贫穷，就接受公子您的财物。"

有一次，信陵君摆设酒席，宴请宾客。当时，许多达官贵人都来做客，可谓是高朋满座。等全部宾客都坐好以后，信陵君吩咐大家稍等。然后，他驾着马车，空出左边的座位，亲自去夷门迎接侯嬴。侯嬴见信陵君来请自己，就慢腾腾地整理好自己的衣服，然后径自上车，坐上了信陵君空出的左边尊位，毫不谦让，他想看信陵君怎么办。信陵君亲自牵马驾车，态度更加恭敬。走了一程，侯嬴又对信陵君说："我有一个客人，在屠宰场里面，希望您能驾着马车去那儿，我想见见他。"信陵君没有说什么，又顺从地驾着马车去集市。到了集市以后，侯嬴下了马车，去见自己的朋友朱亥，而且故意站在那里，和朱亥谈了很久。侯嬴一边和朱亥谈着话，一边暗中观察信陵君的反应。看到信陵君非但没有一点儿不耐烦，反而更加恭敬，侯嬴点了点头。当时，魏国很多大臣都在信陵君家里，等信陵君宣布酒席开始。集市上的人都看见公子亲自牵着马车，公子的下人们都暗自骂侯嬴。侯嬴见公子脸色一点儿也没有改变，就告别了朱亥，上了车。到了公子家里，公子恭恭敬敬地请侯嬴坐在上席，并且把他介绍给其他客人。客人们非常吃惊，才知道让大家等那么长时间的人竟然只是一个小小的看门官，顿时议论纷纷。

等到大家喝酒喝得高兴的时候，信陵君站了起来，走到侯嬴的前面，给侯嬴敬酒。侯嬴对公子说："今天我已经够难为公子的了。我只是夷门的一个小小的看门官，但是公子您却亲自驾着马车，在大庭广众之下迎接我。可以说，您确实是礼贤下士。但您知道我今天的用意吗？我本来不该再去拜访我的朋友，之所以那么做，并故意在

历史关注

中国书法起源于春秋末期。

信陵君访侯嬴 清 吴历 绢本

信陵君，即魏无忌，战国时魏国人，安釐王异母弟。封于信陵，故称信陵君。门下有食客三千，为战国四公子之一。

集市中站很久，是想让路过的人都看见，您这位大贵人对我这样一个小小的看门官多么尊敬，是想以此来成就公子您的名声。我越是骄傲自大，大家就越以为我是个小人；公子您越是对我恭敬，人们越是认为公子您是一个真正能礼贤下士的人。”信陵君明白了他的良苦用心，顿时感激不已。

侯嬴又对公子说：“公子您还记得我去拜访的那个屠夫吗？他叫做朱亥，非常有才能，只是怀才不遇，得不到别人的重用，所以隐居在集市里当了个屠夫。”于是，公子几次去市场里拜访朱亥，朱亥都不回拜，公子感到很奇怪。

窃符救赵

魏安釐王二十年（公元前257年），秦军在长平大败赵国军队，又要进攻邯郸城。信陵君的姐姐是赵惠文王的弟弟平原君的夫人，她几次写信给魏王和信陵君，希望魏国派兵援救赵国。

魏王得信，派将军晋鄙率领十万大军前去援救。秦王知道以后，就派使者对魏王说：“你们魏国要是敢去援救赵国，等我们打完赵国以后，肯定来攻打魏国。”魏王连忙派人拦住晋鄙，让魏国军队停止前进，驻扎在邺地，表面上是援救赵国，实际上却是在一边观望。平原君派人责备信陵君说：“我赵胜之所以和你联姻，都是因为公子你讲仁义，能够急人所急。现在邯郸万分危急，坚持不了多少天，但是魏国的救兵迟迟不到，这不是有负于公子你的名声吗？再说，公子你即使是轻视我，甘心看着赵国被秦国军队攻下，难道你就不可怜你的姐姐吗？”信陵君感到非常内疚，几次请求魏王发动救兵，但是魏王始终不肯听从公子的建议。信陵君于是带着自己的宾客，驾着马车，以极其微弱的力量和必死的决心去救赵国。

经过夷门的时候，看见了侯嬴，信陵君就把自己决心和赵国共存亡的想法告诉了他。侯嬴听了以后，淡淡地说：“公子您不顾自己的性命，去和赵国共存亡，实在是仁义。请原谅我年龄太大，不能和您一起去。”信陵君告别侯嬴，出发了。

走出了几里路，信陵君觉得不对头，心里想：“我平时对侯嬴没有什么不周到的地方，这一点谁都知道。现在我前去送死，他却一句话也不对我说，难道是我有什么过错吗？”信陵君又驾着马车，回去问侯嬴。看到信陵君回来，侯嬴笑着说：“我就知道公子您要回来。”又说：“公子您喜欢结交天下才俊，现在赵国有难，您就想不出别的办法？带着宾客们去抵抗秦军，这就好像是把肉丢给饿虎，又能有什么作用呢？又怎么能对得起你的宾客呢？”信陵君拜了两下，向他请教该怎么办。侯嬴对信陵君说：“我听说魏王把控制晋鄙大军的兵符放在房间里，极为严密。魏王最宠信的如姬能够随便出入魏王的房间，有可能也有机会把兵符偷出来。我听说如姬的父亲被人杀害，如姬想为父报仇，寻找了凶手3年，一直都没找到。魏王

中国大事记 | 公元前207年，项羽率军破釜沉舟，于巨鹿大战秦军，秦军大败，项羽为诸侯上将军。

的众位大臣为了结好，都想替如姬报仇，但都没有做到。还听说如姬为这件事哭着求公子帮忙，您派出门客，四处追寻，斩下如姬杀父仇人的首级，让她得遂心愿。如姬感激您的大恩，一直想报答您，只是没有机会。在此危急之时，您如果开口请如姬帮忙，她必定答应。要是能拿到虎符，您就可以夺取晋鄙的军队，利用这支军队援救赵国，抵御秦国，不比白白送死强得多。”信陵君听罢，马上进宫请如姬帮忙，如姬果然偷了兵符给信陵君。

信陵君拿到兵符，准备出发，侯嬴对他说：“将军在外面，国君的有些命令可以不接受，这样对国家才有利。公子您即便是拿着兵符和晋鄙的兵符合在一起，晋鄙也不一定会把军队交给您，到时公子您就危险了。我的朋友朱亥可以和您一起去，他是个大力士。如果晋鄙听您的命令的话，就最好；如果他不听，就只能就让朱亥杀了他。”听了他的话，公子哭了起来。侯嬴奇怪地问：“难道公子你怕死吗？为什么哭啊？”公子回答说：“我不是怕死，只是担心晋鄙不听从我的命令，到时就要杀了他，所以才哭。”

信陵君去请朱亥，朱亥爽快地答应下来，而且笑着对他说：“我只是一个宰猪的屠夫，您几次来找我，并且赐给我礼物，我之所以不拜见您，是因为觉得小小的感谢对您没什么作用。现在您遇上了紧急的事情，也是我该帮忙的时候了。”朱亥就和信陵君一起出发。

信陵君又去感谢侯嬴。侯嬴说：“我太老了，不能和您一起去。但是等到您到晋鄙的军队的那一天，我就在北乡自杀而死，为公子您壮行。”信陵君到了邺，侯嬴果然在北乡自杀了。

信陵君假装奉了魏王的命令前来接替晋鄙。晋鄙把兵符合在一起，确认无误。但还是不放心，有些怀疑，就对公子说：“现在我率领着魏国十万大军，驻扎在边境，肩负着国家的重任。您只身一人来接替我，到底是怎么回事？”朱亥见晋鄙起了疑心，马上拿出40斤重的铁锥，打死了晋鄙。信陵君整顿军队，并且下令说：“父亲和儿子都在军队的，父亲回去；哥哥和弟弟都在军队的，哥哥回去；是家里的独子，没有兄弟的，也回去。”最后选了八万士兵，前去援救赵国。

阳陵铜虎符　秦

此符是秦始皇调动军队的凭证，用青铜铸成卧虎状，可中分为二，右半存皇帝处，左半存驻扎阳陵的统兵将领处，调动军队时，由使臣持右半符验合，方能生效。

秦国军队看到魏国的援兵到了，撤退而去。邯郸转危为安，赵国也得到了保全。赵王和平原君亲自在边界迎接信陵君，平原君背着箭，替公子开路。赵王对信陵君拜了两拜，说：“自古以来的贤人，没有谁能够比得上公子您的。”平原君也认为比不上信陵君。

终不得信任

魏王因为信陵君偷了兵符，假借自己的命令控制了军队，还杀了晋鄙，对他心怀怨恨。信陵君也知道魏王怨恨自己，等到秦国军队撤离邯郸，赵国得到保全以后，他就派人率领魏军回到魏国，而自己却留在赵国。

赵孝成王感激信陵君对赵国的恩德，就和平原君商量，想把五座城池封给信陵君。信陵君知道以后，心里骄傲起来，总以为自己立了大功。这时，门客中有人对他说：“有些东西不能忘记，有些东西应该忘记。如果别人对公子您有德，您千万不能忘记；但如果是公子您对别人有德，您就一定要忘记。公子您偷了魏王的兵符，夺了晋鄙的军队来救赵国，对于赵国来说，是有功劳。但是对于魏国来说，却是不忠。”信陵君意识到了自己的错误，马上又谦虚起来。

赵王举行盛大的宴会招待信陵君，他亲自去请，到了宫殿，请信陵君走西边的台阶（主人应

历史关注

先秦诸子百家中著名的有儒家、道家、阴阳家、法家、名家、纵横家、墨家、杂家等。

走的地方）。信陵君拒绝了，坚持从客人该走的东边台阶上过。信陵君还向赵王请罪，说自己不但辜负了魏国，对赵国也没有什么功劳，还沾沾自喜，骄傲自大。赵王听了信陵君的话以后，甚至不好意思把想封赏他的话说出口。

最后赵王还是把鄗地封给了信陵君，不久，魏国也把信陵归还给了信陵君。信陵君仍留在赵国。

信陵君听说赵国有一个叫毛公的人，很有才能，却藏身在赌徒当中。还有一个叫作薛公，藏身在酒店里。信陵君想去拜见他们，但是他们却躲了起来，不肯和他相见。信陵君打听到了他们居住的地方，就悄悄地步行去拜访，和他们结交。见面以后，毛公和薛公都觉得和信陵君相见恨晚。

平原君听说以后，就对夫人说："一开始我以为夫人你的弟弟天下没有谁能比得上，现在我听说他竟然自甘堕落，结交赌徒和酒鬼，看来也不过是个荒唐人！"夫人就把这些话告诉了信陵君。信陵君说："一开始我听说平原君很贤明，所以辜负了魏国，率魏国军队援救赵国，希望能救平原君。现在才知道，平原君之所以大肆招揽宾客，实际上只是为了显示自己的富裕和权势罢了，根本就不求真正的人才。我在大梁的时候，就听说这两个人非常贤明。所以我一直盼着和他们结交，而且还担心他们羞于和我为伍。现在平原君竟然耻于和他们结交，平原君实在是不值得交往啊！"说完，信陵君便准备离开赵国。夫人把这些话都告诉了平原君。平原君连忙向信陵君请罪，并且竭力挽留，信陵君才留了下来。平原君门下的食客听说这件事以后，纷纷转而投奔信陵君。

信陵君在赵国待了10年，没有回到魏国。秦国听说信陵君在赵国，就不停地派军队攻打魏国。魏王焦虑万分，派使者去请信陵君回国。信陵君害怕魏王不肯放过自己，就告诫自己门下食客说："要是有谁敢替魏王的使者通报，我一定处死他。"于是没人敢劝信陵君回去。毛公和薛公两个人劝信陵君说："公子之所以能在赵国得到重用，扬名诸侯各国，都是因为有魏国啊。现在秦国攻打魏国，魏国危在旦夕。公子您能够眼睁睁地看着魏国被秦国灭亡吗？如果让秦国攻破了魏国，损坏了魏国先王的祭器，公子您又有什么面目去见天下人呢？"他们的话还没说完，信陵君的脸色大变，连忙驾着车赶回去救魏国。

魏王见信陵君回来，马上拜信陵君为上将军。魏安釐王三十年（公元前247年），信陵君派使者去诸侯各国求援。诸侯各国听说信陵君担任魏国的将军，钦佩他的仁义，就都派出军队援救魏国。信陵君率领五个国家的军队，在河外迎击秦军，击退了蒙骜，并且乘胜追击秦军，直到函谷关。信陵君大兵压境，秦军不敢出函谷关应战。当时，信陵君威震天下。

秦王对信陵君非常忌惮，就派使者带着万两黄金去魏国寻找晋鄙的门客，让他们在魏王面前诋毁信陵君说："信陵君在外面流亡10年，现在他担任魏国的将军，诸侯各国的将军都听从他的命令。诸侯各国只听说有信陵君，却不听说有大王您。信陵君更是想利用现在的时机南面称王。诸侯各国畏惧信陵君的威势，也打算一起支持他。"秦国几次派人施行反间计。魏王每天都听到别人对信陵君的诋毁，不由得不信，最后终于罢免了信陵君的职务。信陵君知道内情后，就推病不再上朝，每天都和宾客们喝酒到很晚，沉溺于女色。这样纵酒狂欢4年以后，竟然病死。这一年，魏安釐王也病逝。

·战国四公子·

孟尝君，生卒年不可考，齐公子，田婴子，名文，字孟，封于薛邑。任魏相，曾支持齐、燕、韩、赵、魏五国攻秦，受到苏秦的称赞。

信陵君（？～前243年），魏公子。封于信陵，称信陵君，连横抗秦的著名人士，有食客3000人。

平原君（？～前251年），赵公子，赵惠文王之弟，名赵胜，封于东武城，号平原君，养士3000人。

春申君（？～前238年），楚公子，名黄歇。其先祖受封于黄，其后乃以黄为姓。为楚相20余年。"虽名相国，其实王也。"有门客3000人。

中国大事记 | 公元前207年，赵高杀秦二世，立子婴为秦王；子婴杀赵高。

春申君列传第十八

黄歇封相

春申君是楚国人，姓黄，名歇，在楚国顷襄王朝中做官。顷襄王因为黄歇口才好，就派他为使者出使秦国。当时，秦国派白起攻打楚国，攻占了巫和黔中，攻克鄢和郢，势力达到竟陵。为躲避白起，楚顷襄王将都城往东迁到陈县。黄歇害怕楚国被秦国灭亡，于是上书秦昭王说："天下没有哪个国家比秦国和楚国更加强大了。现在秦国和楚国交战，这就是两只老虎搏斗啊。两只老虎搏斗，得利的就是猎狗。大王您不如和楚国亲善。请让我说明原因。我听说物极必反，就好比是冬天和夏天；东西太高了，就会危险了，就好比把棋子堆起太高会倒一样。现在大王您的土地，比以往任何时候都广阔。大王您让盛桥在韩国任职，盛桥把韩国的土地割给秦国，所以大王您不费一兵一卒就得到百里土地。大王可以说是贤能啊。您派兵攻打魏国，围住大梁，占领了河内、燕、酸枣、虚和桃，又攻打邢，魏国军队闻风而逃。大王您可以说是功绩彪炳啊。您整顿军队，两年后继续攻打魏国，占领了蒲、衍、首和垣，兵临仁、平丘。黄、济阳只能据守城池，魏国只能臣服于您。您又占领了濮、磿北面的土地，占据了秦齐之间的要道，断绝了楚国和赵国之间的联系，六国诸侯不敢互相援助。您可以说是威震天下，没人可比啊。

"如果大王您能够持功守威，消除攻伐之心而广施仁义，这样全天下人都会敬仰您，您也成就了王业，那么您就会和三王五霸齐名了。但是您要是想倚仗人多势众，军队强大，企图用武力臣服天下，我担心您会留下后患。《诗经》说'万事万物都会有个开始，但很少能有善终'，《易经》说'狐狸过了河，却湿了自己的尾巴'。这些话的意思是说开始的时候简单，但到后来却很难。为什么呢？从前智伯只知道讨伐赵国的好处，却不知道自己会有榆次的灾祸。吴国只知道讨伐齐国的好处，却不知道自己会在干隧遭到惨败。这两个国家，并不是没有大的功绩，只是因为贪图眼前的利益，忽视了后来的灾祸。吴国相信了越国，于是讨伐齐国，在艾陵战胜了齐军，然而却被越国偷袭，最后导致灭亡；智伯相信了韩国和魏国，讨伐赵国，攻打晋阳城，没想到韩国和魏国背叛，自己也被杀死在凿台。现在大王只知道攻打楚国，却没想到灭了楚国，韩国和魏国就强大了。我暗中为大王您担忧。

"《诗经》说：'大军不应该离开自己的国家长途跋涉攻打别的国家。'从这点来看，楚国是大

·《诗经》·

《诗经》是我国第一部诗歌总集，收入自西周初年至春秋中叶500多年的诗歌300多篇，又称《诗三百》。先秦称为《诗》，或取其整数称《诗三百》，西汉时被尊为儒家经典，始称《诗经》，并沿用至今。《诗经》是我国第一部具有浓郁的现实主义风格的诗歌总集，在内容上分为风、雅、颂三个部分。其中"风"包括了15个地方的民歌，包括今天山西、陕西、河南、河北、山东、湖北北部一些地方（齐、楚、韩、赵、魏、秦），叫"十五国风"，有160篇，是《诗经》的核心内容。"风"的意思是土风、风谣。"雅"是正声雅乐，即贵族享宴或诸侯朝会时的乐歌，按音乐的布局又分"大雅"、"小雅"，有诗105篇，其中大雅31篇，小雅74篇。"颂"是祭祀乐歌，分"周颂"31篇、"鲁颂"4篇、"商颂"5篇，共40篇。

历史关注·

《司马法》传为姜子牙所作，记载了从殷商到春秋战国时期的作战原则和方法。

王的援兵，韩国和魏国才是大王的敌人。现在大王您相信韩国和魏国，就像是吴国相信越国一样啊。我听说，敌人不能放过，机会不能失去。我害怕韩国和魏国表面上卑躬屈膝，实际上却是包藏祸心。为什么呢？大王您没有给韩国和魏国再生的恩德，却和他们有着几代的仇恨。韩国和魏国不亡，就会是秦国最大的祸害。但是现在大王您却和他们一起攻打楚国，不正是过失吗？

“大王您攻打楚国难道不用出兵吗？而大王一旦出兵就要向韩国和魏国借路。这样一来，军队出发的时候，就等于是您把自己的军队交给了仇敌韩国和魏国，您就要担心他们能不能回来。要是不向韩国和魏国借路的话，您肯定要攻打随水右边的地区。那可都是高山大河，不毛之地啊。大王您即使占领了，也没有什么用处。这样的话，大王您背负了灭楚国的恶名，却没有得到实际的好处。

“而且大王您一旦攻打楚国，其他四国肯定会偷袭秦国。就算您打败了楚国，但是却让韩国、魏国和齐国强大起来。等他们强大起来，即便是不能称霸，但是要阻止大王您称帝，也足够了。

“我为大王您考虑，不如亲善楚国。秦国和楚国联合后，逼迫韩国，韩国肯定会投靠秦国。大王您再起十万精兵驻守郑地，魏国肯定非常害怕，只能臣服于您。等到楚国、魏国、韩国和秦国成为一个整体，您再逼齐国割让济州一带的土地，到时候，燕国、赵国和齐国不就是大王囊中之物吗？那时，大王您就能够称雄天下了。”

昭王觉得黄歇的话有道理，下令停止向楚国出兵，又辞谢了韩国和魏国，并且派使者去和楚国结为亲善国家。

黄歇完成使命回到楚国，楚国又派他和太子完去秦国充当人质，秦国把他们扣留下来。楚顷襄王病重，太子完不能回国。太子完与秦国相国应侯很要好。黄歇就对应侯说：“丞相真的对太子好吗？”应侯说：“当然了。”黄歇说：“现在楚王的病估计好不了了，秦国不如放太子回去。太子即位后，肯定会亲善秦国，感激丞相，到时就是两国交好。如果不放太子回去的话，那他就是咸阳的一个平民，楚国立其他人为太子，肯定不会侍奉秦国。希望您仔细考虑。”应侯把这些话告诉秦王，秦王决定让楚国太子的师父先回去问问楚王的病。黄歇替太子完谋划说：“太子您不如逃回去。我留在这儿，以死来担当责任。”太子完换上马夫的衣服，替楚国使者驾车出了关。黄歇估计太子已经走远，秦国追也来不及了，才对秦王说：“楚国太子已经回国，大王您请治我的罪。”秦王非常生气，想杀了他。应侯劝阻说：“楚国太子即位以后，肯定会重用黄歇。大王不如赦他无罪，放他回去，显示秦国对楚国的亲善。”秦王于是把黄歇遣送回国。

3 个月以后，顷襄王去世。太子完即位，他就是考烈王。考烈王元年（公元前 262 年），任命黄歇为相国，封为春申君，赐给他淮北 12 县的土地。过了 10 年，黄歇对楚王说：“淮北和齐国接壤，战事紧张，请大王设为郡，更加方便。”他把淮北 12 县献给楚王。黄歇请求封在江东，得到了考烈王的同意。

当断不断，反受其乱

春申君有一个门客叫作朱英，是观津人。朱英对春申君说：“人们都说楚国本来很强大，但是在您的带领下，却变得弱小了。但是我却不这么认为。先王的时候，和秦国亲近 20 年，秦国也没有攻打楚国，这是为什么呢？那是因为秦国如果要攻打楚国的话，必须要经过邑隘的边塞，非常不方便；如果向东周和西周两个国家借路，攻打楚国，也不可行，因为秦国一旁还有魏国和韩国在虎视眈眈。但是现在却不一样。魏国马上就要灭亡了，不但不能保全许和鄢陵，还把许割给了秦国。秦国军队距离楚国的都城陈仅仅 160 里，秦、楚之间的争斗会日益加剧。”春申君认为有道理，劝说楚王把都城迁到寿春。

楚考烈王没有儿子，春申君非常担心。他到处寻求能生育的妇人献给国君，虽然找了很多，但是都没能如愿。赵国人李园想把妹妹献给

中国大事记 | 公元前206年，刘邦进军灞上，秦王子婴出降，秦朝灭亡。

楚王，听说楚王不能生育，他担心时间长了妹妹不会再受宠爱，自己安享富贵的美梦也随之破灭。于是，李园来到春申君的门下充当一名门客。不久，他请假回家，并且故意拖延了返回的时间。春申君问他原因，李园回答说："齐国国君派人找我，说要娶我的妹妹，我因为招待齐国使者，所以回来晚了。"春申君说："订婚礼物已经带来了吗？"李园回答说："没有。"春申君说："可以让我看看你妹妹吗？"李园回答说："可以。"于是李园献上他的妹妹。春申君一见，十分喜欢，就纳为小妾，且不久就怀孕了。李园知道后，就和妹妹一起谋划。李园的妹妹就在空闲的时候，对春申君说："楚王对您的好，就算是他的亲弟弟，也比不上啊。现在您在楚国担任国相已经20多年了。但是国君却没有儿子，等国君去世后恐怕会立其他人为国君，等到其他人成为国君后，您又怎么能够得到宠信呢？您执掌大权这么久，对其他人恐怕有所得罪。等新国君掌权，恐怕您就会有灾难了。现在我已经有了身孕，但是其他人还不知道。我希望您为自己打算，把我献给楚王，楚王肯定会宠幸我。如果因为上天的怜爱，我生了个儿子，到时候，也就是您的儿子，成了楚国的大王，楚国就是您的了。"春申君觉得她说的很有道理，就把李园的妹妹献给了楚王。楚王非常喜欢她，几个月以后，李园的妹妹就生下了一个儿子。这个孩子被立为太子，而李园的妹妹则被立为王后。楚王因此很器重李园，让他参与朝廷大事。得志后的李园担心春申君把这个秘密泄露出去，就暗中蓄养了许多杀手，想杀了春申君。

春申君担任楚国国相25年，楚考烈王病重。朱英对春申君说："世上有不期而至的福气，也有不期而至的灾难，现在您在这个不确定的世上，侍奉喜怒无常的国君，又怎么能够没有不期而至的人呢？"春申君听糊涂了，问他："什么是不期而至的福气？"朱英回答说："您在楚国担任国相20多年，表面上是国相，实际上却等于是楚王。现在楚王病了，不久就会去世，而您侍奉少主。与其像伊尹、周公一样，替少主治理国家，等待少主长大，还不如代替他，自立为国君。这就是不期而至的福气啊。"春申君问："什么是不期而至的灾难呢？"朱英回答说："李园仗着自己的妹妹是王后，作威作福，把持朝政，还处处和您作对，又蓄养了许多杀手。就等着楚王死了以后，先下手为强，杀了您灭口。这就是不期而至的灾难。"春申君又问："什么是不期而至的人？"朱英回答说："您现在可以安排我作郎中。等楚王死后，李园肯定会先下手，我就可以替您先把李园杀了。我就是您不期而至的人。"春申君说："您还是不要这样。李园为人胆小，而且我对他也很好，他又怎么会杀我呢？"朱英见春申君不听自己的建议，害怕惹来灾祸，就逃到了秦国。17天以后，楚考烈王病死，李园果然先下手，叫杀手埋伏在棘门里面。春申君进了棘门以后，李园的杀手就刺杀了春申君。随后春申君全家也被灭门。之后，李园的妹妹和春申君生的儿子被立为楚王，也就是楚幽王。

·《国语》·

《国语》一书杂记西周、春秋时，周、鲁、齐、晋、郑、楚、吴、越八国人物与事迹，以及言论的国别史，又称为《春秋外传》。旧说为春秋末期鲁国人左丘明所作，与《左传》同为解说《春秋》一书的姊妹篇。近代学者研究证实，春秋战国时有称为瞽蒙的盲史官，专门记诵、讲述古今历史。左丘明即是略早于孔子的著名瞽蒙之一，其讲史曾得到孔子的赞赏。瞽蒙讲述的史事被后人笔录成书，称为《语》，按国别区分就称为《周语》《鲁语》等，总称为《国语》。西晋时曾在魏襄王墓中发现大量战国时期写在竹简上的古书，其中就有《国语》3篇，言楚、晋事，说明战国时该书已流传于世。今本《国语》大约就是这些残存记录的总集。

历史关注 《国语》杂记周、鲁、齐、晋、郑、楚、吴、越等国人物事迹，亦称《春秋外传》。

范雎蔡泽列传第十九

脱险入秦

范雎是魏国人，字叔。他想去游说魏王，但是因为家里贫穷，没有办法，只能先投奔魏国的中大夫须贾。

须贾奉魏昭王之命到齐国办事，范雎和他一起去。他们在齐国呆了几个月，也没有结果。齐襄王听说范雎能言善辩，就让人赐给范雎牛肉、美酒与黄金十斤。但是范雎没有接受。须贾知道这件事后，非常生气，以为范雎把魏国的秘密告诉了齐国，所以得到了齐国的馈赠。他叫范雎收下齐王送的牛肉和美酒，退还那些黄金。

回到魏国以后，须贾怨恨范雎，就把这件事告诉了魏国国相。魏国国相是魏国的公子，叫做魏齐。魏齐非常生气，就叫手下人杖打范雎，打得肋骨都断了。范雎装死，魏齐就把他用席子卷起来，丢在茅房里面。宾客喝醉了酒，就在范雎身上撒尿，故意侮辱他。没有一个人替范雎求情。范雎在席筒里对看守的人说："您要是能放了我，我肯定会重重地谢您。"看守的人就请求魏齐把死人给丢了。魏齐喝得大醉，就说："好的。"看守的人就把范雎放了。魏齐清醒以后，非常后悔，就派人找范雎，不见尸体，于是到处捉拿。魏国人郑安平听说了这件事，就带着他一起逃亡，并且把他藏了起来。范雎也改名叫了张禄。

当时，秦昭王派谒者王稽去魏国。郑安平就假装成差役，伺候王稽。王稽问他说："魏国有没有有才华的人，愿意和我一起到秦国呢？"郑安平说："我的家乡有个人叫作张禄，想拜见您，谈谈天下的大事。但是他有仇人，不敢白天来。"王稽说："那就让他晚上来。"郑安平就在晚上将张禄引见给王稽。交谈还没有结束，王稽就已经知道张禄非常有才能，和他们约好一起去秦国的时间和地点。

王稽离开魏国，载着范雎一起去秦国。经过湖邑，看见有马车从对面过来。范雎就问："过来的是谁？"王稽说："秦国丞相穰侯。"范雎就说："我听说穰侯在秦国擅权，非常讨厌接纳诸侯各国来的人。我怕他来时侮辱我，不如躲在马车里面。"过了一会儿，穰侯果然过来，问候完王稽，就停住车，问："关东有什么变化吗？"王稽说："没有。"穰侯又对王稽说："您有没有和诸侯国的客人一起来呢？他们没什么作用，只不过是扰乱我们秦国罢了。"王稽说："我哪里敢违背您的心意啊。"穰侯有些怀疑，但还是走了。穰侯走后，范雎说："我听说穰侯思考事情比较缓慢，他刚才就怀疑车里面有人，但是忘了搜查。现在他肯定很后悔，肯定会派人回来检查。"于是范雎下了马车。走了大概十多里地，穰侯果然派人来检查王稽的马车，看到没有客人，才罢休。

王稽回到秦国，向秦昭王通报了出使情况后，就说："魏国有一个张禄先生，是天下有名的智辩之士。他说：'秦王的国家非常危险，就像堆起来的鸟蛋，如果秦王得到了我，就能够保全。但是不能够用书信的方式。'所以我把他带了回来。"秦昭王不相信，范雎只能在秦国等待机会。

当时，穰侯和华阳君都是秦昭王的母亲宣太后的弟弟；而泾阳君和高陵君则是秦昭王同母弟弟。穰侯担任秦国的丞相，而其他 3 个人则是秦国的将军。他们家里的财富，甚至超过了秦王。后来穰侯担任秦国将军，想越过韩国和魏国，攻打邻近自己封邑的齐国的纲和寿城，来扩大封邑的领土。范雎上书秦昭王说："我听说英

中国大事记 | 公元前206年，项羽尊楚怀王为义帝，自立为西楚霸王，同时分封十八诸侯。

明的君主治理朝政，对于有功劳的人，不会不加以赏赐，有能力的人，不会不让他们当官，苦劳大的，就增多他们的俸禄，功劳多的，就增加他们的爵位，能够治理国家百姓的，就提升他们的官职。所以没有能力的人，就不能当官；有能力的人，也不能被埋没。如果认为我说的话正确的话，希望您能采取我的建议，让它对秦国有点帮助；如果认为我说的话不正确，那么您把我赶走好了。俗话说：'平庸的国君赏赐自己宠信的臣子，惩罚自己厌恶的臣子；英明的君主赏赐那些真正有功劳的人，处罚那些真正有罪的人。'现在我是身体伤残的无用之人，又怎么能够用妖言来疑惑大王呢？虽然您可能会因为我出生卑贱而看不起我，但您应该重视推荐我的人的意见吧！

"我听说周朝有砥砨，宋国有结绿，梁有县藜，楚国有和璞。这4种玉都是无价之宝，都曾为良匠所不识，但最终还是成为了天下有名的玉器。而大王您所抛弃的人，难道就不足以给国家带来好处吗？

"高明的医生知道病人的生死，而英明的国君知道事情的成败。对自己有利的，就加以利用；对自己有害的，就不任用；自己有所怀疑的，就稍微尝试一下，即使是舜和大禹复活，这一点也不能改变。至于谈论国家大事，这种东西我不敢在书里面写出来，简单了，又不值得听。我请求大王在稍微有空闲的时候，能够召见我。如果我说的不对，就请大王您准备好斧头和钺，我愿意接受死刑。"

这封充满感情的信，打动了秦昭王，范雎因此获得了拜见秦昭王的机会。

远交近攻

范雎去离宫拜见秦昭王。到了宫门口，他假装不知道是王宫，就要闯进去。刚好秦昭王来了，宫里的太监看到范雎冒冒失失要进去，担心秦王责备自己，就要赶范雎走，还说："大王来了。"范雎假装说："秦国哪里有大王啊？秦国只有太后和穰侯。"秦昭王听到范雎和太监的争执，就亲自迎接范雎，并且道歉说："我本来早就该向先生您请教了，但是因为义渠的事情非常紧急，每天都要去向太后请教。现在义渠的事情已经结束了，我才能够来请教您。我私底下认为自己不是很聪明，所以请让我以宾主之礼相见，请您对我加以指教。"范雎连忙还礼。

秦昭王叫左右的人都退下，长跪着对范雎说："先生您有什么可以指教我的吗？"范雎说："嗯，嗯。"过了一会儿，秦王又问范雎说："您有什么可以指教我吗？"范雎还是像原来一样，说："嗯，嗯。"这样问答一连进行了3次。秦王继续问："难道先生您一定不肯指教我吗？"范雎说："不敢。我听说当初吕尚遇到周文王的时候，吕尚还是一个渔父，正在渭江边上钓鱼。这样看来，他们的关系实在是很疏远。但是过了不久，他就成功说服了周文王，被周文王拜为太师。周文王采纳了吕尚的意见，最后终于夺得天下。假使周文王疏远吕尚，而不和他深谈的话，那周朝也就不能得到天下，也就不会有所谓的周文王和周武王的伟业了。现在我只不过是一个流亡在秦国的臣子，而我要对大王您所说的，都是关系到匡扶国家的大事，而且又关系到你的骨肉之情。我虽然想报效大王，表达自己的忠心，但实在是不知道大王您真正的想法啊。这就是为什么大王您3次问我，我都不敢回答的原因。我并不是有所顾忌，不敢说话。我知道今天我在大王您面前说了，明天我就可能会被杀头，但是我也没有逃避。如果大王您听取我的话，那么就算是被处死也不值得我忧愁，就算是被流放也不值得我担心，就算是身遭侮辱也不值得我羞愧。况且，五帝那么圣德也死了，三皇那么仁慈也死了，五霸那么贤能也死了，乌获、任鄙那么力大无穷也不免一死，成荆、孟贲、庆忌和夏育那么勇敢也还是个死。死，是每个人都无法逃避的。既然不能避免，如果我的死能够对秦国有所帮助的话，这就是我最大的愿望了，我又怎么会害怕呢？伍子胥逃亡出了楚国，在吴国街头乞讨，最后却振兴了吴国，让吴王阖闾称霸天下。如果让我像伍子胥一样成就功业，即便是囚禁了

历史关注 我国春秋战国时期开始用铁犁耕地，并使用铁锄、铁锹、铁镰等铁农具。

我，让我终身不能出来，我又有什么担心呢？我所担心的，就是怕等我死了以后，天下人看到我因为忠言而死，不敢前来秦国。如今您上害怕太后，下被奸臣贼子迷惑，不知怎样来区别好人。长此以往，重则国家被灭，轻则自己有危险，这就是我为您所担心的。至于穷困侮辱，甚至死亡，我都不担心。”

范雎的话让秦昭王很震惊，他说：“先生您这是说的什么啊！我们秦国那么偏远，我又那么愚钝，先生您不远千里，来到我们秦国，正是上天劳烦先生，让您来保全我的国家啊。我能够得到先生，实在是老天爷可怜我，不忍心让秦国灭亡啊！先生您为什么说这些呢？事情不分大小，上涉及到太后，下涉及到大臣，先生您尽管直言，不要让我感到迷惑。”

范雎接着说：“大王您的国家，国土广阔，是能称王的土地。百姓不敢私自斗殴，却又勇于为国，是称王必须有的百姓。这两样大王您都有了。以秦国士兵的勇敢，战车的众多，您的霸业完全可以实现，但是您却被臣子们阻挡了一切。秦国到现在已经闭关15年，这都是因为穰侯他们不尽力，以及大王您的策略有误啊。”秦昭王说：“我想听听我的策略失误在什么地方。”

因为旁边有很多人在偷听，范雎没有敢说国内的事情，只能先说国外的事情。范雎说：“穰侯越过韩国，攻打齐国的纲和寿，不是很好的计策。派出的军队少了，就不能够战胜齐国。派出的军队多了，劳民伤财。我想大王您的计划，是少出军队，让韩国和魏国多出军队，但是这样的话就不义了。现在这两个国家表面上讨好大王，实际上对秦国却并不亲近，而大王您还要越过他们去攻打其他的国家，可不太好。从前齐湣王向南攻打楚国，战胜了楚国的军队，杀了楚国的将军，但是齐国却一尺一寸土地也没有得到。难道是齐国不想得到土地吗？不是的，是因为隔着韩魏，无法统治。诸侯各国看到齐国国内疲乏，君臣不和，就兴兵攻打齐国，最后攻破了齐国。齐国之所以被诸侯国攻破，都是因为齐国讨伐楚国，而让韩国和魏国强大。这就是借给敌人军队，送给敌人粮草啊。大王您不如和远的国家交好，攻打近的国家，那样的话，得到一寸的土地，就是大王您的土地，得到一尺的土地，也是大王您的土地。而且从前中山国地方500里，赵国却吞并了它，不但功成名就，而且实利多多。现在韩国和魏国，在中部地区，是天下的枢纽，大王您要是想称霸天下，首先要控制中原地区，来威震楚国和赵国。如果楚国强大的话，就亲附赵国，如果赵国强大的话，就亲附楚国。一旦亲附了楚国和赵国，齐国就会非常害怕。齐国害怕的话，肯定会卑躬屈膝，带着重金来结好秦国。如果齐国与秦国交好，那么韩国和魏国也就可以到手了。”秦昭王回答说：“我很早就想和魏国交好了，但是魏国经常反复变化，我不能和他亲近。请问先生，如何亲近并控制魏国？”范雎回答说：“大王您首先态度恭敬，用重金去讨好魏王。如果不行的话，就割让土地来收买他；要是再不行，就派出军队去攻打他。”昭王回答说：“我一定听从您的指教。”于是就拜范雎为客卿，和他一起商讨军国大事。秦王听从了范雎的计谋，派军队讨伐魏国，占领了怀，过了两年，又占领了邢丘。

拜相封侯

范雎当上秦昭王的客卿以后，对秦昭王说：“秦国和韩国的地形，相互交错。秦国和韩国，就好像是树木有着蛀虫，人有着腹心的疾病一样。天下不发生变化还可以，一旦天下大变，对秦国造成危害的，除了韩国，还有哪个国家更为严重呢？依我的看法，大王您不如拉拢韩国。”听了他的话，昭王连忙说：“我本来就想拉拢韩国，但是韩国却不听。我也拿他没有办法啊。”范雎于是说出了自己的主意：“韩国又怎么敢不听呢？大王您派兵攻打荥阳，那么巩和成皋的道路就不能连通；您再向北断了太行山的道路，那么上党也就被割断了。大王您一派出军队，就把韩国断成了3份。韩国看到要被灭亡，又怎么敢不听呢？如果韩国听从的话，大王您的霸业也就

中国大事记 | 公元前 206 年，刘邦被封为汉王，他烧绝栈道，以麻痹项羽，使其相信自己并无东还之意。

可以考虑一下了。”昭王高兴地说：“真是个好办法啊。”于是就派使者去韩国。

范雎更加受到昭王的信任，等到侍奉秦昭王几年后，就乘着空闲的时候对昭王说：“我在山东的时候，听说了齐国有田文，没听说齐国有齐王。又听说秦国有太后、穰侯、华阳君、高陵君和泾阳君，没听说有秦王。独揽国家大权的才叫做国君，掌持利害的人才叫国君，掌握生杀大权的人才叫国君。现在太后随心所欲，一点儿也不顾及大王，穰侯出使其他国家也不报告给大王，华阳君和泾阳君做什么事情都没有顾忌，高陵君进宫出宫也不向大王您请示。有这样 4 个权贵，而国家能不危亡的，这是从来没有过的事情。正是因为秦国有他们 4 个权贵，所以秦国的百姓才会没有听说过大王您啊。有他们这些人，大王您的权势又怎么会不被剥夺，大王您又怎么能够发号施令呢？我听说善于治理国家的国君，不但在朝廷里面能够树立自己的威信，在外面也能够确立自己的权力。穰侯一帮人掌握着大王您的权力，决定着诸侯各国的生死，也掌握着天下百姓，动辄讨伐其他的国家，天下没有人敢不听从他们的命令。如果攻打其他的国家，打赢了，得到的土地和利益就是穰侯的。打输了，结果却是老百姓们的生活变得更加穷困，而他们的财富和权势，却一点儿也没有减少。”

范雎停了一下，看见秦昭王听得很认真，就接着说：“《诗经》说：‘树上果实太多就会压断树枝，树枝断了就会伤害树心；如果枝条多了，就要把根砍了；封邑大过国都，就会给国家带来危险。如果一国的臣子权势过于大，就会轻视这国的君主。’崔杼和淖齿在齐国专权，射中了齐王的大腿，抽了齐王的筋，把他悬吊在庙的梁上。结果齐王一晚上就死了。李兑在赵国专权，把主父赵武灵王囚禁在沙丘。赵武灵王 100 天以后也被饿死了。现在我听说太后、穰侯掌权，华阳君、泾阳君和高陵君在一边辅佐他们，一点儿也不把大王您放在眼里，现在的情形，就和淖齿、李兑在齐国和赵国一模一样啊。而且夏商周三代之所以会亡国，就是因为君主让臣子掌权，而自己却忙于纵酒狂欢，骑马打猎，不理国家大事。而替他掌管权力的人，却又嫉妒有才能的人，打压下属，欺骗国君，来成全自己的私利，一点儿也不为国君考虑。而国君也不能察觉，最后就导致了灭亡。现在秦国官员，从小到大，再到大王您身边的人，没有一个不是相国大人的亲信。大王您一个人在朝廷上，孤孤单单。我担心的是万世之后，拥有秦国的，不是大王您的子孙。”

秦昭王听了这话大为惊惧，道：“您说得很对。”马上下令废黜了太后，并且把穰侯、华阳君、高陵君和泾阳君驱逐到了关外。昭王收了穰侯的相印，让他回到了陶邑。随后又分配车马让他装东西，总共有 1000 多辆。经过关卡的时候，关令查看他的财物，甚至比昭王宫廷的还多。

秦昭王让范雎担任秦国国相，并把应城赏给他，封他为应侯。这一年，是秦昭王四十一年（公元前 266 年）。

·睚眦必报·

范雎因为向秦昭王建议对内逐出穰侯，掌握政权，对外实行远交近攻的政策，秦昭王认为范雎的政策很妥善，于是把范雎留在秦国拜为上卿。后来，范雎能够时常接近秦王，而且所建议的政策，秦王都认为可行，在实施之后又得到良好的效果，于是就封范雎为秦国的丞相。范雎因为在秦国得意，便成为有财有势的大人物，认为也应该清算旧账。凡从前对他有恩惠的人，即使所施的恩惠只是一顿饭，范雎也重重酬谢，对于从前对他有嫌怨的人，虽然嫌怨的程度只是张目忤视一下，他也不放过，便要实行报复，后世称“睚眦必报”。

秦昭王为范雎报仇

范雎担任秦国丞相的第二年，也就是秦昭王四十二年（公元前 265 年），秦国攻占了韩国的少曲、高平。

秦昭王听说魏齐藏在平原君家里，又想到范

历史关注 | 战国末年，养蚕已有专用蚕室。箔、架、席、筐等蚕具已见记载。蚕病防治已受到重视和提倡。

雎所受的屈辱，就写信给平原君说："我听说您道德高尚，所以希望跟您交个朋友。我希望您能来秦国，和我就一起喝酒聊天。"平原君畏惧秦王，就去了秦国。没想到等他到了以后，秦昭王却对他说："从前周文王得到吕尚，尊他为太公；齐桓公得到管夷吾，尊他为仲父；现在范雎先生，就是我的太公、仲父啊。但是范先生的仇人魏齐却住在您的家里，希望您派人把他的脑袋取来；不然的话，我就不放您出函谷关。"平原君听了秦昭王的话以后，说："魏齐是我的朋友，即使他在我家里，我也不会把他交出来。更何况现在他根本不在我家呢。"看到逼迫平原君没用，昭王又给赵国国君写了一封信说："大王的弟弟平原君在我这，而范先生的仇人魏齐就在他的家里。大王派人赶快拿他的脑袋来；不然的话，我就派兵攻打赵国，也不放平原君回国。"赵王看了信，非常害怕，担心秦国军队攻打赵国，就派士兵包围了平原君的家，捉拿魏齐。情急之中，魏齐连夜逃走，找到赵国国相虞卿。虞卿估计自己不能说服大王，就解下自己的相印，和魏齐一起出逃，两人想来想去不知道有谁值得投靠，只得去大梁，打算通过信陵君投奔楚国。

信陵君听说虞卿和魏齐来投靠自己，担心秦国找上门来，有些犹豫不决，不肯接见他们。信陵君假意问周围的人："虞卿这个人怎么样？"侯嬴知道信陵君害怕秦国，不敢收留魏齐和虞卿，就对信陵君说："人固然很难被别人了解，可了解别人也不是件容易的事啊。想当初，虞卿穿着草鞋，戴着竹笠，到了赵国。赵王第一次接见他，就赐给他白璧一对，黄金百两；第二次接见他，就任命他为上卿；第三次接见他，就封他为国相，并赐他万户侯的爵位。当时，大人您抢着要认识他。魏齐走投无路的时候投奔他，他不顾自己的高官厚禄，解下相印，抛弃爵位和魏齐一起逃走，来投奔公子您。现在您因为害怕秦国，就假装不知道他的为人。我真是为大王您感到难过啊。"听了侯嬴的话，信陵君非常惭愧，马上驾着马车到郊外去迎接他们。但是已经迟了，魏齐一听说信陵君不想见他，一怒之下拔剑自杀。赵王知道魏齐自杀以后，就拿着他的头颅送到秦国，秦昭王这才放平原君离开秦国。

秦昭王四十三年（公元前264年），秦国攻占了韩国的汾陉，并且在黄河边的广武山上修建城池。

5年后，昭王采用应侯范雎的谋略，用反间计欺骗赵国。赵国上当，让马服君赵奢的儿子赵括代替廉颇统帅军队。结果秦军在长平大败赵国军队，进而围攻邯郸。不久以后，范雎和武安君白起结下了怨仇，就向昭王进谗言而把白起杀了。于是昭王任用郑安平，派他领兵攻打赵国。郑安平在战场上反被赵军团团围住，情况危急，他带领两万人投降了赵国。范雎闻说，坐在草垫上向昭王请罪。按照秦国法令，被推荐的官员犯了罪，那么推荐他的人也会根据情况被定罪。如果这样的话，应侯范雎的三族都要被逮捕。秦昭王恐怕伤了范雎的心，就在国内下令："谁要是敢谈论郑安平的事，一律按他的罪名治罪。"又赏给应侯范雎更为丰厚的食物来安抚他。没想到过了两年，担任河东郡守的王稽又和其他国家相勾结，因犯法而被诛杀。因为这两件事，范雎一天天郁闷起来。

一天，应侯看见秦昭王上朝时不停地叹气，就问："大王，我听说'国君有所忧虑的话，臣子就该感到耻辱；国君受到屈辱的话，臣子就应该受死'。今天大王上朝却不停地叹气，肯定是有什么忧心的事情。我请求您治我的罪。"昭王为了激励范雎，就对他说："我听说楚国的铁剑锋利，但是歌舞演技却很拙劣。我在想，如果铁剑锋利的话，楚国的士兵就肯定很勇敢，而要是歌舞演技很拙劣的话，楚国国君肯定是深谋远虑啊。国君深谋远虑而且士兵们还那么勇敢，我担心楚国是想攻打秦国。所以我们应该未雨绸缪。但现在武安君已经死了，郑安平也投降了赵国，国内已经没有了能征善战的大将。这就是我担心的事情啊！"范雎以为秦王在责备自己，心中忧虑但最终想不出办法。这个时候，燕国的蔡泽到了秦国，打算取代范雎做秦国的丞相。

中国大事记 | 公元前205年，项羽谋杀义帝，刘邦为义帝发丧，约各路诸侯共讨项羽。

乐毅列传第二十

乐毅伐齐

乐毅是乐羊的后代。乐羊辅佐魏文侯，担任魏国将军，带兵攻下了中山国。乐羊被封在灵寿，他的后代也居住在灵寿。

乐毅很有才华，喜好军事。赵国发生沙丘之乱后，他离开赵国到了魏国。后来燕昭王任用子之执政，燕国大乱而被齐国乘机战败，非常怨恨齐国。但是燕国非常弱小，地处偏远，无法战胜齐国，于是燕昭王广招天下贤士。恰巧乐毅作为魏昭王的使臣来到燕国，燕王以宾客的礼节接待他，并任命他为亚卿。

当时，齐国很强大，南边在重丘战败了楚国宰相唐眛，西边在观津打垮了魏国和赵国，随即又联合韩、赵、魏三国攻打秦国，还帮助赵国灭掉中山国，又击破了宋国，扩展了1000多里地的领土。齐湣王与秦昭王共同上尊号称帝，不久他便自行取消了东帝的称号，仍归称王。各诸侯国都打算背离秦国而归服齐国。可是齐湣王自尊自大，很是骄横，百姓已不能忍受他的暴政了。

燕昭王认为攻打齐国的机会来了，就问乐毅是否可以出兵，乐毅回答说："齐国是一个大国，土地广阔，人口众多，不容易攻打。大王您如果一定要报仇的话，请联合赵国、楚国、魏国攻打齐国。"于是，燕昭王派乐毅去和赵惠文王结盟，另派人去联合楚国、魏国，又让赵国去劝说秦国。由于各诸侯认为齐湣王骄横暴虐，对各国也是个祸害，都同意跟燕国联合共同讨伐齐国。赵、楚、韩、魏、燕五国组成联军，由乐毅统一指挥。联军进击齐国，在济水两边大败齐军。这时各路诸侯的军队都停止攻击，撤回本国。燕国军队在乐毅指挥下单独追击败逃之敌，一直追到齐国都城临淄。齐湣王在济水西边被打败后，逃到莒邑并据城固守。乐毅带兵巡行，向齐国各地城邑招降，但没什么效果。于是，乐毅集中力量攻打齐国都城临淄，打下临淄后把齐国的珍宝祭器运夺来送回燕国。燕昭王很高兴，封乐毅为昌国君。

乐毅在齐国作战5年，攻下齐国城邑70多座，只有莒城和即墨没有被攻克。这时燕昭王死去，他的儿子即位，他就是燕惠王。惠王做太子时就对乐毅有所不满，齐国的田单了解到他与乐毅有矛盾，就派人到燕国施行反间计，造谣说："齐国只剩下莒城和即墨城没有被燕国占领。乐毅之所以不急于攻占即墨和莒城，是因为乐毅和燕惠王有仇，所以故意拖延时间，准备在齐国自立为王。"燕惠王本来就怀疑乐毅，又受到齐国反间计的挑拨，就派骑劫代替乐毅担任主帅，召回乐毅。乐毅害怕回国后被杀，就投靠了赵国。赵国把观津封给乐毅，封他为望诸君。

后来，齐国田单用计欺骗骑劫，在即墨城下大败燕军，然后一直向北追击，直到黄河边。齐国收复了全部领土，并且把齐襄王迎回都城临淄。

燕惠王非常后悔让骑劫代替乐毅，致使燕军惨败。可是他又怨恨乐毅投降赵国，怕赵国乘着燕国兵败之机派乐毅攻打燕国。于是燕惠王就派人去责备乐毅，同时向他道歉说："先王把整个燕国委托给将军，将军为燕国打败齐国，替先王报了深仇大恨，天下人没有不震动的，我哪里敢忘记将军的功劳呢！正遇上先王辞世，我本人初即位，是左右人欺蒙我。我所以派骑劫代替将军，是因为将军长年在外，风餐露宿，因此召回将军暂且休整一下，也好共商朝政大计。不想将

历史关注

春秋战国之时，我国养马业有很大发展，马已有十六类之多，并出现了伯乐、九方堙、宁戚等著名相畜家。

军误听传言，抛弃燕国而归附赵国。将军为自己打算是可以的，可是你这样做又怎么对得住先王的深情厚谊呢？”

乐毅回信给惠王说：“我没有听从您的命令回到燕国，是因为害怕回国后发生不测，有损先王的英明和您的道义。现在您责备我，我怕其他人不知道先王宠信我的道理，也不明白我对先王的忠心，所以写信回答您。

“我听说，贤明的君主不赏赐亲近的人，而是奖赏功劳多的，任用有能力的。先王不和其他人商量，就任命我为亚卿。我自己也缺乏自知之明，自认为只要执行命令接受教导，就能侥幸免于犯罪，所以就没有推辞。

“后来先王派我去游说赵王一起攻打齐国，我也幸不辱命。靠着上天的引导、先王的神威，大败齐国。我们的部队，直抵齐国国都。齐王只身逃向莒邑，金银珠宝、战车盔甲以及祭祀器物全部缴获送回燕国。先王于是划出一块地方赏赐给我，让我能与小国的诸侯相比。

“我还听说，开始好的不一定结果也会好。伍子胥的主张被吴王阖闾采纳，阖闾带兵一直攻打到楚国郢都。吴王夫差不但不采纳伍子胥的建议，还赐他自杀，甚至还把他的尸骨装在袋子里扔到江里。吴王夫差没有采纳伍子胥的主张。而伍子胥也因为不能预见夫差的气量，所以被迫自尽。免遭杀身之祸而建功立业，彰明发扬先王的美德，是我的上策。遭到侮辱或者诽谤，毁坏先王的名声，这是我最害怕的事情。面临难以估量的罪过，还用侥幸心理谋求利益，这是按理不敢做的事情。

“我听说，古代的君子即使和人绝交，也不说他的坏话；忠良的臣子即使离开自己的国家，也不说出冤屈。我虽然无能，但也多次接受君子的教导。我献上这封信，把我的心意告诉您，希望您留意。”

燕惠王把乐毅的儿子乐间封为昌国君；而乐毅本人则被赵、燕两国任命为客卿，往来于两国之间，最后死在赵国。

乐氏后人

乐间住在燕国30多年，燕王喜采用他的宰相栗腹的计策，打算攻打赵国，便询问昌国君乐间。乐间说：“赵国是同四方交战的国家，它的百姓熟悉军事，攻打它是不行的。”燕王喜不听，还是派兵攻打赵国。赵国的廉颇还击燕军，在鄗地把栗腹的军队打得大败，擒获了栗腹、乐乘。乐乘与乐间是同宗，于是乐间逃到赵国。燕国割让了许多土地向赵国求和，赵军才解围而去。

乐间已经在赵国，燕王悔恨没听用乐间的建议，就给乐间写了一封信说：“殷纣王时，箕子不被任用，但他敢于冒犯君王，直言谏诤，毫不懈怠，希望纣王听信；商容因劝谏纣王而被贬谪，他身受侮辱，仍希望纣王改弦更张。等到民心涣散，狱中的囚犯纷纷逃出，国家已不可救药，然后两位先生才辞官隐居。因此纣王背上了凶暴的恶名，两位先生却不失忠诚、高尚的美誉。这是为什么呢？他竭尽了为君为国而忧虑的责任。现在我虽然愚钝，但还不像殷纣那么凶暴；燕国百姓虽不安定，但也不像殷朝百姓那么严重。有道是，家庭内部有了纷争，不尽述自己的意见，却去告诉邻里。这两种做法，我认为是不可取的。”

但乐间、乐乘怨恨燕王不听从他们的计策，两个人终于留在赵国。赵国封乐乘为武襄君。第二年，乐乘、廉颇为赵国围困燕国，燕国用厚礼向赵国求和，赵军才解围。5年之后，赵孝成王去世。悼襄王派乐乘代替廉颇的官职，廉颇不满，率兵攻打乐乘，乐乘逃奔，廉颇也逃到魏国。16年后，秦国灭掉赵国。

又过了20年，汉高祖经过原来赵国属地，问那里的人说：“乐毅有后代吗？”回答说：“有个乐叔。”汉高帝把乐卿封赐给他，封号称华成君。华成君就是乐毅的孙子。乐氏家族还有乐瑕公、乐臣公，他们是在赵国将要被秦国灭掉时逃到齐国高密的。乐臣公长于研究黄帝、老子的学说，在齐国很有名气，人们称他为贤师。

中国大事记 | 公元前 205 年，刘邦、项羽展开彭城之战，刘邦先胜后败，老父及妻子皆被楚军俘获。

廉颇蔺相如列传第二十一

完璧归赵

廉颇是赵国的将军，以勇气闻名于诸侯各国。赵惠文王十六年（公元前 283 年），廉颇率军征讨齐国，大败齐军，夺取了阳晋，被封为上卿。

蔺相如是赵国宦者令缪贤的门客。

赵惠文王得到了楚国的和氏璧。秦昭王听说了这件事，就写信给赵王，表示愿意用 15 座城池来交换这块宝玉。赵王同大臣们商量：要是把和氏璧给秦国，秦王恐怕也不会把城池给赵国，这样的话只是白白地上当受骗；要是不给，秦王肯定会派兵攻打赵国。究竟该怎么办呢？就算是不给的话，也要找一个人去回复秦王啊。赵王和大臣们都没想出个好办法来，也没有想到谁能出使秦国。

这时缪贤对赵王说："大王，我的门客蔺相如可以完成这个任务。"一听说有人能去，赵王非常高兴，急忙问："为什么说他可以胜任呢？"缪贤说："微臣曾犯过罪，因为害怕，所以打算逃亡去燕国。但是蔺相如劝阻我说：'您是怎么了解燕王的？'我回答他说：'我曾经陪大王见过燕王，燕王私下告诉我说愿意和我交朋友。所以我想去他那里。'没想到相如却说：'当时赵国强大，燕国弱小，而您深受赵王宠信，所以燕王想和您结交。现在您去投奔他，燕王害怕得罪赵国，不但不会收留您，反而会把您交给赵王。您不如自己向赵王请求治罪，或许能够幸免。'我听从了他的意见，主动向大王您请罪，而大王您也赦免了我。所以我认为他有智谋，是个合适的人选。"赵王召见蔺相如，对他说："秦王要用 15 座城池换和氏璧，要不要答应他？"相如说："秦国强，赵国弱，大王您不能不答应。"赵王又说："但要是秦王不给我城池，那怎么办？"相如说："秦王请求用城换璧，大王您要是不答应的话，那就是大王您理亏；而大王您给了秦王和氏璧而秦王不给您 15 座城池，那就是秦王不对。所以大王您应该答应秦王，然后再看秦王怎么办。"赵王说："可是派谁去秦国呢？"蔺相如自我推荐说："大王您要是相信我的话，我愿意前去。如果秦王给了大王您城池，我就把和氏璧给他；如果秦王不答应给城池，我一定会把和氏璧完好地带回来。"赵王就派蔺相如带着和氏璧去秦国。

秦王得知赵国使臣带着和氏璧来到秦国，非常高兴，就在章台接见蔺相如。蔺相如把和氏璧献给秦王。秦王拿着和氏璧，一边看，一边赞不绝口。为了让大家也开开眼，就把和氏璧给他的姬妾和大臣们传看。秦王和大臣们只顾着欣赏这块玉了，却把蔺相如晾在一边，蔺相如知道秦王根本就不想给赵国城池，就走上前去，说："大王，这个璧上有个斑点，我指给您看。"秦王一听，就把璧交给蔺相如，让他指指在哪儿。没想到蔺相如一把抓住和氏璧，往后退了几步，到了宫殿的柱子旁边，身体靠在柱子上，怒发冲冠，对秦王说："大王，平民百姓之间的交往，还不会互相欺骗，更何况是大国之间交往！赵王一听

透雕双凤腾龙玉璧

玉璧　战国

历史关注

秦代的三公为处理政务的丞相、军事长官太尉和监察长官御史大夫。

蔺相如完璧归赵　清　吴历　绢本
本图取材自蔺相如完璧归赵的历史故事。赵惠文王在位时，得到了楚国丢失的和氏璧。秦昭襄王得知后假以15城池换取和氏璧。蔺相如受命往秦，不惧秦之威，机智相对，视死如归，终完璧归赵。

说大王您要和氏璧，就马上斋戒了5天，派我带着宝璧，专程给大王您送来。为什么要这样呢？那是因为赵王尊重大王您，想表达对您的敬意啊。可是现在我来到贵国，大王却如此傲慢。您得到和氏璧以后，还传给其他人观看，简直就是对我们赵王和我这个使臣的侮辱。我看大王您根本就没有给赵国15座城池的诚意，所以就拿回了这块璧。倘若大王您一定要得到这块玉，要逼我的话，我的头就和这块璧一起在柱子上撞碎！”蔺相如两只手拿着和氏璧，头冲着柱子就要撞过去。秦王怕蔺相如真的会说到做到，把和氏璧给撞裂了，连忙说：“千万不要这样！寡人又怎么会是您说的那样呢？”秦王又接着说：“我马上叫人把那15座城池指给您看。”于是秦王找来地图，给蔺相如指明那15座城池。聪明的蔺相如知道秦王只不过是骗他而已，实际上秦王一定不会给赵国那些城池的，就对秦王说：“赵王派我给大王您送这和氏璧来之前，斋戒了5天。大王您也应该斋戒5天，安排大典，我才敢献上和氏璧。”秦王实在是喜欢这和氏璧，再加上蔺相如又坚决不肯让步，最后只能答应他。

蔺相如知道秦王虽然答应斋戒5天，但他肯定舍不得割给赵国城池，就派随从带着和氏璧，从小路返回赵国。5天后，秦王安排好大典，请蔺相如献上和氏璧。但蔺相如回答说：“秦国从穆公以来20多位君主，没有一个坚守盟约的。我怕被大王欺骗，所以5天前就派人把和氏璧带回赵国去了。现在大王您只要先把15座城邑割让给赵国，赵国又怎么敢不给您和氏璧呢？希望大王您仔细考虑。”朝廷上议论纷纷，大臣们都请求秦王把蔺相如拉下去杀了。但是秦王却说：“杀了他，不但得不到和氏璧，反而坏了秦赵两国的交情。不如放他回赵国，赵王难道会为了一块璧来欺骗秦国吗？”最后还是让蔺相如回到赵国。

赵王见蔺相如不但带回了和氏璧，而且保全了赵国的尊严，非常高兴，封他为上大夫。最后秦国没有把城池给赵国，而赵国也没有把和氏璧给秦国。

将相和

秦王派使者告诉赵王，说想在西河外的渑池和他见面。赵王害怕秦国会扣留自己，想不去。但是廉颇和蔺相如却对他说：“大王您如果不去的话，就会让秦国和其他国家的人耻笑大王您胆怯。”赵王无奈，决定去赴会。廉颇送赵王和蔺相如到了赵国的边境，对赵王说：“大王您这次去秦国，我给您估计了一下路程。算上在秦国停留的时间，再加上返回的时间，不会超过30天。如果30天大王您还没回来，就请允许立太子为王，以免秦国要挟赵国。”赵王同意了。

到了渑池，赵王和秦王会面宴饮。喝到高兴的时候，秦王对赵王说：“我听说赵王您爱好音乐，请您为我弹瑟吧！”赵王就弹起瑟来。没想到秦国的史官却走了上来，写道：“某年某月某日，秦王和赵王一起饮酒，令赵王弹瑟。”蔺相如看赵王受到侮辱，就捧了个缶大步向前，

中国大事记

公元前205年，秦朝博士、儒生叔孙通归附刘邦，有百余儒生弟子随从。

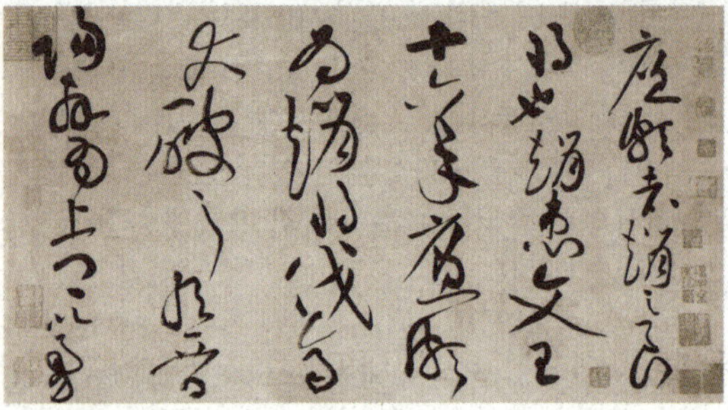
廉颇蔺相如传卷 北宋 黄庭坚

说：“赵王听说秦王擅长秦国地方的土乐，请秦王为赵王击缶（古代一种陶质的乐器），以便互相娱乐。”秦王听了蔺相如的话，顿时心里怒火直起，不肯答应他的要求。蔺相如走到秦王跟前，跪了下来，递上缶，请秦王演奏。秦王坚决不肯击缶，相如就说：“在这5步之内，我蔺相如以死相拼，大王您也逃不脱！”秦王的侍卫们一看到这个情形，纷纷拔出刀剑，想要杀蔺相如。蔺相如圆睁双眼，瞪着侍卫们，大喝一声，那些侍卫们都吓得倒退了几步。尽管秦王很不高兴，但是迫于蔺相如的威逼，只得敲了一下。于是，相如回头招呼赵国史官，让他写道：“某年某月某日，秦王为赵王击缶。”秦国的大臣们见秦王吃了亏，都想找回点面子，压压赵王的威风，就对蔺相如说：“请你们用赵国的15座城向秦王献礼。”蔺相如丝毫不肯退步，也说：“请你们把秦国的咸阳作为礼物，献给赵王。”就这样，秦王直到酒宴结束，也没有能够压倒赵国。再加上廉颇在赵国的边境部署了大量的军队，防备秦国，所以秦国也不敢有什么轻举妄动。

赵王和秦王在渑池会见以后，回到赵国，由于蔺相如功劳大，就封他为上卿，比廉颇的官位还高。廉颇心里很不服气，说：“我是堂堂的赵国大将军，为赵国攻占了那么多城池，他蔺相如出身卑微，只不过靠嘴皮子立了点功，可是官位却在我之上，实在是我的耻辱。”不但如此，他还到处扬言说：“要是让我在路上碰上了蔺相如，一定要好好地羞辱他一番。”蔺相如听到这些话后，就不肯与他相见。即便是上朝，也常常推说有病不去，不想和廉颇相争。蔺相如的门客们都暗自为蔺相如抱不平，觉得廉颇太过分了。但是蔺相如却不在乎。

一天，蔺相如外出，远远看到廉颇的车驾，就掉转车子打算回避。蔺相如的门客们实在看不下去了，就对蔺相如说：“大人，我们之所以离开亲人来侍奉您，就是仰慕您高尚的节义。现在您和廉颇同朝为官，而廉颇将军口出恶言，而您却处处躲着他，您怕他也怕得太过分了吧？我们这些平庸的人尚且为您感到羞耻，何况大人您官居卿相呢！我们这些人实在没有什么出息，还请大人您同意我们向您告辞！”蔺相如见他们这样，一边坚决挽留，一边向他们解释说：“诸位认为廉颇将军和秦王相比谁更厉害？”门客们毫不犹豫地回答说：“廉颇将军比不了秦王。”相如又说：“以秦王的威势，我尚且敢在朝廷上大声呵斥他，羞辱他的大臣，我又怎么会怕廉颇将军呢？但是我想到，强大的秦国之所以不敢派军队攻打赵国，就是因为有我们两个人在呀。如果现在我们两虎相争，肯定不能共存。我之所以这样忍让他，就是因为国家的事情远远要比个人之间的恩怨仇恨重要得多。”廉颇听说以后，非常惭愧，脱去上衣，背着荆条，让自己的宾客们带路，来到蔺相如的门前请罪。一见到蔺相如，廉颇就感慨地说：“我只是一个非常粗鄙的人，没想到将军您这么宽厚！还请您原谅我先前的过错。”从此以后，蔺相如和廉颇结为生死之友，成为赵国的顶梁柱。

这一年，廉颇进攻齐国，打败了齐国军队。两年后，廉颇攻占了齐国的几邑。过了3年，廉颇又攻克了魏国的防陵、安阳。过了4年，蔺相如领兵攻打齐国，打到平邑。第二年，赵奢又在阏与城下大败秦军。

赵奢斗勇

赵奢本来是赵国负责征收田租的一个小官。在收租税的时候，平原君的家人不肯缴纳，当时，平原君贵为公子，权势极大，人们都很畏惧。但赵奢二话不说，依法处治，杀了平原君家

历史关注 | **公元前3世纪，出现“厩苑律”，为我国现存最早的一部畜牧法。**

9个管事的人。平原君听说赵奢杀了他的家奴，非常生气，要杀死赵奢。赵奢见到平原君以后，对平原君说：“大人，您是赵国的公子。您要是纵容您的家人胡作非为，就会削弱国家的法纪。赵国的法纪削弱了，赵国也就会衰弱了。这样，其他诸侯国就会出兵攻打赵国，瓜分赵国。赵国要是灭亡了，大人您又怎么能够拥有这些财物呢？大人，以您的地位和尊贵，要是奉公守法的话，就会使国家上下公平。上下公平，国家才能强盛。国家强盛了，赵氏的政权就非常稳固，而您身为赵国贵戚，又怎么会被天下人轻视呢？”平原君认为他很有才干，就赦免了他，还把他推荐给赵王。赵王任用他掌管全国的赋税。在赵奢的努力之下，赵国的赋税非常公平合理，赵国的经济秩序得以稳定，老百姓们生活富裕，国库也非常充实，赵国也强大起来。

秦国进攻韩国，军队驻扎在阏与。韩国向赵国求救，赵王犹豫不决，不知道该不该去救，就召见廉颇，问他说：“我们可以去援救韩国吗？”廉颇回答说：“大王，要是去救韩国，道路不但非常遥远，而且既艰险又狭窄，很难援救。”赵王还是没能做出决定，于是又召见乐乘，问他对这件事的看法，但是，乐乘的回答和廉颇的话一模一样。赵王又召见赵奢来问，赵奢毫不迟疑地回答说：“虽然从赵国到韩国的道路遥远，地险路狭，但是如果救韩的赵军遇到秦国军队，那就好像两只老鼠在洞里争斗一样，哪个更勇猛，那么哪个就能得胜。”赵王想了一想，觉得他说得很对，就派他率领军队，赶往阏与去救援韩国。

离开邯郸30里后，赵奢下令军队停止前进，就地扎营。赵奢就在军中下令说：“有谁来为军事进言的处以死刑。”秦国军队驻扎在武安西边，秦军击鼓呐喊的练兵之声，把武安城中的屋瓦都震动了。赵军中的一个侦察人员认为形势危急，而赵国军队没有什么动静，只是坚守不出，就请求急速援救武安。赵奢一点儿也没有犹豫，按照自己的军令，立即把他斩首。随后，赵奢传令赵军坚守军营。赵军停留了28天也不向前进发，并且继续建军营和防御工事。秦国的间谍潜入赵军营地，赵奢假装不知，用好酒好肉款待后把他遣送回去。间谍把赵军情况向秦军将领报告，秦将大喜，说：“离开国都30里，军队就不前进了，而且还增修营垒，赵军想夺取阏与，是不可能的了。”送走秦国间谍之后，赵奢立即传令，命令士兵们卸下铁甲，快速向阏与进发。养精蓄锐多时的赵军精神饱满，经过两天一夜的急行军，赵军穿过艰险狭隘小道，顺利抵达前线。大军停止前进，赵奢命令善射的骑兵在离阏与50里的地方安营扎寨。军营刚刚筑成，秦军就探知了这一情况。原先放松了警惕的秦军十分吃惊，立即出动全军，前来攻打。大战在即，一个叫许历的军士求见赵奢，并说想就军事问题提出建议，赵奢说：“让他进来。”许历进了大营以后，对赵奢说：“秦国人根本就没想到赵军会来到这里，现在他们赶来对敌，士气很盛，将军一定要集中兵力，严阵以待。不然的话，必定要失败。”赵奢于是说：“您请说说您的具体建议。”没想到许历却对他说：“将军，我犯了您的军令，我请求接受死刑。”赵奢说：“等回到邯郸以后再说这件事情吧。”许历放下心来，接着说：“在两国军队即将交战的战场北面，有一座小山，是控制整个战场的军事要地。秦赵两军，谁先占据北面山头，谁就能获得胜利，谁后到，谁就会失败。”赵奢听了，认为有道理，立即派出一万军队迅速抢占北面的山头。赵军占据山头之后，秦国军队才赶到，随即派出精兵强将，来和赵国军队争夺北面山头。赵奢指挥赵国军队沉着应战，最后大败秦军。秦军战败，兵士四散逃跑。赵奢获胜，迫使秦军解除对阏与的围攻，撤退回国。

赵奢率领赵国军队凯旋回师，赵惠文王封他为马服君，并且任命勇于向赵奢进言的许历为国尉。赵奢因战功获得了和廉颇、蔺相如相当的职位。

纸上谈兵

赵惠文王去世后，太子孝成王即位。孝成王七年（公元前259年），秦国军队与赵国军队在长平对阵，那时赵奢已经死了，蔺相如病危。赵

中国大事记 | 公元前202年，汉军在垓下围攻楚军，项羽在乌江边自刎。

王派大将廉颇统率赵国军队，抵抗秦国军队。廉颇来到前线，认真分析了两国及两军的战争形势，决定采用稳扎稳打、消耗疲惫敌军的战术。他命令士兵修建坚固的工事，坚守阵地，拒不出战。秦国军队屡次挑战，廉颇都置之不理。秦军远道而来，利于速战速决，拖的时间越长，秦军取胜的可能性越小。廉颇策略得当，战术正确，秦军很被动。为了取得战争胜利，秦国决定拔掉廉颇。于是，秦国丞相范雎派人使用反间计，让人在赵国大肆传播谣言。秦军间谍说："秦国军队最害怕的，就是赵王让马服君赵奢的儿子赵括来担任赵国军队的将军。廉颇根本不行，连仗都不敢打。"赵王本来就不赞成廉颇固守不出的策略，再加上在廉颇的率领下，赵国军队还吃过几次小败仗。赵王听信了秦国间谍的话，决定任命赵括为将军，取代廉颇。蔺相如听到了赵王的这个决定，不顾身体状况，前去劝谏说："大王您相信秦国人的话，只凭名声来任用赵括，这就好像是用胶把调弦的柱粘死再去弹瑟那样，一点儿都不知道变通。赵括虽然平时夸夸其谈，但他只会读他父亲留下的书，根本就不懂打仗。大王你千万不要任命他为赵国将军。"但是赵王却丝毫听不进去，坚持任命赵括为大将军。

赵括是赵奢的儿子。赵括从小就学习兵法，谈论军事，以为天下没人能抵得过自己。他曾经和父亲赵奢一起谈论用兵之道，赵奢虽然难不倒他，可是却不称赞他。赵括的母亲感到很奇怪，就问为什么。赵奢长长地叹了一口气，对妻子说："用兵打仗是一件关乎将士和百姓们生死的大事，但是他却把这样的大事说得那么容易。赵国不用他为将军也就算了，要是让他为将，那么等待赵国军队的就一定会是失败啊！"

和蔺相如一样着急的，还有赵括的母亲。听到赵王任命赵括为将军，她感到非常不安。于是在赵括将要起程去军营的时候，她上书给赵王说："大王，千万不可以让赵括做将军。"赵王很诧异，心想：别人的母亲都盼望着自己的儿子能够建功立业，怎么她却不想让儿子当将军呢？于是就问原因。赵括的母亲回答说："大王，当初他父亲赵奢担任将军的时候，亲自捧着饮食侍候士兵们吃喝，还把士兵们当成自己的朋友。大王赏赐的东西，他全都分给士兵，一点儿也不留给自己。现在赵括刚刚做了将军，他手下的军官没有一个敢抬头看他。大王赏赐的金帛，他都带回家藏起来，还到处寻找便宜合适的田地房产，全部买下来。大王您说，他哪里像他父亲？又怎么能够让他做赵国的将军呢？希望大王您仔细考虑，不要派他领兵。"赵王闻言，非常恼火，就说："这件事情我已经决定了，别再说了。"赵括的母亲见赵王不听，只能摇摇头，然后对赵王说："大王您要是一定要派他担任将军的话，那我有一个请求。"赵王强自按住心里的怒火，道："你说吧。"赵括的母亲说："如果赵括有什么不称职的情况，大王您能答应我不受他的株连吗？"赵王虽然怒火中烧，但还是答应了她。

赵括代替廉颇担任赵国将军，到了军营以后，就把廉颇制定的原有的规章制度全部都加以改变，并且大规模撤换军队中的军官。赵括的做法，在军中引起了轩然大波。这时秦国已经知道赵王任命赵括的消息，就暗中派出白起担任秦国将军，并且严令军中，谁要是泄露白起担任将军的消息，处以极刑。白起知道赵括在军队中的做法以后，就派出一支部队，假装战败，引赵军前来追击，暗中另派一支军队去截断赵军运粮道路，并把赵军分割成两部分围困起来。断了粮食的赵军军心不稳，几次出战都被击败。赵军被困长达40多天，饿得实在撑不下去了，赵括亲自带领主力部队出击，企图突围。战斗中，赵括被射死，40多万赵国士兵投降。更为可悲的是，这40多万赵国士兵，全被白起坑杀了。

赵王得知赵军惨败，非常生气，下令诛杀赵括的三族，由于赵括母亲有言在先，就赦免了她。

廉颇不老

长平之战后的第二年，秦国再次出兵进攻赵国，大军势如破竹，不久便包围了赵国都城邯郸。这一围就是一年多，等到魏国和楚国的援兵

历史关注

《七略》是我国最早的综合性图书分类目录。

·名家·

名家也称辩者、察士或刑名家。名家代表人物为惠施与公孙龙。名家又分为两大分派，一派是以惠施为首的合同异派，该派认为事物不论性质上的同异，都可在大同的基础上，不计小异而混合于一。另一派是以公孙龙为代表的离坚白派，该派认为事物的概念可以脱离事物本身而独立，有著名的“白马非马”辩。名家的学术活动，极大地促进了中国逻辑学的发展。

赶来，秦军才撤回。经过这两次大仗，赵国国内成年男子大为减少，国家也变得非常衰弱。

东面的燕国，与赵国有很深的仇恨和矛盾，看到赵国受到严重削弱，就起了攻打赵国的心思。但是，以往都是赵国主动攻打燕国，燕国长期处在被动挨打的地位，所以，燕王心里还是有所顾忌。栗腹了解到燕王的心思，就鼓动他说：“大王，赵国的成年男子基本上都在长平一战中死了，都城邯郸又被秦国围攻了一年多。现在的赵国，可以说是要兵无兵，要粮无粮，衰弱到极点，要是大王您趁机发兵攻打赵国的话，肯定能够大败赵国军队。”燕王想想也是，于是派兵攻打赵国。

看到弱小的燕国都敢进犯国土，赵王大怒，派老将廉颇领兵反击。赵国军队毕竟是久战沙场，有丰富的作战经验。同时，重大的失败也激发了赵国军民的卫国决心，有道是哀兵必胜。廉颇率领赵军迎击来犯的燕军，在鄗城大获全胜，并杀死了燕军统帅栗腹，随后进军，包围了燕国都城。燕国见大事不妙，急忙派人讲和，答应割给赵国5座城池。因为这一战打得很漂亮，赵王便封廉颇为信平君，并把尉文之地封给他，还让他担任代理相国。

廉颇在长平之战前被免职时，原来的门客都离开了他。现在廉颇又重新被起用，且被封为信平君和代理相国，掌握赵国军政大权，那些门客们又重新来投奔他。廉颇看到这帮人如此趋炎附势，非常生气，对他们说：“算了吧，各位先生，还是都请回吧！”门客们见他拒绝了大家，就说：“唉！大人您的想法怎么这样落后呢？人和人之间的结交，就是为了利益，就像是在市场里面买东西一样。您有权势有地位，我们就跟随着您；您要是没有了权势和地位，那我们就离开你啊。这本来就是一个很普通的道理，是理所当然的事情，您又有什么可以抱怨的呢？”廉颇说不出话来。

公元前244年，赵孝成王去世，悼襄王即位，派乐乘接替廉颇。廉颇无缘无故被免职，非常生气。他没有交出兵权，而是派兵攻打乐乘。乐乘打不过廉颇，只得逃跑。廉颇不听调遣，私自动用军队，违反了国家法令，怕赵王治罪，便逃到魏国的大梁。第二年，赵国将军李牧率兵攻打燕国，攻下了武遂、方城。

廉颇在大梁住了很久，很想在魏国有所作为，但是魏国仍然不大信任他，没有重用他。这时候，秦国越来越强大，不断出兵攻打赵国。赵国几次被秦兵击败，为了挽回局面，赵王想重新启用廉颇担任赵国将军，因为他有着极为丰富的对秦军作战的经验。廉颇知道以后，十分高兴。他也想再回到赵国，为赵国效力。赵王担心廉颇年龄太大无法胜任，就派使臣去探望廉颇，看他身体怎样。但是没想到廉颇有一个仇人，叫作郭开。郭开得知赵王想重新任命廉颇，就担心他回来后会对自己不利。于是，他用重金贿赂赵王的使者，让他回来后在赵王面前说廉颇的坏话。使臣接受了郭开的财物，答应下来。赵国使臣来到魏国与廉颇相见，廉颇当着他的面，一顿饭吃了一斗米，还吃了10斤肉，且披上铁甲，拿着武器，骑着马要了几下，表示自己宝刀不老。使者回到赵国以后，却向赵王报告说：“廉将军虽然已经老了，但是他的饭量还很不错。唯一美中不足的就是他陪我坐着的时候，一会儿的功夫，就拉了3次屎。”赵王听了使者的话，就以为廉颇已经年老力衰，不堪任用了，就打消了把他召回的想法。廉颇重返赵国的希望落空。

楚国听说骁勇善战、熟悉兵法的廉颇在魏国不受重用，就暗中派人把他接到楚国。廉颇到了楚国以后，虽然做了楚国的将军，但是却并没有立下战功。临死的时候，廉颇说：“我想指挥赵

中国大事记 | 公元前202年，刘邦称帝，后大封同姓王，叔孙通为汉朝制定了朝仪。

国的士兵啊。”

名将李牧

李牧是赵国将军，精通兵法，用兵如神。李牧长年率领军队驻守在赵国的北方边境雁门郡，防备匈奴入侵。他在雁门驻防时，权力很大，可以根据需要来设置各种官员。他把在驻地管辖的范围内收到的租税，都用来作军费。李牧对士兵十分关心，每天都要杀几只牛来犒劳他们。此外，李牧还训练士兵们射箭骑马，教他们作战的兵法。

李牧对付匈奴部队的方法十分让人琢磨不透。一方面他派士兵小心看守烽火台，派出很多人去侦察匈奴部队的动向，但另一方面却固守边塞，拒不出战。每次匈奴军队入侵赵国边境，李牧就命令赵国部队全部退进城堡里，固守城池。他还命令说：“匈奴军队进攻的时候，谁要是不遵守命令坚守城堡，贸然出战，定斩不饶。”就这样过了几年。虽然匈奴部队屡次侵入赵国，但是赵国军队基本没什么损失。不但匈奴人认为李牧胆小怕事，而且连赵国的士兵百姓们，也都认为李牧是个胆小鬼。本来就对李牧有所猜疑的赵王，看到李牧固守不出，就更是生气，他一怒之下，就下令让李牧回到都城，让其他人接替了他。

新的将领就不像李牧那么有耐性，每次匈奴入侵，他都率领赵国军队出兵交战，但是每次交战，都大败而回，而且损失惨重。赵国百姓也不敢在边境耕田放牧，生产陷于停顿。这下，赵王就坐不住了，万般无奈之下，只能重新请李牧担任镇守边境的将军。

李牧一想，原来自己坚持不主动出战，却遭到大王的责备，这回又让自己去雁门，怎么着都要让他同意自己的策略。于是李牧先是闭门不出，对赵王说自己生病了。但是边境情况实在紧急，而赵王又没有合适的人选，就一再派人催李牧出山。李牧还是推辞说有病。赵王见状，就强行命令他上任。李牧见时机到了，就对赵王说：“大王，您要是一定要让我去雁门的话，那么我请求您答应我一件事。”赵王一听他答应了，哪里还在乎他一个请求。李牧说：“大王，如果让我带兵的话，我还要像原来一样，拒不出战。到时候大王您不要责备我。”赵王虽然不喜欢他的策略，但是实在没办法，只能答应。

李牧来到雁门以后，还是像原来一样，每次匈奴军队入侵赵国边境，他就命令赵国军队进入城堡。匈奴军队虽然想和赵国军队交战，但拿李牧没有什么办法，几年下来，还是一无所获。除了辱骂李牧胆小以外，匈奴士兵明显放松了警惕。而赵国的士兵们每天吃着牛肉，练习骑马射箭，个个都觉得英雄无用武之地。又过了一阵子，士兵们实在按捺不住心里的想法，强烈要求李牧出兵和匈奴军队决一死战。看到士兵们跃跃欲试的样子，知道军心可用，李牧才决定与匈奴开战。

李牧从部队里面选出了英勇善战的勇士五万，擅长箭术的士兵十万；调集战车1300辆，战马13000匹；还让百姓们赶着牲口在边境上放牧。一眼望去，遍地都是牛羊。匈奴部队看见赵国人在边境放牧，觉得是偷袭的好机会，就派出了小股的部队入侵。李牧这回终于派出军队迎战，但是他却假装打不过，还丢下了几千人。匈奴单于非常高兴，就率领主力部队，攻击赵军。没想到李牧却把部队分成两支，一左一右围攻匈奴，大败匈奴部队，杀了10多万人。李牧率领军队乘胜追击，最后灭了襜褴，又打败了东胡，还收服了林胡。匈奴单于落荒而逃。以后的10多年里，匈奴部队再也不敢侵入赵国的边境。

公元前244年，李牧派兵攻打燕国，攻占了武遂、方城。公元前235年，李牧又攻打秦国，大败秦国军队。赵王非常高兴，封李牧为武安君。

公元前229年，秦国派王翦攻打赵国，赵王派李牧迎击。秦国军队占不到便宜，就再次行使离间计。秦国买通了赵王的宠臣郭开，让他造谣说李牧要造反。一听说手握重兵的李牧要造反，赵王吓了一跳，连忙命令他回都城，让赵葱和颜聚去接替。但是李牧不肯接受赵王的命令。赵王更加怀疑他，就派人逮捕了他，把他杀了。李牧一死，秦国马上派王翦猛攻赵国。秦军大败赵军，杀了赵葱，活捉了颜聚和赵王，最后灭了赵国。

历史关注 | 战国时期，鸡、猪、狗等小家畜的饲养，在农区备受重视。牛、马等家畜适宜配种期见于记载。

田单列传第二十二

田单复国

田单是齐国田氏的远房子孙。齐滑王的时候，田单担任临淄的小官，根本就不被齐王和百姓们知道。

燕国派乐毅攻破了齐国，齐滑王仓皇逃往莒城。燕国军队长驱直入，占领了齐国70多座城池。为了躲避战乱，田单带着自己的族人一起逃往安平。出发前，田单让族人把车子突出在外的车轴砍断，再用铁皮包住，族人们感到奇怪。过了不久，燕国军队攻破了安平，齐国百姓们又逃往其他地方。逃亡路上，人多车多，秩序混乱。由于车轴外凸太长，车子因车轴相撞而损坏的很多。不少人因此影响了行程，做了燕军的俘虏。唯独田单和他的族人们，因为事先有所准备而得以逃脱。他们又向东去了即墨城。

齐国的其他城池都被燕军占领，只剩下莒城和即墨城还在齐军手里。燕军听说齐滑王在莒城，就全力攻打。齐国大臣淖齿杀了齐滑王，自己率领部队坚守莒城，抵抗燕军。燕国军队见没有办法攻破莒城，就转而去攻打即墨城。燕国军队包围住即墨城，即墨城大夫率领齐国军队应战，死在战场上。这时的即墨，群龙无首，老百姓们人心惶惶，担心过不了几天就会被燕军破城。这时，有人想起了田单。他们就推荐田单为首领，田单没有推辞，毅然出任将军，在危难之际担负起抗击燕军的重任。

不久，燕昭王去世，燕惠王即位。燕昭王对乐毅非常信任，而燕惠王却和乐毅有矛盾。精明的田单知道以后，就想到一个好主意。他派人去燕国造谣，说："现在齐滑王已死，乐毅之所以不马上攻破即墨城和莒城，有两个原因。第一就是乐毅和燕惠王有矛盾，怕攻破了这两座城池回到燕国后，会被燕惠王杀害。第二就是乐毅假借攻打齐国的名义，实际上却想在齐国称王。因为齐国百姓还没有归顺他，所以他暂且延缓进攻即墨城，等待齐国人投靠。齐国人所担心的，就是燕惠王派其他的将军来攻打即墨。到时候，即墨城就危险了。"燕王这下可逮住了机会，派骑劫去接替乐毅。乐毅因与燕惠王有隔阂，怕回到燕国会被杀头，就投靠了赵国。

骑劫率领燕军攻打即墨，田单苦思破敌良策。为鼓舞士气，稳定民心，他想出一计。他命令即墨城中的百姓们，每次吃饭前都要先祭祀祖先。天上的飞鸟儿为了吃百姓们祭祀用的食物，大量飞临即墨城。燕军每天都看到很多飞鸟在即墨城上空盘旋，感到非常奇怪。田单乘机对外宣扬说："天上的神仙要下来帮助即墨了。"又对城中百姓说："神仙要帮我们克敌制胜，肯定会下来当我们的老师。"一个士兵走上前，对田单说："我可以做您说的老师吗？"说完，他转身就走。田单马上站了起来，拉住那个士兵，拜他为师。那个士兵被吓坏了，对田单说："大人，我其实骗了您。我根本就什么都不会，更不能当您的老师了。"田单阻止他说："你什么都不用说，只要按照我说的去做就行。"田单拜师后，对百姓们说这就是神仙派给齐国的老师。每次操练军队的时候，田单都要带上这个所谓的神师。

田单又派人对外宣称："我们最怕的就是燕国抓到齐国士兵，割了他们的鼻子，逼着他们在军队前面，和我们交战。"骑劫听说后，非常高兴，马上下令把抓到的齐国俘虏的鼻子割了，又让士兵们用武器顶着他们走在燕军前面，和齐国

中国大事记 | 公元前201年，刘邦派人诱捕韩信，黜其为淮阴侯。韩信在刘邦建立汉朝过程中立下了汗马功劳。

交战。即墨城中的士兵和百姓们，一看齐国的俘虏遭受了这样的待遇，怒火万丈，痛恨燕军的残忍，更加坚定了守城决心。看到这个计策激励了大家，田单暗自感到欣慰。但又觉得大家的怒火还没有到最盛，还不是反攻的时机。于是他再一次派人施反间计说："齐国人最怕的，就是燕国军队把城外的齐国人的祖坟挖了，鞭打他们先人的尸骨。"骑劫又上了他的当。即墨百姓们在城上看见燕国军队这样残暴，羞愤交加，痛哭流涕，纷纷要求出战，愿意与之以死相拼。

田单知道反攻的最好时机到了，就发动全城的民众去巡逻城池，让士兵们隐蔽起来，又派人去燕国军营，假装要投降。田单还派城中富豪暗中用重金收买燕军军官，假意请求他们攻破了即墨城以后，不要伤害自己的家人。燕军被蒙在鼓里，一天比一天骄傲。

一切准备就绪，田单又找来1000多头牛，给它们披上大红绸绢制成的被服，被服上面画着五颜六色的蛟龙图案，角上绑好锋利的刀子，牛尾绑上浸油的芦苇。田单命人把城墙凿开几十个豁口，把武装好的牛集中在豁口边。时至天黑，齐军点燃牛尾巴上的芦苇，把牛从豁口赶出，并派5000精锐士兵跟在火牛的后面。被赶出豁口的牛群，尾巴着火，被烧得发了疯，死命往前冲进燕军大营。牛尾上的火把夜晚照得像白天一样，身绘龙纹的火牛犹如怪物，当看到这一切，梦中惊醒的燕军无不惊慌失措，被牛触死踩死的不计其数。齐国百姓在城头擂鼓呐喊，天崩地裂一般，5000齐国勇士更是趁火打劫，杀向燕军。几十万燕国军大军即时崩溃，大败而逃，将军骑劫死于乱军之中。燕军纷乱，溃散逃命，齐军紧紧追击溃逃的敌军，所经过的城镇都背叛燕军，归顺田单。田单的兵力也日益增多，乘着战胜的军威，一路追击。燕军仓皇而逃，战斗力一天天减弱，一直退到了黄河边上，原来属于齐国的70多座城池都被收复。于是田单到莒城迎接齐襄王，襄王也就回到都城临淄来处理政务。

田单因立下大功，被齐襄王封为安平君。

太史公说：用兵作战要一面和敌人正面交锋，一面用奇兵突袭制胜。善于用兵的人，总是能够奇兵叠出，而变化无穷。正面的交锋和背侧的奇袭都要发生作用，这两种战术的相互转化，就如同圆环没有起止一般，使人捉摸不透。用兵之初要像处女那样沉静、柔弱，诱使敌人敞开门户，毫不戒备；然后在时机到来之时，就像逃脱的兔子一般快速、敏捷，使敌人来不及防御。田单用兵，正是如此吧！

当初，在淖齿杀死齐滑王的时候，莒城人访求齐滑王的儿子法章，在太史敫的家里找到了他，当时他正在替人家种地浇田。太史敫的女儿喜欢他并对他很好，后来法章就把自己的情况告诉了她，她就和法章私通了，此后太史敫的女儿就被立为王后。

燕军在开始攻入齐国的时候，听说画邑人王蠋有才有德，就命令军队说："在画邑周围三十里之内不许进入。"这是因为王蠋是画邑人的缘故，所以燕军才不去骚扰。不久，燕国又派人对王蠋说："齐国有许多人都称颂您的高尚品德，我们要任用您为将军，还封赏给您一万户的食邑。"王蠋坚决推辞，不肯接受。燕国人说："您若不肯接受的话，我们就要带领大军，屠平画邑！"王蠋说："尽忠的臣子不能侍奉两个君主，贞烈的女子不能再嫁第二个丈夫。齐王不听从我的劝谏，所以我才隐居在乡间种田。齐国已经破亡，我不能使它复存，现在你们又用武力劫持我当你们的将领，我若是答应了，就是帮助坏人干坏事。与其活着干这不义之事，还不如受烹刑死了更好！"然后他就把自己的脖子吊在树枝上，奋力挣扎，扭断脖子死去。齐国那些四散奔逃的官员们听到这件事，说："王蠋只是一个平民百姓，尚且能坚守节操，不向燕人屈服称臣，更何况我们这些享受国家俸禄的在职官员呢！"于是他们就聚集在一起，赶赴莒城，寻求齐滑王的儿子法章，拥立他为齐襄王。

历史关注 | 汉代皇帝和贵族死后的殓服为玉制，分金缕、银缕和铜缕，在考古中都有所发现。

鲁仲连邹阳列传第二十三

鲁仲连一言退万兵

鲁仲连是齐国人，长于谋略和辩论，却不肯做官。

秦国大将军白起率领部队在长平大败赵军，第二年，秦军又向东挺进，包围赵都邯郸。邯郸危在旦夕，但没有一个国家敢来援助。魏王派新垣衍对平原君说：“秦军之所以围攻赵国，是因为想要称帝。赵国如果能尊秦昭王为帝，秦昭王一定很高兴，就会撤兵离去。”平原君犹豫不决。

正在赵国游历的鲁仲连听说了这件事情，就去见平原君，问他说：“大人您打算怎么办呢？”平原君叹了口气，无精打采地说：“我哪里有什么办法啊！秦军前不久在长平大败我军，还杀了我们40多万将士。现在他们又围攻邯郸。魏国派新垣衍来赵国，劝说赵王尊秦王为帝。我不知道该怎么办才好。”鲁仲连叹了口气，说：“以前我认为您是天下贤明的公子，今天才知道我想错了。您告诉我新垣衍在哪儿，我替您去责问他，让他回魏国去。”平原君连忙点头说：“那就拜托先生您了！我马上去告诉他。”平原君找到新垣衍，对他说：“我想向您介绍一位客人，他叫鲁仲连，现在在赵国。”新垣衍拒绝说：“我听说鲁仲连先生道德高尚，很早就想见他。但我现在有要事在身，实在没时间。”平原君为难地说：“我已经告诉他您在我这儿，您要是不见的话，我不好交代。”新垣衍无奈，只能答应。

鲁仲连见到新垣衍后，一句话也不说。新垣衍感到很奇怪，想：他不是来游说我的吗？为什么现在一句话都不说呢？就先开口对鲁仲连说：“先生，现在邯郸危急，人们都逃到其他地方，先生您怎么还在这儿呢？”鲁仲连说：“秦国是个只崇尚战功的国家，用权诈之术对待士卒，像对待奴隶一样役使百姓。怎么能够让秦王称帝统治天下呢？我就算是跳进东海，也不愿意做秦国的顺民。我今天来见将军您，是为了帮助赵国。”

新垣衍好奇地问：“您要怎么样来帮助赵国呢？”鲁仲连说：“我要请魏国和燕国帮助它，而且齐国和楚国也正在帮助赵国。”新垣衍觉得鲁仲连说的很荒谬，就质疑说：“先生您说的燕国，我相信会听从您的。但是我就是魏国人，您怎么能说服魏国来帮助赵国呢？”鲁仲连笑了笑，说：“现在魏国之所以想让赵王尊秦王为帝，那是因为魏国没发现秦国称帝带来的祸患。如果让魏国看清了秦国称帝的危害，魏国就一定会帮助赵国。”

新垣衍问：“那么依先生您的看法，秦国称帝，会有什么危害呢？”鲁仲连没有直接回答，却说出以下的话来：“先前，周朝贫困弱小，诸侯们没有人去朝拜，只有齐威王奉行仁义，率领天下诸侯朝拜周天子。一年多以后，周烈王去世，齐王奔丧去得迟了，新继位的周显王很生气，责备齐威王说：‘天子逝世，就好像天崩地裂一样，连我都要守丧，但你的使者居然敢迟到，当斩。’齐威王勃然大怒，破口大骂：‘呸！您母亲原先还是个婢女呢！’周显王最终被天下人耻笑。齐威王之所以生气，实在是忍受不了周显王的苛求。本来就那样，这么做不奇怪吧。”

新垣衍反驳说：“先生您难道没有见过奴仆吗？10个奴仆侍奉一个主人，不是因为力气和智力赶不上他，而是害怕他啊。”鲁仲连反问道：“那么魏王难道是秦王的奴仆吗？”新垣衍说：“是。”鲁仲连说：“我能够让秦王烹了魏王，把魏王剁成肉酱。”新垣衍很不高兴，脸色

中国大事记 | 公元前201年，汉高祖刘邦大封功臣与同姓王，并排定功臣位次。

一沉，说："先生您实在太过分了！您又怎么能够让秦王烹了魏王，把魏王剁成肉酱呢？"鲁仲连说："当然能。从前，九侯、鄂侯、文王是纣王的3个诸侯。九侯把自己漂亮的女儿献给纣王，可是纣王却认为她很丑，就把九侯剁成了肉酱。鄂侯刚正不阿，指出纣王的错误，纣王又把鄂侯杀死做成肉干。文王听说了这件事，只是叹了一口气，就被纣王关在牢里。为什么他们3个人最终落到被剁成肉酱、做成肉干、囚禁起来的地步呢？齐湣王前往鲁国，夷维子替他赶车。夷维子问鲁国官员：'你们是按照什么礼仪接待我们的国君？我们国君是天子啊。天子到各国巡察，诸侯应该迁出正宫，移居别处，交出钥匙，撩起衣襟，安排桌椅，站在堂下伺候天子吃饭。天子吃完后，诸侯才可以退回朝堂听政理事。'鲁国官员非常生气，干脆不让齐湣王入境。齐湣王只得借道邹国前往薛地，这时，邹国国君去世，齐王想去吊丧，夷维子对邹国新即位的国君说：'天子吊丧，丧主一定要把灵柩转换方向，使灵位朝北，然后天子好面朝南吊丧。'邹国的大臣们说：'我们宁愿自杀，也不会这样。'所以齐王也不敢进入邹国。现在秦国和魏国都是万乘大国，也都各自称王，但是魏国只看到秦国打了一场胜仗，就要尊它为帝，赵、魏两国的大臣连小小邹国、鲁国的臣民都比不上啊！秦王称帝以后，要是还贪心不足，就会更换诸侯的大臣，还要把秦国的女子嫁给诸侯，让她们住在魏国的宫廷里，到时候，魏王又还会感到安全吗？而将军您还能像原来一样得到魏王的宠信吗？"

听完这些话，新垣衍恭恭敬敬地向鲁仲连拜了两拜，说："原来我以为您是个普通人，现在我才知道自己错了。我马上回魏国，不再要赵王尊秦王为帝了。"秦军听到这个消息，后撤了50里。不久，魏国信陵君夺了晋鄙的军权，率军赶来援救，秦军撤离邯郸。

平原君要封赏鲁仲连，鲁仲连再三推辞。平原君又设宴招待他，喝到痛快时，平原君站了起来，拿出一千镒黄金，要给鲁仲连。鲁仲连笑着说："杰出的人之所以被人们尊敬，是因为他们替人消灾解难，而不取报酬。如果收了，那就成了生意人了。我鲁仲连决不会那样做。"告别平原君，终生不再和他相见。

书取聊城

燕国攻打齐国的时候，燕国一个将军率兵攻占了聊城。有些聊城人在燕王面前说他的坏话，说他想独自占据聊城。燕国将军知道以后，害怕燕王杀害自己，就一直留在聊城，不敢回去。齐国的田单率领齐国军队攻打聊城，打了一年多，死伤惨重，没能攻下来。鲁仲连就给燕国将军写了一封信，系在箭上射进城去。信上说："我听说，明智的人不会放弃好的机会，勇敢的人不会躲避死亡，忠诚的臣子不会先考虑自己，再考虑国君。但是现在您却因为一时的愤怒，就选择留在聊城，不回燕国，一点儿也不顾及您的国君在朝廷的威信，这是不忠；您要是战败身亡，丢了聊城，这是不勇；功业失败，名声破灭，后世没有人会称赞您，这是不智。您有了这3条，天下所有的君主都不会把您当自己的臣子，天下所有的游说之士都不会传颂您的功绩。聪明的人不能犹豫不决，勇敢的人不会害怕死亡。现在是关系到您的生死荣辱、贵贱尊卑的关键时刻，您要是再不果断地做出决定，机会就会失去。希望您好好考虑，不要和那些俗人一样。

"先前，楚国进攻齐国的南阳，魏国进攻齐国的平陆。齐国不向南反击，是认为即使丢了南阳，损失也不大，根本比不上夺得济北获得的利益。现在秦国已经派出军队，魏国就不敢向东进军。齐国与秦国连横，楚国处境危险，不能再打齐国了。齐国放弃南阳，下定决心要夺回聊城，是经过考虑定下的策略，您千万不要再观望了。现在，攻打齐国的楚国和魏国的军队都撤走了，而燕国又不向你派出救兵。齐国集中全国的兵力，全力来攻打聊城，您如果还一定要坚守下去，我看您是无能为力的。再说，燕国国内发生动乱，上至燕王，下至大臣，都束手无策，一片茫然；燕国将军栗腹带领10万大军在国外连打

历史关注

战国时，已形成了以道家气功学说为主体的养生之道。

5仗，都输了，堂堂一个拥有万辆战车的大国却被赵国所包围，落了个土地被夺、国君被困的结果，最后招致天下人的耻笑。可以说，现在的燕国，是国家衰败，祸患丛生，民心浮动。现在，您还率领着聊城疲惫的军民抵抗齐国全部军队的进攻，确实像墨翟一样善于据守；您的军队缺乏粮食，吃人肉充饥，用人骨头当柴烧，却没有哪个士兵背叛您，确实像孙膑一样擅长带兵。从这两点，天下人已经知道了您带兵的才能。

"但是，我为您考虑，觉得您不如保全兵力来报答燕国。只要您率领燕国军队完好无损地回到燕国，燕王一定非常高兴。百姓们也一定会赞扬您的功绩，这样您就能名扬后世。那样的话，您既能辅佐燕王，统率大臣，又资助士人和百姓，安定燕国，可以说是名利两全。您要是实在不想回到燕国，那么您还可以投靠齐国，齐王肯定会给您封地，让您的子孙后代永远富贵。这两个方案，希望您仔细考虑，加以选择。

"我听说，追求小节的人不能得到荣耀，以小耻为耻的人不能建立功业。从前管仲想射死齐桓公，但是却射中了他的衣带钩，这是犯上；他没有追随公子纠去死，这是怯懦；还身带刑具，被囚禁起来，这是耻辱。但凡有这3种情况的人，国君都不会用他作臣子，百姓也不会和他来往。如果管仲因此死了，那么到最后他也难免得到一个耻辱的名声，恐怕连奴仆都会羞于和他同名，更何况是老百姓呢！但是管仲不以被囚禁为耻辱，却以天下不能太平为耻辱；不以没有追随公子纠去死为耻辱，却以不能在诸侯中扬名为耻辱。所以最后他辅佐齐桓公成为五霸之首，自己也得以名扬后世。从前曹沫担任鲁国将军，打了几仗都输了，丢了500里的土地。如果曹沫因为羞耻而刎颈自杀，那么，到最后他也难免落个无能败将的丑名。但是曹沫却忘记耻辱，趁齐桓公大会天下诸侯的时候，凭着一把短剑，胁持齐桓公，让他归还鲁国被占的土地，自己却脸色不变，谈吐从容。这一下，就让天下人震惊，诸侯害怕，还让鲁国威名远扬。这两个人，忍受了一时的愤怒，树立了一世的威名，他们的功绩，和天地共存。希望您仔细考虑，尽快作出决定。"

·将相分权制·

战国时期，各诸侯国鉴于春秋时期卿大夫出将入相，大权在握，导致君权旁落的教训，也为了适应军队扩大、战争发展、指挥复杂的客观现实，普遍实行将、相分权的制度。齐、赵、魏、韩等国把统领军队的军官称为将、将军、上将军、大将军等。秦惠王从秦国将相合一的大良造中分离出来的相邦，后又被秦武王进一步分为左右二相。大良造在相权分出后，成为秦国武官之长。后撤销大良造，国尉升为武官之长。楚国武官之长称柱国、上柱国。战国时期将以下的武官设置也比较完备了，赵国设左司马、都尉，齐国设司马。秦、齐、赵、楚设郎中，郎中是国君的侍卫。各诸侯国都普遍设都尉，负责卫戍之职。秦国除了设立都尉外，又有中尉一职，负责警卫国都。秦王嬴政时设立卫尉，负责警卫宫廷。

燕国将军看了鲁仲连的信以后，哭了好几天，心里还是犹豫，不知道该怎么办才好。要是回燕国吧，和燕王有了嫌隙，可能会被杀；投降齐国吧，自己杀的齐人太多，齐国百姓也不会饶了自己。最后，百般无奈之下，他长长地叹了一口气，说："与其让别人来杀我，还不如自杀。"就拔出宝剑，自杀了。田单这才占领了聊城。

回到都城后，田单把鲁仲连写信给燕国将军、燕国将军因此自杀的事情告诉了齐王。齐王想要封赏鲁仲连。鲁仲连知道以后，就躲到海边，隐居起来，还说："与其屈身于人，获得富贵，还不如自由自在地生活，即便是穷困潦倒。"

太史公说：鲁仲连的议论主要旨意即使不合大义，可是我赞许他能以平民百姓的身份，纵横快意地放浪形骸，不屈服于诸侯，评论当世，却使大权在握的公卿宰相们折服。

中国大事记 | 公元前200年，汉高祖北击匈奴，被围白登山，史称“白登之围”。

屈原贾生列传第二十四

屈原和《离骚》

屈原名平，担任过楚国左徒和三闾大夫的官职。他学识渊博，记忆力强，明白国家治乱兴衰的道理，擅长辞令。屈原不但经常和楚王一起讨论国家大事，制定各种政策法令，而且负责接待各国来的使者，处理楚国的外交事务。楚怀王对他非常信任。

楚国有一个大夫，姓上官。他虽然和屈原职位相同，但非常嫉妒屈原的才能。有一次，楚怀王命令屈原制定法令，屈原刚写完草稿，还没修改，上官大夫就想夺为己有，屈原不肯给他。上官大夫就在楚怀王面前说起屈原的坏话：“大王，您让屈原制定法令，朝廷内外没有人不知道。但是每公布一条法令，屈原就自吹自擂，说是自己的功劳。”楚怀王听了以后，非常生气，就慢慢地和屈原疏远起来。

屈原见楚怀王不能分辨是非，不能辨明真伪，重用只知道溜须拍马的小人，不相信廉洁正直的人，感到万分痛心，最后忧愁苦闷，写下了《离骚》。

离骚，就是遭遇忧患的意思。上天是人的始祖；父母是人的根本。人在窘迫的时候，就会追念根本。所以在穷困疲惫的时候，没有不呼叫上天的；在疼痛难忍的时候，没有不呼叫父母的。屈原廉洁正直，一片忠心，为了楚国而竭尽才智，却被小人陷害，他的处境可以说是极端窘迫了。他忠心为国却被国君怀疑，又怎么会没有悲愤之情呢？屈原写《离骚》，就是为了抒发这种感情。《诗经·国风》虽然有许多描写男女恋情的作品，却并不淫乱；《诗经·小雅》虽然表达了百姓对朝政的怨恨之情，却不主张反叛。而屈原的《离骚》，可以说是兼有以上两者的优点。《离骚》往上追述帝喾的事迹，赞扬齐桓公的伟业，中间还叙述商汤、周武的德政，来批评时政。

《离骚》的语言非常简单凝练，内容托意深微，情志高洁，品行廉正。虽然描写的是细小的事物，却精深博大；虽然举的例子随处可见，含义却非常深远。情志高洁，所以经常用香草来作比喻；品行廉正，所以至死也不放松对自己的要求。身处污泥浊水之中而能洗涤干净，就像蝉从浊污中解脱出来，在尘埃之外浮游一样，不被世俗混浊玷污，出污泥而不染。可以说，屈原高尚的情志，可以和日月争辉。

屈原被贬以后，秦国想攻打齐国，可是齐国和楚国合纵。秦惠王就派张仪带着丰厚的礼品来到楚国，对楚怀王说：“秦国非常痛恨齐国，想攻打齐国，如果楚国和齐国断交，那么秦国愿意献出商於一带六百里土地给大王您。”楚怀王贪图小利，相信了张仪，就和齐国断绝了关系，然后派使者和张仪一起去秦国接收土地。没想到到了秦国，张仪却对使者说：“我和楚王约好的是六里地，而不是六百里。”楚国使者马上赶回楚国，告诉楚怀王。楚怀王气得七窍生烟，马上派部队攻打秦国。秦国派兵迎击，在丹水、淅水一带大破楚军，杀了楚军8万人，还俘虏了楚国将军屈丐，又攻占了楚国汉中一带。楚怀王又发动全国的军队，攻打秦国，在蓝田和秦国军队交战。没想到螳螂捕蝉，黄雀在后。魏国趁着楚国国内空虚，偷袭楚国。楚国军队不得不从秦国撤军回国。齐国因为痛恨楚怀王背弃盟约，不肯派兵援救楚国，楚国顿时处境非常艰难。

第二年，秦国想用武关外一带的土地交换楚国黔中一带。但楚怀王怨恨张仪欺骗自己，就说：“我不要土地，只要得到张仪就甘心了。”张

历史关注 | **汉朝时，谷物加工中已使用扬车（风扇车）。出现开大沟、修水利用的铃够（大铁犁）。**

饮酒读《离骚》图　明　陈洪绶

《离骚》历来为忧愤之士所爱，图为一位士人坐于兽皮褥上正饮酒读《离骚》，一副激愤而又无可奈何之状，大有击碎唾壶一展悲吟之意。

仪知道以后，就对秦王说："我一个人，就能换来黔中一带的土地，实在是秦国的福气。我愿意去楚国。"张仪去了楚国。

到了楚国之后，张仪就给大臣靳尚送上厚礼，让他说服楚怀王的宠姬郑袖，让她在楚怀王面前为自己求情。枕边风还真是厉害，怀王马上听信了郑袖的话，放了张仪。刚从齐国回来的屈原向怀王进谏说："上次张仪那样欺骗大王您，您为什么不杀了张仪呢？"楚怀王听了屈原的话，想起自己上当了，非常后悔，连忙派人快马加鞭地去追杀张仪，但已经晚了。

后来秦昭王想和楚怀王见面，楚怀王想要去，屈原又劝他说："大王，现在的秦国就像虎狼一样，不值得信任。大王您最好还是不要去。"可是楚怀王的小儿子子兰却劝怀王说："您为什么要拒绝秦王的好意呢？还是去好。"怀王最终还是去了。

果然和屈原预料的一样，楚怀王一到武关，就被秦国扣留。秦国要挟楚怀王割让土地，楚怀王坚持不肯答应，最后死在秦国。

屈原投江

楚怀王死在秦国以后，他的长子继承王位，也就是顷襄王。顷襄王任用他的弟弟子兰做令尹。楚国百姓们都非常怨恨子兰，因为当时秦王邀请楚怀王去秦国的时候，就是子兰劝楚怀王去的秦国。

屈原虽然被楚王流放在外，但是他仍然一心眷恋着楚国，怀念着怀王，从来就没有放弃回到朝廷、重新服侍怀王的希望。他一心希望楚王能够觉悟过来，改正以前的错误。他还一心想着应该怎样做才能让楚国重新强大起来。

在他的作品里面，他多次表达了自己的这些思想。一个国君，不管他是笨还是聪明、是贤明还是不贤明，都希望有忠臣来帮自己。但是历史上却总是发生国破家亡的事，几代也见不到一个能够治理国家的明君，这是因为那些国君们所说的忠臣其实并不忠心，他们所说的贤人也并不贤能。楚怀王在宫殿里面被郑袖迷惑，在朝廷上又被张仪欺骗，最后疏远了屈原，反而去信任上官大夫和令尹子兰，最后落了个兵败割地、客死他乡的结果，被天下人耻笑，这就是不了解人所带来的祸害。《易经》说："井里的水已经淘干净了，却还没有人喝，我心里感到难过。因为井水本来是给人饮用的。国君英明，天下就都能得福。"国王不英明，又怎么会有幸福呢？

楚国令尹子兰听说流放在外的屈原对他心怀怨恨，非常生气，就让上官大夫在顷襄王面前说

中国大事记

公元前198年，汉以宫女冒充公主嫁与冒顿单于，与匈奴第一次“和亲”。

屈原卜居图卷 清 黄应谌 绢本

本画描绘屈原被放逐后，心怀国事而不能为，因而心思迷乱，遂拜访太卜郑詹尹，询问自处之道的情景。图中山势高峻，树木蓊郁，溪水潺潺，近处殿堂折落，堂内桌案之上日晷、龟策等卜器整齐排放，一白发苍苍的老者拱手迎接来客。屈原头戴纶巾，身披广袖长袍，腰系丝绦，长可及地，二人隔门相揖。旁边童子执杖侍立，树下奚官牵马等候。

屈原的坏话。顷襄王本来就不喜欢屈原在自己旁边啰啰唆唆，就听信了上官大夫说的坏话，又把屈原放逐到了更远的地方。

无比抑郁的屈原披头散发，来到了江边。江边有一个渔父在悠闲地钓鱼。渔父看见一个人远远地走了过来，心里就想：这不是三闾大夫屈大人吗？等到走近了，渔父就问他：“您不是三闾大夫吗？怎么不在都城啊，为什么来到了这个地方？”屈原说：“世上都混浊，只有我一个人清白。其他的人都醉了，唯独我一个人还清醒，所以我被放逐了。”渔父说：“我听说只要是圣人，就都不被外界的事物所拘束，而且能够顺应时世的转移变化来自我调节。现在既然世上都混浊了，那大人您为什么不随波逐流呢？既然其他人都醉了，您又为什么不去吃他们吃过的酒糟，喝他们喝过的薄酒呢？却还要保持美玉一样的节操，自取被逐？”屈原说：“我听说，刚洗过头的人，必须弹去帽子上的灰尘，刚洗完澡的人，必须抖掉衣服上的尘土。又有哪个人愿意让自己洁白的身体，受到外界事物的污染呢？我宁肯投进长流的大江，葬身在鱼腹之中，也不愿意让我高洁的品德，蒙受世俗的尘滓的污垢！”

愤怒和忧郁充斥于胸，屈原写下了著名的《怀沙》一赋。此文里面说：

“阳光灿烂的初夏呀，草木茂盛。悲伤总是充满胸膛啊，我匆匆来到南方。眼前一片茫茫啊，没有一点儿声响。我是这么的忧郁啊，这样的日子实在太长了。我自我反省，总感觉自己没有过错，却总是蒙受冤屈。

“事情竟然黑白混淆，上下颠倒。凤凰被关在笼子里啊，野鸡却在外面飞翔。美玉劣石掺杂在一起啊，人们竟然认为差不多。小人嫉妒我啊，不了解我的情操。

“任重道远啊，不能向前。身怀美玉品德啊，又可以向谁倾诉？外拙内秀啊，大家不知道我的异彩。璞玉被丢弃啊，没人知道我的才智品德。我秉持仁义啊，注重恭候。虞舜不可再求啊，谁能知道我的志向？古代的圣贤也不在啊，又有谁能了解？商汤夏禹多么久远啊，实在难以追述。强忍不平啊，更加坚强。经历磨难而不改变初衷啊，只盼我的志向成为后人的榜样。我顺路向北啊，迎着昏暗的阳光。强颜欢笑啊，迎接前方的死亡。”

屈原写了《怀沙》之后，就抱住一块石头，跳进了汨罗江，希望能够用自己的一死，来唤醒楚国国君和百姓。

历史关注 | **汉朝时，前耕犁已有翻土装置——犁壁，壁形分菱形、瓦形、方形缺角形、马鞍形等种。**

屈原死了以后，楚国有宋玉、唐勒、景差一些人，都爱好文学创作，也都以善于作赋而闻名。他们和屈原的风格一样，委婉含蓄，但美中不足的是他们没有屈原的铮铮铁骨，不敢直言规劝楚王。从此以后，楚国的领土一天天被削减，仅仅过了几十年，就被秦国灭亡。

屈原投江100多年以后，汉代有个叫贾谊的人，做了长沙王的太傅。他在路过湘水的时候，写文章投进江水里，凭吊屈原。

不得志的贾谊

贾谊是洛阳人，18岁就能吟诗作赋写文章。吴郡的廷尉是河南的太守，听说贾谊才华出众，就召他到自己门下，而且非常喜欢他。汉文帝即位以后，听说河南太守治理地方是天下第一，而且曾经和李斯在同一个地方一起学习过，就任命他为廷尉。吴廷尉又向文帝推荐贾谊，说他年纪虽轻，但是非常精通诸子百家。于是文帝召贾谊为博士。当时贾谊才20来岁，是所有博士中最年轻的。每次要商讨事情，其他人都没有办法应对，只有贾谊能够从容应付。文帝更加欣赏他，才过了一年就提拔他为太中大夫。

贾谊不仅才华出众，还非常关心当时的政治局势。他认为从汉朝建立到文帝即位的几十年，天下太平，应该改正历法并且振兴礼乐。文帝听了他的建议以后，就想任命他担任公卿的职位，但是绛侯、灌侯、东阳侯，以及冯敬他们的属下都在文帝面前说贾谊的坏话，说："贾谊只不过是一个洛阳人，年纪轻轻的，稍微学到点东西，就想着执掌朝廷的大权，扰乱皇上您的决定。"文帝听了他们的谗言以后，就逐渐疏远了贾谊，也就不听取他的建议，还让他去担任长沙王的太傅。

贾谊于是告别了汉文帝，前去长沙。在经过湘水的时候，贾谊有感而发，写下了一篇辞赋，凭吊楚国的屈原。辞赋里面这样说：

"我奉天子的命令，带罪来到长沙。听说屈原自投汨罗，坠江而死。现在在这湘水旁边，特意来凭吊先生。是那纷乱的社会，让您自杀身亡。唉，这是多么悲伤的事情啊！您在那个不幸的时代，鸾凤潜伏隐藏，鸱枭却自在翱翔。没有才华的小人横行当道，溜须拍马的人得志猖狂；圣贤的人不能随心所欲，方正的人却居人之下。世上的人竟然说伯夷很贪婪，盗跖很廉洁；还说莫邪宝剑太钝了，而铅做的刀反而锋利。唉呀！先生您真是太不幸了，无缘无故遭到这样的灾祸！丢弃了周代无价鼎，反而把破烂的瓠当奇货。驾着老牛和跛驴，却让骏马拉盐车。还把帽子当鞋垫，这样的日子又怎么能够长远？哎呀，先生您真是不幸，只有您遭受这样的灾祸！

"还是算了吧！既然大家都不了解我，我又能够去向谁诉说自己的不快呢？凤凰远去，本应引退。效法神龙，隐在深渊，躲藏祸害。韬光晦迹，不与水蛭为邻。如果说是良马，又怎么和牛羊区分！您遭到这样的灾祸，其实您自己也有责任。您尽可以浪迹天涯，又何必留恋故乡？凤凰在天空飞翔，看到有德行的国君才下来栖息。但是一旦发现有危险，就会振翅飞走。小水坑又怎么能容下大鱼？但是大鱼，最后却还要受制于蝼蚁。"

担任长沙王太傅的第三年，有一天，一只鹗鸟飞进他的房间，停在他的座位旁边。贾谊原本就因为被贬到长沙来，心里很忧郁，而且长沙气候潮湿，地势低洼，总以为自己寿命不长，看见这只鸟，就更加伤痛，于是又写下了《鹏鸟赋》，自我安慰。

一年多之后，贾谊奉命回到京城，拜见汉文帝。汉文帝有感于鬼神之事，就问贾谊鬼神的本质是什么。贾谊就详细地讲述了鬼神之事的种种情形。文帝听得全神贯注，不知不觉地在座席上往贾谊身边移动。听完以后，文帝对别人慨叹说："我很久没见贾谊了，自以为自己的才华已经超过了他，现在看来，我还是比不上他啊。"

文帝任命贾谊为梁怀王太傅。梁怀王是汉文帝的小儿子，喜欢读书，非常得汉文帝的宠爱，所以汉文帝才让贾谊当他的老师。几年后，梁怀王骑马的时候不小心掉下来摔死了，没有留下后代。贾谊认为自己没有尽到责任，非常伤心，哭了一年多，也死了，年仅33岁。

中国大事记 | 公元前 196 年，吕后用计杀死韩信。

吕不韦列传第二十五

奇货可居

吕不韦是阳翟的大商人，他低价买进货物，然后高价卖出，赚取差价，积累了几千两黄金。

秦昭王四十二年（公元前 265 年），秦昭王立安国君为太子。安国君把他最宠爱的姬妾华阳夫人立为正夫人，华阳夫人没有儿子。安国君有 20 多个儿子，其中一个叫作子楚。子楚的母亲叫作夏姬，不得安国君的宠爱。子楚作为秦国的人质，被质留在赵国。秦国几次攻打赵国，所以赵国对子楚不是很和善。

子楚在赵国，因为秦国和赵国的关系，十分困窘。他出入连马车都没有，手中拮据。吕不韦听说了子楚的事情，就说："真是奇货可居啊！"吕不韦一路打听，找到了子楚的住处。吕不韦一见子楚，就对他说："我能够让你变得富贵。"子楚见他不过是一个商人，不由得哈哈大笑，说："你只是一个小商人而已，你还是先自己得到富贵，然后再来帮我吧！"吕不韦根本不在意他的嘲笑，反而严肃地说："只有你富贵了，我才能够富贵啊！"子楚心里一惊，明白了他的意思。于是，子楚一改刚才狂妄的态度，恭敬地请吕不韦进了房间。

子楚让吕不韦坐上座，然后拜了一拜，说："请问您来有什么能够帮我的吗？"吕不韦毫不客气地说："现在秦王已经老了，太子安国君非常宠爱华阳夫人，但是华阳夫人却没有儿子，是吗？"子楚回答说："是的。"吕不韦又紧接着说："安国君既然那么宠爱华阳夫人，而华阳夫人又没有儿子，那么肯定华阳夫人能够左右安国君立谁为太子了。安国君有 20 多个儿子，公子您呢，既不是大儿子，也不得安国君的宠爱，再加上您在赵国充当人质，可以说，您是没什么机会成为嗣君的。"子楚听到这些话，再想想自己在赵国受到的待遇，黯然地点了点头，说："您说的很对啊。但是又有什么办法呢？"吕不韦见状，马上说道："办法还是有的。虽然您现在落魄，客居赵国充当人质，没办法去结交诸侯各国的宾客和秦国的亲人，但是您要是看得起我的话，就请允许我带千两黄金，去秦国为您打通华阳夫人和安国君的关节，让他们立您为嗣君。"子楚此时已经把希望都寄托在他身上，闻此言重重地磕了一个头，说："您要是真的成功了，等我当上秦国国君，我一定和您共享荣华富贵。"

吕不韦给了子楚五百两黄金，让他在赵国结交宾客。之后，他又花了五百两黄金，买了一些珍玩宝物，亲自来到秦国。到了秦国后，吕不韦先拜见了华阳夫人的姐姐。通过华阳夫人的姐姐把所有的财宝以子楚的名义统统献给华阳夫人，并让她转告华阳夫人说："子楚虽然是被扣留在赵国，但是他非常贤能，在赵国广交天下宾客。他把夫人看成自己的天，常常痛哭流涕，思念夫人您和安国君。"接下来，吕不韦又让华阳夫人的姐姐对华阳夫人说："我听说依靠美色来取得宠爱的人，等到老了，也就不会被宠爱了。现在夫人您侍奉太子，虽然得到宠爱，但是却没有生儿子。如果您不趁早从诸公子当中选一个英明贤能的，然后扶立他为继承人，您又怎样保有自己的富贵呢。在赵国做人质的子楚，排行居中，生母又不受太子宠爱，您要是不帮他，被立为继承人的可能几乎没有。而今他自己主动来依附夫人，您不如在此时选立他为继承人。他一定会对您感恩戴德，这样，您也能永享富贵。"华阳夫人听后，便下了决心。

历史关注

汉长安城的市区规划大体可分为宫殿、市场、作坊和居民区等。

华阳夫人趁着安国君空闲的时候，哭着对他说："臣妾得到上天的眷顾，让太子您如此地宠爱我，但是我没能为您生下一个儿子，实在是我的无能。现在太子您的儿子子楚在赵国充当人质，他非常贤能，而且对我非常孝顺。希望太子您能够立他为嗣君，这样我老了也就能够有所依靠了。"安国君答应了她，和她刻下玉符作为约定，又赏赐很多礼物给子楚，还让吕不韦辅佐他。

李代桃僵

吕不韦帮助子楚获得安国君和华阳夫人的欢心以后，又被安国君任命为子楚的师傅，负责辅佐教导子楚。

吕不韦娶了赵国一个富豪的女儿为妾，不久赵女有了身孕。一天，子楚来到吕不韦家里，吕不韦设酒宴款待他。酒酣耳热之际，吕不韦让赵姬出来跳舞。子楚一看见赵姬，两只眼睛就瞪得大大的。一曲终了，子楚对吕不韦说："先生，不知道这位女子是何人啊？"吕不韦知道他的心意，就回答说："哦，公子，这是我前几天刚买回来的一个舞女。"子楚一听是个舞女，连忙说："先生，我有个请求，不知道您是否能够答应啊？"吕不韦道："公子您请说，只要我吕不韦能够办到的，我都尽力而为。"子楚高兴地说："那就多谢先生您了。是这样的，我，我想请先生您把这位女子送给我，做我的姬妾。"吕不韦虽然很心痛，但是还是回答说："公子您先回去，我把她打扮打扮，再把她送给您吧！"子楚虽然迫不及待地想得到赵姬，但是也知道这种事情急不来，就说："这样也好。那就要麻烦先生您了。我先回去了。"离开了吕府。

子楚一走，吕不韦就按捺不住怒火，一把抓起桌子上的酒杯，用力往地上一摔，说："不知道进退的家伙！我拿出万贯家产，好心好意帮你打通关节，让你得到安国君和华阳夫人的欣赏，满以为能够依靠你得到富贵，没想到你现在还没当上国君，就连我最宠爱的姬妾都想要了。真是岂有此理！"吕不韦怒气冲天，但转而一想，自己为了子楚，连毕生的积蓄都搭进去了，要是现在为一个女人得罪了子楚，那么以往所有的努力，不是都白费了吗？到时候，自己不但不能官居高位，享受荣华富贵，反而会两手空空，一无所获了。算了，还是把赵姬高高兴兴地献给子楚吧。

子楚得到赵姬后欣喜若狂，对吕不韦感激涕零。不久后，赵姬顺利地生下了一个儿子，取名叫政（他就是后来的秦始皇）。子楚非常高兴，马上立赵姬为夫人，但赵姬对子楚隐瞒了之前已经怀孕的真相。

公元前257年，秦国派军队围攻邯郸，赵国人痛恨秦国，想杀了子楚。子楚就和吕不韦密谋，收买了赵国守城的官员，逃到秦军大营，最后回到了秦国。赵国又想杀子楚的妻子和儿子，然而赵姬是赵国人，她就设法藏了起来，逃脱一死。公元前251年，秦昭王去世，安国君继位，也就是孝文王，他立华阳夫人为王后，子楚为太子。赵国得信，便派人护送子楚的夫人和儿子嬴政回到秦国。

公元前250年，秦孝文王去世，子楚即位，他就是庄襄王。庄襄王尊奉华阳王后为华阳太后，生母夏姬为夏太后，又任命吕不韦为丞相，封为文信侯。3年后，庄襄王去世，太子嬴政继立为王。嬴政仍以吕不韦为丞相，尊称他为"仲父"。这个时候的吕不韦，可以说是权势赫赫，威震八方。

当时，魏国信陵君、楚国春申君、赵国平原君和齐国孟尝君，被称为"四公子"。他们礼贤下士，结交宾客，名扬四海。吕不韦认为秦国如此强大，而自己也是堂堂丞相、秦王的仲父，不应该被他们比下去，就让门客把平生看到的和听到的东西和事情都记录

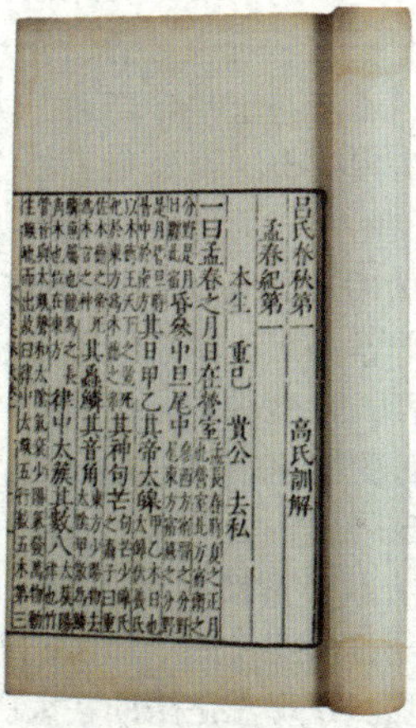
呂氏春秋第一　高氏訓解
孟春紀第一
本生　重己　貴公　去私

《吕氏春秋》书影

中国大事记 公元前196年，汉高祖刘邦派陆贾出使南越，封赵佗为南越王。

下来，综合在一起，汇成一书，定名为《吕氏春秋》。全书分八览、六论、十二纪，一共20多万字。他还把书的内容写在布匹上，挂在咸阳的城门上，宣布谁要是能够增加或者修改一个字，就给他一千两黄金的赏金。但是最后也没有一个人能够做到。

饮鸩自杀

吕不韦当上秦国的丞相后，在秦国可以说是一手遮天，再加上嬴政当时年纪还很小，尊他为仲父，他的权势就更大了。

但是嬴政日渐长大，对秦国的局势和宫中的情况也越来越了解。更重要的是，嬴政年龄虽小，却有着统治天下的野心。他知道吕不韦是他掌握秦国实权的最大障碍，一直在考虑如何来铲除他。

庄襄王去世后，太后赵姬非常淫乱。她和吕不韦旧情重燃，经常秘密来往，吕不韦也经常出入太后的宫殿。看着嬴政渐渐长大，吕不韦害怕了，担心自己和太后私通的事会被秦王得知。而且，他意识到像赵姬这样不检点，迟早会出事的，自己可不能不收敛一些。

吕不韦偷偷地找到一个叫作嫪毐的人，让他做自己的门客。吕不韦又想办法让太后知道咸阳有这么一个人，来引诱她。

太后听说之后，果然动了占据嫪毐的念头。吕不韦心里暗自高兴，就进献嫪毐，还假装让人告发嫪毐，说他犯了罪，应该处以宫刑。吕不韦又暗中对太后说："您可以让嫪毐假装受了宫刑，然后再让他进宫服侍您。"太后一听这个主意，非常高兴，就偷偷地送给主持宫刑的官吏许多东西，让他假装处罚嫪毐，又拔掉嫪毐的胡须，让他扮成宦官，进宫服侍。太后得到嫪毐后，非常宠爱他，暗中和他通奸。后来太后怀了嫪毐的孩子，害怕被别人知道，就假装说住在咸阳不吉利，需要换一个环境，于是搬到雍城的宫殿里居住。嫪毐总是陪同在太后左右，宫中的事情都由他决定，而且嫪毐的门客和奴仆有好几千人。

秦王政七年（公元前240年），庄襄王的生母夏太后去世。因为孝文王后，也就是华阳太后，和孝文王一起合葬在寿陵。夏太后的儿子庄襄王葬在芷阳，所以夏太后就决定单独埋葬在杜原之东，说是"向东可以看到我的儿子，向西可以看到我的丈夫。在百年之后，旁边定会有个万户的城邑"。

秦王政九年（公元前238年），有人告发嫪毐其实并不是宦官，还和太后私通，生下了两个儿子。嫪毐知道有人告发了自己，就把两个儿子藏起来，不让别人知道，还和太后谋议说："如果秦王死了，就立我们的儿子继位。"秦王政勃然大怒，命令手下严厉查处这件事情，一定要弄清出全部真相。

这年九月，查清事实之后，愤怒的秦王嬴政将嫪毐一家三族全部杀光，还杀了太后和嫪毐生的两个儿子。嬴政又把嫪毐的门客全部迁往蜀地，并且没收了他们的财产。随后，秦王把太后迁到雍地幽禁起来。

因为这件事情牵涉到丞相吕不韦，秦王想杀掉他，考虑到他辅佐先王的时候，功劳太大，再加上有很多的宾客和游说的人为他说情，秦王不忍心，便放过了他。

秦王政十年（公元前237年）十月，秦王免去了吕不韦的丞相职务。在齐人茅焦的劝说下，秦王嬴政到雍地迎接太后，接她回到咸阳居住。不久，秦王又把吕不韦遣出京城，让他去河南的封地。

又过了一年多的时间，各诸侯国的宾客使者络绎不绝，前来问候吕不韦。秦王担心吕不韦势力太大，会发动叛乱，就写信给吕不韦说："你对秦国有什么功劳？秦国封你在河南，给你封邑10万户。你和秦王有什么关系？却叫你做仲父。现在命令你和你全家都迁到蜀地去居住！"吕不韦想到秦王对自己一再逼迫，害怕日后被杀，就喝下毒酒自杀而死。

秦王看见自己痛恨的吕不韦和嫪毐都相继死去，就让迁徙到蜀地的嫪毐门客们回到了京城。秦王政十九年（公元前228年），太后去世，谥号为帝太后，和庄襄王一起合葬在芷阳。

历史关注 | **汉初，黄河流域农田水利建设形成高潮，黄河中下游地区发展井灌。**

刺客列传第二十六

专诸刺吴王

专诸，是吴国堂邑人，长得虎背熊腰，英武有力。专诸对母亲非常孝顺，是有名的孝子。

伍子胥到了吴国后，就劝说吴王僚攻打楚国。但是公子光却对吴王僚说："大王，那个伍子胥，他的父亲和哥哥都是被楚王杀死的，所以他才会劝说您攻打楚国。他这样做，只不过是为了给他的父亲和哥哥报仇，并不是替大王您考虑。"吴王一听，觉得公子光说的很对，就不再商量讨伐楚国的事情。伍子胥知道公子光有杀掉吴王僚、自立为吴国国君的想法，就把专诸推荐给公子光。公子光结识专诸以后，对他非常尊敬。

公子光的父亲是吴王诸樊。诸樊有3个弟弟：大弟弟余祭，二弟弟夷眛，最小的弟弟季札。诸樊知道季札贤明，就故意不立太子，想依照兄弟的次序把王位传下去，最后就能把国君的位置传给季札。等到诸樊死了以后，王位传给了余祭。余祭死后，又传给夷眛。但是夷眛死后，季札却不肯当吴国的国君，于是吴国人就拥立夷眛的儿子僚做了国君。公子光非常生气，说："如果按照兄弟次序，那么是季札应该立为国君；但是如果传给儿子的话，我是诸樊的嫡子，也应该是我做国君。"所以他常秘密地结交一些敢死之士，想靠他们的帮助夺得王位。

吴王僚十一年（公元前516年），楚平王去世。吴王僚趁着楚国办丧事，派他的两个弟弟公子盖余、烛庸率领军队包围楚国的潜城，派延陵季子（指季札）到晋国，观察各诸侯国的动静。没想到楚国出动军队，断绝了盖余和烛庸的后路，吴国军队没有了退路，回不了吴国。这时公子光兴奋不已，就对专诸说："好机会如果不去争取的话，又怎么能够有所得呢！现在机会这么好，况且我又是真正的继承人，应该做吴国的国君。我要做了国君，即使是季札回来，他也不能废掉我呀。"专诸听了，便自告奋勇地回答说："我可以去刺杀吴王僚。"公子光一听，非常激动，跪在地上，对专诸叩头，说："先生，我公子光的身体，也就是您的身体，其他的事情，您就不用管了，我会为您办好的。"

公子光召集专诸和伍子胥等人，一起商议该怎么安排。公子光决定假装邀请吴王僚来自己家里做客，说有从太湖来的厨师非常善于烤鱼，然后自己事先派许多人藏在四周，伍子胥再带领几百个人在外面接应。

等到一切都安排好了以后，公子光就去吴王

·战国五大刺客·

荆轲，战国末年刺客。卫国人。燕国的太子丹想寻找能刺杀秦王政的人，就把荆轲请来，奉为上宾。结果，没有成功，荆轲和秦舞阳都死在了秦国武士们的刀下。

曹沫，生卒年不详，他在齐桓公和鲁庄公于柯（今山东省聊城市东阿县）会盟时，持匕首劫持齐桓公，强迫他归还侵占鲁国的土地，齐桓公被迫同意。

专诸，公元前575年，他用藏在鱼腹中的匕首刺死了吴王僚，帮助吴公子光（即阖闾）夺取了王位。

豫让，生卒年不详，本为晋国大夫智伯的卫士。智伯被赵襄子杀死后，他先后两次化装刺杀赵襄子，企图为智伯报仇，但都未成功，后被捕。

聂政，于公元前397年帮韩国大夫严遂刺死了与之争权夺利的相国侠累，他也自刎而死。

中国大事记 | 公元前 195 年，汉高祖刘邦去世，葬于长陵，汉惠帝继位，吕后掌权。

宫殿里面，拜见吴王僚，说："大王，我家里有一个从太湖来的厨师，他非常擅长烤鱼。他烤的鱼，味道特别好。我想邀请大王您前去品尝。"吴王僚答应了他。

但是吴王并没有急着去，而是派出了一些人先去公子光的家里进行密查，预先布置安全措施。幸好公子光已经事先把自己府里面的勇士都分散在隐蔽的地方藏了起来，才没有被来人发现什么破绽。

这年四月丙子日，公子光在自家的地下室里埋伏下身披铠甲的武士，精心置办酒席，宴请吴王僚。吴王僚知道公子光心怀不轨，颇为戒备。从王宫到公子光家的路上，布满忠诚精锐的王宫卫队。不仅如此，他还在公子光家的门口和要经过的台阶两旁，都安排上自己的亲兵卫士。负责保卫吴王僚的侍卫们夹道站立，手持长剑，高举着长矛，气象森严。

吴王僚来到公子光家，开宴欢饮，酒酣耳热之际，公子光假装对吴王僚说自己脚痛得难受，就躲了起来。知道公子光出去以后，专诸扮作厨师，用手托着托盘，盘里面盛着一条鱼，走了出来。到了吴王面前，专诸假装把鱼献给他。说时迟，那时快，专诸突然抽出事先藏在鱼肚子里的鱼肠剑，猛地刺向吴王僚。吴王僚大叫一声，立即死去。专诸也被吴王僚的卫士们杀了。公子光带着自己的那些勇士，全歼了吴王僚的卫士。随后，公子光自立为吴王，他就是阖闾。而专诸的儿子被阖闾封为上卿。

豫让报智伯

豫让是晋国人。当时晋国有几个大家族，其中有范氏、中行氏、智氏等。豫让曾经在范氏和中行氏两家做事，但是都没有得到他们的重用，也没混出什么名声。他又去投靠智伯，智伯特别尊重他，把他当作上宾对待。

后来智伯攻打赵襄子，赵襄子就和韩氏、魏氏一起合谋消灭了智伯。赵、韩、魏三家灭了智伯以后，瓜分了他家的封土，赵襄子更是把智伯的头盖骨做成了喝酒用的罐子。

智伯一死，豫让就躲藏起来，隐居到深山里，说："唉！士为知己者死，女为悦己者容。智伯是我的知己，只有他能够了解我，对我那么好，我一定要用自己的生命来报答他，为他报仇。如果我真的能够给他报仇的话，那么，即便是死了，也没有什么愧疚的了。"

为了给智伯报仇，豫让改名换姓，装成受了刑的人，去赵襄子的宫里清理厕所，想寻找机会刺杀赵襄子。为了能够抓住机会，他身上时时刻刻都藏着一把匕首。有一次，赵襄子要上厕所，突然觉得有一种杀气，心里顿时感到非常不安。他立刻派人拘拿清理厕所的人，审问后才知道他是豫让，而且衣服里还藏着一把匕首。豫让盯着赵襄子，坚定地说："我来这儿就是为了杀你，替智伯报仇！"赵襄子的侍卫们都请求赵襄子下令杀了他。赵襄子却说："他给自己的主人报仇，也可以说是义士了，我又怎么能够杀了他呢？以后我自己小心避开他就是了。"于是把豫让放走了。

·《司马法》·

《司马法》是中国古代一部著名的兵书。相传是姜子牙所写，但到了战国时已经散佚。据《汉书·艺文志》记载，当时《司马法》共 155 卷。东汉以后，马融、郑玄、曹操等人的著作中，都曾以《司马法》为重要文献资料而加以征引，据以考证西周和春秋时期的军制。晋唐之间，杜预、贾公彦、杜佑、杜牧等人，也多以《司马法》为立说的根据，可见《司马法》在当时仍具有军事权威著作的声誉。宋元丰中（1078 ～ 1085 年）把《司马法》列为"武经七书"之一，颁行武学，定为将校必读之书，其重视程度，也不减晋唐。迄至清朝，姚际恒、龚自珍等人，疑为伪书。但对他们所质疑的问题，详加考查，显然根据不足。《司马法》流传至今已 2000 多年，亡佚很多，现仅残存 5 篇。但就在这残存的 5 篇中，也还记载着从殷周到春秋、战国时期的一些古代作战原则和方法，对我们研究那个时期的军事思想，提供了重要的资料。

历史关注 | **汉朝时，长江中下游地区通行“火耕水耨”的耕作方法。**

但是豫让不死心，继续寻找机会。为了不被人认出来，他在身上涂上漆，皮肤因此红肿溃烂，好像浑身得了癞疮一样。他还吞下火炭，让自己的声音变得嘶哑。就这样，人们再也认不出他就是豫让，而且也听不出他的声音，就连他的妻子都不认识他了。豫让天天在街上讨饭，就是为了能够刺杀赵襄子。

有一天，豫让在街上乞讨的时候，突然碰上了他原来的一个朋友，还被他给认了出来。朋友看着豫让，非常惊奇地问他说：“你不是豫让吗？怎么变成这样了？难道我看错了吗？”看着朋友吃惊的样子，豫让回答说：“你没有看错，我就是豫让。”朋友看着他，十分心酸，眼泪禁不住流了下来，对他说：“凭着你的才能，只要你去投靠赵襄子，赵襄子肯定会非常重用你。到那个时候，你再去刺杀他，不就容易多了吗？为什么要像现在这样呢？而且你这样来刺杀赵襄子，不是更困难吗？”豫让回答说：“你说得不对。如果我去投奔赵襄子，暗中寻找机会去刺杀他，那么可以说我这是怀着二心对待君主。而我之所以现在这样做，不惜毁了自己的容貌，加以自残，就是为了让那些怀着二心侍奉君主的人们感到惭愧和羞耻！”说完这些，豫让就走了。

不久以后，豫让打听到赵襄子的行踪，就事先躲在他一定要经过的桥下面。赵襄子一来到桥上，他的马就不知道为什么受了惊。赵襄子断言说：“一定是豫让在这儿。”他派人去搜查，果然发现了豫让。赵襄子想起豫让一直不放弃对自己的刺杀，感到非常不解，就问他：“您原来不是曾经侍奉过范氏和中行氏吗？您侍奉他们的时候，智伯把他们都消灭了，我却没有听说您为他们报仇，最后反而投靠了智伯，当了智伯的家臣。现在智伯已经死了，您又为什么一定要为他报仇呢？难道就不能放弃吗？”豫让听了他的问题，回答说：“从前我侍奉范氏和中行氏的时候，他们只把我当作一般人对待，所以我也像一般人一样报答他们。但是我侍奉智伯的时候，他却把我当作国士一样来看待，所以我就像国士那样报答他。”

赵襄子听了他的回答，长长地叹了一口气，流着眼泪说：“您真的是一个忠心耿耿、英勇无比的人啊！现在您为智伯报仇，已经成名了；而我也几次都饶恕您了。这一次，我一定不会放过您！”于是士兵们团团围住了豫让。豫让昂头说：“我听说贤明的君主不埋没别人的美名，而忠臣也愿意为美名去死。以前您宽恕了我，天下的人都称赞您的贤明。今天我罪该处死，但是我希望您能把您的衣服赐给我，让我刺它几下，这样的话，我即使死了也没有遗恨了。”赵襄子被他的忠心所感动，就脱下衣服，给了他。豫让拔出宝剑，跳了起来，用力地刺赵襄子的衣服，大声地说：“我终于可以报答智伯对我的恩情了！”一连刺了几下，才拔剑自杀。

赵国的人听到这个消息，都感叹不已。

聂政为知己者死

聂政是轵地深井里人。他因为杀了人，躲避仇家，就带着母亲、姐姐逃往齐国。到了齐国以后，靠屠宰为生。

濮阳的严仲子和韩国国相侠累结下了仇怨。严仲子怕侠累杀害自己，就逃离了韩国。他四处游历，寻访能替自己杀掉侠累的人。到了齐国，他听说有个叫聂政的人，非常勇猛，只是因为躲避仇家，不得已以屠宰为业。

严仲子亲自登门拜访，此后，经常与聂政来往。一天，严仲子准备了一桌丰盛的宴席，送到聂政家。在酒席上，严仲子亲自给聂政的母亲敬酒，然后又献上一百镒黄金。聂政看到严仲子拿出那么厚重的礼物，就对严仲子说：“您的礼物实在是太重了，我不能收。”严仲子诚恳地说：“我只是想要表达我对令堂的尊敬之情。您还是收下吧。”聂政还是严词拒绝说：“您的好意我心领了，但是我真的不能接受。托老天爷的福，我母亲还健在。我虽然家里面很穷，靠屠宰为生，但还是能养家糊口。您的好意，我真的不能接受。”严仲子见他不肯接受，也没有办法。

严仲子避开聂政的母亲和其他人，偷偷地

中国大事记 | 公元前194年，吕后掌权后，杀死赵王如意及其母戚夫人，手段之残忍使惠帝受到刺激，从此不理朝政。

对聂政说："我因为在韩国有仇人，所以逃亡在外。去了很多个国家，却一直没有找到能够为我报仇的人。我刚来到齐国，就听别人说您非常重义气，所以想和您交个朋友。"聂政听了他的话以后，说："我明白先生您的意思。但是我现在之所以在这个小小的市场上做一个屠夫，只是希望能够好好地奉养我年老的母亲，只要母亲还在世，我就一定不会轻易对别人许诺的。"严仲子无奈，只得告辞而去。

过了很久，聂政的母亲去世了。聂政安葬了母亲，服完丧，就说："我是个平民百姓，严仲子位居卿相。但是他却不远千里，屈尊和我结交，还献上黄金百镒给我母亲，这些都足以说明他特别了解我。这样的恩情，我又怎么能够不报答他呢？况且我那时没有答应他，是因为母亲还在世。现在我母亲已经去世，也是我报答他的时候了。"

聂政就来到濮阳，对严仲子说："我以前之所以没有答应先生您的请求，是因为母亲还在世。现在她老人家已经去世了，我决定报答您的恩情。请问您的仇人是谁，我一定为您办好这件事情。"严仲子原原本本地对他说："我在韩国的时候，在韩哀侯朝中做官，却得罪了韩国的国相侠累。侠累不但是韩国的国相，还是韩哀侯的叔父，宗族旺盛，人丁众多。他居住的地方，防守非常严密，我几次派人去刺杀他，都没有成功。承蒙先生您的高义，愿意帮助我。我现在为您准备车马，再派些勇士，交给您带着作为助手。"聂政说："现在我要去刺杀侠累，而他又是韩国国君的叔父，不能去很多人。人多了，就会走漏消息，如果走漏了消息，不但会增加行刺的难度，也会引起整个韩国人对您的仇恨，这很危险的！"他告别了严仲子，一个人前往韩国。

聂政来到韩国，赶往侠累的家里。当时，恰好侠累坐在堂上，旁边还站着很多拿着刀戟的护卫。聂政拔出自己的宝剑，径直进去，冲上台阶，杀死了侠累。之后，聂政和护卫们杀在一起，连杀了几十个人。最后，他见自己没有办法逃出去，就用剑毁了自己的容貌，挖出眼睛，剖开肚皮，肠子都流了出来，就这样死去了。

韩王把聂政的尸体陈列在街市上，悬赏查问凶手是谁，但是因为聂政已经自己毁了容，所以没有人知道。韩王又悬赏说谁要是知道凶手的名字，赏黄金千两。过了很久，还是没有人知道。

聂政的姐姐聂荌知道这件事情以后，就哭着说："大概是我弟弟吧？唉，还是严仲子了解我弟弟！"于是去了韩国，一看果然是聂政，就伤心地趴在尸体上，痛哭流涕。她一边哭，一边说："这是我的弟弟，轵地深井里的聂政。"其他人都问她："这个人杀害了我们韩国的国相，韩哀侯悬赏千金想知道他是谁，您竟然还敢来认尸？"聂荌回答说："这些我都知道。可是严仲子屈尊结交我弟弟，对他恩情深厚，我弟弟还能怎么办呢？更何况，一个勇士本来就应该替知己不顾性命。而我弟弟之所以临死前还不惜毁容，不让别人认出来，就是怕我受到牵连啊。我又怎么能够因为自己的一条命，而让我弟弟的英名埋没呢？"说完以后，痛苦地喊了三下"天哪！"就因为过度哀伤，死了。

人们听说了这件事情以后，非常震惊，都说："不仅聂政是义士，他姐姐也是个烈性的女子啊。如果聂政知道他姐姐会不顾惜自己的生命，来成全他的名声，最后姐弟俩人一起死在韩国，那他也未必会对严仲子以死相许。严仲子可以说是识人啊！"

太子丹求贤

秦王嬴政出生在赵国，而燕国太子丹也曾经在赵国充当人质。嬴政小的时候，和太子丹很要好，嬴政当上秦王以后，太子丹又到秦国作人质。然而太子丹到秦国后，嬴政对他却不好。太子丹怨恨嬴政，就逃回了燕国。

太子丹回到燕国以后，一心想着报复嬴政。但是因为燕国实在过于弱小，如果说派兵攻打秦国，肯定打不赢，甚至还会招致灾祸，所以太子丹非常苦恼。后来，秦国攻打齐、楚、韩、赵、魏，甚至要攻打燕国了，大有兼并天下之意，太

历史关注 | **汉朝时，中原地区蔬菜品种增多、新增的有胡蒜、胡葱、胡豆、苜蓿（以上引自边疆地区），薤、蓼、荠等。**

子丹更加不安，忧心忡忡。

太子丹去请教他的老师鞠武。鞠武觉得很为难，就回答说："秦国的土地那么广阔，国家又那么强大，已经对其他国家造成了威胁。而且秦国时时刻刻都想着向外扩张，太子您何必为一点个人恩怨去触犯秦王呢？这不是给自己招祸吗？"太子丹虽然心有不甘，想想老师的话也有道理，就说："那我们又该怎么对付秦国呢？"鞠武就说："您让我再想一想吧。"

不久，秦国将军樊於期因为得罪了秦王，逃亡到燕国，投靠太子丹。太子丹接纳了他，并且对他非常好。鞠武就劝太子丹说："太子，您千万不能接纳樊於期啊。樊於期是因为得罪秦王才投靠您。您要是接纳他，不就等于和秦王作对吗？秦王要是迁怒燕国，燕国就麻烦了。您这样做，等于是故意给秦国找攻打燕国的借口呀！到时候，即便是管仲和晏婴再生，也没有办法帮您了。"太子丹问："那么我该怎么办呢？"鞠武说："您不如把樊於期送到匈奴，然后向西和韩、赵、魏三国结盟，向南联络齐国和楚国，再向北结交匈奴，到时就能对付秦国了。"太子丹想了一会儿，摇了摇头，说："按老师您的计划，需要很长时间，我现在一刻都等不及。更何况，樊於期将军在穷途末路的时候，千里迢迢来投奔我，就是因为他相信我，认为我值得投靠。我总不能因为害怕秦国，再把他送到匈奴吧？我根本不会这样做。希望老师您再想想其他办法。"鞠武见太子丹不接受自己的建议，暗自叹了一口气。他觉得太子丹虽然说仗义，但却过于仁慈了，在这样的时代，根本就无法称霸。于是鞠武就说："太子，您虽然仁慈，但是您想过没有，您为了结交樊於期将军一人，将给整个国家带来灾难。如今秦国像凶猛的老鹰一样，它一旦对燕国发泄仇恨，我们该怎么办呢？"鞠武叹了一口气，接着说："既然太子您坚持自己的想法，那么我向您推荐一个人，也许他能帮您。这个人叫做田光，他为人机智，而且沉着勇敢，太子您可以和他商量商量。"太子丹一听，非常高兴，对鞠武说："请老师把田光先生介绍给我认识。"

鞠武去拜见田光，对田光说："太子丹希望能够和先生您一起商量国家大事。"田光便去拜访太子丹。

太子丹听说田光来找他，连忙出去迎接他。一见到田光，太子丹就作了一个揖，然后给田光带路，到了房间以后，又跪下来，亲自擦拭座位，请田光坐下。等田光坐好以后，太子丹又离开自己的座位，走到田光身边，谦恭地问："先生，现在燕国和秦国势不两立，但是我却不知道该怎么对付秦国。还请先生您教导我。"田光说："太子您只是听说了我年轻力盛的时候的事情，却不知道我现在已经老了。我听说，好马强壮的时候，一天能够跑几千里，但是老了以后，就连劣等的马，都能跑在它的前面。"太子丹一听，便有些失望。田光看了看太子丹，又接着说："虽然我现在已经不能和太子您一起商量国家大事了，但是我有一个朋友，叫作荆轲，他一定可以帮您。"太子丹喜出望外，连忙问："那么先生您能够把荆先生介绍给我吗？"田光说："可以。"

田光马上告别太子丹，太子丹一直把他送到门口。等到田光要走的时候，太子丹对他说："先生，今天我们说的事情，关系到燕国的存亡，希望先生您千万不要泄漏机密。"田光笑着答应了。

田光去见荆轲，对他说："我已经把您推荐给太子丹，希望您能够去宫里面拜访太子。"又说："我听说，年长老成的人行事，不能让别人怀疑。但是太子丹却吩咐我说千万不要泄漏了秘密，这是他怀疑我。一个人行事却让别人怀疑他，就说明他不是个有节操、讲义气的人。您去见太子丹的时候，告诉他我已经死了。"说完就拔剑自杀了。

荆轲去见太子丹，告诉他田光已经死了，还转达了田光临死前说的话。太子丹懊悔不已，觉得是自己害死了田光。他拜了两拜，跪下来，痛哭流涕地说："我之所以告诫田先生不要泄漏秘密，只是希望计划能成功。但是没想到他竟然一死以表明自己的心志。这难道是我的初衷吗？"

太子丹又以头叩地，对荆轲说："荆先生您

中国大事记 | 公元前193年，相国萧何病逝，以曹参为相，有“萧规曹随”之称。

来到我面前，都是上天对我的眷顾，不忍心抛弃我啊。现在秦王为人贪婪，不占尽天下的土地，是一定不会罢休的。我们燕国弱小，没有办法抵挡秦国的进攻，其他国家又不敢联合起来抵抗秦国，我想来想去，只有一个办法。那就是派遣勇士去秦国，用重利诱惑秦王，秦王为人贪婪，我们乘机劫持秦王。如果能够成功，迫使他全部归还侵占各国的土地，就像曹沫当年劫持齐桓公那样；实在不行的话，就杀了他。而今，秦国各大将在外手握重兵，要是国内出了乱子，君臣之间就会彼此猜疑。到时候各国联合起来，就一定能够打败秦国。不知道先生您能不能帮我的忙？”荆轲想了一会儿，说：“我才能不够，恐怕不能胜任这样的重任。”太子丹听到荆轲拒绝，叩头在地，请求荆轲不要推托。荆轲想了想，答应了。

太子丹拜荆轲为上卿，让他住进上等的舍馆，天天去看望他，还不时给荆轲献上奇珍异物，车马美女，迎合他的心意。

荆轲刺秦王

燕国太子丹拜荆轲为上卿，希望他去刺杀秦王嬴政。但是过了很长一段时间，荆轲都没有行动的意思。这时，秦国将军王翦已经灭了赵国，又带领军队杀到燕国南部的边界。太子丹非常害怕，就去拜见荆轲，对他说：“先生，现在秦军已经到了燕国的南部，马上就要渡过易水了，燕国一旦不保，即使我想长久地礼遇您，又怎么可能呢？”荆轲说：“太子您就是不说，我也打算行动了。但是我现在去秦国，没有让秦王相信我的东西，根本不可能接近秦王。”太子丹急切地问：“先生您需要什么东西呢？只要是我有的，一定给先生您送来。”荆轲对太子丹说：“如果我得到樊於期将军的脑袋和燕国的地图，把它们献给秦王，秦王一定会非常高兴地接见我，这样我才能够有机会刺杀他。”太子一听，摇了摇头，说：“樊将军穷途末路来投奔我，我决不会为了自己的私利而伤害他，先生您还是想想其他的办法吧。”

易水送别图 清 吴历 绢本

荆轲知道太子丹不忍心，就私下去见樊於期，对他说：“秦王把将军您的全家老少都杀了，现在又悬赏黄金千斤来捉拿您，将军您打算怎么办呢？”樊於期仰天长叹，流着眼泪说：“我每次想到这些，就痛入骨髓，恨不得抽嬴政的筋，扒他的皮。但又不知道该怎么办！”荆轲说：“现在有一个办法，既可以解除燕国的灾难，又能够替将军您报仇，将军您想知道吗？”樊於期激动地凑上前去，问：“什么办法？”荆轲说：“只要我能够得到将军您的首级，献给秦王，秦王一定会高兴地召见我，到时候，我左手抓住他的衣袖，右手用匕首刺进他的胸膛，那么不但将军您的仇恨可以洗雪，而且燕国的耻辱也可以洗清了。不知道将军您是否同意呢？”樊於期一听，不等他说完，就脱掉一边的衣袖，露出臂膀，一只手紧紧握住另一只手的手腕，对他说：“我的血海深

历史关注

公元前2世纪，使用联法捕鱼，是为我国使用人工鱼礁的开端。

仇，就拜托给先生您了！”说完就自杀了。

太子听说以后，马上驾车去了樊於期家，趴在樊於期的尸体上痛哭不已，非常悲哀。但是人死不能复生，已经没有办法挽回，于是就把樊於期的脑袋密封到盒子里面。太子丹准备好了一把宝剑，淬了剧毒，又派秦舞阳做荆轲的助手。

荆轲打算等一个同伴一起到秦国，但是那个人住得很远，还没赶到。又过了几天，那个人还没有消息。太子丹以为荆轲反悔，不想去了，就又催他说：“日子不多了，荆先生您还不打算动身吗？如果是这样的话，请允许我派秦舞阳先去。”荆轲一听，非常生气，斥责太子丹说：“您这是什么意思？我之所以还没走，是为了等一个朋友。既然太子认为我拖延时间，那我现在就向您告辞，前去秦国！”于是就出发了。

太子及宾客们穿着白衣，戴着白帽给荆轲送行。一行人来到易水岸边，荆轲的朋友高渐离击筑，荆轲和着拍子唱歌，悲凉无比，太子和宾客们都泪流满面。荆轲一边向前走一边唱道：“风萧萧兮易水寒，壮士一去兮不复返！”接着又唱出悲壮慷慨的声调，送行的人都怒目圆睁，怒发冲冠。唱完，荆轲登上车，头也不回一下，走了。

秦王嬴政听说燕国派人送来樊於期的头和燕国的地图，非常高兴，就安排了仪式，在咸阳宫召见燕国使者。荆轲捧着樊於期的首级，秦舞阳捧着地图，依次走到殿前的台阶下。秦舞阳脸色突变，浑身发抖，大臣们都感到奇怪。荆轲向秦王谢罪说：“他是北方来的粗人，没见过天子，所以害怕。”看清楚确实是樊於期的头以后，嬴政又对荆轲说：“递上地图。”荆轲从秦舞阳手里拿过地图，献给嬴政。嬴政展开地图，没想到地图展到尽头，突然露出一把匕首。荆轲趁着嬴政吃惊的时候，左手抓住秦王的衣袖，右手拿起匕首就刺向嬴政。但是没有等他得手，嬴政已经反应过来，慌乱之中跳了起来，挣断了衣袖。嬴政情急之下想拔出自己佩戴的宝剑，但是他的剑实在太长，没法立刻拔出来。荆轲追赶嬴政，嬴政只能绕着柱子奔跑。

荆轲追杀秦王的时候，大臣们吓得呆在一边，不知道怎么办才好。秦国的法律规定，大臣上殿不允许携带任何兵器；而侍卫们也只能拿着武器守在殿外，没有皇帝的命令，谁都不准进殿。仓促之间，医官夏无且用他的药袋砸向荆轲，侍从们也对嬴政喊道：“大王，把剑推到背后！”嬴政把剑推到背后，才拔出宝剑，砍向荆轲，砍断了他的左腿。荆轲没有办法追击嬴政，就举起匕首，掷向秦王，可惜没有击中，打在了殿柱上。嬴政又砍了荆轲几剑。荆轲知道自己不能成功，就倚在柱子上，放声大笑，然后张开两腿，坐在地上破口大骂：“我之所以没有成功，是因为我想活捉你，逼你归还侵占各国的土地，来报答太子。”刚说完，就被冲上来的侍卫们杀死了。

秦王大怒，增派军队去赵国，又命令王翦的军队去攻打燕国，攻克了蓟城，燕王喜和太子丹率领部队退守辽东。代王嘉写信给燕王喜说：“秦国军队之所以追击您，都是因为太子丹的原因。您要是把太子丹的人头献给秦王，秦王一定会宽恕您，就不会攻打燕国了。”燕王喜当真杀了太子丹，把他的人头献给秦王。但没想到秦王还是命令秦国军队攻打燕国，仅仅过了5年，就灭了燕国，俘虏了燕王喜。

·铸剑名家欧冶子·

欧冶子，春秋末期到战国初期越国人。中国古代铸剑鼻祖。欧冶子诞生时，正值东周列国纷争，楚先后吞并了长江以南45国。越国就成了楚灵王的属国。少年时代，欧冶子从母舅那里学会了冶金技术，开始铸造青铜剑和铁锄、铁斧等生产工具。他肯动脑筋，具有非凡的智慧，发现了铜和铁性能的不同之处，冶铸出了第一把铁剑“龙渊”，开创了中国冷兵器之先河。欧冶子铸造的一系列赫赫青铜名剑，冠绝华夏。在春秋五霸、战国七雄的争霸战争中，显示了无穷威力与摄人心魄的艺术魅力。

中国大事记 | 公元前192年，吕后继续执行和亲政策，以宗室女嫁匈奴冒顿单于为妻。

李斯列传第二十七

李斯谏逐客

李斯是楚国上蔡人。他年轻的时候，在郡里面当个小官。有一次，李斯上厕所的时候，看到厕所里的老鼠在吃脏东西，每当有人或者狗过来的时候，就受惊逃跑。后来李斯去粮仓，看到粮仓里的老鼠，吃的是囤积的粟米，住的是大屋子，不用担心有人或狗的惊扰。将两只老鼠一对比，李斯不由得感慨万分："一个人有没有出息，就和这老鼠一样啊，都是自己所在的环境决定的。"

后来，李斯拜当时著名的儒学大师荀子为师，向他学习辅助帝王治理天下的学问。学业完成后，李斯就向荀子辞行说："我听说，一个人要是有了机会，就一定不能失去。现在天下大乱，诸侯各国都忙于战事，游说之士能左右天下局势。目前，强大的秦国想吞并其他国家，称霸天下，这正是我等一展所学、实现抱负的好机会。一个人出生低贱，家里穷困并不可怕，但可怕的是他不去求取功名富贵。那样的人就好像是禽兽一样，只想着去吃现成的肉，没有出息。所以说，最大的耻辱莫过于卑贱，最大的悲哀莫过于贫穷。所以，我打算到秦国去，游说秦王。"

李斯告别老师，到了秦国。当时，恰好秦庄襄王去世，李斯就投奔吕不韦，做他的舍人。吕不韦非常赏识他，任命他为郎官，这样李斯就获得了面见秦王的机会。

见到秦王以后，李斯对秦王说："平庸的人往往失去机会，而成大业的人就在于他能把握机会并能下狠心。从前秦穆公虽然称霸天下，却没能吞并其他六国，这是为什么呢？那是因为当时诸侯各国的人还很多，周朝的德望也没有彻底衰落，所以五霸交替兴起，无不推尊周朝。但是自从孝公以来，周朝弱小，诸侯之间互相兼并，函谷关以东地区化为六国，秦国一国独大已经过了六代。现在的诸侯，就好像是秦国的郡县一样。以秦国的强大，大王您的贤明，要灭六国，就好像扫除灶上的灰尘一样，轻而易举。这样的好机会，大王您要是不把握住的话，等到诸侯各国醒悟过来，再联合起来对付秦国，那时，大王您即便是像黄帝一样英明，也不能吞并他们了。"李斯这些话，句句说到了秦王嬴政的心上。于是嬴政任命李斯为长史，听从他的建议：先是暗中派人去游说各国，对各国的官员贵族加以收买，实在不能收买的，就刺杀他们。接着派出秦国的军队，攻打各国。不久，秦王又任命李斯为客卿。

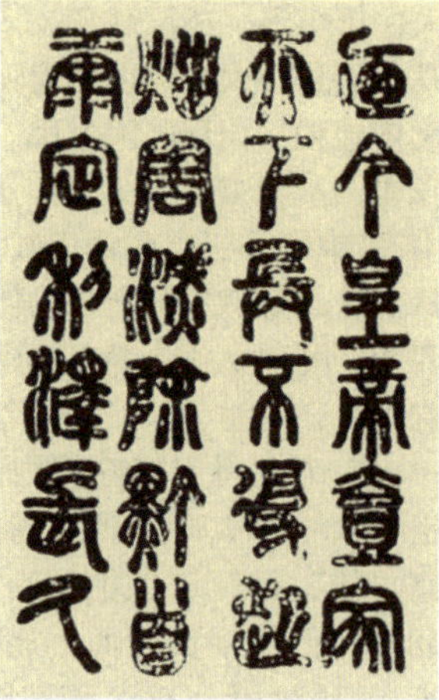

峄山刻石　秦　李斯

相传原本已毁，此为后代摹本。笔画圆劲，古意毕臻，形神俱肖。

韩国派郑国以修筑渠道为名来秦国做间谍，被发现了。秦国的大臣们劝秦王嬴政下令驱逐各国来秦国游说的人，而李斯也在被驱逐名单里面。李斯就上书说：

"听说大臣们要大王您驱逐客卿，我私下认为这是错误的。从前穆公招揽贤才，从西戎找到由余，从楚国得到了百里奚，从宋国迎来了蹇叔，从晋国招来了丕豹和公孙友。这五个人都不是秦

历史关注 | **推拿疗法最早始于西汉。**

国人，但是穆公却重用他们，最后称霸西戎。孝公采用商鞅的新法，移风易俗，国家因此强大起来，威震天下。秦惠王用张仪的计策，攻占了三川，吞并了巴、蜀，占领了上郡，夺得了汉中，囊括九夷，控制了鄢、郢，占据了成皋。不但得到了肥沃的土地，还进一步瓦解了六国的合纵联盟。昭王得到了范雎，听从他的建议，废黜了穰侯，驱逐了华阳君，削夺了权贵的势力，然后又逐渐吞并其他国家，奠定了大王您现在能够统一天下的基础。这四位君主，都是依靠了别国客卿的力量，让秦国强大起来。这样看来，客卿有哪一点对不起秦国呢？如果这四位君主不接受和重用他们，秦国又怎么能够像现在这样强大呢？

“我听说，土地广阔，粮食就丰富；国家广大，人口就众多；军队强盛，士兵就勇敢。所以泰山不排斥泥土，才能堆积得那样高大；河海不挑剔细小的溪流，才如此深广；成就王业的人不抛弃民众，才显出盛德。所以土地不分东南西北，百姓不分哪个国家，一年四季五谷丰登，鬼神赐福，这就是五帝三王无敌于天下的原因。但是现在陛下您却排斥宾客，让他们去帮助诸侯国家，使得天下人不敢投靠秦国，这正是‘借武器给敌人，送粮食给盗贼’啊！

“现在您驱逐在秦国的客卿，让他们去帮助其他国家，削弱自己而又和诸侯结下怨恨，这样下去，要使国家没有危险，是不可能的。”

看了李斯的上书，秦王意识到了自己的错误，马上废除了逐客令，恢复了李斯的官职。在李斯的帮助之下，嬴政仅仅用了20多年的时间就统一了中国。

沙丘之谋

秦始皇三十七年（公元前210年）十月，秦始皇出游到会稽山，沿海北上，一直到了琅玡山。丞相李斯和中车府令兼符玺令赵高随行。秦始皇有20多个儿子，长子扶苏因为多次直言劝谏，被秦始皇派到上郡监督军队。而很受秦始皇宠爱的小儿子胡亥请求一起去，秦始皇答应了。其他的儿子都没跟着去。

秦始皇到达沙丘以后，病得非常重，命令赵高给公子扶苏写诏书说：“把军队交给蒙恬，赶快到咸阳参加葬礼，然后安葬。”但是，还没等把诏书交给使者，秦始皇就去世了。当时，诏书和印玺都在赵高手里，并且只有胡亥、李斯和赵高以及几个宦官知道始皇去世的消息。李斯认为皇帝在外面去世，又没正式确立太子，必须保守秘密，就把秦始皇的尸体放在一辆既保温又通风凉爽的车子里，让宦官假装秦始皇，在车里面应付其他官员。

赵高扣留了始皇写给扶苏的诏书，对胡亥说：“皇帝去世了，只赐给长子扶苏一封诏书。等扶苏到了咸阳，就会登位为皇帝，而你却连尺寸的封地也没有，怎么办呢？”胡亥沮丧地说：“我听说，圣明的君主最了解臣子，圣明的父亲最了解儿子。父亲临终的时候，既然没有下诏书分封，我又能说什么呢？”赵高却狡猾地一笑，说：“您大错特错啊！现在天下的大权，就在公子您、我和丞相李斯3个人手里面掌握着！您是想做别人的臣子呢，还是想让别人做您的臣子呢？”胡亥有些心动，但还有些犹豫，于是摇了摇头，说：“废长立幼，这是不义；不听父命，这是不孝；才能浅薄却依靠别人的帮助登上皇帝位置，这是无能。我肯定不会做这样大逆不道的事情。更何况，就算是我当上了皇帝，百姓们也不会信服。”赵高却不以为然，说：“办大事不能拘于小节，如果顾忌小事，日后必生祸害。”胡亥听罢，长叹一声：“皇帝刚刚去世，还没有发丧，更不用说守丧礼，现在麻烦丞相这件事不合适吧？”赵高说：“时光如流水，机遇难再得！我真担心耽误了时机啊！”胡亥禁不住诱惑，同意了赵高的话。

赵高就对丞相李斯说：“皇帝去世的事情，除了我们几个人以外，还没人知道。立谁作太子，都是我们俩说了算。你说该怎么办呢？”李斯吓了一跳，连忙斥责他说：“你怎么能说这种话呢！这些事情，不是我们做臣子的该想的。”赵高不在意他的责备，反问他说：“您和蒙恬相

中国大事记

公元前189年，曹参死后，惠帝以王陵为右丞相，陈平为左丞相。

比，谁更有本事？谁的功劳更高？谁更受天下百姓的拥戴？谁和扶苏的关系更好？”李斯想了想，回答说：“这些我都比不上蒙恬。”

赵高接着说：“我管事20多年，从来没有见过被秦王罢免的功臣能够把自己的封爵传给下一代，都是被杀而死。皇帝有20多个儿子，长子扶苏刚毅勇武，能够信任人，激励人，即位之后一定会用蒙恬担任丞相，很显然，您的丞相位置也不能保住了。”李斯点了点头。

赵高又接着说：“胡亥慈悲仁爱，诚实厚道，尊重士人，礼贤下士。先皇的其他儿子，没人能比得上他。我们可以立他为太子，到时候他肯定会继续尊您为丞相，您考虑一下。”李斯仍然固执地说：“先皇把国家的重任交给了我，我又怎么能辜负了他的重托呢？我李斯只执行皇帝的遗诏，没有什么可考虑的。”

赵高看见利诱不成，就改成威逼，说：“我听说圣人不循规蹈矩，而是适应变化。现在天下的权力和命运都掌握在胡亥一个人手里，难道你要等他当上了皇帝，再来处罚你吗？”李斯有些犹豫了，但是仍然说：“我听说晋国换太子，三代不安宁；齐桓公兄弟争夺王位，哥哥被杀死；商纣杀死亲戚，又不听从臣下劝谏，到后来都城被夷为废墟，这三件事都违背天意，所以才落得国破家亡。我李斯怎么能参与这样的阴谋呢！”赵高继续诱惑李斯说：“您要是听从我的计策，就会永葆富贵，代代相传；要是不听的话，一定会祸及子孙。你也知道，善于为人处世的人是能够转祸为福的人。你自己看着办吧！”李斯无奈之下，仰天长叹：“唉！在这样的乱世，既然不能以死尽忠，还能怎么办呢？”于是答应了赵高。

胡亥、赵高和李斯3个人伪造诏书，立胡亥为太子。又伪造了一份诏书给扶苏说：“公子扶苏和将军蒙恬带领几十万军队驻守边疆，已经十几年了，不但不能向前进军，还死伤了很多士兵。公子扶苏还几次上书诽谤我，心怀怨恨，不忠不孝，赐剑自杀！将军蒙恬和扶苏一同在外，不纠正他的错误，也应知道他的谋划。作为臣子而不尽忠，一同赐剑自杀。”

扶苏看到诏书后，就要遵从命令自杀。蒙恬劝他说：“现在只见到一封诏书，您就立刻自杀，怎么知道事实的真假呢？您最好确认一下，如果是真的，再自杀也不晚。”但是忠顺的扶苏回答说：“父亲命令自己的儿子自杀，还要请示什么呢！”说完就拔剑自杀了。而蒙恬不肯自杀，被抓了起来。

听说扶苏自杀和蒙恬被抓的消息，李斯和赵高非常高兴。于是回到都城咸阳，公布了秦始皇的死讯，立胡亥为二世皇帝。赵高担任郎中令，掌握了大权，而李斯仍然担任丞相。

人人自危

胡亥当上皇帝以后，整天只知道吃喝玩乐。有一天，他在宫里闲的没有什么事情，就召来赵高，对他说：“一个人活在这个世上，就好像是驾驶着六匹骏马，从缝隙里穿过一样，是那么的短暂。现在我既然当上了皇帝，要是能够在有生之年享受尽我所能想到的一切乐趣，实现自己的全部心愿，而且使国家强大，百姓安居乐业，那该有多好啊！”

·《吕氏春秋》·

《吕氏春秋》，又名《吕览》，是战国末年秦相吕不韦集合手下的门客共同编写的。书出众手，各记所闻，因而内容虽以儒、道为主，亦取墨、法、名、农、阴阳等诸家学说，后被人尊为杂家的代表作。全书分为十二纪、八览、六论，共26卷，160篇。总结了春秋战国时百家争鸣的成果。语言简洁、生动、形象，其中“刻舟求剑”等寓言脍炙人口，流传至今。书中还提出了“法天地”“传言必察”等思想，有着唯物主义因素。同时，书中还保存了很多的旧说传闻，在理论上和史料上都有很高的参考价值。司马迁在《史记》里将《吕览》与《周易》《春秋》《离骚》等并列，表示了他对《吕氏春秋》的重视。东汉的高诱还为其作注注释，认为此书“大出诸子之右”，即超过了诸子的成就。

历史关注

《汉书》是我国第一部纪传体断代史。

赵高说："陛下说的这些，其实对于贤明的君主来说，是非常容易做到的。我冒昧地说一句，也希望您能够注意。我们在沙丘的密谋策划，其他的公子和大臣们已经有所怀疑了。"胡亥一听，急切地问："真的吗？"

赵高点了点头，又说："这些怀疑陛下的人，要么就是您的兄弟，要么就是先皇在世的时候的重臣。现在陛下您刚刚当上皇帝，他们对您可以说是心怀不服与怨恨，迟早会起来造反闹事。而且他们有的人还手握重兵，我之所以天天提心吊胆，就是害怕会闹出什么乱子来。陛下您又怎么能够一心想着行乐呢？"

胡亥一听，顿时沮丧起来，问："那我该怎么办呢？"

赵高阴森森地说："现在最好的办法，就是实行严峻的法律和残酷的刑罚。"停了一下，接着说："把犯法的人和牵连在内的人统统杀死，诛灭全族；把那些和陛下您作对的大臣们都杀了，再疏远您的兄弟，重金厚禄赏赐那些原来贫穷的人，提拔重用那些原来很卑贱的人。把原来侍奉先皇的那些大臣们都彻底铲除，然后安排上陛下您自己的亲信，这样朝廷上下就都是陛下您的人了。到时候，不但大臣们从心底对您感恩戴德，还根除了陛下您所担心的祸害。陛下您就可以高枕无忧，尽情享受了。"

胡亥高兴不已，连忙命令赵高负责制定新的法令条款。而且无论哪个大臣和公子稍有过错，他都把他们交给赵高查处。一时间，全国上下被害被杀者不计其数。

首先倒霉的是蒙氏兄弟。蒙恬、蒙毅虽然屡建奇功，位高权重，但是在赵高的陷害之下，也不能逃脱被处死的命运。

接下来，赵高又在咸阳街头把10个公子斩首示众，又在杜邮把12个公主处死。那些因为和公子公主们有关系而牵涉进去被处罚的人，更是多得没法数。

公子高看见自己的兄弟姐妹们都惨遭毒手，估计自己也不能幸免，就想外出逃命，但是又害怕因此被收捕全族，就上书给胡亥说："先帝在世的时候，每次我进宫，都赏赐给我吃的东西。我出宫的时候，还让我乘车回家。先皇还把内府里面的衣服和宝马赐给我。先皇对我这样，我本来应该陪先皇一起死去，但是我却没能那么做，实在是我做儿子的不孝、做臣子的不忠。一个不忠不孝的人，实在没有理由活在这个世上。请陛下允许我追随先帝死去，并且把我埋在骊山脚下。希望皇上可怜我，答应我的请求。"胡亥非常高兴，叫来赵高，把公子高的上书给他看，并且问他说："这可以说是窘急无奈了吧？"赵高说："大臣们整天就担心自己会什么时候被处死，又怎么能造反呢！"胡亥答应了公子高的请求，并且赐给他十万钱，安葬他。

刑罚一天比一天残酷，大臣百姓们人人都为自己的生命担忧。再加上胡亥又忙着征收繁重的赋税，征召大批的百姓来给自己建造阿房宫，修筑直道、驰道，更加激起了人们的反叛之心。先是有陈胜、吴广等人在大泽乡揭竿而起，随后，其他各地的英雄豪杰都纷纷响应，整个国家陷入混乱与动荡之中。

李斯看见全国乱成这样，心急如焚，几次劝说胡亥。胡亥不仅不听，反而责备他说："尧统治天下，宫殿连客店里的一般房舍都不如，他贵为天子，却吃粗米饭，喝野菜汤，吃的连看门人都不如；夏禹拥有天下，为治水奔走，小腿上磨没了汗毛，手脚上都结满了老茧，最终还累死在外，劳神费力，日子过得连奴隶都不如。朕贵为皇帝，难道是为了像他们那样操心受罪吗？这些事都该是下人干的，贤明的人根本就不会做。贤明的君主统治天下，就是要把天下的东西都拿来满足自己的欲望，只有这样才能显示出天子的尊贵。如果自己都不会捞好处，他们又怎么让天下人得到好处，又怎能治理天下？所以我才想尽情享受啊。"李斯无奈，只能由他。

严行督责

李斯的儿子李由担任三川郡守，没能阻止吴广等人的造反。章邯在击败并驱逐了吴广的军队

中国大事记 | 公元前188年，惠帝死后，吕后正式临朝称制，此后以吕后纪年。

后，朝廷不断派使者去三川调查，并且责备李斯，问他位居三公，为什么还让盗贼猖狂到这个程度。

李斯非常害怕，担心胡亥把自己的官给撤了，因想不出其他办法，就故意讨好胡亥上书，大意是：

“贤明的君主必定是全面掌握为君之道，又深谙督责、统治臣下之术的君主。对官员们严加督责，那样的话官员们就不敢不尽力为君主效命。这样，君主才能专制天下而不受任何约束，享尽极致的乐趣。贤明的君主，又怎能看不清这一点呢？

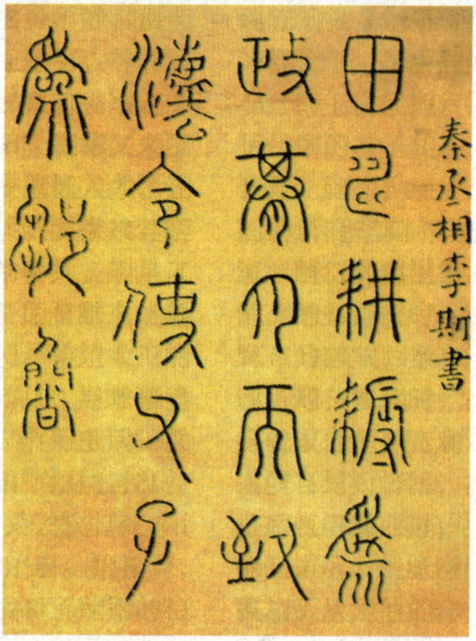

李斯书法 秦

“申不害说：‘占有了天下，却不知道怎么样享受，这就叫把天下当成自己的镣铐。’这句话的意思，就是说如果不督责臣下尽力，而自己却要辛辛苦苦为天下百姓操劳，就叫作戴上了天下这个镣铐。不能学习申不害、韩非的高明法术，推行督责措施，一心为了天下，而白白地为百姓们操心费力，那就是百姓的奴仆，而不是统治天下的帝王，又有什么值得尊敬的呢？自古以来人们之所以尊重贤人，是因为受尊敬的人自己尊贵；之所以讨厌不肖的人，是因为不肖的人自己卑贱。而尧、禹是为天下献身的人，世人对他们非常尊重，其实是失去了尊贤的用心，可以说是绝大的错误。说尧、禹把天下当作自己的‘镣铐’，不也是很合适的吗？这是不能督责的过错。

“韩非说：‘慈爱的母亲养出败家的儿子，严厉的主人没有凶悍的奴仆。’为什么呢？这是因为严加惩罚的结果啊！贤明的君主严厉地督责大臣和百姓，连小罪都不轻放。小罪尚且严厉督责，严重处罚，更何况是大罪呢？所以老百姓们不敢犯法。

“所以韩非又说：‘一般人见到几尺绸布，就会顺手拿走，但是盗跖面对百镒黄金，也不会夺取。’不是因为一般人贪心重、几尺绸布价值高、盗跖品德高尚不爱钱。原因是一旦盗跖夺了那些黄金，他马上就要受到刑法的处罚，他又怎么敢拿呢？如果不坚决施行刑罚的话，那么一般人也就不会放弃几尺绸布的小利了。圣明的君主之所以能够独掌大权，驾驭天下，没有什么特殊的原因，就是因为他们能够精于督责，对犯法的人严加惩处，让天下人不敢违法。如果现在不制定法令来阻止大臣百姓们犯罪，反而像仁慈的母亲一样养出败家子，那可以说是一点儿也不明白先贤的学说。所以说，如果不严厉治理，那么除了给百姓当奴仆之外，就不能做什么了，更不要说自己尽情地享乐了。这难道不悲伤吗？

“更何况，圣明的君主能够独掌大权，驾驭臣子，建立起严明的法制，达到尊贵自己的目的。圣明的君主，能够改变民间风俗，废弃自己不喜欢的，建立和推广自己喜欢的，所以在他活着的时候能够享有尊贵和权势，在他死了以后又有贤明的谥号。像这样才可以说是了解了申不害和韩非的统治术，学会了商鞅的法治。等到商鞅的法治和韩非子、申不害的统治术都学好了，而且非常精通，天下又怎么会大乱呢？这样的事情我还没有听说过。

“像这样，才可以说是真正地实行了督责，王公大臣们才不会有反叛的想法，天下才能够安定；天下安定了，君主才能有尊严；君主有了尊严，才能够让督责更加严格地执行；只有更加严格地执行督责，君主的欲望才能够得到满足；君主的欲望得到满足之后，国家才能够富强；国家富强以后，君主才能够享受得更多。所以一旦实行了督责制度，君主就能满足自己的所有欲望。

历史关注

上林苑是秦汉时的皇家园囿，方圆三百里。

到时候，大臣和百姓们忙着补救自己的过失和错误都来不及，又哪里敢起来造反呢？

“如果能够像前面说的那样，那就可以说是真正掌握了帝王统治天下的方法，也可以说是真正知道了该怎么样来驾驭大臣。到时候，即便是申不害和韩非子，也比不上您了。”

这份上书，被称为《严行督责书》。

胡亥看了这封上书以后，非常高兴，于是更加严厉地实行督责。大臣们谁向百姓收的税多，就奖励重用谁。秦国民不聊生，路上的行人，有一半是犯人，街市上每天都堆着刚杀死的人的尸体。胡亥满意地说：“这样才是善于督责了。”

被害身死

赵高担任郎中令时，得罪了很多人，他害怕大臣们在胡亥面前揭露自己，就劝胡亥说：“天子之所以尊贵，就是因为大臣们只能听到他的声音，却看不到他的面容，所以才自称为‘朕’。况且陛下您还年轻，要是惩罚和奖励什么不恰当，就会把自己的短处暴露出来，也就不能向天下人显示您的圣明了。陛下不如待在宫里，等大臣们把公事呈上来，等公文一旦呈上，陛下您再和我以及其他精通刑法的人研究决定。这样，大臣们就不敢把疑难的事情报上来，天下的人也就称您为圣明之主了。”二世听从了他的主意，不再在朝廷上接见大臣，一直待在宫殿里面，所有大小事情都由赵高决定。

赵高听说李斯不满，就找到李斯，骗他说：“函谷关以东地区叛贼很多，而现在皇上只知道玩乐。我想劝说陛下，但我地位卑贱。您贵为丞相，又怎么能够坐视不管呢？”李斯上了赵高的当，说：“我早就想对陛下说了。可我现在根本就没有机会见到皇帝陛下啊。”赵高马上对他说：“您要是打算向陛下劝谏的话，我能够给您看看陛下哪天有空。”

赵高趁二世和姬妾们玩乐的时候，派人告诉李斯说：“皇上有空闲，可以进宫奏事。”李斯就去求见胡亥，但是胡亥玩得正高兴，就没有接见他。李斯一连求见了3次，都是如此。胡亥非常生气，就对赵高说：“我空闲的时候，丞相不来。每次我要休息的时候，丞相就来商量事情。丞相他是看不起我呢？还是怎么样啊？”赵高就趁机诋毁李斯说：“陛下您难道不知道吗？丞相亲自参与了沙丘密谋。现在陛下您已经当上了皇帝，但是他的地位却没有提高。丞相他是想让您封他为王啊！”胡亥大吃一惊，连忙问为什么。赵高假装小心地说：“陛下您要是不问，我还不敢说呢。丞相的大儿子李由担任三川郡守，楚国一带叛贼陈胜等人都是丞相故乡邻县的人，所以他们才横行霸道，那么猖狂。他们经过三川的时候，李由也不攻打他们。我甚至还听说李由和陈胜他们有书信来往，只是因为没有调查清楚，所以不敢向您报告。更何况丞相在外面，权力比陛下您还大。”胡亥听了以后，就想惩治李斯，但又担心情况不实，就派人去调查李由和陈胜勾结的情况。

李斯知道这件事情以后，就上书揭发赵高的罪行。但是胡亥只相信赵高，还将此事暗中告诉了赵高。赵高反过来诬陷李斯，说李斯想造反。胡亥勃然大怒，命令赵高查办李斯。

赵高得到胡亥的命令以后，马上把李斯抓了起来。李斯在监狱中仰天长叹：“可悲啊！我怎么能够替这样的无道昏君出谋划策呢？从前夏桀杀死关龙逄，商纣杀死比干，吴王夫差杀死伍子胥。这3个大臣，难道不忠吗？但是最后却免不了一死。他们虽然是尽忠而死，但可惜的是效忠的对象错了。现在论智慧，我赶不上他们；而论暴虐，胡亥超过了桀、纣和夫差。我因为忠君而死，也是活该呀。更何况，二世简直就是胡作非为，暴虐无道啊！不久前，他杀死了自己的哥哥扶苏，自立为皇帝，又大肆杀害忠良，任用小人。还要修建阿房宫，对天下百姓横征暴敛。我劝阻他，他却不听我的话。现在天下已经有一半人造反了，他却不醒悟，还听信奸臣赵高的谗言。我一定会看到盗贼攻进咸阳的那一天。”

在赵高的严刑拷打之下，李斯含冤认罪。尽管如此，李斯仍然认为自己能言善辩，又对秦国

中国大事记

公元前 180 年，吕后去世，周勃、陈平、刘章等平定诸吕之乱，后立代王刘恒为帝，是为汉文帝。

有大功，再加上自己确实没有造反之心，皇上一定赦免自己。他上书给胡亥说：

“我担任秦国丞相，已经 30 多年了。我刚来秦国的时候，秦国土地不过千里，士兵不过几十万。我用尽了自己的才能，让秦国兼并了诸侯六国，立秦王为天子。这是我的第一条罪状。我还在北方驱逐胡人、貉人，在南方平定了百越。这是我的第二条罪状。我提高大臣们的爵位，巩固他们和秦王的关系。这是我的第三条罪状。我建立社稷，修建宗庙，来显示皇上的贤明。这是我的第四条罪状。我还统一度量衡和文字，颁布天下，以树立秦朝的威名。这是我的第五条罪状。修筑驰道，兴建宫殿。这是我的第六条罪状。减轻刑罚，减少税收，让百姓拥戴皇帝，至死都不忘记皇帝的恩德。这是我的第七条罪状。像我李斯这样做臣子的，犯的罪本来早就该处死了，但是皇帝却希望我竭尽所能，让我活到了今天，希望陛下明察。”

没想到赵高把李斯的上书扔在一边，并不上报给胡亥，反而说：“李斯一个囚犯，怎么能够上书？”为了彻底蒙蔽二世、害死李斯，赵高派他的门客假扮成朝廷的司法官员，一次又一次地审讯李斯。只要李斯以实对答，赵高就派人严刑拷打。最后，二世派人去验证李斯的口供，李斯被打怕了，就不敢再更改口供，承认了赵高给他捏造的罪状。赵高把李斯的招供书呈给胡亥，胡亥高兴地说：“没有赵高，我差点被李斯骗了。”

二世皇帝二年（公元前 208 年），李斯被判在咸阳街市腰斩。李斯和他的小儿子一同被押解，行刑之前，他对儿子说：“我想和你牵着黄狗，一同出上蔡东门去打野兔，也求不得啊！”父子俩人相对痛哭。李斯死了以后，被灭三族。

宇宙锋 年画

赵高欲害大臣匡洪，他得知二世赐予匡洪一口“宇宙锋”宝剑，便将女儿赵艳容嫁给匡洪之子匡扶以图盗剑刺杀二世，再嫁祸于匡洪。一天，胡亥夜幸赵府，见赵女貌美，想纳为妃子，赵女扯破衣衫，披发装疯，上殿大骂胡亥，二世无奈只得回宫。

权宦赵高

赵高是赵国人。秦王政二十五年（公元前 222 年），秦灭赵，赵高被掳往秦国。秦始皇听说他精通法律，就提拔他做中车府令，负责管理皇帝车马仪仗，还让他教自己的小儿子胡亥判案断狱。由于赵高善于观言察色、逢迎献媚，因而很快就博得了秦始皇的赏识和信任。

秦始皇三十七年（公元前 210 年）十月，秦始皇第五次出巡全国。七月，因为病重在沙丘去世。秦始皇去世的消息，只有小儿子胡亥、丞相李斯和赵高以及几个亲近的太监知道。秦始皇临死的时候，没有立下太子，但是给正在驻守边境的大儿子扶苏留了一封诏书，让他赶快回都城咸阳主持自己安葬的事情。

赵高明白，一旦扶苏当上皇帝，那么等待自己的，毫无疑问就是受到排挤和冷落，而要想保住原来的富贵，只有支持对自己言听计从的胡亥当上皇帝。赵高劝胡亥说：“现在全天下人的生死命运，都掌握在你、我和丞相李斯 3 个人手中，希望你能早作打算。”胡亥早就梦想着有一天自己能够登上皇帝的宝座，但是因为有些顾忌，害怕天下人说他不忠不孝，不仁不义，所以不敢轻举妄动。现在听到赵高的这些话，顿时野心又膨胀起来，但他还是有一些犹豫，赵高早

历史关注

贾谊作有《吊屈原赋》，为汉初骚体赋代表作品；又作有《过秦论》，为汉初政论散文代表作品。

就知道他真正的想法，胸有成竹地对他说："机不可失，时不再来。我愿意帮你去和丞相谋划。"胡亥一听，正合自己的心意，就答应了。

赵高找到李斯，经过一番威逼利诱，终于说服了李斯，让他一起支持胡亥为太子。于是胡亥、赵高和李斯3个人，伪造了诏书，命令扶苏自杀，然后又假借秦始皇的命令，立胡亥为太子。胡亥就是秦二世皇帝。从此以后，赵高就成为秦王朝权势最大的人，而胡亥却整天只知道吃喝玩乐。

权力越大，赵高的野心也就越大。他将眼光转向了一人之下、万人之上的丞相李斯，他每天想的，就是怎么样除掉李斯。经过一系列精心策划，赵高终于罗织好了李斯的罪名，而糊涂的胡亥也大手一挥，让赵高自己处理。为秦王朝的建立立下了汗马功劳的李斯，就被赵高这么一个奸臣给送上了刑场，腰斩而死。

李斯死了以后，赵高名正言顺地当上了丞相，什么事情都由他一个人决定，甚至不把胡亥看在眼里。大臣们对赵高，则更是害怕，都竭尽全力来巴结他。

一天，赵高趁着大臣们给胡亥朝贺的时候，叫人牵来一头鹿，献给胡亥，正正经经地说："这匹马是我呈献给陛下您的。"胡亥一听他献东西给自己，非常高兴，但是一看，却感到奇怪。虽然胡亥糊涂得整天只知道吃喝玩乐，游猎嬉戏，但是鹿是马还能分得清。他忍不住笑着说："丞相您是不是开玩笑啊？这明明是一只鹿，您怎么说是一只马呢？"

没想到赵高板起脸，一本正经地问其他大臣："你们说这是鹿还是马？"这一来，下面顿时乱成了一片。虽然都知道这是一只鹿，但是有的人慑于赵高的淫威，只能保持沉默，不说什么；有的人却习惯了溜须拍马，看到这样的好机会，连忙附和赵高，说是马；还有一些正直的大臣，如实说是一只鹿。

胡亥大吃一惊，还以为自己受到了鬼怪的迷惑，连马和鹿都分不清楚，就让太卜给自己算上一卦。太卜说："陛下斋戒的时候不虔诚，所以才会这样。"于是，胡亥就到上林苑里去斋戒。

那么，赵高为什么要在胡亥和其他大臣们的面前，指着一只鹿，却说是马呢？原来这正是他险恶用心所在。虽然他已经是威风赫赫，大臣们也对他阿谀奉承，但是仍然有人不服。这一次，不但可以看看谁不服，以后再来对付他们；还可以看看胡亥究竟是不是信任自己，好为以后的行动作准备。果然，这件事以后，朝中上下都看赵高的眼色行事，任其为所欲为。

胡亥到了上林苑以后，整天只知道游猎嬉戏。有一次，一个行人走进了上林苑，胡亥竟然亲手把他射死。赵高抓住这次机会，想把胡亥支离皇宫，就劝谏胡亥说："您即使贵为天子，但是无缘无故杀死没有罪的人，上天也不允许，鬼神也不会接受您的祭祀，上天也会降下灾祸给您。您应该远离皇宫，去消灾祈祷。"胡亥就离开了皇宫，到望夷宫住。

仅仅在望夷宫里住了3天，赵高就让卫士们穿着白色的衣服，手里拿着兵器，进入宫里，自己却进宫对胡亥说："山东的强盗打进咸阳来了！"胡亥看到卫士拿着兵器朝向宫内，非常害怕。赵高于是逼胡亥自杀，然后自己拿了胡亥的玉玺，想当皇帝。但是文武百官没有一个人听从他的。赵高没有办法，只得立公子子婴为皇帝。子婴即位以后，担心赵高再作乱，就假装有病，暗中却和宦官韩谈商量怎样才能杀了赵高。赵高前来询问病情，子婴就把赵高召进皇宫，让韩谈刺杀了他，还诛灭了他的三族。

·书法的起源·

中国书法是一门古老的艺术，起源于春秋末期。当时传统文字的艺术化现象开始出现，为求视觉上的美观，原有笔画开始被加上圆点、波折或鸟形装饰等，成为后世被称作"鸟篆""虫篆"或"缪篆"的起源。进入战国后，除了广泛应用的草篆，连同重要礼器上的铭文，都一改春秋之前的工整与刻板，普遍都进行了美化处理。从甲骨文、金文演变而为大篆、小篆、隶书，至定型于东汉、魏、晋的草书、楷书、行书诸体，书法一直散发着艺术的魅力。

中国大事记 | 公元前 179 年，汉文帝派陆贾出使南越，南越王赵佗去帝号，向汉朝称臣入贡。

蒙恬列传第二十八

蒙氏兄弟

蒙恬是秦朝一位很有名的大将，祖先是齐国人。祖父蒙骜是秦昭王手下的一名大将，官做到上卿。秦庄襄王元年（公元前 249 年），蒙骜担任秦国的将领，攻打韩国，夺取了成皋、荥阳，秦国在那设置了三川郡。庄襄王二年（公元前 248 年），他带兵攻打赵国，夺取 37 座城。秦王政三年（公元前 244 年），又率军打败韩国并夺取 13 座城。秦王政五年（公元前 242 年），蒙骜带兵夺取了魏国 20 座城，并设置东郡。秦王政七年（公元前 240 年），蒙骜去世。秦王政二十三年（公元前 224 年），蒙恬的父亲蒙武成为秦国副将，随王翦一起攻打楚国，杀死楚国将领项燕。第二年，他又带兵攻打楚国，俘虏了楚王。蒙恬还有一个弟弟叫蒙毅。

蒙恬学习过刑法，最初担任狱官，掌管狱讼（审理案件）。秦王政二十六年（公元前 221 年），蒙恬因出身将门而成为秦军将领，率军攻打齐国。蒙恬作战十分英勇威猛，他手下也都是精兵强将。战场上，秦军一鼓作气，战鼓雷鸣，杀气冲天，士兵们拉开战势，手持长戟盾牌，与齐军厮杀在一起。齐军根本不是秦军的对手，没交几个回合，就已经力不从心了。渐渐地齐军兵力不足，最终溃败。秦军大获全胜，蒙恬也因功被任命为内史。秦国统一六国后，常常受到边疆少数民族的侵扰。在这些少数民族中，匈奴最强大，最凶残。为了解除匈奴对边疆地区的威胁，秦始皇就派蒙恬率 30 万大军前去抗敌。匈奴人天生具有野性，身材高大魁梧，力大无比，打起仗来不要命。面对强大的匈奴军，蒙恬率将士们浴血奋战，毫不退缩，最终击败劲敌，收复了黄河以南的土地。后来秦朝又根据地势修筑长城。长城西起临洮，东到辽东，绵延 1 万多里，用于控制险要关塞。此后，蒙恬带兵渡过黄河，占据阳山。他亲自驻守在上郡，和将士们一起守卫边疆十多年。他的能力和威望不仅深受将士们的称赞，而且震慑了与他对抗的匈奴。

蒙恬深受秦始皇赏识，他的弟弟蒙毅也因此受到器重，官至上卿。秦始皇外出时，蒙毅陪同并与之同乘一辆车，在朝廷时便跟随皇帝左右。蒙毅在哥哥蒙恬处理外务时常常代替他在朝内谋划各种事情。二人被秦始皇称为忠信大臣，其他官员谁也不敢和他们对抗。

赵高是赵国王族疏远的亲属，生长于宦官家庭。秦始皇听说他很有能力，又精通刑狱法律，便选拔他为中车府令。赵高经常陪着公子胡亥，教他学习审理案子。有一次赵高犯了大罪，秦始皇命令蒙毅惩处他。蒙毅不敢违抗皇上的旨意，就依照法律判处赵高死刑，并开除他的宦官籍。后来，秦始皇又觉得赵高平时做事十分认真，就免了他的死罪，并且恢复了他的官位。

秦始皇希望游遍天下，沿九原郡出发，直到甘泉宫，于是派蒙恬开路，开山填谷 1800 里，可遗憾的是这段道路并未完成。

秦始皇三十七年（公元前 210 年）冬，在游会稽的途中，秦始皇生病了，便派蒙毅等向山川神灵祈祷求福。他们还没回来，秦始皇就在沙丘病死了，而大臣们都还不知道。此时丞相李斯、公子胡亥、中车府令赵高陪同在皇帝身边。赵高因深得胡亥宠信，就跟李斯暗中谋划拥立胡亥为太子。赵高对蒙毅怀恨在心，太子确立后，便派遣使者假传圣旨，说公子扶苏和蒙恬有罪，责令他们自杀。公子扶苏不辨真假，奉旨自尽，蒙恬

历史关注 | 《神农本草经》是我国最早的一部药学专著。

听到消息后，对这件事情很怀疑，就请求申诉。使者把蒙恬交给狱吏，并派人接替了他的职务。胡亥听说扶苏已死，就想释放蒙恬。赵高担心他们兄弟二人再次掌权，心中十分不安。

二蒙受害

不久蒙毅回来了。赵高对胡亥说："我听说先帝想立您为太子很久了，蒙毅却说'不行'，明明知道您贤明而拖延不让皇上立您为太子，这是对皇上不忠，我看不如杀了他。"胡亥听了赵高的话，就在代地囚禁了蒙毅。而在此之前，蒙恬已被囚禁在阳周。为秦始皇发丧之后，太子胡亥登位为二世皇帝，赵高最受宠信。他不时毁谤蒙氏二兄弟，弹劾他们。

这时子婴进谏劝说道："我听说赵王迁杀死贤臣李牧而任用颜聚；燕王采用荆轲的计策却违背燕秦的盟约；齐王建杀死他的忠臣而听从后胜的建议，这三位君主都是因为改变本国的原来的规矩而导致国家灭亡，并殃及自身。蒙氏兄弟是秦朝的大臣，陛下想抛弃他们，我觉得这种做法不合适。我听说不善于思考的人不能治理国家，不集思广益的人很难保全君位，诛杀贤臣而任用没有德行的人，这样对内使群臣互不信任，对外战士斗志涣散，我认为不可。"胡亥不听，派遣御史前往代地（蒙毅囚禁地），对蒙毅说："当年先帝想立当今陛下为太子，而您却表示反对，这是对皇上的不忠。依照法律，您的罪过已牵连到您的家族。皇上不忍心那样做，只赐您一死，已经很幸运了，您考虑考虑吧！"蒙毅说："如果说我不能取得先帝的欢心，那么我从年轻做官直到先帝去世，可以说算是了解他的心意吧！如果说我不知道太子的才能，那么太子跟随先帝周游天下，深受宠爱，我也没怀疑什么啊！先帝选谁立太子，是他认真考虑的结果，我怎敢劝谏和谋划啊！我不敢巧言辩驳，以图逃避死罪，只是因牵连到先帝的名誉而感到羞耻，希望各位加以考虑，使我死得其罪。顺应天下的正义是大道所推重的，严刑诛杀是道义所唾弃的。秦穆公当初用三位贤臣殉葬，判百里奚不恰当的罪名；秦昭襄王杀死武安君；楚平王杀死伍奢；吴王夫差杀死伍子胥。这四位君主受到天下人的议论，以至于在诸侯国中声名狼藉。因此说，用道义治国的君王不杀害无罪的臣民，而刑罚也不加在无罪者的身上。希望大夫慎重考虑！"尽管使者认为蒙毅说的有道理，但还是按胡亥的意图，把他杀了。

二世皇帝又派使者到阳周，蒙恬说："从我的祖先到子孙，在秦国建功立业已经有三代了。如今我统管着30万大军，虽遭囚禁，我要想反叛朝廷的话也不是难事。但我知道我将被处死还坚守做臣子的道义，是怕违背了祖先的教诲。从前周成王刚登位的时候还是个婴儿，每次上朝的时候都需要周公姬旦背着他去。成王生病很危险，周公姬旦自己剪下指甲投入到黄河中，并说道：'君王年龄还小，是我姬旦在掌控大权。如果有什么罪过的话，就由我来承担灾祸吧。'周成王长大以后，能够治理国家了，周公把朝政交还成王。但还有奸臣说：'周公旦早就想作乱，大王如果不加防备的话，恐怕会出大事的。'周成王十分气愤，就去搜查，当他在档案馆看到周公把指甲投入黄河的记录时，流下了眼泪，于是便把进谗言的人全杀掉，又请周公还朝，而此时周公已逃到楚国去了。如今我蒙氏家族世代尽忠，从来没有二心，没想到会落得这样的下场，一定是因为有奸臣倒行逆施、凌驾王室之上。周成王犯了错误而不断改正，终于使周朝变得繁荣强盛，商纣王杀死了比干而不悔过，终于导致身死国亡。因此，我认为有了过失可以补救，听从劝谏可以觉醒。我所说的话并不是求得免罪，而是为忠言直谏。希望陛下能为天下人考虑考虑。"使者说："我只是受命来执行刑法的，不敢把将军的话转达给皇上。"蒙恬无奈地叹息说："也许我蒙恬犯过大罪，早就该死了，从临洮到辽东，筑城墙，挖壕沟，中间不能没有切断地脉啊！这就是我的罪过吧！"说完便服毒自杀了。

中国大事记 | 公元前175年，汉文帝允许民间铸钱，当时太中大夫邓通、吴王刘濞所铸的钱流行于天下。

张耳陈馀列传第二十九

张耳陈馀亲如父子

张耳是魏国大梁人。因为得罪了人，就隐姓埋名逃到了外黄。外黄有一个富人，他有一个漂亮女儿，她的丈夫却十分平庸愚笨。她很讨厌他，就投奔到她父亲的一位老朋友那里。她父亲的老朋友对张耳很了解，就对她说："我认识一个叫张耳的，人很好，如果你想找一个有贤能的丈夫，就跟从张耳吧。"富人的女儿同意了，并由她父亲的老朋友做主，改嫁张耳。因为女家很有钱，所以张耳吃穿都不用愁，并且到处结交朋友，有的人还从千里之外赶来投奔他。不久，张耳当了官，做了外黄的县令，更加有名望了。陈馀也是大梁人。他喜欢儒家学说，多次出访赵国。富人公乘氏，知道他是一个不平凡的人，就把女儿许配给他。由于陈馀更年轻些，对张耳就像对待自己的父亲一样，从此两人结下了生死之交。

当初秦灭大梁时，张耳还在外黄住。那时汉高祖刘邦还是个平民，跟张耳关系很好，曾经在他家里住过几个月。秦国灭亡魏国以后，听说张耳和陈馀是魏国的名人，就悬赏捉拿他们，捉到张耳赏一千两金子，捉到陈馀赏五百两金子。张耳和陈馀知道了这个消息后，就隐姓埋名逃到了陈县，在县里二人充当里门看守谋生。有一次，有个小官故意找碴儿，拿鞭子抽陈馀，陈馀立刻火冒三丈，要与那小官拼命。张耳见状偷偷踩了他一脚，并用眼神示意他不要反抗。小官打累了，仍下鞭子甩袖走了。张耳把陈馀拉到一棵桑树下责备他说："当初我是怎么对你说的？这么一点点屈辱就忍受不了吗？被鞭子抽了几下就想杀人，你还有没有大志？"陈馀非常惭愧，向他承认了错误。

后来陈胜吴广在大泽乡起义，等攻打到陈县的时候，他们的队伍已经发展到了好几万人。张耳和陈馀去求见陈胜，陈胜早就听说他们二人很有贤德和才能，只是一直没有见过面，现在他们竟然主动找上门来，感到十分高兴。那时起义军力量已经很大了，所以陈县有将士对陈胜说："将军身穿铠甲，手拿利器，威风凛凛，气度不凡，率领将士反抗残暴的秦国，恢复了被秦消灭的楚国，按照常理来说也该称王了。再说，要想统率天下各部将领，不称王也不行啊，希望您能自立为楚王。"陈胜把这些话告诉了张耳和陈馀，想听听他们的意见。他们听后说："秦朝很残暴，侵犯别的国家，断绝别人的后代，百姓生活很苦，几乎一无所有。将军您舍生忘死，为民除害，大家都衷心拥护您。可是您现在就称王的话，天下的人民百姓就会认为您有私心，这对以后的发展是很不好的。所以，请将军暂时不要着急称王，赶快率兵向西进发，派人扶助六国诸侯的后代，聚集一些兵力，壮大自己的力量，给秦国增加敌人。朋友多，力量就强大，敌人多，力量就分散和薄弱。这样，大王就可以借攻打秦国的名义到咸阳称王，对各国诸侯发令也更方便更合乎情理，最后就能够成就大业了。如果按照原来的计划只在陈县称王，没有多少人会服从的。"可是陈胜是个急性子，不管张耳和陈馀怎样劝说，最终还是在陈县自立为王了。

陈胜称王后，陈馀拜见他说："大王想攻打关中，来不及收复河北，我曾去过赵国，对那里有势力的人物和地形都很了解，请大王让我出兵，攻取赵地。"陈胜同意了，就叫自己的好友武臣当将军，邵骚当护军，张耳、陈馀为左右校尉，率领士兵3000人，向北进军攻打赵地。武

历史关注 | 汉朝之前，我国已有适地适树的种植观念。提倡“斧斤以时入山林”，按时采伐，保护山林。

臣等人到了黄河以北，向那里有势力的人说：“秦朝残害天下已几十年了，刑罚十分残酷，百姓生活很苦，使天下父子不能相安。现在，陈王要反抗秦国，为天下人作战，很多人都愿意配合，吴广等人已经率军西进了，秦朝马上就要灭亡了！如果不趁这个时候成就功业，还等什么！现在就是一个很好的机会，请各位考虑考虑吧。”那些人听后觉得有道理，纷纷加入了起义军的队伍中。武臣的队伍渐渐发展到了好几万人，赵地的10座城邑很快被他们占领了。

蒯通说县令

武臣的大军攻下赵地城邑后，又向东北范阳大举进攻。

范阳人蒯通，善于言辞，在当地很有名气。听说武臣大军逼近范阳，他到县令府，面见范阳县令：“县令近来可好？听说您快要死了，所以提前来看看您。不过，您得庆幸有我蒯通在，我可以让您保住性命。”

范阳县令闻言大怒。

蒯通说：“您先别生气，听我慢慢说。秦朝的法律很严酷，这是人人都知道的，当官的没有一个不伤天害理。您当范阳县令已10年了，不知道杀了多少人，不知道害了多少家庭，断脚的、刺字的更是多得数也数不完。您做了这么多坏事，可是那些对您恨之入骨的人竟没有来报复您的，什么原因呢？为什么如今您仍然稳当地做您的县令？这是因为那些人害怕法律。可现在天下大乱了，战争接连而起，残暴的秦朝马上就要被消灭了，秦朝的法律已经没用了，那些对您心怀仇恨的人即将翻身，马上就会来刺杀您，既能报仇，又有了名声。现在各诸侯正反叛残暴的秦国，武臣的军队马上就要杀过来了，城里的人正准备提着您的头去迎接武臣呢！如果您马上派我去见武臣，我可以帮您转危为安，不能再拖了！”

范阳县令听后，吓得两腿直哆嗦。

蒯通于是就来到武臣这里。武臣对他的到来深感惊讶，问道：“你找我有什么事吗？”

蒯通对武臣说：“将军现在南征北战，实在是太辛苦了！总是要先打了胜仗才能获得土地，先攻破守敌才可占领城邑，这样又劳心又费力，实在不可取。如果您肯听从我的计策，就不会费那么大的力气，只要一声令下，就能平定千里。”

武臣惊讶地说：“真有这等好事？快说出来！”

蒯通说：“范阳县令贪生怕死，特别想马上投降，但又怕投降后也像以前那些秦朝官吏一样被杀掉。现在范阳城里的年轻人都正想着杀掉他，然后自己守城来对抗您。您为什么不趁机封赏范阳县令呢？这样，那些年轻人也就不敢杀他了。范阳县令能活命，得到财产和俸禄，就会很感激您，很听您的话，把县城完完整整地交给您。您可以让他坐着豪华的车子在燕、赵之间招摇，那里的人们看见他，就会说：‘快看哪，这是范阳县令，是最先投降的人！他多么风光啊！’燕、赵两地的官员肯定也争着投降。而您只需一声令下，就平定千里啦！”

武臣直夸蒯通的主意妙，二话不说便听从了他的计策，派蒯通封范阳县令为侯。赵地的人们听到了这个消息，马上有30多个城邑主动投降。

武臣称王

武臣等人到了邯郸之后，张耳、陈馀听说陈王杀了很多有功的大臣，心里对他不满。二人又怨恨陈王当初不采纳他们的计策，不让他们做将军，只当校尉。他们一起劝武臣说：“陈王从蕲县起义，到了陈县就称王，不一定会拥立六国诸侯的后代。将军已经攻占了赵地几十座城邑，现在不称王，这么大的地方肯定守不住。另外，我听说陈王对自己的手下人并不仁慈，一旦弄不好，您会功成身死！所以，您不如现在就自立为王，或者拥立赵王的后代。时间紧急，请将军赶快决定吧！”

武臣若有所思地说：“真是这样吗？陈王果真这么残忍？”

张耳、陈馀说：“陈王什么都干得出来！您

中国大事记

公元前174年，匈奴冒顿单于死，老上单于即位，汉文帝继续执行和亲政策。

还是尽快自立为王，这样就会安全很多！”

武臣自立为赵王。陈馀当大将军，张耳为右丞相，邵骚为左丞相。安排好后，武臣便派人通报陈王。陈王一听，非常愤怒，用拳头使劲捶桌子，大骂：“岂有此理！没想到小小一个武臣竟然敢顶我的位子！竟然自己当起王来！我非杀了他不可！”他下令杀掉武臣等人的家属，灭了他们的宗族，并准备出兵进攻赵国。

这时陈王的相国房君进谏说：“秦朝还没灭亡，就诛杀武臣等人的家属，这等于又增加了一个秦朝，这对我们可是不利啊！我看不如先去祝贺他们，让他们带兵西进，攻打秦朝。等以后时机成熟，再来处理他们也不迟。”陈王听从了他的意见，派人把武臣等人的家属迁到宫里软禁，并且封张耳的儿子张敖为成都君。随后，陈王派使者假意去祝贺赵王，并命令赵王赶快出兵关中。

张耳、陈馀劝武臣说：“大王在赵地称王，陈王其实心里很气愤，他来祝贺大王，只是个权宜之计。等秦朝灭亡以后，他必定会对赵国用兵。所以大王您还是不要听他的，我们现在应该向北攻取燕、代两地，向南收复河内来扩大自己的地盘。如果赵国占据了黄河以及燕、代两地，那么陈王即使消灭了秦朝，也不敢压制赵国。”赵王听取了他们二人的意见，就派韩广攻打燕地，派李良攻打常山，派张厌攻打上党。

韩广到了燕地，自立为燕王。赵王就跟张耳、陈馀率兵围攻燕国。有一次，赵王出去散步，不小心被燕军抓住了。燕国宣称，如果赵国不分出一半土地，就杀了赵王。赵国派使者去商量这件事，燕军把派来的使者都杀了，仍然要求割地。张耳、陈馀虽然足智多谋，这时却也想不出什么办法了。

这时候，赵军中有一名仆从，跟人们说：“我去燕国替赵王求情！然后跟赵王坐一辆车回来。”大家都笑他，说：“使者都已经派出去好多人了，结果都有去无回，你还要去替赵王求情？就凭你能救得了赵王？你疯了吗？”

这名仆从不听他们还是跑到了燕国。仆从问燕将：“您知道我来干什么吗？”

燕将说：“你是来救赵王的吧。”

仆从又问道：“您知道张耳、陈馀是什么样的人吗？”

燕将回答道：“贤人。”

仆从说：“那您知道他们二人心里在想什么吗？”

燕将回答：“想救赵王啊。”

仆从却笑着说：“看来您还是不了解这两个人啊！武臣、张耳、陈馀他们三人，只是轻轻挥动一下马鞭，就占领了赵地几十个城邑。现在武臣当了赵王，可是张耳、陈馀两人呢？您以为他们只甘心当卿相吗？您想错了！现在大势刚刚平定，民心还不稳，他们还不敢各自称王，但已经做好了充分的准备。在这个时候您把赵王抓了起来，他们二人说是救赵王，实际上恨不得燕国立刻杀了赵王，这样张耳和陈馀就可以分割赵地而自立为王了。燕国这么弱小，一个赵国就很难对付了，要是他们二人再联合起来，借着为赵王报仇的机会来攻打燕国，那可怎么办呢？”

燕将听了仆从的话，恍然大悟，认为仆从的话很有道理，赶紧又把赵王放了。仆从亲自驾车和赵王一起回到了赵国。

争权夺利成仇人

李良平定了常山，赵王又派他去攻打太原。秦军封锁了井陉关，李良不能继续前进，就赶回邯郸，请求增援部队。

赵王的姐姐外出游玩，正好与李良他们相遇。李良看见场面十分宏大，以为是赵王的车马，于是赶紧在路边跪拜。而赵王的姐姐因为喝醉了酒，不知道李良是个大将，就随意叫了一个随从请他起来。李良看到自己很受冷落，心里很不高兴。这时李良的一个手下人说：“整个天下人都背叛了秦朝，很多有能力的人都已经自立为王了。想当初赵王的地位一向在将军之下，如今他强大了，连他姐姐都不肯下车还礼，简直不把您放在眼里！让我去杀了她！”李良本来就想反叛，现在听手下人这么一说，更加气愤，一怒之

历史关注 | **西汉扬雄著的《方言》是我国最早的方言学著作。**

下就把赵王的姐姐给杀了，然后率兵进军邯郸杀死了武臣。

张耳和陈馀在赵国提前知道李良要反叛的消息后就逃脱了。有人劝张耳说："你和陈馀都不是本地人，想让赵人归附很难啊！只有拥立原来的赵家后代，才能成就大业。"张耳和陈馀找到了赵家后代赵歇，立他为赵王。

李良听说张耳和陈馀二人拥立了新的赵王，就出兵进攻。陈馀迎战，打败了李良。李良看到自己的兵力不强，就归附了秦将章邯。

张耳跟赵王歇逃到了巨鹿，秦将王离立刻包围了巨鹿。当时陈馀驻军在巨鹿北边，兵力不强，章邯驻军在巨鹿南面，给王离供应军粮。王离兵多粮足，强攻巨鹿。巨鹿城里粮尽兵少，支持不住，张耳十分着急，就派人向陈馀请求救援。而陈馀当时兵力也不足，害怕抵挡不住秦军的强攻，不敢前往。

几个月过后，张耳实在是撑不住了，心里恨起陈馀来。随后张耳派张厌、陈泽到陈馀那里，对他说："当初，我们结下生死之交，现在我和赵王处境十分危险，您有几万兵力却看着不管，还说什么生死与共！我们的情谊哪里去了？秦军就那么厉害？您的性命就那么宝贵？"陈馀说："我怎么能忘咱们的情谊！我只是想，就算我出兵也救不了赵，反而还会失掉这几万兵。我不想和秦军同归于尽，是想以后为赵王和张君报仇。如果一定让我去和他们拼死，就像拿肉给饿虎一样，有什么好处？"张厌、陈泽说道："现在情况危急，顾不得那么多了！"陈馀没办法，最后无可奈何地说："我不是怕死，舍不得这条命，这么做实在是一点好处都没有啊！既然你们这样坚决，我也只好出兵硬拼了！"结果全军覆没。后来赵国在燕、齐、楚三国的帮助下才打败了秦军，俘虏了王离。

后来张耳见到了陈馀，埋怨他袖手旁观，又打听张厌和陈泽的下落。陈馀此时也正生气，说与秦军同归于尽了。张耳不信，以为是陈馀把他们杀了，不停地追问。陈馀说："咱们一向亲如父子，可我没想到，您这么恨我！您是不是想当将军！"说着解下将印并把它塞给了张耳，张耳大吃一惊，不肯接受。陈馀起身去厕所，有人趁机对张耳说："我听说要是不接受上天赐予的东西，就会受到惩罚。陈将军把将印给了您，您要是不接受，就是违背天意呀！还是赶快收下吧！"张耳于是就佩上陈馀的将印。陈馀回来发现将印不见了，知道是张耳收下了，就说道："您还真不客气呀！"然后就气呼呼地走了。陈馀走后，张耳就立刻收编了陈馀的军队，陈馀只好带着几百人到黄河边捕鱼打猎。

从此以后，陈馀和张耳就结下了仇。

汉王元年（公元前206年）二月，项羽分封诸侯。张耳向来好交友，很多人都替他说好话，项羽也常常听人说张耳是个有贤德有才能的人，就从赵地分出一部分土地，封张耳为常山王。而赵王被封到了代地，成了代王。有人劝项羽："陈馀和张耳同样对赵国有功，现在张耳当了王，陈馀也不能什么也不给啊！"项羽想了想，就把南皮附近的3个县封给了陈馀。陈馀知道后，心里很不满意，生气地说："我的功劳一点也不比张耳的小，凭什么封他为王，而我只封个侯？项羽也太小看人了！"不久，齐王田荣反叛项羽，陈馀就派夏说到田荣那里，对他说："项羽一统天下，太不公平了！他把自己的人都安排了好位置，剩下不重要的位置全给了别人，请大王借我一些兵力，我愿意拿南皮担保。"田荣也想在赵地发展一股势力来反抗项羽，就答应了这个请求。

陈馀发动三县兵力攻打常山王张耳。张耳战败，他想到诸侯王之中没有一个值得信赖的人，便说道："汉王刘邦是我的老朋友，但是现在项羽势力最大，还让我当王，我想去楚国。"甘公说："汉王刘邦进入秦地的时候，天上有5颗星星在闪耀，显示着他必定成就霸业。虽然现在楚国很强盛，但最后一定会归属于汉。"张耳于是投奔汉王。

陈馀打败张耳以后，收复了全部赵地。又把赵王从代县接回来，让他仍然当赵国的国王。赵王很感激陈馀，让他做了代王。

中国大事记

公元前171年，晁错向齐地秦博士伏生学习《尚书》。《尚书》仅存29篇，以汉通行的隶书写成。

汉王二年（公元前205年），汉王进攻楚国，派使者告诉赵国并且希望赵国也一起攻打楚国。陈馀说："汉王如果能把张耳杀了，我们就随同汉军攻打楚国。"汉王于是偷偷找来一个和张耳长得很像的人，把他杀掉并提着头去见陈馀。陈馀见后立即发兵，跟汉军一同出征。不久之后，陈馀发现张耳没死，就又背叛了汉王。汉王三年（公元前204年），汉王派张耳与韩信出兵攻破了赵国，杀掉了赵王和陈馀。随后，汉王封张耳为赵王。汉王五年（公元前202年），张耳去世，他的儿子张敖继位。

贯高守信

汉高祖的大女儿鲁元公主，是赵王张敖的王后。汉高祖七年（公元前200年），汉高祖在赵国住了一段时间。那些日子每天早晚，赵王都会脱掉外衣，换上便服，亲自为岳父汉高祖送食物，恭恭敬敬，很有礼貌。可是汉高祖却对他十分冷淡，虽然是自己的女婿，也毫不客气，甚至有些时候还破口大骂张敖，根本没有宽容可言，简直不把他放在眼里。张敖虽然心里很不是滋味，但在岳父大人面前仍旧很顺从。

贯高、赵午等人看到这些，十分气愤，就鼓动张敖杀掉高祖。张敖一向忠厚正直，从来没有这种念头。贯高、赵午等便偷偷商量说："都怪我们太着急，大王是个忠厚的人，让他做这种事，他怎么能下得了手？我看是我们的方法不好，我们忍受不了别人的侮辱，于是就怨恨高祖，因此想把他杀掉，怎么可以连累大王呢？如果成功了，归功于王，如果失败，我们愿单独受罚！"

高祖八年（公元前199年），高祖途经赵国时，贯高等人设下了埋伏，准备刺杀高祖。高祖有所警觉，立刻叫人备好车马离开。

后来，贯高的仇家知道了他的阴谋，就向朝廷告发他。贯高等人被捕了，同时也把赵王一起抓了起来。其中有10多个人想要自杀。贯高怒骂道："你们到底长没长脑袋？大王并没有参与这件事，可是现在竟和我们一样的下场，也被抓到了这里，你们要是都死了，谁来证明大王的清白！"不久，贯高被装进了密封的囚车，连同赵王一起被送往长安。

到了京城之后，开始受审。在庭上，贯高据理力争，说："那件事是我们几个人谋划的，跟我们大王没有关系，他确实不知，请你们放了他，我们甘愿受罚，要杀要剐随你们的便！"几十大板轮番下去，贯高已皮开肉绽，接着又被烧红的铁条烫得伤痕累累，浑身已没有一处完好的地方，他依然坚持着，嘴唇都咬破了也决不肯开口。贯高的行为让众人吃惊。高祖也暗暗惊叹道："没想到贯高还真是个硬汉！不要再用刑了，谁跟他有来往就让谁去问个明白吧！"中大夫泄公站出来说道："我和贯高是同乡，我很了解他的为人。他是赵国最讲信誉、最守承诺的人。"高祖于是就派泄公去看望贯高。贯高躺在床上，身体很沉重，稍微动一下就钻心地痛，眼睛也肿得很厉害。泄公来到他的床前，贯高眯着眼问："是泄公吗？"泄公马上握住了他的手，并叫他不要动，然后坐下来像往常一样聊天，最后问他赵王是否真的清白。贯高回答说："天下人有谁不爱自己的父母和妻儿？如今我的亲戚都要受牵连，难道我会为了赵王而牺牲自己的亲人？赵王确实没有谋反，是我们这些人背着他干的。"接着又把整个事情的来龙去脉说了一遍，从而证实了赵王的清白。泄公上朝把实情报告给了高祖，高祖立刻赦免了赵王。

高祖非常欣赏贯高的为人，便派泄公去赦免他。贯高见到泄公，高兴地问："我王真的被释放了吗？"泄公说："当然。"然后又接着说："高祖很欣赏和尊重您的为人，派我来赦免您。"贯高长出了一口气，说道："我受了这么多的刑罚，如今已经伤得不成样子了，却坚持活下去，就是为了证明赵王没有谋反，是清白的。现在已经真相大白，我的责任已尽，死了也没有什么可遗憾的了。况且，我作为一名臣子，却要谋害当今皇上，还有什么脸面再回到皇上身边呢？即使高祖赦免我，我也是于心有愧啊！"说完，他突然拔刀，割断了自己的喉咙。

历史关注 | 《山海经》为先秦古籍，是一部富于神话传说色彩的古老的地理书。

黥布列传第三十一

乱世英雄

黥布本来姓英，是秦朝的一个普通百姓。在他小的时候，有人给他算命说："你以后要受刑，受刑之后会封王。"黥布当时年纪小，没把这话放在心上，只是笑着答道："等我当了王，就封你为丞相！"说完就又到别处玩耍去了。等到黥布长大后，果然因为犯法而受黥刑。这时黥布猛然想起了小时候的那个算命先生，觉得他简直就是神仙，算得太准了！受刑后，黥布逢人便高兴地说："小时候有人给我看过相，说我受刑以后会封王。他说得多么准啊！"大家听了，都嘲笑他不知天高地厚。可黥布依然一副扬扬自得的神情，好像马上就要称王了一样。

黥布被定罪，发配到了骊山。骊山有刑徒好几十万人，黥布整日和他们混在一起，品行越来越坏，而且还跟其中的大小头目拉帮结伙，称兄道弟，关系十分密切。没过多久，他就成了这里的头儿，率领着这些刑徒逃往长江一带，专门抢劫民舍，杀富济贫，成了一伙盗贼。

后来陈胜起义的时候，黥布去见番县的县令吴芮，并率领他的部下一起反叛秦朝，聚集了很多兵力。番县县令觉得黥布很有前途，就把女儿嫁给了他。秦朝大将章邯消灭了陈胜等人以后，黥布就带兵向北攻打秦军的左右校尉，在清波打败了他们，然后又带兵向东进军。当时，项梁已经平定了江东，渡过长江又向西进发，陈婴带领自己的军队也归附了项梁。黥布和蒲将军看项梁势力很强，就投奔他。项梁渡过淮河，向西攻打景驹、秦嘉等人，其中数黥布的部队最勇敢。等到了薛地，听说陈王果真死了，他们就拥立楚王后裔怀王之孙熊心为楚怀王。项梁号称武信君，黥布号称当阳君。后来，项梁兵大败，楚怀王便把都城改在了彭城，黥布和将士们也都跟随他去了彭城。

当时，秦军加紧围攻赵国，赵国几次派人请求支援。楚怀王就派宋义担任上将，范增担任末将，项羽担任次将，黥布、蒲将军也都是将军，由宋义统领着去救援赵国。不久项羽把宋义杀了，怀王改立项羽为上将军，统率全军。

项羽命令黥布为先头部队，第一个渡河进攻秦军。黥布的军队英勇善战，士兵们奋勇杀敌，连连获胜。与项羽的部队会合后更是力量无穷，势不可当，秦朝大将章邯最终也彻底认输了。因为黥布善用兵术，指挥得当，用很少的兵力就能够战胜很多强大的敌人，所以在诸侯中功劳最大，诸侯军队也都愿意投靠他。

项羽带领军队向西到达了新安，又派黥布在晚上去偷袭章邯部属，20 多万将士被活埋。到了函谷关外，进不去，就又派黥布去偷袭关下的守卫军，才入了关，到了咸阳。到了咸阳之后，项羽封赏各位将领。黥布因为经常担任先锋，冲锋陷阵，战功累累，所以被封为九江王。

·《尉缭子》·

《尉缭子》是中国古代颇有影响的一部著作。《尉缭子》反对迷信鬼神，主张依靠人的智慧，具有朴素的唯物主义思想。它对政治、经济和军事关系的认识是相当深刻的。在战略、战术上，它主张不打无把握之仗，反对消极防御，主张使用权谋，争取主动，明察敌情，集中兵力，出其不意，出奇制胜。这些观点即使在今天也仍有值得参考的价值。

中国大事记　公元前168年，晁错上书陈述农民疾苦，汉文帝采纳其言，免除农民当年一半租税。

汉王元年（公元前206年），诸侯都回到了自己的封国。项羽拥立怀王为义帝，把都城定在了长沙，却暗中命令九江王黥布偷偷跟踪义帝并杀掉他。

汉王二年（公元前205年），齐王田荣背叛了楚王，项羽攻打齐国，向九江王征兵。九江王黥布装作生病，留在原地没动，只派几千人前往。当时汉军在彭城打败楚军的时候，黥布也是装病不肯出兵，项羽因此对他恨之入骨。他多次派人去责备黥布，想要和他面对面地谈话，黥布害怕，不敢前去。当时，项羽的敌人有齐国、赵国，还有汉王刘邦，能够帮忙的只有黥布，而且刘邦又十分看重他，总想拉拢他。项羽虽然对黥布不满，但也没把他怎么样。

汉王三年（公元前204年），汉军攻打楚国，在彭城作战，汉军失败，逃往虞城。

汉王对这次战斗结果十分不满，大骂左右将士："你们这群人，无才无德，根本不值得跟你们一起商量国家大事！要你们有什么用？"这时一个叫随何的大臣走上前说道："我不明白陛下您的意思。"汉王说："现在项羽正在攻打齐国，要是有谁能替我出使淮南国，借助他们的兵力来反叛楚国，让项羽继续在齐国几个月，使劲地拖住他，那么我夺取天下就有百分之百的把握了。"随何说："请陛下让我去淮南国吧。"汉王便派随何和20多个随从一起前往淮南国。

黥布与随何

随何等人被汉王派到了淮南国，他们想尽了一切办法，在淮南国整整呆了3天，还是没见着淮南王的影儿。随何十分着急，就找到淮南国的太宰，对他说："大王不愿意见我，一定是觉得楚国强大，汉国弱小，不值得与汉国交往。我就是为这个来的。如果我能见到淮南王，他觉得我的话有道理，那么一切都好。如果我说的不对，那么，就把我随何及手下20多人杀死，以表大王背弃汉国与楚国友好的心迹。"太宰把随何的话转告给了淮南王，淮南王于是召见了随何。

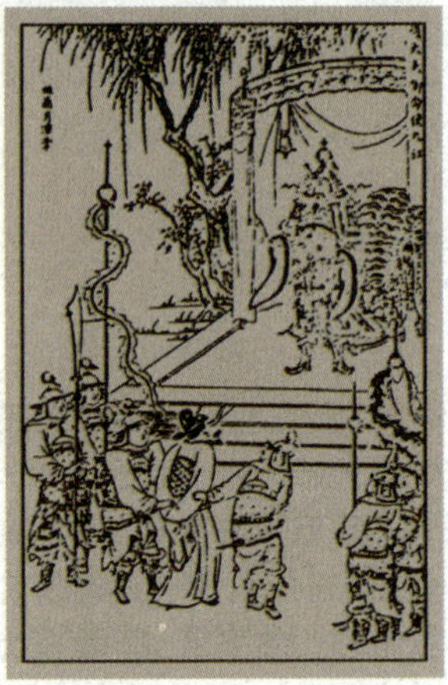

随何说黥布

随何问淮南王："大王为什么和楚国那么友好呢？"淮南王回答说："我用大臣的礼节来服务项王。"随何说："大王和项王都是诸侯，您却自愿做他的臣子，一定是认为楚国强大，可以把国家托付给他。现在项王攻打齐国，耗费了很大的气力，在这种情况下，您作为项王的臣子，就应该出兵，亲自率领军队做楚军的先锋军。可是您却只派了4000人去援助，身为臣子，怎么能这么做！还有当初项王和汉王在彭城打仗的时候，很困难，而大王有上万兵马却看着不管，一点儿也不肯帮忙，为什么？既然您是项王身边的人，又怎么能做出这样的事？人人都可以看得出来，大王表面上是投靠楚国，实际上是想依靠自己，我认为这样做很不好。

"大王虽然并不是真的投靠楚国，但又不肯背叛楚国，是因为觉得汉国弱小，不值得投靠。实际上，楚汉之间，谁大谁小，很难一眼看出来的。楚国兵力虽然强大，但很不讲义气，不仅不遵守诸侯盟约，还杀害了义帝，天下人都在背地里反对楚国。但是楚王很自大，打了几次胜仗，就以为自己很强大了。

"现在，汉王收了各路诸侯军队，从四面八方运来了粮草，后备资源很充足，城池固若金汤。汉王性格宽厚仁慈，深受人民爱戴，前途无量。而楚军只是个纸老虎，表面看来很厉害其实很软弱，周围常常有敌人包围，想立刻攻城又没有那么大的力量，想围困又支撑不起来，光粮草问题就很难办，要靠老弱残兵到千里之外的地方去转运粮草。所以说楚军是靠不住的。即使楚国战胜了汉国，诸侯也一定会觉得很危险，肯定会

历史关注 | 秦时修四川通云南的要道，因道宽五尺，故称五尺道。

相互救援，一起对抗楚国的。可以看出，楚国现在的强大并没有给他带来什么好处，反而招得天下人的反抗。所以很明显，楚不如汉。

“如今看大王不投奔坚不可摧的汉国，却投奔摇摇欲坠的楚国，我真是感到奇怪啊！我觉得淮南的兵力并不一定能战胜楚国，但是大王如果能听取我的意见，愿意出兵反叛楚国，那么项王就一定会被拖在齐国，只要他在齐国留上几个月，那么汉王就绝对能够统一天下！然后，汉王就会拿出一部分土地来赐封给大王。请大王仔细考虑考虑！”

淮南王听了随何的话，仔细琢磨了一下，觉得有理，于是决定背叛楚国，投靠了汉王。

当时，项羽的随从在淮南，正准备让黥布发兵帮忙。随何找到他们的住处，不由分说地闯了进去，说：“九江王黥布已经是汉王的人了，楚国凭什么叫他发兵？”黥布听到他的话感到很吃惊，楚国的人也惊讶地站了起来。说着，随何把黥布叫到门外，对他说：“淮南王已经投靠了汉王，这是事实。现在已经没有办法了，只能马上把楚国的人杀掉，同时立刻出兵帮助汉国。”黥布同意，马上把楚国的人杀了，然后出兵攻打楚国。楚国派项声、龙且攻打淮南，交战了几个月，最后黥布的军队失败了。黥布想带兵去投奔汉国，但队伍太大，担心项羽来拦路截杀，就带了几个人和随何从小路逃到了汉国。

到了汉国，汉王听说黥布来了，就召见他。黥布进来，正好赶上汉王在洗脚，汉王很随便地接待了他。黥布很不高兴，后悔来到汉国，产生了自杀的念头。黥布到了汉王给他安排的住处一看，帐幔、器具、饭菜等都跟汉王的差不多好，于是又转怒为喜了。等一切安排好之后，黥布想派人回九江把自己的妻子、儿女和手下的人们一起接过来，可是他没有想到，项羽已经提前下手，收走了九江的散兵，自己的妻子、儿女也被他杀了。黥布的随从东奔西走，找到了黥布的老友和近臣，他们去投靠了汉王。汉王十分高兴，给黥布增加了士卒，带他北上。汉王四年（公元前 203 年），黥布被封为淮南工，一起攻打项羽。

汉王五年（公元前 202 年），黥布派人到九江，占领了许多个县城。汉王六年（公元前 201 年），他又和刘贾进入九江，引诱楚国大司马周殷背叛楚国，跟汉军攻打楚军，最后在垓下大败楚军。

项羽死后，天下安定。汉王设酒宴来论功行赏。随何的功劳也很大，可是汉王却说：“你的性格呆笨，像书呆子一样，怎么能治理国家呢？”随何不服气，反问汉王：“当初，陛下带兵进攻彭城，楚王还没离开齐国。请问陛下，出动 5 万步兵、5 万骑兵，能攻下淮南国吗？”汉王说：“不能。”随何说：“陛下派我带 20 人出使淮南，结果陛下很快就如愿以偿了。这就是说我的功劳比 5 万步兵、5 万骑兵还要大。可是陛下却说我是书呆子，不能治理天下！”汉王很惭愧，连忙向随何道歉：“是我不对，我会重新看待您的功劳。”

黥布造反

汉高祖十一年（公元前 196 年），吕后杀了淮阴侯韩信，这件事在黥布心里一直留有阴影。当年，汉高祖杀了梁王彭越，并把他剁成肉酱，分给诸侯。肉酱送到淮南国时，黥布正在打猎。看到肉酱，他十分恐惧，立刻暗自派人部署兵力，以备不测。

黥布的爱妾生病了，请求去看医生。那位医生家跟中大夫贲赫家是对门。平时黥布的爱妾常常到医生家来，贲赫出于对黥布的尊重，就送很多礼物给这位爱妾，还请她在医生家喝酒。爱妾对贲赫的印象很好，有时和黥布聊天的时候还常常夸赞他忠厚。黥布不高兴，问她是怎么知道的，她就把事情从头到尾说了。黥布起了疑心，非常恼怒。贲赫知道后很害怕，就假装生病不出门，在家里躲着。黥布看贲赫躲了起来，更加怀疑，想派人去抓贲赫。贲赫为了逃命，决定诬陷黥布叛国，就偷偷地坐车到长安去了。黥布又派人立刻追赶，但没赶上。贲赫到了长安，向高祖报告说黥布要谋反，必须杀掉他，免得留下后

中国大事记

公元前167年，少女缇萦上书救父，感动汉文帝，下令废除肉刑。

患。高祖便去找萧相国商量。相国说："我看这件事有假，黥布不可能叛变，是他得罪了人，贲赫诬告他。现在不如先把贲赫关押起来，然后派人去查这件事。"黥布知道贲赫向高祖状告自己叛国，心里很不踏实，担心他会把淮南国的秘密说出去。况且还派人来查，更加感到不安，黥布决定杀掉贲赫全家，发兵反叛。

高祖得知黥布反叛的消息后，立刻放了贲赫，并让他做将军。然后，高祖把各将领召集到一起商量怎么对付黥布。将士们纷纷说道："干脆把这小子活埋了！"汝阴侯滕公又找来以前的楚国令尹，问他该怎么办，令尹说："黥布要反叛是情理之中啊！这一点没什么可奇怪的。"

滕公不明白，问道："皇上分地给他，又让他称王，赐给他官当，让他成为大国之主，他还有什么理由反叛啊？"

令尹说："去年杀了彭越，前年杀了韩信。这3个人论功劳论地位都是平等的，属于一个类型的人物。黥布担心自己被杀，所以才反叛保命。这有什么可奇怪的。"

滕公觉得有道理。然后他就向皇上报告说："我认识一个人，是以前楚国的令尹薛公，这个人非常聪明，有谋略，关于黥布的事，我看是不是可以请他来帮忙？"皇上同意了，立即召见薛公。

薛公说："黥布反叛一点儿也不奇怪。他现在有3种计策：如果他使上策，那么山东一带包括陛下您可就保不住了。如果他使中策，那么谁胜谁败还很难说，如果他使下策，陛下您就可以放心吧。"

皇上马上追问："什么是上策？"

薛公答："向东攻取吴地，向西攻取楚地，再并吞齐地，夺取鲁地，然后向燕、赵两地发告示，让他们守住自己的土地。这样一来，山东地区就不是汉朝的了。"

皇上又问："那中策呢？"

薛公答："如果黥布向东攻取吴地，向西攻占楚地，并吞韩地，攻取魏地，占有敖庾的粮食，封锁成皋的关口，那么谁胜谁负，可不好说了。"

"下策又是什么呢？"皇上接着问道。

"黥布向东攻取吴地，向西攻取下蔡，重点在南越，自己回到长沙，那么陛下便可以放心地睡大觉了。汉朝也会平安无事的。"

皇上问："那依您看，他会使出哪一种计策呢？""下策。"薛公回答。

"为什么不用上策和中策呢？"皇上不明白。

薛公说："黥布原来是骊山的奴隶，到处征战做了一国之王，都是为了自己，从不懂得为百姓做事，按他这种性格和气量，只能使出下策。"

皇上终于放心了。他封薛公为千户侯。然后亲自带兵攻打黥布。

当初，黥布准备反叛时，曾经对手下的将士说："皇上已经年迈体衰，并且也不愿意作战了，一定不会亲自出征，如果派其他将领来，只有韩信和彭越还算厉害，可是这两个人已经死了，别人就没有谁能够抵挡，所以就没什么可担心的！"可他万万没有料到，皇上会亲自出征。

黥布的反叛计策果然被薛公猜中了。他先向东进军，然后渡过淮河攻打楚国。楚国兵分三路来迎战。有人劝说楚国将士："黥布很会用兵，不可大意。按照兵法上说，在自己的地盘作战，士兵容易分散，现在分了三路，他们只要打败一路，剩下那两路就会各自逃命，哪里还会集中力量攻打啊！"楚国将领不听劝说。结果，有一路军队被黥布打败，那两路军果真各自逃散了。

黥布打败楚国后，向西进军，正好与高祖的部队相遇。庸城城墙上，高祖远远望见黥布，黥布像当年的项羽一样排兵布阵，气宇轩昂。高祖心里非常愤怒，对黥布说："我对你并不薄，可是没想到你会反叛！为什么？"黥布大声回答："想当皇帝！"高祖大骂，大开城门，出兵开战。结果黥布大败，与100多名残兵败将逃到了江南。这个时候，长沙哀王派人去诱骗黥布，引他逃往南越。黥布信以为真，跟他到了番阳。最后，番阳人找了个机会杀掉了黥布。

历史关注 | 汉朝时，已开始使用人厕连猪舍的养猪积肥方法。

淮阴侯列传第三十二

胯下之辱

韩信是淮阴人。原来他只是一个普通的百姓，家里很穷，由于平时缺乏管教，他的品行也不端正，经常四处游荡。没有人选他当官，他也不会做买卖赚钱，生活很困难，无奈之下就常常到别人家白吃白喝，混日子，时间一长，大家都开始厌恶他。

有一段时间，他在南昌亭亭长家里吃住，过了几个月，亭长的妻子越来越讨厌他，可又不好直接说，她就每天早上很早起来做好饭，然后在床上把饭吃完。等到韩信起床后来吃饭，饭早已没有了。韩信知道他们嫌弃自己，一气之下，就跟他们断绝了关系，离开了亭长家。从那以后，韩信就不再到别人家混饭吃了，他不愿意再看别人的冷眼。

有一次，韩信在城边河里钓鱼。河边还有许多妇女在洗丝絮。有位老大娘看见韩信饿了，就拿出自己的饭给他吃，一连几十天都是这样。韩信内心充满了感激之情，对老大娘说："等我将来发达了，一定会重重地报答您老人家。"老大娘说："你一个堂堂男子汉，连自己都养不活，还说日后怎么样的大话！我是看你可怜才给你饭吃，不敢指望你来报答！"

淮阴的屠户里有个年轻人，有一次当着许多人的面羞辱韩信，说："你虽然个子很高大，还喜欢佩带刀剑，但实际上是个胆小鬼！这大家都知道。你如果不怕死，就拿剑来刺我，要是怕死，就从我的裤裆底下爬过去！怎么样，你敢比试吗？"说着，那年轻人便站着不动，两脚叉开，双臂交叉抱在胸前，一副傲慢的神气。他略微仰着头，眼神里充满了挑衅和取笑。韩信见此情景没有说话。他心里升腾起一股强烈的怒火，瞪大两眼，盯了那年轻人片刻，随后又从头到脚打量了那人一番。韩信的嘴唇微微动了两下，与年轻人对视着。此时，他们周围已聚满了看热闹的人，期待着这场战斗的结局。人群里有人冲韩信大声喊道："冲啊！冲上去！与他拼命！"随后一群人都跟着大声喊叫，"打啊！打！""不能认输！不能败在这小子手里！"周围吵吵嚷嚷，你拥我挤。可是韩信接下来的动作却令许多人大吃一惊。只见他在那年轻人面前慢慢矮了下去，紧接着俯身在地，从他的裤裆底下慢慢爬了过去。满大街的人突然变得非常寂静，一个个都惊讶地张大嘴巴看着眼前发生的一切，说不出话来。随后人们都嘲笑韩信，认为他胆小怕事，是个懦夫。

后来，项梁反抗秦朝，渡过淮水的时候，韩信去投奔他。韩信跟随项梁有一些日子，一直是默默无闻。项梁失败后，韩信又投靠项羽，做了郎中。他多次为项羽献计献策，想得到项羽的重用，但项羽并没有采纳他的意见。韩信不满。汉王进入蜀地时，韩信离开了楚军，投奔汉王。在汉王那里，他仍旧默默无闻。

一次，韩信在做接待客人的小官时犯了法，被判死刑。与他一起的13个人都已经被斩了，等轮到韩信时，刀斧手站在他身旁，正准备下手，韩信突然抬头一看，恰好看见了滕公，就大声说："汉王难道不想统一天下了吗？为什么要杀壮士啊？"滕公非常惊奇，看他长得高大威武，就放了他。后来，滕公和韩信在一起说话时，滕公发现韩信很有才华，很欣赏他，于是就报告给汉王，说："上次将要被斩而最后被放了的那个人，很不一般，很有才能。日后必有大用。"汉王听后，采纳了滕公的意见，让韩信做了治粟都尉。

中国大事记

公元前157年，汉文帝去世，太子刘启即位，是为汉景帝。

萧何月下追韩信

韩信虽然当了个治粟都尉，可是他觉得这并不是什么官，自己胸怀大志却得不到施展，因此整日郁郁寡欢。萧何曾经在汉王面前推荐过韩信，也常常和他在一起交谈，谈话过程中，萧何领略到了他的智慧，暗自惊叹他的才能。

一次，汉王出兵作战。对于这场战争，士兵们都觉得胜利的希望不大，一是准备得不够充分，二是对汉王也没有多少信心，于是有许多人在半路就逃跑了。韩信也在里面，他知道萧何向汉王推荐过自己，可汉王还是不重用自己，很失望，于是也跟着那些人一起逃走了。当时正好是晚上，月明风高，一伙人还有韩信沿着小道向外奔去。

萧何听说韩信跑了，来不及向汉王报告，立刻就去追赶韩信。趁着月色，萧何独自一人在小路上狂奔。第二天人们发现萧何不见了，就向汉王报告说萧何跑了。汉王听后非常生气，也很伤心，因为萧何对于汉王就像自己的左右手一样重要。

汉王独自悲叹："萧何呀萧何，我哪一点对不起你啊，你为什么要逃跑呢？"其他大臣见汉王伤心得很，就劝慰他说："大王不必伤心，也许丞相有什么要紧的事，没来得及向大王报告，很快就会回来的。"汉王这才稍稍安下心来。

一天、两天过去了，还是不见萧何的踪影，汉王又坐不住了，询问身边的大臣是否见丞相回来过。大臣们都摇摇头。汉王气极了，愤怒地叫道："立刻派人去把丞相找回来！"

过了两天，萧何自己回来了，且立刻去拜见汉王。汉王听说，高兴地想要迎接他。然而见到萧何，他马上又装出很生气的样子说："我哪点对你不好，你为什么要逃跑？"

萧何见汉王如此生气，忙说："我怎么敢逃跑呀！是有人逃跑，我是去追逃跑的人！"

汉王问道："你去追谁？谁逃跑了？"萧何说："是韩信。"

汉王一听是韩信，更加生气，大骂萧何："逃

萧何月下追韩信图 清 佚名 瓷板画

本画取材于汉史故事，萧何向刘邦推荐韩信，却未受重用，韩信一气之下离去，萧何惜其才能，星夜追赶，追回后拜为大将，为刘邦统一天下立下汉马功劳。图中韩信持弓佩箭、骑马于前边奔跑，后边萧何带仆从骑马追赶。

跑的将士们有好几十个，哪个都比韩信强！你不去把那些人追回来，反而去追韩信，分明是在欺骗我！"

萧何说："其他将士都很容易得到，可是像韩信这样的人天下绝对没有第二个！大王您要是只想在汉中称王，有没有韩信不太重要。如果您想要争夺天下，除了韩信，我想没有人能有资格跟您一起商量国家大事。大王是想在汉中称王，还是做天下之主，请大王好好考虑考虑！"

汉王说："我当然想一统天下了！"

萧何说："大王如果真要一统天下，就请任用韩信，让韩信留下。要是不重用他，他迟早有一天还会跑掉的。"

汉王说："那好吧！看在您的面子上就留下他，让他做将领。"

萧何说："只做一般将领恐怕还是不行。"

"那就让他做大将吧。"汉王无奈地说。

萧何这才说："非常好！"

于是汉王立刻要召见韩信，让他做大将军。萧何又说："这样恐怕不好，大王向来傲慢，不讲求礼节，任命大将应该是很重要的事情，可您现在就像叫小孩子似的，韩信逃跑的原因，大概

历史关注

汉朝初期，文帝、景帝进一步推行轻徭薄赋、无为而治的政策，“至于移风易俗，黎民醇厚”，史称文景之治。

就在于此吧。大王如果真要诚心诚意地重用他，就该选一个良辰吉日，进行斋戒，在广场上设置高坛，举行隆重的仪式才好。”汉王听从了萧何，下令尽快准备仪式。很多将领心里暗自高兴，以为自己就要当大将军了，等到汉王宣布说是韩信，将领们一下呆住了，怎么也不敢相信当大将军的竟然是他。

设坛拜将

韩信当上了大将军。

一次，汉王和他聊天，问道：“丞相与我多次谈到将军，对将军很是赞赏，不知道您现在有什么奇谋大计，可以说说吗？大家都称您为奇才，我也想见识见识！”

韩信谦虚地连忙说道：“不敢当，不敢当！大王过奖了！”接着便问汉王：“如今从气势和力量上看，最有可能夺取天下的是不是项王？”

汉王说：“是。”

韩信说：“大王想一想，要说勇敢、强大、仁慈方面，您与项王相比，谁更厉害呢？”

汉王沉默了一会儿，才说：“我不如项王。”

韩信站起来，向汉王拜了两拜，赞同地说：“说实话，我也认为大王不如他。不过，我在他身边有一段时间，请先让我说说项王的为人。项王是一个既勇猛又威严的人，他要是发起脾气来，能吓倒许多人，然而他却不敢用有才能的将领。项王待人宽厚仁慈，有礼有节，态度和蔼可亲，部下要是有人生病，他难过得掉眼泪，把自己的饭食亲自端到伤员面前给他吃，可是当将士们立了功，该封官晋升时，项王却拿着刻好的官印很久，还是舍不得给。项王的仁慈只不过就是妇人之道。

“项王如今虽称霸天下，诸侯也纷纷听从，但是他目光短浅，不占领关中，而非要把都城定在彭城。不仅这些，项王还违背誓言，杀了义帝，让和自己亲近的人来代替他的位置，其他诸侯嘴上不敢说什么，可心里很不服气。诸侯们看见项王把义帝追赶到江南，也都回去驱赶他们自己的君王，占领了好的地方就自立为王。还有一点，项王军队每到一处，那个地方就会被破坏得不像样，因此百姓心里很怨恨。但他的兵力强大，人们都害怕，只能服从。因此说，项王现在尽管是霸主，但实际上早已失去了民心。他的强大没有牢固的基础做后盾，是很容易衰弱的。

“现在大王应该采取与项王相反的方法：重用天下勇士，就会天下无敌；把天下的城封赏给有功的大臣，就会赢得人心。率领正义的军队，顺从思乡东归将士的心愿，向东进军，就没有谁能够抵挡得了。况且分封在秦地的3个人都是秦国的将领，他们已经率军出来作战好几年了，其中被杀的和逃跑的人不计其数，又欺骗他们的部下投降了诸侯，到了新安，项王用欺骗的手段活埋了20多万秦兵，只有章邯、司马欣、董翳没有被杀，秦地百姓对他们恨之入骨。现在项羽凭着威势硬让这三人为王，秦地百姓并不拥护他们。大王您和他就不一样了，您进关之后，不仅没侵犯人民的任何利益，而且还废除了秦朝苛刻的法令制度，和秦地人民约法三章，秦地人民很感激您，都希望您能在秦地称王。而且，按照诸侯的约定，大王也应该在关中称王，那里的百姓都知道这件事。可是大王现在被赶到汉中，秦地的人民都感到很遗憾。现在大王要是出兵向东进军，不费吹灰之力就可以平定三秦。”

汉王见韩信分析得很有道理，十分高兴，觉

拜将坛

在陕西省汉中市城南，相传为汉王刘邦拜韩信为大将军举行拜将仪式的坛。

中国大事记 | 公元前154年，吴、楚等七个诸侯王以“清君侧”之名发动叛乱，建议“削藩”的晁错被景帝腰斩。

得相见恨晚，改变了以前对他的看法。而韩信的计策也全部被采用了。

八月，汉王东进，平定了三秦。汉王二年（公元前205年），经过函谷关，收了魏地和河南一带。然后，联合齐国和赵国一起攻打楚国。四月，汉军在彭城作战失败，韩信收集了一些散兵与汉王会师。然后在京县、索亭之间打败了楚军。从此楚军再也不敢向西进攻了。

汉军在彭城作战失败后退了兵，塞王司马欣、翟王董翳背叛了汉军，投降了楚国。齐国和楚国看形势不妙，也背叛汉王跟楚国讲和。六月，魏王豹回家探望母亲，一到封国，立刻反对汉王，投奔了楚国。

八月，汉王派韩信攻打魏国。魏国重兵把守，韩信便增加了一部分军队用来迷惑魏兵，他们故意在临晋聚集很多船，假装要过河，吸引魏兵的视线，同时偷偷调集军队，在夏阳用木盆当作船过河，从背后袭击魏王。魏王来不及防备，十分惊慌，刚要率兵迎战，结果没过多久就被韩信俘虏了。魏国被平定后，设为河东郡。汉王又派张耳与韩信一起东进，然后又向北攻打赵国和代国。韩信攻下了魏国，打败了代国。之后，汉王派人调回他的精锐部队，让他去攻打楚军了。

背水一战

韩信和张耳带领几万军队，想向东占领井陉关，攻打赵国。赵王歇和成安君陈馀听说汉军来侵袭，就在井陉口屯驻重兵，号称有20万之众。

广武君李左车对陈馀说：“汉国将军韩信英勇善战，俘虏了魏王，擒获了夏说，现在又和张耳一起来攻打赵国，还真是挺厉害！我听说从千里之外转运军粮，士兵肯定吃不饱，临时砍柴做饭，所得食物也极为有限。井陉关的道路非常狭窄，两辆战车不能并排前行，战马也不能列队行军，汉军前进几百里后，军粮必定会落在队伍后面，希望您能派给我3万精兵，抄小道去拦截他们的后备物资。而您就在这里深挖战壕，高筑营垒，坚守阵地，不要和他们交战。让他们向前没法取胜，向后又退不了兵，我再出兵断绝他们的后路，困住他们。这样用不了10天，将军就可以见到张耳和韩信的人头了！希望您认真考虑一下我的计策，不然，我和您谁也别想跑！”

陈馀是个迂腐的书生，平时经常说正义的军队是不会使用阴谋诡计的。所以他听了李左车的话，很不高兴，最后，陈馀还是没能听从李左车的计策。

韩信派人来偷偷打听消息，知道李左车的计策没有被采用，心里十分高兴，放心地带领部队勇往直前。等走到距离井陉关口不到30里的地方，命令大家停下来宿营。

当天半夜，韩信挑选了2000精兵，让他们每人拿着一面汉军的旗子，从小路上山，隐蔽起来观察赵国军队的情况，并吩咐他们说：“明天我军要和赵军交战，我军将故意败退，赵军看见我们逃跑，必定会全军出动来追赶我军，到时你们就赶快冲进赵军的军营，拔掉赵军的旗帜，插上汉军的旗帜！”然后韩信又下令副将们分头传令，说：“今天打败了赵军，我们要好好庆贺庆贺，让全体将士好好大吃一顿！”将士们不敢相信，觉得韩信太自大了，但最终还是假意答应说：“好！”

韩信对将领们说：“赵军已经抢先占据了有利的地形，在那里安营扎寨。我们可以派一支部队先去试探，他们看到我们的先头部队中没有主将的旗鼓，一定不会出来攻打。”于是，韩信就派1万人先走，经过井陉口，背着河水排开阵势。赵军离很远就看到了，觉得这种阵势排得真是愚蠢极了，就大笑起来，并说道：“就这阵势根本不值得出兵！”等到天亮时，韩信树起了主将的旗帜，敲锣打鼓经过井陉口。赵军一看，立刻打开营门，准备迎战。

两军交战了很长时间，这时张耳和韩信假装战败，丢掉了旗鼓，慌乱地逃窜到河边的军阵中。河边的部队打开营门，让他们进入到阵地。赵军见了，立刻全军出动，争夺汉军的旗鼓，并疯狂追杀韩信和张耳，都想立功。韩信和张耳退到水边军阵，全军奋勇杀敌，势不可当，赵军根本不能获胜。这时，韩信原先派出的两千骑兵趁

历史关注

汉初三杰指的是张良、萧何、韩信，正是由于他们的倾力辅佐，刘邦才得以击败项羽，建立汉朝。

·汉初三杰·

汉初三杰是指张良、萧何、韩信。正是由于他们的全力辅佐，刘邦才能击败强大的楚霸王项羽，建立西汉。刘邦当上皇帝后，曾这样说："出谋划策，决胜千里，我比不上张良；治理国家，安抚百姓，筹集粮饷，我比不上萧何；率领百万大军，战必胜，攻必克，我比不上韩信。这3个人都是绝顶聪明的人，我能够重用他们，这就是我得天下的原因。"

机冲进赵军营中，拔掉他们的旗帜，竖起了两千面汉军的红旗。赵军觉得形势不妙，掉头撤军，收兵回营。可是等他们回军营一看，到处都是汉军的红旗，顿时惊慌失措。这时候，汉军前后夹攻，彻底打败赵军，杀掉了陈馀，俘虏了赵王。

韩信传令，谁也不许伤害李左车，能活捉他的赏一千两金子。过了不久，有人捆绑着李左车来到了韩信面前，韩信立刻给他松绑，请他坐下，像对待老师一样恭敬地对待他。

汉军将领们纷纷前来汇报战果，祝贺韩信。将领们问韩信道："按照兵法上说，排兵布阵应该是右边和背后靠山，前边和左边靠水。而这次，将军却让我们背水列阵，最后居然打了胜仗，这是什么原因呢？"韩信说："我的方法也在兵法上，只是各位没有注意啊！兵法上有句话叫'置之死地而后生'，再说，我刚当上大将军，军中有些将士还是不太信任我，在这种形势下，如果不把军队安排在死地，让大家都不得不为活命而作战，那怎么能抵挡得了赵军？把他们安排在可以逃生的地方，赵军一来，大家就会各自逃散，还怎么可能抓住赵王，怎么可能杀掉陈馀？"将领们听后，都打心眼里佩服，赞叹道："将军果然厉害，我们不能比啊！"

自立为齐王

韩信攻取赵国后，在将士们心中树立起了威信。

韩信问广武君："我想向北攻打燕国，向东攻打齐国，您看应该怎样攻打才能成功？"

广武君说："我是个俘虏，哪里有资格和您一起商量国家大事呢？"

韩信说："当初百里奚在虞国的时候，虞国灭亡了，后来他到了秦国，秦国却称霸于诸侯。这不是说百里奚在虞国是笨蛋，到了秦国就一下子聪明了，关键原因是国君是不是重用他，是不是愿意采纳他的意见。假如成安君能听从您的计策，那像我这样的人早就被他俘虏了，正因为他不听从您，所以我才有机会向您学习。我说的都是肺腑之言，愿意听从您的意见，请您不要推辞了。"

广武君说："智者千虑，必有一失；愚者万虑，必有一得。我性格呆笨，我的意见并不是很高明，但既然您看得起我，那我就说说看。现在将军您功劳很大呀！俘虏了魏王，擒获了夏说，攻占了井陉，半天的时间就打败了20万赵军，声名已是威震天下，天下人都愿意投靠您，听从您指挥。可是您的将士们这时已是身疲力竭，虽然看上去很强大，但实际上力量很微弱，现在立刻又攻打燕国，恐怕打不下来，燕国要是打不下来，那么齐国就会坚决抵抗您。燕国和齐国都不肯投降，那么项羽和刘邦也就势均力敌，难分胜负。到时将军您可真是'智者千虑，必有一失'啊！"

韩信说："那我该怎么办呢？"

广武君说："我看不如按兵不动，镇守赵国，照顾百姓，尽力使将士们每天有肉吃，有酒喝，好好款待他们。同时再慢慢向北移兵，接近燕国边境，然后派人去送信，让他们看看您的威力，就没人敢不听您的了。等燕国顺从了以后，再派人去齐国劝说，齐国见您的声势也一定会臣服的。这样，天下大局就可以牢牢掌握在您手中了。用兵的方法也可以先虚张声势，然后再行动，现在这种方法最适合您了。"

韩信听从了广武君的计策，燕国顺从后，又向汉王报告了情况，并请求汉王让张耳当王，镇守赵国。张耳当了赵国的赵王。

> **中国大事记** | 公元前 154 年，汉景帝派周亚夫等率军平定七国之乱，周亚夫战略得当，仅数月即平乱。

赵国成了汉王属地后，楚王项羽多次派兵攻打，当时楚军正占上风，在荥阳紧紧围困汉王，汉王逃到了成皋。六月，汉王从成皋逃了出来，东渡黄河，与滕公一起投奔张耳。他们两人自称是汉王的使臣，闯进了赵军军营。张耳和韩信还没起床，汉王就在他们的卧室里夺取了印信和兵符，指挥将领，重新分配他们任务。汉王又命令张耳防守赵地，让韩信当赵国相，攻打齐国。

韩信率军出发，还没渡过平原津，就听说汉王的使臣郦食其已经说服了齐国，韩信想按兵不动。这时候有个叫蒯通的说客劝韩信说："汉王派密使说服了齐王，这不影响将军您进攻。将军是奉命攻打齐国，现在汉王并没有下令让您停止，您为什么不前进呢？况且，郦食其是一个书生，坐车四处走，仅靠他那三寸不烂之舌就降服了齐国 70 多个城，而将军您率领几万大军奋战了一年多才攻取赵国 50 多个城。这样看来您的功劳反而连一个小小的书生都不如，您怎么能让他得手呢？"韩信觉得有道理，就率军渡过了黄河。

齐国当时已经接受了郦食其的劝说，并解除了对汉军的防御。韩信趁机进军齐国。齐王以为郦食其出卖了齐国，一气之下把他杀了。然后又向楚国求救，楚王立刻派大将龙且带兵前去援助，韩信紧追不舍。

齐王田广和楚将龙且会师，准备好要和韩信大战一场。开战前，有人劝龙且说："汉军离自己的国土很远，没有退路，只能奋勇抵抗，力量是不可抵挡的。而齐楚两军不同，他们是在自己的领土上作战，士兵容易散漫，要跟他们硬拼还不如牢牢地防守，再让齐王派人去拉拢那些已沦陷的地区。沦陷地区的人听说自己的国王还在，楚兵又来救援，一定会反叛汉军的。那时汉军就根本没有办法得到粮食，他们还打什么仗！您采用我的计策，我敢保证不用打，就能让他们投降！"

龙且说："韩信那小子我了解，对付他简直容易得很！再说，我这么远来帮助齐国，要是不打，他就投降了，那我还有什么功劳啊？在战场上把他打败，那才是英雄！有了战功，齐国一半的地盘都是我们的了，为什么不打？"于是出战。

双方隔着潍水摆开了阵势。韩信事先派人连夜做了 1 万多个袋子，里面装满沙子，偷偷堵住了潍水的上游。然后带领一半队伍渡河，袭击龙且，打了一会儿，韩信假装战败往回跑。龙且见状，兴奋地说："我早就说过韩信是个胆小鬼！"于是带兵渡过潍水追赶韩信。这时，韩信派人挖开堵水的沙袋，河水倾泻而来，把龙且的军队立刻冲成了两半。大部队不能够过河，只有很少的兵跟随着龙且，韩信趁机掉头猛打，杀了龙且。潍水东岸的楚军没有首领的指挥，一下子乱了方阵，士兵们都溃散逃跑了。齐王田广见状也只好逃离了。韩信乘胜追击，一直追到城阳，俘虏了楚军。

汉王四年（公元前 203 年），韩信平定了整个齐国。平定之后，他派人对汉王说："齐国人虚伪狡诈，变化无常，难以控制，而且它的南面与楚国相近，弄不好它们会狼狈为奸。如果不设立一个代理国王来镇守齐国，恐怕齐国的局势难以稳定。我可以做齐国的代理国王，这样对汉王的大计有利。"而当时楚军正在荥阳紧紧地围困住了汉王，汉王听说韩信要当代理国王，勃然大怒，骂道："好你个韩信，我被围困在这里这么久，日夜盼望你来救我，你不但不来，反而要自立为王！"张良、陈平听见后偷偷踩了一下汉王的脚，然后贴近汉王的耳朵说："汉军现在正处于艰难的处境，在这个时候您还能阻止韩信称王吗？不如干脆让他当王，好好地对待他，让他自己镇守齐国。否则弄不好，他就要叛乱。至于以后怎么处置他，以后再说也不迟啊！"汉王明白过来，便接着骂道："大丈夫既然平定了诸侯，就应该做真正的王，何必要做代理的呢？"派张良立韩信为齐王，并征调他的部队攻打楚军。

蒯通说韩信

韩信杀了楚国大将龙且，而且屡战屡胜，这让项羽非常害怕。项羽想到了一个叫武涉的谋士，就去和他商量。项羽说："韩信杀了楚国的大将龙且，又自立为齐王，可以说是连连得利。此

历史关注

《公羊传》即《春秋公羊传》，是专门阐释《春秋》的儒学经典，战国时已流传，西汉初年成书。

时他正值春风得意，势力正旺，很难对付啊！”

谋士武涉说：“项王想要怎么做？”

项羽认为只要韩信留在汉王刘邦那里，对自己就是一个最大的隐患。于是他对武涉说：“韩信和刘邦在一起，对自己很不利，我找你来，是想让你到齐国去说服韩信，让他投靠于我。”武涉立即答应了。

武涉来到了齐国，劝齐王韩信说：

“秦朝没有道义，所以天下人同心协力攻打它。现在秦国已经被打败，大家论功行赏，各自称王，可是汉王贪心不足，还要东进，掠夺别人的封地。已经打败了三秦，又带兵出函谷关，收编诸侯的士兵来攻打楚国。看来汉王不吞并天下是绝不罢休的！他这样贪得无厌，真是太过分了！

“汉王的为人也实在是不太可靠。他落在项王手里好几次，项王宽容放过他好几次，可是他一脱身就违背盟约，恩将仇报，又来攻打项王。他的人品卑劣到如此地步，怎么能值得信赖和依靠呢？现在您觉得自己和汉王交情很深，替他卖命，但您最后一定会死在他的手里。您能活到今天，是因为项王还活着，汉王还用得着您。

“当前楚汉争霸，谁胜谁败，关键就看您了。您投靠西边，就是汉王胜利，投靠东边，就是项王胜利。如果项王今天被消灭，明天汉王就会来收拾您。您和项王有交情，为什么不反叛汉国而和楚国联合呢？这样您也可以三分天下而称王，如果您不抓住机会，一定要投靠汉王，那您迟早有一天会后悔的！”

韩信说：“当初我是在项王身边辅佐他，认真做事，忠心耿耿，可是他却不重用我，我在那里的官不过是个郎中，职位只是卫士，我说话项王不听，给他出谋划策也不采纳，无奈之下来投靠汉王。汉王赏识我，尊重我，让我当上将军，又交给我几万兵马，拿衣服给我穿，分食物给我吃，认真听我说话，采纳我的意见，汉王对待我就像对待自己的儿子一样。所以我韩信才能有今天啊。汉王这样信任我，我怎能背叛他，就是死了也心甘情愿。请您回去吧，不要再为此费力了，我是不会投靠项王的。请替我向项王道歉。”

武涉没办法，只好走了。

齐国人蒯通是个能力很强的人，他知道天下大势的关键就在于韩信，就想给韩信出主意。蒯通假装成看相人，来劝说韩信。

蒯通见到韩信，说：“我以前学过给人看相，让我也给您看看吧。”

韩信问道：“先生怎么给人看相，能和我说说吗？”

蒯通回答说：“一个人是高贵还是卑贱，主要看骨相。是忧愁，是喜悦，要看脸色。成功还是失败，那就要看他的判断力怎么样了。用这三条来相人，可以说万无一失。”

韩信说：“好！那就请先生今天给我相一面吧！”

蒯通说：“天机不可泄露。希望能让其他的人暂时回避一下。”韩信示意，手下的人全都退了出去。

蒯通这才继续说：“看您的‘面’，只能封侯，而且危机重重，要是看您的‘背’，真是大贵啊！”

韩信说：“请先生具体说说。”

蒯通说：“当初天下人刚刚起义反抗秦国的时候，英雄豪杰们自立为王，天下勇士云集。那时大家只是担心能不能打败秦国。如今和以前不一样了，楚王跟汉王争夺天下，使天下百姓受苦受难，暴露在荒郊野外的尸骨不计其数。楚汉之间连年战争，其实都已经两败俱伤，国库里的粮食也不多了，百姓疲惫不堪，不断抱怨，人心也不安宁，不知道投靠谁。按我的看法，能改变天下这种局面的，一定是圣贤之士。而这位圣贤之士就是您。

“现如今，刘邦、项羽两人的命运就掌握在您的手上。您替汉王出力，汉王就胜利，替项王出力，项王就胜利。我为您着想，我看您不如谁都不帮，让他们双方对峙，然后您跟着三分天下，鼎足而立。三方对立，谁也就不敢先动手了。凭着您的才智，再加上兵强马壮，占据着强大的齐国，还牵制着燕国和赵国，要是您出兵牵制刘邦和项羽，阻止楚汉纷争，为百姓请命，那

中国大事记

公元前150年，汉景帝立夫人王氏为皇后，胶东王刘彻为皇太子。

么天下百姓就会争着响应您，谁还敢不听从呢？

“然后，您再分割大国，削弱强国，用来分封诸侯，诸侯恢复了原来被割去的土地之后就会听从您的指挥。这样，您既能稳守齐国故土，又可以安抚全天下的君王，这可是世世代代的根基啊！俗话说‘上天赐给您的东西，要是不接受，就会受到惩罚’，希望您能顺应天意，认真考虑我的意见！”

韩信听了这一番话，毫不犹豫地说：“汉王待我一向很好，把自己的车让给我坐，把自己的衣服让给我穿，自己吃的食物让给我吃，这种待遇，有谁能够做到？我怎么可以背叛他，怎么能背信弃义，唯利是图呢？”

蒯通说：“汉王这些做法，其实都是表面现象，是做给您看的。您自认为跟汉王交情很深，想帮他建功立业，我认为您想错了。当初，张耳和成安君陈馀还是平民的时候，结成了生死不渝的朋友，可是后来怎么样，两人互相怨恨，成了仇人，最后陈馀被张耳所杀，被天下人所耻笑。这两个人开始的交情可以说是深厚无比，然而最后却互相残杀，原因就是人太贪心啊！人心难料！现在您跟汉王的关系并不比张耳、陈馀他们交情更深更可靠，而你们之间的利益冲突却比他们大得多。所以我认为，您那么坚决地肯定汉王不会危害自己，实在是错误的想法。

“再说，君臣关系就可靠吗？当初，文种和范蠡帮助越王勾践渡过了难关，助他称霸，可是勾践功成名就了以后，文种身死，范蠡逃亡。论交情，您和汉王比不过张耳、陈馀；论忠信，你们也超不过文种、范蠡与勾践的关系，这两种人的下场足可以让您借鉴的了，希望您考虑考虑。

“况且，有勇有谋、超过君主的人往往自身难保，功业天下第一的人无法赏赐。可是您呢？您俘虏了魏王，擒获了夏说，攻占了井陉口，杀了成安君，攻取了赵国，制服了燕国，平定了齐国，摧毁了楚国20万大军，杀了楚将龙且。您的丰厚的战绩，出众的谋略，天下没有人能比。您的威势超过了汉王，您的功劳无法赏赐。您归附楚国，楚国人不敢信任您；归附汉国，汉国人也担心您。您归附哪边合适呢？如果您不自立，怎么可能保全性命呢？”

韩信沉思了很久，说：“请先生先不要说了，我考虑考虑！”

几天过后，蒯通见韩信还是没有行动，就又劝他说：“善于听取意见，才能成就大业，敢于行动，才是办事成功的关键。如果安于干小差事的杂役，就会失去掌握国家大权的机会，要是满足于稍高一点的俸禄，就会失去公卿宰相的地位。所以，聪明人应该当机立断，迟疑不决是办不成大事的。俗话说：‘猛虎要是犹豫，还不如勇敢的黄蜂；骏马要是踌躇，还不如稳步的劣马。虽然像舜禹一样聪明，但如果不说出来，那就还不如聋哑人的比划手脚。’这说明最可贵的是雷厉风行。功业成功很难，失败却很容易，得到时机很难，失去机会很容易。机会是不会重复光顾您的家门的！还请您尽快决定！”

韩信思前想后，犹豫不决，终究还是不忍心背叛汉王。他觉得自己有这么多的功劳，汉王没有理由加害自己，于是就谢绝了蒯通。蒯通的劝说没被采纳，担心祸从口出，就装疯做了巫师，看来他这个说客也还是打动不了韩信的心啊！

被封淮阴侯

汉王被围困在固陵的时候，采用张良的计策，征召齐王韩信。韩信带兵赶到垓下，与汉王会师。项羽被打败之后，汉王乘韩信不备夺去了他的军队。汉王五年（公元前202年），齐王韩信被改封为楚王，都城定在下邳。

韩信到了自己的封地，召见了曾经给自己饭吃的洗丝絮的老大娘，送给她一千两黄金，并说道：“我韩信当年许下的诺言一直都没有忘！”另外还召见了南昌亭亭长，给了他一百钱，说道：“您是个好人，做好事却有始无终。”韩信还召见了曾经侮辱过自己并叫自己从他的裤裆下爬过去的那个人，让他做了楚国的中尉。他告诉他的将相们：“这是位壮士。当初他辱我时，我难道不能杀了他吗？但杀了他就不会出大名，所以

历史关注

《淮南子》是汉朝淮南王刘安及其门客编撰的，包含天文、地理、政治、军事等多方面内容。

韩信铜像

忍让了他，才达到今天这样的成就。”

项王有一个逃亡的将领，名字叫钟离眛，这个人跟韩信的关系一直很好。项王死后，他就投奔了韩信。汉王跟项王争夺天下的时候，吃过钟离眛的亏，现在听说钟离眛在楚国，就下令抓捕他。但韩信顾念义气，就找借口推辞了，不想杀他。

韩信刚到楚国时，每次巡视各县都带着很多士兵。汉高祖六年（公元前 201 年），有人向汉王报告说楚王韩信谋反。汉高祖就采用了陈平的计策，对外宣布说要巡视天下，会见诸侯，其实是要袭击韩信。韩信当时也很明白。汉高祖快到楚国了，韩信想出兵反叛，保全自己，但又觉得自己并没有什么罪过，想朝见皇上，然而又怕被擒获。

这时，有人给韩信出主意说：“您只要杀了钟离眛去见皇上，皇上一定会很高兴，您也就不必担心什么了。”韩信动了心，就召见钟离眛一起商量。钟离眛对韩信说：“汉王不敢攻打楚国，是因为有我钟离眛在您这儿。如果您一定拿我去讨好汉王，那我立刻就自杀！不过，我要是死了，您也会紧接着灭亡！”见韩信面露为难之色，钟离眛最后一次问他：“果真要拿我的头去见皇上吗？”韩信没说什么，意思是默许了。然而韩信念及朋友情谊，又十分不忍。钟离眛那双充满怨恨和期盼的眼睛，让他不能再看下去了。他心中交织着痛苦与无奈，掉转过头去。钟离眛看着韩信的背影，眼神变成了失望，突然冲着他的背影大骂道：“你不是个忠厚的长者！”说完就自杀了。韩信猛然转过身，看到钟离眛的身体慢慢地倒了下去，他想立刻走过来却没有挪动脚步，他想说“这是不得已而为之”，可是嘴唇动了动却没发出声音，只是站在原地久久呆立。

韩信拿着钟离眛的头去拜见汉高祖。汉高祖见韩信居然把钟离眛给杀了，不但没对韩信的行动大加赞赏，反而命令手下人把他绑起来，放在后面的副车上。韩信感到很悲哀，叹口气说：“果真像人所说的那样‘狡兔死，良犬烹；高鸟尽，良弓藏；敌国破，谋臣亡！’现在天下已平定，我的死期也到了！”高祖说：“不是我陷害你，是有人告发你谋反！”于是给韩信戴上刑具。

到达洛阳之后，高祖念旧情，不忍心杀害韩信，就赦免了韩信的罪，让他做了淮阴侯。

韩信知道高祖害怕和嫉妒自己的才能，就常常假装生病不去朝见，也不跟从。韩信感到很压抑，终日闷闷不乐。他觉得自己跟周勃、灌婴等人处于一样的地位是一种耻辱。韩信去拜访樊哙将军，樊哙跪拜着迎接他的到来，等韩信要走时他也同样用这样的礼节送他出门，并且口口声声自称臣子。然而韩信出了门却苦笑道：“想不到我韩信竟然和樊哙等人平起平坐！”

皇上跟韩信谈论各位将领的才能，觉得他们都有优点和不足之处。皇上问韩信：“你看我能带多少兵？”韩信回答：“陛下最多能带十万兵！”皇上又反问道：“你呢？”韩信答：“我是越多越好。”皇上笑着说：“越多越好，那为什么还被我抓来了？”韩信说：“陛下不善于带兵，擅长指挥将领，所以我才让陛下抓获。况且，陛下的能力是上天赐予的，不是人的力量所能够达到的。我即使才能再大，也无能为力啊。”

陈豨被任命为巨鹿郡守，来向淮阴侯韩信辞行。

韩信让左右随从都退下，单独和陈豨散步。韩信仰天叹息说：“我有话要对您说。”陈豨说道：“请将军吩咐！”韩信说：“您统治的地方，都是天下的精兵聚集的地方，而您又是陛下最宠信的臣子。如果有人说您反叛，陛下肯定不相信，但要是再有人告您谋反，陛下就会怀疑，要是有人第三次告您谋反，陛下就一定会大怒，亲自带兵

中国大事记 | 公元前150年，汉景帝任命郅都为中尉，郅都为人勇悍，执法不避权贵，被称为“苍鹰”。

出征。您好好准备一下，争取一次成功，我可以起兵来与您呼应，有可能一统天下。”陈豨一向很了解韩信的才能，很信任他，就答应了。

韩信之死

汉高祖十年（公元前197年），陈豨果然起兵反叛。皇上亲自出征。韩信谎称自己身体不好，没跟随皇上出征，而是暗中派人到陈豨那里，鼓励他说：“您只管发兵，我韩信会在这里帮助您！”随后，韩信又召集家臣们开会商量，打算乘黑夜假传诏令，赦免各官府里的囚徒和奴隶，领着这些人去袭击吕后和太子刘盈。韩信安排好以后，等候陈豨的回信。

这时，韩信的一个家臣得罪了韩信，被囚禁起来。韩信想要杀了他。家臣的弟弟于是上告，向吕后揭发韩信准备反叛的情况。吕后一听，大怒，立刻召萧何商议如何对付韩信。萧何说：“我有一个办法，不知可行不可行。”

吕后说：“什么好办法？快说！”

萧何接着说：“请皇后派我到韩信那里去，就说是从皇上那里来，然后告诉他说陈豨已经被抓住并且杀了头，列侯、群臣都前来祝贺，请他也来表示祝贺。只要韩信一进宫，我们就立刻捉住他！”萧何一边说着一边作捆绑状的手势。吕后表示同意，立即派萧何前往韩信住处。

萧何见到韩信，就骗他说：“听说陈豨已经被杀头了，叛乱终于平定，这可是大好事呀！您虽然身体不好，若能勉强进宫表示祝贺一下也好。”

韩信一听，“腾”地一下从座位上站起来，问道：“真有此事？”

萧何说：“我刚从皇上那儿来。”

韩信想了一下，又说：“我身体不太舒服，还是免了吧！”

萧何说：“平定叛乱是天下人盼望已久的事，如今终于取得了胜利，难道你不觉得应该庆贺一下吗？”

韩信见不好推辞，只好勉强答应了。

韩信刚一进宫，吕后就下令捉拿韩信。韩信还没反应过来，就被几个卫士捆绑在地。

斩韩信

韩信被诛，固然有刘邦忌惮功臣的因素，但韩信恃功自傲，也是其身亡的原因之一。

韩信临死之前，痛恨地说：“唉！我后悔当初没听蒯通的劝说，如今竟败在了妇人小子手里！亏得我韩信一世英名，这是天意啊！”

韩信死后，被灭三族。

汉高祖平定了陈豨的叛乱，回到京城，听说韩信已死，大松了一口气，然而又觉得有点可惜，问道：“韩信临死说了什么？”

吕后回答：“他说后悔没采用蒯通的计策。”

汉高祖说：“这个人是齐国的说客。”下令齐国逮捕蒯通。

蒯通被押到长安，高祖问他：“是你鼓动淮阴侯谋反的，是不是？”

蒯通回答：“是。可是这小子并没有听我的，所以落得如此下场。如果他当时听取我的意见，陛下又怎么可能杀得了他呢？”

高祖听了后更加生气，命令左右侍卫道：“杀了蒯通！”

蒯通大叫：“冤枉啊！凭什么杀我？”

高祖说：“你鼓动韩信谋反，还说冤枉吗？”

蒯通说：“秦王朝混乱残暴，诸侯纷纷自立，英雄并起。秦王失了江山，天下人争抢想当王，但只有德才出众的人才能如愿以偿。盗跖养的狗，见到唐尧也要狂叫，并不是唐尧不仁义，而是他不是狗的主人。我蒯通当时在齐国，只知有齐王韩信，不知有陛下，所以才给韩信出那个计策。况且，天下有势力的人无数，想当皇帝建立君王大业的人多得是，只不过没有人有能力去反叛！您难道能把他们都杀了吗？”

高祖赦免了蒯通的罪过。

历史关注 | 金缕玉衣是汉代规格最高的丧葬殓服，大致出现在西汉文景时期。

卢绾列传第三十三

燕王卢绾

卢绾是丰邑人，和汉高祖是同乡。两人的父辈就非常要好。高祖和卢绾恰好是在同一天出生的，这一天，乡亲们都带着羊和酒等物品向两家祝贺。高祖和卢绾渐渐长大，两人一起读书，一起玩耍，亲密无间。乡里人很羡慕他们两家，认为他们父辈相好，两个孩子又出生在同一天，长大了还很要好，这样的情况很难得，就又不断地拿着羊和酒等礼物前来祝贺。

高祖还是普通百姓的时候，因为吃了官司而东躲西藏，卢绾也不在乎，依然跟着他到处奔走。后来，高祖在沛地起兵，卢绾就以宾客的身份跟随高祖。进入汉中以后，卢绾当了将军，经常陪伴在高祖身边。到楚汉争霸的时候，卢绾又以太尉的身份随从高祖左右。他可以自由地进出高祖的卧室，常常得到衣服被褥和食物等赏赐。后来卢绾被封为长安侯（这里的长安指的是咸阳）。

汉王五年（公元前 202 年）初，项羽已经被打败，汉王就派卢绾带一支军队与刘贾一起去攻打临江王共尉，结果取得了胜利。

七月，卢绾回朝后又立刻跟从高祖去攻打燕王臧荼，藏荼战败。高祖平定天下以后，诸侯当中不姓刘而被封王的一共有 7 个人。高祖想把卢绾也封为王，可是其他的大臣都不大赞同，只好暂时先放下这个打算了。等到俘虏了燕王臧荼，高祖便把所有的王侯将相都召集到一起，让他们在众多群臣当中选择一名功臣来做燕王。群臣都知道高祖想让卢绾当燕王，就都顺着高祖的想法说："太尉长安侯卢绾，长年跟随皇上南征北战，帮助皇上平定天下，要论功劳数他最大，应该封卢绾为燕王。"高祖听了十分满意，就封卢绾为燕王。其他诸侯王当中，谁也没有燕王卢绾更受皇上的宠幸。

高祖十一年（公元前 196 年）秋，陈豨在代地发动叛乱。高祖带兵到邯郸去攻打陈豨，燕王卢绾配合作战，从东北部进攻。陈豨知道自己打不过汉兵，就派人去向匈奴请求救援。燕王卢绾为了防止匈奴出兵，就派了自己的部下张胜到匈奴去，假装说陈豨的军队已经被打败，让匈奴不敢贸然出兵。

张胜来到了匈奴，原燕王臧荼的儿子臧衍正好也在匈奴。他见到张胜说："燕国重用您，是因为您熟悉匈奴的情况。燕国存在了这么长时间，还没有被消灭掉，只是因为其他诸侯不停地反叛，连年战争，汉王还没顾上攻打燕国。现在您替燕国着想，想迅速消灭陈豨等人，可是，您有没有想过，陈豨等人一旦被彻底消灭，那么紧接着就轮到燕国了！到那时，您也成了阶下囚，后悔也来不及了！您为什么不让燕国暂时先不要消灭掉陈豨，而偷偷跟匈奴联合？这样做的话就可以给自己留有余地，才能保证燕国的长治久安，即使汉国有要打燕国的主意，您也没什么可担忧的了。"张胜听后觉得有道理，就自作主张，让匈奴帮助陈豨攻打燕国。

燕王听说了这件事后，怀疑张胜联合匈奴谋反，就向高祖报告，并请求族灭张胜。张胜回到了本国，很快找到了卢绾，向他说明了自己联合匈奴的原因。燕王这才明白过来，就想办法解除了张胜的罪名。以后，张胜就暗中做匈奴的间谍，奔走于两地之间。同时，卢绾又暗中派范齐到陈豨那里，帮助陈豨长期流亡，想尽办法让战争连年不断。

中国大事记 | 公元前147年，周亚夫因干预景帝废立太子而免职，后以谋反罪入狱，绝食而死。

高祖十二年（公元前195年），高祖向东攻打黥布。当时，陈豨的部队离得也不远，高祖就派樊哙去攻打陈豨。陈豨的副将战败投降，向高祖说出了燕王卢绾曾派范齐去陈豨那里并商量反叛的事。高祖大惊，马上召见卢绾。卢绾假装生病不来朝见。高祖见卢绾不来，又派辟阳侯审食其、御史大夫赵尧去迎接他，再寻找机会查问卢绾的手下人。

卢绾更害怕了，干脆藏了起来。他心里非常苦闷，就对最亲近的臣子说："不姓刘而封王的，现在只有我和长沙王吴芮了。去年春天的时候，汉王灭了淮阴侯，夏天又杀了梁王彭越。这些都是阴险的吕后出的主意。皇上多病，就把国家重任交给了吕后。吕后是个妇人，心地阴险歹毒，总是找碴儿杀害异姓王和功臣，目的是他们吕氏要谋利益。这样看来，我卢绾凶多吉少啊！"高祖派人来催卢绾去朝见好几次，可是他依然装病不去。卢绾左右随从感觉不对头，就都偷偷离开了。这时候，辟阳侯又查到了卢绾一些秘密的言论，并详细报告给了高祖。高祖听后大发雷霆。不久，有个匈奴人投降了汉朝，说张胜已经逃到匈奴，正谋划着怎么帮助燕国反抗汉朝。

高祖拍桌而起，大叫道："卢绾，你小子还真反了！"于是马上派樊哙出兵急攻燕国。燕王卢绾不愿意对抗汉朝，就带着他的家属，还有大臣及几千骑兵驻扎在长城脚下，想找个机会入宫请罪。过了不久，高祖去世了，国家大权彻底掌握在了吕后手中。卢绾一看形势不妙，只好率领部下逃往匈奴。匈奴封他为东胡卢王，可是并不尊重他，经常借机掠夺和欺侮他。一年多后，卢绾死在匈奴。

陈豨心怀不轨

陈豨是宛朐人，很早就跟着高祖打天下。高祖七年（公元前200年），陈豨被封为列侯，以赵国相国的身份统率赵、代两地边防军，势力很强。

有一次，陈豨请假回家，经过赵国时，赵国的相国周昌看到随从陈豨的宾客非常多，一共有1000多辆车，把整个邯郸城的客馆都住满了。陈豨待人宽厚，习惯与宾客们平起平坐，宁可委屈自己也要厚待别人，深得人心。陈豨和宾客们住在一起，吃饭也很随便，和宾客们愉快地交谈，宾客们都觉得他很亲切。

陈豨走后，周昌就去求见汉高祖。周昌说："我看到陈豨的宾客很多，而且陈豨独自掌握兵权，在外驻扎了好几年，已经形成了一方势力，恐怕会有谋反的念头。"高祖也觉得有道理，派人去核查陈豨的宾客们，看他们有没有做出什么违法的事。结果被查出了许多问题，大多跟陈豨有关系。陈豨知道后非常害怕，就暗中派宾客去王黄和曼丘臣那里，跟他们商量反叛的事情。

高祖十年（公元前197年），太上皇去世。汉高祖借这个机会召见陈豨，想除掉他。陈豨借口生病，不去朝见。这年九月，陈豨与王黄等人发动叛乱，自立为代王，很快就占领了赵地和代地。

高祖听说陈豨已经动手了，就宣布，赵、代两地的官吏凡是被陈豨胁迫背叛汉朝的，一概不予追究。然后，高祖亲自前往邯郸准备平叛。汉高祖了解到陈豨的战略方案后，高兴地说道："陈豨不南下控制漳水，却北上守住邯郸，可见他并不十分聪明有智谋啊！这样的人成不了大事！"

赵国的相国上奏，请求斩杀常山的郡守和郡尉，说："常山有25座城，陈豨反叛后，其中20座城都投降了他。"

高祖问："那些郡守和郡尉是一开始就反叛的吗？"

赵国的相国回答："不是，他们本来没想着要反叛，但是看到陈豨兵力强大，就投降了。"

高祖说："这是郡守和郡尉他们兵力不足，不得不投降，无奈之下只好这么做了。"于是就赦免了他们，让他们继续当常山的郡守和郡尉。

历史关注

《太初历》是中国古代有文字记载的第一部完整的历法，它第一次测定出了135个月的日食周期。

田儋列传第三十四

田横五百士

田儋是原来齐王田氏的族人。田儋的堂弟田荣，田荣的弟弟田横，都是英雄豪杰。田氏宗族很强大，深得人心。

在陈涉开始起兵的时候，田儋带人拜见县令，乘机杀死他，然后又召集有势力的官吏和年轻人说："各地诸侯都已经反秦自立，齐地是古代封建的诸侯国，而我田儋，是齐王田氏的同族，应当为王。"于是，田儋自立为齐王。

秦将章邯在临济围攻魏王咎，情况紧急，魏王派人到齐国来求救。齐王田儋带领军队援救魏国。章邯把齐魏联军打得大败，在临济城下杀死田儋。齐国人听说田儋战死的消息之后，就拥立以前齐王田建的弟弟田假为齐王。但田荣对齐人立田假为齐王一事非常气愤，于是就带兵回去，攻击齐王田假，田假逃到楚国。田荣于是立田儋的儿子田市为齐王，自任丞相，田横为大将，平定了齐地。项梁派遣使者通报齐国和赵国，要两国共同发兵攻打章邯。田荣说："如果楚国杀死田假，赵国杀死田角、田间，那我们才肯出兵。"楚国、赵国都不肯依从齐国，齐国非常生气，最终也不肯出兵。

项羽灭了秦朝，分封诸侯王。田荣因为不肯出兵，因此不能被封为王；陈馀也因为失职，没有被封为王，这两个人都很怨恨项羽，于是起兵反对项羽。项羽十分恼怒，派兵讨伐齐国，田荣被杀，田横带兵反攻。而在这时，汉王刘邦起兵，项羽不得不回兵与刘邦对抗。因此田横得以收复齐国大小城邑，立田荣之子田广为齐王，田横自为丞相辅佐他，并专断国政。

田横平定了齐国，3年之后，汉王派郦食其到齐国，想说服齐王田广和相国田横归附汉王。田横也认为归附汉对自己确实有好处，就放松了在历下的驻军，对汉军也不再设防。本来，在郦食其来到齐国之前，汉将韩信带兵攻打齐国，齐国派华无伤和田解在历下驻军抵抗。然而汉王使者郦食其一到，齐军就解除了防备，准备同汉军讲和。齐国万万没有想到，韩信突然攻打齐国在历下的军队，并乘胜打入临淄。齐王田广和相国田横以为郦食其骗了自己，就把他给杀了。然后，齐王田广向东逃到高密，相国田横逃到博阳，代理相国田光逃到城阳，将军田既带兵逃到

·《山海经》·

《山海经》是先秦古籍，是一部富于神话传说色彩的最古老的地理书。它主要记述古代地理、物产、神话、巫术、宗教等，也包括古史、医药、民俗、民族等方面的内容。除此之外，《山海经》还以流水账方式记载了一些奇怪的事件，对这些事件至今仍然存在较大的争论。全书现存18篇，约31000字。五藏山经5篇、海外经4篇、海内经5篇、大荒经4篇。《汉书·艺文志》作13篇，未把大荒经和第十八篇海内经计算在内。全书内容，以五藏山经5篇和海外经4篇作为一组，海内经4篇作为一组，而大荒经4篇以及书末海内经1篇又作为一组。每组的组织结构，自具首尾，前后贯串，有纲有目。五藏山经的一组，依南、西、北、东、中的方位次序分篇，每篇又分若干节，前一节和后一节又用有关联的语句相承接，使篇节间的关系表现得非常清楚。古代中国一直把《山海经》作为历史看待，但由于该书成书年代久远，内容奇诡，连司马迁写《史记》时也认为："至《禹本纪》，《山海经》所有怪物，余不敢言之也。"

中国大事记 | 公元前144年，匈奴侵入雁门，李广时为上郡太守，施巧计退敌。

田横五百壮士 现代 徐悲鸿

了胶东。

楚国派大将龙且来援救齐军，与齐王在高密会师。汉将韩信和曹参围攻高密，打败了齐楚联军，杀死了龙且，俘虏了齐王田广。同时，汉将灌婴也追击并俘虏了齐国代理相国田光。

当时，田横已经逃到了博阳，听说齐王已死，就自立为齐王，率兵反攻灌婴。在嬴城田横的部队被灌婴打败了，田横逃到了梁地，投奔了彭越。彭越这时驻守梁地，既想帮助汉国，又想帮助楚国。

韩信杀了龙且之后，派曹参进军胶东，打败并杀死了田既，又派灌婴出击，杀死了齐将田吸。齐国终于被平定了。随后，韩信派人求见汉王，请求汉王让自己当齐国的代理国王，汉王由于当时也正处于艰难的境地，只好让韩信当齐王。

一年后，汉军消灭了项羽，汉王立为皇帝，彭越被封为梁王。当时田横还在彭越那里，害怕自己被杀，就带领手下500多人逃进东海，在岛上居住。汉高祖觉得田横兄弟曾经平定了齐国，深得齐国民心，齐国大多数有贤能的人都投靠田横，如果田横这群人在岛上自由生活，恐怕以后会有变乱的危险。于是高祖就派人来到海岛上，向田横说："皇上赦免了您的罪，想召您回去。"田横推辞说："我把皇上的使者郦食其给杀了，郦食其的弟弟郦商现在是汉朝的将领，而且很有贤德和才能，我害怕他容不下我，不敢再回到汉朝当官。请皇上让我做一名普通百姓吧，在这个海岛上生活到老。"使者回宫向高祖报告，高祖就派人叫来郦商，并对他说："齐王田横很快就要回来了，谁要是心存不轨敢动他的随从或兵马，立刻诛灭三族！"然后，高祖又召来使者说："去到田横那里，告诉他说，我已经下令郦商不许图谋不轨，让田横尽管放心。并且再对他说，要是愿意归附汉朝，就封他为王，最低也封为侯。要是还不听从，不想归附的话，就别怪我不客气！"

使者到了海岛，把皇上的旨意详细告诉了田横。田横仔细想了想，决定还是回去，就带着两名门客坐着驿车赶往洛阳，去朝见高祖。离洛阳还有30里左右的时候，田横对使者说："臣子要见天子，应当洗身洗头，否则就是对皇上的不敬。"于是停下来，叫使者和其他人都退下，只留下两名门客。田横对那两位门客说："想当初，我田横和汉王一样，都是南面称王的人。可如今汉王做了天子，我却成了亡国的俘虏，要向他称臣跪拜，这简直就是一种耻辱！我忍受不了！再说，我杀了郦食其，现在却要和他的弟弟一起服侍汉王，即使郦商害怕皇上，不敢动我，我的心里就一点都不觉得惭愧吗？况且，皇上想见我，只不过就是想看看我长的什么样，现在皇上在洛阳，如果把我的头砍下来，奔驰30里地，容貌还是这个样子，不会改变的，还是可以一看的。"说完，田横拔刀割断了自己的喉咙。

门客捧着田横的头随从使者乘车一路狂奔回去，向汉高祖报告。高祖见了，感叹地说："唉！田氏家族能够崛起，也不是没有理由啊！原本都是地位低下的平民，却能够起家，兄弟三人都先后称王，怎么能不贤能出众呢！"说着，高祖竟流下了眼泪。然后，高祖让田横的两位门客做都尉，派了2000名士兵，按照侯王的礼节安葬了田横。

田横下葬之后，他的两位门客在田横的墓旁也挖了坑，随后就割脖子自杀了，倒在了坑里陪葬田横。田横还有其他门客500人，都留在海岛上等着主人的消息。当门客们听说田横已经死了，也都先后自杀了。

历史关注

《尔雅》是中国古代最早的一部训诂专书，是中国词典的雏形，对后世影响很大。

樊哙郦商夏侯婴灌婴列传第三十五

从屠夫到列侯

本传是樊哙、郦商，夏侯婴、灌婴4个人的合传。这四个人都是刘邦手下能征惯战的将领，所以司马迁把他们放在一起来描写。

舞阳侯樊哙是沛县人，与高祖是同乡。

原先，樊哙是个杀狗的屠夫，与高祖的关系很好，曾经与高祖一起在芒山、砀山一带隐居。高祖起兵反抗秦朝的时候，樊哙扔下屠刀，跟随高祖攻取了沛县。后来高祖称为沛公，樊哙当了他的陪乘。樊哙英勇威猛，跟随沛公作战，立下了汗马功劳。沛公先是封他为国大夫，后来跟沛公在濮阳攻打章邯时战绩显著，沛公又封他为公大夫。随着樊哙的战功不断，他的地位也不断上升，最后被封为贤成君。

沛公最早进入函谷关，封锁了关口。项羽以为沛公要抢先称王，驻军戏下（地名），准备攻打沛公。沛公不想和项羽进行冲突，就亲自带了100多名骑兵通过项伯的关系来见项羽，向项羽说明封锁关口是为了防备秦军，并无他意。项羽设宴款待他。当酒喝得差不多的时候，亚父范增想杀沛公，派项庄在桌前舞剑助兴，趁机刺杀沛公。可是项伯却总是掩护沛公，让项庄下不了手。当时能进入营帐的只有沛公和张良两个人，樊哙留在营外把守。当樊哙听说沛公有性命危险，就拿着铁盾要进营，军营卫士不让樊哙进去，他硬是闯了进去。

项羽瞪着眼前进来的这个人，喝问道："你是谁？"张良回答："是沛公的陪乘樊哙。"项羽赐给樊哙一卮酒和一只生猪蹄。樊哙将酒一饮而尽，然后拔剑切肉，将肉吃光。项羽又问他："还能再喝酒吗？"樊哙说："我死都不怕，还怕喝酒吗！沛公入关平定了咸阳，在灞上风餐露宿，耐心等待大王的到来。可是大王一到，却相信小人的谗言！大王这样做，我担心会失去民心啊！"项羽听了，沉默半天不说话。这时，沛公起身要上厕所，就把樊哙也一起叫了出去。出了营帐，沛公把车驾留在原地，自己只骑了一匹马与樊哙等人从小路逃回了灞上的军营，留下张良向项羽辞谢。项羽当时已不再怀疑沛公，也就打消了追究他的念头。当天，如果没有樊哙及时闯入营内，沛公的情况可就危险了。

第二天，项羽带兵血洗咸阳，然后封沛公为汉王。汉王内心对樊哙充满了感激之情，就封他为列侯，称为临武侯。后来樊哙又被提升为郎中，随汉王进入汉中。

汉王平定三秦，樊哙就带兵攻打西县县丞和雍王的部队，取得了胜利。后来又跟随汉王攻打其他城，大破秦军后，樊哙又被升为将军。楚汉争霸的时候，他又随从汉王攻打项羽，立下了汗马功劳，在和高祖一起抗敌的时候在陈县打败了项羽。项羽死后，汉王当了皇帝，因为樊哙战果累累，功劳很大，汉王就封赏他很高的待遇。后来，樊哙又跟随皇上攻打燕王臧荼，平定了燕地，韩信谋反时，他又随高祖到陈县，捉到韩信，平定了楚地。之后，高

铁盾 秦

《史记》记载，樊哙护卫刘邦赴鸿门宴时即手持铁盾。

中国大事记

公元前144年，汉景帝的胞弟梁孝王去世，其封地分为五国，5个儿子也全都封王，此为推恩之始。

祖改赐封樊哙为列侯，用舞阳作为赏赐。樊哙被称为舞阳侯。

黥布反叛时，高祖正赶上生病，整天躺在内宫睡觉，不愿意接见人，也不让外人进来，连跟高祖关系亲密的绛侯周勃、灌婴等都不敢去启奏国事。一连十几天都是这样，樊哙心里非常着急，再也顾不得卫士的阻挡直接闯进宫中。大臣们看见樊哙闯了进去也都跟随他一起进去了。到了内宫，他们看见皇上独自枕着一个宦官躺着。樊哙看到这样的情景，流下了泪，并对皇上说："当初皇上和我们各位大臣在小小的丰、沛地区起兵，连续作战了这么多年，终于平定了天下，是多么不容易啊！如今天下已经平定了，您也累了，也该歇歇了，更何况重病在身啊！可是，您不能不管国家大事了呀！您不肯见我们，也不肯听奏章商量国事，难道想和一个宦官来商量天下大计吗？皇上难道还不清楚秦朝是怎样被赵高这类人搞垮的吗？"高祖闻言感到惭愧，立刻起身，微笑着恭敬地接见大臣们。

过了不久，燕王卢绾谋反，高祖派樊哙去攻打燕国。当时高祖依然病得很厉害，于是就有人趁机说樊哙的坏话，说他勾结吕氏，等皇上一去世，就带兵杀尽戚夫人和赵王如意等人。高祖以为是真的，非常气愤，就派陈平和周勃去夺了樊哙的爵位，并命令他们在营中处决樊哙。然而陈平、周勃二人觉得樊哙不可能反叛，他们俩又很害怕吕后，所以就没杀樊哙，而是把他抓起来送到了长安。等到了长安，高祖也去世了，吕后就把樊哙放了，又恢复了他的爵位。

孝惠帝六年（公元前189年），樊哙去世，谥号为武侯。

他的儿子樊伉代其侯位，而樊伉的母亲吕媭也被吕后封为临光侯。在吕后临朝时，吕媭也掌管政事，十分专断，大臣们没有不怕她的。樊伉代侯九年之后，吕后去世了。大臣们诛杀吕氏宗族和吕媭的亲属，接着，又杀死了樊伉。舞阳侯这个爵位中断好几个月。等到汉文帝即位，这才封樊哙的妾所生的儿子樊市人为舞阳侯，恢复了原来的爵位和食邑。樊市人在位29年死去，谥号为荒侯。他的儿子樊他广继承侯位。6年之后，舞阳侯家中舍人得罪了樊他广，非常怨恨他。于是就上书说："荒侯市人因为有病而丧失生育能力，就让他的夫人和他的弟弟淫乱而生下他广。他广事实上并不是荒侯的儿子，因此更不应当继承侯位。"皇帝下命令把此事交给官吏去审理。在汉景帝中元六年（公元前144年）时，免除了樊他广的侯位，将他降为平民百姓，封国食邑也一并撤除了。

忠厚长者夏侯婴

汝阴侯夏侯婴是沛县人。他原先当过沛县马房地区的司御，因为职务的需要，经常迎送宾客。夏侯婴每次经过沛县泗水亭时，都要到高祖那里与他谈天，两人总是聊得很投机，直到天色很晚才离开。后来夏侯婴当了县吏，跟高祖接触得就更多了。有一次，高祖开玩笑无意中伤害了夏侯婴，有人就告发了高祖。高祖当时是亭长，为官伤人是要重罚的，高祖申辩说自己不是有意的，夏侯婴也为高祖作证说没有恶意。后来，夏侯婴因为这件事受到高祖的牵连，被关押了一年多，还挨了好几百下大板，高祖却开脱了罪责。

高祖起兵后，准备攻打沛县。高祖让夏侯婴出使沛县，争取不用武力就能解决。高祖降服了沛县，随后便做了沛公，赐封夏侯婴为七大夫，让他做了太仆。夏侯婴跟随高祖攻打胡陵的时候，与萧何一起说服了胡陵长官，最后沛公没费丝毫力气就打败了胡陵。高祖很高兴，就赐封夏侯婴为五大夫。后来夏侯婴又随高祖夺取了几座城，连续作战，战果累累，高祖又赐封他为执帛。在攻打章邯军队获胜后，夏侯婴又被赐封为执圭。

夏侯婴跟随高祖很多年，高祖感激他的忠诚，欣赏他的才能，就改封他为滕公。秦朝灭亡之后，沛公被封为了汉王，汉王又立刻封夏侯婴为昭平侯。

楚汉争霸时，夏侯婴跟随高祖攻打项羽。在彭城交战中，汉军失败了，汉王驾车落荒而逃。在逃跑的路上，汉王遇见了走散的儿子和女儿

历史关注

汉武帝时，我国开始实行盐业专卖。

·屯 田·

汉代的屯田，或招募贫民，或利用士兵和罪犯，实行民屯与军屯。民屯即向边境移民垦荒。武帝时，曾一次性迁移关东贫民人充实边疆，由政府供给衣食，贷绍业，进行农业生产。武帝还曾以戍守边境10万军人实行大规模军屯。武帝以后，民屯、军屯都继续进行，但规模不大。

（就是后来的孝惠帝和鲁元公主），就把他们拉上车一起逃跑。车上的人增加了，马也越跑越慢，而敌军紧紧地在后面追赶，距离越来越近。在这危急的时刻，汉王万分焦急，好几次把两个孩子推到了车下，想抛弃他们。夏侯婴看到后，对汉王喊道："这是您的亲生儿子和女儿，您怎么这么狠心！他们还是孩子啊！"夏侯婴不忍心，每次都跳下车，把被吓坏了的两个孩子抱起来，带着他们一起跑，汉王十分生气，有好几次都想杀了夏侯婴。不过他们还算幸运，一路躲过了项羽的追杀。后来，汉王把孝惠帝和鲁元公主送走了，不让他们跟着自己出战。

汉王到了荥阳之后，收集被击溃的军队，军威又振作起来，汉王把祈阳赐给夏侯婴作为食邑。在此之后，夏侯婴又指挥兵车跟从汉王攻打项羽，一直追击到陈县，最后终于平定了楚地。行至鲁地，汉王又给他增加了兹氏一县作为食邑。

夏侯婴跟随汉王攻打项羽，终于打败了楚国。汉王登基做了皇帝。这年的秋天，燕王臧荼反叛。夏侯婴又跟随高祖迎战臧荼，结果大胜。第二年又在陈县逮捕了楚王韩信。高祖改封汝阴给夏侯婴作赏赐。

高祖作战追击败兵到达了平城，却被匈奴军包围了起来，整整7天都没解围。高祖于是派人给单于的嫡妻阏氏送去了厚礼，这才解除了一面的包围。高祖出城后，想一路骑马狂奔，就对夏侯婴说："还等什么！还不上马快走！"说完就要挥鞭。可是夏侯婴觉得这样不好，他制止住高祖，说："我们应该慢慢走，保持队形，同时要拉弓上箭，时刻准备迎击外围的匈奴兵。"高祖逃脱了匈奴的包围后，又奖赏了夏侯婴。后来夏侯婴又打败了好几次匈奴军的围攻，在陈豨和黥布发动叛乱的时候，夏侯婴又带兵冲进了敌军的阵营，打败了叛军。

夏侯婴在高祖身边长期担任太仆，直到高祖去世。后来，孝惠帝当政的时候，夏侯婴还像当年在高祖身边一样以太仆的身份服侍孝惠帝。孝惠帝没有忘记当年逃难路上夏侯婴的搭救之恩，把宫殿北面最好的公馆赐给了他，并给它起名叫"近我"，表示对夏侯婴特殊的尊重。

孝惠帝死后，夏侯婴仍以太仆的身份来服侍吕后。吕后去世后，大臣们准备让代王来主持国政。代王将到时，夏侯婴与东牟侯一起清扫宫室，废除少帝，然后用天子的车马到代王府去迎接代王，跟大臣们一起拥立代王，称为孝文帝。8年以后，夏侯婴去世，谥号为文侯。

战功累累的灌婴

颍阴侯灌婴，原来是个商人，在睢阳专门卖丝绢为生。当初高祖做沛公时，攻城夺地打到了雍丘一带，秦将章邯打败并杀掉了项梁，沛公于是带兵回到了砀县。灌婴这时找到沛公，就以小官的身份跟随了他，在成武和扛里两地与秦军交战，结果大败秦军，沛公封他为七大夫。后来，灌婴又跟随沛公在亳邑、开封等地攻打秦军，立了大功，沛公赐封他为执帛，称为宣陵君。之后，灌婴又随沛公攻打阳武，一直打到洛阳，北上封锁了黄河的渡口，南下打败了南阳郡守，平定了南阳郡。灌婴奋力作战，到达灞上，沛公赐封他为执圭，称为昌文君。

沛公当了汉王之后，灌婴做了郎中。不久沛公又任命他为中谒者，跟随汉王平定三秦。后来灌婴在废丘攻打章邯失败后，又向东降服了殷王，平定了殷地。然后灌婴又袭击项羽的部将龙且和魏国丞相的军队，经过双方激烈的交战，最后灌婴取得了胜利。汉王封灌婴为列侯，称为昌文侯。

灌婴随从汉王收复了砀县，到了彭城。这时

中国大事记 | 公元前 141 年，汉景帝去世，太子刘彻即位，是为汉武帝。

项羽出兵围攻汉军，汉王一看，形势不妙，便向西逃跑，灌婴跟着汉王调头在雍丘驻军。趁着汉王势弱，手下的大将要谋反，灌婴又前去平定了叛乱。之后收编了散兵，驻军荥阳。楚军又来围攻。来了很多骑兵，汉王就在军中选拔人才，让他们充当骑兵将领来反抗楚国骑兵。大家推荐李必和骆甲，这两个人原来是秦军的骑兵，于是汉王准备用他们。李必和骆甲说："我们原来是秦国人，汉王的兵恐怕会不信任我们。希望大王能派一个善于骑马的亲信来帮助我们。"当时灌婴还很年轻，又攻打过好几次敌军，英勇威武，汉王就任命他为中大夫，李必和骆甲为左右校尉，然后他们二人和灌婴一起率领骑兵去攻打楚军，结果打了个落花流水，楚军狼狈败退。紧接着，灌婴又单独率军攻击楚军后路，截断了楚军的粮食后备资源。在鲁县一带和项羽交战，结果取得了胜利。然后灌婴率领骑兵南渡黄河，护送汉王到了洛阳，再北上到邯郸迎接相国韩信的军队。回到敖仓后，灌婴被封为御史大夫。

汉王三年（公元前 204 年），御史大夫灌婴率领骑兵与韩信会合，在历下打败了齐军，俘虏了齐国大将华毋伤。随后，灌婴和韩信带兵攻取了齐都临淄，俘虏了齐国代理丞相田光，追击齐国丞相田横，终于打败了齐国的骑兵，杀了许多齐国将领。齐国平定了之后，韩信自立为齐王。灌婴自己率兵转战南方，渡过了淮河，降服了很多城邑。当到达广陵时，项羽派项声、薛公、郯公带兵攻打灌婴。灌婴打败了项声和郯公，斩杀了薛公，降服了彭城等地。然后，灌婴与汉王在颐乡会合，随从汉王在陈县一带攻打项羽，项羽战败逃走，楚军伤者无数。汉军气势猛然高涨，汉王封赏灌婴。

项羽在垓下被打败之后，灌婴等人一路追赶，一直追到东城，打败了军队，斩杀了项羽，俘虏了将领。随后，灌婴并没有停留，马上渡过长江，平定了吴郡、豫章、会稽三郡，回师又平定了淮河以北。楚王项羽身死，天下基本安定，汉王登基做了皇帝。灌婴平定天下有功，得到了皇上的封赏。这一年秋天，灌婴又以车骑将军的身份跟随高祖打败了燕王臧荼。第二年，他们又到陈县捉拿楚王韩信。回到朝廷后，高祖封灌婴为侯，称为颍阴侯。

韩王在代地发动叛乱，灌婴奉命出征，杀掉了代国的左丞相，并打败了帮助代国谋反的匈奴骑兵。随后，灌婴又统率燕、赵、齐、梁、楚等国的所有车骑部队一起攻打匈奴。陈豨叛乱时，灌婴随从高祖出征，降服了曲逆等县，攻下了东垣。黥布谋反时，灌婴以车骑将军的身份打败了黥布的部队，亲自活捉了敌军的左司马。灌婴打败了黥布回朝时，高祖去世了，灌婴就以列侯的身份服侍孝惠帝和吕太后。太后去世后，吕禄等人就自封为将军，准备作乱。齐哀王听到这个消息后就率兵西进，要进京杀掉不该称王的人。吕禄知道后，就派灌婴为大将和齐哀王交战。灌婴虽然听从了他的命令，但是行军到了荥阳，就跟绛侯周勃等人密谋，先在荥阳暂时停下来，然后找齐哀王一起商量怎样杀掉吕氏。没过多久，周勃等人就诛杀了吕氏家族，齐哀王领兵回府，灌婴也撤兵回朝，与周勃、陈平等人共同拥立代王，称为孝文帝。

后来，周勃被免除了丞相职务，灌婴不辞劳苦作战，功劳很大，就继任为丞相。在灌婴当丞相的时候，匈奴大举入侵北地、上郡，皇帝命丞相灌婴带领骑兵 8 万多人，前去迎击匈奴。匈奴逃跑之后，济北王刘兴居造反，皇帝下命令灌婴收兵回京。又过了一年多，灌婴死在丞相任上，谥号为懿侯，儿子平侯灌阿继承了侯位。元光三年（公元前 132 年），天子封灌婴的孙子灌贤为临汝侯，让他作为灌婴的继承人。8 年之后，灌贤因犯行贿罪，封国被撤。

太史公说：我曾经到过丰沛，访问当地的遗老，观看原来萧何、曹参、樊哙、滕公居住的地方，打听他们当年的有关故事，所听到的真是令人惊异呀！当他们操刀杀狗或贩卖丝缯的时候，难道他们就能知道日后能附骥尾，垂名汉室，德惠传及子孙吗？我和樊哙的孙子樊他广有过交往，他和我谈的高祖的功臣们开始起家时的事迹，就是以上我所记述的这些。

历史关注 | 西汉时，每隔三十里设置一处驿站。

张丞相列传第三十六

丞相张苍

吕后去世后，淮南王的相国张苍任御史大夫。后来张苍与绛侯周勃等人拥立代王刘恒为汉文皇帝，文帝四年（公元前 176 年）的时候，丞相灌婴去世，张苍继任丞相。

从汉朝建立到汉文帝继位中间大约有 20 多年，天下刚刚安定下来，那时大多数将相公卿都是军官出身，少有人精通诗书。可是张苍不一样，他喜欢读书，天下学问没有他不知道的，而且他还尤其精通音律、历法。张苍当丞相的时候，重新修订了国家的音律和历法。他遵从金、木、水、火、土五德运转的规律，认真研究它们之间的关系。张苍认为汉朝正是水德的时代，所以也像前朝一样崇尚黑色。他吹奏律管，根据声音的高低来确定和调整音阶，又依据音律和音节谱写乐章，并且用它们做类比来确定时令、节气。而他谱写的乐章成为典范。

安国侯王陵曾经对张苍有恩，张苍一直牢记在心。张苍后来发达了，也没有忘记王陵，常常亲自去拜访，依然经常像对待自己的父亲那样对待王陵。王陵去世后，张苍当了丞相，每逢休假的时候，他都要带着美食先去看望王陵的夫人，然后才回家。

张苍担任丞相时，国家安定平和地过了 10 多年。后来，有个叫公孙臣的鲁国人，向皇上启奏说："我认为汉朝应属于土德时代，因为用不了多久将会出现一条黄龙，这就是证据。我说的是真是假，皇上过一段时间就会知道，到时自然见分晓。"文帝感到十分吃惊，认为这是不可能的事。文帝说："这话可不是随便说的，小心有杀头之罪！"公孙臣坚信道："在皇上面前我怎么敢说谎呢？"文帝觉得，对于五德运转的规律，张苍是最清楚的，他的观点也是最可信的，汉代的音律和历法学者都以张苍的结论为依据。如今怎么可能有变动呢？于是孝文帝把这个奏议给张苍审定，张苍认为不对，置之不理。可是过了不久，在成纪县真的出现了黄龙。汉文帝于是召见公孙臣，让他做了博士，并让公孙臣重新制定顺应土德的历法和制度，更改元年。张苍始终不相信这是真的，当事实果真如公孙臣所说的那样出现了的时候，他还是暗自纳闷，不明白这是怎么一回事。他认为自己对五德运转的规律再清楚不过，连很多学者都以自己的观点作为凭借，如今怎么会发生了变化呢？他无力申辩，又苦恼又无奈，只好主动引退，托病回了家乡。

张苍曾经向皇上推荐了一个人到朝廷做官。这个人贪赃枉法，一点儿都不为百姓做实事。皇上非常生气，就责备张苍："你推荐来的这是什么人？贪赃枉法不说，还四处游荡，欺压百姓，简直无恶不作！这样的人怎么能做官，你真是看错了人！"张苍又一次在皇上面前失掉了威信，于是就辞了丞相的职务。

张苍长得身材高大，他的父亲身高不到五尺，而他的身高竟达到八尺多，气质威严，看上去很有魄力。大家都觉得他和平常人不一样，有人夸赞他生得一副好相貌，将来会做官。后来果然被封侯，又做了 15 年的丞相。张苍不做丞相以后，年纪已经很老了，牙齿也掉光了，每天只能吸乳汁吃。他用了很多年轻妇女当奶妈。张苍的妻妾更是多得数也数不过来，那些妻妾当中要是有人怀了孕就不再被宠幸。虽然张苍贪恋女色，但是他身体却强壮得很，活了 100 多岁，直

中国大事记 公元前140年，董仲舒三次上书，献“天人三策”，提出以儒家学说作为统治思想。

到汉景帝前元五年（公元前152年）才去世。可谓是丞相“寿星”啊。

耿直的周昌

周昌是沛县人，他有个堂兄叫周苛，秦朝时期他们俩都是泗水郡的小官。高祖在沛县起义后，打败了泗水的郡守，周昌和周苛就跟随了沛公。沛公觉得他们两人还不错，就派了一个职位给周昌，让周苛做了幕僚。周昌和周苛随从沛公进入关中。项羽进入关中之后，沛公封为了汉王，周苛当上了御史大夫，周昌当了中尉。

汉王四年（公元前203年），楚军在荥阳围攻汉王，汉王逃出了敌军的包围，让周苛留下镇守荥阳城。荥阳城没被守住，楚军抓住了周苛，周苛被项羽所杀。周苛死后，汉王就让周昌当了御史大夫。此后，周昌一直跟随汉王与项羽对抗。

汉王六年（公元前201年），周昌被封为汾阴侯，周苛的儿子被封为高景侯。周昌是个坚强刚毅的人，敢于直言，连萧何、曹参等人都对他又敬重又畏惧。有一次，周昌进宫有要事向皇上禀报，当时高祖正在休息，周昌一进去，碰见高祖正搂着戚姬，转身就走。高祖追上来，抓住周昌，问道：“你觉得我是个什么样的君主？”周昌回答说：“皇上是跟夏桀、商纣一样的君主。”高祖听了大笑了起来，同时从心底里敬畏周昌。

高祖想废除原来的太子，改立戚姬的儿子为太子，大臣们觉得不妥，极力劝说皇上这么做不合适，但丝毫不起作用。后来张良对高祖进行了一番劝说，高祖才打消了这个念头。当时周昌也上朝劝谏，态度强硬，但情真意切。高祖问周昌：“为什么不能另立太子？”周昌因为有口吃的毛病，再加上情绪有些激动，断断续续地回答说：“我嘴上一时说不明白，但我心里知道不能这么办。虽然皇上想废除太子，但是我不能照办。”高祖看他脸憋得通红，着急地说不出话来的样子，忍不住笑了。退朝以后，吕后在门外侧着耳朵偷听，看到了周昌，就向他道谢说：“这次多亏了您，要不是您相劝，太子恐怕真要被废除了。”戚姬的儿子没有成为太子，而被封为了赵王。当时赵王只有10岁，高祖担心自己要是去世了他没有能力保全自己，很担心他的将来。

周昌有个手下的人叫赵尧，很年轻。赵国人方与公对周昌说：“您的手下赵尧，虽然年轻，但是个奇才。您一定得重用他，他将来会接替您的职位。”周昌笑着说：“赵尧还年轻呢，现在只干些抄写的活，怎么能跟我比呢？”过了不久，赵尧去服侍高祖。有段日子高祖常常不开心，大臣们都不明白发生了什么事，高祖为什么这样难过，都站在旁边手足无措。这时，赵尧上前说道：“皇上这些日子不高兴，是不是因为赵王年幼，而戚夫人跟吕后又有私仇，皇上担心自己百年之后，赵王不能保全自己？”高祖说：“是啊，这件事一直在我心头放不下，不知怎么办好。”赵尧说：“皇上应该为赵王找一个尊贵而又刚强的相国，这个人还得让吕后、太子和大臣们都感到敬畏。”高祖说：“我也这么想，可是群臣当中有谁可以呢？”赵尧说：“御史大夫周昌，这个人刚正不阿，坚忍不拔，吕后、太子还有大臣们都很怕他。除了他，我看没有合适的人了。”高祖立刻同意，高兴地说：“好！就是周昌！”于是高祖召见周昌，说道：“没有其他办法，也找不出更合适的人来辅佐赵王，只好请您帮忙了！”周昌流下了泪，说：“从皇上刚起兵时，我就一直跟着您，已经几十年了，可是偏偏在这个时候，皇上却要让我到诸侯王那里，为什么？”高祖说：“我也知道这对你有些不公平，让你为难了，可是我实在担心赵王，不得不这么办了。”周昌从御史大夫改当赵国的相国。

周昌去辅佐赵王，那么谁来当御史大夫呢？高祖看到赵尧，认认真真地打量他一番，然后对他说道：“你来接替周昌当御史大夫吧，没有人能够替代你。”赵尧就当了御史大夫。后来赵尧随军攻打陈豨，立下战功，被封为了江邑侯。

高祖去世后，吕后独断专权，想把刘家天下据为吕氏所有，产生了想杀掉赵王的念头。赵国的相国周昌猜出了吕后的阴谋，就让赵王假装生病，不去接见吕后。吕后派人来催，周昌还是坚

历史关注 | 汉朝时的征辟制指二千石以上的高官，可以直接征召一些人才到自己的官衙内做属僚。

决不让赵王见吕后。吕后要求召见周昌，周昌便赶到京城，拜见吕后。吕后一见他，就生气地大骂：“我与戚氏之间的仇怨，你难道不知道吗？你怎么这样不识好歹，居然不让赵王回来，你到底想怎么样？”周昌不回答，也不认错，吕后就把他扣押在了长安。然后派人去召见赵王，赵王来到了长安。过了一个多月，吕后给赵王下了毒药，终于杀掉了他。从此以后，周昌总是以生病为借口拒绝见吕后。3年后，周昌郁悒而死。

后来，吕后听说高祖生前御史大夫赵尧曾经帮忙出过主意，要保全赵王，就找了个借口治了赵尧的罪，然后让任敖当了御史大夫。

廉正的申屠嘉

丞相申屠嘉是梁地人。他年轻的时候力气大得惊人，能拉开最强的弓箭，于是当了一名武官，跟随高祖攻打项羽。汉惠帝时，申屠嘉又当了淮阳郡守。张苍当丞相的时候，申屠嘉是御史大夫。后来张苍辞去丞相的职务，汉文帝想让皇后的弟弟当丞相，但是又怕天下人说他偏向自己家人。他考虑很久，最后还是打消了这个念头，让御史大夫申屠嘉担任丞相，并封他为故安侯。

申屠嘉为人清廉正直，有口皆碑。朝廷里要是有人因为私事去找申屠嘉，他都拒绝接待。当时，太中大夫邓通最受皇上宠幸，被赏赐的财物数以万计。有一次，申屠嘉上朝，邓通觉得自己跟皇上很熟，于是在礼节上就表现出很散漫的样子，而皇上对此也不介意。申屠嘉在奏完政事后，顺便对皇上说道：“皇上宠信臣子，能够让他富贵，可是，无论是谁在朝廷上也要讲究礼节，不能随随便便！”皇上却说：“怎么说是随便呢？这很正常，无妨大碍！况且也没有失礼呀！你不用多说了！”退朝之后，申屠嘉回到丞相府，立刻下令，叫邓通到丞相府来。邓通不敢去，申屠嘉更加生气，就想斩杀他。邓通非常害怕，就跑到汉文帝那里告状。汉文帝安慰邓通说：“你不要害怕，现在只管回去，要是有什么动静，我马上派人过去。”邓通回去后，越想越害怕，就主动去了丞相府。邓通一进门，就脱下帽子，光着两脚，低头认罪。申屠嘉和以往一样坐在那里，故意不理他，然后训斥他说：“朝廷是高祖的朝廷，你作为一个小小的臣子，竟敢在大殿上嬉戏打闹，真是太不像话了！按着规定应当斩！”接着马上吩咐道：“来人！把邓通拉出去立刻斩首！”邓通听了，吓得“扑通”一声跪在了地上，连声求饶，拼命磕头，头上都磕出了血。但申屠嘉还是不放过邓通，坚决命令手下人把他拉出去斩首。正在这时，汉文帝派人来召见邓通，来人对申屠嘉说：“邓通只是皇上用来开心解闷的，你又何必这样认真呢？用不着这么严厉地对他，你也不必生气，就饶了他这一回吧！”申屠嘉无奈，只好放了邓通。邓通马上又跑到汉文帝那里哭诉说：“我差一点就让丞相给杀了！”

申屠嘉当丞相5年后，汉景帝即位。晁错很受宠幸，渐渐掌握了国家大政。晁错请求皇上更改各种法令，又建议责罚各位诸侯，削弱他们的势力，以保刘家天下。丞相申屠嘉不同意晁错的观点，就向皇上提出了不同的意见，可是皇上并没有采纳，申屠嘉因此迁怒晁错。

晁错是内史，内史府的门是朝东开的，出进有些不方便，于是决定改开一道门，从南边出入。而朝南开的门，正好凿在了太上皇庙的外墙上。申屠嘉想借这个机会治晁错的罪，向皇上告发他随便开凿宗庙的外墙，准备让皇上诛杀晁错。晁错一个门客得到了这个消息，连忙报告了晁错。晁错很害怕，连夜进宫拜见皇上，向皇上说出了实情。第二天，各位丞相大臣上朝禀奏国事。丞相申屠嘉奏请诛杀内史晁错。然而景帝对这件事早有准备，于是回答说：“晁错开凿的不是真正的庙墙，而是宗庙的外墙。外墙里面还住着其他官员呢！况且，是我让晁错这么做的，并不是他的错！他没有罪！”申屠嘉很吃惊，却也无可奈何。

退朝以后，申屠嘉说道：“唉！我办事欠考虑呀！其实一开始我可以先斩了晁错，然后再报告皇上，来个先斩后奏。可是我却偏偏先请示了皇上，结果反被晁错戏弄了。”

中国大事记

公元前 139 年，窦婴、田蚡因尊儒而被崇尚黄老之学的窦太后罢官。

郦食其陆贾列传第三十七

高阳酒徒

郦食其是陈留县高阳乡人。他从小喜爱读书，家里很穷，年龄已经很大了，仍然没有着落，也没有什么产业，只好当了个看门的小吏。郦食其非常狂傲，县里有名望有权势的人都不敢指使他，大家都称他为狂生。郦食其平常喜欢喝酒，没事的时候常常找几个人聚在一起开怀畅饮，一醉方休。人们因此又送给他一个绰号叫“酒徒”。

陈胜、项梁等人起兵反秦之后，各部将领攻城夺地，经过高阳的有几十个人。郦食其本来也想趁这个机会建点功业，但听说这些将领不仅心胸狭窄，过于注重细节，而且还自以为是，不善于采纳别人的意见，他感到很失望，就躲在家里不出来。后来，沛公刘邦率兵打到了陈留郊外，并且在那里驻扎下来。刘邦部下有一个骑兵，恰好是郦食其的同乡，刘邦经常问他县里的贤士豪杰，想增加几个有能力的人壮大自己的兵力。当这个骑兵回乡时，郦食其找到他，对他说：“我听说虽然沛公高傲自大，但是目光长远，深谋远虑，我郦食其想交这样的人！只是不知道怎样才能认识他，你要是见到沛公，就对他这样说：‘我的家乡有个叫郦食其的，60 多岁了，身高八尺，人们都管他叫狂生，可郦食其自己说他不是狂生。’”骑兵说：“沛公不喜欢儒学，也讨厌读书人。要是有人戴着儒生的帽子来拜见他，沛公总是摘掉人家的帽子取笑他，就是有的儒生有机会跟沛公谈话，沛公的态度也不是很恭敬，常常对人家破口大骂。你可不要以儒生的身份去跟他说话。”郦食其说：“没有关系，你就照我的话说。”骑兵见到了沛公，就把郦食其说的话原原本本地告诉了他。

沛公住在高阳驿馆，派人召见郦食其。沛公正叉着腿坐在床上，有两个女子正在为他洗脚，郦食其看见后，只行了一个大拱手礼，并没有跪拜，之后高声粗气地问沛公：“您是想帮助秦朝攻打诸侯呢，还是要帮助诸侯灭亡秦朝？”沛公听了大骂道：“你真是个书呆子！全天下人民都受尽了秦朝的折磨，苦不堪言，所以诸侯才联合起来攻打秦朝，怎么能说我帮助秦朝攻打诸侯呢？”郦食其说：“好！既然这样，要聚集群众，建立一支正义的军队，一起去攻打秦朝，就不应该用这种傲慢无礼的态度来接待别人！”沛公听了，立刻改变了对郦食其的看法，并请郦食其坐上位，向他道歉。随后，两人谈论天下形势。郦食其谈到六国合纵连横的形势，分析得十分清楚，沛公很高兴。在吃饭的时候，沛公问郦食其：“您看我现在应该怎样制订大计，又该采取什么行动呢？”郦食其回答说：“您现在虽说有了一定的声势，但军队却是用一些散兵组成的，一共也不足一万人。要是单靠这些人去攻打强大的秦朝，那可是以卵击石啊！陈留县是一个交通要道，四通八达，地理位置很重要，而且这个县还很富裕，储藏着很多粮食。要是您能把陈留县归为自己所有，那对您可是大有好处啊！我跟陈留县令关系很好，请您派我去一趟，让他向您投降。要是他不听，您再攻打。”沛公觉得很有道理，就派郦食其去陈留，然后自己带兵跟随。

郦食其连夜赶到陈留，说服县令，让县令顺从沛公，可是陈留县令不听。郦食其觉得县令难以顺应，就在半夜时杀了县令。随后回来报告沛公。沛公带兵攻城，把县令的头高高地挂起来向县里人示威说：“你们县令的头在这儿，你们还不赶快投降！不然的话，下场也和他一样！”陈

历史关注

汉朝时的察举制是指地方上以“贤良”“孝廉”“秀才”等名目选拔人才举荐给朝廷，考核后授予官职。

留县的人很害怕，就都跟着投降了。沛公进城，驻军陈留县南城，利用那里库存的兵器打仗，吃那里贮存的粮食，一直留在那儿3个月，聚集的士兵数以万计。

沛公赞赏郦食其的才智与能力，就封他为广野君。

郦食其不仅自己跟随沛公，还劝弟弟郦商随从沛公带兵掠夺土地，而郦食其自己常常作为说客，出使诸侯各国。

说服南越王

陆贾是楚国人，以门客的身份跟随高祖平定天下。陆贾能言善辩，口才相当厉害，经常替高祖出使各诸侯国，每次都能顺利地完成任务，经常得到高祖的称赞。

高祖在位的时候，天下刚刚安定，赵佗平定了南越，随后就在那里称王，故意和汉朝对抗。高祖派陆贾出使南越，想赐给赵佗印章，封赵佗为南越王。

陆贾到了南越，看见赵佗就像南越土著一样，头上梳着一个椎形的发髻，叉着两腿坐在席子上正准备接见陆贾。陆贾走上前对赵佗说：“大王是中原人，如今却是这副打扮！偏要违反天性，抛弃戴帽子、系带子的习俗，凭着小小的越地就敢跟皇上对抗，这简直就是死路一条！当初，秦朝政治混乱，有势力的人纷纷起义，汉王首先进入了关中，占据咸阳。项羽违背了盟约，自立为西楚霸王，诸侯都归属他，当时可以说最强大了。可是汉王从巴、蜀起兵，征服了诸侯，打败了项羽。汉王只用了5年的时间就平定了天下，这不是人的力量所能比的，这是上天赐给了汉王天下！大王如今在南越称王，满朝文武百官都要出兵讨伐大王，可是汉王不同意，因为汉王同情百姓，想到百姓刚刚经历了战争的苦，不忍心再发动战争了。所以，汉王派我来授给您王印，让您称王，以后还可以互相往来。这是多么仁慈的君主啊！可是大王您却想凭着刚建立起来的小小越国来对抗强大的汉朝！皇上假如生气，就会诛灭您的宗族，然后再派10万大军来越国。实际上用不着他们攻打，越国人自己就会杀了您而投降汉朝的。这对于强大的汉朝来说，简直不费吹灰之力呀！”

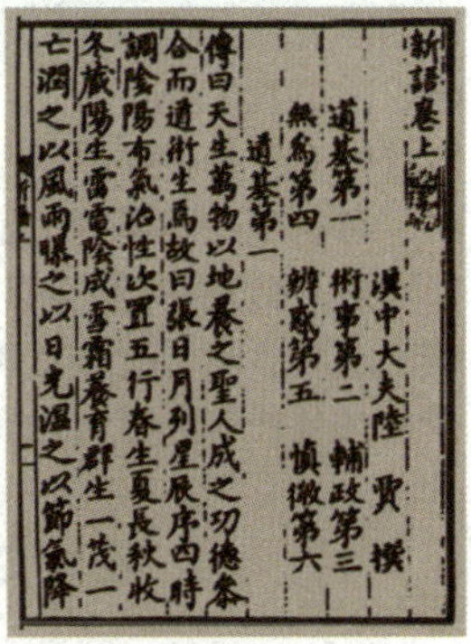
新語卷上
漢中大夫陸　賈　撰
道基第一　術事第二　輔政第三
無為第四　辨惑第五　慎微第六
道基第一
傳曰天生萬物以地養之聖人成之功德參
合而道術生焉故曰張日月列星辰序四時
調陰陽布氣治性次置五行春生夏長秋收
冬藏陽生雷電陰成霜雪養育群生一茂一
亡潤之以風雨曝之以日光溫之以節氣降

陆贾著《新语》书影

赵佗听到这里，就再也坐不住了，慌忙起身向陆贾道歉说：“我在少数民族地区生活久了，就忘了中原的礼节。实属罪过！”

然后，他们坐下来认真谈话。赵佗问陆贾说：“依您看，我跟萧何、曹参还有韩信相比，谁更贤能？”

陆贾回答：“大王更贤能。”

赵佗又问：“我跟皇上比，谁贤能？”

陆贾说：“皇上从沛县丰邑起兵，攻打残暴的秦国，诛灭强大的楚国，为天下兴利除害，继承了三皇五帝的功业，统治了全天下。全国的人口数以亿（古代一亿等于十万）计，而且分布集中，土地辽阔，万物丰盛，政令统一，这些都是以前所没有过的。可是大王统治的越地，人口不过几十万，而且多数都是少数民族人，住的地方也都是很偏僻很崎岖的山边海角，就跟汉朝的一个郡差不多，大王怎么能与汉朝皇帝相比呢！”

赵佗大笑说：“我当初没在中原起兵，所以在这里称王。假如我生活在中原，难道也不如汉帝吗？”

陆贾说：“那大王就搬到中原来住喽！”随即两人大笑。

后来两人又聊了很久。赵佗很喜欢陆贾，认为他聪明机智，又直爽干脆，就热情地挽留他。他们俩在一起喝酒玩乐，足足有好几个月。赵佗总是跟陆贾说：“整个越地，没有人能值得我和他交谈。直到先生您来，我才听到了以前从来没有听到过的事情。真是相见恨晚呀！”陆贾带来了高祖的印玺，赐封赵佗为南越王，让他对汉称

中国大事记 | 公元前139年，汉武帝任命卫青为太中大夫，卫青本为平阳公主家的家奴，后为大将军，7次率军出击匈奴。

臣。赵佗很感激陆贾，赏赐给他很多珍宝和礼物，价值几千金。

陆贾在赵佗那里住了很长时间，觉得该回去了，可赵佗仍然不让他走，极力要求他再住些日子。后来陆贾回到了朝廷向高祖报告说南越已经归附汉朝。高祖看陆贾事情办得如此顺利，大为赞赏，就任命陆贾为太中大夫。

陆贾的高见

陆贾是个读书人，常常在高祖面前谈《诗》《书》等著作。有一次，高祖实在不耐烦了，就冲他大喊道："我是骑马打天下的，要《诗》《书》有什么用！你以后别再读那些东西给我听了！"陆贾不服气地说："在马上取得天下，就要在马上治理天下吗？当初，商汤、周武王依靠武力取得了天下，然后就顺应形势，以文治固守天下，文武并用，才是使国家长治久安的最好办法。吴王夫差和智伯穷兵黩武，最后只得灭亡；秦朝严刑苛政，终于没有好下场。但假如秦朝统一天下之后，能够施行仁义，皇上您又怎么会有机会取得天下呢？"

高祖尽管心里不太高兴，但还是对陆贾说："那好吧，你替我写本书，谈论一下秦朝为什么失去天下，然后再说一下我取得天下的原因是什么，顺便再说说古代各国的大事。"陆贾于是就开始写书，论述国家存亡的道理和原因，一共12篇。陆贾每向高祖奏一篇，高祖都很满意，赞叹不已，其他左右大臣等人也都说好。陆贾的书被称做《新语》。

惠帝时期，国家大权掌握在了吕后手里，吕后想封吕氏家族的人为王，可是又担心大臣们议论，只好暗地里想办法。陆贾不同意吕后的想法，却又感到自己无能为力，无法阻止他们，上朝也不敢说出自己的意见，就称病回家休息了。

陆贾找到了一个土地肥沃的地方，然后就在那里安了家。陆贾有5个儿子，他拿出自己曾经出使南越时所得到的宝物，把它们换成了1000斤黄金，分给儿子们，每人200斤，让他们用这些钱去从事生产。平常，陆贾常常佩带着价值100斤黄金的宝剑，乘坐套着4匹马的大车，带着10个能歌善舞又会弹琴奏乐的随从，在5个儿子当中来往。陆贾对儿子们说："我跟你们做个约定：我到了你们谁家，谁家就得供给我酒食，包括马的饲料，尽量满足我的要求。每10天，我就换一家，我最后死在谁家，谁家就可以得到宝剑、车马还有随从。但在一年当中，我还会到其他地方交游、做客，所以有很多时间并不在你们家里。这样的话，我每年到你们家里的次数一般都不会超过3次，常常见面就不觉得新鲜了，因此你们也用不着因为时间长了而讨厌我。"

吕后当政后，就开始分封吕氏家族的人为王，吕氏家族的人想把刘家天下占为己有，而少主此时已经名存实亡。右丞相陈平为这件事感到很忧虑。陆贾去看望陈平，因为他们俩关系很熟，所以陆贾就没有事先通知陈平说自己要来。陆贾直接找到陈平的住处，走了进去，找了个位置坐了下来。当时陈平正在专注地想着事情，对陆贾的到来一点都没察觉到，过了很长时间，陈平才发现陆贾。陆贾很奇怪，问陈平在想什么，陈平说："您想会有什么事呢？"陆贾想了想，说道："您位居上相，享受高贵的侯位，衣食富足，可以说是荣华富贵，应该别无所求了。难道说是吕后、少主他们让您整日忧虑？"陈平点了点头，回答道："是啊！我是担忧吕氏家族的那些人，我该怎么办呢？"陆贾说："俗话说，天下安定，要看丞相；天下危急，要看武将。将相如果能够和睦相处，士大夫就会亲附，如果士大夫亲附，那么即使天下发生变乱，大权也不会分散。现在整个汉朝的命运都掌握在您和太尉手中。您担忧的问题我也考虑过，也对太尉说过这件事，可他和我开玩笑，根本没把我的话当回事。您为什么不去找太尉呢？您和他团结起来，问题也许就能解决了。"随后，陆贾帮着陈平策划几个方案，准备对付吕氏。陆贾说："依我看，您拿出500斤黄金作为礼物献给太尉周勃，并且置办一些盛大的歌舞和酒宴来招待他。太尉一看自己受到了这样高的待遇，必定会用同样的方式

历史关注 | **汉武帝时置太学，立五经博士。**

来回报您。这样，你们两个人以前的矛盾就会化解了，变得更加团结。这样一来，问题就好办了。”陈平就采纳了陆贾的计策。最后吕氏的阴谋彻底被粉碎，国家又恢复了太平。

陆贾因为给陈平出谋划策，削弱了吕氏家族的力量，功劳很大，陈平于是就赐给他100名奴婢、50辆车马、500万钱财作为奖赏。陆贾得到了这些财物，在汉朝公卿大臣中间往来，名声大振。

平原君朱建

平原君朱建是楚国人。原先他是淮南王黥布的丞相，后来因为犯罪就被罢了官，黥布想要反叛，平原君劝他不要反叛，可是黥布不听。结果黥布很快就被汉军打败了，平原君没有参与谋反，自然也没有受到处罚。

平原君能言善辩，为人清廉正直，很有主见，从来不人云亦云，也不阿谀奉承，因此大家都很尊重他。辟阳侯是个行为不端的人，可是吕后很喜欢他。辟阳侯想和平原君交朋友，可平原君并不愿意与他交往。这让辟阳侯很生气。后来，平原君的母亲突然去世了，陆贾一直跟平原君很要好，前去吊唁。平原君因为家里十分贫穷，拿不出钱来出葬，一些用品还都是借来的。陆贾看见这样的情景，心里难受，很同情平原君，就想了一个办法，随后让平原君迅速出葬。在此期间，陆贾偷偷跑到辟阳侯那里，装作很高兴的样子对辟阳侯说：“平原君的母亲死了！你知道吗？”辟阳侯感到很纳闷，说：“平原君的母亲死了，跟我有什么关系！你为什么这么高兴？”陆贾说：“你忘了吗？前些日子，你想和平原君交朋友，可平原君没同意，其实是因为他母亲的缘故啊！现在平原君的母亲死了，你如果能送去丰厚的丧礼，那平原君肯定会感动至极，以后一定会替你卖命的！”辟阳侯觉得有理，就带着100斤黄金去送丧。其他一些达官贵人看见辟阳侯亲自参加平原君母亲的葬礼，也都跟着去参加并送了很多礼品，一共有500斤黄金。

辟阳侯因为很受吕后宠爱，就任意干坏事，得罪了不少人。于是有人就跑到孝惠帝那里告辟阳侯的状，孝惠帝十分生气，想杀掉他，把他交给法官处置。吕后知道后，觉得自己不好上前说话，心里非常着急却又想不出其他办法。而大臣们大多也都痛恨辟阳侯，这个时候听说皇上要把他杀了，更是暗自庆幸。辟阳侯害怕极了，就派人说他想见平原君。平原君这时却推辞道：“现在事情都已经成这样了，我不敢见你呀！”然后，平原君暗中去求见孝惠帝很宠幸的大臣闳籍孺。平原君见到闳籍孺说：“所有的臣子中皇上就偏爱你，这谁都知道。而辟阳侯是太后最宠爱的臣子，现在却被交给了法官，大家都说是你告的状，想杀掉他。要是辟阳侯真被杀了，那么日后太后心怀愤恨，也会找借口把你杀掉。这对你可是不利啊！你为什么不去替辟阳侯向皇上求求情，让皇上手下留情，放了辟阳侯呢？皇上如果听从了你的话，放了辟阳侯，那么太后也会高兴的。到时候两位主子都偏爱你，那你可就有享不尽的荣华富贵呀！”闳籍孺听了，开始感到很害怕，后来仔细想了想，觉得有道理，就听从了他的意见。闳籍孺进宫对皇帝进行了一番劝说，孝惠帝果真放了辟阳侯。

辟阳侯被关押的时候，很想见平原君，而平原君却躲避不见。辟阳侯以为他背叛了自己，很生气。后来等到自己被放出来后，知道是平原君救了自己，辟阳侯又吃惊又感动。吕后去世以后，大臣们开始诛杀吕氏家族。辟阳侯跟吕氏关系很密切，本来也在被诛杀的行列中，最终竟没有被杀掉，因为有陆贾和平原君为他出谋划策。

文帝初登位时，偏爱淮南王。他听说平原君曾经为辟阳侯出谋划策，就派狱吏去逮捕平原君，准备治他的罪。狱吏来到了平原君这里，还没进门，平原君正准备自杀。平原君的儿子还有手下人都说：“现在事情还没有查清楚，你为什么早早就要自杀？”平原君回答说：“这件事早晚也躲不过去，我一死，灾祸就会断了，也就不会连累到你们了。”说完，平原君就割断了脖子。文帝听说平原君已自杀，心里有些不安，遗憾地说：“唉！我哪里是要杀他呀！”

中国大事记　公元前138年，张骞第一次出使西域。汉武帝派张骞出使西域联络大月氏，以图夹击匈奴。

刘敬叔孙通列传第三十九

娄敬议定都

刘敬是齐国人。他原本姓娄，叫娄敬。

汉高祖五年（公元前202年），娄敬去陇西防守，中途路过洛阳，而那时汉高祖正好也在洛阳。娄敬想见高祖，于是跳下车，身穿一件羊皮袄，来到齐国人虞将军面前拜见说："请你把我引见给皇上，我有重要的事要向皇上报告。"虞将军看娄敬身上只穿了件羊皮袄，一副寒酸样，就说："你是什么人？就你这副打扮还想见皇上，去！去！"娄敬说："我真有要事求见。"虞将军看他不像是坏人，就说："那好吧，不过你得先把衣服换一换。"说完就找了一件华美的衣服叫他穿。可是娄敬坚决不接受，并说道："我这个人比较俭朴，平常什么样就是什么样，不能欺骗皇上。我平时穿丝绸的衣服，见皇上也还穿着丝绸衣服，我平时穿粗布衣服，见皇上也还穿粗布衣服。我不喜欢总换衣服。"虞将军看他这么固执，无可奈何地说了句"你这个人真是奇怪！"就进宫向高祖报告。

汉高祖召见娄敬，并赏给他食物吃。然后，高祖问娄敬："你有什么事要禀报啊？"娄敬说："当初周朝把都城建在洛阳，如今皇上也要把都城建在洛阳，难道是想和周朝比一比，看谁更兴盛吗？"高祖得意地说："是啊！怎么，难道你认为有什么不妥吗？还是认为我没有能力与周朝比呢？"娄敬说："当然不是那个意思。皇上平定天下，功德无量，立下了千秋大业，是一代英雄啊！可是，皇上您要知道，皇上取得天下与周朝是不一样的。周朝的祖先积善施德十几代，天下人纷纷主动归附。周文王的时候，吕尚、伯夷这样贤能的人都来辅佐他。周武王攻打商纣时，不约而同前来会师的诸侯有800个，都赞成讨伐商纣，这样才灭掉了商朝。周成王即位的时候，辅佐他的人有周公等人。都城建在现在的洛阳，各地诸侯都来上贡。那么周朝为什么在洛阳定都呢？那是因为周王想依靠德政来赢得民心，而不是想依靠地形的险阻，让后代奴役百姓。周朝强盛，天下太平，四方外族向往它的文化，仰慕它的道义，共同为周王效力。所以，周朝那么大的一个国家，不用一兵一卒来保卫边防，却能让天下人都归顺服从。

"可是皇上建国与周朝不一样啊！皇上从沛县起兵，先跟秦朝作战，然后又跟项羽争夺天下，打了几十年，全天下生灵涂炭，肝脑涂地，尸横遍野，死伤不计其数。至今哭声还没有断绝，伤残的士兵还没有康复，您就想着跟周朝比强盛，我认为不合适。再说，秦的关中地区倚靠华山，黄河环绕，又有四方天险作为屏障，即使发生了紧急情况，即使百万大军来犯，也是可以对付得了的！要是能凭借秦国原有的基础，利用富饶肥沃的土地来休养生息，那才是明智的选择啊！所以，我认为皇上您应该在函谷关内建都。这样即使别的地方发生动乱，国都所在的关中地区也不会有危险。"

汉高祖还是犹豫不决，不知道在哪儿定都好，就去问各位大臣。大臣们都是函谷关以东的人，所以大多数人都不同意在关中建都。他们认为，周朝统治了几百年，而秦朝只经历了两代就灭亡了，建议在洛阳定都。高祖一想，也觉得有道理，更不知怎么办好了。后来，留侯张良建议在关中建都，高祖于是就下定了决心。当天，高祖乘车赶往关中。

后来，汉高祖说："最先建议在关中定都的人

历史关注 | 汉武帝初期，设立乐府官署，采集各地民歌，后称为“乐府诗”，今存西汉乐府诗有《铙歌十八曲》等。

是娄敬，‘娄’就是‘刘’呀！”于是就赐娄敬姓刘，并让他做郎中，号称奉春君。

筹策备匈奴

汉高祖七年（公元前200年），韩王信发动叛乱，高祖亲自率兵迎战。高祖到达晋阳后，听说韩王信要和匈奴联合一起来攻打汉军，非常愤怒，立刻派人出使匈奴。当汉朝使者来到匈奴，看到了匈奴只有一些年老体衰的将士和十分瘦弱的马来回地走动，而找不到一些强壮的士兵和矫健的战马，感到很奇怪，随后叹息道：“匈奴都已经成这个样子了，兵残马弱，还想打仗？”于是汉朝使者就回到朝中，把在匈奴见到的情况报告给了高祖，说匈奴的力量很弱，根本不用担心，只管进攻就是。高祖又派刘敬出使匈奴。刘敬到了匈奴，看到的情况和那些使者见到的情况一模一样，仔细想了想，就回朝了。刘敬回朝后向高祖报告说：“两国在打仗的时候，必定要显示自己国家的长处。而匈奴却把一些老弱病残的士兵和战马放在眼前，而把精兵强将藏起来，这明显是在故意显露自己的短处。他们这样做是想用强兵作埋伏，出奇制胜，所以我劝皇上还是不要贸然行动。”这个时候，汉军已经越过句注山，20万大军已经踏上了征途。高祖听了刘敬的话，生气地骂道：“你真是个胆小的奴才！你凭着油嘴滑舌取得了官职，现在又说什么出奇制胜，不让我出兵，简直是一派胡言！”高祖下令把刘敬关押起来，又给他戴上刑具，等待发落。

汉军继续前进，当到达平城时，果然遭到了匈奴的围攻。正如刘敬所料，匈奴果真在那里设下了埋伏。高祖被围困在白登山，这时他想到了刘敬，便自言自语说：“我不该冒失地进军，当初要是听刘敬的一句话，现在也就不会落到这个地步啦！”7天之后，高祖才得以解脱。高祖回去后，立刻赦免了刘敬，并向他道歉说：“我后悔没采纳你的意见，被匈奴围困整整七天。而那些说匈奴很容易攻打的人，都被我下令斩首了。”随后，高祖封赏了刘敬，称为建信侯。

汉高祖从平城撤军后，韩王信逃到了胡地。当时，匈奴的首领是冒顿，拥有很强的兵力，光射手就有30万，经常侵扰汉朝北部的边境地区。高祖担心匈奴的威胁，就向刘敬征求意见。刘敬说：“现在天下刚刚安定，将士们也都累了，不能再让他们去攻打匈奴了。匈奴首领冒顿当年杀掉了自己的父亲，自封为单于，还娶了庶母当妻子，仗势欺人，横行霸道，跟这种人讲道义简直一点用处都没有，是不可能用仁义说服的。不过，我倒有个办法，不知皇上肯不肯按照我的意思办？”高祖着急地问：“什么办法？你快说！”刘敬说：“可以使用长远之计，让单于的子孙成为汉朝的臣子。”高祖说：“如果真能让他们归附，还有什么不能做的！那依你看，具体应该怎么办呢？”刘敬回答说：“皇上如果肯把皇后亲生的大公主嫁给单于，再送去丰厚的礼物，那么问题就解决了。汉朝嫁了公主，送了厚礼，那么匈奴必定用汉家女子做皇后，到时皇后所生的孩子就必定是太子，就是未来的匈奴单于啊！皇上想一想，匈奴贪图汉朝的厚礼，皇上如果每年能按时把汉朝剩余的而又是匈奴缺少的东西赠给他们，同时再派一些能言善辩的人去劝说冒顿，那么匈奴就不会再跟汉朝对抗了。冒顿活着是汉家的女婿，死后，他的儿子做单于，又是汉朝的外孙。哪有外孙和外公相对抗的呢？所以，汉朝根本用

·三堂会审·

中国文学作品中经常会出现“三堂会审”这一名词，以形容事态的严重性。其实，三堂会审又称三司会审，是中国古代三法司（三个司法单位）共同审理重大案件的制度。《商君书·定分》中载“天子置三法官，殿中置一法官，御史置一法官及吏，丞相置一法官”。后世的“三法司”之称即源于此。汉代以廷尉、御史中丞和司隶校尉为三法司。唐代以刑部、大理寺和御史台为三法司。明、清两代以刑部、大理寺和都察院为三法司，遇有重大疑难案件，由三法司会同审理，以避免决策失误，也是古代法制民主的一种体现。

中国大事记 | 公元前138年，汉武帝招选天下文学之士，司马相如、东方朔、朱买臣等脱颖而出。

不着出兵就可以使他们逐渐服从。要是皇上舍不得嫁大公主，而是让别的皇族女子或后宫女子冒充公主，时间长了肯定会被匈奴发现，接着就会不再宠幸她，到那时可就不好办了，那对汉朝来说可是非常不利呀！”高祖考虑了一番，同意了刘敬的看法，决定把大公主嫁给匈奴。

吕后听说了这件事，很不高兴，日夜哭泣，并且十分伤心地对高祖说：“我就只有太子和这么一个女儿，为什么偏偏要把她给了匈奴！”高祖没办法，就没把大公主嫁往匈奴，而是找了一个宫女充当公主嫁给了单于，并派刘敬去和匈奴缔结和亲盟约。

刘敬从匈奴回来后，向高祖报告说：“匈奴河南地区的白羊王和楼烦王统领着强大的匈奴部族，而且靠近汉朝疆域，离长安最近的不超过700里，骑兵一天一夜就可以到达关中。关中刚刚经历过战争，到处一片破败的景象，土地肥沃却人烟稀少，皇上应该立刻移民到那里，增强那里的实力。现在皇上虽然定都关中，可实际上人力不足，势力不强。况且，汉朝北边接近匈奴，东边是六国诸侯的王族，一旦发生什么变乱，皇上可就危险了！我建议皇上把齐国的田氏家族，楚国的昭、屈、景三家，燕、赵、韩、魏各国诸侯的后代以及天下的富豪之家都迁到关中来，这样，天下安定时，可以靠他们来抵御匈奴，诸侯国要是叛乱，可以率领他们去东征。这是加强皇上的势力削弱地方势力的很好的办法。”高祖赞成地说：“好！”高祖就派刘敬去把那些人移居到关中，总共有10多万人。这样一来，汉朝越来越强大，汉都越来越兴盛。

叔孙通制礼

叔孙通是薛县人。秦朝的时候，因为很有文学才华，就成为了待诏博士。

陈胜、吴广等人起义，秦二世感到很害怕，就召集各位儒生博士，问他们：“守卫边疆的士兵们要谋反了，攻打了蕲县，现在正往陈地这边来，你们说怎么办？”儒生博士有30多人，他们商量了一番说道：“身为臣子不应该犯上，否则就是叛乱，叛乱者就要被斩，罪不可恕。皇上应该立刻出兵。”秦二世一听“叛乱”二字，吓得变了脸色。这时候，叔孙通上前说：“你们说的是什么话！如今天下已成为一体，各个郡县的城堡已经拆除，兵器已经销毁，向天下人证明不再使用武力。再说，秦朝上有英明的君主，下有完备的法令，人人奉公守职，四面八方都来归附，哪里还有敢叛乱的人呢？陈胜这帮人只不过是一些偷鸡摸狗的强盗，没什么可怕的！何况现在郡守正捉拿他们呢，用不着皇上费心！”秦二世听了，稍微松了口气，心里也踏实了许多，高兴地说：“好！还是你说得对！”可秦二世还是放不下心，一遍遍地追问究竟是叛军还是强盗。儒生们有的说是叛军，有的说是强盗。秦二世气极了，命令御史来查，把说是叛乱的儒生都交给狱吏治罪，而说是盗贼的就不追究了。随后秦二世赏赐给叔孙通丰厚的礼物，并任命他为博士。

等到退朝，叔孙通正往外走，其他儒生们追了上来，生气地责问他：“我们真没想到，你这么会阿谀奉承！你怎么能说出那样的话！”叔孙通苦笑着说：“各位不知道，我也是自身难保啊！各位也赶快逃命吧！”随后，叔孙通收拾行装逃离了秦朝，前往薛郡。在以后的日子里，叔孙通曾经跟随过项梁、楚怀王，又辅佐过项羽。直到汉王二年（公元前205年），汉王带兵攻入彭城，而叔孙通当时也在彭城，于是他就投奔了汉王。叔孙通是读书人，平时总是一副儒生打扮，而汉王最不喜欢读书人，更讨厌书生打扮。叔孙通于是就换了装束，随从楚人的习惯，汉王这才满意。

叔孙通当初投奔汉王的时候，跟随他一起来的儒生有100多人，可是叔孙通并没有向汉王介绍，而是向汉王推荐以前群盗中的壮士。那些儒生们埋怨道：“想当初我们跟着他一起这么多年，有幸与他一起投奔汉王，可是如今他不推举我们，反而去推荐那些强盗，这是什么原因呢？”叔孙通听到了儒生们的抱怨，就解释说：“汉王现在正是争夺天下的时刻，打打杀杀，挥枪弄

历史关注

东方朔著有《答客难》《非有先生论》等，被司马迁在《史记》中称为“滑稽之雄”。

棒，各位难道有这些本事去帮汉王打仗吗？所以我先推荐那些能斩将拔旗的人，你们不要着急，我不会忘了各位的。”儒生们听了也就都停止了议论。汉王很欣赏叔孙通的才能，就任命他为博士，称为稷嗣君。

汉王五年（公元前 202 年），汉军大败项羽，并吞天下。诸侯聚集在一起共同尊奉汉王为皇帝。在庆功宴上，群臣喝酒作乐，互相争功，有人甚至喝醉了酒大喊大叫，拔剑击柱，闹得不可开交。高祖见如此情景，很不高兴。叔孙通看出高祖越来越讨厌他们，就对高祖说：“这些人都是一些强盗厮混之流，很难和他们共议天下大计，只能与他们保守家业。我想召集一些儒生，共同制定朝廷的礼仪来规范天下。”高祖问：“你们可别制定出什么麻烦的规矩，我可不习惯。”叔孙通说：“五帝有不同的乐制，三王有不同的礼制。礼制是适应时代人情所制定的行为规范。夏商周三代的礼仪都是根据前朝的礼仪修改的，能够让人分辨出各自的不同，这样两朝代就不会重复了。我可以结合古代和秦朝的礼仪来制定汉朝的礼仪。”高祖说：“好吧，你试试看，但必须要简单易行！”

叔孙通到了鲁国，召集儒生有 30 多人。开始有两位儒生不相信叔孙通，不肯跟他走。他们二人对叔孙通说：“您陪伴的君主大概有 10 位了，而您却都是凭着阿谀奉承来讨君主的欢心，所以您才有了今天的荣华富贵。现在天下刚刚安定，百姓的生活还没有完全恢复，您就想要制定礼仪，要制定礼仪，您应该先积德 100 年！我们不想跟您一起制定什么礼仪，您太没有道义了，还是您自己去吧，不要再劝我们了！”叔孙通并不生气，而是笑着对他们说：“你们不懂得时势的变化啊！”然后，叔孙通就带着 30 个儒生再加上皇上左右治学的人，还有以前跟随他的儒生弟子 100 多人，在野外拉起绳子，树立茅草和其他用具，开始演习。所有的细节都要求简单，完全没有了秦朝苛刻麻烦的礼仪和规定。一个月过后，叔孙通觉得差不多了，就叫高祖来看。高祖看完，感到非常满意，就命令群臣来学习，并准备在十月举行朝会。

汉高祖七年（公元前 200 年），长乐宫建成，朝会开始了，各路诸侯、群臣都赶来参加。仪式非常隆重，规模宏大，气派非凡。具体情景是这样的：天刚亮的时候，由司仪带领人们依次进入殿门，宫廷中陈列着大量车马、步兵和侍卫官员，还要陈设各种兵器，张挂旗帜。传信进宫的人需要快步走，殿下的郎中并排站在台阶两旁，台阶上要站几百人。功臣、列侯、将军、军官，按顺序排列在西面，面朝东方；文官从丞相以下，排列在东面，面向西方。这时，高祖乘坐挽车从寝宫出来，众官员手举旗帜高呼，引导各级别的官员按顺序朝拜高祖。典礼进行完后举行正式宴会。陪同高祖在殿上坐着的官员都需低头俯视，按照官位的高低依次起立，给高祖敬酒。酒礼行完后，由司仪宣布“酒会结束”。然后百官一齐退场。在整个朝会过程中，百官的表现由御史来监督，如果发现谁不合礼仪，就让他退场。整个朝会和宴会，一个都没有大声喧哗和失礼。

高祖心里非常高兴，得意地说道：“我今天才体会到当皇帝的尊贵啊！”随后任命叔孙通为太常，赏赐他黄金 500 斤。叔孙通借着这个机会，对高祖说：“我有一群儒生弟子，跟随我多年了，并且和我一起制定了礼仪，希望皇上也能封给他们官当。”高祖立刻同意了，把那些儒生弟子全都任命为郎。叔孙通出宫后，又把自己得的 500 斤黄金都分给了弟子们。儒生弟子们又升官又发财，真是双喜临门，他们高兴地对叔孙通说：“先生真是个大圣人啊！是最懂时务的大圣人！”

高帝打算让赵王刘如意代替太子，叔孙通向皇帝进谏规劝道：“从前，晋献公因为宠幸骊姬的缘故废掉太子，立了奚齐，使晋国大乱几十年，被天下人耻笑。秦始皇因为不早早确定扶苏当太子，让赵高能够用欺诈伎俩立了胡亥，结果自取灭亡，这是陛下亲眼见到的事实。现在太子仁义忠孝，是天下人都知道的；吕后与陛下同经艰难困苦，同吃粗茶淡饭，是患难与共的夫妻怎么可以背弃她呢！陛下一定要废掉嫡长子而扶立小儿子，我宁愿先受一死，让我的一腔鲜血染红大地。”

中国大事记

公元前 134 年，汉武帝初令郡国举孝、廉各一人，察举制确立。

季布栾布列传第四十

季布的故事

季布很讲义气，有侠义心肠，在楚国很有名气。季布原先跟随项羽率军打过仗，多次围困汉王。后来楚汉争霸结束了，项羽失败，汉王取得了天下。汉王下令要捉拿季布，抓到者悬赏 1000 两黄金，并向全国传令，谁要是胆敢窝藏季布，就让他罪连三族。

季布跑到了濮阳周氏家里藏着。周氏对季布说："汉王悬赏重金要捉拿将军，而且追得很紧，我看用不了多久就会找到我这里来，将军要是肯听我的，我就帮您想个办法；要是您不想听我的，那我也不想活了，就算活下去早晚也没有好下场。"季布已经无路可逃，就答应了周氏。周氏让季布把头发全剃光，戴上颈箍，再穿上一身破烂的粗布衣服，然后安排在大货车里，和自己家里的几十个家童一起被送到鲁国朱家，当成家仆把他们卖了。朱家知道其中有季布，就买了他们。

然后，朱家乘车赶往洛阳，拜见汝阴侯滕公。滕公跟朱家的关系很好，就留朱家喝了几天酒。趁这个时候，朱家问滕公："季布到底犯了什么罪，皇上这么紧急地到处追捕？"滕公说："当年项羽和汉王争夺天下的时候，季布帮着项羽围困汉王有好几次，皇上至今还耿耿于怀，不能忘记，于是就想抓捕他。"朱家问滕公："您觉得季布怎么样？他是个什么样的人呢？"滕公说："贤能之人。"朱家说："作为一个臣子，应该为自己的君主效劳。季布帮项羽围困汉王，这是他应该做的，并没有错啊！再说，是项羽的臣子就都应该杀掉吗？皇上刚取得了天下，只是因为个人恩怨就花那么大的力气去追捕一个人，这不是在向天下人显示他没有器量吗？汉王如果一直这么追查下去，凭季布这样的人，不是向北逃奔匈奴，就是往南投靠南越！只因为心怀记恨，却无意中资助了敌国，这在以前也不是没有过的事啊！您应该去劝劝皇上。"

后来，滕公找了个机会就把朱家的意思传达给了高祖，高祖也觉得有道理，就赦免了季布，让他做了郎中。季布从当项羽的大将，成为了被追捕的逃犯，又降格成了家奴，最后终于得到了高祖的赦免，还升了官，大家都很佩服他，说他是个能屈能伸、克刚为柔的大丈夫。

惠帝的时候，季布是中郎将。当时匈奴很强大，根本不把汉朝放在眼里，单于写信侮辱吕后，吕后非常气愤，就召集各位将领来商量如何对付匈奴。上将军樊哙高傲地说道："给我 10 万兵，让我立刻消灭他们！"其他将领在吕后面前不敢反对，都想奉承吕后，于是也跟着说："是啊，是啊，把他们消灭掉！"这时，季布上前说道："樊哙当斩首！当初高祖率领 40 万兵攻打匈奴，都被匈奴围困在了平城，如今樊哙就想用 10 万兵来打倒匈奴，这怎么可能呢？简直是异想天开！再说，秦朝因为对匈奴用兵，陈胜等人乘机起义，樊哙在这个时候却敢阿谀奉承，难道是想动摇天下吗？"大家听了季布的话，都感到十分惊恐。吕后宣布退朝，再也不提攻打匈奴的事。

汉文帝的时候，季布做河东郡守。有人说他很有贤能，皇上于是就召见季布，想让他当御史大夫。但又有人说季布虽然勇敢，可是酗酒成性，难以接近，不能任用。季布来到了京城，在馆舍里住了一个月才被皇上召见。皇上一见到季布，就让他回原郡。季布心里很不高兴，就向皇上说道："我没有立过功，却受到皇上的恩宠，让我当了河东郡守。现在皇上突然要召见我，一

历史关注 | 司马相如作有《子虚赋》《上林赋》等，为西汉散体大赋的代表作品。

定是有人拿我来欺骗皇上，而当我来到京城，还没有做任何事情，就回原郡，肯定是有人在说我的坏话。皇上随便听了一个人的好话就召见我，又随便听了一个人的污蔑之词就打发我走，这件事要是被天下有见识的人听说了，恐怕他们会嘲笑您的。”皇上无言以对，感到非常惭愧，好半天才说了一句：“我不是那个意思，你想多了！河东郡是最重要的郡，而你是郡守，所以我才特别召见你啊！”

楚国人曹丘先生能说会道，凭着一张巧嘴，利用权贵捞取钱财。他曾经侍奉赵同等人，又和窦长君关系很密切。季布听说后，就劝窦长君说：“人们都说曹丘先生不厚道，您以后少和他来往吧。”后来，曹丘想让窦长君写封信，介绍他去见季布。窦长君说：“季将军不喜欢您，您还是别去了。”可是曹丘非要见季布，终于得了窦长君一封亲笔信。曹丘派人先把信交给季布，季布看了以后果然大怒，准备等曹丘来了大骂他一通。曹丘到了之后，没等季布张口，先向他鞠了一躬，然后说道：“楚国人有句话叫‘黄金百斤，不如季布的一句诺言’。您在梁、楚一带有这么了不起的名声，靠的是什么？靠的是大家的宣扬。我是楚国人，您也是楚国人，如果我在全国宣扬您的名声，那么您的名声就会远远超过楚国！您为什么要这么坚决地拒绝我呢？”季布觉得有理，就留曹丘住了好几个月，把他当成贵客招待，还送很多礼物给他。后来，季布的名气越来越大，与曹丘的宣扬有很大关系。

栾布哭彭越

栾布是梁国人。当梁王还是普通百姓的时候，跟栾布关系很好，两人经常往来。栾布家里很穷，到齐国谋生，在那里做了一名酒保。又过了几年，彭越和一些人在巨野一带成了强盗，栾布被强行出卖，在燕国当奴仆。后来，栾布替他的主人家报了仇，燕国将领臧荼推举他为都尉。臧荼后来做了燕王，栾布就成了他的将领。不久，臧荼反叛，汉军来攻打，俘虏了栾布。梁王彭越知道了这件事，就报告给了汉高祖，请求赎回栾布，让他做梁国大夫。

栾布当了梁国大夫以后，经常出使各国。有一次，栾布出使齐国时，正好高祖征召彭越，以谋反的罪名将他抓起来，并连诛三族。彭越被官吏推到了城外的空场上，他的头被砍下来悬挂在洛阳城门下示众。随后官吏向在场的人们命令道：“有谁敢替彭越收尸的，就把他抓起来！”

栾布从齐国回来，听说彭越被杀了，非常吃惊，也非常难过。

他来到城门外，对着彭越高高悬起的人头报告出使齐国的情况，一边说话一边痛哭。场外的人见到如此情景也觉得很难受，都静静地看着他。官吏走上前，把栾布抓了起来，向高祖报告。高祖见了栾布，大骂道：“你是不是也想跟着彭越谋反？我已命令任何人不许祭祀他，可是你偏偏还要哭他，这显然是要跟彭越一起谋反！我不杀了你，又留你有什么用？来人，把栾布拉出去，用刑！”栾布被官吏推拉到汤锅跟前，准备用刑。这时栾布突然回头大声说道：“请容我说一句话再死！”高祖说：“什么话？”栾布说：“当初皇上被困在彭城的时候，还有在荥阳、成皋一带打败仗的时候，项王没有顺利西进，那是因为有彭王在梁地把守，跟汉军联合，使得楚军陷于困境当中。当时，天下大势其实就在彭王手里，彭王跟楚军联合，汉军就失败，跟汉军联合，楚军就失败。再有垓下战争的时候，如果没有彭王，项羽也不会灭亡。天下平定了，朝廷分封彭王，彭王也想把爵位传至万代。如今皇上向梁国征兵，彭王因为生病不能来，皇上就起了疑心，以为彭王要谋反。但是哪里有谋反的迹象呢？而您却因为微不足道的细节就毫不犹豫地杀掉了他！皇上如果再这样下去，那么有功的大臣们也会觉得自己危机重重。现在彭王的头都被挂在了城门上，那我活着还有什么用！我甘愿受罚！”高祖听了，十分感动，不但没有给栾布用刑，而且还让他做了都尉，赦免了他的罪。

中国大事记 | 公元前133年，汉武帝听从王恢的建议，在马邑设谋，诱击匈奴，失败后王恢自杀。

袁盎晁错列传第四十一

名重朝廷

袁盎是楚国人。他的父亲原先是群盗中的一员，后来移居到了安陵。吕后时期，袁盎当过吕禄的家臣。文帝时，袁盎的哥哥袁哙保任袁盎做了中郎。

绛侯周勃是丞相，每次朝会结束后都是他最先退朝，自然非常得意。孝文帝对周勃也很好，对他恭恭敬敬，以礼相待，还亲自送他出门。袁盎看不惯，就向文帝进言说："皇上认为丞相是个什么样的人？"文帝说："当然是国家的重臣。"袁盎说："绛侯只能说是个功臣，而算不上是个重臣。重臣应该是能与君主共存亡的人。吕后在位时，吕氏家族掌握大权，随便封王封侯，刘家命脉虽然没有断绝，可是力量已经很薄弱了，当时绛侯当太尉，掌握军权，可是却不能扶助刘家天下。后来，大臣们反叛吕氏家族，绛侯手中有兵权，正好赶上这个机会，算是做了一件大事。所以说，绛侯是功臣，不是重臣。现在他当了丞相，有点傲慢无礼，自以为是，对皇上骄矜自傲，而皇上对丞相却是谦恭礼让，臣子和君主都有失礼节。我认为皇上不应该用这样的态度对待臣子。"在以后的朝会上，文帝逐渐变得严肃起来，丞相也对皇上感到有些敬畏，不敢再摆狂傲的姿态。过了不久，绛侯知道了内情，生气地责备袁盎说："你怎么可以这么做呢？我和你哥哥是好朋友，可你却在皇上面前说我的坏话！"袁盎也没多说什么，他觉得自己有理，一直没向绛侯道歉。

后来，绛侯被免除了丞相的职务，回到了封国。有人对绛侯心怀嫉恨，就趁机上书皇上诬告他要谋反。文帝以为是真的，大惊失色，立刻派人把绛侯抓了起来，囚禁在牢狱里。各位公卿大臣没有一个人敢站出来替绛侯辩白，这时候，袁盎挺身而出，向皇上直言声明绛侯没有罪。最后绛侯被释放。绛侯非常感激袁盎，两人的关系也越来越好。

淮南王刘长进京朝见。刘长因为跟辟阳侯有仇，就把他杀了，之后，更加横行霸道，举止骄横。袁盎于是劝皇上说："淮南王等诸侯们太骄横了，恐怕日后要闹事。应该适当地削减他们的封地和权力。"文帝说："您说得过重了，他们凭着那点力量根本掀不起多大的风浪。"文帝并没有把这件事放在心上。淮南王于是更加为所欲为。后来，棘蒲侯柴武的太子谋反事发，皇上追查治罪时牵连到淮南王。皇上将他放逐到蜀郡去，并且用囚车传送。袁盎那时是中郎将，就对皇上说："皇上对淮南王一直是放任自流，从不禁止，以至于弄到今天这个地步。现在皇上又突然对他这么严厉，让他坐囚车，好像不太合适。淮南王刚愎自用，骄横惯了，从来没吃过这种苦，要是他在路上遭遇风寒丢了性命，那么皇上就会被天下人认为是心胸狭窄的人，他们就会说您能容天下之大却容不下一个淮南王，您就会无辜落下个杀弟之名！"文帝还是不听袁盎的劝说。果然，淮南王到达雍地以后不久就病死了。文帝听到消息后，很是伤心。袁盎来拜见，一进门就磕头请罪。文帝懊悔地说："唉！都是因为当时没听你的劝谏，所以成了这个结果！"

袁盎安慰文帝说："皇上也不用太自责，事情已经过去了，后悔也没有用。请皇上放宽心，别再为这件事而难过了。况且，皇上已经做了3件高出世人的大事，这件小事算不了什么！还不能影响到您的名声。"文帝不解，问道："我做过

历史关注 | **阳关始建于汉武帝元鼎年间，是丝绸之路南道的重要关隘。**

什么高出世人的大事呢？”袁盎回答说：“皇上在代国时，太后常年生病，皇上替母亲担忧，整整3年晚上都难以入睡，汤药如果不是皇上亲口尝过就不敢给太后。曾参作为百姓都没做到这样孝顺，皇上却做到了，要比孝顺，皇上可是远远超过曾参啊！吕氏家族当权时，大臣专政，天下动荡，可是皇上毅然从代国赶往京城，即使是孟贲、夏育的勇猛也比不上皇上。皇上到达代王的官邸之后，5次辞让天子的尊位。想当初，许由只不过就让了一次，而皇上却让了5次。这3件事难道还称不上是高出世人的大事吗？再说，皇上放逐淮南王，就是想让他尝尝苦，要他改正错误，至于结果并不是皇上的错啊！”文帝听了袁盎的这一番话，心里感到宽松多了，长出了一口气，问：“那接下来该做什么呢？”袁盎说：“皇上应该把淮南王的儿子好好安排一下。”文帝听从了他的建议，把淮南王的3个儿子都封为王。

从此，袁盎在朝廷名声大振。

精细过人

袁盎大义凛然，慷慨激昂，在朝廷的名气越来越大。宦官赵同仗着皇上的宠信，常想谋害袁盎，在皇上面前说他的坏话。袁盎十分生气，却也无可奈何。袁盎的侄子袁种是常侍骑，手拿符节在皇上的车驾左右护卫，皇上也很重视他。袁种看见袁盎经常被赵同欺负，心里很不平，对袁盎说：“您跟他针锋相对，在朝廷上侮辱他，使他在皇上面前的诋毁不起作用！”袁盎终于有了机会。一次，汉文帝出门，赵同也在身边陪着，袁盎听说后，急忙赶了过来。袁盎当着赵同的面对皇上说：“我听说能够与皇上同乘一辆六尺高的大车的人，都是英雄豪杰，如今就算是汉朝缺乏这类人物，皇上也不至于和一个受过宫刑的人乘坐一辆车呀！”汉文帝听了，就示意赵同不要跟着去了，赵同没办法，只好下了车，显出一副难堪的神情。

汉文帝从灞陵上山，下山的时候突然想纵马狂奔。袁盎也骑着马，在文帝的身边一起行走，这时袁盎一下子拉住了马缰绳。汉文帝问他：“怎么，将军是不是感到有些紧张？没什么好怕的！”袁盎回答说：“我听说，家有千金的人坐的时候不接近屋檐边，家有百金的人不靠楼台边的栏杆。英明的君主不在面临危险的情况下心存侥幸。皇上想要飞奔下山，这山陡路滑，万一马受了惊，伤到了皇上，毁坏了车子，皇上也许认为是小事，可我们回去怎么向太后和大臣们交代呀？”汉文帝知道自己有些莽撞，于是承认了错误，和袁盎等人一同走下山。

纳谏赐金 明 木刻版画

此图选自明朝大学士张居正编撰的《帝鉴图说》，表现汉文帝虚心纳谏和袁盎直言不讳的故事。

汉文帝巡视上林苑，陪同皇上的还有皇后和慎夫人。慎夫人很受皇上宠幸，在宫中经常与皇后同坐一条席。到了上林苑，袁盎安排大家坐在自己的位子上，慎夫人一看袁盎把自己的位置竟然安排在了皇后的后面，十分恼怒，不肯坐。文帝也很不满意，拂袖而去。袁盎也并不慌张，追上皇上并解释说：“尊卑分明才能上下和睦。皇上已经封了皇后，就不该让慎夫人与皇后平起平坐。慎夫人只是皇上的侍妾，论地位赶不上皇后，怎么能与皇后同坐呢？如果这样不分彼此，不论尊卑，那以后可就不好办了，会产生争议的。皇上如果宠爱她，可以重赏她，用不着用这种方式。况且，皇上如果过分地宠爱慎夫人，弄不好以后会给她带来祸患的。当初吕后整治戚夫人，最后使戚夫人落了个悲惨的下场，不就是因为戚夫人太受宠爱吗？”文帝听后觉得有道理，也消除了怒气，就召见慎夫人，把袁盎的话告诉了她。慎夫人很感激袁盎，就赐给他50斤黄金。

袁盎直言劝谏，虽然大家都很尊重他，但是

中国大事记

公元前130年，汉武帝派大臣出使夜郎、邛等地，置都尉，称为通西南夷。

却坐图轴 南宋 佚名 绢本

此图描绘的是汉代故事，西汉文帝时，宠妃慎夫人常与帝后平起平坐，引起众臣不满。一日，汉文帝携后妃同游上林苑，中郎将袁盎直谏文帝，指出后妃平坐违反纲常，并最终使皇帝与慎夫人采纳了他的谏议。

袁盎还是没能长时间地留在朝廷，后来被调往陇西当都尉。在陇西，袁盎爱兵如子，士兵们也争先为他效命，毫无怨言。过了不久，袁盎升任齐国丞相。后来又改当吴国丞相。临行前，袁种对袁盎说："吴王一直都很专横无礼，朝廷里奸臣不少，如果到了那里您还直来直去，畅所欲言，想要告发那些贪官污吏，那可就危险了！那些人就会在皇上面前说您的坏话，甚至派人暗地里刺杀您，您可一定要小心啊！再有南方土地低洼，空气潮湿，您要多注意身体，平时喝点酒御寒。您还要经常劝说吴王不要谋反，这样平静地生活下去，也会相安无事的。"袁盎心存感激，就按照袁种说的去做了，得到了吴王的优待。

有一次，袁盎回家探亲，在路上碰见了丞相申屠嘉。袁盎跳下车，十分恭敬地拜见丞相。可是丞相没有下车，只在车里向袁盎简单地回礼。袁盎回来之后，觉得自己受了怠慢，有失脸面，于是想了想，就去丞相府请求见丞相。袁盎等了好长时间，丞相才接见他。袁盎跪拜说："希望能单独见丞相。"丞相很不耐烦地说："如果您要说公事，就到官署与长史属官商量，我会把您的意见禀报给皇上；要是私事，我不想私下密谈。"袁盎没有起身，仍然跪着说："您是丞相，您觉得自己跟陈平、绛侯相比怎么样？"丞相回答："我不如他们。"袁盎说："好，您承认自己不如他们就好。陈平、绛侯帮助高祖平定天下，当了将相，后来又讨伐吕氏家族，保全刘家天下，功劳没有人可比。可是丞相您原来只是一个拉弓的武士，后来做了郡守，再到丞相，并没有立下什么大功劳。皇上每次朝会，官员大臣呈上奏章，他都要听取意见，可以接受的就采纳，不能立刻解决的就暂时放下，留到以后处理。皇上这么高贵，为什么也如此谦虚呢？因为只有这样才能得到天下贤士的拥护。正因为皇上的谦虚，所以皇上圣明。而您不过是个丞相，却封闭自己，不肯听取别人的意见，限制天下人的言路，不让人说话，这样只能使自己越来越愚昧。圣明的君主需要贤能的丞相，您要是再不改掉这个习惯，恐怕您的丞相宝座有危险啊！"丞相听后，猛然省悟，于是向袁盎拜了两拜，说道："我申屠嘉鲁莽无礼，实在是太不聪明了，多谢将军指教。"然后，丞相把袁盎当作贵客热情地招待了他。

袁盎之死

袁盎一直和晁错不和。只要有晁错在场的地方，袁盎就走；反过来袁盎要是在场，那晁错必定会离开。两个人互相敌对，就算没办法不得不

历史关注

司马相如除散体大赋外，还作有骚体赋《大人赋》，散文《喻巴蜀檄》《难蜀父老》等。

碰面，也从来不说话。汉景帝即位，晁错当了御史大夫。晁错派官吏追查袁盎收受吴王财物的事，准备量罪定刑。幸亏景帝开恩，袁盎才免遭刑罚，只被贬为平民。

吴楚两国刚刚发动叛乱的时候，晁错对丞史说："袁盎接受了吴王很多金钱，处处替他掩饰，一再说他不会反叛。可是结果怎么样？现在吴王果然反叛了！可是朝廷却一点儿都不知道，毫无准备，这都是因为袁盎。应该重重地惩治他，他肯定知道反叛的阴谋！"丞史说："没找到有力的证据，怎么能随便惩治！再说，现在叛军已经打过来了，应该集中力量对付叛军，惩治袁盎有什么用！况且，袁盎也并不像您说的那么坏吧？"晁错听了，一时没话可说，也没有理由辩解，不知道该怎么办。

有人偷听到了丞史和晁错的对话，就告诉了袁盎。袁盎心里非常害怕，连夜跑去找窦婴，跟窦婴说了吴王反叛的原因，并希望能够在皇上面前亲口对质。窦婴进宫报告景帝，景帝于是召见袁盎。袁盎进宫拜见皇上，并请求皇上让其他人回避。晁错当时也在场，也被要求回避，心里很恼火，愤愤不平。等人们都退下之后，袁盎就把吴王反叛的整个过程原原本本地报告给了皇上，而且说这次反叛其实都是晁错的缘故。只有立即杀掉晁错来向吴王谢罪，吴军才肯撤兵。景帝没有马上下令，而是让袁盎担任太常，让窦婴担任大将军，为平叛出力。两人势力很强，各地有才能的人都争先归附他们二人，光随从的车子每天就有几百辆。

朝廷把晁错斩杀后，然后派袁盎以太常的身份出使吴国。吴王想让袁盎当将领，但他不肯，吴王很愤怒，想杀掉袁盎，于是就派了一个都尉带领500人把他围困在军中。

还是在几年前的时候，袁盎正担任吴国的丞相，有个从史跟袁盎的一个婢女私通。袁盎其实已经知道了这件事，但他故意装作不知道，仍旧像以前那样对待从史。后来有人告诉从史说："丞相已经知道了你跟他的婢女私通的事，你赶快跑吧！"从史非常惊慌，马上逃跑了。后来袁盎亲自驾车把从史追了回来，还把婢女赐给了他，并继续让他当从史。

如今袁盎被围困在了吴国，而当年那个从史正好担任困守袁盎的校尉司马。司马不忘旧恩，卖掉了自己的全部行装，换了二石浓酒送给看守的士兵们喝。当时外面天气很冷，士兵们又饿又渴，见到有酒都争着抢，有些士兵都醉倒了。司马看士兵们一个个都倒在地上，趁机溜到袁盎那里，一边朝外拉他一边说："赶快走，要不明天吴王就会杀了您的。"袁盎不相信，问道："你是谁？干什么的？"司马说："大人忘了吗，我是您以前的从史，跟您的婢女私通，是您亲自把我追回来的。"袁盎这才想起他，但随后又说："你还有父母，我老了，不值得你救我。"司马着急地说："大人快别说这些了，快逃命吧，晚了可就来不及了！我已经做好了逃亡的准备，父母也安排好了，您就放心吧！"随后，司马用刀割开了帐幕，领着袁盎从小道上逃走了。而那些把守的士兵仍烂醉如泥，一无所知。

袁盎脱险之后，就把皇上给的信藏在怀里沿路行走，天亮的时候，遇见了梁国的骑兵，就向他们借了马飞奔回了朝廷。吴楚叛军被打败后，皇上封楚元王的儿子刘礼为楚王，袁盎担任楚国

·《过秦论》·

贾谊（公元前200～前168年）年少即以育诗属文闻于世人，后见用于汉文帝，力主改革，后来被贬，改任梁怀王太傅。梁怀王坠马而死，自伤无状，忧愤而死。贾谊主要的文学成就是政论文，著有《新书》十卷。代表作有《过秦论》上、中、下三篇，《陈政事疏》（亦名《治安策》），《论积贮疏》等。《过秦论》总结了秦代兴亡的教训，实则昭汉之过。《陈政事疏》和《论积贮疏》是批评时政之作，提出用"众诸侯而少其力"的办法，巩固中央集权制。要"驱民而归之农"，巩固政权。其文说理透辟，逻辑严密，气势汹涌，词句铿锵有力，对后代散文影响很大。

中国大事记 | 公元前130年，太中大夫张汤与中大夫赵禹定“见知法”——官吏知道有人犯法而不举告，与犯法者同罪。

丞相。袁盎关心国家大事，几次上书进言都没有被采纳，袁盎感到很失望，又赶上身体不好，就辞官回家，跟乡里人整天玩乐。洛阳人剧孟来拜访袁盎，袁盎很友好地接待他。安陵有个富人对袁盎说：“我听说剧孟是个赌徒，将军为什么还要和他交往？”袁盎回答说：“剧孟虽然是个赌徒，可是他的母亲去世时，客人送葬的车子就有1000多辆，这说明他有与众不同的地方。再说，当今天下能救人急难的人不多了，不是以父母为理由，就是借口自己有事而拒绝，而剧孟不是这样，他是真心帮助别人的人。您虽然总是带着好几个骑士，但您应该想想，要是真发生了什么危险，那些人靠得住吗？”后来，袁盎拒绝了和富人之间的来往。王公贵人们听说这件事，都认为袁盎不是一般的人。

袁盎在家闲居，景帝仍时常派人来同他共议国家大事。景帝想把皇位传给梁王，袁盎觉得不合适就劝说景帝，后来景帝就打消了这个念头。梁王因此对袁盎怀恨在心，就派人刺杀袁盎。刺客到了关中，听说袁盎为人正直，有口皆碑，于是扔掉刀剑，直接找到袁盎说：“梁王给我钱，让我来杀您，可是听说您宽厚仁义，是个正直的人，我实在不忍心杀掉您。但是以后还会有人来刺杀您，您可要小心啊！”后来，袁盎还是没逃脱掉，终于被梁国的刺客杀掉了。

晁错的聪明

晁错是颍川人。他曾经在轵县张恢先那里学习过申不害、商鞅的刑名说，与洛阳的宋孟、刘礼是学友。后来，凭着文学才能当上了太常掌故。

晁错为人正直，无论是对别人还是对自己都很严厉。汉文帝时期，全国上下几乎没有一个人对《尚书》有研究，只听说济南有个伏生，是以前秦朝的博士，曾研究过《尚书》。可是伏生已经90多岁了，不能应征，于是文帝就下令太常派人到伏生那里去学习，太常就派晁错去了。晁错回来后，就根据《尚书》劝说皇帝施行仁政。文帝很欣赏他的智慧和才能，就让他先后担任太子舍人、门大夫、太子家令。晁错以他的博学和善辩的口才得到了太子等人的宠信，太子家中的人们都称晁错为“智囊”。

汉文帝时，晁错多次向皇上提建议，主张削弱诸侯势力，而且需要修改一些法令，文帝都没有采纳。文帝很欣赏他的才学，提升他做中大夫。当时赞同晁错意见的只有太子，而袁盎和很多功臣都不喜欢晁错。

汉景帝继位后，任命晁错为内史。晁错每次请求景帝密谈国家政事，景帝都十分认真地听从他。不久，晁错受到的恩宠超过了九卿，并多次修改国家法令。丞相申屠嘉心里不服，却又无可奈何，总要想尽办法来整治晁错。当时，内史府建在太上庙外的空地里，门是朝东方向开的，进出很不方便。晁错于是决定把门改为朝南开，就凿开了太上庙外空地上的围墙。申屠嘉听说以后，觉得整治晁错的机会来了，他想借着这件事请求皇上诛杀晁错。可是晁错已经知道了申屠嘉的诡计，就在夜里求见皇上，把这件事详细地向皇上说了一遍。

第二天上朝的时候，申屠嘉向皇上报告说：“晁错自作主张把太上庙的围墙凿开当门，触犯法令，应该受到严惩，请求皇上把晁错交给廷尉处治。”景帝说：“晁错开凿的不是庙墙，是太上庙外面空地的围墙。他没有触犯法令，凭什么处治他呢？”申屠嘉知道自己晚了一步，很是气愤又没有办法，只好低头谢罪。退朝后，申屠嘉生气地对长史说道：“我还不如先把晁错给杀了，然后再向皇上报告，可是现在已经晚了，反倒让他先下手为强了！”申屠嘉很长时间心里都不痛快，最终郁悒而死。

后来，晁错更加声名显贵，当上了御史大夫。晁错向景帝报告了诸侯的罪过，之后又劝景帝说：“皇上应该适当削减诸侯的土地，没收他们的旁郡，来加强皇权的统治，确保刘家的天下。”景帝把各位公卿、列侯和皇室召集一起来商量，大家都赞同晁错的意见。只有窦婴和晁错的意见不同，与他争辩，从此窦婴与晁错有了矛盾。

历史关注

百戏是汉朝对音乐、舞蹈、杂技、魔术等表演艺术的统称，起源于民间，由原始宗教仪式发展而来。

晁错修改了30条法令，每一条都关系到诸侯的利益。诸侯都很吃惊，忿忿不平，没有一个不痛恨晁错的。晁错的父亲听说后，马上从颍川赶来，不满意地对晁错说：“皇上刚刚即位，你执掌大权，刚一上任就削弱诸侯，收他们的地，收他们的郡，难怪诸侯们都恨你，你到底想干什么？”晁错说：“我是为皇上着想，如果不对诸侯严厉点，皇上就不受尊崇，天下也不得安宁。削弱诸侯的势力可以更好地统治天下，也加强了皇权，有什么不好吗？”他的父亲说：“你这么做，刘家天下是安宁了，可是晁家怎么办呢？”后来，晁错的父亲就自杀了。不久，吴楚七国果然反叛，都打着诛杀晁错的旗号。窦婴、袁盎也向皇上进言，请求诛杀晁错。皇上考虑再三后将他斩首。

后来，邓公担任了校尉，被派去攻打吴楚两国叛军。回来以后，他向景帝报告作战情况。景帝问：“你刚从军中来，有没有听说晁错死后，吴楚两国准备退兵？”邓公回答说：“吴王谋反已经酝酿几十年了，早晚都要反叛。现在他起兵，虽然名义上是诛杀晁错，而实际上他的本意并不在于晁错。您现在已经把晁错杀了，以后恐怕全天下的士人都不会再开口，不敢再进言了。”景帝说：“您这话是什么意思？”邓公说：“晁错担心，要是诸侯国过于强大，朝廷就很难控制他们了，所以才请求削弱诸侯的势力，这样才能够保住刘家的天下。晁错是为了皇上着想，可没想到，计划刚刚施行，他就被杀了。他被杀掉了，可是造成的结果呢？结果只能让朝廷的忠臣不敢再说话，反而还帮诸侯报了仇。这件事皇上可是考虑得欠妥呀！”景帝恍然大悟，想了好久，感叹道：“您说得对，我后悔莫及呀！”

伏生授经图轴　明　崔子忠

伏生，名胜，秦时官博士，精通《尚书》。此图根据伏生将《尚书》传授给弟子晁错的故事而作。画中大树荫立，枝叶茂盛如华盖，树下伏生盘坐于蒲团上，聚目凝视着伏在石案上记写《尚书》内容的晁错。其旁有一侍女，也关注着晁错奋笔疾书的样子。

邓公是成固人，有许多出人意料的妙计。建元年间，皇上招纳贤良之士，公卿们都推举邓公。一年之后，邓公推说有病辞职回家，他的儿子邓章因为研究黄帝、老子的学说在朝廷大臣之间很有名望。

太史公说：袁盎虽然不好学，可是他善于领会贯通，他以仁爱之心为本体，常常称引大义，慷慨激昂。赶上汉文帝刚刚继位，他的才智恰好碰上了适宜的时代，因此能得以施展。时局不断地在变动，等到吴楚反叛时，他向皇帝建议诛杀晁错。虽然他的建议被采纳实行，然而他以后不再被朝廷所用。爱好名声夸耀才能，终于因为追求名声而招致祸患。晁错做太子家令的时候，多次进言而不被采用。后来擅权，修改了国家的许多法令。诸侯发动叛乱，晁错不急于匡正挽救这个危机，却想报个人的私仇，反而因此招来杀身之祸。俗话说：“改变古法，搞乱常规，不是身死，就是逃亡。”难道说的就是晁错这类人吗？

中国大事记

公元前129年，匈奴进攻上谷，汉武帝派卫青、公孙敖、李广、公孙贺等人率军出击，除卫青外，余皆失利。

张释之冯唐列传第四十二

得遇明君

廷尉张释之做官10年都没有升迁，想辞官回家。中郎将袁盎知道张释之是个贤能善良的人，不舍得让他走，就把他安排在宫中当谒者。张释之就向文帝讲了秦汉之间的历史，如秦朝灭亡的原因、汉朝兴起的原因等，文帝听得很高兴，连连称赞他有远见。

有一次，张释之跟随文帝出门，登上虎圈。这时文帝想考查上林尉所记录的各种禽兽档案的情况，一共问了十多个问题。上林尉看了看左右两边的人，一时紧张得说不出话来，问题也答得不完整。看管虎圈的啬夫正好也在场，就替上林尉回答了问题，啬夫回答得又详细又清楚，其实是想炫耀自己的口才。汉文帝听了啬夫的回答满意地点了点头，然后对左右的人说道："这才像官样！上林尉真是无能！"于是文帝让张释之任命啬夫为上林苑令。

张释之想了想，上前对文帝说道："皇上认为绛侯周勃是个什么样的人呢？"文帝说："你怎么突然问起他来？当然是个忠厚的长者。"张释之又问："那么东阳侯张相如又是个什么样的人？"文帝说："也是忠厚的长者啊。"张释之说："绛侯、东阳侯都被认为是忠厚的长者，可是这两个人在讲述事情的时候，竟然说不出几句完整的话，难道只凭这一点就能说他们两人做不了官吗？为什么要求人们都去学啬夫呢？做官难道就只凭一张嘴吗？秦朝因为喜欢任用舞文弄墨的官吏，所以官吏们都争着做表面文章，趋炎附势，阿谀奉承，谁也不说实话。因此，秦朝皇上听不到自己的过失而使国家越来越衰败。如今皇上要是因为啬夫能言善辩就提升他，那么我担心全天下都会受到这种风气的影响，人们都争着夸夸其谈，却没有一点儿用处。况且这种影响是很快的。所以，皇上想做什么还是不做什么，可要仔细考虑啊！"文帝惭愧地说："你说得很对！"于是文帝取消了旨令。文帝登车，张释之陪在身边，缓缓地向前走着。在车上，文帝和张释之谈论秦朝的弊端，张释之说："当年秦始皇统一六国，夺取了天下，是个很有才能的人。但是在他执政时，残酷的法律制度和刑罚手段竟残害了无数无辜的百姓，横征暴敛更是逼得人民痛不欲生。作为一国之君却没有一颗'仁义'的心啊！失去了民心，不讲求道义，不顺应天理，国家就会灭亡。"文帝很赞同。回到宫中后，文帝任命张释之为公车令。

不用利口　明　木刻版画

此图选自明朝大学士张居正编撰的《帝鉴图说》，表现张释之劝谏汉文帝不用能言善辩之人的故事。

太子和梁王一同乘车进宫朝见，经过司马门没有下车，张释之于是追上来拦住了太子和梁王，不让他们进殿门，并对他们说，在司马门不下车是犯不敬罪。这件事很快让薄太后知道了，文帝脱帽谢罪说："我管教太子不够严厉。"薄太后于是派使者承诏令赦免了太子和梁王，他们才进得门去。文帝因为这件事看出了张释之与众不同的一面，就让他做了中大夫。

不久，张释之又升为中郎将。有一次，张

历史关注

我国是最早对太阳黑子活动进行记载的国家，西汉时就有记载。

释之跟随汉文帝到灞陵。文帝坐在灞陵上面向北面远望。当时慎夫人也在旁边，文帝让慎夫人弹瑟，自己和着瑟的曲调唱歌，感情凄凉。文帝唱到情深之处时，回头对大臣们说："拿北山的石头做外椁，把大麻、棉絮剁细塞在石椁的缝隙里，再用漆粘合起来，就谁也打不开了吧！"左右大臣都说："是。"张释之说："假如里面有能够引起贪欲的东西，那么即使封闭整个南山做棺椁，也还有缝隙；假如里面没有能够引起贪欲的东西，那么即使没有石椁，也用不着担心！"文帝赞赏张释之的智慧和才能，又任命他做了廷尉。

冯唐的逆耳之言

冯唐是汉代的名臣，很受皇帝的赏识。他的祖父是赵国人，父亲曾迁移到了代郡。汉朝建立后，冯家又移居安陵。冯唐的孝行是出了名的，并担任中郎署长，辅佐汉文帝。

有一次，文帝和冯唐谈话。文帝说："当年我住在代郡的时候，属下人经常对我夸赞赵国将领李齐的贤能，跟我讲他在巨鹿城下作战的故事，如今我还常常想到这个故事。您知道李齐这个人吗？"

冯唐回答说："作为将领，他赶不上廉颇和李牧。"

文帝很惊讶，问道："为什么这么说呢？"

冯唐回答："我的祖父在赵国时跟李牧关系很好，我父亲以前当过代王的丞相，和李齐交往密切，所以很了解他。"

文帝听了冯唐讲廉颇、李牧的为人后，十分高兴。接着又感叹道："可惜，我怎么就得不到像廉颇、李牧这样的将领呢！我要是有他们这样的大将，还用担心匈奴吗？"

冯唐说："请皇上恕我直言，即使皇上得到了廉颇、李牧，也不可能重用他们。"

文帝大怒，说："你这话什么意思！"随后，文帝愤然起身回宫。

过了很长时间，文帝又召见冯唐，责备他说："当着文武百官的面，你怎么能那样说话！即使有不同意见，也可以找个僻静的地方私下再说呀！"冯唐道歉说："我这个人直来直去，从来不避讳。"文帝虽然不高兴，却也拿冯唐没办法。

当时，匈奴大举进攻朝那，杀掉了北地郡都尉孙卬。文帝很担心匈奴的入侵，就又问冯唐："你怎么知道我不会重用廉颇和李牧呢？"

冯唐说："我听说，古代的君王在派遣将领时要跪着推车子，并且说：国门以内的事由我控制；国门以外的事由将军来处理。在外边，将军可以按照自己的意愿来赏赐士兵的军功和爵位，回来再向我报告。这可不是空话！我的祖父说，李牧担任赵将驻守边疆时，把从军中征收的租税全部用来赏赐将士，赏赐的数量全由李牧自己决定。朝廷只是分配给李牧任务，命令他必须战胜，至于李牧怎样做，朝廷不参与。所以，李牧才能发挥他的才智，向北驱逐单于，打败东胡，向西抵御强大的秦国，向南抗衡韩国、魏国，使赵国几乎成了霸主。可是等到赵王迁即位，赵王听信了郭开的谗言，就诛杀了李牧，让颜聚代替了他，结果兵败，士兵们狼狈逃窜，被秦消灭了。"

"如今魏尚担任云中郡守，他把军中的税收全部赏给了将士们，还拿出自己的钱，每5天杀一次牛，宴请宾客、军吏和属官，因此匈奴躲得远远的，不敢靠近云中要塞。有一次，匈奴派兵前来入侵，魏尚只带了很少的骑兵就把他们打败了。为什么魏尚的将士那么厉害呢？就是因为将士们感到他们的首领很亲近，值得为首领付出一切。那些士兵大都来自平民百姓家庭，他们只知道奋勇杀敌，抓捕俘虏。可是等到向衙门报功时，只要一个字不符合，法官就根据法令来惩治他们。我认为皇上法令太苛刻繁杂，奖赏太少，刑罚太重。有一次，云中郡守魏尚向衙门上报斩杀敌军数目的时候因为差了6个首级，皇上就交给司法官治罪，夺了他的职位，还加了一年的刑。由此看来，皇上即使有廉颇、李牧这样的大将，也不会重用他们的！"

文帝听了觉得很有道理，当天就派冯唐拿着令牌去赦免魏尚，还让他继续做云中郡守，然后文帝又任命冯唐为车骑都尉。

中国大事记

公元前 128 年，汉武帝启用李广为右北平太守，匈奴称其为“飞将军”，数年不敢侵犯右北平。

万石张叔列传第四十三

万石君的家教

万石君原名叫石奋。他的父亲是赵国人，赵国灭亡以后，石家迁居到了温县。高祖向东攻打项籍时，经过河内，当时石奋才 15 岁，当小官，跟随高祖。高祖把石奋的姐姐召进宫，封为美人，并把他家迁到长安城。汉文帝时期，石奋当上了中大夫。他没有文才学问，但有个很可贵的品质没有人能比得上，就是恭敬谨严。

文帝的时候，太子太傅张相如被免官，石奋经过大家的推举当上了太子太傅。到了孝景帝即位，让石奋做了九卿。后来，由于石奋跟景帝的关系过于亲密，景帝觉得有点顾忌，就调开石奋，让他当了诸侯国相。石奋共有 4 个儿子，不仅都很善良，对父母十分孝顺，而且做事很严谨，所以他们也都当了大官。景帝说：“石奋和他的儿子都是大官，作为臣子所能得到的尊贵竟然被他们石家全得了！”从此石奋被叫作万石君。

景帝晚年的时候，万石君以上大夫的身份回家养老，每年定期回来参加朝会。每次回来参加朝会时，经过皇宫的门楼，万石君一定下车快步走；看见景帝乘坐的车马，一定会俯身按着车前的横木来表示敬意。即使他的子孙们当小官，回家来进见他，万石君也一定要穿着朝服来接见，不叫他们的名字。子孙当中要是有谁犯了错误，万石君就会立刻谴责他的过失，或者就坐在一边不说话，不吃饭。直到儿子们态度真诚地来道歉，并且保证以后不再犯相同的错误，万石君才转怒为喜。他的子孙都已经是成年人了，即使平常在家的时候也一定是戴着礼帽，一副整齐严肃的样子。万石君的奴仆也都对人很恭敬，态度很和善、谨慎。景帝每次赏赐给万石君家食物时，万石君都是下跪叩拜，低着头吃，感觉景帝就像在眼前一样。他的子孙们也都学着万石君的样子，遵循万石君的教导，礼节上和万石君一致。万石君一家凭着孝敬谨严而闻名各国，就算是齐、鲁等地的儒生也自愧不如。

武帝建元二年（公元前 139 年），郎中令王臧因为推行儒学而犯罪。太后认为儒生大多都是夸夸其谈，缺少实际内容，万石君一家不多说话，可是做事严谨认真。于是就让万石君的大儿子石建任郎中令，小儿子石庆任内史。万石君的子孙都以孝为先，其中石建表现得最突出，甚至超过了万石君。石建任郎中令，每 5 天休假一次，每次都回来拜见父亲。回来后，石建总是偷偷地把父亲的衣物和便器亲自洗好，放回原地，不让万石君知道。石建也像他父亲一样说话严谨。有一次，石建上书奏事，奏章批下来了，他正仔细阅读。突然，他大叫道：“不好！我写错了一个字！‘马’字下面应该有 5 个点，可我只写了 4 个点，少了一个点！这要是被皇上发现，那我的性命可就不保了！”通过这件小事足可以看出石建做事的谨慎。

万石君晚年的时候迁居到了陵里。有一次，小儿子石庆喝醉了酒回家，进入外门时没有下车。万石君知道后非常生气，也不吃饭了。石庆心里很害怕，赶紧去谢罪，可是无论石庆怎样解释，万石君就是不肯原谅他。没办法，石庆叫来哥哥石建甚至全族的人都来替自己求情。万石君叹了口气，对石庆说：“你是内史，内史应是显贵的人，走在乡里，乡里的长辈都回避。可是你呢？竟然都不下车，坐在车里自得其乐，真是太不像话了！”从此以后，石庆和弟子们进入里门就快步赶往家中，不敢有一点儿怠慢。石庆在众多的儿子中是最随便的一个了，但还是有认真的一面。石庆担任齐国相时，所有齐国的人都很仰慕石家的品行，用不着发号施令，国家就被治理得很太平。大家敬佩他，就为他建立了石相祠。

元狩元年（公元前122年），武帝设立太子，想从群臣当中选一个人做太子的老师，就把石庆从沛郡太守的位子上调到了太子太傅，成了太子的老师。7年后，石庆又升为了御史大夫。

元鼎五年（公元前112年），丞相因犯了罪而被免官。皇上派人给御史大夫石庆一封制书，说："万石君不是一般人，先帝非常尊重他。万石君的子孙有孝行，也不同寻常，应该让御史大夫石庆做丞相，封为牧丘侯。"当时，国家并不安定，向南征讨南越、东越，向东攻打朝鲜，向北驱逐匈奴，向西讨伐大宛，同时又有朝廷内部的危机，权臣交替当权，很多事情实际不由丞相来决定，所以那时候当丞相，最重要的是要忠厚谨慎。石庆当了9年的丞相，在此期间他并没有发表什么重要的言论，也没有取得什么大的成就。他曾经请求皇上惩办大臣所忠、九卿咸宣的罪行，不但没有成功，反而自己因此获罪，后来用钱赎罪才脱了身。石庆办事谨慎，但是缺乏雄才大略，他的子孙也和石庆一样严谨而踏实，其中有不少人都当了大官。

忠谨的卫绾

卫绾没有什么特殊的才能，但他忠厚谨严的品性是其他一般大臣所不能比的。景帝做太子时，有一次招呼文帝身边的人一起喝酒，卫绾称生病没来参加，太子心里就有些不高兴。文帝快要驾崩时，嘱咐景帝说："卫绾人老实忠厚，你今后可要好好对待他。"后来景帝即位，虽然心里一直对卫绾耿耿于怀，但是没说出口，也没有表现出什么。卫绾心里非常感激景帝，在任职期间更加严谨勤奋。

有一次，景帝要去上林苑，命令卫绾陪同一起乘车，卫绾于是就坐在景帝身边。在回来的路上，景帝问卫绾："你知道为什么让你和我同坐一辆车吗？"

卫绾回答说："我只管认真做好我的事，不知道为什么能受到皇上如此的偏爱。"

景帝看他不明白自己的意思，突然话锋一转，严厉地问："我当太子的时候召你来一起喝酒，你为什么不愿意来？"卫绾回答："请皇上恕罪！当时臣正在生病。"

景帝起初不信。卫绾不慌不忙，依然坚持说是生病的缘故。景帝看他一脸真诚的样子，从此也就原谅了他。过后，景帝赐给卫绾宝剑作为奖赏，卫绾拒绝了景帝的好意，说："先帝已经赐给我6把宝剑了，我不敢再接受了。"

景帝问道："宝剑人人都喜欢，你也可以用它来交换和买卖呀，难道那些宝剑你到现在还留着？"

卫绾说："我一直留着那些宝剑。"

景帝说："那你快去把那些宝剑拿来，让我看看！"卫绾拿来宝剑，宝剑还在鞘中，没有用过，景帝见了非常感动。

卫绾宽以待人，严于律己。郎官们常常犯了错就让卫绾来顶罪承担，卫绾也从来不与他们争辩；而当自己立了功，他却常常把功劳让给其他人。景帝认为卫绾廉洁公正，善良忠厚而不会施什么诡计，就任用他为河间王太傅。吴楚反叛时，景帝又命令他当将军，率领河间的军队攻打吴楚叛军，卫绾杀了不少敌兵，立下了汗马功劳，被任命为中尉。3年后，因为军功被封为建陵侯。第二年，景帝废弃太子刘荣，想要诛杀太子的亲信栗卿等人。景帝认为卫绾太忠厚，要是派他去杀栗卿，他肯定下不了手。于是景帝就赐卫绾休假回家，而派郅都抓捕栗卿。然后，景帝立胶东王做太子，征召卫绾，让他当太子太傅。过了几年，卫绾升为御史大夫，又过了5年，升为丞相。

卫绾忠诚善良，才能一般，他做官勤勤恳恳，一般是照章办事。他从开始做官直到做丞相，从来都没有提过什么新奇的建议。然而皇上认为卫绾忠厚诚恳，可以辅佐少主，因此很尊重他，赏赐他的东西也非常多。

中国大事记

公元前127年，汉武帝颁布“推恩令”，规定诸侯王除由嫡长子继承王位外，其他诸子都在王国范围内分封。

田叔列传第四十四

田叔的贤能

田叔是赵国陉城人，他的祖先是齐国田家的后代。田叔为人正直清廉，喜欢与德高望重的人交往，他还喜欢剑术，曾在乐巨公那里学过黄老思想。后来，田叔的名气越来越大。赵国人就把他推荐给国相赵午，赵午见了田叔之后也很欣赏他，就又把他推荐给了赵王。赵王让田叔做了郎中。田叔工作踏实勤恳，为人又清正廉洁，赵王很信任他，觉得他是个难得的人才，想要提拔田叔。

正在这个时候，陈豨在代地发动叛乱，高祖率兵前去镇压，途经赵国。赵王张敖是高祖的女婿，对高祖十分恭敬。高祖想吃东西，赵王都亲自送去。可是高祖对赵王的态度可没这么好，虽说是自己的女婿，但仍旧是冷眼相待，想骂就骂。国相赵午等人见了心里很不平，可是赵王并没有为此气恼，对高祖还是心存感激，因为高祖曾经救过赵王的父亲。后来，贯高实在看不下去，就想暗地谋杀高祖，不让赵王知道。但是这一阴谋并没有成功，朝廷就把想要刺杀皇上的人全抓了起来，朝廷怀疑赵王也参与了这次活动，所以连同他一起抓捕。朝廷下令：“赵国要是有谁敢追随赵王，灭掉三族！”但是，孟舒、田叔他们坚决要追随赵王进京，于是就换了行装扮作赵王的家奴，和赵王一起来到了长安。过了不久，贯高谋反的真相被查清，赵王才被放了出来。赵王很感激田叔等人，向高祖称赞他们的忠诚。高祖和田叔他们谈话谈得很投机，觉得朝中大臣谁也比不上他们贤能善良，就封田叔为汉中郡郡守，其他人也都封了官。文帝当政的时候，有一次，皇上召见田叔。皇上问：“您知道当今天下谁是最忠厚而又有德行的人吗？”田叔回答说：“臣不知道。”皇上说：“大家都说您是忠厚长者，您怎么会不知道呢？”田叔叩拜了一下说：“原来的云中郡郡守孟舒是忠厚长者。”皇上听田叔说孟舒是忠厚长者，生气地说道：“当初先帝让孟舒当云中郡守，已经当了十几年了，可是匈奴来进攻，云中郡被抢劫很严重，孟舒却不能够抵挡，很多士兵都丢了性命，最终也没打过匈奴。孟舒也因此被免了职。像他这样的人还叫有德行吗？您居然还说他是忠厚长者？”田叔回答说：“皇上有所不知，这正说明孟舒是个忠厚长者啊！当初贯高谋反，皇上下诏书规定要是有人跟随赵王就灭他三族。可是孟舒却不顾生命危险，毅然剃光头发，穿上囚衣，戴上枷锁，跟随赵王去了长安，这可是拿自己的性命去为君主效力啊！那个时候，他怎么能够想到，自己因为这件事而当上了云中郡守！”

“再说，汉朝与楚国已经打了多年的仗了，士兵们早已身疲力竭，而匈奴却偏偏这个时候来侵扰，烧杀抢掠，无恶不作。孟舒看到士兵们那疲劳的样子，实在不忍心再让他们出战，就让他们坚守。可是士兵们却要求出战，要为保卫云中郡而与匈奴拼命到底，他们那种热情是多么高昂！他们的精神多么可贵！只是由于士兵们有勇

·推恩令·

自从汉景帝削藩之后，西汉诸侯王的势力虽受到沉重打击，但与中央的矛盾并没有彻底解决。公元前127年，汉武帝采纳主父偃的建议，颁行推恩令，允许诸侯王除由嫡长子继承王位外，可将封地进一步分封给其他子弟为列侯，建立侯国，但侯国隶属于郡。这样一来，王国封地也越来越小，势力越来越弱了。

历史关注　三纲强调天道，指的是君为臣纲、父为子纲、夫为妻纲。

无谋，作战方法有些不当，才造成了几百名士兵丢了性命。可是这能说是孟舒的过错吗？这件事恰恰说明孟舒是个忠厚有德的长者呀！”

皇上听了田叔的一番解释，恍然大悟，就召见孟舒，让他继续做云中郡守。

汉景帝时期，梁孝王派人杀掉了前吴国国相袁盎，景帝就派田叔去查办这件事。田叔很快就查清了这件事的来龙去脉，回来向景帝报告。景帝问：“袁盎真的是被梁王所杀？”田叔回答说：“是。”景帝又问：“有什么证据？”田叔说：“证据当然有，不过还是请皇上不要认真追究这个案子。”景帝不解，问：“为什么？”田叔说：“梁王确实罪不可恕，如果不判他死刑，那么朝廷的法律以后就没法执行，如果判他死刑，那么太后以后就会寝食难安，这样可对皇上您不利呀！”景帝听了很感动，更加觉得田叔是个不可多得的人才，就让他做鲁国国相。

田叔刚到鲁国，就来了一帮百姓到他这里要控告鲁王，说他们辛辛苦苦挣来的钱财都被鲁王抢走了。田叔知道后，就把这些人当中的带头人抓到跟前，故意当着鲁王的面用严刑，边打边训斥道：“鲁王是你们的君主，你们怎么能这样反对他呢？”鲁王听见，觉得十分惭愧，就主动打开库房，分发钱财和物品，并让田叔给他们送去。田叔说：“大王自己夺人财物，现在却让相国来还，好像不合适吧。这不成了大王做坏事，而相国做好事了吗？还是大王亲自送去吧。”鲁王觉得有道理，就把财物分给了百姓。

鲁王喜欢打猎，田叔不喜欢打猎，但田叔经常跟随鲁王去打猎。鲁王看他不爱好打猎，又觉得老跟着自己很麻烦，就催他到馆舍休息。田叔总是不肯，每次鲁王在外面打猎时，他都走出门来，坐在一边等着鲁王回来。鲁王不止一次地派人叫他到馆舍歇息，田叔就是不肯回去，还说：“大王打猎在外面常常风吹日晒，我却在馆舍中休息，这怎么可以呢！”鲁王知道后，从此也不经常外出打猎了。

几年以后，田叔死在了官任上，名声比以前更大了。

田仁与任安

田仁和任安是好朋友。

任安是荥阳人，从小就成了孤儿，生活很贫困。有一次，任安给别人帮忙推车子来到了长安，他觉得长安是个好地方，就留了下来。任安觉得自己应该找点事情做，哪怕当个小吏也愿意，可是连这样的机会都没有。于是他决定在武功县安家，武功是个小县城，任安认为，小县城里比较安宁，没有豪强恶霸，而且容易出人头地。任安在县衙里干起了杂活儿，因为认真卖力就当上了亭长。武功县的百姓都以打猎为生，而任安就帮助他们分配麋鹿、野鸡、兔子等猎物。此外，任安还要负责安排老人、小孩和壮丁。任安赢得了大家的信任和认可，大家都说：“任少卿分配东西最公平！我们都很放心！安排我们也很恰当，我们都相信他！”

后来，任安当了将军卫青的家臣，在那里认识了田仁。田仁也是卫青的家臣，因此他们俩很快就成了很要好的朋友。两个人有相同的兴趣与爱好，互相尊重。田仁和任安两人的家里都很穷，没有钱来贿赂管家，管家就让他们去喂养咬人的烈马。到了晚上睡觉的时候，他们俩也躺在一起，田仁悄悄地对任安说：“那个管家，根本不了解我们，总是欺负我们！”任安也叹了一口气，说道：“连将军都不了解我们，更何况是管家呢！”有一次，将军卫青带着田仁和任安二人去拜访平阳公主。公主的管家让他们二人和奴仆们坐一张席吃饭，田仁和任安都很生气，拿出刀子把席子割开，与奴仆们分开坐。公主的家人都很讨厌他俩，可是谁也不敢说。

武帝想从卫青的家臣中挑选出一部分人做郎官。卫青就从家臣里面挑了几个最有钱的，吩咐他们准备好鞍马、宝剑等物品，准备带他们进宫面见皇上。正在这时，太中大夫赵禹来拜访卫青将军，卫青就把那些入选者叫到跟前，让赵禹看。赵禹一一询问他们对一些国家大事的看法，发现十几个人里面竟然没有一个有见识的，并

中国大事记 | 公元前127年，匈奴入侵上谷、渔阳，汉武帝派卫青等人出击，驱走匈奴楼烦王、白羊王，是为河南之战。

且都缺少谋略。赵禹于是对将军说："我听说将军的家中一定有可当将官的人。书上说：'想要了解一个国君，就看他任用什么样的人；想要了解一个人，就看他结交什么样的朋友。'皇上要任用将军的家臣，是想要考察将军您的用人之道啊！如果您选的都是一些富家子弟，没有一点智谋的人，就像是给木偶穿上华贵的衣服，毫无用处。"卫青恍然大悟，于是就把所有的家臣叫出来，请赵禹帮忙挑选。赵禹同样一个一个地询问有关政事的问题，结果一百多人当中只有田仁和任安的回答最令人满意。赵禹对将军说："只有这两个人可以。"卫青看到田仁和任安两人衣冠破旧，一副寒酸的样子，心里不是很满意。等赵禹走后，卫青对田仁和任安说："你们俩还不赶快回去准备鞍马，再换上一身新衣服！"两人回答："家里穷，没钱准备这些东西。"卫青很生气，大怒道："你们都是因为家里穷才到我这儿来的，这我也知道，你们也不容易，可是都这么长时间了，你们还是那么穷，一点儿没变！你们还居然能说出如此没志气的话，而且还觉得不情愿，好像是我让你们变成这样似的！"将军大发了一通脾气，训斥完他们，又不能把他们怎么样，没办法只得帮他们二人准备物品和衣服。田仁和任安前去拜见。武帝问他们俩："你们两个都有什么才能啊？你们互相评价一下。"田仁先说道："要说行军打仗，让士兵们奋勇战斗，我不如任安。"任安马上抢着说："可是决断国事，评价是非，管理官吏，让百姓心平气和地过日子，那我可比不上田仁。"武帝大笑，说："好！你们真是太谦虚了！"于是就派任安监护北军，派田仁去黄河边监护边塞的屯田和谷物。任安和田仁都得到了武帝的重用，从此名扬天下。

后来，武帝又任用任安为益州刺史，任用田仁为丞相长史。田仁到任后，就上奏武帝说："如今全国各地郡守很多，他们当中有很多人都以权谋私，三河地区最厉害。所以请皇上派我去督办三河地区，那里的太守在京城都有依靠，甚至与三公沾亲带故。但是我不怕他们，要警告全国的不法官吏，就应该先从三河开始。"

当时，河南、河内太守都是御史大夫杜周的亲属，河东太守是丞相石庆的子孙。杜周和石庆都很有势力，石家更是有多人做官，家势强盛，显贵之极。可是这些并没有使田仁退缩，他仍然向皇上报告详细情况，三番五次上奏书。杜周和石家派人向田仁道歉说："我们没有什么要说的，希望田少卿您不要诬陷我们，不然的话，可就不好办了。"田仁没有妥协，坚决把三河太守全抓了起来，交给了司法官审判。随后，田仁向武帝报告，武帝非常高兴，夸奖他有才干，而且不畏权势。武帝又任命田仁为丞相司直，田仁名声大振。

几年后，太子想要谋反。武帝很担心，就把兵权交给丞相，丞相就派田仁把守城门，不让太子逃跑。田仁觉得太子是皇上的亲骨肉，没有太大的冲突，而且自己也实在不想管这事，就没把这件事放在心上。后来，太子果然逃跑了。武帝知道太子逃跑后，马上派人去责问丞相，丞相说把看守太子的任务交给田仁了，是他放走了太子。武帝大怒，就把田仁抓了起来，不久田仁被处死。而这时，任安正担任北军的首领。太子逃出来后就来到了任安这里，并且手持符节，让他把军队交给自己。任安被迫接受了符节，然后就躲了起来。武帝听说后以为任安是假装接受符节，实际上没帮助太子谋反，就饶了任安。

有个小吏原先被任安打骂过，怀恨在心，一直想办法报复任安。这时，他报告武帝说任安果真接受了符节。武帝听后，大怒道："没想到任安还真是个老谋深算的人啊！原来他早就盼着太子谋反，想要坐山观虎斗，谁赢了就和谁联合，真是老奸巨猾！任安犯了这么大的罪，我还饶恕了他，真是个失误啊！"武帝把任安交给法官治罪，处死了任安。

历史关注

战国时期的道家分化成若干派，其中以庄子学派、杨朱学派、宋尹学派和黄老学派流传最为广泛。

扁鹊仓公列传第四十五

起死回生的扁鹊

扁鹊原名秦越人，是齐国渤海郡郑地人。其实，扁鹊原是上古时代的一位医生，秦越人比他晚生了2000多年，只是因为秦越人治病的本领非常高，人们才尊称他为“扁鹊”。后来大家都叫他扁鹊，而原来的名字秦越人却很少有人记得了。

扁鹊到各个国家走访行医。有一次，扁鹊经过虢国，正赶上虢国太子病死。扁鹊走到宫门前，问喜好方术的中庶子：“太子得的是什么病？为什么国中都在举行祈祷？”中庶子说：“太子得了气血不和的病症，气血运行交错受阻而不通畅，无法排放出来，猛然发作就伤害到了内脏。正气抵挡不住邪气，邪气积聚多了而发散不出来，直到太子死去。”扁鹊问：“死了有多长时间了？”中庶子回答：“从鸡叫到现在。”扁鹊说：“收殓了吗？”中庶子回答：“还没有。”扁鹊说：“请你告诉国君，说齐国渤海的秦越人来了，没顾得上瞻仰大王的神采很遗憾。听说太子死了，我能让他活过来。”中庶子说：“先生该不是蒙骗我们吧？你凭什么说能让太子活过来呢？我听说上古的时候，有一位名医叫俞跗，治病不用汤药酒剂、石针导引、按摩药熨，一看就知道是哪里有病，先生要是能有这样的医术，那太子就可复活；要是做不到，那就连刚出生的婴儿都欺骗不了！”扁鹊闻言没有惊慌，坚定地说道：“您说的那些治疗方法不过是一小部分而已，我的方法和他的不同。我不用切脉理，看气色，听声音，看形态，就能说出是什么病症。根据疾病的外在表现就能推断内在的原因，反过来通过疾病内在的原因同样可以知道表现什么样的症状。人要是生了病，从外表上就能看出来，根据这个就能诊断千里之外的病人。我的方法有很多，不能单看一方面就下结论。您如果不信我说的话，可以进去看看太子，您就会听到太子的耳朵有鸣响，看到他的鼻子微微在动，摸摸他的两腿会感觉有点温热。”

中庶子听得目瞪口呆，半天才回过神来。随后中庶子马上就去报告虢君，说神医扁鹊来了。虢君听说扁鹊的神奇医术后大吃一惊，连忙接见他。虢君见到扁鹊说道：“先生的崇高品德我早就听说了，只是一直没有机会见您。如今先生经过我们这个小国，真是万分的荣幸！请先生救救太子吧！您来了，太子就有救了！”话没说完，虢君就已经泣不成声了。扁鹊说：“大王不要太悲伤，我能让太子复活。太子这样的病，是一种名字叫‘尸蹶’的病，虽然看上去像死了一样，实

扁鹊像

中国大事记 | 公元前126年，张骞从月氏归来，武帝拜其为太中大夫。

际上并没有死。这些症状都是因为身体内部气血混乱不畅造成的，只是一时突然发作。医术精良的医生能治好这种病，而那些医术拙劣的医生因为不明白病理常常使病人处于危险的境地。”然后，扁鹊吩咐他的弟子磨针，并把磨制好的针插在太子身体的相应穴位，过了一会儿，太子果然苏醒过来了。随后，扁鹊又让弟子煎煮药熨和药剂，放在太子的两肋下熨治，片刻工夫，太子竟然能够坐起来了。最后，扁鹊又调制了平衡阴阳的汤药叫太子喝，太子只喝了12天就完全康复了。所有的人都无不称赞地说：“先生真是了不起的神医啊！真是妙手回春！”扁鹊说：“我并不能使死人复活，其实太子根本就没有死，我只是帮助他起来而已。”

扁鹊的美名传扬天下。他经过邯郸，听说那里对妇女特别尊重，就当妇科医生；经过洛阳，听说洛阳敬爱老人，他就做治疗耳、鼻、目疾病的医生；到了咸阳，知道秦国人爱护小孩，就当小儿科的医生。扁鹊每到一个地方，就随着那个地方的风俗习惯而改变自己的医治范围，灵活处理各类病情，真是无所不能。妇女、老人以及孩子都十分敬佩他，常常夸赞他，各个地方的人们都以神医扁鹊的到来而感到荣幸。后来，秦国的太医令李醯看到扁鹊名扬天下，知道自己的医术不如扁鹊，心里很是嫉妒，就派人刺杀了他。

太仓公答疑难病症

太仓公姓淳于，名意，临淄人。太仓公年轻的时候喜欢医术，曾经向公乘阳庆专门学习过。阳庆已经70岁了，没有儿子，就把自己的秘方传给了淳于意，还传授给他黄帝、扁鹊的脉书，教给他怎样通过观察人的面部颜色来判断病情，怎样医治疑难病症。

皇上下诏书问太仓公：“您都有哪方面的专长？是在哪里学到的医术？都看过什么样的病？病人用药后怎么样？”

太仓公回答说：“我年轻时就喜欢医术，跟公乘阳庆学习过，他教给我很多治病的方法，给了我一些脉书，又给我讲了很多药理。公乘阳庆很看中我，就把秘方传给了我。我跟着他学习了3年，《脉书》《上经》《下经》《药论》等理论方法我都学得很精通了，我给病人下药一般情况都很准确。”

皇上说：“那你详细说一说您是怎么给病人诊断的？”

太仓公于是详细地讲述了他在齐国的诊断情况。

“齐国有个名叫成的御史说自己头疼，我给他诊脉，之后告诉他病情严重。出来后，我对成的弟弟说，他得的是疽病，发生在肠胃中，不久就会死去。成的病是由于酒后纵欲所致，因为我在切脉时，感觉出他的肝脏有病，而外表上是看不出来的。脉象上说，脉长像弓弦一样挺直，不能随四季的变化而更替，这说明肝脏有病。脉长而硬但均匀，是肝的经脉有病，要是一会儿紧一会儿慢躁动有力，就是肝的脉络有病。这种病是因为酒色过度造成的。

“齐王二儿子的男孩生病，心烦气躁，不想吃饭，还经常呕吐唾沫。我切脉之后告诉他们说，这是气膈病。这种病是因为心情过度忧郁而起食。我给他开了下气汤服用，喝了一天，膈气消除，两天后就能吃东西，3天就完全好了。

“齐国有个中御府长生病了，我诊断后告诉他说，这是热病。这个病暑热多汗，脉有些弱，但不妨大碍。由于平常不注意气温的变化，常常忽冷忽热，受凉所导致的。中御府长说他在冬天时曾出使楚国，走到阳周边时，马一下受了惊，连人带马一起跌进了水里。等官吏把他拉上来后，他浑身上下都湿透了，然后就感到身上一会儿冷一会儿热，像着了火一样，直到现在还怕冷。于是我就给他开了液汤火剂退热，服了一剂就不出汗了，服第二剂热退了，等服了三剂病就完全好了，20天后，身体完全恢复。

“另外，我还给很多人诊治过一些疑难杂症，病情很多，有的也很复杂，我大多都已记不起来了。”

皇上又问：“你看的病有很多病名都相同，可

历史关注

西汉时，筑龙首渠，发明井渠法，创造地下渠道。

扁鹊行医画像石

是诊断的结果却不同，这是什么原因呢？”

太仓公说：“病名基本上差不多，不能分辨，因此古人创制了脉法，以脉法来确立诊断的标准，依照规则，判断人的阴阳情况，区分人的脉象，与自然变化相适应作参考，这样才能把各类疾病区分开，使它们的名称各不相同。医术高明的人能够很快地作出判断，而平庸的医生往往将它们混淆。但是脉法也不是全部应验的，不同的病人要用不同的切脉方法，才能区分相同名称的疾病，看出是哪个部位生病。我跟着阳庆学习，把诊治过的病人都详细地记录下来，然后根据记录的病症的情况去验证脉法是否符合，经过反复验证，现在对各种疾病的情况都很清楚了。”

皇上说：“当你知道病人的一切情况后开药方时，有没有诸侯、大臣向您请教的呢？当初齐文王生病时，没去找你看，为什么？”

太仓公回答：“赵王、胶西王、济南王、吴王都曾派人来叫我看，我不敢去。齐文王生病时，我担心官吏让我去当侍医而受拘束，所以我就到处行医游学，拜师求教，学会了很多理论知识和本领。”

皇上接着问道：“你知道齐文王生病不起的原因吗？”

太仓公说：“我没有看到齐文王的病情，可是我听说齐文王常常气喘、头痛，而且视力很差。我认为这根本不是病。这是因为身体肥胖，蓄积了太多的精气，又不经常活动，骨头无力支撑，所以才气喘，用不着治疗。脉法上说，人在20岁时，血脉正旺盛，应该多运动，30岁应该多快步走，40岁就应当安静地坐着，50岁需要多睡觉休息，60岁以上就该养元气了。齐文王还不满20，正是血脉旺盛的时候，却每天懒于走动，不顺应生长规律。我听说有的医生用灸法治疗，这是不行的，不但不会好转，反而会加重病情。对于这种形气都很足的情况，应该调和饮食，在晴朗的天气里出去散步或驾车游玩，这样才可以开阔心胸，调和筋骨、肌肉、血脉，疏通体内郁积的旺气。”

皇上最后问他：“你在给别人看病时就完全没有失误过吗？”

太仓公说：“我给病人看病，先要切他的脉，然后再推断是什么情形，根据脉象分析病情，最后下药方。脉象衰败反常的不可以诊治，脉象和病情一致的才能医治。如果不能精心切脉，就掌握不准病情，所以我也不能保证完全没有失误。”

·《黄帝内经》·

中国传统医学经典著作之一，是我国医学宝库中现存成书最早的一部医学典籍。在理论上建立了中医学上的“阴阳五行学说”“脉象学说”“藏象学说”“经络学说”“病因学说”“病机学说”“病症”“诊法”及“养生学”“运气学”等学说。其医学理论反映了我国古代天人合一思想。《黄帝内经》成编于春秋之前，是中国现存最早的中医理论专著。在国学经典中地位独特，是唯一一本以圣王之名命名的书，总结了春秋以及春秋之前时期的医疗经验和学术理论，并吸收了春秋以前有关天文学、历算学、生物学、地理学、人类学、心理学，运用阴阳、五行、天人合一的理论，对人体的解剖、生理、病理，以及疾病的诊断、治疗与预防，做了比较全面的阐述，确立了中医学独特的理论体系，成为中国医药学发展的理论基础和源泉。

中国大事记 | 公元前 125 年，匈奴入侵代郡、定襄、上郡，杀掠数千人。

吴王濞列传第四十六

吴王刘濞得势

汉初，天下统一，人心思定，已成大势所趋。刘濞却野心勃勃，他凭借山海之利，苦心经营 30 多年，最后打着“清君侧”的旗号发动了叛乱。结果，他错误估计了形势，在短短的几个月时间内，叛乱集团土崩瓦解，刘濞本人也最终落得众叛亲离，身死国削的下场。

吴王刘濞是汉高祖的哥哥刘仲的儿子。高祖平定天下 7 年以后，刘仲被立为代王。后来匈奴攻打代国，刘仲防守失利，就扔下封国逃跑了。刘仲一路逃到了洛阳，向高祖主动承认错误，高祖看在他是自己的哥哥的面子上不忍心用法律惩罚他，就把他贬为郃阳侯。

高祖十一年（公元前 196 年）秋，淮南王英布发动叛乱，向东吞并了荆地，夺取了那里侯国的军队，向西渡过了淮河，攻打楚国，高祖亲自率兵与他迎战。刘仲的儿子沛侯刘濞当时只有 20 岁，身体却非常健壮，力大无比，跟随高祖在蕲县以西的会甄地区打败了英布的军队。高祖觉得吴地、会稽地方的人很难管理，大多数人都轻浮而且好打架，得有一个年富力强的首领来统领他们。自己的儿子年龄还太小，他就封刘濞在沛地做吴王，管辖着 3 个郡 53 个县。有一天，高祖召见刘濞，给他看面相，之后高祖对刘濞说：“你的脸上带有反叛的面相。”高祖让刘濞当王有些后悔，但是已经不能改动了，就告诫他说：“传说汉朝建立后 50 年内在东南方将会出现叛乱的人，难道就是你？可是天下同姓为一家人，你可千万不要有什么反叛的念头呀！”刘濞回答说：“我哪里敢啊！”

惠帝、吕后时期，那时天下刚刚安定，各郡国的诸侯王都在一心地管理着自己国的百姓。吴国有豫章郡的铜矿山，刘濞就招集一些人来铸钱，煮海水制盐，这使得国家的财政很富足。

文帝当政的时候，吴王太子进京朝见。吴王太子闲着的时候陪着皇太子喝酒、玩博戏。由于吴王太子的老师是楚地人，性格粗野骄横，轻浮强悍，在他影响下，吴王太子平日里也是不讲礼法，狂傲专横。他们两人在博戏中争夺博局上的通道，你我互不相让，吴王太子在皇太子面前一点都不恭敬。皇太子被惹怒了，迅速抄起桌子上的博戏的台盘朝吴王太子投了过去，吴王太子来不及防备，被重重地打倒在地。皇太子把吴王太子杀死了，并且把尸体运回了吴国。吴王气愤地说：“天下同姓是一家，为什么要把尸体运回来！”吴王又把尸体运回了长安。从此以后吴王逐渐抛弃了作为封国王侯的礼仪，也常常以生病为借口不去参加朝会。等到朝廷派人来查，知道吴王根本就没生病，就命令吴国使者去朝见，吴国使者到了朝廷，就被朝廷关押了起来，等待治罪。吴王心里也感到害怕，于是想要谋反的念头越来越强烈了。

后来吴王派人代替自己去参加朝会，文帝又责问吴国使者：“为什么吴王不亲自来朝见？”吴国使者回答：“大王确实没有生病，只是因为朝廷关押了一些使者，又治了罪，大王才假装生病。大王刚装病，就被朝廷发觉了，朝廷追查得又那样紧，所以大王就越想躲藏，是害怕皇上诛杀他。实在是没有办法才谎称生病呀！希望皇上不要再追究，给大王一个改过自新的机会。”文帝听了以后就赦免了吴王的使者，让他们回去，并且赏赐吴王几案和拐杖，还嘱咐他年龄大了可以不用参加朝会。

历史关注 | 汉朝之时，我国新疆、海南岛、云南等地区已经开始种植棉花。

吴王得以解除了自己的罪过，也就逐渐放弃了谋反的念头。吴国盛产铜和盐，国家富庶，百姓不用缴纳赋税。有士兵去服役，总是发给代役金。每到节日，吴王就拜访看望一些贤能人士，还把一些物品赏赐给平民。其他郡国的官吏想到吴国来捉拿逃亡的罪犯，吴王就收容罪犯，不把他们交给官吏。这样的生活一直持续了40多年。

晁错议削藩

晁错在汉文帝时做太子家令，得到太子的宠幸，多次怂恿太子，说吴王有罪应削减他的封地。也多次上书劝说文帝，文帝宽厚，不忍处罚吴王，因此吴王更加骄横。

晁错像

景帝即位后，晁错当御史大夫。晁错劝说景帝："当初高帝刚刚平定天下，兄弟们不多，儿子们还小，就把他们分封同姓的人，因此赐封庶子为齐王，统治齐国70多个县，异母弟楚元王统治楚国40多个县，哥哥的儿子刘濞统治着吴国50多个县。如今因为吴王太子被皇太子打死一事，吴王就借口推辞不参加朝会，按照法令应该被诛杀，但文帝不忍心，反而还赐给他几案和拐杖，可以说恩德深厚。吴王应该改过自新才是，可是他却越来越骄横无礼，凭借铜山铸造钱币，煮海水制盐，引诱天下逃亡的人，商量着要谋反。现在削减吴王的封地他会造反，不削减他的封地他也会造反。要是削减他的封地，他会很快就造反，那样损害还能小一点儿，要是不削减他的封地，他就会造反得晚，越造反得晚损害越大。"景帝还是犹豫不决，不知怎么办才好。

景帝三年（公元前154年）冬天，楚王来朝见，晁错借这个机会，对景帝说楚王刘戊去年为薄太后服丧时，在服丧住的房子里偷偷淫乱，请求诛杀他。景帝下诏赦免了吴王的死罪，只是削减东海郡作为惩罚。随之削减了吴的豫章郡、会稽郡。还有两年前赵王有罪，削减了他的河间郡。胶西王刘印因为售卖爵位时舞弊，削减了他的6个县。

朝廷的大臣正商量着削减吴王的封地。吴王害怕削减封地会一直进行下去，就想趁机公开自己的图谋，想要发动叛乱。他觉得诸侯当中没有人能够和自己共同谋划事情，听说胶西王很勇猛，好与人斗，喜欢用兵，齐地的诸侯都怕他，于是就派中大夫应高去引诱胶西王。为了保密起见，吴王没有用书信的方式，而是派亲随应高亲自传达。

胶西王问应高："您来有什么重要的事？"

应高说："如今皇上已经被奸臣所迷惑，不断地提拔奸臣。皇上越来越注重眼前的利益，听信小人的谗言，随便改动法令，侵夺诸侯的封地，惩治善良贤能的人，真是一天比一天厉害。俗话说：'吃完米糠就吃米。'吴国和胶西两国都是有名的诸侯，恐怕就不会安宁了。吴王身体不好，不能按时朝见已经很多年了，自己还在担心被怀疑，又无法说清楚，如今连走路都小心翼翼，还害怕得不到皇上的宽恕。吴王听说大王因为出卖爵位的事情有罪，但罪过不该严重到削减封地的地步吧。"

胶西王说："对，是这样的，那您打算怎么办呢？"

应高说："憎恶相同的人会互相帮助，爱好相同的人会互相体贴，情感相同的人会互相成全，愿望相同的人会互相追求，利益相同的人会互相去赴命。吴王认为与大王您有着共同的难处，愿意顺应形势、牺牲自己来为天下除害，大王觉得怎么样？"

胶西王大吃一惊，说道："我怎么能这样做呢？皇上虽然严厉，可我确实也有罪呀，怎么能反对他呢？"

应高说："御史大夫晁错不仅迷惑皇上，侵夺诸侯封地，而且还蒙蔽忠诚善良的人，限制有才能的人，大臣们都恨他，诸侯也起了背叛之

中国大事记 | 公元前124年，汉武帝派卫青率六将军出击塞外，大败匈奴，因功封卫青为大将军。

心，他的行为可恨到了极点！俗话说，乱世出英雄，所以吴王想对内以讨伐晁错为理由，在外跟随大王纵横驰骋，一定可以打败对方。想攻占的城都可以被攻克，天下人没有敢不服从的。大王如果答应，那么吴王就率领楚王攻取函谷关，守卫敖仓的粮食来抵御朝廷的军队。到时候我们会集中兵力整顿队伍等候大王的到来，大王如果来到那里，那么天下就是我们的了，两个君主共分天下，有什么不好呢？”

胶西王仔细地想了想，然后说：“好吧，我同意。”应高马上回去向吴王报告，吴王还是觉得有点不放心，怕胶西王反悔，就又派使者出使胶西，当面和胶西王结盟。

七国之乱

胶西国的群臣听说大王和吴王结了盟约，想要联合谋反，连忙劝说胶西王：“拥戴皇帝是臣子最大的快乐。大王和吴王要是向西发兵，即使取得了成功，两个君主也会互相争权夺利，那样就会引起新的内乱。诸侯的土地不足朝廷各郡的十分之二，背叛了朝廷也会让太后忧虑的，这不是好的计策。”可是胶西王不听劝，依然按盟约行事，派使者邀请齐王、胶东王、济南王、济北王等，他们也都同意了这个计谋。

诸侯受到削减封地的处罚后感到很恐慌，很多人都对晁错怀恨在心。等到吴会稽郡、豫章郡等地被削减的文书一到，吴王便首先起兵，杀掉了朝廷很多官吏。而胶东王、菑川王、济南王、楚王、赵王也一起向西进军。

齐王后来反悔了，于是服毒自杀，违背了盟约。济北王的城墙被毁坏还未修好，而济北王又让他的郎中令劫持看守，不能发兵。于是胶西王作为首领同胶东王、菑川王、济南王一起进攻。赵王刘遂也参与了反叛，并且暗中派使者前往匈奴和他们的军队联合。

七国发动叛乱的时候，吴王要征兵，就向全国下令：“我已经62岁了，还当着军中统帅，我的小儿子14岁，也在战场上作战。那些上和我一样大的人，下和我的小儿子一样大的人全部都要出征。”这样吴王征得了20多万人来征讨朝廷。

景帝时，吴王在广陵起兵，向西渡过淮水，合并楚国军队。他派使者给各诸侯送信，“吴王刘濞恭敬地问候胶西王、胶东王、济南王、赵王、楚王、淮南王、衡山王、庐江王、原长沙王的儿子：

“如今朝廷有奸臣，皇上被迷惑下令侵夺诸侯封地，派官吏抓捕诸侯，完全不以诸侯王君主的礼仪对待刘氏骨肉至亲，更没有德行和善心，他只会任用奸臣，扰乱天下，危害国家。皇上又多病，没有太多精力查办。所以我想动兵除掉奸臣，在这里想听听各位诸侯王的意见。我国虽然狭小，土地纵横3000里；人口虽少，但精兵强将很多，已经有50万，另外我在南越住了30多年，他们的君主也答应派军来跟随我，这样又可以增加30多万人。

“我虽然没有什么才能，但希望能和各位诸侯王一起帮助皇上，各位诸侯王想保存国家，扶弱锄强，来巩固刘氏宗室，这才是国家的希望。我国虽贫穷，但是可以努力节省衣食的费用，积蓄金钱，修理兵器，囤积粮食，这样已经持续了30多年。这些都是为了今日这个目的，希望各位诸侯王积极利用这些条件。另外，我国奖惩制度也非常分明。杀掉、俘获大将军者，赏黄金五千斤，封邑一万户；杀掉、俘获将军者，赏黄金三千斤，封邑五千户；杀掉、俘获两千石官员者，赏黄金一千金，封邑一千户；俘获一千石官员者，赏黄金五百斤，封邑五百户，可以封为列侯。那些带着军队或城邑来投降的人，达到一万的就可以当大将；达到五千可以当将军；三千可当副将；一千可以当两千石的官员；一些小的官吏可以根据不同职位封爵赏金。其他的封赏都比汉朝的军法规定多一倍。这样，原来那些有封爵城邑的人只会增加，不会减少。希望各位诸侯王清楚地报告给士大夫，我说的都是实话，不敢欺骗他们。我的钱财全国到处都有，不一定只在吴国取用，各位诸侯王日夜也用不完。应该赏赐的

历史关注 | 约在汉武帝之时，冬麦种植区域扩大到关中平原。

人就通知我，我会亲自送给他。今日我恭敬地把这些话传达给各位诸侯王，请仔细考虑。”

袁盎献计

景帝得知七国反叛的文书后，就派太尉周亚夫率军攻打吴、楚，派曲周侯攻打赵，派将军栾布攻打齐，而大将军窦婴则驻扎在荥阳，监视齐、赵的军队。窦婴出发之前，曾向景帝夸赞过原吴国的丞相袁盎正闲居在家，景帝想召见袁盎共同商讨一下平定反叛的事。当他进宫拜见景帝时，景帝和晁错正在商量准备军队和军粮的事情。

景帝接见袁盎，景帝问道：“您原来是吴国的丞相，知道吴国大臣田禄伯吗？他是个怎样的人？现在吴、楚反叛，您有什么意见吗？”袁盎回答说：“皇上不用担心，我们能打败他们。”景帝说：“吴王依靠铜矿铸造钱币，煮海水来制盐，能引诱天下有势力的人，如今已经老了还有反叛之心，他的计谋要不是经过深思熟虑，能发动起来吗？你怎么敢这么肯定说我们就能打胜仗？你可不要小看了吴国！”袁盎说：“吴国的铜、盐的确很丰富，这确实是一个有利条件，但说能引诱天下豪杰，恐怕不恰当，哪里有豪杰被他们引诱的呢？要是吴王真要得到了豪杰贤士，也会帮助吴王行正义，不会造反的。吴王所勾结的都是一群无赖之徒，这些人大多都是逃亡的散兵，所以造反的念头很容易就被引起来。”这时晁错也说道：“袁盎说得对。”景帝又问：“那下一步我们该怎么办？”袁盎看了看身边还有一些手下的人，就向景帝说：“请皇上让左右的人暂时回避。”景帝挥手叫人们都退下。袁盎看晁错还留在原地没动，说道：“要事相商，大臣也需要回避。”景帝让晁错也退下，晁错没办法只得退下，心里十分怨恨。

袁盎说：“吴、楚用书信来往，说高帝封刘姓子弟为王并且各自都有分封的土地，然而奸臣晁错随便处罚诸侯，削减诸侯的土地，所以以造反为名义，向西一起进发要杀晁错，还说只有恢复原有的封地才可罢兵。所以眼下先要把晁错杀掉，再派使者赦免吴楚七国的罪过，归还他们原有的被削减的封地，那么军队就不用交战了。”景帝想了想，说：“这该怎么办呢？我不能因为偏护个人而放弃了天下。”袁盎说：“我想没有更好的办法了，请皇上仔细考虑。”后来景帝终于下定决心诛杀晁错。景帝任袁盎为太常，袁盎秘密地准备行装。10多天后，景帝派中尉去召晁错，并且骗晁错乘车巡行东市，结果在东市，晁错被斩杀了。景帝任吴王弟弟的儿子德侯为宗正，并让宗正以辅助亲戚的名义和袁盎一同出使吴国。当时吴、楚的军队已经进攻梁国的营垒了。宗正因为和吴王是亲戚，就先进去见吴王，告诉吴王要跪拜接受诏书。吴王知道袁盎要来劝说自己，就笑着说道：“我已经做了东帝，还向谁跪拜呢？”吴王不肯接见袁盎，反而把他扣押起来，强迫他做将军。袁盎不答应，吴王就想杀了他，后来袁盎趁夜逃出，跑到梁国的军队里才回到了朝廷。

反叛的下场

条侯周亚夫的门客进言说：“吴兵锐气正盛，和他交战很难取胜。楚兵浮躁，锐气不能保持长久。现在为将军提出一个计策，不如率军在东北的昌邑筑垒坚守，把梁国放弃给吴军，吴军一定会用全部精锐军队攻打梁。将军深挖沟高筑垒坚守，派轻装的军队断绝淮河泗水交汇处，阻塞吴军的粮道。吴梁之间因相持疲弊而且粮草耗尽，然后用保持强盛锐气的军队制服那些疲弊已极的军队，打败吴国是必然的。”

吴王的军队作战失败，吴王逃跑了。景帝下诏书给将军们说：“做好事的人，会得到上天降的福；做坏事的人，会遭到上天的报应。高祖表彰功德，封立诸侯，幽王、悼惠王的爵位因为没有后代继承而断绝了，孝文帝怜惜他们，给他们恩惠，封幽王的儿子刘遂、悼惠王的儿子刘卬为王，让他们奉祀先王的宗庙。这可以说是恩德与天地一样厚，像日月一样光明！吴王刘濞背叛恩

中国大事记

公元前124年，汉武帝以公孙弘为丞相，封平津侯，丞相封侯自公孙弘始。

德违背了道义，引诱收留逃亡的罪犯，扰乱钱财，谎称生病不参加朝会已二十多年，官员多次要求皇上治罪，孝文帝都宽恕了他，希望他能够改过自新。可是吴王却和楚王、赵王、胶西王等诸侯王结盟一起造反，罪大恶极，不可饶恕，发兵危害朝廷，残杀大臣和使者，逼迫百姓，杀掉很多无辜的人，烧毁房屋，手段十分残忍。胶西王刘卬等人更是惨无人道，烧毁宗庙，抢夺祖庙的财物，实在是令人痛恨！各位将军要劝说士大夫们联合攻打反叛的敌军，深入敌阵杀伤多人的将士才给记功，凡是俸禄在三百石以上的叛军统统杀掉，一个也不留。谁要是不按诏书办或者对诏书有意见的，一律腰斩！”

当初，吴王渡过淮水后，场场作战都打胜仗，气焰十分嚣张。梁王很害怕，就派了六位将军去攻打吴军，吴军打败了梁国的两位将军，其余的士兵们都跑回了梁国。梁王多次派使者向条侯报告，请求支援，可条侯没答应。于是梁王就派使者到景帝面前攻击条侯，景帝下令让条侯前去支援梁国，条侯还是不去。后来梁王派韩安国和楚国丞相的弟弟张羽做将军，才勉强打败了吴军。吴军想向西进发，梁国严加防守，使吴军不敢前进，吴军于是改了计划，转到了条侯军队的驻地，两军在下邑相遇。吴军想交战，条侯坚守营垒，不肯出战。后来，吴军粮食断绝，士兵们饿得无力作战，又在夜晚突袭条侯军营，条侯早已派兵在西北方做好防守准备，正好与吴军相迎。吴军大败，士兵们由于饥饿再也没有力气打仗了，就都纷纷逃散了。吴王带着几千人连夜逃走，后来得到了东越的保护。东越的部队有一万多人，他们还收集了吴国的逃兵。不久，汉朝用金钱收买了东越王，东越王就骗吴王，等吴王去慰问军队时，东越王就派人用矛戟刺杀了他，并且提着他的头向皇上报告。吴王的军队溃败了，士兵们都投降了太尉、梁王的军队。与此同时，楚王的军队也失败了，楚王最终自杀。

胶西王和另外两个国王一起围攻齐国，打了3个月还没获胜。后来率军回去，胶西王向太后请罪。王太子刘德说：“汉军远道而来，想必都已很疲惫，这时可以出兵袭击他们。收集大王的剩余军队攻打，即使赢不了，逃到海上去也可以啊！”胶西王说：“我的士兵都已经溃散，发动不起来了。”这时，汉朝将军弓高侯给胶西王传信说：“奉诏书来杀不义的人，投降者可以赦免他的罪过，恢复原有的官爵；不投降者则被杀。大王想怎样处置，我等着答复以采取行动。”胶西王到了汉军营垒，请求说：“我刘卬没奉行法律，惊扰了百姓，使将军辛苦地来到这里请求惩办我的罪。”弓高侯接见他，说：“希望听到大王发兵的原因。”胶西王叩拜后说道：“当时晁错是朝廷中的大臣，改变法令，侵夺诸侯的封地，我认为这种做法不合正义，又害怕他扰乱天下，所以七国联合发兵叛乱，要杀晁错。可是如今晁错已经被杀掉了，所以我等愿意罢兵回去。”弓高侯说：“既然大王认为晁错不得人心，为什么不去报告给皇上？没有诏书、虎符，就派兵攻打合乎道义的王国，看来这意图不只是要杀晁错吧？”弓高侯拿出诏书宣读，读完之后说道：“大王自己考虑考虑吧。”胶西王说：“我没什么好说的！”于是拔刀自杀。

后来，胶东王、济南王等也都死了，封国都削除了，归为朝廷。郦将军攻打了10个月才打败赵国，赵王也自杀了。济北王因为被劫持，所以没被杀。景帝立楚元王的小儿子平陆侯刘礼为楚王，让汝南王刘非管理吴国的旧地，封为江都王。

·黄老学派·

黄老学派是战国时期道家学派的一个分支，代表人物有慎到、田骈、环渊、接子等人。他们以老子天道自然、无为而治的道本体思想为立足点，融合儒家德治思想、法家法治思想，形成一种以清静无为、爱民惠民、刑名法术为核心的新学说体系。该学派奉黄帝为始祖，以老子为近祖，因而被称为黄老学派。

历史关注 | 中国古代天文学家把天空中可见的星分成二十八组，称为二十八宿。

魏其武安侯列传第四十七

魏其侯窦婴

魏其侯窦婴是文帝窦皇后堂兄的儿子。他从小性格直爽，有器量，喜欢结交朋友。文帝时，窦婴做吴国的国相，后来因为身体不好被免职。景帝时，他又出任詹事。

梁孝王是景帝的弟弟，很受母亲窦太后的宠爱。有一次，梁孝王进京朝见，随后以亲兄弟的身份与景帝一起喝酒。这时景帝还没有立太子，两人喝酒喝得正在兴头上，景帝就随便说了句："等以后我想让梁王继承皇位。"

太后听了非常高兴。而窦婴当时也在场，于是他端起酒杯向景帝敬了一杯酒，然后说道："想当初是高祖打下来的天下，父子相传，这是汉朝的规定，皇上怎么能擅自把皇位传给梁王呢？"太后一听，心里很不满意，从此憎恨起窦婴来。渐渐地窦婴也觉得自己的官位低，于是装病辞职。太后借此机会，除去了他出入宫门的名籍，不让他参加春秋两季的朝会，不喜见他。

景帝三年（公元前 154 年），吴、楚等七国反叛。景帝对整个的宗室和外家窦氏子弟的人进行逐一考察，发现这些人当中没有一个人能比得上窦婴的贤能。景帝召见窦婴，想把重任交给他。可是窦婴并没有答应，他进宫拜见景帝，坚决推辞官位，说："请皇上恕罪，臣身体不便，恐怕不能胜任这个重要的职位。"景帝不高兴，严厉地说道："现在天下正有急难，你难道眼看着不管吗？"于是任命窦婴为大将军，又赐给他黄金一千斤。后来，窦婴又把袁盎、栾布等名将贤士推荐给景帝。

窦婴不爱钱财。皇上赏赐给他的黄金，他就放在廊檐下面，要是有小官经过，窦婴就让他们根据需要拿去使用。而窦婴自己却没拿过一点黄金回家。

窦婴驻守在荥阳，监督讨伐齐、赵的军队。后来七国军队全部失败后，景帝论功行赏，封窦婴为魏其侯。随后那些游士、食客都争着来投奔魏其侯。每次上朝议论国家大事，除了条侯，其他列侯都不敢和魏其侯平起平坐。

景帝四年（公元前 153 年），立栗太子，魏其侯被任命为太子的老师。到了景帝七年（公元前 150 年），栗太子被废除，魏其侯劝说了几次都无济于事，后来索性就借口生病，隐居在蓝田县南山下。这样过了好几个月，期间有很多宾客来劝说他回朝廷，可是没有用。

有一个梁地人，名叫高遂，劝魏其侯说："能够使将军富贵的是皇上，能够亲信将军的人是太后，如今将军是太子的老师，太子被废除却不能力争，即使力争了也没有什么效果。将军自己倒是找了个托词隐居起来，悠闲自得，不肯入朝。这样看来，其实您是在表明自己而张扬皇上的过错啊！要是皇上和太后真要整治您，那将军您的妻子还有孩子一个都逃不了啊！"魏其侯想了想，说："还是你说得对。"于是，魏其侯不再隐居度日，还像以前那样按时参加朝见。

桃侯刘舍被免除丞相的职位后，窦太后就向景帝推荐魏其侯。景帝说："太后是不是以为我舍不得，而不让魏其侯当丞相？我是觉得他这个人有点骄傲自大，办事又轻率，不认真考虑就鲁莽行事，怎么敢委以重任呢？实在是难以担当丞相一职呀！"于是景帝没有任用魏其侯，而是任用了建陵侯卫绾做丞相。

中国大事记

公元前123年，汉武帝派卫青率兵两次出击匈奴，第一次大获全胜，第二次除霍去病一部外，皆失利。

武安侯田蚡

武安侯田蚡是景帝皇后同母异父的弟弟，出生于长陵。魏其侯当了大将军以后，声名十分显赫。那时田蚡还只是一个郎官，并不怎么显贵，常常来窦婴家陪同喝酒吃饭，像一个晚辈一样跪拜。到了景帝晚年时期，田蚡越来越得宠，地位也明显上升，当上了太中大夫。田蚡的口才好，能言善辩，看过很多书，王太后认为他很有贤德和才能。后来王太后执政，所采取的镇压、安抚等手段，都是由田蚡的宾客谋划的。田蚡的弟弟田胜也因为是王太后的弟弟而官运亨通。景帝后元三年（公元前141年），田蚡被封为武安侯，田胜被封为周阳侯。

武安侯田蚡很想当丞相，他在对待宾客上表现得特别恭敬有礼，还把那些闲居在家的贤能人士向皇上推荐，他用这种办法是想压倒魏其侯和其他大臣。建元元年（公元前140年），丞相卫绾免了职。武帝想要另任丞相和太尉。这时，籍福劝说田蚡道："魏其侯显贵已经很长时间了，如今有很多人都投靠了他，现在将军您刚刚发达，还比不上魏其侯，如果皇上要让您当丞相，您一定要把这个丞相的位置让给魏其侯，魏其侯当了丞相，您就一定是太尉了。太尉和丞相同样尊贵，而您还能落个让贤的好名声。"武安侯想了想，觉得有道理，就把这个意思委婉地告诉了王太后，王太后向皇上转达后，武帝就任命魏其侯为丞相，任武安侯为太尉。籍福去向魏其侯表示祝贺，同时告诫他说："您一直都是喜欢好人，憎恶坏人，好人都支持您，所以您当上了丞相。但是您又对坏人恨之入骨，坏人是很多的，也将会毁掉您。但要是您能够一起容纳好人和坏人，那么丞相的位置就能保持长久，如果您做不到这一点，就可能有坏人从中诬蔑您，说您的坏话，到时候丞相的宝座可就不保了！"魏其侯不听劝，很不以为然地说："没有人能把我怎么样的。"

魏其侯和武安侯都喜欢儒家学说，就推荐赵绾任御史大夫，王臧任郎中令。魏其侯和武安侯还请来了鲁国的申公，想要设置明堂，命令列侯们回到自己的封地去，废除关禁制度和按照古代礼仪来制订各种服饰的制度，以此来兴起清明太平的政治。魏其侯检举了很多窦氏子弟和皇家宗室中品行恶劣的人，开除了这些人的族籍。当时窦太后和王太后自己家里的一些子弟都是列侯，其中很多列侯都娶公主为妻，不想回自己的封国，这样说魏其侯的坏话的人就越来越多，直到传入窦太后耳中。窦太后爱好黄老学说，而魏其侯和武安侯还有赵绾等人喜欢儒家学说，排斥道家言论，因此窦太后更加对魏其侯和武安侯不满意。御史大夫赵绾向皇上请示说以后不要把国家政事报告给窦太后，窦太后更生气了，就免了赵绾等人的职，把他们赶走了。接着窦太后又免了魏其侯和武安侯的丞相、太尉的职位，改任柏至侯许昌为丞相，武强侯庄青翟为御史大夫。魏其侯和武安侯从此就以侯爵的身份闲居度日。武安侯虽然不是太尉了，但因为有王太后在，所以还很受宠信。武安侯每次与皇上商量国家大事，皇上都愿意听从。原先站在魏其侯这边的官吏和士大夫们如今都投向了武安侯，武安侯变得越来越骄横傲慢。

建元六年（公元前135年），窦太后去世，丞相许昌、御史大夫庄青翟被免官，武安侯终于当上了丞相，而御史大夫由大司农韩安国担任。士人、郡守还有诸侯们更加攀附武安侯。武安侯生来身材矮小，其貌不扬，但出身高贵。他认为各诸侯王当中有很多年龄已经大了，而武帝又刚刚登基，年龄还很轻，自己依靠皇亲的关系当上了丞相，如果不趁早杀掉他们的威风，用礼法来让他们服从，国家就不会稳定。那时，田蚡进宫向皇上奏事，一谈就是半天，田蚡的进言武帝都听从，他推荐的人有的能从闲居之人一下升成两千石级的官员。就这样，田蚡渐渐地从武帝手中夺得了大权，欲望也越来越大。有一次，武帝实在是看不下去了，对田蚡大喊道："你任命官吏还要到什么时候？我还要委任官吏呢！"还有更严重的，田蚡想把考工官署的土地划分给自己用来扩建住宅，就向皇上报告了这件事，武帝大怒，说："你干脆把整个武器库都拿走吧！"田蚡这

历史关注 | **从西汉到清朝，太学一直都是国家的最高学府。太学的学生被称为“太学生”。**

才稍稍收敛了点。

武安侯田蚡一生骄奢淫逸，他修建的住宅比所有贵族的府第都好，田地庄园又宽阔又肥沃，派到各郡县采购器具物产的人来往不断。田蚡住宅内十分豪华，前庭摆着钟鼓，竖着长旗，后屋内美女如云，另外各地诸侯来往所奉送的金玉、狗马和其他玩物都堆积如山，数也数不过来。

豪横的灌夫

魏其侯不再受窦太后的宠信后，与武帝的关系也疏远了，直到不被任用。因为没有了权势，原来围在他身边转的宾客士人们渐渐地远离了他，对待他也不像从前那样恭敬了，甚至开始轻视他。而这些人当中有一个名叫灌夫的将军却还像以前那样对待魏其侯，一点都没有别的心思，魏其侯每天闷闷不乐，但对灌夫特别好。

将军灌夫是颍阴人。他的父亲叫张孟，原来是颍阴侯灌婴的家臣，很受重用，灌婴就推荐他当上了2000石级的官员，因此张孟就用了灌家的姓，改叫灌孟。当年吴、楚反叛，灌夫带领1000人和他父亲灌孟一起出征。灌孟年龄已很大了，颍阴侯却向太尉说让他当校尉，灌孟不高兴，打仗的时候故意冲击敌军的坚固阵地，最后牺牲在吴军的战场上。灌夫在战场上与敌人奋力拼搏，英勇杀敌，他激昂地大喊道：“我要亲手杀了吴王！把吴国将军的头砍掉，为父报仇！”只见灌夫身披铠甲，手拿战矛，召集了一些平常和自己要好的愿意跟随自己一起作战的勇士共几十人，准备与敌军拼杀。然而等到走出军营，面对眼前浩浩荡荡的军队，很多人都害怕了，不敢迎上前去。只有两个跟灌夫最好的勇士和发配在灌夫部下服军役的十几名囚徒冲入了敌军当中，他们冲到吴军的战旗下杀了几十人后，不能再向前了，只好骑马跑回来。回到汉军军营，只剩下灌夫和一名士兵了。灌夫身上多处受伤，经过涂药才慢慢地好转了。灌夫的身体刚刚恢复一点，就马上请求将军灌何说：“我现在对吴军营地的路径已经很熟悉了，就让我再出兵去攻打他们！我的身体已经完全好了！”灌何觉得他很勇敢又有义气，但还是不放心，就向太尉报告，太尉坚决不同意，阻止灌夫上战场。后来吴军被打败了，灌夫也因勇猛有义气而名扬天下。

颍阴侯在文帝面前夸赞灌夫的行为，文帝就任命灌夫为中郎将。景帝时期，灌夫又当了代国国相，后来又任淮阳太守。建元元年（公元前140年），武帝调灌夫担任太仆。有一次，灌夫和长乐宫的卫尉窦甫在一起喝酒，灌夫喝醉后，打了窦甫。窦甫是窦太后的弟弟，武帝害怕太后生气会杀掉灌夫，就把灌夫调到燕国做国相。几年后，灌夫因为犯法而被免职，在长安家中闲居。

灌夫性格刚强豪爽，喜欢喝酒，好发酒兴，不喜欢阿谀奉承。对那些地位比自己高又有权势的皇亲，要是不想对他们恭敬有礼，就一定要用讥讽的话来骂他们；而对于那些地位比自己低的人就不一样了，越是贫困低贱的就越是尊敬他们，平等地对待他们。灌夫还经常在众人面前夸奖年轻人，很多士人也都称颂灌夫很有眼力。灌夫不喜欢文学，喜欢行侠仗义，而且诚实守信，只要是答应别人的事就一定要办到。他的朋友们都是一些豪强恶霸，灌夫家里非常有钱，黄金就有几千万斤，每天招待的客人达几十人甚至上百人。对于山林、水池、田地等财产，灌夫的宗族宾客更是争夺得十分激烈，他们在颍川一带横行霸道，很是嚣张。

·苏武牧羊·

公元前100年，汉武帝派中郎将苏武等人出使匈奴。苏武等到达匈奴后，原降匈奴的汉人虞常等人与张胜密谋，欲劫持单于母亲阏氏归汉。事情败露后，苏武不愿受辱，自杀未成。单于非常敬重他，派汉朝的降臣卫律劝降，苏武不为所动。单于将他流放到边远的北海去放羊。公元前85年，匈奴新单于即位，派遣使者与汉朝重修旧好。公元前81年，匈奴释放苏武，苏武被扣留匈奴19年，对边疆少数民族的风俗习惯十分熟悉，回长安后被任为典属国，专掌少数民族事务。

中国大事记　公元前123年，张骞因帮助霍去病军队找到水源而被汉武帝封为博望侯。

韩长孺列传第四十八

御史大夫韩安国

梁孝王是景帝的同母弟弟，很受窦太后的宠爱，他可以自己设置国相，自己封官员，太后都不管。梁孝王因此更加骄傲自得，我行我素。他出入、游戏的排场，可以和景帝相比。景帝听说后，心里很不舒服。窦太后看出景帝不高兴，就拿梁国的使者出气，让他查究并责备梁王的行为。而当时梁国的使者正是韩安国。

韩安国觉得心里不平，就向大长公主哭诉。"为什么梁王有做儿子的孝心，有做臣子的忠心，太后却感觉不到呢？当初吴、楚七国反叛的时候，函谷关以东的诸侯都联合起来向西进军，只有梁国最忠于朝廷，成为叛军的阻碍。梁王一想到皇上、太后还在京城，却遭受周围诸侯的侵扰，就泪如泉涌。梁王曾经亲自送我们带兵打退了吴、楚的军队，使敌军不敢向西进发。吴、楚军队的失败也有梁王的功劳啊！现在太后因为一点点小事、一个细微的礼节就责备梁王。梁王的父亲和哥哥都是君王，梁王见他们出入的场面很宏大，所以也想同他们一样出行要开路清道，归来时要警戒保卫，况且车子、旗帜都是帝王赏赐的。其实梁王只不过是想在小县城里炫耀一下自己，让车马来回奔驰虚张声势，是想让各诸侯看看自己的威风，让天下所有人都知道皇上、太后是多么偏爱他。如今却让我去查问和责备梁王，梁王很害怕，日夜回想以前曾做过的事，不知现在该怎么办。为什么太后不怜惜梁王呢？"大长公主把韩安国的话告诉了太后，太后又向景帝进行了一番解释，景帝才解开了心中的疙瘩。景帝向太后谢罪说："都怪我们兄弟俩没能互相教导，让太后担忧了。"然后景帝又接见了梁国所有的使者，并赐给他们丰厚的礼物。从此，梁孝王更加受到太后的宠爱。太后、大长公主又赏赐韩安国价值千金的财物。韩安国的名声更响亮了。

后来，韩安国因为犯法被治罪，蒙县的狱官用很难听的话羞辱他："没想到堂堂的御史大夫也有今天！"韩安国说："死灰还能再复燃！"狱官说："燃烧起来就用尿把它浇灭！"过了不久，韩安国解除了罪责，朝廷任用他做梁国的内史。他从一名囚徒一下升为了两千石官员，蒙县狱官一听吓跑了。韩安国说："他要是不回来就任，我灭了他的家族！"狱官吓得赶忙来谢罪。他见到韩安国"扑通"一下跪倒在地，连连求饶说："请大人恕罪！小的有眼无珠，对大人不敬，以后再也不敢了！"韩安国笑着说："你可以在这里撒尿了！"狱官脸红一阵白一阵，不敢起来。韩安国命令狱官起身，哈哈大笑说："你们这些人不值得我处治！"后来，韩安国和他们这些人相处得非常和睦。

韩安国有着雄才大略，他的智谋完全可以迎合世俗，然而他又是一个有着忠诚善良心的人。韩安国推荐的人才都是一些清正廉洁之士，有的比他自己还贤能，士人也十分称赞和敬仰他。武帝也因他有着治国的才略而倍加赏识。

·征辟制、察举制·

征辟制，即二千石以上的高官，可以直接征召一些人才到自己的官衙里做属僚。察举制，是由地方州郡以"贤良""孝廉""秀才"等名目，选拔德才兼备者举荐给朝廷，经国家考核合格后，授予官职。征辟、察举制，对士家大族集团的形成起重要作用，后来被九品中正制取代。

历史关注

《长门赋》传为司马相如所作，开赋体宫怨题材之先河。

韩安国当御史大夫有四年多，后来接替田蚡做了代理丞相。有一次，韩安国为武帝当引路者，一不小心从车上跌了下来，摔跛了脚，就回到家中休养。当时武帝正在和公卿大臣们商量任命丞相的事，武帝想把这个丞相的位子给韩安国，于是就派使者前去探望，但是韩安国的脚跛得实在太厉害了，没办法只好改任他人。几个月过后，韩安国的脚伤完全好了，武帝又让他做中尉，一年后调任卫尉。

韩安国当御史大夫和护军将军的时候，常常受到排挤，后来被贬官降职。而当时很得宠的将军卫青因为立了功地位越发尊贵。韩安国得不到重用，渐渐地被疏远，后来也不得志，领兵驻守又被匈奴侵袭，损失很大，他觉得很惭愧。他想罢兵回去，却几次三番被派向东部迁移屯守，因此心里很不痛快，最终郁悒而死。

“单于天降”瓦当 西汉

“单于”意为“天子”，是匈奴国家最高首领；“天降”意为天之骄子，表达了树立单于绝对权威的心愿。

沉浮匈奴事

武帝建元年间，武安侯田蚡担任太尉，地位高贵又有权势。后来，韩安国给田蚡送了价值五百斤黄金的物品，田蚡就开始在太后面前夸赞他是如何的贤能。武帝也听说韩安国很有贤能，就召见并任他为北地郡都尉，后来又提升为大司农。

建元六年（公元前135年），田蚡任丞相，韩安国任御史大夫。正在这时，匈奴派人来请求和亲，武帝便召集大臣们商量这件事。大行令王恢是燕地人，多次担任边疆官吏，对匈奴的情况很熟悉。于是他向武帝建议说：“汉朝和匈奴要是和亲，匈奴用不了几年就会背弃盟约。我看还是不答应的好，不如发动军队攻打他们。”

韩安国说：“到千里之外去和匈奴作战，对我们来说一点好处都没有。如今匈奴兵马充足，心狠手辣，而且没有定所，随意迁徙，很难对付他们。汉朝就是得到他们的土地也不能说是广大，拥有他们的民众也不能算作强大，匈奴从上古以来就自成一支。我们经过千里远征去和他们作战，一定会人困马乏，筋疲力尽，匈奴抓住我们的弱点就会趁机攻击我们。敌强我弱，这正如拉开的弓箭开始力很足，射到最后连一块布都射不穿，强劲的风吹到最后连一根轻柔的羽毛都吹不起。不是我们最初的力量不足，而是没打斗几个回合力量就已经消耗尽了。所以不能动武，应该同他们和亲。”大臣们也都同意韩安国的看法，于是武帝决定和匈奴和亲。

几年以后，匈奴又开始大举侵犯汉朝。汉朝派车骑将军卫青率军与匈奴军交战，汉军从上谷出发，在龙城大败匈奴。在这次交战中，将军李广开始被匈奴俘虏，后逃了出来，公孙敖的部队伤亡很大，损失惨重，按照朝廷法令他们二人应当被斩，后来两人用重金赎了罪，被贬为平民。过了一年，匈奴又来侵扰边境地区，杀了辽西太守，后又进入了雁门，烧杀抢掠的人数达到上千。卫尉韩安国的部队当时驻扎在渔阳。韩安国活捉到匈奴兵，俘虏声称匈奴军已经撤退了，韩安国信以为真，上书武帝说：“如今匈奴已经撤军，现在又是劳耕的时候，应该暂且停止军屯。”可是停止军屯一个多月后，匈奴突然又入侵上谷、渔阳。当时韩安国的军营中才有700多人，根本不是匈奴的对手，结果让匈奴掠夺走了许多牲畜等财产。武帝非常生气，派使者把韩安国训斥了一顿，然后让韩安国向东驻扎右北平，因为听匈奴的俘虏说匈奴军将要入侵东边。

中国大事记 | 公元前122年，淮南王、衡山王谋反，株连死者数万人。

李将军列传第四十九

百战成名将

李将军名叫李广，是陇西郡成纪县人。他的先祖李信是秦朝的将军，曾经追捕过燕国太子丹。李广是将门的后代，他家世代传习箭术。

文帝十四年（公元前166年），匈奴入侵萧关，李广以良家子弟的身份跟随军队抗击匈奴。李广善于骑马射箭，以一当十，百发百中，杀了很多敌人，很快升成了中郎。后来，李广跟随孝文帝一起出行，孝文帝看他无论是在战场上冲锋陷阵抗击敌人，还是在野外搏杀猛兽，都表现得十分勇猛。孝文帝就对李广说："将军可惜生不逢时啊！你要是生在高帝的时候，早就是万户侯了！"

景帝时期，李广担任陇西都尉，后又被调为骑郎将。吴、楚反叛的时候，李广担任骁骑都尉，跟随太尉周亚夫攻打叛军。他在昌邑城下夺取了敌军的战旗，从此名声大了起来。后来，李广又当了上谷太守，和匈奴天天打仗。典属国公孙昆邪对景帝说："李广论才能论气势，天下没有第二个人能比，他凭着自己一身赤胆和勇气场场和敌军硬拼到底，我担心会有什么闪失。"景帝想了想，觉得有道理，就让李广改任上郡太守。

匈奴又来侵扰上郡了，景帝派一名宦官跟着李广学习军事本领，抗击匈奴。宦官带着几十名骑兵在战场上纵马奔跑，发现了3个匈奴人，就立即追击他们。3个匈奴人趁宦官不备回身射箭，宦官中箭倒在了地上，他的骑兵也被匈奴人给杀光了。后来宦官逃回了李广那里，对他抱怨说："也不知那3个匈奴人是什么人，怎么那么厉害！我带了几十名骑兵追杀过去，却没想到中了他们的箭！看来我还得继续学习！"李广说："那3个人一定是匈奴中射雕的人。"说完，就立刻带了100名骑兵去追赶那3个匈奴人。那3个匈奴人没有马，步行走了几十里。李广很快就追上他们，然后吩咐手下骑兵左右分开两路把他们包围起来，自己要亲自射杀这3个人。最后有两人被射死，一人被俘虏。李广一问，他们3个果然是匈奴中射雕的人。李广刚要把俘虏捆绑起来上马准备带回去，却远远望见几千名匈奴骑兵正朝自己奔来。匈奴骑兵看见了李广，以为是诱敌的骑兵，都吃了一惊，迅速上山摆开了阵势。李广

李广射石图（局部）清 任颐

唐代诗人卢纶诗："林暗草惊风，将军夜引弓，平明寻白羽，没在石棱中。"即讲李广射石这件事，极力称赞李将军的神勇和高超箭术。

历史关注

唐朝著名诗人王勃曾在《滕王阁序》里写道：“冯唐易老，李广难封。”李广成为怀才不遇的典型。

的100名骑兵见状都非常惊慌，想骑马往回跑。李广说：“我们距离大部队几十里远，如果逃跑，匈奴一定会追赶，到时候谁也跑不掉！如果我们不跑，匈奴一定认为我们是被派来诱敌的，就不敢打我们了。”说完下令道：“前进！”骑兵们冲到离匈奴的阵地还有2里远的地方后停了下来，李广又命令道：“所有人都下马解下马鞍！”士兵们不解地说：“我们人少，敌军多，他们离我们这么近，要是有危险，怎么办？”李广说：“敌军以为我们会逃跑，我们把马鞍解下来，他们就会认为我们是在诱敌了。”匈奴骑兵见到如此情景，果然迟疑不决，不敢进攻。等到第二天早晨，李广才率军回到大军营中。

汉武帝时期，大臣们都认为李广是有名的将领，武帝就把他由上郡太守调为未央宫的卫尉，让程不识做长乐宫的卫尉。李广和程不识以前都率领军队屯守驻防。攻打匈奴的时候，李广的部队没有队列和阵势，喜欢驻扎在水草丰富的地方，筑营停宿，非常便利，晚上也不用担心。李广一向严密防范，远处也安排好哨兵站岗，所以从来没遇到过危险。而程不识对队伍的组合、行军的队列还有驻军的阵势等要求都非常严格。夜晚需要有人防守，军吏每天整理文书忙到天亮，士兵也得不到很好的休息，但是也没有遇见什么危险。程不识常常说：“李广治军最简单，可是假如敌军一下来个突袭，他们就无法阻挡了，他们的士兵们都很安逸快乐，都争着为将军效劳。我的军队虽然军务上有些繁杂，士兵们看上去有些疲惫，但是敌军也不敢轻举妄动。”那时李广和程不识都是汉朝的名将，然而匈奴更害怕李广，士兵们也都喜欢跟随李广。

汉之飞将军

“汉朝飞将军”是匈奴给李广的称号。李广驻守右北平时，匈奴很怕他，躲避他有好几年，不敢入侵右北平。当年在马邑大战中，汉军在山下设下了伏兵，李广当时任骁骑将军，匈奴发现了汉军的计谋迅速撤退，后来李广又从卫尉任为将军，从雁门攻打匈奴。由于匈奴兵多力强，李广战败并被匈奴军活捉。单于早就听说李广很有才能，所以他向手下人下令道：“一定要活捉李广！”但是在途中李广逃脱了。李广回到了京城后，朝廷因为他在战争中损失太大，又被匈奴活捉了，本应处决，但到最后李广用钱赎罪，沦为平民，从此闲居在家。

有一次，李广和随从一起到田间去与人喝酒。回来时路过灞陵亭，当时灞陵尉喝多了，硬是不让李广通过。李广的随从说道：“你睁大眼好好看看，这是前任李将军！”亭尉说：“现在的将军都不能晚上通行，别说是前任的了！”亭尉阻拦着李广，说什么也不放过，没办法李广和随从只好停宿在灞陵亭。后来，武帝任命李广为右北平太守，李广请求要和灞陵尉一起去赴任，然而等到了军中，李广就把他给杀了。

李广身材高大，两条手臂像猿一样长，天生喜欢射箭。有一次，他出去打猎，猛然看见草丛中有块大石头，以为是老虎，于是拔箭向它射去，箭头射了进去，“老虎”却没动，李广仔细一看，原来是块大石头。当然他也射过真的老虎。李广口齿呆笨，平常很少说话，与别人在一起消遣的时候，就在地上用手指画兵阵，然后用箭射，根据箭的疏密来判断输赢，输了的人就罚酒。李广把射箭当作自己的乐趣，每天射箭就成了他的生活中重要的一部分，因此箭术越来越高，百发百中。李广的子孙或者别的人向他学习射箭，都没有人能比得上他。在与敌军交战时，李广的箭可是立了大功。几十步之外的敌兵，他要不就不射，要射就一箭击中，从来没失过手。

李广为人宽厚仁慈，常常把得到的赏赐分给部下，和士兵们一起吃一起住。带兵打仗的时候，经常会遇到缺粮断水的情况，而这时如果在某处发现了水或食物，李广一定要让士兵们先喝，分食物，自己最后再喝，要是有一个人不肯喝水，那么李广也坚决不喝，士兵们不吃饭，他也不吃。真是有福同享，有难同当。所以士兵们都愿意跟随李广，愿意为他效劳。

元狩二年（公元前121年），李广以郎中令的

中国大事记 | 公元前121年，霍去病出击匈奴，俘获休屠王祭天金人，匈奴浑邪王降汉。

身份带领四千名骑兵从右北平出塞，博望侯张骞带一万名骑兵也和他一起出征，兵分两路。队伍行了几百里，匈奴左贤王率军突然包围了李广，匈奴的军队有四万人，是李广军队的十倍，李广的士兵们见匈奴军阵容如此强大，都感到很害怕。这时李广示意儿子李敢向匈奴军出击，回来向李广报告说："匈奴军并不可怕，很轻松地就能打败他们。"士兵们这才放下心来。随后李广布下圆形阵势，面朝外。匈奴兵这时突然发起猛攻，箭如雨一般向汉军袭来，汉军奋力抵抗，激烈应战，利箭穿梭于兵阵之中。很快汉军的弓箭要用完了，士兵的损失也很大，其余的士兵开始惊慌起来。在这危急关头，李广下令让士兵们都拉满弓，但不要射出箭，自己则亲自用大黄弩弓射匈奴的副将，一连射倒了好几个。匈奴军见状都纷纷撤退了。已是黄昏，军吏士兵们个个都面无人色，然而李广却是神态自若，从容不迫，慢慢地整顿好了军队。军中上下无不夸赞李广的勇敢与镇定。第二天，张骞的部队赶到，匈奴才彻底退兵。

李广自刎

李广有一个堂弟叫李蔡，曾经和李广一起服侍过文帝。景帝的时候，李蔡的功劳已达到了两千石级的官位。武帝元朔五年的时候，李蔡任轻车将军，跟随大将军卫青攻打匈奴右贤王立下了战功，被封为乐安侯。元狩二年（公元前121年），又做了丞相。李蔡的名声远远不如李广高，可是李蔡就能被封为列侯，官位达到三公的级别，而李广却得不到封爵和封地，做官也从来没超过九卿，李广为此很苦恼。于是他就找来星象家王朔，向他诉说心里的苦衷："自从汉朝攻打匈奴以来，我没有一次不参战的，可是校尉以下的军官论才能还不如中等人，却因为攻打匈奴有战功而被封侯，这样的人有几十个！我李广也不比谁差，却没有一点功劳，封爵、封地都没有我的份儿，这是为什么？难道我命中不该封侯吗？"王朔说："请将军仔细回想一下，以前有没有过遗恨的事？"李广想了想，说："当年我做陇西太守时，有一次羌人造反，我引诱他们投降，结果有800多人投降了，我就在一天之内把这些人全杀了。我骗了他们。我觉得这也许就是最大的遗恨了。"王朔说："是啊，没有比杀害已经投降的人更大的罪过了。这也就是将军封不了侯的原因。"

大将军卫青、骠骑将军霍去病大规模进攻匈奴，李广多次向武帝请求随行，武帝过了很久才同意让他做前将军。元狩四年（公元前119年），李广跟随卫青攻打匈奴。出边塞后，卫青自己率领精兵追击单于，命令李广和右将军的部队合并，从东路出发。东路的路径有些迂回绕远，而且大多地方都水草缺少，根本不能驻扎军队。李广请求道："我当的是前将军，可是大将军让我从东路出征，我一直都和匈奴交战，今天有幸碰上单于，就让我当一次前锋吧，我要和单于一决高下！"然而在此之前武帝早就告诉过卫青，李广年龄已大，不要让他和单于对敌。卫青想和当时正任中将军的公孙敖一起去对抗单于，就调开了李广。

李广知道了这件事，坚决请求大将军不要把他调开。可是大将军不听，命令长史写文书送到李广府里，让李广赶快到右将军的部队里，按照文书行事。李广没向大将军打招呼就出发了，心里忿忿不平地前往军部。他带着士兵和右将军赵食从东路出发，由于没有军队向导，队伍常常迷路，渐渐地落在了大将军的后面。大将军和单于交战，单于兵败而逃。随后大将军向南横越沙漠，在这里遇上了前将军、右将军。李广拜见了大将军后，就回到了部队中。大将军派人给李广拿去了食物和酒，顺便问问行军途中迷路的情况，说是向皇上报告这次出击的详细情况，李广没有回答。

大将军派长史让李广幕府的人去受审对质。李广说："校尉们没有罪，是我自己迷了路。就让我一个人来承担罪过吧。"到了李广幕府，李广对大家说："我李广一生和匈奴作战，大小战争有70多次，今天有幸能跟大将军一起和单于对战，可是又被大将军调往东路，不仅绕远，还时常迷路，这是天意啊！如今我已经60多岁了，实在是不能再受那些小人的侮辱了。"说完就拔刀自杀了。

历史关注 | **相传，豆腐是汉武帝时淮南王刘安发明的。**

匈奴列传第五十

鸣镝射马

正值东胡和月氏部落最为强盛的时期，各诸侯国都背叛秦朝，中原形势很纷乱，曾经被秦朝调派守卫边境的人们都离开了，匈奴因此才摆脱了困境。匈奴渡过黄河以南，占据了中原附近的边塞地区。

有一个名叫头曼的单于在当时最有名。头曼打不过秦朝，就向北迁移。头曼有个太子叫冒顿。后来他宠爱的妃子生了个儿子，单于就想废掉冒顿，立这个小儿子为太子。头曼把冒顿派到月氏做人质。当时月氏和东胡最强大。冒顿到了月氏以后，单于头曼反而更加紧进攻月氏了，单于这样做是想激怒月氏人把冒顿杀掉。可是没想到冒顿竟偷了一匹好马逃了回来。单于见他如此勇敢，觉得是个做将军的料，因此就不再追究，还给了他一万名骑兵。

冒顿非常聪明，他自己制造了一种响箭，然后训练他的部下骑马射箭。他还命令士兵们说："只要响箭射到的地方，你们都要跟着射，谁要是不射，就处死他。"冒顿常常带着士兵出去打猎，他射出响箭，士兵们也跟着射出响箭，哪怕有一个人没射对方向，那个人就立刻被斩杀。有一次，冒顿用响箭对准自己的好马射了过去，士兵有的不敢射，冒顿马上就把那些没向好马射箭的人给斩杀了。冒顿又用响箭射向了自己喜欢的妃子，士兵们更不敢动手，冒顿又把他们杀了。后来冒顿出去打猎，用响箭射向单于的好马。这回没有再敢不听从的了，士兵们都纷纷向单于的好马放了箭，冒顿知道他的这些部下可以使用了。有一次，冒顿跟随父亲单于头曼去打猎，趁头曼不注意，一个响箭射向了他，士兵们也都跟着向头曼射响箭。冒顿射杀了单于头曼，随后又杀了后妈、弟弟以及那些不服从的大臣。冒顿自立为单于。

当时还有另外一个很强盛的部落叫东胡，东胡王听说冒顿自己当了单于，就派人对冒顿说想要头曼的千里马。大臣们都抗议道："千里马是匈奴的宝马，怎么能给他呢！"冒顿却说："东胡是我们的邻居，怎么能吝惜一匹马！"就把千里马送给了东胡。过了不久，东胡以为冒顿害怕自己，就又派人向冒顿说想要他的一个妃子。冒顿的部下说："东胡越来越放肆了，要了千里马还不够，竟然还想要大王的妃子！出兵打他们！"冒顿说："不要动兵，东胡作为我们的邻国，为了一个女人动武不值得。"冒顿又把自己喜欢的一个妃子送给了东胡。东胡从此更加为所欲为，蛮横无理。东胡和匈奴之间有一块约1000里的荒芜土地，无人居住，空地的两边是双方建立的哨所。有一天，东胡派人向单于说要两国之间的这块空地。冒顿问大臣们该不该给他们，大臣们有的说："反正这

"单于和亲"瓦当 西汉前期

瓦当上的"单于和亲"文字反映出汉匈和亲确实堪称当时的一件盛事。

中国大事记 | 公元前120年，汉武帝在西安命人开凿昆明池，以操练水战。

画像石上的汉匈战争图

是块空地，可有可无，给他们也行，不给他们也行。”然而这次冒顿却不是像以往那样大方了，大怒道：“土地是国家的根本，怎么能给他们呢！”说完就把那些说可以给土地的大臣杀了。冒顿说：“看来东胡是想造反啊！”紧接着，冒顿命令所有的士兵跟随他进攻东胡。东胡一直轻视冒顿，对这次的突袭根本没加防备，冒顿率军都打到门口来了，东胡王还不相信，直到有人报信，才惊慌地下令出军。面对强大的匈奴军，东胡根本无法抵挡。冒顿消灭了东胡王，掠夺了大量的人畜和财物，然后又向西进发赶走了月氏，向南兼并了楼烦、白羊河南王，还收复了秦将蒙恬所夺走的土地。从此匈奴逐渐强大起来。

后来，匈奴在冒顿的率领下又向北征服了浑庾、屈射等国家。匈奴的贵族和部下们都很敬畏冒顿，认为他很有战略才能。

马邑之谋

雁门郡马邑县的豪绅聂翁壹通过大行令王恢向武帝传达意见，说：“如今汉朝和匈奴刚刚和亲，亲信边地的人民，可以用钱财来引诱他们。”武帝暗中让聂翁壹当间谍。聂翁壹来到匈奴这边，对单于说：“我能杀了马邑县的县令还有其他官吏，可以夺得整个城，并拿到您想要的财物。”单于听了很高兴，就答应了他。聂翁壹不久回来了，用了一个囚犯的头装作县令的头挂在了马邑的城墙上，向单于的使者示意自己说话算数，并说道：“马邑县令的头就在这里，你们可以前进了！”于是单于率领10多万骑兵通过关塞，进入了武州塞。

当时，汉朝的军队共30多万，都埋伏在马邑城旁边的山谷中。卫尉李广任骁骑将军，太仆公孙贺任轻车将军，大行令王恢为将屯将军，御史大夫韩安国为护军将军，并由他统率各路将军。诸位将军互相约定，等单于一进入马邑城，汉朝军队就迅速出击。王恢、李广等人则从公代攻取匈奴的军用物资。这时，单于已进入了汉朝长城的武州塞，离马邑城还有100多里。匈奴军准备抢夺财物，却发现野外只有放养的牲畜，没有人。单于觉得很奇怪，攻下了烽火台，捉到武州尉史，并问他这是怎么回事。尉史说：“汉朝有几十万军队埋伏在了马邑城下。”单于回头向士兵们大喊道：“我们被汉朝给骗了！”然后带兵撤离。单于出了关塞，自叹道：“我得到这位尉史的相助，真是天意呀！”然后任命尉史为“天王”。单于已经带兵撤离了塞下，而汉朝军队刚刚追赶到塞下。汉军一看，单于已经撤回了，即使追也来不及了，就放弃了追杀。王恢等人的军队约3万人，听说单于并没有和汉军交锋，而夺取匈奴的军用物资一定会与单于的精兵交战，到时候汉军个个疲惫不堪，打仗肯定会失败，就撤回了军队，弄了个无功而返。

皇上看王恢撤回了军队，没去夺匈奴的军用物资非常生气。王恢说：“当初我们是想把单于骗到马邑城，让汉军和他们交战，而我去攻取他们的军用物资，这对我们很有利。可是单于听说后就撤兵回去，我带着3万兵却没能与他们交

历史关注

汉朝为了对抗匈奴，大规模修缮、重筑长城，汉长城总长度约 1 万千米，是中国古代最长的长城。

战，真是耻辱！我知道回来会被斩，但是能保住皇上 3 万名士兵，我也觉得心安了。”武帝把王恢交给了廷尉，廷尉以曲行避敌、观望不前罪判处了王恢。王恢这时给丞相田蚡暗地里送去了 1000 斤黄金，田蚡不敢告诉武帝，却向太后说：“最先建议用马邑诱敌之计的是王恢，如今因为作战没能成功而要杀掉王恢，这是在帮匈奴报仇啊！”太后把丞相的话告诉了武帝。武帝说：“王恢最先建议的马邑之计的确不假，所以才发动几十万大军听从他的指挥。就算没有抓到单于，他去攻打敌军的军用物资，有可能还有一些收获，将士们的心还能有些安慰。可是王恢并没有那样做，没打一个匈奴兵，就撤回来了，不杀了他，怎么向天下人交代？”王恢知道了以后，没等武帝下令就自杀了。

河西漠北大战

汉武帝时期，国力已经非常强大，武帝重视军事力量的培养，准备抗击这些年不断来侵扰的匈奴。

马邑行动之后，汉朝派出 4 名将军兵分 4 路，各自率领一万骑兵在关市附近攻打匈奴。大将军卫青从上谷出塞，率军直入茏城，俘虏了敌军 700 人。而公孙贺从云中出塞，却一无所获。公孙敖在代郡出塞，和匈奴作战失败了，损失了 7000 多人。李广从雁门出塞，也被匈奴打败了，匈奴活捉了李广，不过最后李广还是逃了出来。他们回到汉朝后，朝廷把公孙敖和李广等拘禁了起来，后来他们用钱赎罪，成为了平民。

那时匈奴多次入侵边境，其中数渔阳地区受害最严重。汉朝派出将军韩安国驻守渔阳。第二年，2 万名匈奴骑兵入侵汉朝，杀了辽西太守，随后又打败了渔阳太守的军队，围困住了汉将军韩安国，韩安国的军队当时已是残兵败将，恰好燕国的救兵及时赶到，匈奴军才撤退。匈奴又一次入侵雁门，杀掠了 1000 多人。卫青率领 3 万人从雁门出塞，李息从代郡出塞，共同抵抗匈奴。元朔二年，卫青又出塞到了云中以西，直到陇西，在河南一带和匈奴作战，收获不小。于是汉朝就占有了河南一带。

汉朝派大将军卫青连同 6 位将军带领 10 万大军从定襄出塞去攻打匈奴，连杀带俘虏的敌军共有 19000 多人。在这次交战中，汉朝的右将军苏建逃脱了，前将军翕侯赵信作战不利，投降了匈奴。赵信原来是匈奴的一个小王，投降了汉朝，汉朝便封他为翕侯。由于他没和大部队在一起进军，而是单独带领一支队伍出发，遇上了匈

漠北之战 版画

中国大事记 | 公元前 119 年，汉武帝命造新钱币，销半两钱，铸三铢钱。严禁民间盗铸。

奴，他的军队抵挡不住敌军，因此赵信就投降了。单于得到了赵信，又封他为王，地位仅次于单于，还把自己的姐姐嫁给了他。单于和赵信商量如何对付汉朝，赵信建议向北迁移，越过沙漠，来引诱汉军，趁汉军疲惫之时猛攻，不要接近汉朝的边塞。单于听从了他的意见。

汉朝派骠骑将军霍去病带领 1 万名骑兵从陇西出塞，越过焉支山，攻打匈奴。后来他又联合合骑侯部队从陇西、北地出塞两千里，越过居延，攻打祁连山，打败了 3 万多匈奴军。同时还有匈奴军入侵代郡、雁门。另一方，汉朝又派博望侯张骞和李广从右北平出塞，攻打匈奴左贤王。左贤王包围了李广，眼看李广的军队将要全军覆没，正在这时，张骞的部队赶来救援，李广这才解了围。单于由于损失很大，十分愤怒，把责任全推到了浑邪王、休屠王的身上，想要杀掉他们。浑邪王和休屠王很害怕，就想投降汉朝，汉朝派骠骑将军去迎接。可是休屠王害怕卫青，他担心投降后被杀掉，所以感到有点后悔。浑邪王就把休屠王给杀了，吞并了他的军队并让部队也投降汉朝。汉朝在浑邪王投降后，陇西、北地和河西受到的匈奴侵扰越来越少了。

第二年，汉朝大臣们商量说："赵信给单于的建议是让单于居住到大漠以北，他们原以为汉军不能到达，而我们就来个出其不意，攻其不备！"于是汉武帝命令备好战马，发动 10 万骑兵，还有一些自愿参战者，不算运输粮草的车马，总共 14 万人。武帝命令大将军卫青和骠骑将军霍去病把军队分成两队，由卫青带一支从定襄出塞，霍去病一支从代郡出塞，约定越过沙漠攻打匈奴。单于得知汉军的计划，就把物资运到了远处，率领士兵在沙漠北边等候汉军。

汉军与匈奴军展开了战斗。卫青和匈奴交战的时候正好是傍晚，又赶上大风天气，大将军卫青下令全力包围单于，汉军的部队从左右两边散开，又逐渐地回笼成一个圆形方阵，把单于的部队紧紧地包围在了其中。双方斗战了几个回合，汉军杀掉和俘虏的匈奴兵有八九万人，而汉军也损失了有几万。打到最后，单于看到自己的兵力越来越弱，估计打不过汉军，就带着几百名精兵集中力量击溃了汉军的包围圈，向西北方逃跑了。汉军紧追不舍，但最终没能捉住单于。单于逃跑时，匈奴军还在和汉军激烈地斗争着。

与此同时，汉朝骠骑将军霍去病从代郡出塞 2000 多里，正和匈奴左贤王打得火热。汉军杀了匈奴军有 7 万多人，匈奴军一看招架不住，左贤王还有将领们就逃跑了。匈奴军队最后被汉军打得落花流水。汉军在这次战争中损失也很大，所以最后也无力追击了。后来骠骑将军在狼居胥山祭天，在姑衍山祭地，直到翰海才回师。从此以后匈奴逃到了很远的地方，沙漠以南再也没有匈奴的足迹。

余战不休

自从汉军与匈奴在沙漠大战以后，连续几年匈奴都没来边境侵扰。匈奴几年里都在休养生息，练习射箭，外出打猎，还多次派使者到汉朝请求和亲。而汉朝当时在东边攻取了秽貉、朝鲜，设立了郡，在西边也设立了郡，阻隔匈奴和羌的来往道路。向西沟通了月氏、大夏，还把公主嫁给乌孙王做妻子，来疏远匈奴在西方的援国，另外汉朝还向北扩大田地作为边塞。匈奴对于汉朝的这些措施始终不敢有半点反对。

汉朝这时认为匈奴力量已经衰退，可以让他们臣服了，就派杨信出使匈奴。杨信性格刚直倔强，在汉朝一直不怎么显贵，单于对他也不是很亲近。单于召杨信进到帐子里谈话，可是他不肯放弃符节，于是单于就在帐子外面接见杨信。杨信拜见过单于后，说道："如果您想和汉朝和亲，就应该把单于太子送到汉朝做人质。"单于说："这不符合和亲的盟约，原来的盟约是汉朝常常送公主到匈奴来，还有很多绸布和食物也一起送来，匈奴也不去侵扰边境。如今想要违反盟约，叫我的太子当人质，那是不可能的！也别说什么和亲了！"匈奴有个风俗，如果汉朝使者不是宫中受宠的宦官，而是儒生一类的人，则会被认为是来游说的，就要想方设法反驳他的辩

历史关注

长城上的烽火台遇险报警、平时传信，紧急时烽烟传千里，为中国古代军事史上的杰作之一。

词；如果是年少的人，就会认为他是来斥责匈奴的，就要想办法压倒他的气势。汉朝使者来到匈奴，匈奴要给予报偿，要是汉朝把匈奴的使者扣留了，那匈奴也扣留汉朝使者，双方要达到平等才可。杨信没办法，回到了汉朝，汉朝又派王乌出使匈奴。单于说："匈奴有一条法律是这样规定的：汉朝使者要是不放弃符节用墨黥面，就不能进入帐中。"王乌是北地人，知道匈奴的习俗，就放弃符节，用墨黥面，才进入了帐中。单于非常高兴，假装答应说要派他的太子到汉朝做人质，来请求和亲。单于还欺骗王乌说："我想进宫拜见皇上，当面缔约结拜为兄弟。"其实单于根本就没有想进汉朝结拜兄弟和送太子做人质的意思。王乌回到了汉朝，把单于的意思报告给了皇上。于是皇上下令在长安专门为单于修筑官邸。匈奴单于仍不满足，说道："汉朝如果不派尊贵的使者，我不和他说话。"而同时匈奴这边也派了一个身份比较尊贵的使者到汉朝，可是这个使者生病死了。汉朝本想找人给他医治，后来就派使者带着2000石的印信到匈奴，又把匈奴使者的尸体送回去，为此汉朝还花费了几千斤黄金。汉朝人还说："这可是汉朝的贵人啊，不能怠慢。"到了匈奴，单于却一口咬定使者是被汉朝所杀，并扣押了汉朝使者。从此以后，匈奴多次侵扰边境。汉朝开始兴兵准备抗击匈奴。汉朝郭昌任为拔胡将军，驻守朔方以东，抵御匈奴。

汉朝元封六年（公元前105年），匈奴乌维单于的儿子乌师庐继位当了单于，由于乌师庐年龄比较小，因此号称儿单于。以后，匈奴越来越向西北迁移，左方军队直到云中郡，右方的军队到敦煌郡。汉朝派使者到匈奴，想挑拨君臣间的关系，使国家变得混乱。单于很生气，就把来匈奴的汉朝使者全都扣留了，而到汉朝的匈奴使者也一样被汉朝扣留，数量是相等的。

汉朝派贰师将军李广利向西征伐大宛，命令公孙敖修筑受降城。当时正是冬天，寒风凛冽，匈奴的牲畜多数都被冻死。儿单于年纪轻，喜好战争，百姓都感到不安。匈奴的左大都尉想杀掉单于，就派人向汉朝暗中报告说："我想把单于杀了，投降汉朝。可是汉朝距离太远了，要是汉朝派兵来迎接我，我就行动。"汉朝听说了这件事，所以就修筑了受降城。后来，汉朝派赵破奴率领两万多骑兵从朔方出塞向西北两千多里，计划到浚稽山与左大都尉回师。赵破奴按时到达，左大都尉这时想动手杀单于，不料被发现，竟被单于给杀了。随后单于发动左方军队攻打赵破奴。赵破奴边打边撤，在距离受降城还有400里的地方被匈奴包围，晚上赵破奴出来取水被匈奴活捉了。然后匈奴猛攻汉军，汉军失败。单于取得了胜利非常高兴，立刻派军攻打受降城，可是没能攻下。

西汉军戎服饰复原图

后来，汉朝派贰师将军李广利率领3万骑兵在天山攻打右贤王，杀了匈奴1万多人。但是在回师的途中，却被匈奴包围了。汉朝又派将军公孙敖从西河出塞，和强弩都尉会合后，也没有什么战果。汉朝骑都尉李陵率军从居延出塞，与匈奴交战，李陵杀掉匈奴1万多人，已经弹尽粮绝，最终被匈奴所包围。李陵投降了匈奴，得到了单于的重用，单于把自己的女儿嫁给了他。

之后的第二年，贰师将军又率领6万骑兵和10万步兵从朔方出塞，强弩都尉率军1万人与贰师将军会合，游击将军韩说率3万大军从五原出塞，而公孙敖率军从雁门出塞。匈奴得知后，率领军队准备和贰师将军交战。双方交战了10多天，后来贰师将军听说他的家属因为巫蛊罪被灭族，就和军队一起投降了匈奴，只有一小部分人回到了汉朝。而其他两队中，游击将军韩说一无所获，公孙敖见形势不利，也带兵回来了。最后皇上下令逮捕了太医令随但，因为是他说出贰师将军家族被灭而使其投降匈奴的。

中国大事记 | 公元前 119 年，汉武帝命张骞再次出使西域，招乌孙回河西故地。

卫将军骠骑将军列传第五十一

从奴隶到将军

大将军卫青是平阳县人，他的父亲郑季，是个小官，在平阳侯曹寿家中做事。郑季和平阳侯的小妾卫媪私通，生下了卫青。卫青还有一个同母姐姐卫子夫，在平阳公主家做歌女，很受皇帝宠爱，卫青也就随了卫姓。卫青在平阳侯家当仆人，小的时候回到他父亲那里，父亲让他放羊。他父亲前妻的儿子从来不把卫青当成亲人看待，对待他就像对待奴仆一样。有一次，卫青跟着别人来到了甘泉宫的居室，有一个带着枷锁的犯人对卫青说："您是贵人，将来会做官封侯。"卫青笑了笑说："我是奴婢生的，每天能不挨打受骂就已经很满足了，怎么可能做官封侯呢！"

卫青长大后成为平阳侯家的骑兵，跟随平阳公主。武帝建元二年（公元前 139 年），卫青的姐姐卫子夫入选皇宫。皇后是景帝的姐姐大长公主的女儿，至今还没有皇子。而卫子夫刚刚进宫，深得皇上喜爱，不久便有了身孕。大长公主为此十分嫉妒，然而又不敢招惹卫子夫，就往卫青身上撒气。公主找了个借口把卫青逮捕了起来，想要杀掉他，公孙敖和卫青平日很友好，就和几个壮士把卫青救了出来，卫青这才保住了命。皇上知道了这件事就召见卫青，并任命他做建章监，加侍中官衔。卫青的同母兄弟们也都得到了赏赐，公孙敖也显贵起来，当了大中大夫。

元光五年，卫青当了车骑将军，讨伐匈奴，从上谷出兵。太仆公孙贺为轻车将军，由云中出兵；大中大夫公孙敖做骑将军，由代郡出兵；卫尉李广当骁骑将军，由雁门出兵；每军各有 1 万骑兵。卫青领兵到达茏城，斩杀敌人数百人。骑将军公孙敖损失 7000 名骑兵，卫尉李广被敌人俘获，后来逃脱而回。公孙敖和李广都被判为死刑，他们交了赎金，免了死刑，成为平民。公孙贺也没有功劳。

元朔元年（公元前 128 年），卫子夫生了个男孩，被立为皇后。卫青当了车骑将军，从雁门出塞，带领 3 万名骑兵攻打匈奴，紧接着卫青又从云中出塞，向西一直到高阙，占领了河南一带，直打到陇西，杀掉、俘虏了几千名匈奴兵，得到了几十万头牲畜，打跑了白羊王和楼烦王。汉朝将河南一带设立为朔方郡。卫青取得了战果，皇上特意下诏书嘉奖："匈奴违背天理，不顺应民情，悖乱人伦，欺凌弱小，凭着自己的武力多次侵扰汉朝边境。汉朝要发动军队抵抗匈奴，来惩罚它的罪恶。车骑将军卫青率领部队渡黄河，直到高阙，平定了河南一带地区，在与敌军交战的过程中表现得十分勇猛，他斩杀了敌军几千名，缴获了很多战车、物资和牲畜财产，而汉军没有受到太大的损失。所以，特加封卫青为平安侯，另赏赐 3000 户。"

元朔五年（公元前 124 年），汉朝派卫青从高阙出塞攻打匈奴。匈奴右贤王率军抵御汉军，他认为汉军不可能到达那么远的地方，就放松了警惕，开始喝酒，喝得大醉。可是没想到，汉军当天晚上就到达了，汉军包围了右贤王，右贤王惊慌失措，连忙带着几百名精兵冲破包围圈向北逃跑了。汉军顺路追赶，最终没能追上右贤王，但这次战争汉军也收获不小，捉了 1 万多匈奴人，上千万头牲畜。等卫青带兵回到汉朝时，使者正手拿大将军的官印在等待着他的到来！

卫青进宫拜见皇上。皇上说："大将军卫青

历史关注 大月氏为突厥游牧部落，被匈奴击败后西迁，征服巴克特利亚（大夏），统治整个阿姆河、锡尔河流域。

率军作战大胜，捉拿匈奴王有十几人，加封6000户作为奖赏。”而且要封卫青的儿子为侯。卫青坚决辞谢说：“我有幸取得大将军的称号，全托皇上的福，军队获胜全靠各位将军、校尉奋力作战，这是大家的功劳。皇上已经重赏了我，我的儿子年龄还小，没有立过功，怎么敢接受这么重的封赏呢？”皇上说：“各位将军按功劳大小自然要封赏。”便按等级分赏。

匈奴和汉朝的战争还是不断。卫青又几次出塞对抗匈奴。有一次，大将军卫青从定襄出兵。合骑侯公孙敖做中将军，太仆公孙贺为左将军，翕侯赵信为前将军，卫尉苏建做右将军，郎中令李广做后将军，左内史李沮做强弩将军。他们都隶属于大将军，斩杀敌人几千人而回。一个多月后，他们又全都从定襄出兵攻打匈奴，杀敌1万多人。右将军苏建、前将军赵信的军队合为一军，共3000多骑兵，独遇匈奴单于的军队，同他们交战一天多的时间，汉军将要全军被歼。前将军赵信原本是匈奴人，投降汉朝被封为翕侯，如今看到军情危急，匈奴人又引诱他，于是他率领剩余的大约800骑兵，跑到单于那儿投降。右将军苏建也是全军覆没，最后他一个人逃了回来。大将军问大家：“苏建的罪该如何判呢？”周霸说：“大将军出征以来还没处治过副将，苏建扔下部队不管，应该杀了他以显示将军的威严。”这时有人反驳道：“不能杀，兵法上说：‘小部队再拼死力战，也会被大部队所打败。’苏建用几千人去和匈奴的几万人拼，持续了整整一天，士兵们所剩无几，可他仍然没有叛逃的想法，还是回来了。如果把他杀掉，将士们会寒心的，以后战争再失败，就没有人再敢回朝廷了。因此不能杀掉他。”卫青说：“我托皇上的福当上了大将军，从来没考虑过威严的问题，显示威严很不合人臣的本意。即使我有权力斩杀有罪的将军，但是一向很重用的大臣也不能擅自在国境之外诛杀，应该先报告皇上详细情况，再由皇上亲自决定怎么处治，这样也说明做臣子的不能专权。”大家都说：“好！”于是苏建被拘禁起来。而卫青带兵进入了关塞，停止动兵。

骠骑将军霍去病

霍去病是卫青的外甥，18岁当了皇帝的侍中。他善于骑马射箭，两次跟随卫青出征，皇上下令要挑选一些壮士，卫青就让霍去病当校尉。霍去病打仗很勇猛，立下了很多战功。皇上下诏书封赏：“校尉霍去病斩杀敌人2028人，其中有相国，也有官员，活捉了单于的叔父，两次功劳在全军中都是第一，所以封霍去病为冠军侯。”卫青由于损失了两位将军，还让翕侯逃跑了，就没得到加封。

大将军卫青回到京城，皇上赏赐他千金。这时，王夫人正受到汉武帝的宠幸，宁乘就劝说卫青道：“将军您所以军功还不太多，自己却食邑万户，3个儿子都受封为侯的原因，只是因卫皇后的缘故。如今王夫人得幸，而她的同姓亲戚还没有富贵，希望将军捧着皇上赏赐的千金，去给王夫人的双亲祝寿。”于是大将军卫青就用500金给王夫人的双亲祝寿。武帝听到这消息，就问卫青这样做的原因，大将军卫青把事实报告了皇上，皇上就任命宁乘做东海都尉。张骞随从大将军出征，因为他曾经出使大夏，被扣留在匈奴很长时间，这次他为大军作向导，熟知有水草的好地方，因而使大军免于饥渴，再加上他以前出使遥远国家的功劳，武帝就封张骞为博望侯。

元狩二年（公元前121年），皇上任命霍去病为骠骑将军。他率领1万名骑兵从陇西出塞，转战6天，和匈奴相接，杀掉了折兰王和卢胡王，活捉了浑邪王的儿子，斩杀了敌军8000多人，霍去病因此又被加封。

后来，霍去病又和合骑侯公孙敖从北地出塞，博望侯张骞、郎中令李广从右北平出塞，合力攻打匈奴。李广带着4000骑兵首先到达，随后是张骞的部队有1万人。匈奴左贤王包围了李广，李广和匈奴交战了两天损失很大，而张骞的部队却来迟了一步，等他们赶到时匈奴已经撤退了。张骞因为行军滞留罪受到了处罚，沦为平民。骠骑将军霍去病深入到匈奴腹地，在祁连山

中国大事记

公元前 118 年，汉朝罢三铢钱，改铸五铢钱，但民间盗铸极多，尤以楚地为甚。

· 西域都护府 ·

汉宣帝神爵二年（公元前 60 年），在西域设置都护府，行使对西域的全面管理。这一年九月，匈奴日逐王率其众投朝，骑都尉郑吉率西域诸国 5 万人迎之。封日逐王为归德侯。郑吉在西域，破车师归日逐，威震西域，遂并护车师以西北道，号称都护。郑吉在乌垒城（今新疆轮台）设置都护府，督察乌孙、康居等 36 国，使汉朝的号令更好地在西域得到执行。

捕获了很多敌人。而这时公孙敖也因行军晚到没能与霍去病会合，犯了行军滞留罪，和张骞的下场一样。骠骑将军的部队个个都是精兵强将，马匹和武器也都十分精良，士兵们勇敢地深入敌人的境内与之搏斗，也许是上天有意帮助汉军，骠骑将军的军队从未遇到过大的危险。而其他将军的兵力、武器就比不上骠骑将军的好，行军总是落后，而且常常抱怨时机不好。从此，骠骑将军更加得到皇上的重用，地位也更加显贵，与大将军卫青不相上下。

浑邪王守卫在西方，多次被汉朝打败，单于非常生气，就想杀了他。浑邪王等人想投降汉朝，就派人先到边境上等候，汉朝使者知道后就回去向皇上报告。皇上担心他们是用诈降的手段来袭击边境，就命令骠骑将军去迎接。骠骑将军渡过了黄河，对面就是浑邪王的军队，双方相互观望。浑邪王的副将看到了汉军，有很多人不想投降就逃跑了。骠骑将军于是进入到匈奴的军阵，和浑邪王相见，杀掉了想要逃跑的士兵，然后带着投降的士兵们回到朝中。皇上又大加封赏了骠骑将军。

过了不久，朝廷就把归降的匈奴人分别迁徙到边境五郡原先的边塞以外，但都在河南地区，并按照他们原有的习俗，作为汉王朝的属国。

元狩四年（公元前 119 年），大将军卫青、骠骑将军霍去病奉命攻打匈奴。凡是奋力作战、敢于杀入敌军内部的士兵都归到骠骑将军部下，从代郡出塞，而大将军卫青从定襄出塞。那时赵信给单于出的计谋是汉军越过沙漠，人和马都很疲惫，根本没有力气再应战，而匈奴来个出其不备，就会毫不费力地获胜。于是匈奴就在沙漠北边等候汉军。当时卫青的军队刚出塞 1000 多里，看到单于的军队在列阵等候，就命令士兵出击。两方开始激烈交战，当时又赶上大风天气，飞沙走石，吹得人都看不清对方。单于感到形势不利，就带着一些精兵冲出了汉军的包围逃跑了。汉军追了半天也没追上单于。而骠骑将军也率领 5 万骑兵准备进军，所带的物资和大将军的数量相等，但是没有副将。骠骑将军就任李敢等人为大校，充当副将，从代郡、右北平出塞，与匈奴左贤王军队相遇，斩杀的敌军比大将军的还多。

大将军和骠骑将军回到汉朝，皇上大加赞赏了骠骑将军，又加封了他。皇上还设定法令，让骠骑将军的官阶和俸禄与大将军的相等。从此以后，大将军的权势越来越减退，而骠骑将军则越来越显贵，原来和大将军关系比较好的朋友门客也都疏远了大将军，来亲近骠骑将军。

骠骑将军平时少言寡语，不动声色，敢于行事，很有魄力。有人介绍给他看孙子和吴起的兵法，他说："战争只看它用的是什么策略就行了，不必学古人的兵法。"皇上为他修建府院，让他去看，他回答说："匈奴还没有打退，先不必考虑家。"因此，皇上更加重视和欣赏他。但是骠骑将军也有缺点。因为他从少年时代就担任侍中，可以说一直显贵，所以在对待下属上就考虑得不是很周到。他不会体恤士兵，率军出征时，皇上派人送给他几十车食物作为军粮，可是等回来时车上还有不少剩余的米和肉，都被丢弃了，可在当时还有士兵正饿着肚子。在塞外打仗时，士兵们饿得无力应战，而骠骑将军却在一边玩游戏。这种态度对于他来说已经成为习惯了。

历史关注 | 夜郎自大的成语出自汉武帝命人通西南夷之时。

平津侯主父列传第五十二

勤俭驰名的公孙弘

汉武帝刚登基，下令招选一些品行高尚并且有文才的人。当时公孙弘已经60岁了，被征召当了博士。元朔三年（公元前126年），公孙弘当上了御史大夫。当时汉朝正要开通西南夷，在东边设置沧海郡，在北边修建朔方郡。公孙弘进谏说这样做是劳民伤财，经营无用之地，没有什么利益，希望停止这项工程。皇上就派人向公孙弘说了设置朔方郡的种种好处，并且提出了10个问题难为公孙弘，他一个问题也回答不上来。

公孙弘是个才子，见多识广，他经常说人主的缺点在于心胸不宽广，臣子的毛病是不勤俭。公孙弘虽然身居高位，生活上却非常简朴，睡觉盖的是布被，每顿饭肉菜不超过两个。每次在朝廷上和众人一起商量事情，公孙弘都是先陈述事情的过程，让皇上自己来判断，从不当面与人争辩。发表的意见如果不被采纳，他也不争辩。他和主爵都尉汲黯请求皇上在闲暇的时间多与臣子们见面，汲黯先提出这个建议，随后公孙弘说建议的好处，皇上很高兴。皇上发现他诚实忠厚，又善于辩论，不但熟悉法令条文，精通官场事务，而且还懂儒学，因此十分欣赏他。他的建议多数被采纳，越来越得到皇上的重用。后来，公孙弘又当上了左内史，地位步步高升。

公孙弘和大臣们有时候事先约定好要提的建议，但是到了皇上面前，公孙弘总是违背约定，只顺从皇上的意思办。汲黯在朝廷上对公孙弘说道："齐地人看上去忠诚，没想到也有虚伪的人。你当初和我们一起提出的建议，现在却不按照约定做，一点都不忠诚。"公孙弘谢罪说："了解我的人认为我忠诚，不了解我的人当然就认为我不忠诚。"皇上对他的话深信不疑。汲黯又说道："公孙弘位列三公，俸禄很多，可以说是享不尽的荣华富贵，可是睡觉竟然盖的是布被，这不是骗人吗？"公孙弘答："确有其事。九卿中和我关系最好的就是汲黯，可是他今天在朝廷上刁难我，确实说中了我的缺点。以三公的身份盖布被是想要钓取美名，确实是欺骗行为。如今我的官位是御史大夫，盖的是布被，这就是说从九卿以下直到小官吏没有贵贱之分。要是没有汲黯的忠诚，皇上又怎么能听到这样的话呢？"皇上觉得公孙弘谦恭礼让，更加看重他。不久公孙弘就当了丞相，被封为平津侯。皇上身边有一些很受宠的大臣，常在背后说公孙弘的坏话，可是皇上却越发善待公孙弘。

公孙弘因节俭而扬名，但对待朋友却十分慷慨大方。他每顿饭只吃一个肉菜和一碗粗米饭，然而当他的好朋友和一些要好的门客需要衣食帮助时，公孙弘会毫不犹豫地拿出自己的俸禄送给他们。朋友们都夸赞他贤明。

公孙弘的为官之道

公孙弘是汉代以节俭闻名的丞相，为人慷慨，乐于助人，朋友们都喜欢和他交往。但是他有一个特别大的缺点，那就是他猜疑和嫉妒心很强。他看起来宽宏大量，内心城府却很深。以前和公孙弘有仇怨的人，公孙弘都装作和他们很友好的样子，而心里却总想找机会报复他们。杀害主父偃，把董仲舒调到胶西，都是公孙弘暗地里安排的。

淮南王和衡山王要谋反，朝廷正追究得紧，这时公孙弘却生了重病。公孙弘觉得自己没立过

中国大事记 | 公元前117年，大农令颜异因腹诽而死，自此开始有腹诽法，武帝朝堂多为谄谀取容者。

什么功而被封了侯，还做了丞相。而丞相应该使公卿大臣都懂得为臣之道，让他们明白作为臣子应该安分守己，忠诚守信，还应该帮助皇上共同治理国家，使天下太平，百姓和乐。可是现在诸侯却有了反叛之心，闹得民心不安，君臣担忧，这都是自己不称职的缘故。公孙弘思来想去，担心自己病死而无法推脱责任。于是他向皇上上了奏书说：

“天下的常道有5条，君臣、父子、兄弟、夫妇和长幼的次序。用来实行这五条常道的有3种美德，就是智慧、仁爱和勇敢，这三方面是天下的常德。所以孔子说‘努力做事接近于仁，善于发问接近于智，知道羞耻接近于勇’。懂得了这3个道理，就知道了怎样使自己学会修身养性，逐步完善自己，明白只有管理好自己才可以有权利管理别人。天下还没有听说自己的品行不够好就去要求别人品德高尚的，这是百代不变的道理。如今皇上遵守孝道，有仁爱之心，也让天下百姓以孝道为最高品德，借鉴夏、商、周三代君王的治国政策，皇上不仅有着文王和武王的才能，还十分懂得用人，常常提拔一些有才能且品行高尚的人做官，给他们俸禄。可是我没有什么才能，也缺乏智谋，更没立过汗马功劳，皇上却封我为侯，和三公平起平坐。我觉得我担当不起丞相的职责，加上平时身体又不好，担心日后无法报答皇上的恩德，无法推脱责任。请皇上让我交回侯印，辞官回乡，让有贤能的人来代替我吧！”

皇上看了公孙弘的奏书后很快便给他回了信：“从古到今，不管哪一朝代的君主都是奖赏有功的人，赞扬有德的人，关心百姓疾苦，听取人民意见，这是历代不变的道理。我刚刚登上皇位的时候，常常担心国家不能安定，百姓生活不能满足，害怕有人产生叛逆之心，只想和各位大臣共同治理，这你是知道的。人人都喜欢善良憎恶丑恶，君主也同样喜欢忠诚纳谏的大臣，讨厌阴险狡诈的小人，你如果谨慎做事，忠诚守信，可以长久地留在我的身边。你不用担心自己不能胜任，生了病可以派人找医生来看，也用不着这样忧愁。可是你竟然上书要求交回侯印，请求辞官回乡，你这不是在骂我无德吗？我身为一国之君就这么让你不肯效力吗？我真是没有想到你会有这样的想法。如今国家相安无事，你就静下心来好好养病，不要再胡思乱想，过于忧虑了。另外再派医生给你送几副药过来，等病好了就进宫朝见。”皇上让公孙弘继续休养，又赐给他一些物品。不久公孙弘病好了，继续担任丞相，帮助皇上处理政事。

主父偃上书

主父偃姓主父，名偃，和公孙弘是同乡。汉武帝的时候，主父偃觉得诸侯中没有适合去游学的，就向西进入了函谷关，投奔大将军卫青。卫青多次向皇上推荐他，皇上就是不肯召见。主父偃身无分文，在长安住了很长时间，许多达官贵人的宾客都很讨厌他。后来他向皇上上书，阐述自己对国事的看法。早上刚把奏书交上去，傍晚的时候皇上就要召见他。主父偃在奏书中主要说了9件事，其中8件事是关于法令条文的，另一件是劝谏皇上攻打匈奴。

主父偃上书说：“我听说圣明的君主善于听取百姓的意见，对百姓臣子真实的想法从不制止，广开言路，乐于接受诚恳的进言，同时自己也细心观察人民的生活，关心百姓的疾苦。忠诚的大臣不会因为可能受到处罚而不敢直言进谏，所以使国家昌盛的好政策不被遗失，皇帝的英名也流芳百世。如今我完全献上我的一片忠心说出我愚昧的想法，希望皇上赦免我的罪过，考虑一下我的建议。

“古书上说：‘国家虽然强大，如果总去发动战争就一定会灭亡；天下虽然太平，但是只贪图安逸享乐而不练习军队保卫国家也会有危险发生。’在国家太平的时期，人们没有忘记过去的战争曾经带来的后果和教训，所以人民安居乐业的同时国家还要加强军队的建设，派兵守卫边防。但是战争是最残酷的行为，有了仇恨就会发动战争，人民不满就要起兵反抗，古往今来有多

历史关注 张骞的副手曾到达大宛（今中亚东部）、康居（今中亚北部）、大夏（今阿富汗北部）、月氏（今阿姆河地区）。

少国家因战争和叛乱最终从昌盛变为了灭亡，有多少君主因为一时的矛盾而发动了战争，等付出了惨重的代价之后才后悔莫及。

“秦始皇当初建立大业，连年征战，终于吞并了六国，统一了天下，功业不亚于夏、商、周三代开国君主。可是他并没有满足，在作战连连获胜后又动了攻打匈奴的心思。他的大臣李斯劝谏说：‘不能攻打匈奴。第一，匈奴人居住的地方不固定，哪儿有水草就到哪儿，像鸟一样到处迁徙，很难追击和降服。我们也不好发兵，派轻骑军去攻打，担心军粮会供应不上，要是带上充足的军粮去打，粮多车重，行军很不方便，也不是办法。第二，即使我们打败了匈奴，占有了他们的土地，降服了他们的百姓，又有什么用呢？那里的土地都是盐碱地，根本不生长庄稼，匈奴人都是以放牧为生，不耕种田地。况且百姓还不会耕种田地，我们收服了他们，不但没增加人力，还要保护他们。这样做对国家实在没什么好处，只能给国家增加负担。第三，攻打匈奴并不能给我们带来多大利益，反而我们还得大动干戈，不仅将士们身心疲惫，财力物资上的耗费也是非常巨大的。国库空虚，百姓痛苦，将士劳累，君臣不安，实在是百害而无一利啊！如果我们要打匈奴，并且战胜了他们，那么一定得消灭他们。可是这哪里又是作为一国之君所做出的事呢？无休止的战争不仅会让国家耗费力量，而且让人觉得我们国家总以攻打匈奴为快事，这不是好计策。’可是秦始皇并没有听李斯的劝告，而是派大将蒙恬率军攻打匈奴，结果秦军大胜，以黄河为界，把匈奴赶到了黄河以北，秦军占领了黄河以南的大部分土地。然而这些土地都是盐碱地，根本不生长庄稼。如果天下太平了，皇上还有什么得不到的，还有什么事情不能成功的，再打起仗来还有谁不敢降服的呢？”

接着严安也上书说：“西周统治了300多年，成王、康王时代是它的鼎盛时期，连续40多年不用刑罚，等到衰落时也经历了300多年，所以春秋五霸相继兴起。五位霸主帮助君主治理国家，讨伐敌国，扶持正道，使君主得以尊贵。后来五位霸主去世后，没有圣贤的人能够代替，君主便孤立衰弱，发号施令没人听，诸侯任意行事，强大的欺负弱小的，人多的欺压人少的，齐国的政权被田常篡夺，晋国的土地被六国瓜分，人民从此受苦。于是强大的国家致力于战争，弱小的国家备战防御，出现了合纵连横的局面，战场上硝烟四起，百姓苦不堪言。

“秦王嬴政，统一六国，自称‘皇帝’，掌管国家大权，毁坏诸侯都城，销毁他们的兵器用来铸成钟鼎，向天下人宣布不再用兵。百姓以为遇到了圣明的君主，从此不会再遭受战争之苦，但这对于残暴的秦王朝来说是根本不可能实现的。如果秦朝减轻它的刑罚，少收一些赋税，减轻徭役，多关心百姓，体察民情，不追逐权势利益，任用有才能和品德高尚的人为官，不听信小人的谗言，让百姓遵从孝道，懂得仁爱，那么世代人民就可以永享太平了。然而秦朝并没有这样做，刑罚依然严酷，赋税依然沉重，那些追名逐利的人得到了重用，忠厚诚信的人反而被贬退。一些阿谀奉承的奸臣每天在皇上耳边甜言蜜语，使秦始皇更加荒淫残暴。他派蒙恬攻打匈奴，命令国中的成年男子去驻守北河，战争时物资不够又命令百姓急速运送粮食，百姓被折磨得痛苦不堪；后来又派尉官率领水兵攻打百越，派监御史开凿运河，深入越地，使越人外逃。长时间的作战，士兵们疲惫不堪，军粮也越来越少，终于使秦军大败。秦朝在北方与匈奴有仇，在南方和百越结怨，在无用之地驻扎军队，命令将士只可进不可退，男子都要参军，女子都要转运粮草，严酷的法令使人们痛不欲生，半路上自杀的人不计其数。

“后来陈胜、吴广攻取了陈县，武臣、张耳攻占了赵地，项梁攻占吴县，田儋攻占齐地，景驹攻占郢、周等都说明了国家的忧患不在于瓦解这一道理。”

主父偃、徐乐和严安上书武帝后，武帝召见他们三人进宫。武帝任命主父偃为郎中，后来因为他经常进见皇上，上书谈论各种政事，就又任命他为谒者，不久又被提升为中大夫，主父偃一年之内被提升了4次。

中国大事记 | 公元前 115 年，张骞第二次出使西域归来，汉朝与西域文化与商业交流开始，“丝绸之路”形成。

南越列传第五十三

南越王赵佗

南越王赵佗，真定人。秦国吞并天下后，平定了南越，设置了桂林、南海和象郡，又把判过罪的百姓迁过来和越人杂居。赵佗做了南郡龙川县令。秦二世时，有一次，南海郡尉任嚣召见赵佗，告诉他说：“听说陈胜等人发动叛乱，秦朝政治不讲道义，百姓不堪忍受，项羽、刘邦他们都在州郡同时建立军队，聚集民众，如同猛虎争夺食物一样争夺天下。中原动乱不知道什么时候停止，有势力的人们都背叛了秦朝，互相对立。南海郡较偏远，我担心强盗们会来这里掠夺土地，因此想发动军队，切断秦朝到南海之间的道路，自己做好防守准备，等待形势的发展，可是我生病很严重，所以请你来。番禺背靠着险要的山势，又紧靠着南海，东西几千里，不少中原人都在帮助我们，在这也能当一州之主，可以建立国家。郡中的长官没有人能有资格与我商谈国家大事，所以我把你召来，就是要告诉你这些。”然后交给赵佗有关文书，让他当了南海郡尉。任嚣死后，赵佗立刻张贴布告到横浦、阳山、湟溪关等地，布告上说：“敌军将要来到，迅速断绝道路，集中兵力作好防备。”在这个时候赵佗把秦朝所设置的官吏给杀了。秦朝灭亡之后，赵佗攻打并吞并了桂林、象郡，自立为南越武王。

高祖平定天下后，看到中原百姓生活困苦，不堪战乱，就放过了赵佗，不再讨伐他。高祖十一年（公元前 196 年），立赵佗为南越王，和陆贾剖符定约，互相通使往来，共同治理百越。南越边界和长沙相接，高祖采取安抚的策略，防止南越成为汉朝的祸害。吕后执政时期，朝廷官吏禁止南越在关市上购买铁器。赵佗说：“当初皇上立我为南越王，互通使者和物品，可是如今吕后听信奸臣的谗言，歧视南越，不让互通交流往来，阻止物品交易，这一定是长沙王的主意，他是想依靠中原来吞并南越，为自己建立功业。”于是赵佗自封为南越武帝，出兵攻打长沙国边境的几个小城就撤退了。然后吕后派将军周灶前去攻打赵佗，当时正是酷暑阴雨连绵的天气，很多士兵都生了病，整个部队根本无法穿越阳山岭。一年后，汉军撤兵。赵佗从此凭借军力在边境耀武扬威。赵佗当了南越武帝后，用钱财贿赂闽越、骆越等国，使他们归属了南越，这样东西长达 1 万多里。赵佗出行乘坐黄盖车，自称皇帝，任意发号施令，和汉朝平起平坐。

文帝元年（公元前 179 年），文帝刚刚登基，就派使者告诉各位诸侯和四方蛮夷的君主，自己从代国来即位的意图，让他们看到皇帝的贤明德行。文帝派人在赵佗亲人的坟墓旁设置守墓的民居，逢年过节的时候来随时祭祀。他又召来赵佗的堂兄弟们，赏赐给他们丰厚的物品和钱财，封他们为官，表示很喜欢他

丝缕玉衣 汉

这是南越王穿的葬服，用红色丝线将 2291 片玉片编缀而成。玉衣是皇帝、诸侯王和皇帝宗亲的专用葬服。目前全国共发现 40 多件玉衣，丝缕玉衣则仅此一件。

历史关注 | 张骞开拓的从长安到西域各国的通商之路是联系东西方文化的要道，人们称之为“丝绸之路”。

们。他让丞相陈平等人推荐能够出使南越的人，陈平说陆贾当年出使过南越，一定对那里很熟悉。于是文帝召见陆贾并任命他为太中大夫，让他出使南越，并趁机责问赵佗自立为皇帝为什么不报告。陆贾到了南越，向赵佗传达了文帝的旨意，赵佗非常害怕，连忙写信谢罪说：“请皇上恕罪！由于以前吕后对南越有看法，不让互通往来，我怀疑长沙王在背后说了什么坏话，又听说吕后诛杀了赵氏的宗族，于是我一时冲动，就侵犯长沙国边境。东边的闽越国只有几千人却号称王，西边的西瓯和骆越国也称王，我妄自窃取皇上的尊号，只是一时安慰而已，怎么能把这件事向皇上报告呢？”赵佗磕头谢恩，表示愿意永远做汉朝的臣子，遵从进贡的职责。赵佗又向全国宣布：“从今以后，我去掉帝制，一个时代不能有两个君王，同一时代不能有两个贤人，当今汉朝皇帝才是最贤明的君主！”陆贾回到汉朝报告，文帝十分高兴。

景帝的时候，赵佗向汉朝称为臣，派人朝拜皇上，可是在南越国，赵佗依然自称皇帝，窃用皇帝的尊号，只有他派使者朝见景帝的时候才称王，接受皇帝的命令和诸侯一样。

三朝元老吕嘉

赵佗的孙子赵胡继承王位后，闽越王郢发动军队攻打南越，赵胡向皇上上书说：“南越和闽越都是汉朝的藩国，不应该互相攻打。可是现在闽越侵犯我的国家，我不敢擅自出兵迎战，请皇上指示。”于是皇上更加称赞南越王讲道义，遵守职责和盟约，并立刻为南越出兵，特派两名大将前去讨伐闽越。然而军队还没翻过阳山岭，闽越王的弟弟馀善就把闽越王郢给杀了，随后投降了汉朝。汉军停止进攻。皇上派庄助到南越，向南越王说明朝廷派兵替南越讨伐闽越。南越王赵胡连忙跪拜说：“皇上竟然为我派兵讨伐闽越，我将无法报答皇上的恩德啊！”接着对庄助说：“国家正遭受敌军的侵扰，请使者先回吧，我准备好就去拜见皇上。”庄助回到朝廷以后，赵胡的手下说：“汉朝派人杀了郢，实际是杀鸡给猴看，来吓唬南越。先王过去说过，臣子辅佐皇上只要不失了礼就可以，不能只因为爱听好话就入朝拜见。去朝见就不能再回来，这是亡国的势头啊！”于是赵胡谎称有病，不去朝见皇上。十几年后，南越国的太子婴齐回国，代立为南越王。

婴齐在长安朝廷当侍卫的时候，娶了邯郸一家女儿为妻，生了个儿子叫赵兴。等婴齐做了南越王时，就向皇上上书请求立她为王后，立赵兴为太子。汉朝多次派使者劝婴齐来朝见皇上，婴齐平常总以杀人为乐，听到让他去拜见皇上，他害怕见到皇上怪罪，像对待内地诸侯那样处分他，就推说有病，最终也没有去拜见皇上。

太子赵兴长大后被立为南越王，他的母亲为太后。婴齐死后，汉朝派安国少季去规劝南越王赵兴和太后朝见皇上，和诸侯朝见一样。安国少季出使南越，和太后又得以私通。南越国的很多人都知道他的事，所以他们也并不信服太后。太后害怕发生动乱，也想依靠汉朝的威势，就几次劝说南越王请求归属汉朝，通过使者向皇上上书说，南越王和太后请求像诸侯一样，3 年朝见皇帝一次，并撤除边境的关塞。皇上答应了南越的请求，把银印赐给南越丞相吕嘉，还赐给了内史、中尉等官印，其余的官职可以让南越王自己安排，并废除了以前的酷刑，改用汉朝法律。南越王和太后这才准备行装和礼物去朝见皇上。

吕嘉是南越的丞相，他曾做过 3 位国王的丞相，如今年纪已经很大了。在吕嘉的家族中，做官的就有 70 多人，男子都娶王公贵族的女儿为妻，女子都嫁给王子或王室的人，真可以说是皇亲国戚，他自己还和苍梧郡的秦王有联姻关系。吕嘉在国内的名声很大，得到南越人的信任，可以说他比南越王还要得民心。

吕嘉多次劝说南越王不要上书皇上，可南越王不听。慢慢地吕嘉产生了背叛的想法，常常以生病为借口不见汉朝使者。吕嘉的行为引起了汉朝使者的注意，然而迫于当时的形势，汉朝使者

中国大事记

公元前115年，汉武帝再次禁止郡国铸钱，专令上林三官铸造，规定非三官钱不得流通。

一直没有机会杀他。南越王和太后也害怕吕嘉等人，就摆设酒宴，想依靠汉朝使者把吕嘉等人杀掉。酒席上，使者面向东坐，太后面朝南坐，南越王面朝北坐，吕嘉和其他大臣面向西，陪坐喝酒。吕嘉的弟弟率领士兵在宫外把守。众人喝到高兴处，太后对吕嘉说："南越归属汉朝，对国家很有利，可丞相并不赞同，这是为什么呢？"太后说这句话实际上是想激怒汉朝使者。汉朝使者犹豫不决，不知该不该动手，矛盾了半天最终还是没敢杀吕嘉。吕嘉仿佛也意识到了什么，他用眼睛环顾了一下周围，发现周围的人都不是自己的亲信，就突然变得警觉起来，立刻起身要出去。太后一看吕嘉要逃，顿时大怒，迅速拿起一根长戟想要刺杀吕嘉，却被南越王制止住了。吕嘉逃脱，从他弟弟那里要了一些士兵护送自己回家。此后，便以生病为由，不再见南越王和使者。他暗中和大臣们商量想打算发动叛乱，可是他知道南越王并不想杀他，因此好几个月过去了，也没发动叛乱。

太后想自己杀掉吕嘉等人，可是大臣和百姓都不依附，因此感到力不从心。皇上听说吕嘉不听从南越王，而南越王和太后又势单力薄，无法制服吕嘉，使者更是胆小如鼠，不能决断。又想到南越王和太后已经归附汉朝，只是吕嘉一人在作乱，不值得派军队大动干戈，想派庄参带两千人出使南越国。庄参说道："如果是为了加强友好而前往，几个人就足够，如果是为了战争而前往，即使两千人也做不了什么。"庄参推辞不去。而丞相韩千秋却说："这么一个小小的南越，况且南越王和太后已经归附汉朝，要对付的只有吕嘉一个人，还有什么可怕的呢？让我带领一二百人去杀吕嘉，提着他的头来见皇上！"于是皇上就派韩千秋和太后的弟弟率两千人前往南越。

吕嘉探知这一消息，觉得形势已经十分危急，就决定发动叛乱。吕嘉对南越国的人说："国王年轻，太后是汉朝人，又同汉朝使者有淫乱行为，一心想归属汉朝，把先王的珍宝重器全部拿去献给汉天子，谄媚汉天子；带走很多随从的人，走到长安，便把他们卖给汉人作僮仆。她只想得到自己逃脱一时的好处，没有顾及到赵氏的国家政权，没有为后世永久之计而谋划的意思。"于是吕嘉和他的弟弟率领军队攻打并杀了南越王、太后和汉朝使者。这时，韩千秋的部队进入南越，攻下了几座小城。南越国让开道路，还派人供给汉兵食物，这样一步步诱敌深入。等到汉军距离番禺40里的时候，南越军队迅速出击，消灭了韩千秋等人的军队。

元鼎六年（公元前111年）冬天，楼船将军与伏波将军率兵打到番禺。楼船将军驻兵在番禺的东南面；伏波将军驻军在番禺西北边。南越人平时就听到过伏波将军的大名，伏波将军就派使者招来那些投降的人，赐给他们印，放他们回去招降别的人。黎明时分，城中的敌兵都投降了伏波将军。吕嘉和赵建德已在夜里同几百个部下逃入大海，乘船西去。伏波将军又乘机询问已投降的南越贵人，才知道吕嘉的去向，派人去追捕他。苏弘捕到赵建德，被封为常海侯；南越人郎官都稽抓到吕嘉，被封为临蔡侯。从赵佗最初称王以后，传国五世，共93年，南越国就灭亡了。

·刺史制度·

西汉中期，为了加强中央对郡国的管理，汉武帝在元封五年（公元前106年）把全国除了三辅（京兆、左冯翊、右扶风）、三河（河南、河内、河东）和弘农以外的地区分成了13个州部：冀州、青州、兖州、徐州、扬州、荆州、豫州、益州、凉州、幽州、并州、交趾、朔方。中央在每个州设立刺史一名，专职监察地方。刺史没有固定的治所，每年八月巡视所辖区域，考察吏治、奖惩官吏、决断冤狱。刺史当时在国家的官制中地位并不高，但是在地方时代表中央，可以监察二千石和王国相，也可以监督诸侯王，刺史权责虽重，但并不直接处理地方行政事务。刺史制度的确立，加强了中央对于地方的监控。

历史关注 | 葡萄、黄瓜、芝麻等作物，是张骞出使西域之后开始传到中国内地的。

东越列传第五十四

闽越王馀善

闽越王无诸和东海王摇，他们的祖先是越王勾践的后代，姓驺。后来秦朝统一六国兼并天下，他们两人都被废除了王号，原来的统治区被设置为闽中郡。秦朝暴政，激化了各种矛盾，反叛秦朝的起义风起云涌。无诸和摇追随鄱阳县令吴芮起事，参与反秦斗争。那个时候，兵政大权掌握在项羽手里，项羽没有立无诸和摇为王，所以他们没有归附楚王。后来汉王率军攻打项羽，无诸和摇就率军帮助汉王攻打楚军。汉王五年（公元前 202 年），无诸重新被封为闽越王，建都在东冶。汉惠帝三年（公元前 192 年），论功行赏时，朝廷大臣都认为摇立下的功最多，并且摇深得百姓的拥护，就立摇为东海王，建都在东瓯，人们又称他为东瓯王。

过了几代人之后，汉景帝三年（公元前 154 年），吴王刘濞发动叛乱，想让闽越也跟自己一同反叛汉朝。闽越没有参与，东瓯却跟随吴王造反。结果反叛失败，吴国被汉军一举攻破，汉朝出重金收买东瓯。东瓯军杀掉刘濞，退回自己国中。

吴王刘濞被杀后，他的儿子刘子驹逃亡到了闽越。因为东瓯人杀了他的父亲，他对东瓯充满了愤恨，就常常劝说闽越去攻打东瓯。汉武帝建元三年（公元前 138 年），闽越攻击东瓯，双方展开了激烈的交战。最后东瓯军弹尽粮绝，士气低落，眼看就要败下阵来。东瓯军一看形势不妙，连忙派人向汉朝请求救援。汉武帝就问田蚡是否应该出兵帮助东瓯，田蚡说："越人之间的战争是经常发生的，他们本来就喜怒无常，不值得动用兵力。秦朝的时候就没把他们当回事，从来不认为他们是从属国，更何况是汉朝呢！"这时中大夫庄助站出来反对田蚡说："我们所担心的是力量不足救不了他们，恩德浅薄不能感化他们。要是真有能力救东瓯，为什么要扔下不管呢？秦国连自己的国家都不珍惜，更别说越人了！如今小国有了危难来向皇上求助，皇上要是也不管不问，那他们还找谁呢？他们还能去哪里诉苦呢？而皇上自己又凭什么来养育保护天下人民呢？"武帝说："我刚刚即位，并不想从郡国调兵打仗。"就派庄助拿着符节到会稽去调兵。会稽太守开始不服从命令，不想出兵，庄助就把他的一位军司马杀了，并说明是皇上的旨意，会稽太守才发兵去救援东瓯。等到援兵到达东瓯，闽越军早已撤离了。东瓯请求把全国人都迁徙到北方去，得到了汉朝的同意，于是就率领全体民众北上，居住在江淮一带。

建元六年（公元前 135 年），闽越攻打南越。南越遵守天子的约束，不敢擅自出兵，就先把这件事报告给汉武帝。汉武帝派大行令王恢带兵从豫章出发，大农韩安国带兵从会稽出发，攻打闽越。他们的队伍还没走出阳山岭，闽越王郢就领兵在险要之地来阻击他们。这时，闽越王郢的弟弟馀善和东越丞相等人商量说："我们大王出兵攻打南越，没有向皇上请示，所以皇上派兵来讨伐。汉军兵多力强，我们就算侥幸战胜了他们，日后皇上还会派更多的军队来讨伐我们，直到把我们国家彻底消灭。如果我们把国王杀掉，并向皇上谢罪，皇上要是接受了请求就能够停止战争，这样我们的国家就会保存下来。要是皇上对我们的请罪不理会，我们就跟他们拼战到底，失败了就逃到海里去。"大家都同意，说："好！就这么办！"馀善随后派人暗地里用短矛刺杀了

中国大事记　公元前115年，汉朝在匈奴旧地置酒泉、武威郡，迁移民众居住，以断绝匈奴与羌人的联系。

郢，并把他的头献给了大行令王恢。王恢说："我来这儿的目的就是想杀闽越王，然而闽越王的头已经在此，闽越也已谢罪，没动武力就消除了祸患，没有比这更好的事了。"王恢就用灵活方便的方式停止了军事行动，并派使者把情况告知了大农韩安国，又派使者携带闽越王的人头急驰回到长安，报告武帝。于是武帝下诏书，让王恢和韩安国的军队停止军事行动，说："东越王郢等首先作恶，只有无诸的孙子繇君丑没有参与这个阴谋。"武帝便派郎中将去立丑当越繇王，奉行对闽越王祖先的祭祀之礼。

徐善杀了郢以后，威震全国，得到了百姓的拥戴，于是他就自立为王。无诸的孙子繇没参与这次战争，因而被立为越繇王。越繇王没有能力约束馀善，皇上认为不能再因为馀善兴师动众了，说道："馀善和郢作乱多次，没想到郢先被杀，使汉军避免了劳苦。"就立馀善为东越王，与越繇王一起治理国家。

元鼎五年（公元前112年），南越起兵造反，东越王馀善向武帝请求率军8000人跟随楼船将军杨朴去攻打吕嘉。等军队到达揭阳时，馀善以海上风大为借口不再前进，驻军观望，并且暗中派人和南越联系。等汉军攻取了番禺，东越军还没到。楼船将军很生气，向皇帝上书请求借机攻打东越，汉武帝说士卒已经劳累疲倦，就没有批准楼船将军的请求，停止了军事行动，下令诸位校官和士兵，让他们驻军在豫章的梅岭等候命令。

元鼎六年（公元前111年）秋天，馀善听说楼船将军要讨伐他，而且汉军已经进逼东越，将要打过来，就决定造反。他立即派兵在汉军的必经之地作好战略准备，任命他的将军为"吞汉将军"，口气很大。东越叛军进攻汉朝的白沙、武林和梅岭地区，杀了3名汉军校尉。这时，汉朝派遣大农张成、原山州侯刘齿率兵驻守在这里，他们不敢去进攻东越的军队，反而退到有利地方，呆在那里。后来他们犯了畏惧敌人、怯懦软弱的罪而被杀。

馀善还刻了带有"武帝"字样的印玺自立为皇帝，欺诈百姓。汉朝派横海将军韩说从句章出发，渡海从东边进军；杨朴将军从武林出发；中尉王温舒从梅岭出发；投降汉朝后来被封侯的两个越人也担任了将军，他们从若邪、白沙出发，分进合击，进攻东越。东越派兵扼守险关要塞，打败了楼船将军的几个校尉，杀死了长吏。楼船将军率领钱塘人辕终古杀了徇北将军，被封作御儿侯，但楼船将军自己的军队却没有前往武林。

东越国的越衍侯吴阳当时在汉廷，汉朝派他回东越劝说馀善，馀善不听。横海将军韩说率兵到达东越，越衍侯吴阳、建成侯敖与繇王共同商量说："馀善挟持我们作乱，如今汉军已到，兵多势强，必败无疑。我们要是把馀善杀了，归附汉朝，也许能解脱罪过。"人们纷纷表示赞成。他们联合起来杀掉了馀善，接着投降了横海将军。

汉武帝觉得东越地势非常险要，民风强悍，下令把所有东越人民迁到江淮一带居住，东越灭亡。

·金缕玉衣·

中国汉代皇帝和贵族的殓服。按死者等级分为金缕、银镂、铜缕。1968年满城汉墓出土的两套金缕玉衣，保存完整，形状如人体，各由两千多玉片用金丝编缀而成，每块玉片的大小和形状都经过严密设计和精细加工，可见当时高超的手工艺水平。它是用金缕编成，汉代皇帝和贵族死后用为殓服。由于等级不同，玉衣有金缕、银缕、铜缕之分，这三种玉衣在考古工作中都有发现。金缕玉衣是汉代规格最高的丧葬殓服，大致出现在西汉文景时期。

历史关注 | 汉武帝时期出现了《舆地图》，这说明汉代已明确出现了关于国家的地域概念。

西南夷列传第五十六

西南夷故事

西南夷以首领的数量著称，各部落的首领非常多，可以以“10”为单位来计算，其中以夜郎国的势力最为强大。夜郎以西的靡莫之夷也多得要用“10”来计算，其中滇国的势力最大。从滇国往北，那里的君长也多得用“10”来计算，其中邛都势力最大。这些国家的人都头梳椎形的发髻，耕种田地，有聚居在一起的城镇和村落。这些国家以外的地方，风俗习惯就大不相同了。西边从同师往东，直到北边的楪榆，这些地方的人都把头发结成辫子，他们不耕种田地，而是放牧，没有固定的居住场所，随季节迁徙，没有固定的君主，他们活动的地方有几千里。而在东北方，这里的国家和前面那些国家还有很大的差别。这里的居民有的是土著人，有的是移民，位于蜀郡的西边。这些都是巴郡、蜀郡西南以外的蛮夷。

汉武帝建元六年（公元前135年），大行王恢率军攻打东越，东越的馀善杀死东越王郢以回报汉朝。王恢派番阳令唐蒙把汉朝出兵的意旨告诉了南越，南越使者拿蜀郡出产的枸杞酱给唐蒙吃。唐蒙非常惊讶，便问：“这是从哪里得到的？”南越使者说：“从西北牂牁江里得到的，牂牁江宽几里，流经番禺城。”唐蒙回到长安问蜀郡的商人是否属实，商人说：“只有蜀郡才出产枸杞酱，很多人都拿着它偷偷到夜郎国去卖。夜郎国紧靠牂牁江，江面宽阔，船只自由航行。南越想利用财物使夜郎国归属自己，可是尽管它的势力强大，最终也没能让夜郎国屈从。”唐蒙就上书皇上说：“南越王出行乘坐黄伞车，车上插着旗，他的土地东西达1万多里。如果从长沙和豫章郡出发，水路多半被阻隔，难以前行。我听说夜郎国有精兵10多万，况且紧临牂牁江，让他们的军队乘船沿牂牁江而下，趁其不备来个突然攻击，未免不是制服南越的一个好办法。如果真能利用汉朝的强大，巴蜀的富饶，开通前往夜郎的道路，在那里设置官吏，那可非常有利啊。”汉武帝也认为唐蒙的主意不错，就任命他为郎中将，带领部队前往夜郎。在夜郎国，唐蒙会见了夜郎侯多同，不仅给了他很多赏赐，用汉王朝的威势和恩德开导他，还约定好给他们设置官吏，让他的儿子做官。夜郎国附近的人们都贪图汉朝的丝绸布帛等赏赐品，认为汉朝到夜郎的道路险阻，不能被占据，就接受了唐蒙的盟约。唐蒙回去向武帝报告此事，武帝就把夜郎国改设为犍为郡。这以后就调遣巴、蜀两郡的兵士修筑道路，从僰一直修到牂牁江。蜀郡人司马相如也向皇帝说西夷的邛、筰可以设置郡县，皇帝就派司马相如用郎中将的身份前往西夷，司马相如明白地告诉他们，朝廷将按对待南夷的方式对待他们，给他们设置一个都尉、十几个县，归属于蜀郡。

有一次，汉朝派使者到滇国。滇王问汉朝使者：“汉朝和我国相比，哪个大？”汉朝使者很吃惊，他没想到这样一个只有汉朝一个郡大小的国家竟敢和汉朝相比。等汉朝使者到了夜郎国，夜朗国国王也提出了同样的问题。这都是因为道路不通，各国之间缺少来往和交流造成的啊！各国的国王都以为自己的国家最大，却不知道汉朝的广大。

中国大事记 | 公元前114年，汉武帝因国库空虚，实行“告缗”，收敛了民间大量财富。

司马相如列传第五十七

文君当垆卖酒

汉朝的司马相如是蜀郡成都人，字长卿。他小的时候很喜欢读书，也喜欢练剑，父母就给他起名叫犬子。司马相如长大后，完成了学业，因为心里一直很仰慕蔺相如，便改名为司马相如。

司马相如早年很富有，他凭着这些钱当上了郎官，辅佐景帝，在皇帝身边当武骑常侍。可是他根本不喜欢这个官职。有一次，梁孝王来汉国朝见，跟他一起来的还有齐郡的邹阳、淮阴的枚乘、吴县的庄忌先生等，这些人都是读书人，平时显出一副很有学问的样子，而且常常高谈阔论。司马相如看到他们能言善辩，一下就喜欢上了他们，马上谎称自己有病辞去了官职，跟着梁孝王这些人去了梁国。

梁孝王把司马相如和许多读书人安排在了一起，于是司马相如就和这些儒生朝夕相处，形影不离，一起生活了好几年。司马相如受到儒生的影响，并且自己也酷爱读书，这些日子产生了许许多多的感受，就写下了著名的《子虚赋》。

后来梁孝王去世了，司马相如只好离开梁国回到自己家中，又因为在汉朝辞了官，家里越来越贫穷，因此心情很低落。他看到家中一贫如洗，又不会以买卖求生，自己也没有什么一技之长可以养活自己，觉得一筹莫展。这时，他猛然想起了和他很要好的朋友王吉，王吉是临邛县的县令，曾经跟司马相如说过：“你长期在外游荡，到处交游求官很不容易，如果遇到什么不顺心的事就来找我。”司马相如顿时心里亮堂了一半，马上动身去城内拜访王吉。王吉见到司马相如也很高兴，对他十分恭敬，每天还不忘到他那里拜访。开始司马相如还以礼相待，渐渐地觉得麻烦，干脆说自己身体不便，谢绝了王吉的拜访。可是王吉还是一如既往地对待司马相如，甚至比以前还要谨慎恭敬。

临邛县富人很多，卓王孙家奴仆就有800人，程郑家也有几百人。他们两人商量着说：“听说县令家里来了贵客，我们应该准备酒宴招待他。”于是两人备下了酒席，请县令赴宴。县令到来时，已经有上百位客人在等候他了。到了中午，卓王孙派人去请司马相如，司马相如假称自己生病不能赴宴。王吉听说司马相如不来，自己也不能先吃，便马上起身亲自去请司马相如。司马相如见推辞不过，只好勉强答应。

酒宴上，大家都很钦佩司马相如的风采。酒

·《凤求凰》·

临邛县（今四川邛崃）有一富豪卓王孙，其女卓文君，容貌秀丽，素爱音乐又善于击鼓弹琴，而且很有文才，但不幸未聘夫死，成望门新寡。司马相如趁一次做客卓家的机会，借琴表达自己对卓文君的爱慕之情，他弹琴唱道：“凤兮凤兮归故乡，游遨四海求其凰，有一艳女在此堂，室迩人遐毒我肠，何由交接为鸳鸯。”这种在今天看来也是直率、大胆、热烈的措辞，自然使得在帘后倾听的卓文君怦然心动，并且在与司马相如会面之后一见倾心，双双约定私奔。《凤求凰》传说是汉代文学家司马相如的古琴曲，全曲演绎了司马相如与卓文君的爱情故事。以“凤求凰”为通体比兴，不仅包含了热烈的求偶意愿，而且也象征着男女主人公理想的非凡，旨趣的高尚，知音的默契等丰富的意蕴。全曲言浅意深，音节流亮，感情热烈奔放而又深挚缠绵，即使是后人伪托之作，亦并不因此而减弱其艺术价值。

历史关注

西汉中期，为了加强对郡国的管理，开始实行刺史制度，此后历朝多有沿用。

卓文君像　明　佚名

卓文君是西汉文学家司马相如的妻子，蜀郡临邛人。她本是临邛富人卓王孙之女，擅鼓琴，长于词赋。丧夫后她不顾家人阻挠与司马相如逃至成都。婚后两人衣食无着，于是回到临邛，当垆卖酒。司马相如成名得官后，欲聘茂陵女为妾，卓文君作《白头吟》加以讽劝，两人恩爱如初。其《白头吟》至今尚存。

兴正浓的时候，县令王吉来到司马相如面前，递上了一把琴，说道："我听说长卿喜欢弹琴，今天大家难得聚在一起开怀畅饮，你就在此弹奏一曲，给大家助助兴！"司马相如推谢了一番，便随意弹奏了几首曲子。大家拍手叫绝。卓王孙有个女儿名叫文君，刚刚守了寡，喜欢听音乐，刚才司马相如弹奏曲子的时候，卓文君就一直在门外偷听。司马相如知道后，就装作敬重县令，一首接一首地弹奏曲子，弹奏了好长时间也不停歇。当时所有人都静静地坐着，全神贯注地听着曲子，几乎忘记了喝酒。琴声婉转悠扬，情意绵绵，时而缓如水流，时而急如雨注，动人心弦，扣人心扉。卓文君站在门外完全被琴声陶醉了。而司马相如也仿佛忘记了周围的一切，完全沉浸在自己的琴声中，他在用美妙的音乐向卓文君传递自己的情意。卓文君偷偷地从门缝里向里屋望去，看到司马相如英俊潇洒，气质不凡，举止从容大方，心中的爱意油然而生。同时在她的脸上很快又浮过一层阴云，原来她怕自己新寡而配不上他。

酒宴结束了，司马相如回去后马上派人准备丰厚的礼物送给卓文君，向她表达了自己的深情厚谊。卓文君满心欢喜，连夜逃出了家门，来到了司马相如这里。卓王孙丢失了女儿，非常生气，大怒道："女儿太不成器了，居然做出这等事！真是脸都丢尽了！我恨不得杀了她，可是怎么忍心呢！唉，都是我管教不严啊！以后我不会再给她一个钱！"有人劝卓王孙不要这样，可他始终不肯听。

司马相如带着卓文君回成都，来到了他的家。当时司马相如很穷，家里空空的，除了四面墙什么都没有。卓文君在成都度过了一段日子，感觉不快乐，就对司马相如说："你和我一起去临邛，哪怕向兄弟们借贷也足以生活了，不至于苦成这样！"司马相如答应了。二人一起来到临邛。他们卖掉了全部的车马，买了一家店铺准备卖酒。卓文君负责看管店铺，掌管生意，司马相如则与雇工们一起在路边洗涤酒器。卓王孙得知自己的女儿竟然沦落到以卖酒为生的地步，感到很耻辱，就闭门不出。人们都来劝卓王孙说："你有一个儿子、两个女儿，并不缺少钱财，如今卓文君已经成了司马相如的妻子，司马相如虽然贫穷，但是他很有才华，以后肯定有所作为。再说，他不是和临邛县令关系很好吗？你又为何这么看不起他？"卓王孙没办法，只好送给女

中国大事记 | 公元前112年，匈奴与西羌通使，进攻汉朝，入五原郡（今内蒙古包头西北）。

儿100名奴仆，100万钱，还有很多衣服和物品。卓文君和司马相如经济上有了资助，就又回到了成都，用钱买了田地和房屋，生活一天比一天好了起来，后来成了富人。

相如事武帝

汉代的皇宫里有个小官，名叫杨得意，和司马相如是同乡，专门为皇上养狗。有一天，武帝读司马相如的《子虚赋》，读完后不禁赞叹道："唉！古人写的东西真是好啊！我偏偏不能和他生在同一时代！"杨得意听了说道："这篇文章好像不是古人写的吧？我的同乡司马相如说他也写过一篇文章叫《子虚赋》。"武帝很吃惊，马上召见司马相如来询问。司马相如看了文章后说："这篇文章确实是我写的。但是这篇文章只写了诸侯的事，场面不够宏大，不值得一看。我正准备写一篇《天子游猎赋》，写完后就进献给皇上。"武帝很高兴。司马相如的《上林赋》共有3个主人公："子虚"是虚构的一个人，专门称赞楚国的美；"乌有"先生，就是"哪有"这个人，来替齐国发难楚国；"无是公"就是"没有这个人"的意思，由他来说明做天子的道理。这3个人都是司马相如虚构的，实际根本不存在。然而司马相如就是靠着这3个假想的人写成了一篇长文，用华丽的语言和多种修辞方法来描写皇帝和诸侯的园林，夸耀它们是多么的宏大和美丽，犹如仙境一般。赋的结尾是劝说皇帝要节俭，不能铺张浪费。这也是他写这篇文章的旨意所在。武帝看了《上林赋》，大加赞赏，立刻任命司马相如为郎官。

·《上林赋》·

《上林赋》是《子虚赋》的姊妹篇，是司马相如最著名的作品。《上林赋》以夸耀的笔调描写了上林苑的壮丽及天子游猎的盛大规模，歌颂了大一统王朝的声威和气势。在写作上，它充分体现了汉大赋铺张夸饰的特点，规模宏大，叙述细腻。《上林赋》是文学史上第一篇全面体现汉赋特色的大赋。在内容上，它以宫殿、园囿、田猎为题材，以维护国家统一、反对帝王奢侈为主旨，既歌颂了统一大帝国无可比拟的声威，又对最高统治者有所讽谏，开创了汉代大赋的一个基本主题。在形式上，它摆脱了模仿楚辞的俗套，结构宏大，层次严密，语言富丽堂皇，句式亦多变化，加上对偶、排比手法的大量使用，使全篇显得气势磅礴，形成铺张扬厉的风格，确立了汉代大赋的体制。司马相如在文体创新方面的非凡成就使其成为当之无愧的汉赋奠基人。

司马相如做郎官的那几年，正赶上唐蒙接受皇帝的命令，负责开发夜郎一带的土地。唐蒙征发巴郡、蜀郡的官兵有上千人，还征调陆路和水路的运输人员1万多人，其中有的人不服从调遣，唐蒙就把这些人给杀了，巴、蜀的百姓都十分害怕，于是产生了谋反的念头。武帝听说这件事以后，担心结果会越闹越大，就派司马相如去责备唐蒙，同时张贴布告，向巴蜀百姓说明皇上并没有这样做的意思，这才平定了民心。当时，唐蒙已经开通了通往夜郎的道路，接着就修筑通往西南夷的道路。由于需要大量的民力物力，所以不得不向巴、蜀等地征兵，做工的达到了好几万人。然而修了两年，最终也没能完成，可是士兵们却积劳成疾，损失惨重，耗费的钱财更是数不胜数。百姓和汉朝官吏们都认为这样下去对汉朝一点好处也没有，可是已经花费了大量的人力财力，真是进退两难了。

这时，邛、笮等地的君主听说南夷和汉朝有来往，得到了很多好处，就有些动了心。他们也想像南夷那样成为汉朝的臣仆，便请求归附汉朝，让汉朝在自己的国土上设立官吏。武帝不知道该不该接受这一请求，就问司马相如。司马相如说："这些小国都接近蜀郡，与中原的交通也很便利。原来在秦朝的时候，这些国家就和中原来往密切，并设置了郡县，到了汉朝建立以后才废除。如今要真能够开通，设立郡县，那可真是太好了，有百利而无一害呀！好处将远远超过南夷。"武帝认为很有道理，就任命司马相如为中郎将，并派他出使那些小国。

司马相如和副使王然于、吕越人等带着巴蜀

历史关注 云南地区在汉朝初期是滇国，武帝之时与中原开始广泛交流。

各地的官吏和财物，来笼络西夷。到了蜀郡，蜀郡太守和部下早就在郊界地等候了，远远地望见他们后便立刻上前迎接。县令亲自在前方引路，蜀地百姓都前来围观，他们都觉得归附汉朝是最大的光荣。这时，卓王孙和临邛的乡亲们也来了，他们拜见了司马相如后，恭敬地献上了礼品和酒，表示友好。司马相如也以礼相待，表示感谢，举止自然大方而不失魄力。卓王孙面对自己的女婿司马相如，感慨万千，后悔没早点把女儿嫁给他。现在看到女婿这样有才能，卓王孙很是欣慰，也替女儿感到高兴。为了弥补以前的过错，卓王孙分给了女儿很多财产，与分给儿子的一样多。司马相如就这样顺利地平定了西夷，各地的君主都主动请求归附汉朝。于是，曾经边界上的关隘如今已拆除，各地互相往来沟通，友好相待，到处一片兴隆景象。司马相如回来向武帝报告，武帝非常高兴。

从那以后，有人上书告相如出使时接受了别人的贿赂，因而失掉了官职。他在家呆了一年多，又被召到朝廷当了郎官。司马相如口吃，但却善于写文章。他患有消渴症，同卓文君结婚后，变得很有钱。他担任官职时，不愿意同公卿们一起商讨国家大事，而借病在家闲呆着，不追慕官爵。

有一次，司马相如跟随武帝去长杨宫打猎。当时武帝正喜欢猎杀熊和猪，总是一个人骑着马亲自追赶野兽，获得猎物以后就带回来给司马相如看，而司马相如总要称赞武帝本领高强，武帝为此很是得意。司马相如看武帝总是喜欢抓捕强大的野兽，喜欢到深远的地方去，不免替他担心。于是他趁这次机会劝说武帝道："每个人都有自己的长处和短处，比如说，乌获力大无比，庆忌轻捷善射，而孟贲和夏育勇猛过人。臣认为人类既然如此，那么野兽也应该是这样，不同的野兽有着各自的长处。如今皇上喜欢到险峻的地方去，射杀力大无穷的猛兽，而对其他野兽则毫无防备。要是不知何时何地突然出现一只动作敏捷的野兽，在没有防备的情况下，猛然袭击，向着您的车子和随从们扑来，那么皇上根本来不及转移车子，人也来不及施展武力，即使有乌获的力气，孟贲的勇猛，也发挥不出来啊。那样皇上可真是太危险了！即使是个很小的野兽，也足以造成很大的伤害了。

"同样的道理，假如现在弱小的胡人和越人突然出现在您的面前，而身后是羌人和夷人在围追堵截，那么皇上该怎么办呢？臣觉得就算皇上力量再大，也会陷入险境的！

"先不说这些，就说皇上平常出行，先得要彻底清除道路上的杂草乱石，然后在道路中间最平坦最宽阔的地方驾车行进，即使这样，还是难免会出现马口中的衔铁断裂、车轴脱落等情况，何况是在荒郊野外穿行，在深山老林里骑马奔跑呢？皇上如今只顾享受捕获猎物时的快乐，却忘了应付变故的准备，这实在是很危险的呀！您现在身为天子，却总想去容易发生危险的地方，做危险的举动，臣认为皇上不应该这样。人们常说：有远见的人，能够预知将来；有智慧的人，能把祸患消灭于萌芽之中。有很多祸患都是在暗中发展起来的，然后在人们疏忽的时候猛然爆发。所以有谚语说：家有千金，不坐屋檐下。这虽然说的是小事，却说明了一个大道理啊！"

武帝听了司马相如这一番话，仿佛炎热的天气里喝下一杯凉水一样痛快，立刻驾车准备回宫。在回来的路上，司马相如又向武帝呈献了一篇文章，内容是感叹秦二世治国的过失。武帝看后夸赞不已。武帝看到司马相如对自己一片忠心，就任命他为文帝的陵园令。

司马相如死后遗留一本书，这本书和以前的文章都不一样。以前的那些文章描写的都是帝王将相的奢侈生活，并且大多都是以歌功颂德为主的，而这本书写的主要是封禅的事情。全书详细地叙述了古代历史和有关的法令制度，通过古代历史来分析国家的兴亡之道，文章说理透彻，有独特的见解与感受，对于治理国家有很大的帮助。武帝读完这本书之后深深地被触动了，惊叹司马相如的智慧和才华确实无人能比。

中国大事记 | 公元前111年，汉武帝平南越，设交趾、九真、日南（均在今越南境内）、张掖、敦煌等九郡。

淮南衡山列传第五十八

胆大妄为的刘长

淮南厉王刘长是汉高祖的小儿子。高祖八年（公元前199年），高祖出游经过赵国，赵王把自己的妃子赵姬献给了高祖，后来这位妃子有了身孕，而当时高祖已经从赵国离开了，就没把这件事放在心上。赵王不敢再让赵姬入宫，就替她另外修建了一座宫室让她居住。后来贯高等人在柏人县要谋杀高祖，事发被查，赵王也被牵连了进去，连他的母亲、兄弟、嫔妃都被抓了起来。赵姬也被囚禁其中，她对狱官说："我身怀有孕，是皇上的骨肉，求你们放了我吧！"狱官赶紧把这件事报告给了高祖，高祖当时正生赵王的气，就没理会妃子。后来赵姬找到他的弟弟赵兼，让他去找辟阳侯审食其，再让审食其去求吕后帮忙，可是吕后听说她怀的是皇上的孩子，怎么能帮助他们，她此时正醋意大发呢！辟阳侯没办法，就没再继续争辩。不久，赵姬生下了一个男孩，就是刘长。赵姬痛恨高祖无情无义，心中怀有委屈怨恨，就自杀了。狱官抱着刚出生的刘长送到了高祖面前，高祖悔恨万分，令由吕后抚养。

高祖十一年（公元前196年），淮南王黥布反叛，高祖立儿子刘长为淮南王，掌管黥布原有的封地。后来高祖打败了黥布，刘长就登上了王位。

刘长从小跟着吕后，依靠着她才免遭祸害。后来汉文帝登位，厉王认为自己和皇上最亲，便无所顾忌，胡作非为，变得越来越骄横。文帝看他是自己的弟弟也就处处宽容他，放纵他，即使犯了错也不追究。于是刘长养成了骄横无礼的习惯，就是朝见的时候也是行为傲慢，霸气十足。他跟随皇帝外出打猎，不仅要和皇帝同坐一辆车，甚至有些时候竟然直接叫皇帝为"大哥"。

刘长虽然生性顽劣，但是很有才能，也十分勇敢，力大无比。他长大后知道了母亲的死因，才对吕后感到痛恨，后来他又把仇恨转到辟阳侯身上，时刻想杀掉他为母亲报仇。刘长在长安住了一段时间，他觉得报复辟阳侯的时机已经到了，于是在衣服里藏起了一个铁槌来找辟阳侯。辟阳侯听说是皇上的弟弟来了，赶紧出来迎接，刘长从衣袖中迅速抽出铁槌，没等辟阳侯反应过来，一槌就朝他的脑袋砸去，辟阳侯顿时倒地。刘长又命令随从割下了辟阳侯的头。随后，他便向文帝请罪说："贯高谋反和我母亲毫无关系，我母亲没有罪，不应该受牵连，这一点辟阳侯是知道的。他当时只要多求求吕后，我母亲也不会自杀的，可是他并没有帮忙，这是他的一项罪过。赵王如意母子没有罪，吕后要杀他们的时候，辟阳侯也没有争劝，这是他第二项罪过。吕后封吕氏家族的人为王，想抢夺刘家天下，辟阳侯竟袖手旁观，这是第三项罪过。现在我已经替天下人除了这个奸贼，也为母亲报了仇，辟阳侯的头就在这里，请皇上治罪！"文帝看在刘长是自己弟弟的分上，又可怜他的出身，就没判罪，而是赦免了他。这件事以后，薄太后、太子还有众位大臣都很害怕刘长。

刘长回到封国后，更加骄横放纵，稍不如意就对人兴师问罪，甚至无辜杀人。他根本不把汉朝法令制度放在眼里，擅自废除了一些条令，完全按照自己的想法实行奖惩。他发布的命令也称为"制"，自己还制定法律。他出门要坐黄伞车，有众多文武跟随，还要戒严，不让百姓通行。各

历史关注

《春秋繁露》传为董仲舒所作，以阐发《春秋》大义为名，糅合了儒家和阴阳家的学说，自成一套理论。

诸侯国的官员本来是由朝廷任免，可是刘长却把他们赶走，让自己的亲信来代替。刘长处处模仿皇帝，唯我独尊。文帝看在兄弟的情分上不便处治他，便派车骑将军薄昭以长者的名义写信给他，劝他不要太过分。可刘长哪里肯听，不仅不收敛，反而更加放肆。他的大臣知道他的脾气，都不敢说话。

刘安的阴谋

刘安是刘长的儿子，后来被任命为淮南王。景帝三年（公元前154年），吴、楚等七国发动叛乱，吴王派使者到淮南，淮南王刘安想派兵响应。他的国相说："大王要是派兵响应吴王，我愿意担任将领。"淮南王就把军队交给了国相。国相取得了军权后，便防守淮南国，不听淮南王的命令而为汉朝廷效劳。汉朝见淮南国对朝廷这样忠心，就派军救助。淮南国没有参与反叛，也没有被七国所侵犯。吴王又派使者去劝说庐江王，庐江王没答应，吴王又派使者到衡山，衡山王坚守自己的城池，毫无二心。后来，吴楚叛军被平定，皇上认为衡山王坚贞忠实，就任命他为济北王，而把庐江王调到了衡山当衡山王，掌管江北。淮南王刘安没有调任。

刘安一向追求高雅的生活，平常喜欢读书弹琴，不喜欢射猎、跑马等活动，想广施恩惠来收买民心，使自己能够美名远扬。自从淮南厉王刘长被汉朝遣送到了蜀郡地区，因为刘长平常自由散漫惯了，骄横放纵已成了习性，一下子被贬到了蜀郡，受不了拘束，也吃不了苦，没等到达蜀郡就死了。刘安对这件事一直耿耿于怀，常常想背叛朝廷，只是一直没找到机会。

汉武帝建元二年（公元前139年），刘安进京朝见。武安侯田蚡是淮南王的好朋友，当时正担任太尉，知道刘安来朝见，就亲自去迎接他。武安侯偷偷地对刘安说："如今皇上还没有太子，这可是个很好的机会！您是高祖的嫡孙，又广施仁义，天下人没有不知道的，将来您不继位，还能有谁呢？"刘安听了，马上领会了其中的意思，心里一阵得意。刘安回到淮南国，便开始暗中结交各路人才，抚慰百姓，准备谋划反叛的事。

建元六年（公元前135年），天上出现了彗星，淮南王刘安觉得很奇怪，不知道这意味着什么。有人告诉刘安说："以前吴王军队起兵的时候，也出现了彗星，不久之后，几千里土地上开始了战争。现在又出现了彗星，这说明天下又要大乱了，新的力量将要产生。"刘安心想，皇上没有太子，天下如果大乱，那么诸侯王之间肯定会互相争斗，于是加紧整修兵器，用金钱收买郡守、游士和奇人。那些能说会道的游士们为了自己的利益，根本不顾及国家和淮南王的安危，全都蜂拥而来，专门阿谀奉承淮南王。淮南王刘安被这些人哄得喜笑颜开，赏给他们很多钱，谋反之心更加强烈了。

刘安有个女儿名叫刘陵，十分聪明，口才出众。刘安很喜爱她，给她很多金银珠宝，让她在长安刺探内情，并让她多和皇上身边的人交往。皇上于是赐给淮南王几案、手杖等物品，允许他不用进京朝见。淮南王的王后叫荼，深受淮南王宠爱。王后生了个太子叫刘迁，刘迁长大后娶了修成君的女儿为妃子。淮南王想要谋反，每天摆弄兵器刀剑，他担心太子妃知道了向朝中泄露。于是和太子商量，让太子假装不喜欢她，3个月都不和她住在一起。然后，淮南王假装对太子生气，把太子关了起来，让他和妃子住在一起3个月，可是太子始终不亲近妃子。妃子很不开心，要求回朝，淮南王就马上派人把她送了回去。淮南国没有了外人，从此更加为所欲为，到处侵犯百姓的土地财产。

淮南太子学习剑术，过了一段时间，自以为学成了，觉得自己的剑术无人可比。后来他听说郎中雷被剑术很厉害，就想和他比试比试。两人在比剑过程中，雷被时时让着太子，可太子不管不顾，得寸进尺，雷被没办法只好还击，误伤了太子。太子一看自己受了伤，恼羞成怒。雷被也很害怕，不知如何是好。当时汉朝正在征兵，准备攻打匈奴，雷被觉得自己没法在淮南国呆下去

中国大事记 | 公元前110年，汉武帝在泰山封禅，下诏改元，是为元封元年。

了，不如去当兵打仗，于是他决定参军。而太子经常在淮南王面前说雷被的坏话，淮南王派人抓捕雷被。雷被吓得逃到长安，向皇上上书来说明自己无罪。皇上命令廷尉和河南郡来处理这件事，他们查清了事情的真相，准备逮捕淮南太子。淮南王和王后舍不得交出太子，就想干脆起兵造反，可又下不了决心。后来皇上又下了诏书，说改为审讯太子，淮南王和王后这才松了口气。

在这个时候，淮南国的国相突然又节外生枝地说寿春县县丞留住太子而不遣送是对汉朝的不敬，于是就把县丞告上朝廷。淮南王请求国相不要把事情闹大，可是国相不听，淮南王没办法，就上书朝廷告国相要谋反。朝廷的廷尉调查这件事，发现里面有很多事情都和淮南王有联系，觉得不是国相要谋反，而是淮南王心存不轨。

淮南王很害怕，就派人打听朝中公卿大臣的意见，公卿大臣们都认为应该逮捕淮南王。淮南王一听更加慌得不知怎么办才好。这时淮南太子说："我有一个办法，如果朝廷使臣来了，可以叫一个亲信穿上卫士的衣服在旁边护卫，随时刺杀使臣。而我派人刺杀淮南国中尉，借这个机会发动叛乱。"

皇上不同意逮捕淮南王，派朝廷中尉殷宏去查证。淮南王听说朝廷使臣要来，以为是来逮捕自己，就按太子说的做好了准备。殷宏来了以后，只是询问了他抓捕雷被的原因，态度很温和，淮南王看没什么危险，也就放松了警惕，没动用武力。殷宏回朝后，向皇上报告查证的情况。公卿大臣们都说淮南王阻止雷被参军，还不听从皇帝的命令，应该处治他。皇上不同意。大臣们又请求废掉淮南王的王位，皇上还是不答应。最后没办法，大臣们只好以削弱五个县的封地来作为惩罚措施，皇上考虑再三才勉强答应，然而最终只削夺了两个县的封地。后来，中尉殷宏到淮南宣布赦免淮南王的罪过，用削地表示惩罚。淮南王不相信自己真的获得了宽赦，还以为是要逮捕他，又按太子的方法准备对抗朝廷使臣。直到殷宏亲口祝贺自己获得赦免，他才大大地舒了一口气。等使者走后，淮南王忽然觉得不对劲，说道："我刘安施行仁义，功德无量，如今却削夺我的封地，真是奇耻大辱！"于是，他反叛的决心更强烈了。

后院起火

淮南王刘安有个儿子叫刘不害，年龄最大，刘安不喜欢他。王后也不拿他当儿子看待，太子刘迁也不认这个哥哥。

刘不害有个儿子叫刘建，很有才能，心高气傲。他见淮南王看不上自己的父亲，就怀恨在心。当时诸侯王的子弟们都可以封为列侯。淮南王只有两个儿子，刘迁和刘不害，刘迁做了太子，刘不害却没有被封。刘建心想，这不是明摆着欺侮人吗？于是他私下里结朋交友，想击败太子，让父亲来代替。太子发觉后，多次拘捕刘建，还严刑拷打他。

刘建知道太子想要杀死汉朝中尉，就想将此事上告皇上，并把这件事托付给寿春县的朋友庄芷。元朔六年（公元前123年），庄芷替刘建上书皇上说："良药苦口利于病，忠言逆耳利于行。现在淮南王的孙子刘建才能出众，可是却遭到了淮南王王后和太子的嫉妒和陷害，刘建的父亲刘不害没有犯罪，却几次被太后他们抓起来，严刑拷打。皇上要是不相信，可以把刘建召来详细询问，他知道淮南王的秘密。"皇上看过奏书后，把它交给廷尉处理，廷尉又交给河南郡处理。

辟阳侯的孙子审卿和丞相公孙弘的关系很好。他记恨淮南厉王刘长杀死自己的祖父，就多方调查淮南王的罪状，全都告诉了公孙弘。公孙弘开始怀疑淮南王有叛逆的阴谋，决定深入调查此事。

河南郡府召来刘建，刘建供出了淮南王太子刘迁和他的同党。刘安很害怕，想就此举兵谋反，再次找来伍被，问："你说如今汉朝的天下太平吗？伍被回答："天下太平！"淮南王有点

历史关注

汉武帝时，凿六辅渠，使郑国渠发挥了更大的水利灌溉作用。

不高兴，接着问："你怎么知道天下太平呢？"伍被说："我曾经暗中观察朝廷的政治，君臣之间的礼仪、父子之间的亲情、夫妻之间的分别，还有长幼的次序都合乎情理，皇上所遵循的都是古代留下来的制度，一些政律法令和风俗习惯也没什么不好。富贵的商人遍布天下，道路畅通，贸易繁盛，四面八方的少数民族也愿意臣服。虽说赶不上古代的太平盛世，却也称得上太平。"

淮南王听后，十分生气。又问："要是关东发生战乱，皇上肯定会派大将军卫青前来讨伐，你说说，大将军是个什么样的人？"伍被说："我的朋友黄义，曾经跟从大将军去攻击匈奴，他回来跟我说：'大将军对大夫士人都很有礼貌，对士兵也很慈爱，大家都愿意听从他的指挥。大将军骑马上下山冈就像飞起来一样，谁也没有他有才能。'我想他那么有才能，又英勇善战，熟悉军事，肯定不容易抵挡。还有，曹梁出使长安回来时，曾经说大将军的纪律严明，士兵作战勇敢，他自己也经常身先士卒。队伍安营扎寨休息的时候，安营凿井，大将军总是等到士兵们都喝上水后，自己才敢喝。战争结束了，他让士兵们先渡河，等士兵们全都过去后，自己才过河。皇太后赐给他的金银财宝、绫罗绸缎，都被他赏赐给作战勇敢的战士。就是古代的名将也比不上他的贤明啊！"淮南王听后，无话可说。

看到刘建被官府调查，淮南王很担心，唯恐自己的野心会被发现。他问伍被："你说当初吴王兴兵造反，是对还是不对呢？"伍被说："当然不对了！吴王本来就很富贵，却因为自己贪得无厌，自己死了不说，连子孙后代都跟着遭难。"刘安说道："大丈夫会为一句话而死。况且，吴王哪里懂得什么是造反？如果我让楼缓先截断成皋的关口；令周被占领颍川郡堵住汉军东出伊阙关的道路；令陈定率军夺取武关。占据三川的险要之地后，再号召东方各郡国起兵叛汉。这样行动，还不能成功吗？"伍被回答说："我看也未必！"

淮南王说："当年陈胜吴广连立锥之地都没有，只聚集了1000多人谋反，最后得到120万大军，我的王国就算小，也有精兵强将十几万，你怎么就说不能成功呢？我真不明白！"伍被说："当年，秦朝的统治暴虐，百姓们根本不能正常的劳动生活。而且秦朝刑法严厉，赋税繁重，民众叫苦连天，都捶打胸膛怨恨二世皇帝，恨不得立刻推翻秦朝的统治。所以陈胜揭竿而起，一呼百应。如今的陛下临朝，爱护百姓，恩施天下，就算他不说话，他的教化也已经迅速地感化了民众。民众响应皇上，就像影子和回音那样步调一致，相辅相成。大王把自己比喻成陈胜、吴广，我认为不恰当。"淮南王说："难道就不可能侥幸成功吗？"

伍被说："如果大王一定要干的话，我倒是有个办法。如今各封国的国君对朝廷都一心一意，老百姓也没有怨气。大王可以伪造丞相、御史的奏章，请皇上把各郡、国的豪杰之士和富商都迁徙到水草丰美的朔方郡，然后大量征发士兵，催他们按期到达。然后再伪造皇帝下发的诏狱之书，说要逮捕各封国的太子和宠臣。这样一来，诸侯就会害怕，百姓就会产生怨恨。接着派能说会道的人，到各地游说，这样或许能有十分之一的希望。"

谋叛未遂

淮南王按照伍被的计划，伪造了皇帝的玉玺和丞相、御史大夫等人的印信，还有朝廷使者的信节。就连假扮使者的衣冠穿戴也都准备妥当。随后他派人伪装成在淮南犯下罪过、逃往长安的犯人，投奔到大将军卫青、丞相门下。一旦发兵反叛，这个"犯人"就立即杀死卫青。丞相本来就优柔寡断，这时再劝丞相屈服，就像掀起蒙在头上的纱巾一样容易了。

淮南王原本打算调动封国内的军队，然而又担心国相和其他高级官员不听从。他就和伍被商量，想先把国相和那些高级官员杀死；与此同时，再派人假扮捕捉盗贼的官吏，拿着告急文书从东边来，宣称："南越国的军队进攻我国的边界

中国大事记 | 公元前108年，汉朝俘楼兰国王，汉朝完全掌握自酒泉到玉门关的交通。

了！”然后借此起兵。淮南王先派人去搞阴谋诡计，暂时没有发兵。

淮南王问伍被：“我率兵向西进攻，要是诸侯们没有响应我该怎么办？”伍被说：“你向南收服衡山国，聚兵攻打庐江国，然后占有浔阳的船只，据守下雉城，封锁九江口，阻断豫章的河口；派精兵强将沿江防守，来阻挡从南郡沿江而下的军队；然后向东攻取江都郡和会稽郡，和南部强大的东越国合作，在淮河和长江之间自由调动，这样或许还能拖延一段时间。”淮南王点点头说：“这个主意不错！要是形势危急，还能逃往东越国。”

就在这时，皇上派廷尉前来拘捕淮南国太子刘迁。刘安听到消息后，急忙和刘迁密谋，于是二人便召见国相和国中高官前来，企图杀死这些人后，兴兵造反。结果只有国相来了，内史出去办事没来，中尉也说：“我接受命令要出使，不能去见大王！”淮南王想：内史和中尉都来不了，我光杀国相有什么用？于是就把国相打发回去了。淮南王犹豫着，拿不定主意。太子刘迁心想自己犯的是阴谋刺杀朝廷中尉的大罪，曾经一起策划的人都被处死，认为自己也是死路一条，就对淮南王说：“可以信任的大臣全都被捕了，现在也没有可靠的人可以共同起事。大王发兵的时机还不成熟，我干脆前去投案自首。”淮南王也想就此罢休，就答应了太子。太子刘迁抽出宝剑，想刎颈自杀，但没有死成。

伍被一个人来到廷尉那里，告发了与淮南王刘安图谋造反的事情。廷尉派人逮捕了淮南王的太子和王后，并且包围了王宫。廷尉在淮南国内搜捕抓获了淮南王的所有同党，同时找到了淮南王谋反的证据，然后报告给皇上。皇上把这件事交给公卿大臣们审理。于是凡与此事有牵连的诸侯、高级官员和地方豪杰们，一共几千人，全都被处以极刑。衡山王刘赐是淮南王的弟弟，本应受到牵连，负责办案的官员请求皇上对他依法逮捕。皇上却阻止说：“诸侯王们各自有自己的封国，如果没参与谋反，不要相互牵连，你和诸侯大臣们商量一下，看怎么处理淮南王！”

赵王刘彭祖和列侯曹襄等人商量这件事，大家都一致认为：淮南王刘安大逆不道，罪状清楚明白，应当判处死刑。胶西王刘建说：“淮南王虽然身为王，却废弃法令，心怀狡诈，做事邪恶，制造谣言蛊惑民众，扰乱民心，背叛了祖上。《春秋》上就曾经说过：‘臣子不能叛乱，一旦叛乱，就应被诛杀！’如今他已经要谋反，比叛乱还要严重。他伪造的玉玺、信节文书等历历在目，如此的大逆不道，必须受到严厉的惩罚，予以处死。淮南国的那些没有参与谋反的重要官员们也脱不了干系，他们没能尽到自己的责任，没能阻止淮南王的谋反，应削夺他们的爵位，全都贬为士兵。朝廷还应该把淮南王的罪行公开发布，让天下人引以为戒，不再企图谋反。”

丞相公孙弘等人把这些建议报告给皇上，皇上派宗正拿着符节去审理淮南王，还没等宗正赶到，淮南王就自杀了。淮南王王后和太子刘迁等参与谋反的人也都被灭族。

因为伍被曾经多次劝阻淮南王谋反，还赞美朝廷，所以皇上不想杀他。廷尉张汤说：“伍被是淮南王造反的主谋，他的罪过绝对不能赦免。”于是，伍被也一样被诛杀了。自此，淮南国被废，改为九江郡。

·《淮南子》·

《淮南子》又名《淮南鸿烈》，是西汉宗室淮南王刘安招致宾客，在他主持下编写的。据《汉书·艺文志》云：“淮南内二十一篇，外三十三篇。”颜师古注曰：“内篇论道，外篇杂说。”现今所存的有21篇，大概都是原说的内篇所遗。据高诱序言，“鸿”是广大的意思，“烈”是光明的意思。作者认为此书包括了广大而光明的通理。全书内容庞杂，它将道、阴阳、墨、法和一部分儒家思想糅合起来，但主要的宗旨倾向于道家。《汉书·艺文志》则将它列入杂家。

历史关注 | 海上三仙山指的是蓬莱、方丈、瀛洲。

循吏列传第五十九

孙叔敖和子产

太史公说："法令用以引导民众向善，刑罚用以阻止民众作恶。文法与刑律不完备时，善良的百姓依然心存戒惧地自我约束修身，是因为居官者行为端正不曾违乱纲纪。只要官吏奉公尽职按原则行事，就可以用它做榜样治理好天下，为什么非用严刑峻法不可呢？"

孙叔敖原本是春秋时期的一个隐居的贤人，后来楚国的国相虞丘把他推荐给楚庄王，想让他将来接替国相的位置。

孙叔敖做了3个月的官，就升为国相。孙叔敖施政十分宽松，却有禁必止。官吏们都洁身自好，百姓们都严格约束自己的行为，全国上下几乎没有出现过盗窃或者其他违法乱纪的现象。秋冬时节，孙叔敖就动员人们进山去采伐林木。等到春夏之际，趁着雨水多，河流涨水，把木材运出来，发往外地。这样，人们就找到了挣钱谋生的门路，日子过得都很富裕。

楚庄王觉得楚国的钱币分量太轻，就下令把小币改成了大币。因为大币沉重，百姓们使用起来极不方便，严重影响了商业交易。许多人因此放弃了自己谋生的职业，市场也萧条起来。负责管理集市的官员向孙叔敖报告了这个情况，说："好好的集市如今变得混乱不堪，老百姓也不愿意在这居住，都想另谋生路，社会秩序一点都不安定！"5天后的朝会上，孙叔敖对楚庄王说："前段时间，我们把原来的钱币改成了现在的大币，如今管理集市的官员跟我说，社会秩序极其混乱，百姓们不能安居乐业。我想请求您下令恢复使用原来的钱币。"楚庄王点头答应了。

楚国民间有喜好矮车的习惯，楚庄王认为车身矮小不利于马的奔跑，就想把国内的车子都改成高一些的。孙叔敖说："大王总是一次又一次地发布命令，百姓们都不知怎么办好。我看这样做不太合适。如果大王非要加高车子的话，还不如先通知管理里巷大门的人，让他们加高各个大门的门槛。乘车的大都是有身份的人，谁都不愿意总在过高门槛的时候下车。"楚王采纳了孙叔敖的建议。

孙叔敖不用下命令就能感化民众，使民众遵从他的教导。身边的人都仿效他做事的方式，远方的人都来观察他的言行举止，模仿他。所以后来孙叔敖3次被任命为国相的时候，他也不沾沾自喜，因为他知道这是凭着自己的能力得到的。在3次被免去国相职位的时候，也并不悔恨，因为他清楚那不是因为自己的过错所造成的。

子产是春秋时期人，他出身尊贵，后来又做了郑国的大夫。郑昭公在位的时候，任命自己的宠信徐挚担任国相。徐挚是个无能的人，在他当政时，国内一片混乱：官吏和百姓之间不能和睦相处，家庭中父亲不像父亲，儿子不像儿子，社会风气极为不正。大宫子期把这种情况报告给了郑昭公，于是郑昭公就任命子产为国相。

子产担任国相的职位刚一年，民众中行为放荡的年轻人就改掉了不良的习惯；老人们手中提着的沉重东西，也被刚好遇见的壮年人接过去；小孩子们都满街地嬉笑玩闹，再不用和大人一起去下地耕田。子产担任国相两年后，集市买卖公平，不再出现哄抬物价的欺诈现象。子产任国相3年后，人们夜晚睡觉的时候，就不用再关街门，也没谁去拾别人失落在大街上

中国大事记

公元前106年，汉武帝在冀、幽、兖、并、徐、青、扬、荆、豫、益、凉及朔方、交趾等州设刺史。

的东西。子产任国相4年后，人们白天在田里干农活的工具，都不用再带回家。子产任国相5年后，壮年男子就不用再去服兵役，谁家要是死了人，人们不用招呼，就自觉地前来参加丧礼。

贤明的子产治理郑国26年后去世，全国上下都沉浸在一片悲痛之中。

维护法纪

公仪休是春秋时期鲁国的博士。由于才学优异做了鲁国国相。他遵奉法度，按原则行事，丝毫不改变规制，因此百官的品行自然端正。他命令为官者不许和百姓争夺利益，做大官的不许占小便宜。

有位客人给国相公仪休送鱼上门，他不肯收纳。客人说："听说您极爱吃鱼才送鱼来，为什么不接受呢？"公仪休回答说："正因为很爱吃鱼，才不能接受啊。现在我做国相，自己还买得起鱼吃；如果因为今天收下你的鱼而被免官，今后谁还肯给我送鱼？所以我决不能收下。"

公仪休吃了蔬菜感觉味道很好，就把自家园中的冬葵菜都拔下来扔掉。他看见自家织的布好，就立刻把妻子逐出家门，还烧毁了织机。他说："难道要让农民和织妇无处卖掉他们生产的货物吗？"

石奢是春秋时期楚昭王的国相，他为人刚强正直廉洁公正，既不阿谀逢迎，也不胆小避事。一次出行属县，恰逢途中有凶手杀人，他追捕凶犯，发现竟是自己的父亲。他放走父亲，归来后便把自己囚禁起来。他派人告诉楚昭王说："杀人凶犯，是为臣的父亲。若以惩治父亲来树立政绩，这是不孝；若废弃法度纵容犯罪，又是不忠；因此我该当死罪。"楚昭王说："你追捕凶犯而没抓获，不该论罪伏法，你还是去治理国事吧。"石奢说："不偏袒自己父亲，不是孝子；不遵守王法，不是忠臣。您赦免我的罪责，是主上的恩惠；服刑而死，则是为臣的职责。"于是石奢没有听从楚昭王的命令，刎颈而死。

李离，是春秋时期晋文公的法官。他听察案情有误而枉杀人命，发觉后就把自己拘禁起来判以死罪。晋文公说："官职贵贱不一，刑罚也轻重有别。这是你手下官吏有过失，不是你的罪责。"李离说："臣担当的官职是长官，不曾把高位让给下属；我领取的官俸很多，也不曾把好处分给他们。如今我听察案情有误而枉杀人命，却要把罪责推诿于下级，这种道理我没有听过。"他拒绝接受晋文公的命令。晋文公说："你认定自己有罪，那么我也有罪吗？"李离说："法官断案有法规，错判刑就要亲自受刑，错杀人就要以死偿命。您因为臣能听察细微隐情事理，决断疑难案件，才让我做法官。现在我听察案情有误而枉杀人命，应该判处死罪。"于是李离不接受晋文公的赦令，伏剑自刎而死。

太史公说：孙叔敖口出一言，郢都的市场秩序得以恢复。子产病逝，郑国百姓失声痛哭。公仪休看到妻子织出的布好就把她赶出家门。石奢放走父亲而自杀顶罪，使楚昭王树立了美名。李离错判杀人罪而伏剑身亡，帮助晋文公整肃了国法。

·乐府·

乐府是汉代封建王朝建立的管理音乐的一个宫廷官署。乐府最初始于秦代，到汉时沿用了秦时的名称。公元前112年，汉王朝在汉武帝时正式设立乐府，其任务是收集编纂各地民间音乐、整理改编与创作音乐、进行演唱及演奏等。后来，人们就把这一机构收集并制谱的诗歌，称为乐府诗，或者简称乐府。到了唐代，这些诗歌的乐谱虽然早已失传，但这种形式却相沿下来，成为一种没有严格格律、近于五七言古体诗的诗歌体裁。

历史关注 | **汉武帝时在陕西建成的白渠，灌溉四千五百余顷，大大增加了粮食产量。**

汲郑列传第六十

不留情面的汲黯

汲黯，字长孺，西汉时期的濮阳县人。汲黯的祖先曾经受到古代卫国国君的宠幸，到了汲黯这一辈，已经是第七代了，世代都担任卿大夫的职位。汲黯的父亲在汉景帝朝中做官，在父亲的推荐下，汲黯来到宫中，做太子洗马。

汉武帝时，他把汲黯提升为谒者。当时，东越人之间发生争斗，皇上就命汲黯前去了解情况。汲黯没到东越，只走到吴县就返了回来。他禀告皇上说："东越人互相攻打，是因为他们好争勇斗狠，是风俗习惯。没必要为这事劳烦皇上的使臣！"后来，河南郡发生了火灾，大火蔓延，烧了1000多户人家。皇上派汲黯前去探察。汲黯回来报告说："皇上不用担心，只是普通人家失火而已。由于房子都连在一起，所以导致火势蔓延，没什么大事！只是我经过河南郡的时候，有上万户的贫苦百姓正在遭受旱灾和洪灾，饿殍遍野，最严重的地方父亲杀了儿子吃、儿子杀死父亲吃。我就拿着您赐给我的符节，命令河南郡主管粮仓的官员把储存的粮食发放出来，赈济那里的灾民。我知道自己犯了大罪，请求皇上收回符节，狠狠地惩罚我吧！"皇上觉得汲黯很贤良，就没有治他的罪，改任他为荥阳县令。汲黯觉得做县令很丢人，借口生病回了老家。皇上听说后，又把他重新召进宫中，担任中大夫。汲黯经常直言进谏，令皇上在众大臣面前丢面子。于是皇上就改任汲黯为东海郡太守，让他远离朝廷。汲黯崇尚黄帝、老子的学说，并用这种思想治理官吏和民众。他总是把政事交给郡丞和书吏们，让他们去办理。汲黯亲自处理事情的时候，也总是掌握大的原则，不拘小节。汲黯体弱多病，经常躺在床上不出门。即便这样，东海郡也十分太平，百姓们也都称赞他的功德。皇帝知道后，就升汲黯为主爵都尉，位列于九卿之中。

汲黯性格傲慢，不重视礼数，不能容忍别人的缺点和过失，经常当面指责别人。和自己投缘的人，就和颜悦色地对待；不投缘的，就不理人家，所以士人们都不太喜欢他。可是汲黯好学不倦，又行侠仗义，注重气节。平时为人处世，他品行端正，无可挑剔。他敢于直谏，屡次冒犯皇上。汲黯十分仰慕傅柏与袁盎的为人，和灌夫、郑当时、刘弃等人合得来。这些人说话都喜欢直来直去，所以做官都做不长。

当时，窦太后的弟弟武安侯田蚡任丞相。朝中食禄两千石的高官拜见他的时候，都跪在地上行礼，他从来都不抬头看一眼。汲黯十分耿直，他拜见田蚡的时候，从来都不跪下，只是拱手作揖。皇上征召文人和儒生，说我想怎样怎样，汲黯直言不讳地说："其实陛下内心充满了不为人知的欲望，对外却宣称要施行仁义。难道你真想像唐尧、虞舜那样治理国家吗？"一句话把皇上气得脸色都变了，沉默了好半天，才宣布退朝。

公卿大臣们都为汲黯捏了一把汗，皇上退朝后，对身边的人说："这个可恶的汲黯，真是太过分了，简直是愚蠢憨直透顶！"群臣中有人责怪汲黯，汲黯反驳说："天子在朝廷设置公卿大臣，就是要他们辅佐朝政，难道只是让他们顺从君主的心意，只是让他们对君主阿谀奉承吗？难道君主不行正道也置之不理吗？更何况我身居九卿高位，即便是爱惜自己的生命，也不能因此而损害朝廷大事啊！"

汲黯多病，每次生病都要超过3个月。皇上总是赐给他长假，让他安心养病，可是最终他的

中国大事记 | 公元前105年，汉朝派出细君公主与乌孙和亲，使得西域与汉朝的联系更加紧密。

病也没治好。汲黯最后一次生病的时候，庄助去替他请假。皇上问："你说汲黯是个什么样的人呢？"庄助说："让汲黯当官任职，看不出有什么与众不同的地方。但要让他辅佐年少的君主，他肯定能忠于职守，不屈服于任何诱惑。就是赶他走，他都不会离开，再有勇力的人也夺不走他的志节。"皇上表示赞同，说："是啊！古人所说的保守江山社稷，治国安邦的臣子，大概就是像他这样吧！"

怒骂三公

汲黯的为人耿直是出了名的，就连汉武帝也对他另眼相待。当初，赫赫有名的大将军卫青求见皇上的时候，皇上蹲在厕所里接见他；丞相公孙弘平时拜见皇上，皇上经常衣冠不整地接见他。唯独汲黯来了，皇上非常注意仪容，衣冠不整就不敢露面。有一次，皇上坐在帐帷中，闻听汲黯有事上奏。此时，皇上还没来得及戴帽子，就连忙把头缩回去，躲进帐帷里，命人批准了汲黯的奏折。由此可见，汉武帝不但很尊重汲黯，甚至还有一点敬畏。

张汤担任廷尉，主管修订法律条令。有好几次，汲黯都当着皇上的面，责骂张汤说："你身为正卿，上不能发扬光大先帝的功业；下不能遏制天下人的邪恶欲望，减少犯罪，从而让国家安定，民众富裕。这两方面你哪个也没做到。光知道让别人吃苦受罪来成就自己的事业，竟然还把高祖定下的法律制度乱改一气。就凭这点，你就该断子绝孙！"张汤十分气愤，就搬来细节条文，咬文嚼字，和汲黯据理力争。汲黯则出言严肃刚直，志气高昂，一点都不屈服。最后他实在生气了，就破口大骂说："怪不得天下人说，千万不能让刀笔小吏担任公卿，这话一点也不假。如果事情都按你张汤说的那么办，那天下人还不都吓得双脚并拢站立，眼睛都不敢直视！"

当时，汉朝正在征讨匈奴，安抚各地的少数民族。汲黯想省时省力，闲暇时候，就劝皇上与匈奴和亲，不要总是兴兵打仗。此时的皇上正倾心于儒家思想，十分看重公孙弘，根本听不进汲黯的话。国内的不法现象渐渐多起来，官吏和百姓们耍着花样，在不违反法令的前提下做坏事，而且屡禁不止。皇上这才要求认真地执行法令条文，严明法纪，张汤总是把自己断好的案件奏给皇上，以此博得皇上的欢心。

汲黯时常攻击儒学，总是当着众大臣的面指责公孙弘。说他表面上装作很有智慧，阿谀奉承皇上，实际上内心奸诈。还说刀笔吏光会研究法律条文，巧妙地诬陷别人有罪，而且罪状勾画得天衣无缝，让人无法看清事实的真相，然后以断案的成功来显示自己的功劳。可皇上仍然宠信公孙弘、张汤。公孙弘、张汤两个人心里十分恨汲黯，而且认为皇上也不喜欢他，就想找借口杀掉汲黯。公孙弘以丞相的身份对皇上说："右内史的管辖范围中，住有很多的皇族和大官，不好管理。应该派个有能力的官员去担任，我看汲黯就很合适。"于是皇上就派汲黯担任右内史。在汲黯做右内史期间，从来没出现大的乱子，政务处理得井井有条。公孙弘等人本想借刀杀人，置汲黯于死地，这下全没了话说。

当时，大将军卫青的姐姐做了皇后，卫青的地位更加显贵。可汲黯还是和他平起平坐，行平等的礼节。这时有人劝汲黯说："你没看明白吗？皇上想让大臣们都尊敬大将军，大将军如此高贵，你能不能跪着拜见他？"汲黯说："身为大将军，有个能有跟他作揖、谈话的朋友，难道他的地位就不尊贵了吗？"大将军听说后，认为汲黯很贤明，就经常向他讨教朝廷中的疑难问题，把汲黯像知心朋友一样对待。

淮南王刘安阴谋造反。刘安很怕汲黯，说："他喜欢直言进谏，恪守节操，为了正义不惜丢掉自己的性命，这种人啊！很难诱惑。要是朝廷里的人都像丞相公孙弘这样，事情就好办了，说服公孙弘就像揭开蒙布和摇落树叶一样的容易！"

当初，汲黯位列九卿时，公孙弘和张汤还只是一般的小吏。公孙弘、张汤不断升官，和汲黯官位相当时，汲黯经常责骂他们。后来，公孙弘

历史关注

汗血宝马是大宛出产的良马，汉武帝十分喜欢，称之为“天马”。

和张汤，位列三公，封侯拜相，就连昔日汲黯手下的小官也升到和汲黯同级了。汲黯很不满，朝见皇上时说道：“陛下用人就像堆柴垛一样，后来的堆在原来的上面。”皇上不高兴，说他的愚直越来越严重了。

不久，匈奴浑邪王率部降汉，皇帝下令征发两万车辆去接运。官府凑不齐马匹车辆，皇上要杀长安县令。汲黯进谏说：“长安县令有啥罪，杀了人就凑齐了？再说，匈奴叛王投降，把他们慢慢接运过来就行了，何必朝廷逼县令、县令逼百姓，搞得全国骚乱不安，使我国忠诚的百姓去侍奉匈奴的降兵叛将呢！”一席话搞得皇上无话可说。朝廷安置好浑邪王降部，不少商人与匈奴人做买卖，结果因触犯法令被判处死罪的达500人之多。汲黯见到皇上，说：“匈奴长期与我国为敌，为讨伐他们军士死伤无数，费钱数百亿。满以为陛下抓获匈奴人，会把他们连人带物都赏给劳苦的军民。没想到朝廷又是安置、又是赏赐，甚至让老百姓去伺候他们，简直把他们当宠儿一般对待。百姓无知，与匈奴人做点买卖，竟被问罪杀头，这样做就是所谓的‘保护树叶而损害树枝’，我认为不可取。”皇上不同意他的说法。事后数月，汲黯免官，归隐田园。

过了几年，皇上又征召汲黯任淮阳郡太守。汲黯拜不肯接印，皇上强迫他上任，他才领命。在汲黯的治理下，原来混乱的淮阳郡政治清明起来。后来，汲黯在淮阳任上逝世。

郑庄敬贤

郑当时，字庄，陈县人。他的祖先郑君曾做项籍手下的将领；项籍死后，郑君就归属了汉朝。高祖下令所有项籍的旧部下在提到项籍时都要直呼其名，郑君偏偏不服从诏令。高祖下旨把那些肯直呼项籍名讳的人都拜为大夫，而赶走了郑君。郑君死于孝文帝时。

郑庄以仗义行侠为乐事，他解救张羽的危难，声名传遍梁、楚之间。汉景帝时，他做太子舍人。每逢五天一次的休假日，他经常在长安四郊置备马匹，骑着马去看望各位老友，邀请拜谢宾朋，夜以继日通宵达旦，还总是担心有所疏漏。郑庄喜爱道家学说，仰慕年长者，那种情意殷切的劲儿，就好像唯恐见不到人家一样。他年纪轻，官职卑微，但交游相知的朋友都是祖父一辈的天下知名的人物。武帝即位后，郑庄由鲁国中尉、济南郡太守、江都国相，一步步地升到九卿中的右内史。由于对武安侯田蚡和魏其侯窦婴的纷争意见处理不当，他被贬为詹事，又调任大农令。

郑庄做右内史时，告诫属下官吏说：“有来访者，不论尊贵或低贱，一律不得让人滞留门口等候。”他敬执主人待客之礼，以自己的高贵身份屈居于客人之下。郑庄廉洁，又不添置私产，只依靠官俸和赏赐所得供给各位年长的友人，而所馈送的礼物，只不过是用竹器盛的些许吃食。每逢上朝，遇有向皇上进言的机会，他必称道天下的年高望重的人。他推举士人和属下的丞、史诸官吏，言语中时常称他们比自己贤能。他从不对吏员直呼其名，与属下谈话时，谦和得好像生怕伤害了对方。听到别人有高见，便马上报告皇上，唯恐延迟误事。

郑庄被派遣视察黄河决口，他请求给五天时间准备行装。皇上说：“我听说‘郑庄远行，千里不带粮’，为什么还要请求准备行装的时间？”郑庄在外人缘虽好，但在朝中常常附和顺从主上之意，不敢过于明确表示自己的是非主张。到他晚年，汉朝征讨匈奴，招抚各地少数民族，天下耗费财物很多，国家财力物力更加匮乏。郑庄保举的人及其宾客，替大农令承办运输，亏欠钱款甚多。司马安任淮阳郡太守，检举此事，郑庄因此落下罪责，赎罪后削职为平民。不久，入丞相府暂行长史之职。皇上认为他年事已高，让他去做汝南郡太守。几年后，卒于任上。

郑庄、汲黯当初位列九卿，为政清廉，平日居家品行也纯正。这两人都曾中途罢官，家境清贫。待到死后，家中没有剩余的财物。郑庄的兄弟子孙因他的缘故，官至二千石者有六七人之多。

中国大事记 | 公元前104年，司马迁于本年开始著述《史记》。

儒林列传第六十一

儒学的复兴

汉高祖皇帝杀死项羽后，包围了鲁国。虽然形势危急，但鲁国的儒生还在背诵经书、演奏音乐，国内歌乐声不绝于耳。可见当时的鲁国存留了圣人的风范，是个热爱礼乐的国家。当年孔子出游到陈地，慨叹地说："回去吧！回去吧！故乡的年轻人志向远大，又有文采，不知道怎样去教导他们！"重文化礼仪，是齐人和鲁人的优良传统。

汉朝建立后，儒生们开始研究经术，讲授一些民间的礼仪。叔孙通制定了汉廷的礼仪，所以做了太常官。和他一同制定礼仪制度的儒生子弟们，也成了朝廷优先录用的对象。人们都感慨说：儒家的学说又开始复兴了。

但是，当时天下战乱尚未止息，朝廷忙于平定四海，还无暇顾及兴办学校之事。孝惠帝、吕后当政时，公卿大臣都是武艺高强、战功卓著的人。孝文帝时略微起用儒生为官，但是孝文帝原本只爱刑名学说。等到孝景帝当政，不用儒生，而且窦太后又喜好道家思想，因此博士官职只是备员待诏，徒有其名，儒生无人受到重用。

汉武帝在位的时候，崇尚儒学，征召方正贤良的文学之士。天下的学者就像风吹一边倒那样都倾向于儒学。窦太后崇尚道家学说，极力压制儒学，儒生根本得不到重用。窦太后死后，汉武帝又重新招募儒学方面的人才。公孙弘因为通晓《春秋》，被封为平津侯。自此，儒家学风开始盛行天下。

公孙弘身为学官，担心儒道推行不畅，于是启奏皇上说："丞相和御史大夫们说，陛下说过：'礼法是用来引导人民的，而音乐是用来教化人民的。婚姻，是夫妇的伦常大道。如今的礼乐都被破坏，朕很忧虑，所以广招天下品行端正、见多识广的人，让他们来朝廷为官。还命令负责礼仪的官员努力学习，宣扬崇尚礼仪，给天下人做个表率。太常提议，给博士们配备弟子，振兴民间的教育，开拓出一条培养人才的道路。'我和太常孔臧、博士平等人商量过了，古代夏、商、周3个朝代中，乡间都曾办过教育，夏朝的时候叫校；商朝的时候叫序；周朝的时候叫庠。三代朝廷勉励那些心地善良的人，让他们身居高位，而且名声显赫；严惩那些作恶多端的坏人，并施以刑罚。所以说办教育、树新风首先要从京师开始，然后从朝廷里到民间，逐步普及。如今，皇上发扬崇高的德行，推行正常的人

刘邦祭孔图

刘邦谓"读书无益"，而且经常狎侮儒生，蔑视儒家经典，以为靠打天下的经验就可以治理国家。经过陆贾的教育和启发，刘邦认识到了治理国家的道理，转而对儒学很推崇，刘邦祭孔子就是这种态度转变的表现。

历史关注

《史记》原名《太史公书》，为司马迁所著，开创纪传体编史之先河。

伦关系，鼓励学习、研究礼仪，任用贤能的人教化天下的民众。皇上的英明就像太阳放射的光芒一样，与广阔的天地融合在一起，国内呈现一片欣欣向荣的景象。

“另外，那些古代政治教化尚未普及、礼仪制度还不完备的地方，我请求皇上委派原来的学官去发展起来。应该给每个博士官配备50个弟子，让太常去选择那些18岁以上、仪表端庄的人，作为博士的弟子，免除这些人的徭役和赋税，让他们专心研究学习。凡是爱好学习、尊老爱幼、遵纪守法、忠诚地维护自己所崇尚的思想学说的民众，还有那些由朝廷和地方官吏们谨慎考察后，认为可以成就大事的人，都可以和弟子们一同去学习。学习一年后，必须经过考试：精通一本经书以上的，可以让他们去做掌管文学掌故方面的官员；名列前茅的提拔起来担任郎中；如果有成绩特别突出，才能出众的人，就把名字报上来；那些不认真学习，或者才疏学浅的人就开除，举荐他们的官吏也将要受到惩罚。

“我曾经反复研究过诏书法令：它清晰地辨明了天道和人道的关系，讲清了古往今来治国理民的深刻道理。不但文辞雅正，而且文字里包含着丰富而深刻的思想。如果认真领会，切实推行，必将造福于天下。下面的官吏知识浅薄，不能深入地宣传，明明白白地告知天下。所以现在首先要选拔懂得礼仪的人才，其次再选拔研究历史典籍方面的人才。让懂得文学礼仪的人做官，提拔那些被埋没的人才。请从那些俸禄在两百石的低级官员中选拔一批通经史有才干的，升他们为左右内史和大行卒史；从那些俸禄在一百石以下的小官中选拔一批，去担任郡太守的卒史。普通的郡县各配二人，边远的郡县选配一人。具体操作时，优先选拔那些能熟读经书的人；人数不够的话，从掌故（汉代的官职名）中选取，补足左右内史卒史和大行卒史；从掌故中选拔一批补足各郡国的卒史。请把这些办法记下来，作为选拔官员的法规。其他的，仍然按照原来的律令办理。皇上您认为怎么样？”

皇上批示：“这个办法可行！”此后，汉朝的公卿大臣和普通官吏中出现了许多相貌端庄、行为举止彬彬有礼的经学儒生。全国研究学习儒学也蔚然成风，儒学在汉代得以复兴。

申公，是鲁国人。高祖经过鲁国时，申公以弟子身份跟着老师到鲁国南宫去拜见他。吕太后时，申公到长安交游求学，和刘郢同在老师浮丘伯门下受业。毕业后刘郢封为楚王，便让申公当他的太子刘戊的老师。刘戊不喜欢学习，憎恨申公，等到楚王刘郢去世，刘戊成了楚王，就把申公禁锢起来。申公感到耻辱，就回到鲁国，隐退在家中教书，终身不出家门，又谢绝一切宾客，唯有鲁恭王刘余请他，他才前往。从远方慕名而来向他求学的弟子有百余人。申公教授《诗经》，只讲解词义，而无阐发经义的著述，凡有疑惑处，便阙而存之，不强做传授。

辕固生与董仲舒

辕固生，又叫辕固，齐国人。他崇尚儒家学说，对《诗经》很有研究，在汉景帝时期，被封为博士。

有一次，辕固生和黄生在汉景帝面前争论。崇尚道家学说的黄生说：“商汤和周武王并不是秉承了天命当上天子的，他们是弑杀君主，谋朝篡位。”辕固生反驳说：“不对。夏桀和商纣王暴虐无道，天下人都归附于商汤和武王。商汤和武王明明顺应了天意和民意，诛杀了残暴的君主，被扶立为天子的，不是秉承天命又是什么？”黄生说：“帽子就是再破，也必须戴在头上；鞋子就是再新，也要穿在脚上。君王就是君王，臣子就是臣子，夏桀再坏，殷纣王再无道，他也是君；商汤和周武王再圣明，他们也是臣子。君王有错，臣子不去劝说改正，反而诛杀他们，取而代之，不是弑君是什么？商汤和周武王就是造反！”辕固生说：“照你这么说，始祖高皇帝，取代秦朝也是造反了？”汉景帝在一旁，默不作声，心想：要是顺着黄生说，就意味着我大汉的政权来路不明；要是赞成辕固，那就意味着将来我的王朝也可能被别的王朝所代替。过了

中国大事记 | 公元前104年，汉武帝派贰师将军李广利出兵大宛，以求宝马。

一会儿，汉景帝笑着摇摇头，说："好了，吃肉不吃马肝，不能算不知道马肉的味道。讨论学问的人不谈商汤、周武王受命的事情，也不能算愚蠢！"两个人这才停止了争论。

窦太后信奉黄老学说，汉景帝和窦姓人都不得不按照她的要求读《老子》。一次，窦太后把辕固生叫过来，问他《老子》是怎样的一部书。辕固生很不识相，回答道："这只不过是普通人的言论罢了，没什么大道理。"窦太后勃然大怒说："是啊！儒家诗书就像管制犯人的律令条款，它怎么能比得上呢！"辕固生见窦太后生气了，转身就要走。窦太后大喝一声"站住！"接着就下令把辕固生扔到猪圈里，去与野猪搏斗。汉景帝知道窦太后因辕固生的直言而生气，就偷偷递给辕固生一把匕首，辕固生拿着匕首刺死了猪。窦太后无话可说，只好作罢。汉景帝认为辕固生正直廉洁，就让他担任清河王的太傅。后来辕固生因为生病罢了官。

·汉赋·

汉赋是汉代最主要的文学体裁，一般分为骚体赋、散体大赋和抒情小赋三类。汉赋一般篇幅较长，多采用问答体，韵散夹杂，其句式以四言、六言为主，但也有五言、七言或更长的句子。汉赋闳阔壮丽，但也好堆砌词语，极尽铺陈排比之能事。汉赋的形成受到了《诗经》和《楚辞》的巨大影响。汉赋的三种类型代表了汉赋发展的三个阶段。骚体赋主要盛行于西汉初年，受骚体诗或者楚辞的影响，如贾谊的《吊屈原赋》。散体大赋又称做汉大赋，也是人们一般意义上所认为的汉赋。它主要盛行于西汉中叶至东汉初年，代表作品有枚乘的《七发》、司马相如的《子虚赋》《上林赋》，等等。抒情小赋是汉赋的新发展，它的出现预示着汉大赋的衰弱。但是抒情小赋篇幅短小，比起汉大赋的恢宏壮丽自有一番情趣。代表作品主要有张衡的《归田赋》、赵壹的《刺世嫉邪赋》等。

董仲舒，西汉时期广川人，董仲舒学习的时候专心致志，大约有3年的时间，都不曾到家中的后花园里游玩。因为通晓《春秋》，景帝时代，董仲舒被封为博士官。董仲舒开坛收徒，讲解《春秋》，弟子们就根据入学时间的先后来依次向下传授。有的弟子甚至连董仲舒的面都没见过。董仲舒非常注重自己的言谈举止，举手投足都合乎礼仪，在当时很有名气。学者士人们都尊敬他，效仿他。汉武帝继位后，任命董仲舒为江都国相。他根据《春秋》中有关自然灾害和奇异天象变化规律的讲述，来推测阴阳交替运行的原理。求雨时就关闭各类阳气，释放阴气；想让雨水停止时就用相反的方法。这种方法在全国各地推行，收到了很好的效果。

董仲舒曾经被贬为中大夫，住在家里，这段时间他撰写了《灾异之记》一书。当时正好辽东高帝庙发生了火灾，主父偃嫉妒他的才能，就偷走了他的书献给了皇上，想陷害他。皇上让儒生们传看这本书，儒生们都认为书中的情节带有讽刺的意味。董仲舒的弟子吕步舒不知道是自己老师写的书，也评价书的内容下流愚蠢。于是，董仲舒就被交给司法官，判处死刑，后来皇帝又下诏赦免了他。从此，董仲舒再也不敢谈论有关灾异的事情了。

善于阿谀奉承的公孙弘嫉妒董仲舒的才能，十分记恨他，就对皇上说："只有董仲舒可以胜任胶西王的国相！"胶西王刘端性情狠毒，又好淫乱，经常触犯国法，对朝廷派来的国相和公卿大臣杀伤很多。公孙弘举荐董仲舒担任胶西国相，是有意谋害他。皇上就派董仲舒去胶西国。没想到胶西王听说董仲舒很有德行，很善待他。

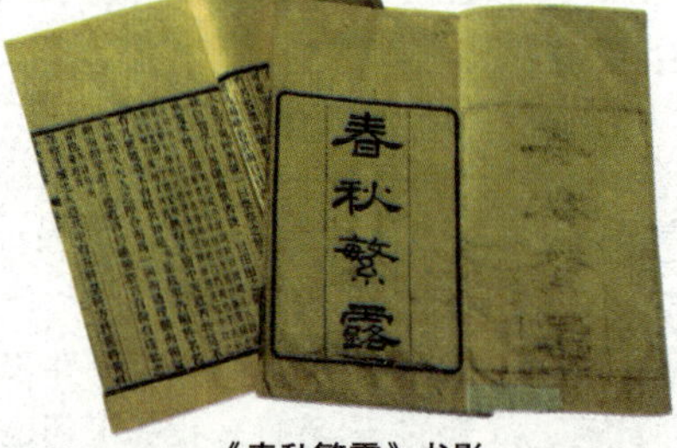

《春秋繁露》书影

后来，董仲舒担心做官久了，难免得罪人，就假装说有病辞官回家了。董仲舒从来不像其他官员那样为自己、为子孙后代置备家业，只是一心扑在研究学问、著书立说上，一直到他去世为止。

历史关注 | 琴曲《凤求凰》是根据司马相如与卓文君的爱情故事创作而成的。

酷吏列传第六十二

“苍鹰”郅都

郅都，西汉时期河东郡杨县人。汉文帝在位时，他担任郎官。汉景帝继位后，他又晋升为中郎将。因为郅都性格耿直，敢于直言进谏，经常当面训斥有过错的大臣，很快就得到了汉景帝的信任与重用。景帝到上林苑游赏，命郅都跟随。皇上的宠妃贾姬去上厕所，一只野猪突然闯了进去。皇上暗示郅都，想让他去解救，郅都不理会。皇帝拿着武器，想亲自冲进去救贾姬。郅都阻拦，跪在地上。对皇上说：“失去一个姬妾，自有别的姬妾补进宫中，这样的人可以说比比皆是。陛下这样不顾及自身安危，一旦遭遇不测，谁来祭祀祖先、侍奉太后呢？”皇上听罢，丢下兵器转身回来，恰好野猪也退了出去，没有发生什么危险。太后听说了这件事，很是欣赏，赏给郅都黄金一百斤。

郅都真正出名是从镇压豪强开始的。当时，各地豪强的势力迅速膨胀，称霸地方。他们蔑视官府，不遵守国法，常常欺压百姓。济南有一家姓瞯的家族，全族有300多户人家。他们依仗人多势众，经常与官府作对，横行乡里，地方官也制止不了他们。汉景帝任命郅都为济南太守。郅都以暴制暴，刚上任就捕杀瞯氏的首恶之人，诛杀了他的全家，并对其他为恶者施以严厉的惩罚。其他的瞯氏族人都吓得大腿发颤，再不敢与官府对抗。郅都就任一年多以后，以难于管理著称的济南，秩序开始安定下来，甚至路不拾遗。周围十几个郡的太守对郅都更是由衷地敬佩，见到他就像见到自己的上司一样。

郅都为人果敢，很有魄力。他为官忠于职守，公正清廉，从不拆阅私人向他求情的信件，也不收受别人的礼物。他经常说：“既然背离了父母双亲来做官，就应该竭尽全力秉公执法，为节操而死，哪里还顾得上儿女私情呢？”

汉景帝七年（公元前150年），郅都被迁升为中尉。丞相条侯尊贵傲慢，郅都对他也只是作揖行礼。这个时期，社会安定，民风淳朴，百姓们大多很自重，从不轻易触犯法律。犯法的人多是些皇亲国戚、功臣列侯。郅都率先采用酷刑，致使列侯和皇室贵族都胆战心惊，不敢正视郅都的眼睛。人们背后叫他“苍鹰”，形容他执法异常凶狠。

汉景帝中元二年（公元前148年），被汉景帝废掉的太子临江王刘荣，因为占用宗庙的土地修建宫室而犯了法，被传到中尉府受审，由郅都负责审理。当时临江王非常害怕，请求郅都给他纸和笔，想直接写信给汉景帝谢罪，郅都没有答应。这时魏其侯窦婴派人偷偷给临江王送去纸和笔，临江王写完谢罪信后，就自杀了。窦太后知道了这件事，大怒，怨恨郅都连皇上的儿子都不肯宽容，于是就逼汉景帝罢了郅都的官，把他遣送回家。汉景帝没办法，只好按照母亲的吩咐行事。

郅都回家后不久，汉景帝就派专使来到郅都的家乡，任命他为雁门郡的太守，命令他前去抗击匈奴。景帝还特批他不用按常规到朝廷当面拜谢，直接前去赴任，所有事情，都由他一人酌情裁定，可以先行后奏。匈奴人对郅都的为人处事早就有所耳闻，一听说他就任雁门太守，来戍守边境，个个惊恐万分，赶紧带领军队撤了回去，从此远离雁门。一直到郅都死，匈奴人都不敢靠近雁门郡。

匈奴人的首领曾经用木头刻制成形态酷似郅

中国大事记 | 公元前103年，李广利攻打大宛失利，兵士十不存一二。

都的木头人，立在箭靶上，命令匈奴的骑兵练习射击。骑兵们因为特别惧怕郅都，握箭的手哆哆嗦嗦，竟然没有一个人能射中。匈奴人对郅都恨之入骨，就派人偷偷地来到内地，到处散播诽谤郅都的谣言。窦太后本来就对郅都有成见，听到谣言后，也不管是非黑白，就立即下令逮捕郅都。汉景帝知道郅都是个忠臣，被人冤枉，想释放他。窦太后念及旧恨，坚决不允许，说："郅都是忠臣，难道临江王就不是忠臣吗？"

在窦太后的蛮横干涉下，郅都被处死。郅都死后没多久，匈奴的骑兵又开始侵犯雁门郡。

张汤得志

张汤，西汉时期杜县人。

张汤小的时候十分贪玩，他的父亲是长安县丞。有一次父亲外出办事，让张汤看家。父亲回来后，发现家中的肉被老鼠偷吃了，十分生气，用鞭子抽打张汤。张汤忍着疼痛，挖开老鼠洞，抓住了偷吃肉的老鼠，还找到了吃剩下的肉。张汤立案审讯老鼠，控告老鼠的罪状，反复拷打审问，还假装边审问边记录。之后他又把判决的结果报告给父亲，最后还把老鼠和剩下的肉都拿上来作为定案的证据，然后将老鼠当场分尸处死。父亲看着他煞有介事的样子，十分可笑，就把他写的东西拿起来看。父亲看后，感到十分惊讶，张汤所写的内容条理清晰，就像老练的法官写的一样。父亲就让张汤学习刑狱文书，研读法律。父亲死后，张汤继承父位。

当年，周阳侯田胜身为九卿的时候，曾被囚禁在长安，张汤解救了他。田胜出狱后，升官封侯，和张汤的交往依然很密切，还把张汤介绍给有权势的人。张汤在宁成属下任职，显示出非凡的才干，宁成就把他推荐给丞相府。不久，张汤又被调任为茂陵尉，负责管理为天子预修陵墓的事情。

武安侯田蚡做丞相的时候，征召张汤做内史。后来他又把张汤推荐给皇上，升为御史，帮助审理案件。在审理陈皇后巫蛊案的时候，张汤深入地追查同党。皇上认为张汤很能干，就提拔他为太中大夫。他和赵禹一起制定法令，严格地修正法律条文，约束官吏们的行为。后来，赵禹升为中尉，改任少府，而张汤任廷尉。两个人十分友好，张汤像对待自己的亲哥哥一样对待赵禹。

赵禹为官清廉，但性格傲慢。自他为官以来，总是公卿们登门拜访，他从来不回请，以此来拒绝宾客们委托他办事。他一心一意地处理自己的公务，专心理事断案。见到法令条文，他就取来应用，从来不去复查，经常严格追究从属官员的隐秘的罪过。而张汤为人狡诈，爱占点小便宜，善于用阴谋诡计控制操纵别人。刚开始做小官的时候，就经常白拿人家的财物，和长安的一些富豪们交往密切。等到位列九卿的时候，又拼命巴结名士大臣，虽然有时志不同道不合，但表面上却显示出十分崇拜他们的样子。

当时，皇上崇尚儒家学说。张汤每判大案的时候，总想在儒家的古书经义找依据。于是就让博士们潜心研究《尚书》《春秋》，并让他们担任廷尉史，遇到可疑的法律条文，就翻阅经书来评断；碰到难解决的问题，就去请皇上裁断。皇上认为对就记录下来，然后公布，以此来称颂皇上的圣明。上报的事情如果受到皇帝的批评，张汤赶紧跪地请罪，准能顺着皇帝的意思，列举出自己身边的属官，回答说："他们本来向我建议过，就像皇上说的一样，可是我没有采纳，我真是太愚蠢了！"皇上就赦免了他的罪过。皇上认为张汤呈上的奏章是对的，他就说："我不知道这个奏议，都是我手下的属官们办的！"就这样来向皇上举荐官吏，称赞那些人的好处，掩饰他们的缺点。如果是皇上想严办的案子，张汤就交给严厉的官员去办理；要是皇上想宽赦的案子，张汤就交给性情平和的官员去办理；处置的对象如果是贵族豪强，他就运用法令条文，巧妙地进行攻击；处置的对象要是羸弱的平民百姓，他就向皇上口头汇报。虽然根据法令要判罪，但他还是让皇上裁断。而皇上总能被张汤说服，赦免那些人的罪过。

历史关注

司马迁是汉武帝时的太史令，他创作了《史记》，为我国古代著名史学家、文学家、思想家。

张汤之所以能当大官，身居要职，就是因为他很会做事。张汤有很多要好的朋友，经常和他们在一起喝酒吃饭，还十分关心照顾老朋友那些当官的子弟和贫穷的弟兄们。张汤不顾酷暑严寒，坚持亲自去拜访三公。所以虽说他执法严厉，心怀嫉妒，办事不完全公正，但还是得到了好名声。而那些执法酷烈的官吏，都成了他的部下，为他所用。

张汤也崇尚儒学，得到丞相公孙弘的赞赏。在审理淮南王、衡山王、江都王的谋反案件时，他死追到底，不放过任何的蛛丝马迹。皇上想要释放严助和伍被，张汤说："伍被是最先参与谋反的人，而严助是皇上信任的护卫之臣，他们居然暗中勾结到这种地步，不杀他们，难以服众！"皇上同意了张汤的建议，杀了伍被和严助。张汤总是这样打击大臣，为自己邀功，因此越来越受到器重，被升任为御史大夫。

后来，山东发生了水灾和旱灾，百姓们颠沛流离，靠政府供给，致使国库空虚。于是张汤顺着皇上的旨意，铸造银钱和五铢钱，垄断天下盐和铁的经营权；大力打击富商豪强，兼并他们的财产，然后利用法令条文，巧妙地诬陷他们，借此推行法律。每次上朝奏事，他都要和皇上长时间讨论大事，皇上听得高兴，经常忘记了吃饭。丞相李蔡不过图个虚名而已，轮不到他说话，所有的天下政事，都由张汤一个人来决定。

张汤的权势威震朝野。他生病的时候，皇上亲自去探望。

自杀身亡

在张汤的辅佐下，汉武帝兴办了很多事业。可是国家还没得到利益，百姓们却先受其害，一些贪官污吏从中营私舞弊，侵吞财物。于是张汤就利用严刑酷法来惩办那些人。因此，上到公卿大臣，下至平民百姓，都纷纷指责张汤。

匈奴派人来请求和亲，汉武帝召集大臣们商量这件事。博士狄山上前说："和亲对我们有利。"汉武帝问："何以见得？"狄山说："兵器实际上就是凶器，不能经常使用。从前高帝攻打匈奴，困在平城的时候，就商议和亲。因此孝惠帝和吕后时期，天下安定和谐。到了孝文帝的时候，想去攻打匈奴，北方边境因此很不安定，人民又苦于战争。景帝时，吴、楚等七国叛乱被镇压后，再也不兴兵打仗了，人民的生活开始逐渐富裕充实起来。如今陛下发兵攻打匈奴，国库因此而空虚，边境的百姓生活困苦。由此看来，还不如和亲。"武帝问张汤，张汤心里清楚汉武帝不想讲和，于是说道："真是愚昧儒生无知的说法。"狄山被张汤当众训斥，心中愤怒，就反驳说："我确实是愚蠢的臣子，可我看御史大夫也是假装忠心。你从前处理淮南王、衡山王的案子时，用苛刻的刑法，放肆地诋毁诸侯王，挑拨离间皇上的骨肉亲情，令各封诸侯国的国王惶恐不安。所以说你是假忠心。"汉武帝见狄山指斥张汤，立刻铁青着脸说："我让你驻守一个郡的地方，你能保证不让胡虏来侵犯吗？"狄山回答说："不能。"汉武帝又问道："一个县的地方怎么样？"狄山又回答："也不能。"汉武帝又接着问："那驻守一个边地的城堡呢？"狄山心想，我要是再说不能，恐怕就要拿交法官治罪了，连忙回答说："能。"皇上就派狄山去驻守一个城堡。不久，狄山就被匈奴人杀了。朝中的群臣看狄山惹恼了张汤，就白白葬送了一条性命，从此都很恐惧，谁也不敢和张汤作对。

河东人李文任御史中丞，掌管文书，经常检举不合法的事情。他和张汤有仇怨，心里十分怨恨张汤，所以凡是遇到公事能伤及张汤的地方，就挑出来示众，一点都不给张汤留情面。张汤对李文恨之入骨，总想设计陷害他。下属鲁谒居看穿了张汤的心思，想讨好他，就指使人向皇上呈上一个紧急奏章，告发李文所作的坏事。皇上把这件事交给张汤去处理。张汤看了奏章后，心花怒放，心想：让你平时给我添乱，这下机会来了，也让你尝尝我的厉害。于是就想借机杀了李文。张汤明明知道这件事是自己的手下干的。可是皇上问他紧急奏章从哪里来的，他却假装莫名其妙地说："或许是有人和李文结下了仇怨吧！"

中国大事记

公元前102年，汉军攻破大宛，立亲汉之人为王，与之结盟。

后来鲁谒居生病，回乡下老家疗养。张汤几次亲自前去登门探望，还给鲁谒居按摩手脚。

赵王平日受尽张汤的刁难，听说张汤亲自去探望下属，觉得事情蹊跷，怀疑张汤和鲁谒居合伙干了坏事，上书皇上。皇上把这件事交给廷尉处理。这时不巧鲁谒居病死了。鲁谒居的弟弟跟这个案子也有牵连，于是廷尉就派人把他囚禁起来，关在官署。张汤处理别的囚犯的时候，看见了鲁谒居的弟弟，怕人说闲话，没理他，想暗中帮忙。鲁谒居的弟弟不知内情，就怨恨张汤，通过别人上书皇上。他向皇上告发了张汤和鲁谒居密谋害李文的事情。减宣负责处理这件事，他向来和张汤不和，经过深入的调查后，就封存了起来，没有上奏皇上。这时有盗贼偷挖汉文帝的陵墓，丞相庄青翟和张汤约好一起上朝，向皇上谢罪。见了皇上后，张汤却说自己没罪，说丞相应当一年四季按期巡查陵墓，和自己没关系。丞相一个人谢罪后，皇上让御史查办此事。丞相知道张汤是想借机迫害他，很担心。三个长史平日受尽张汤的凌辱，也都记恨张汤，想陷害他。

长史朱买臣是会稽人，当初因为熟悉《楚辞》而被皇上重用，任命为太中大夫。那时张汤只是个小官，听朱买臣的差遣。后来张汤升了官，总是排挤大臣们。朱买臣就有点怨恨张汤。朱买臣的官位列于九卿之内之后，又因犯法被降了职，代理长史，前去拜见张汤。张汤趾高气扬地坐在日常所坐的椅子上接见他，他的下属对朱买臣也是不理不睬。朱买臣非常痛恨张汤，总想杀了他。还有另外两个长史，也都曾经身居高位，张汤代理丞相时，故意压制他们。这几个人就结为一气，搜寻张汤罪状，等待机会揭发。如今见张汤想害庄青翟，三人商量后，找到庄青翟，对他说："张汤先答应和您一同谢罪，后来又不承认，故意出卖您，明摆着就是想代替您的位置。既然到了这个分上，也不用讲什么情面了，我们知道张汤的秘密，不如来个先发制人。"庄青翟点了点头，答应了。

朱买臣等人派官吏分头把张汤的同党田信等人捉拿归案，强行逼供，录下证词。说是张汤每次奏明皇上的要办的事情，田信都预先知道。田信就事先囤积货物，获得大利，跟张汤平分。这件事传到了汉武帝那里，汉武帝不太相信，就试探着问张汤："我想做的事情还没等公布，商人们就先知道了，于是他们暴敛财富。你说是不是有人走漏了消息啊？"张汤一听，也不知汉武帝是在试探他，就很吃惊地说："还没准真有这样的人。"汉武帝听后十分不高兴。正好这时减宣将查办鲁谒居的事情也呈了上来。汉武帝这才知道张汤心怀不轨，欺骗了他，不由得龙颜大怒，立即派人审问张汤。张汤拒不承认，坚决不认罪。汉武帝知道后，更加愤怒，又命廷尉赵禹前去。赵禹责问张汤："你这样不守本分，难道真的以为皇上一点都不知情吗？你审理案件的时候，一共杀死多少无辜的人？如今人证物证俱在，你还有什么可狡辩的？皇上不肯亲自来审你，是想让你自己死，这点道理还不明白吗？"张汤一听，自知难逃一死，于是就上书给汉武帝，说："我张汤才疏学浅，原来只不过是个小小的文书。承蒙陛下宠爱我，给我三公的职位。如今我无法推卸罪责，但我只想告诉皇上，设计陷害我的人是三位长史！"张汤把信写完后，交给了赵禹，自己伏剑自杀了。

张汤死后，撇下了年迈的老母亲，家中财产总共还不值500金，而且都是平日里所得的俸禄赏赐。家人想厚葬张汤，张汤的母亲很有见识，说："张汤是天子的大臣，被人诬陷而死，怎么能厚葬呢？"于是就用牛车拉着简陋的棺木，草草地埋葬了张汤。汉武帝看了张汤的遗书，又听说他家中什么财产也没有，就感觉到冤枉了张汤，心中不免有些后悔。此时又听说张汤母亲的话，感叹说："没有这样的母亲就不会有这样的孩子。"于是认真查办了谋害张汤的事情。

历史关注 | 汉武帝为加强皇权，改革丞相制度，设立中朝（内朝），对后来的丞相制度演变产生了重大影响。

大宛列传第六十三

张骞出使西域

张骞，西汉时期汉中人，汉武帝建元元年（公元前140年）担任郎官。

当年，汉武帝听投降的匈奴人说，匈奴人杀了月氏王，曾经用他的头骨作喝酒用的罐子，月氏人因此十分恨匈奴人。汉武帝就想联合月氏，共同抗击匈奴。要想到达月氏居住的地区，必须经过匈奴控制区，朝廷就招募有能力出任使者的勇士，张骞以郎官的身份应征入选。

建元二年（公元前139年）的时候，汉武帝派张骞带领着100多人出发了。途中经过被匈奴占领的地区，虽然张骞等人小心翼翼，结果还是被匈奴兵发现了，全都做了俘虏。他们被匈奴扣押了十多年。这些年，张骞娶了匈奴的妻子，生了孩子，但他仍然保存着大汉的符节，从来没抛失过。时间长了，匈奴对他们就放松了警惕。张骞偷偷找到堂邑父，两人商量，趁着匈奴人不防备，骑上两匹马向西逃走了。他们一直跑了几十天，历尽了千辛万苦，逃出了匈奴，来到一个叫大宛（在今中亚细亚）的国家。

大宛紧挨着匈奴，当地人还能听懂匈奴的话。张骞和堂邑父就用匈奴话与大宛人交谈起来，大宛人带他们去见大宛王。大宛王早就听说汉朝地大物博，富饶强盛，听说他们的使者来了，非常高兴地接见了他们，并问：“你们要去哪里？”张骞说：“我为汉朝出使月氏，被匈奴人扣留了，好不容易逃了出来。希望能得到大王您的引见，我们将感激不尽，我的任务完成后，汉朝将会赠送给大王很多很多的财物。”大宛王派人护送他们到康居（约在今巴尔喀什湖和咸海之间），经康居到达了月氏。

当时，月氏王被匈奴杀了以后，月氏太子被立为王。月氏王征服了大夏（今阿富汗的北部）后，侵占了那里的土地。大夏土肥水美，物产丰富，没有贼寇，而且远离匈奴，月氏王就在那里建立了大月氏国。张骞向月氏王说明了自己的来意，但月氏王不想再找匈奴报仇了，只想保持稳定的局面，结果没有采纳张骞的建议。不过因为张骞是大汉的使者，所以还是很有礼貌地接待了他。

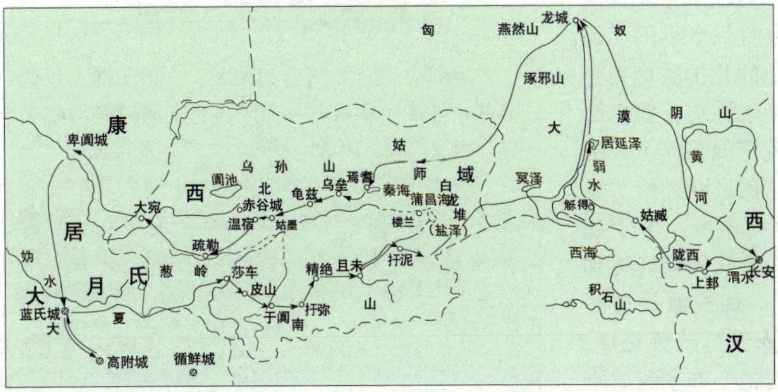

张骞第二次出使西域示意图

张骞和堂邑父在月氏国居住了一年多，也没能说服月氏国王，只好返回长安。他们本想绕行回去，结果又被匈奴人抓住了。一年以后，匈奴的头领去世，爆发了内乱，张骞就带着家人和堂邑父一起逃回汉朝。

张骞从汉朝出发的时候，有100多人，在外面奔波了整整13年后，只有堂

中国大事记

公元前101年，汉朝在轮台、渠梨置卒屯田，以供出使西域者食用。

武帝茂陵 汉

汉武帝的茂陵位于西汉11座帝陵的最西端，是汉诸陵中规模最大的帝王陵。

邑父和他两个人回来了。汉武帝认为张骞立了大功，就封他为太中大夫，封堂邑父为奉使君。

张骞曾经到过大宛、月氏国、大夏、康居等国，了解了它们附近各国的情况。他把自己的所见所闻都一一向皇上作了报告，并提出再次出使西域的建议。皇上听说大宛和大夏两个都是大国，有很多的奇珍异宝，又听说月氏国和康居的军队强大，这些国家又都十分渴望得到汉朝的财物。汉武帝就想用财物来跟他们疏通关系，引诱他们归附汉朝。这样就能召来不同风俗习惯的人们，汉朝还能再向外扩展出上万里的土地，大汉朝天子的威望就能遍及五湖四海了。

汉武帝又仔细盘问张骞大夏属国的具体情况。张骞说："乌孙是匈奴西边的一个小国。匈奴首领单于杀了乌孙王后，把他的儿子昆莫丢弃在荒野上。荒野上的乌鸦叼来肉喂昆莫，狼也给昆莫吃奶。单于觉得很神奇，就把他收养了。昆莫长大后，单于把乌孙王的原来的民众还给了昆莫，让他去管理，派他长期守在西域。单于死后，昆莫召集兵马，练习战术，带领民众迁徙到很远的地方，不再对匈奴称臣。匈奴派兵攻打他，但几次都没有攻下，匈奴人觉得昆莫是神，也是自己的从属国，就不再攻打他。如今匈奴刚被汉朝打败，而原来浑邪王控制的地方又没人守卫。蛮夷人十分贪恋汉朝的财物，要是这时用丰厚的财物买通昆莫，招引他往东迁移，居住到原来浑邪王控制的地方，同汉朝结为兄弟，根据目前的情势看，昆莫应当是能够接受的。如果他接受了这个安排，那就等于是砍断了匈奴的右臂。乌孙归附汉朝后，它西边的大夏等国都可以招引来作为外藩属国。"汉武帝认为张骞说得有道理，就采纳了他的建议。元狩四年（公元前119年），汉武帝任命张骞为中郎将，让他拿着汉朝的旌节，带着300名勇士，每人再配备两匹马，还有一万头牛羊和黄金、绸缎、布帛等礼物再次出使西域。

张骞等人来到乌孙（在新疆境内），乌孙王昆莫亲自出来迎接，用接待匈奴首领的礼仪接见了他们，这让张骞感到十分羞愧。张骞知道蛮夷贪婪成性，就说："汉朝的天子让我赠送礼物给大王，大王要是不拜谢，就请把礼物退回来吧！"昆莫连忙起身拜谢，张骞送给他一份厚礼，说："如果大王能够迁到浑邪王原来居住的地方，那么汉朝就把诸侯的女儿嫁给您！"当时乌孙国四分五裂，国王年纪大了，离汉朝很远，不知它到底有多大，再说他们屈服匈奴已经很长时间了，因为害怕匈奴，所以没敢私自作出决定。

张骞又派他的部下带着丰厚的礼物，去联络大宛、大月氏、于阗（在今新疆和田一带）等国

·丝绸之路·

丝绸之路大致可分为两条。一条为陆上丝绸之路，形成于西汉时期，即自长安西行穿河西走廊，出玉门关、阳关，越葱岭，至西亚地区；另一条为海上丝绸之路，形成于宋代。时因陆上丝绸之路为西夏所断，宋朝只好从海上与西亚、阿拉伯地区，以及南亚等地区的诸国进行联系与交往，而形成了中外海上交通的"丝绸之路"。两条丝绸之路在中国古代历史上，对促进中外经济、文化的交流，增进中外各国人民之间的相互了解和友谊，发挥了极重要的作用。

历史关注

桑弘羊于汉武帝时提出盐、铁、酒官营，还实行统一铸币、告缗、屯田等经济政策，为古代著名经济学家。

家。这些人去了好久还没见回来，张骞决定不再等下去。于是乌孙王派了向导和翻译共几十个人，护送张骞回国，也借此机会到汉朝参观，还带了几十匹高头大马送给汉朝皇帝。汉武帝很高兴，热情地款待了乌孙的使者。

张骞回来后，被任命为大行令，官位列于九卿之中。一年后，张骞生病死了。乌孙的使者已经看到汉朝人多而且财物丰厚，回去报告了国王，乌孙国就越发重视汉朝。过了一年多，张骞派出的沟通大夏等国的使者，多半都和所去国家的人一同回到汉朝。于是，西北各国从这时开始和汉朝有了交往。然而这种交往是张骞开创的，所以，以后前往西域各国的使者都称博望侯，以此取信于外国，外国也因此而信任汉朝使者。

自从博望侯张骞死后，匈奴听说汉朝和乌孙有了往来，很气愤，想攻打乌孙。待到汉朝出使乌孙，而且从它南边到达大宛、大月氏，使者接连不断，乌孙才感到恐惧，派使者向汉朝献马，希望能娶汉朝诸侯女儿做妻子，同汉朝结为兄弟。武帝向群臣征求意见，群臣都说："一定要先让他们送来聘礼，然后才能把诸侯女儿嫁过去。"武帝命名乌孙马为"西极"，大宛马为"天马"。汉朝设置酒泉郡，以便沟通西北各国，于是加派使者抵达安息、奄蔡、黎轩、条枝、身毒国。而汉朝天子喜欢大宛的马，因此出使大宛的使者络绎不绝。

贰师将军伐大宛

汉朝的使者频繁往来于西域各国之间，那些跟随出使的人争着把自己熟悉的情况向天子汇报。有人对汉武帝说："大宛国有好马藏在贰师城，不想送给汉朝。"皇上很喜欢大宛的良马，因此就派使者带上金银财物去大宛索求好马。大宛王和群臣商量说："汉朝离我们很远，不可能派大批的军队来攻打我们，汉使者想来我国也不是很容易，我们不用怕他。何况贰师城的马是我们的宝马，怎么舍得送给他们呢？"大宛王没答应。汉朝使者很生气，责骂大宛王，用椎子敲碎作为礼物的金马，然后愤怒地离去。大宛国的官员们生气地说："他们真是太欺侮人了！"然后立即命人拦截，杀死了汉朝使者，还抢夺了他们的财物。

汉武帝知道后，十分愤怒，他听说大宛国的兵力微弱，根本不用兴师动众。就任命宠姬李夫人的哥哥李广利为将军，调发从属国的两千个骑兵，还有国内几万个不良少年，前去攻打大宛。因为这次出师的目的想得到贰师城的好马，所以李广利被封为贰师将军。

贰师将军带领人马向西进发，渡过了盐水。途中经过的小国都很害怕，各自坚守城堡，不肯供给汉军食物。于是汉军就攻打他们，攻下来就抢食物，实在攻不下来的，逗留了几天就离开了。等队伍到了郁成，剩下的士兵只有几千人，而且都疲惫不堪。这时，郁成的军队又开始进攻汉军。汉军战败，死伤了好多的士兵。贰师将军找来各位将领商量说："以我们目前的状态，连郁成都攻不下来，何况大宛呢？"于是领兵退回，往来经过了两年的时间。退到敦煌的时候，士兵们已经所剩无几了。贰师将军派人向皇上禀告说："前往大宛的路途遥远，还缺少食物，士兵们不怕打仗，就怕挨饿，人越来越少，恐怕都坚持不到大宛。将军请求暂时退兵，等增派援军后，再一同前往。"汉武帝听后很生气，立即派人到玉门关去拦截他们，告诉他们，谁敢进来，就格杀勿论。贰师将军害怕，就停留在敦煌，不敢再往回走。

太初二年（公元前 103 年）夏，汉朝在匈奴损失了浞野侯的军队两万多人。公卿和议事的官员们都建议皇上停止攻打大宛，集中精力对付匈奴。汉武帝心想：我已经讨伐大宛，连这样的小国都没能攻下，大夏等国还不得轻视汉朝，而大宛的良马也绝不会弄来。于是就惩治了说讨伐大宛不利的邓光等人，还赦免囚徒和犯了罪的士卒，又增派恶少和骑兵。一年多的时间里，汉朝相继发动了6万士兵，还不包括那些自带衣食随军参战的人。那些士兵们带着10万

中国大事记

公元前100年，汉武帝派苏武出使匈奴，苏武被匈奴羁留十九年，始终坚贞不屈。

头牛，3万多匹马，还有无数的驴、骆驼等，还带了很多粮草，各种兵器都很齐备。当时全国上下一阵骚动，相传奉命征伐大宛的校尉就有50多人。大宛王城中没有水井，所饮用的水都是从城外流进城内的，于是汉朝派遣水工随行，打算改变城中的水道，使城内无水可用。汉朝又增派了18万甲兵，戍守在酒泉、张掖以北，并设置居延、休屠两个县，护卫酒泉。汉朝还调发一部分罪犯，专门为贰师将军的队伍运送干粮。转运物资的人员络绎不绝，一直到敦煌。又任命两位熟悉马匹的人做执驱校尉，准备攻破大宛后，选取良马。

贰师将军又一次出征，这次所率的兵士无数，所经过的小国没有不迎接的，都主动地拿出食物，供应汉朝军队。汉军的军队来到仑头国，仑头国不肯投降，攻打了几天，血洗全国。此后，汉军再没有受到任何阻拦，顺利地到达了大宛，到达目的地的汉军有3万人。大宛的军队奋力反击，汉军放箭打败了他们，大宛军退入城中守卫。贰师将军派兵改变大宛城的水道，断绝了城中的水源。大宛因此受到了严重的打击。汉军包围大宛城，攻打了40多天，外城被打破，又俘虏了大宛人的勇将煎靡。大宛人非常害怕，都逃进内城。大宛的高级官员凑在一起商量说："汉朝之所以攻打大宛，是因为大宛王私藏良马，汉使者前来相求，大宛王不但没有答应，还杀了汉朝的使者，这才激怒了汉朝皇帝。我们要是杀了国王，献出好马，汉军就会自动撤兵。如果他们不接受我们的条件，我们就把良马全都杀死，那时康居的援兵也快到了！"官员们都很赞同，一起杀死了大宛王，拎着被割下的人头，来见贰师将军，说："请汉军不要再攻打我们，我们献出好马，马任由您挑选，还供应你们粮食。如果您不退兵的话，我们就把马全部杀掉。康居的援兵也就要赶来了，救兵一来，你们就会被夹在中间，腹背受敌，你们好好想想，该怎么办吧！"此时，康居的侦察兵看汉军还很强盛，没敢靠近。贰师将军找人商量此事，说："听说大宛城内刚刚找来了会挖井的汉人，而且城内的粮食充足。我们来这的目的是诛杀大宛王，如今他的人头已经放在这了。再过几天，我军疲惫，而大宛的援军快到了，我们还不坐以待毙啊！还是见好就收吧！"于是答应了大宛国的条件，双方订立了盟约。大宛人牵出贰师的马匹，让汉人挑选，还拿出食物奉献给汉军。汉军没进入大宛的内城，撤兵回国了。

·百戏·

百戏是汉朝对音乐、舞蹈、杂技、魔术、角抵戏等表演艺术的统称，起源于民间，是由古老的原始宗教仪式发展而来，秦朝时开始传入宫廷。西汉时，在汉武帝的倡导下，百戏盛极一时。到了东汉，无论是宫廷中的庆典，还是民间节日，尤其是庄园内的宴乐聚会，都少不了百戏表演助兴。百戏表演时往往数百人同台演出，载歌载舞，场面热烈。

汉军分成几路撤军，其中的一支人马途中经过郁成。郁成仍旧坚持抵抗，还派兵攻打汉军。汉军失败，有几个人逃到贰师将军那里。贰师将军立即派上官桀去攻打郁成，郁成军大败。郁成王逃亡到康居，上官桀在后面紧紧追赶。康居听说汉军已经攻下了大宛，就把郁成王交给了上官桀。上官桀命令4个骑兵把郁成王捆了起来，交给贰师将军。这4个骑兵商量说："郁成王是汉朝最痛恨的人，如今活着送去，中途发生点意外就麻烦了！"于是就想杀了他。可谁也不敢动手，推来推去，最后年龄最小的骑士赵弟拿出宝剑，砍杀了郁成王。接着他们一行人追上了贰师将军的部队。

贰师将军李广利两次万里远征，攻打大宛，用了4年的时间，最后才取得胜利。皇上不再计较贰师将军的过失，封他为海西侯，又把亲手杀掉郁成王的骑士赵弟封为新畤侯。

历史关注 | 汉武帝通过大量移民在西北边郡屯田，对反击匈奴战争的胜利、经营西域起了重大作用。

游侠列传第六十四

侠士郭解

郭解是轵县人，他身材矮小，精明强悍。郭解小的时候残忍狠毒，每当心中愤慨的时候就要杀人，因此被他杀死的人很多。然而他又极其讲义气，为了替朋友报仇不惜牺牲自己的生命，还藏匿犯下重罪的亡命之徒。那个时候，郭解犯法的行为不可胜数，但是他运气很好，每到危险的时候都能逢凶化吉。等到郭解年长的时候，反思自己的行为，常常觉得不堪回首。于是他痛改前非，对别人以德报怨。他经常营救别人，却不夸耀自己的功劳，也不要求对方的报答。但是郭解残忍狠毒的本性依旧没有改变，还会因为一点小事而行凶杀人。当时的少年们对郭解非常仰慕，常常替郭解杀死他的仇家，而不让郭解知道。

一次，郭解姐姐的儿子和别人喝酒，要求对方干杯。对方酒量小，拒绝了他。而他依仗郭解的势力，强行给对方灌酒。对方勃然大怒，拔刀杀死了他后逃跑了。过了好几天，凶手也没有抓到。郭解姐姐非常生气，她想凭借弟弟的义气和势力，竟然抓不到杀害儿子的凶手，这件事不能善罢甘休。于是她把儿子的尸体放置在街道上，想借此来羞辱郭解，促使他去缉拿凶手。郭解果然集中力量追缉凶手，不久就捉住了。那个凶手把自己杀人的原因如实告诉了郭解。郭解认为是他的外甥对人无礼，杀死他是应该的。于是释放了凶手，埋葬了外甥。人们听到这个消息以后，竞相称赞郭解的道义行为，更加仰慕他了。

人们都非常敬畏郭解，只有一个人在路遇郭解的时候，总是用傲慢的眼神看着他。郭解觉得这个人很特殊，就派人询问他的姓名。他的一个门客以为郭解怨恨那个人对他无礼，就自告奋勇要杀了他。郭解阻止他说："我居住在这里，竟然得不到别人的尊敬，那是因为我的道德还不够高尚，不能怪别人，你们不能杀他。"郭解不仅没有杀那个人，反而暗中嘱托尉史免除那个人劳役。以后好几次面临服役的时候，县里的官吏都没有找那个对郭解无礼的人。他觉得非常奇怪，经过询问了解到原因后，他就袒露着身体去向郭解谢罪。人们听到这消息以后，更加仰慕郭解了。

洛阳城中有两家人相互结仇，城里几十位有名望的人为他们调解，但是双方都不听从。郭解的门客听说了，就请郭解出面调解。郭解在晚上悄悄去会见结仇的人家，两家人出于对郭解的仰慕准备和好。郭解叮嘱他们说："洛阳那么多英雄豪杰为你们调解，你们都没有听从，而现在却听从了我的劝说，这样的话，洛阳豪杰们的脸上就无光了。你们暂时不要立即和解，等到洛阳豪杰们再次为你们调解的时候，你们再听从他们。"说完，郭解就趁着夜色离开了，为的是不让别人知道他参与了这件事情。

郭解迁居茂陵以后，关中的英雄豪杰们都争先恐后地和他结交。郭解怨恨杨季主的儿子，于是杀死了杨季主。杨季主的家人上书告发郭解，郭解的仰慕者在宫门下杀死了告状的人。汉武帝知道以后，对郭解的肆无忌惮非常愤怒，下令缉拿郭解。于是，郭解开始逃亡。他每逃到一个地方，都把实情告诉留宿他的人家，人们不仅不向官府告发他，反而更加礼貌地招待他。很久以后，官府才缉拿到郭解，并且调查出郭解很多严重的罪状。汉武帝下令处死了郭解，还诛灭了他的家族。

中国大事记

公元前99年，李陵出击匈奴，力战之后投降匈奴，司马迁为其向汉武帝求情，被处宫刑。

佞幸列传第六十五

饿死的邓通

邓通原来只是皇宫游船上的一名船工。汉文帝做了一个奇怪的梦，他梦见自己正在向天上飞升，但是始终上不去。正在他着急的时候，一个黄头郎在他背后推了一把，借助黄头郎的力气，他终于上了天。这时他回头去看黄头郎，只看到他的衣服的横腰部分，发现他的衣带在背后打了个结。梦醒以后，汉文帝认为升天意味着做神仙，而升天必须要借助于那个黄头郎的力量，汉文帝前往渐台去寻找梦中的那个黄头郎。在那里，他见到了邓通，此人和汉文帝梦中所见的那个人的装束一模一样。汉文帝认为邓通就是梦中人，于是召见了他。邓通虽然没有什么才能，但是非常会说话。汉文帝很喜欢他，邓通受到宠信。邓通为人谨慎，不喜欢和陌生人交往，即使汉文帝准许他休假的时间，他也不去外出游玩，汉文帝更加宠信他了。

汉文帝和邓通关系密切，经常到邓通的家里玩耍，他先后十多次赏赐邓通财物，总共达到上亿的金钱，还提升邓通担任上大夫的官职。但是邓通没有处理政事的才能，还不能够向朝廷举荐贤能的人才，不过他自己处事非常谨慎，又非常善于向汉文帝献媚，因此一直受到文帝的宠信。一次，文帝出于好奇，让善于相面的相士给邓通相面，推断他的吉凶。相士看过邓通的面相后，断定邓通以后会因为贫穷饥饿而死。文帝觉得相士的话纯属无稽之谈，不无嘲讽地说："邓通贫穷或者富有完全取决于我，我准备让他富有，他怎么可能贫穷呢？"文帝决定让邓通更加富有，永远不会贫穷，他把蜀郡严道的铜山赏赐给了邓通，并且赋予邓通自行铸造钱币的特权，当时邓通铸造的钱币在全国广泛地流通，人们都称它为"邓氏钱"。邓通的富有程度可想而知了。

汉文帝后来身患痈疽病，邓通为了讨好皇帝，顾不上肮脏，经常用嘴给文帝吮吸身上的脓血。汉文帝心想，一个臣子能够这样周到地服侍我，而我自己的亲儿子都不能为我吸吮脓血，因此心里很不高兴。于是，他询问邓通全天下的人里面谁最关心爱护他。邓通回答文帝说："天下人里面应该没有谁能够比太子更加关心爱护您了。"不久，太子来探望文帝的病情，文帝要求太子像邓通那样为他吮吸脓血。太子嫌弃脓血肮脏，很不情愿，但是又不敢违背父亲的命令，只好吮吸了脓血。文帝也发现了太子脸上的为难表情，心里面很不舒服。后来，太子听说邓通经常为文帝吮吸脓血，为一个大臣比自己更好地服侍父亲而感到惭愧，同时也怨恨邓通，正是因为他的行为，父亲才会对自己不满。

汉文帝去世以后，太子即位，也就是汉景帝。他一直都在怨恨邓通，因此罢免了邓通的职位。不久以后，和邓通有矛盾的人告发邓通偷盗了境外的钱币。汉景帝派遣大臣审理后，确认了邓通的罪状。汉景帝下令把邓通家的所有钱财都没收充公，即使这样，邓通还欠朝廷好几亿钱币。长公主刘嫖可怜邓通，赏赐给他很多钱财。官吏知道以后，马上把这些钱财没收用来顶债，甚至连一只簪子都不留给邓通。长公主知道后，只好为邓通提供仅仅足够衣食的费用，无法再多赏赐他一点钱财。邓通一直寄住在别人的家里，后来因为饥饿和贫困而死去。相士的预言真的成为了现实。

历史关注 | 西汉时的《九章算术》是我国古代主要的数学教科书。

滑稽列传第六十六

东方朔传奇

汉武帝的时候，有个人叫东方朔。他读遍了诸子百家的书，尤其喜欢钻研儒家的经术。

东方朔初到长安，就给汉武帝上书，一共用了3000片木简。相关部门派两个人一起来抬他的奏章，才抬起来。汉武帝在宫里读东方朔写给他的奏章，因为篇幅太长，每次读完一部分，就要做个记号，一直读了两个月才读完。汉武帝认为东方朔非常有才华，就任命他为郎官，把他留在自己身边。

汉武帝非常喜欢东方朔，经常赐他在自己面前吃饭。每次吃完饭以后，东方朔都要把剩下的肉揣在怀里带走，把衣服弄得尽是油污。汉武帝赏赐给他绸缎布匹，他都毫不客气地全部拿走。他用赏赐得到的钱和布帛，娶长安城里年轻漂亮的女子为妻。但是大多数娶过来一年多就把她们抛弃了，接着再娶一个。汉武帝身边的侍臣有一半以上的人都把东方朔叫作“疯子”。汉武帝听大臣们这样说东方朔，就对他们说：“如果东方朔不干这些荒唐事，你们谁能比得上他？”

有一天，东方朔从宫里经过，郎官们对他说：“大家都说您是一个狂人。”东方朔回答说：“像我这样的人，就是所谓隐居在朝廷里的人。古时候这样的人，都隐居在深山里。”

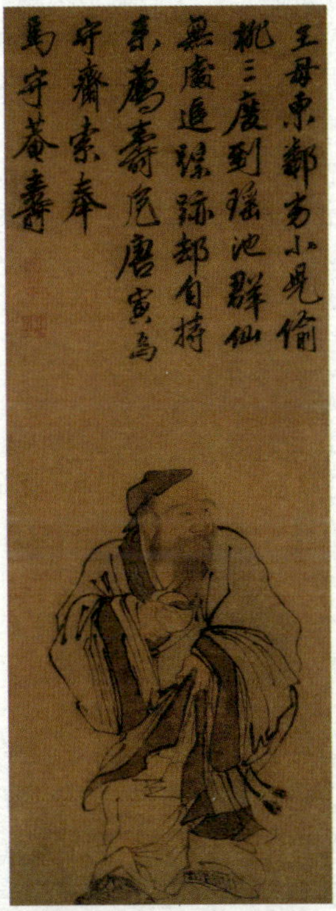

东方朔像轴 明 唐寅 纸本
东方朔，汉武帝时大臣，滑稽机智，善察言观色，直言劝谏。曾以辞赋诫武帝奢侈，又陈农战强国之策，终不见用。

东方朔经常在喝酒喝得畅快的时候，趴在地上唱歌：“隐居在世俗里，避世在金马门。既然可以在宫殿里避世，又何必隐居在深山里。”金马门，就是宦者衙署的大门，因为大门旁边有铜马，所以又叫作“金马门”。

有一次，朝廷里面的博士先生们一起刁难东方朔说：“苏秦、张仪仅仅是偶然遇到大国国君，就能当上国相上卿，名传后世。但是您看看自己，研究先王治国御臣的方法，遵循圣人立身处世的道理，熟习《诗》《书》和诸子百家，又有文章著作，可以说是见多识广、聪明才辩了。可是您尽了全力来侍奉皇上，忠心耿耿几十年，官衔却不过是个侍郎，职位也不过是个卫士，这么看来，您还有不够检点的行为吧？您能说说，这又是为什么呢？”东方朔反驳说：“你们根本就不了解。那个时候和现在，是两个不同的时代，又怎么能够相提并论呢？张仪、苏秦在世的时候，周朝十分衰败，诸侯各国都不去朝见周天子，只知道用武力征伐夺取权势，占领土地。那时天下有12个诸侯国，势力不相上下，哪个国家得到人才，哪个国家就强大；哪个国家失掉人才，哪个国家就会被灭亡，所以各国国君对有才能的人无不言听计从。所以张仪和苏秦能够身居高位，名传后世。”博士们觉得他说的有些道理。

中国大事记

公元前99年，因起义不断发生，汉武帝命人制“沉命法”，即藏匿起义者的人也要被杀。

东方朔接着说：“但是现在不一样了。皇上圣明，百姓顺从，天下统一。不管发生了什么，皇上都能够轻易地加以处理，又怎么来判断一个人到底是有才华，还是没有才华呢？现在天下广大，士民众多，那些争着来给皇上出谋划策的人，多得数都数不清。但他们还是要被衣食所困，有的人甚至连进身的门路也找不到。就算是张仪和苏秦和我同在这个时代，他们又怎么能做到我现在的侍郎呢？古书上说：‘天下如果没有灾害的话，即使是圣人，也没有地方施展才华。’所以说，时代不同，事情也就不同。”听到这，大家不禁点头赞同。

东方朔又说：“尽管如此，人又怎么能够不去努力地修养自身呢？《诗经》说：‘在宫内敲钟，声音可以传到外面。’又说：‘鹤在水泽深处鸣叫，声音可以传到天上。’能够修养自身，还担忧不能获得荣耀吗？姜尚亲行仁义，72岁遇到周文王，得以施行自己的主张，后受封在齐国，传国700年而不断绝。这就是士人之所以日日夜夜研究学问，推行自己主张的原因。你们为什么还要这样问我呢？”这一番话，说得那些博士先生们一声不响，个个内心佩服不已。

有一次，一只像麋鹿的动物从建章宫跑了出来。消息传到宫中，汉武帝问大臣们这是什么动物，却没人知道。汉武帝于是找来东方朔。东方朔说：“皇上，请先赐给我美酒佳肴，让我饱餐一顿，我再禀告您。”吃完饭喝完酒，东方朔又说：“陛下您要是把一个地方的土地赏赐给我，我就说。”武帝又答应了他。于是东方朔才说：“这只动物叫驺牙。每次远方有人来归附，驺牙就会先出现。因为它的牙齿前后一样，大小相等又没有大牙，所以叫作驺牙。”此后一年左右，匈奴浑邪王果然带着10万人来投降汉朝。汉武帝非常高兴，想起东方朔所说的话，于是又赏赐他很多钱财。

东方朔临终的时候规劝武帝说：“《诗经》说‘飞来飞去的苍蝇，落在篱笆上面。善良的君子，不要听信谗言’，‘谗言没有止境，国家不得安宁’。希望陛下远离小人，摒弃谗言。”不久以后，他就病死了。古书上说“鸟之将死，其鸣也哀；人之将死，其言也善”说的就是这个意思吧。

西门豹治邺

战国时候，魏文侯派西门豹去邺县做县令。

西门豹到了邺县以后，就被人烟稀少、满眼荒凉的景象震惊到了。西门豹连忙问一位老人这究竟是怎么回事。老人回答说：“唉，大人您不问还好，问起来我的心都痛。您看这一片，好端端的土地啊，竟然变成了这样。说起来，这都是河伯娶媳妇给闹的。”

西门豹一听，糊涂了，就问他：“老人家，河伯是谁啊？”老人叹了口气，回答说：“这河伯啊，是漳河的神，他每年都要娶一个年轻漂亮的姑娘。要是不给他送一个姑娘的话，他就会生气，生起气来啊，就会让漳河发大水，把我们的田地和村庄全淹了。”

西门豹于是问：“是谁在说河伯要娶媳妇的？”

老大爷恨恨地说：“还不是那个巫婆。而且三老和廷掾（地方官官名）每年都要大伙儿交几百万的钱，但是真正用来给河伯娶媳妇的才花二三十万，剩下的就和巫婆等人一起分了。至于说那些河伯要娶的媳妇，就更加可怜了。”西门豹问：“她们怎么可怜呢？”老大爷说：“巫婆要是看到哪家的女儿漂亮，就说要她嫁给河伯，然后就下聘礼为河伯迎娶她。但是巫婆挑中的，都是穷人家的孩子，那些有钱人，只要给巫婆一些钱，就万事大吉了。”

西门豹又问：“难道巫婆给河伯娶了媳妇儿，河伯就真的能够不让漳河发大水了吗？”

老大爷说：“要是真的不发也好，可是大水照样会发啊。大人您看，就是因为发大水，这些土地才荒废成这个样子。而且只要是有女儿的人家，都逃走了，这里的人越来越少，最后就成了这样。”

西门豹已经知道了事情的原委，于是就对老人说：“那么等到这次河伯娶媳妇的时候，麻烦您告诉我一下。我也去送送那个姑娘。”老人答

历史关注　**汉朝时，施肥方法已有基肥、种肥、追肥之分。**

应了他。

到了河伯娶媳妇那天，西门豹早早地就到了漳河边上，等着看事情的进展。三老、廷掾和其他一些官员都来了，还有两三千个前来看热闹的老百姓们，河边上站满了人。看到西门豹带着卫士来了，巫婆和廷掾以及其他大小官吏急忙上去迎接。

西门豹仔细一看，那巫婆大概70多岁了，身后还跟着些穿着妖艳的女徒弟。

西门豹于是对巫婆和廷掾说："把河伯的媳妇给我带来，看看长得漂亮不漂亮。"一会儿姑娘就被领来了。西门豹一看，就对巫婆说："不行，她长得不漂亮，麻烦您去跟河伯说一声，说我们要重新选个漂亮的，过几天给他送去。"说完，不等巫婆反应过来，就叫卫士们把巫婆丢进了漳河。等了一会儿，西门豹问："巫婆怎么还不回来啊？让她徒弟去催一催。"于是西门豹又把巫婆的一个徒弟丢进了河里。过了一会儿，西门豹又说："她的徒弟怎么也不回来呢？再派一个去催催吧！"于是又把一个徒弟扔进了河里。一连扔了3个，西门豹接着说："她们几个女人都不回来，麻烦三老去给河伯说说吧！"于是又把三老扔进了漳河。包括廷掾在内的那些人，一个个吓得面色如土。西门豹又对他们说："派了那么多人去，都不回来，你们说怎么办呢？实在不行你们去一趟吧？"吓得廷掾他们纷纷跪地求饶。又等了一会儿，西门豹才说："看样子是河伯把她们留下了。你们都回去吧！"

这一下老百姓们都恍然大悟了，知道巫婆和廷掾他们合起伙来害人骗钱。从此以后，再也没人敢说给河伯娶媳妇的事了。

揭穿了廷掾他们害人骗钱的事情以后，西门豹又征发百姓们开凿了12条渠道，引漳河的水来浇灌农田。在开始凿河渠的时候，老百姓厌烦劳苦，不想干了。西门豹坚持要开渠道，并且说："可以和老百姓们一起共享成功，但是却不能和他们一起谋划事情的开始。虽然现在百姓们认为我给他们带来了辛苦，但是百年以后，希望他们能再想想我所说的话。"

直到现在，那12条渠道都给当地带来了好处，百姓们因此富裕起来。汉初，当地的地方官认为12条河渠上的桥梁截断了御道，彼此相距又很近，就想把渠水合并起来，还要把经过御道的3条渠水合成一条，只架一座桥。但是老百姓们不肯听从他们的意见，认为那些渠道是西门豹规划的，不能随便更改。最后，地方官还是听取了大家的意见。西门豹做邺县令名闻天下，流传后世。

·郑国渠·

战国时期，各国都很注重水利建设。为了削弱秦国的国力，韩国派水利专家郑国到秦国，劝说秦王兴修大型水利工程，想借此分散秦国的精力。后来秦王发觉中计，想杀郑国。郑国坦然地说，修凿此渠或许能让韩国苟延残喘几年，但对于秦国则是百年受益。秦王觉得有理，便让郑国继续主持工程。经过十几年的努力，三百里长的郑国渠终于建成，关中果然因此成为一片沃土。发达的农业成为后来秦王统一中国的有力的物质保障。

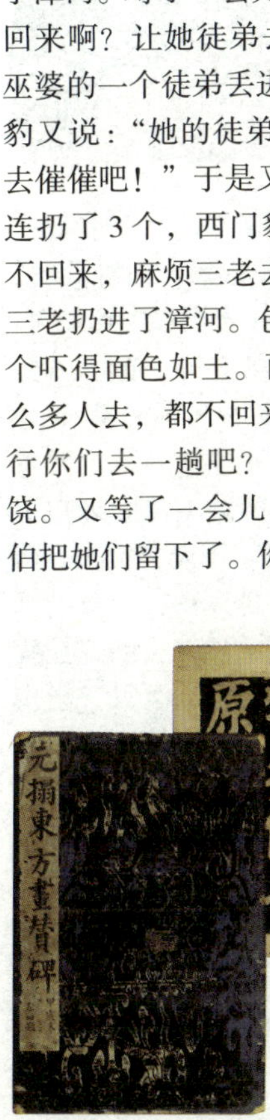

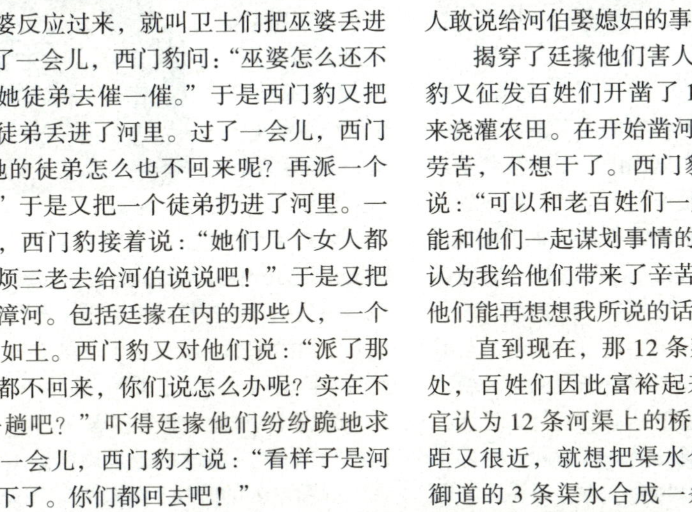

东方朔赞碑

晋夏侯湛撰，唐颜真卿书，它是对东方朔书画的赞赏。

中国大事记 | 公元前91年，发生巫蛊之祸，太子刘据被江充陷害，起兵失败后自杀。

太史公自序第七十

司马迁自传

颛顼统治天下的时候，任命南正重掌管天文，北正黎掌管地理，唐尧和虞舜的时候，又让重、黎的后代继续掌管天文地理，一直到商朝。周宣王的时候，重黎氏因为失去官守而成为司马氏，司马氏世代掌管周史。周惠王和周襄王的时候，司马氏离开周的都城，去了晋国，后来又迁居少梁。

自从司马氏到了晋国之后，族人分散各地，有的在卫国，有的在赵国，有的在秦国。在卫国的，做了中山国的相。在赵国的，以传授剑术理论而显扬于世，蒯聩就是他们的后代。在秦国的名叫司马错，曾与张仪辩论，于是秦惠王派司马错率军攻打蜀国，攻取后，又让他做了蜀地郡守。司马错之孙司马靳，奉事武安君白起。司马靳与武安君在长平之战后坑杀赵军，回来后与武安君一起被赐死于杜邮，埋葬在华池。司马靳之孙司马昌，是秦国主管冶铸铁器的官员，生活在秦始皇时代。蒯聩玄孙司马卬，曾为武安君部将并带兵攻占朝歌。诸侯争相为王时，司马卬在殷地称王。汉王刘邦攻打楚霸王项羽之际，司马卬归降汉王，汉以殷地为河内郡。司马昌生司马无泽，司马无泽担任汉朝市长之职。无泽生司马喜，司马喜封爵五大夫，死后都埋葬在高门。司马喜生司马谈，司马谈做了太史公。

太史公职掌天文，不管民事，太史公有个儿子，即为司马迁。

司马迁出生在龙门，10岁的时候，就开始学习和背诵古文。20岁的时候，就去了南方，游历江淮地区；登上会稽山，探察大禹留下的遗迹；还观览了九嶷山，在沅水湘水上泛舟。此外，他还渡过了汶水、泗水，去齐国和鲁国的都城游历；考察孔子故乡的风俗，在邹县、峄山行乡射之礼；经过鄱、薛、彭城，再经过梁、楚，回到了家乡。回到家乡以后，司马迁又担任郎中，奉命西征巴蜀，经略邛、笮、昆明。

司马迁像

元封元年（公元前110年），汉朝天子开始举行封禅典礼，而太史公司马谈却被留在洛阳，不能参与这件事。他心中愤懑忧郁，最后得了一场重病，奄奄一息。此时，恰好司马迁从巴蜀回来，拜见了父亲。

奄奄一息的太史公握着司马迁的手，哭着说：“我们司马家的祖先是周朝的太史。远在上古虞舜和夏朝的时候，就负责掌管天文历法，而且声名远扬，但是后来却越来越衰落，一直到现在。难道我们司马家担任史官的传统会断绝在我的手里吗？”看着父亲瘦削的脸庞，听见父亲伤心欲绝的话，司马迁心中感慨万千。司马谈紧抓着司马迁的手不放，说：“我现在最大的希望，就是你能够接替我的职位，继续做太史，延续我们司马家的传统，继承祖先的事业。那样的话，我就是死了，也不会有什么遗憾了。”

司马迁哽咽着，看着父亲，点了点头。司马谈继续吃力地说：“儿啊，现在天子在泰山举行封禅典礼，而我作为史官，却不能随行，这是我

历史关注

汉武帝是第一个用“罪己诏”进行自我批评的皇帝。

的命啊，是命啊！我死了以后，你一定要接替我的任务，继续做太史；你做了太史以后，千万不能忘记我想要完成的论著啊。孝道从孝顺父母亲开始，然后是侍奉君主，最后就是名扬后世。通过扬名后世来给父母争光，这就是最大的孝道。”停了一停，司马谈接着说：“天下的人之所以都称颂周公，是因为他宣扬文王、武王的美德，在天下倡导周族的淳厚风尚，讲论太王和王季的深谋远虑，并且追述始祖后稷的功绩。周幽王、厉王以后，周朝王道衰落，礼乐败坏，孔子研究和整理原来的典籍，振兴礼乐，论述《诗经》《书经》，写出了《春秋》，天下学者至今还以孔子所述为准则。近400年来，诸侯各国相互兼并，史书遗失殆尽。现在汉朝兴起，天下已经得到了统一，但是我作为太史，却不能够对以往的明主贤君和忠臣义士进行评论和记述，断绝了自古以来天下修史书的传统。这一点，我感到非常惶恐，你一定要牢牢地记在心上啊！”听了父亲的这些话，司马迁低下头，眼泪禁不住流了下来。他看着父亲，坚定地说：“父亲，儿子我虽然笨拙，但是我一定会牢记您的教导。我当上太史以后，一定会详细记述先人所整理过的历史旧闻，不敢有什么遗漏。”

司马谈去世3年后，司马迁接替了父亲的职位，担任太史令。他牢记父亲的教导，认真整理收集以往的书籍和史料，立志完成父亲的遗愿。

壶遂问：“孔子为什么要作《春秋》呢？”

太史公说：“我听董生讲：‘周朝王道衰败废弛，孔子担任鲁国司寇，诸侯嫉害他，卿大夫阻挠他。孔子知道自己的意见不被采纳，便褒贬评定过往历史，作为天下评判是非的标准。’在《春秋》一书中，记载弑君事件36起，被灭亡的国家52个，诸侯出奔逃亡不能保其国家的数不胜数。考察原因，都是丢掉了作为立国立身根本的大义。因此，做国君的不可以不知《春秋》，否则就是谗佞之徒站在面前也看不见，奸贼之臣紧跟在后面也不会发觉。做人臣者不可以不知《春秋》，否则就只会死守常规之事却不懂得因事制宜，遇到突发事件则不知如何灵活对待。做人君、人父若不通晓《春秋》的要义，必定会蒙受首恶之名。做人臣、人子如不通晓《春秋》要义，必定会陷于篡位杀上而被诛伐的境地。所以《春秋》这部经典是礼义根本之所在。礼是禁绝坏事于发生之前，法规施行于坏事发生之后；法施行的作用显而易见，而礼禁绝的作用却隐而难知。”

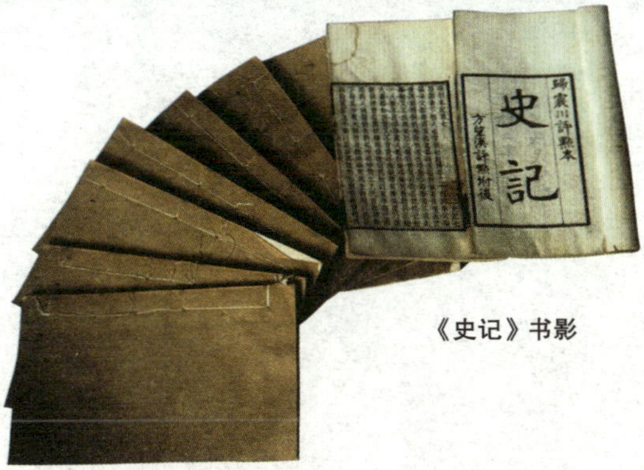

《史记》书影

7年后，司马迁因仗义替兵败的李陵辩护，被施以宫刑，还被囚禁起来。在牢里，司马迁感慨万分，随后深思道：“《诗》《书》之所以含义隐微、言辞简约，那是因为作者想要表达他们的心志和情绪。从前周文王被拘禁在羑里，推演出了《周易》；孔子困在陈蔡，写下了《春秋》；屈原被放逐在外，著了《离骚》；左丘明双目失明，编写了《国语》；孙子受了膑刑，著述《兵法》；吕不韦被贬到蜀郡，世上才有了传世之作《吕览》；韩非被囚禁在秦国，才写下了《说难》和《孤愤》；而且《诗》三百篇，基本上都是圣贤抒发愤怒而作的。这些人，都是心中郁闷积结，思想不能通畅地表达出来，所以才追述往事，思考未来。”想到此，司马迁下定决心编写史书，记述陶唐以来直到武帝时的历史，此书从黄帝开始。这就是《史记》。